U0121094

大学者谈史系列

吕思勉 著

中国史札记

下

中国文史出版社

目　录

（下册）

经　济

婚　丧

法　律

教　育

文　化

神　道

其　他

经　济

中国未经游牧之世

　　言社会演进者，多谓人之求口实，必自渔猎进于游牧，自游牧更进于农耕。其实不然。自渔猎径进于农耕者，盖不少矣，中国即其一也。

　　谓中国曾经游牧之世者，多以伏羲氏为牧民之君长，此为刘歆、郑玄、皇甫谧所误也。《易·系辞传》云："古者包牺氏之王天下也，仰则观象于天，俯则观法于地；观鸟兽之文，与地之宜；近取诸身，远取诸物；于是始作八卦，以通神明之德，以类万物之情。作结绳而为网罟，以佃以渔，盖取诸离。"《经典释文》云："包，本又作庖。郑云取也。孟、京作伏。牺，郑云：鸟兽全具曰牺。孟、京作戏，云伏服也，戏化也。"案《白虎通义·号篇》云："下伏而化之，故谓之伏羲也。"《风俗通义》引《含文嘉》云："伏者，别也，变也。戏者，献也，法也。伏戏始别八卦，以变化天下，天下法则，咸伏贡献，故曰伏戏也。"盖今文旧说，孟、京所用。《汉书·律历志》曰："作网罟以田渔取牺牲，故天下号曰炮牺氏。"盖郑说所本。《易》但言田渔，歆妄益取牺牲三字，实非也。《礼记·月令正义》引《帝王世纪》曰："取牺牲以共庖厨，食天下，故号曰庖牺氏。"则又以庖字之义，附会庖厨，失之弥远矣。《太平御览》引《诗纬含神雾》曰："大迹出雷泽，华胥履之生伏羲。"（《易·系辞传疏》引《帝王世纪》曰："有大人迹，出于雷泽，华胥履之，而生包牺。"）《淮南子·地形》曰："雷泽有神，龙身人头，鼓其腹而熙。"《山海经·海内东经》曰："雷泽中有雷神，龙身而人头，鼓其腹。（《史记·五帝本纪正义》引作"鼓其腹则雷"。在吴西。"此吴即虞字，可见雷泽即舜所渔也。）《鲁灵光殿赋》曰："伏羲鳞身，女娲蛇躯。"（李善《注》引《列子》曰："伏羲、女娲，蛇身而人面。"又引《玄中记》曰："伏羲龙身，女娲蛇躯。"）古者工用高曾之规矩，殿壁画像，亦必有所受之，则古神话以伏羲在沼泽之区不疑也。《管子·轻重戊》曰："伏羲作九九之数，以合天道。"八卦益以中宫，是为九宫。明堂九室，取象于是。明堂之制，四面环水，盖湖居之遗制。伏羲之社会，从可推想矣。（伏羲所重，盖在于渔，故《易》称其作结绳而为网罟。网以取鱼，罟则并举以汱句耳。尸子云："燧人之世，天下多水，故教民以渔；宓牺氏之世，天下多兽，故教民以猎。"似不甚合，然亦不云其曾事牧也。作结绳为网罟，疑即一事。说者以结绳为未有文字时记事之法亦非。又有以黄帝为游牧之世之君长者，以《史记·五帝本纪》有"教熊、罴、貔貅、貙、虎"之语也。此亦本非畜牧之事。然其上文不言其"治五气艺五种"乎？）又以其言黄帝"迁徙往来无常处，以师兵为营卫"也，然其上文不又言其"邑于涿鹿之阿"乎？古人随意衍说，其辞多不审谛，要在参稽互证，博观约取，安可据彼单辞，视为定论也？

中国与游牧民族遇，盖起战国之世。春秋时侵齐、鲁又侵郑者有山戎，亦曰北戎；侵晋者有赤、白狄；皆在今河南、北及山东境。其在今陕、甘境者，则《史记》所谓"自陇以西，有绵诸、绲戎、翟獂之戎；岐、梁山、泾、漆之北，有义渠、大荔、乌氏、朐衍之戎"者也。《史记》将此等尽入之《匈奴传》中，后人遂皆视为匈奴之伦，此实大误。匈奴乃骑寇，此则所谓山戎（山戎犹后世言山胡、山越，乃诸部之通称，非一族之专号）。山戎之与我遇也，皆彼徒我车，与后世西南诸族，则颇相似矣，于匈奴乎何与？骑寇之名，昉见《管子·小匡篇》，此篇虽述管子事，实战国时人作也。篇中言桓公破屠何。孙诒让《墨子间诂》谓即《周书·王会》之不屠何。《非攻》云：且不一著何亡于燕、代、胡、貉之间。且当作祖，不一著何，则不屠何之衍误，后为辽西之徒河县。其说似之。绵亘燕、代、胡、貉之间，盖当时一大族矣。自此以西为林胡、楼烦，后为赵所慑服。又其表则为匈奴，赵徒攘斥之，而未能慑服之，至秦、汉世，遂收率游牧之族，大为北边之患焉。《史记》云："燕有贤将秦开，为质于胡，胡甚信之。归而袭破走东胡。东胡却千余里。燕筑长城，自造阳至襄平，置上谷、渔阳、右北平、辽西、辽东郡以拒胡。"五郡之表，不得皆为东胡。东胡，汉初居匈奴东，冒顿袭破之。其后匈奴单于庭直代、云中，左方王将居东方，直上谷。上谷似即东胡旧地也。此等皆战国时北方骑寇。古所谓大行之脉，起今河南、北、山西三省之交，东北行，蔽河北省之北垂，至于海，盖皆山戎之所居，为中国与北方游牧民之介，山戎之居，地险不易入，其民贫，亦无可略。斯时游牧之族，部落尚小，亦无力逾山而南。中国之文明，实在此和平安静之区，涵育壮大也。

或曰：子言骑寇虽见管子书，实说战国时事，似矣。然孔子称管仲之功曰："微管仲，吾其被发左衽矣。"何也？（《论语·宪问》）曰：安见《论语》中遂无战国时人语邪？不特此也。中庸："子路问强。子曰：南方之强与？北方之强与？抑而强与？""衽金革，死而不厌，北方之强也，而强者居之。"所说亦战国后情形也。又曰："今天下，车同轨，书同文，行同伦。"则弥可见为秦始皇一统后语矣。《国语·齐语》谓齐桓公筑五鹿、中牟、盖与、牡丘，以卫诸夏之地，所拒者亦不过山戎、众翟而已（韦《注》说）。《左氏》谓齐侯伐山戎，以其病燕，所病者南燕，非北燕也。别有考。

亚里士多德谓人之谋生，不外畜牧、耕稼、劫掠、捕鱼、田猎五者（见所著《政治论》第一编第八章。吴颂皋、吴旭初译本）。劫掠之技，起自田猎之世，盖以施诸物者移而施诸人也。然田猎之世，口实实少，不能合大群，故其侵略之力不强，至游牧之世，则异是矣。中国自秦、汉以后，屡为异族所苦，实以居其朔垂者为游牧之民故也。然中国可谓善御游牧民者矣。夫西洋之有希腊、罗马，犹东洋之有中国也。今西方之希腊、罗马安在哉？其在东方，则中国犹是中国人之中国也。此文明之扞城也。岂易也哉？或曰：中国当皇古之世，亦尝有牧人征服渔人之事。观古代牛、羊、犬、豕为贵者之食，鱼鳖为贱者之食可知。此说盖是？但其为时甚早，其事迹，书传已无可考矣。

农业始于女子

今社会学家言：农业始于女子。求诸吾国古籍，亦有可征者焉。《周官·天官》内宰："上春，诏王后帅六宫之人，而生穜稑之种。"《注》："古者使后宫藏种。"是藏种职之女子也。《谷梁》桓公十四年："曰：甸粟而内之三宫，三宫米而藏之御廪。"文公十三年："宗庙之礼，君亲割，夫人亲舂。"《国语·楚语》曰："天子禘郊之事，必自射其牲，王后必自舂其粢。诸侯宗庙之事，必自射牛，刌羊，击豕，夫人必自舂其盛。"《周官·地官》：舂人有女舂抌。饎人有女饎。《秋官》司厉："其奴，男子入于罪隶，女子入于舂饎。"是粟米之成，又由于女子也。《天官》九嫔："凡祭祀，赞玉齍（《注》："玉敦，受黍稷器。"）。赞后荐彻豆笾。"世妇："掌祭祀宾客丧纪之事。帅女官而濯溉，为盆盛。及祭之日，莅陈女宫之具。凡内羞之物。"《春官》内宗："掌宗庙之祭祀，荐加豆笾。及以乐彻，则佐传豆笾。宾客之飨食亦如之。"大宗伯："凡大祭祀，王后不与，则摄。荐豆笾，彻。"《礼记·郊特牲》曰："鼎俎奇而笾豆偶，阴阳之义也。"《礼·有司彻》曰："宰夫羞房中之羞于尸侑主人主妇，皆右之。司士羞庶羞于尸侑主人主妇，皆左之。"《注》曰："房中之羞，其笾则糗饵粉糍，其豆则酏食糁食。庶羞，羊臐豕膮，皆有胾醢。房中之羞，内羞也。内羞在右，阴也。庶羞在左，阳也。"（《聘礼》："醴醯百瓮，夹碑十以为列，醯在东。"《注》："醴谷，阳也。醯肉，阴也。"《疏》："醴是酿谷为之，酒之类，在人消散，故云阳。醯是酿肉为之，在人沉重，故云阴也。大宗伯云：天产作阴德，地产作阳德。《注》云：天产六牲之属，地产九谷之属，以六牲之阳，九谷为阴，与此醴是谷物为阳违者，物各有所对。六牲动物，行虫也，故九谷为阴。《郊特牲》云：鼎俎奇而笾豆偶，阴阳之义也，又以笾豆醴醯等为阴，鼎俎肉物总为阳者，亦各有所对。以鼎俎之实，以骨为主，故为阳；笾豆谷物，故为阴也。《有司彻注》，又以庶羞为阳，内羞为阴者，亦羞中自相对。内羞虽有糁食是肉物，其中有糗饵粉糍食物，故为阴，庶羞肉物，故为阳也。"案醴为阳，肉为阴，即"凡饮养阳气，凡食养阴气"之义。《疏》以消散沉重为说，是也。）是古之祭飨，男子所共皆肉食，女子所共皆谷食疏食也。《祭统》曰："祭也者，必夫妇亲之，所以备外内之官也。官备则具备。水草之菹，陆产之醢，小物备矣。三牲之俎，八簋之实，美物备矣。昆虫之异，草木之实，阴阳之物备矣。凡天之所生，地之所长，苟可荐者，莫不咸在，示尽物也。"盖古者男女分业，非夫妇亲之，则不能备物，此其所以"既内自尽，又外求助"也。《左氏》隐公三年曰："苟有明信，涧溪沼沚之毛，苹蘩蕴藻之菜，筐筥锜釜之器，潢汙行潦之水，可荐于鬼神，可羞于王公。《风》有《采蘩》《采苹》，《雅》有《行苇》《泂酌》，昭忠信也。"《关雎》之诗曰："参差荇菜，左右流之。"毛《传》曰："后妃有关雎之德，乃能共荇菜，备庶物，以事宗庙。"《采蘩传》曰："公侯夫人执蘩菜以助祭。神飨德与信，不求备焉，沼沚溪涧之草，犹可以荐。王后则荇菜也。"苹蘩蕴藻，乃水处之民所食，而亦其所以祭也。《礼记·昏义》曰："古者妇人先嫁三月，祖庙未毁，教于公宫，祖庙既毁，教于宗室。教成祭之，牲用鱼，芼之以苹藻。"《公羊》哀公六年："陈乞曰：常之母有鱼菽之祭。"是古猎为男子之业，耕渔皆女子之事也。猎以习战斗，则礼尚焉；耕渔较和平，则贱之而人君弗亲（见《左氏》隐公五年臧哀伯谏观鱼）；盖人之好杀伐久矣。

《曲礼下》曰："凡挚：天子鬯，诸侯圭，卿羔，大夫雁，士雉。庶人之挚匹（《注》："说者以匹为鹜。"）。妇人之挚，椇、榛、脯、修、枣、栗。"《公羊》庄公二十四年："大夫宗妇觌用币。用者，不宜用也。然则曷用？枣栗云乎，腵修云乎。"《左氏》亦载御孙之言曰："男贽，大者玉帛，小者禽鸟，以章物也。女贽，不过枣栗脯修，以告虔也。"夫"居山以鱼鳖为礼，居泽以鹿豕为礼，君子谓之不知礼"（《礼记·礼运》），则贽必各用其所有。而男贽以禽鸟，女贽以想榛枣栗，可见其一事猎，一事农矣。女贽亦以腵修者，腵修女子所制，非其从事于田牧也。又古者五母鸡，二母彘，为田家之畜；又家从豭省声。乡饮酒之礼用犬；而昏礼，舅姑入室，妇以特豚馈；知田家孳畜，亦女子所有事，而男子主行猎，故与犬特亲也。夫猎物者莫猛于犬；而人类杀伐之技，亦无不自弋猎禽兽来。当草昧之世，人与犬实相亲也。曾几何时，而人以屠狗为业矣。而人与人且相戕相贼矣。"兵犹火也，弗戢将自焚也"，岂徒施于人者为然哉？横渠曰："民吾同胞，物吾与也。"世岂有杀朋友以食弟昆，而可称为仁人者乎？抑岂有不反戕其弟昆者乎？大雄氏之戒杀，有旨哉！

古代商业缘起情形

商业之始，其起于各部落之间乎？孟子之诘彭更曰："子不通工易事，以羡补不足，则农有余粟，女有余布。"其诘陈相曰："一人之身，而百工之所为备，如必自为而后用之，是率天下而路也。"（《孟子·滕文公下》）此为商业之所由起。然古代部落，率皆共产，力之出不为己，货之藏不于己。取公有之物而用之，以己所有之物资人，皆无所谓交易也。惟共产限于部落之内，与他部落固不然，有求于他，势不能无以为易，而交易之事起矣。往来日数，交易日多，则敦朴日漓，嗜欲日启，而私产之习渐萌。私产行，则人与人之相资，亦必有以为易，此则商业之所由广也。

老子曰："郅治之极，邻国相望，鸡犬之声相闻，民各甘其食，美其服，安其俗，乐其业，至老死不相往来。"《盐铁论》曰："古者千室之邑，百乘之家，陶冶工商，四民之求，足以相更，故农民不离畎亩而足乎田器，工人不斩伐而足乎陶冶，不耕而足乎粟米。"《管子》曰："市不成肆，家用足也。"可见古者一部落之中，及此部落与他部之间，交易皆极少，然生事愈进，则分工愈密。分工愈密，则彼此之相资益深，而交易遂不期其盛而自盛，故《管子》又谓"聚者有市，无市则民乏"矣。（《乘马》。《管子·乘马》曰："方六里命之曰暴。五暴命之曰部。五部命之曰聚。"）

陈相曰："从许子之道，则市贾不二，国中无伪，虽使五尺之童适市，莫之或欺。布帛长短同，则贾相若。麻缕丝絮轻重同，则贾相若。五谷多寡同，则贾相若。屦大小同，则贾相若。"（《孟子·滕文公上》）不论精粗但论多少。战国时人，断无从发此奇想。盖古自有此俗，而农家称颂之。许行治农家言，因亦从而主张之也。交易之初，情状奚若，据此可以想见矣。

《易·系辞传》谓"日中为市"，"交易而退"，此盖择定时定地为之，今之所谓作集也，斯时交易，盖盛于农隙之时，《酒诰》曰："妹土嗣尔股肱纯，其艺黍稷，奔走事厥考厥长，肇牵车牛，远服贾。"伪《孔传》曰："农功既毕，始牵车牛，载其所有，求易所无。"故《郊特牲》谓"四方年不顺成，八蜡不通"，"顺成之方，其蜡乃通"也。稍进，乃有常设之市，在于野田墟落之间，《公羊》何《注》所谓"因井田而为市"，（宣十五年。《陔余丛考·市井》曰："市井二字，习为常谈莫知所出。《孟子》在国曰市井之臣，注疏亦未见分析。《风俗通》曰：市亦谓之市井，言人至市有粥卖者。必先于井上洗濯香洁，然后入市也。颜师古曰：市，交易之处；井，共汲之所，总言之也。按《后汉书·循吏传》：白首不入市井。《注》引《春秋》井田记云，因井为市，交易而退，故称市井。此说较为有据。"愚谓此说与《公羊》何《注》盖系一说。市之设，所以便农民，而设市之处，则因众所共汲之井，颜说亦此意也。）管子所谓"聚而有市"者也。孟子曰："有贱丈夫焉，必求龙断而登之，以左右望而罔市利。"（《公孙丑下》）《注》："龙断堁断而高者也。"明其贸易行之野田墟落之间，所居高则易望见人，人亦易望见之，故一市之利为所罔矣。更进乃有设肆于国中者。《管子》曰："百乘之国，中而立市，东西南北，度五十里。一日定虑，二日定载，三日出竟，五日而反，百乘之制轻重，毋过五日。百乘为耕，田万顷为户，万户为开，口十万人，为分者万人，为轻车百乘，为马四百匹。千乘之国，中而立市，东西南北度百五十余里，二日定虑，三日定载，五日出竟，十日而反，千乘之制，轻重毋过一旬，千乘为耕，田十万顷为户，十万户为开，口百万人，为当分者十万人，为轻车千乘，为马四千匹。万乘之国，中而立市，东西南北度五百里。三日定虑，五日定载，十日出竟，二十日而反。万乘之制，轻重毋过二旬，万乘为耕，田百万顷为户，百万户为开，口千万人，为当分者百万人，为轻车万乘，为马四万匹。"（《揆度》）此虽辜较之言，然其所规画，欲以一国之人，则审矣。古者建都，必中四境之内，曰中国，而立市即在国都之中，《考工记》所谓"匠人营国，面朝后市"者也。故孟子曰"在国曰市井之臣"也（《万章下》。市井二字，初盖指野田墟落间之市。后乃以为市之通称）。

古代之商，非若后世之易为也。古代生计，率由自给，生事所须，不资异国，其有求于异国者，必其遭遇灾祸，以致空无，庚财不闻，乞籴莫与，交易所得，资以续命，故必有商人焉。而其时之贸易，不如今日之流通。我所求者，何方有之，何方较贱，所持以为易者，何方有之，何方较贵，非若今日安坐可知，臆度可得，皆有待于定虑之豫，决机之果者也。故白圭曰"吾治生产，犹伊尹、吕尚之谋，孙吴用兵，商鞅行法"是也。"是故智不足与权变，勇不足以决断，仁不足以取予，强不能有所守，虽欲学吾术，终不告之矣。"（《史记·货殖列传》）然则豪商驵贾其有才智，不始晚近，自古昔则然矣。故曰"商之为言章"也

（《白虎通》《汉书·食货志》"大司农中丞耿寿昌，以善为算，能商功利，得幸于上"。师古曰"商，度也。"），郑商人弦高，能矫命以却秦师（《左传》僖公三十三年），其贾于楚者，又密虑欲出荀莹（《左传》成公三年），其明征矣。子产之告韩宣子曰："昔我先君桓公，与商人皆出自周，庸次比耦，以艾杀此地，斩之蓬蒿藜藋，而共处之。世有盟誓，以相信也。曰：尔无我叛，我无强贾，毋或匄夺，尔有利市宝贿，我弗与知。"（《左传》昭公十六年）所以重商如此。其甚者以肇造之国，货财或有阙乏，必恃商人致之也。卫国破坏，文公通商，卒致殷赈，亦同此理（《左传》闵公二年）。

曷言古者生事所须，不资异国也？《史记·货殖列传》曰："百里不贩樵，千里不贩粜。"又曰："夫神农以前，吾不知已。至若《诗》《书》所述，虞夏以来，耳目欲极声色之好，口欲穷刍豢之味，身安逸乐，而心夸矜执能之荣使。俗之渐民久矣，虽户说以眇论，终不能化。""夫山西饶材、竹、谷、纑、旄、玉、石；山东多鱼、盐、漆、丝、声色，江南出枏、梓、姜、桂、金、锡、连、丹沙、犀、玳瑁、珠玑、齿革；龙门、碣石北，多马、牛、羊、旃裘、筋角；铜、铁则千里往往山出棋置，此其大较也。皆中国人民所喜好，谣俗被服饮食奉生送死之具也。"此亦其所喜好而已，谓必待以奉生送死，非情也。《周书》曰："商不出则三宝绝。"三言其多，曰宝则亦非生活所必资矣。声子之说子木也，曰："晋卿不如楚，其大夫则贤，皆卿材也。如杞、梓、皮革，自楚往也。虽楚有材，晋实用之。"（《左传》襄公五年）杞、梓、皮革，固非宫室器用所必资，亦其所喜好而已。当时商人所贩粥者如此，故多与王公贵人为缘，故子贡"废作鬻财"，"结驷连骑，束帛之币以聘享诸侯，所至，国君莫不分庭，与之抗礼。"(《史记·货殖列传》)晁错论汉之商人，犹谓其"交通王侯，力过吏势"(《汉书·食货志》)，夫固有以中其所欲，非独以其富厚也。然生事日进，分工愈密，交易愈盛，则其所恃以牟利者，不必皆王公贵人，而顾在于平民。其术一时谷物之轻重而废居焉，一备百物以待取求。《管子》曰："岁有四秋（农事作为春之秋。丝纩作为夏之秋，五谷会为秋之秋，纺绩缉缕作为冬之秋。见《管子·轻重乙》），物之轻重，相什而相伯。"又曰"君朝令而求夕具，有者出其财，无有者宝其衣屦"是也。故曰："君躬犁垦田，耕发草土，得其谷矣。民人之食，有人若干步亩之数，然而有饿馁于衢间者，谷有所藏也。君铸钱立币，民通移，人有百十之数，然而民有卖子者，何也？财有所并也。"(《轻重甲》)管子所欲摧抑者，正此等人。故曰："岁有凶穰，故谷有贵贱。令有缓急，故物有轻重。然而人君不能治，故使蓄贾游市，乘民之不给，百倍其本。分地若一，强者能守；分财若一，智其能收。智者有什倍人之功。愚者有不赓本之事。然而人君不能调，故民有相百倍之生也。夫民富则不可以禄使也，贫则不可以罚威也。法令之不行，万民之不治，贫富之不齐也。"故曰："使万室之都，必有万钟之藏，藏襁千万。使千室之都，必有千钟之藏，藏襁百万。春以奉耕，夏以奉耘，耒耜器械，种馕粮食，毕取赡于君。故大贾蓄家，不得豪夺吾民矣。"汉代之抑商，盖由此也。

计然曰："夫粜，二十病农，九十病末。末病则财不出，农病则草不辟矣。上不过八十，下不过三十，则农末俱利。"(《史记·货殖列传》)然则斯时粜价，轻重相去，盖四而又半之焉。而李悝为魏文侯作尽地力之教，农民之生谷，石以三十钱计，然则农夫所得，最下之价耳，上此则利皆入于商人矣。此农家则流，所以欲重农而抑商耶，亦势有所激也。（古农家言，非徒道耕稼之事。许行为神农之言，而讥切时政，其明征矣。《管子》书最杂，昔人隶之道家或法家，实可入杂家。《轻重》诸篇亦皆农家言也。）

上所言乃古代之豪商驵侩，其寻常者初不能，然古者行曰商，处曰贾。商须周知四方物产登耗，又周行异国，多历情伪，其才智自高。贾即不能然，然犹有廛市以处。至求垄断之贱丈夫，则又其下焉者矣。《周官》有贩夫贩妇，盖亦此曹也。又廛人掌敛总布，杜子春云：“总当为儳，谓无市立持者之税也。”郑玄不从，而注肆长叙其总布取之，又《诗·有瞽笺》：“箫，编小竹管，如今卖饧者所吹也。”（《疏》：“《史记》称伍子胥鼓腹吹箫，乞食吴市，亦为自表异也。”）此即《说文》所谓“衒，行且卖”也。此并垄断而不能得，又下之者矣。

井田之废

井田之废，昔人皆蔽罪于商鞅，此谬也。商君一人，安能尽坏三代之成法？且秦之法，鞅坏之矣，六国之法，坏之者谁乎？此弗思之甚者也。朱子言开为破坏铲削之意，而非创置建立之名。又谓阡陌之地，切近民田，必有阴据以自私，而税不入于公上者。是以《秦纪》《鞅传》皆云为“田开阡陌封疆而赋税平”。蔡泽亦曰：“决裂阡陌，以静生民之业而一其俗。”以见商君之开阡陌，实为救时之政。善矣。然于六国之井田，何以破坏，不能言也。予谓井田之废，实由地狭人稠，而田不给于授。何也？人口之增，数十百年则自倍。战争虽酷，所以奉生者虽彀，皆不足以沮之。此征诸已事而可知者也。三代建国，近者数百年，远者千余岁。邦域之中，安能无地狭人稠之患？《商君书》曰："地方百里者，山陵处什一，薮泽处什一，溪谷流水处什一，都邑蹊道处什一，恶田处什二，良田处什四，以此食作夫五万。其山陵、薮泽、溪谷可以给其材。都邑、蹊道足以处其民。先王制土分民之律。今秦之地，方千里者五，而谷土不能处二。田数不满百万。其薮泽溪谷、名山、大川之材物货宝，又不尽为用。此人不称土也。秦之所与邻者三晋也。所欲用兵者韩魏也。彼土狭而民众。其宅参居而并处。其寡萌贾息，民上无通名，下无田宅，而恃奸务末作以处。人之复阴阳泽水者过半。此其土之不足以生其民也，似有过秦民之不足以实其土也。"（《徕民》）当时列国众寡不均之形可见。人情安土而重迁（《论语》："小人怀土。"孔曰："重迁。"），宁尺寸垦辟于故乡，而不肯移殖新地，盖自古如此。且欲迁移，必有道路之费，室庐之筑，口实播种之资，小民亦不足以语此。道远既不能自达，达焉亦无以为卫。有土之君，又域民而不欲其去。则惟有铲削阡陌，填塞沟洫矣。朱子谓井田之制，水陆占地，不得为田者颇多。商君惜地利之有遗，是以奋然不顾，悉行垦辟。予谓垦辟之举，不足于食之民，必能自为之；垦田多则赋税广，有土之君，亦必利而阴许之。或且倡率之；正不待商君也。特前此非法所许。至商君，乃公许之；且核其阴据自私者，以入于上耳。孟子谓"暴君污吏，必慢其经界"，夫固出于自利之私，亦或因民欲田宅而不得，坐视其破坏而不能禁也。

　　然就一国言之，井田之破坏，庸或出于不得已；而合全局言之，则当日神州，仍以土满为患。谓必铲削阡陌，填塞沟洫，而后耕地可以给足，又不然之论也。古代议论，无不以土满为患也。（古人患土满之论甚多，试略举数事为征。《论语》："子适卫，冉有仆。子曰：庶矣哉！曰：既庶矣，又何加焉？曰：富之。既富矣，又何加焉？曰：教之。"此与子胥论越，"十年生聚，十年教训"同意。必先有其民，然后治与教有所施。故孟子谓"鸡鸣狗吠相闻，达乎四竟，而齐有其民矣，地不改辟矣，民不改聚矣，行仁政而王，莫之能御也"。"叶公问政：子曰：近者说，远者来。"其答樊迟，谓好礼，好义，好信，则"四方之民，襁负其子而至"。孟子说齐宣王，谓"王发政施仁，则耕者皆欲藏于王之野，商贾皆欲藏于王之市，行旅者皆欲出于王之涂。"《管子》谓"有地牧民者，务在四时，守在仓廪，国多财则远者来，地辟举则民留处"。皆以徕民为急。梁惠王糜烂其民而战之，然谓"邻国之民不加少，寡人之民不加多"，大有怅恨之意焉。知寡弱为列国之公患也。）《吕览》曰："吴起谓荆王曰：荆所有余者地也，所不足者民也。今君王以所不足，益所有余，臣不得而为也。于是令贵人往实广虚之地。皆甚苦之。荆王薨，贵人皆来，尸在堂上。贵人相与射吴起。"（《贵卒》）吴起之死，与商君同一可哀。微此篇，无以知其见嫉于贵人之故矣。此可见移民之难。此耕地之所以不足，而井田之所以破坏也。非真合中国计之，而田犹不给于授也。

"寡萌贾息"，孙诒让谓当作"宾萌贷息"。宾萌即客民，对下民为土著之民也。《吕览·高义》：墨子曰：翟度身而衣，量腹而食，比于宾萌。高《注》曰：宾，客也。萌，民也。贷息，谓以泉谷贷与贫民而取息。言韩魏国贫，有余资贷息者，皆外来之客民；其土著之民，则皆上无通名，下无田宅，而恃奸务末作以处。明客民富而土著贫也。朱师辙曰："《左氏》：寡我襄公。《注》：寡，弱也。谓小民无地可耕，多事商贾，以求利息。孙校非。"予案此解自以朱说为直捷。然客民富而土著贫，战国时确有其事。韩非谓"公家虚而大臣实，正户贫而寄寓富，耕战之士困，末作之民利者可亡也"是也（《亡征》）。商君欲以故秦事敌，而使新民作本。又曰："今王发明惠，诸侯之士来归义者，今使复之。三世无知军事。秦四竟之内，陵阪丘隰，不起十年征者。于律也，足以造作夫百万。"可见当时待新民之优。故民既乏田宅，又从征戍，此其所以贫欤？观商君之欲厚待新民，而知徕民之不易矣。此井田所由破坏与？（"复阴阳泽水"之复，即《诗》"陶复陶穴"之复。言为复于山之南北，及泽水之地也。严万均疑其有误，殊疏，朱师辙曰："处"，断绝也。复，借为瘯。瘯，病也。言民上不能通名于朝，下无田宅，而恃奸务末作，为人治疾病，相阴阳泽水，犹今医卜星相之流。治病未闻称处，巫医在古固贱业，亦未闻称末作。相阴阳，观流泉，乃司空之职，《汉·志》刑法之学，岂得谓之奸务？其曲解甚矣。三晋地狭人稠，至于如此，而《商君书》犹以民之不西为虑，亦可见徕民之难矣。）

买田宅、请田宅

《史记·廉颇蔺相如列传》：赵括之母上书言括不可使将，曰：始妾事其父时，大王及宗室所赏赐者，尽以与军吏士大夫；受命之日，不问家事。今括一旦为将，王所赐金帛，归藏于家；而日视便利田宅可买者买之。又《萧相国世家》曰：黥布反，上自将击之，数使使问相国何为。客有说相国曰：上所为数问君者，畏君倾动关中。今君胡不多买田地、贱贳贷以自污？相国从其计。上罢布军归，民道遮行上书，言相国贱强买民田宅数千万。言田宅皆曰买，是田宅已属私家。又《白起王翦列传》言：始皇起翦攻荆，自送至灞上，翦行请美田宅园池甚众。既至关，使使还请善田者五辈。曰请，是田宅犹属公家也。《赵世家》：简子赐扁鹊田四万亩。烈侯曰：夫郑歌者枪、石二人，吾赐之田，人万亩。亦见公家有田之多。此等固皆传者之辞，未必当时实事；然传者之辞，亦必依附实事，但皆务为夸侈耳。观此诸文，可见当时田宅之分属公私也。

《荀子·议兵篇》言魏氏之取武卒，"中试则复其户，利其田宅。是数年而衰，而未可夺也。"可见是时，田宅与夺，尚有由公家者。

买道而葬

《礼记·檀弓》季子皋葬其妻，犯人之禾。申详以告，曰：请庚之。子皋曰：孟氏不以是罪予，朋友不以是弃予，以吾为邑长于斯也，买道而葬，后难继也。"旧说以子皋为倚势虐民，非也。此事可见井田废、阡陌开之渐。夫使阡陌完整，营葬者安得犯人之禾？营葬而犯人之禾，盖以阡陌划削，丧车不能通行故耳。开阡陌乃违法之事，当时依法整顿，势盖已不能行，然犹难公然许为合法。邑长犯人之禾而庚之，则许为合法矣。关涉土地之案件，又将如何办理，故曰后难继也。"以吾为邑长于斯也"，乃读而非句。言以吾为邑长于斯，买道而葬，后难为继，故孟氏不以是罪予，朋友不以是弃予；非谓为邑长可倚势虐民也。

母　财

本钱之语甚古。《管子·国蓄》：言知者有什倍人之功，愚者有不赓本之事。不赓本，谓母财不复，不能再行生利，俗所为折本是也。《轻重甲》曰：事再其本，则无卖其子者；事三其本，则衣食足；事四其本，则正籍给；事五其本，则远近通，死得藏。《揆度》言再其本，民无馕者卖其子；三其本，若为食；四其本，则乡里给；五其本，则远近通，然后死得葬矣。说虽微异，其意皆同。

汉时珠玉之价

昔人说经，每以当时之事为况。此无以见经义之必然，特颇可考作注者之时之情形耳。如《周官》司市思次介次，郑《注》云：思次若今市亭也，介次市亭之属别小者也。司农则云：思，辞也；次，市中候楼也。赵注孟子之滕馆于上宫，曰：上宫，楼也；孟子舍止宾客所馆之楼上也。作《周官》时市中是否有候楼，孟子时楼上是否可舍止，皆有可疑。然汉时市中有候楼，楼上可舍止，则于此可见矣。肆长职云：各掌其肆之政令，陈其货贿，名相近者相远也，实相近者相尔也；而平正之。郑司农云：谓若珠玉之属，俱名为珠，俱名为玉；而贾或百万，或数万，恐农夫愚民见欺，故别异，令相远。价值百万或数万之物，安得为农夫愚民所求，拟不于伦，真堪发噱。然汉时珠玉之价，则于此可见也。

又案《史记·平准书》颜异言：今王侯朝贺以苍璧，直数千，而其皮荐反四十万，本末不相称。则汉世之璧，固有直仅数千者。

汉人不重黄金

　　《后汉书·西羌传》：汉阳人杜琦，及弟季贡，同郡王信等，与羌通谋，聚众人上邽城。诏购募得琦首者，封列侯，赐钱百万。羌、胡斩琦者，赐金百斤，银二百斤。汉世黄金一斤值钱万，则金百斤恰与钱百万相当，羌、胡无封侯之赏，故赢银二百斤也。夫使汉人果重黄金，诏书何难亦以金百斤为购。案汉世赐外夷，罕用钱者。《汉书·韩安国传》：安国言汉遣刘敬，奉金千斤，以结和亲。《匈奴传》：昭帝时属国千长义渠王骑士射杀犁汗王，赐黄金二百斤。建平四年，乌珠留单于上书，愿朝五年，汉初弗许，以扬雄谏，召还使者，更报单于书许之，赐缯帛五十匹，黄金十斤。王莽拜右犁汗王咸为孝单于，赐黄金千斤，杂缯千匹（《莽传》同）。咸子助为顺单于，赐黄金五百斤。《乌孙传》：楚主与汉使谋，击伤狂王，汉遣中郎将张遵持医药治狂王，赐金二十斤。小昆弥乌就屠死，子拊离代立，为弟日贰所杀，汉遣使者立拊离子安日为小昆弥，日贰亡，阻康居。汉徙己校屯姑墨，欲候便讨焉。安日使姑墨匿等三人诈亡从日贰，刺杀之，都护廉褒赐姑墨匿等金人二十斤。《后汉书·南匈奴传》：南单于比遣子入侍，赐黄金锦绣，缯布万匹，絮万斤。单于岁尽，辄遣奉奏送侍子入朝，元正朝贺，拜祠陵庙毕，汉乃遣单于使，令谒者将送，赐采缯千匹，锦四端，金十斤。建武二十七年，北单于使诣武威求和亲，汉遗以杂缯五百匹，又赐献马左骨都侯、右谷蠡王杂缯各四百匹。《倭传》：汉赐卑弥呼白绢五十匹，金八两。《西南夷传》：哀牢王类牢反，邪龙县昆明夷卤承等应募，率种人与诸郡兵破斩之，赐卤承帛万匹。除前汉时呼韩邪来朝，赐黄金二十斤，钱二十万；《后书·鲜卑传》言：鲜卑大人，皆来归附，并诣辽东受赏赐，青、徐二州，给钱岁二亿七千万为常外，无以钱赐外夷者。盖呼韩邪身入汉地，有所贸易，可以用钱；《鲜卑传》所云，则以钱供经费，非以之赐蛮夷也。（《袁安传》：安奏封事，言汉故事，供给南单于费直岁亿九十余万，西域岁七千四百八十万，亦以是计经费，非径以之畀蛮夷。）盖钱在胡地无所用，即与汉人互市有用，以为赐亦虑重赍。而在汉地，则金又无所用之也。知此，则知黄金本非平民所好矣。

或言《汉书·赵充国传》：天子告诸羌人，犯法者能相捕斩，除其罪。斩大豪有罪者一人，赐钱四十万，中豪十五万，下豪二万，大男三千，女子及老小千钱。又以其所捕妻子财物尽与之。明赐羌人亦以钱，而购杜琦以金银，足见其以金为贵重也。然羌人在塞内久，或在塞上，可以用钱。后汉则兼募羌、胡，胡者，西域胡人，其地固行金银之钱，故以金银为购耳。此又见在汉地者之不重金银也。

汉武以酷法行币

历代泉币之值，与其物不相称者，莫如汉武帝之皮币（纸币又当别论）。观颜异讥其王侯朝贺以苍璧值数千，而其皮荐反四十万可知。职是故，不得不以酷法行之。《汉书·王子侯表》：
建成侯拾，元鼎二年，坐使行人奉璧皮荐贺元年十月不会免是
也。不独皮币，他泉币亦然。《高惠高后文功臣表》：曲成侯皇
柔，元鼎二年，坐为汝南太守，知民不用赤侧钱为赋，为鬼薪；
郸侯仲居，元鼎二年，坐为大常收赤侧钱不收，完为城旦；（《百
官公卿表》：元鼎三年，郸侯周仲居为大常，坐不收赤侧钱收行钱
论。师古曰：赤侧当收而不收，乃收见行之钱也。）慎阳侯买，元
狩五年，坐铸白金弃市是也。《酷吏义纵传》曰：是时赵禹、张
汤为九卿矣，然其治尚宽，辅法而行，纵以鹰击毛鸷为治。后会
更五铢钱白金起，民为奸，京师尤甚，乃以纵为右内史，王温舒
为中尉。武帝之于行钱，则可谓尽其法矣，其如终不可行何？故
曰：下令于流水之原。

青苗法

　　青苗法之利弊，果何如乎？曰：其事在当时，相需孔殷，然
行之决不能无弊。何也？曰：宋承五代之后，民困似纾而实未
纾。故其时言及民生者，无不以为困苦不堪，而重利盘剥，病民
尤甚。得公家之贷款以济之，民始获少苏喘息矣。故曰相需甚
殷也。然官吏则安能任此？王安石以法示苏辙。辙曰："以钱贷
民，使出息二分，本非为利。然出纳之际，吏缘为奸，虽有法不
能禁。"（《宋史·食货志》）自是平情之论。抑非独吏缘为奸也，
官即不邀功赏，亦必自顾考成。既有令，安得不散？既散之，安
得不筹及收回？于是抑配及令民相保、分配转择有力之户诸弊，

相随而至，而追呼亦不得不用矣。理有固然，势有必至，斯事有召祸，而法有起奸矣。此法李参行诸陕西，民获其利。安石知鄞县，贷谷与民，立息以偿，俾新陈相易，邑人便之，亦与青苗无异。所以能如此者，以行之者异其人；抑为一方一邑之政，非勒以法令、行诸全国者也。

官吏不免以取息为意；抑出入之际，能否无少与多取之弊，事极难言。然谓其取之转浮于私家倍称之邀，则亦未为平允。《宋史·陈舜俞传》：知山阴县。青苗法行，不奉令，上疏自劾曰："民间出举财物，取息重止一倍，约偿缗钱，而谷粟、布缕、鱼盐、薪蒸、檾锄、斧锜之属，得杂取之。朝廷募民贷取，有司约中熟为价，而必偿缗钱，欲如私家杂偿他物不可得。祖宗著令，以财物相出举，任从书契，官不为理。其保全元元之意，深远如此。今诱之以便利，督之以威刑，方之旧法异矣。"然则民所最苦，惟在必偿缗钱。至于利率，则韩琦言"借之一千，令纳一千三百"，（见《食货志》。《志》又载范镇之言，亦曰："陛下初诏云：公家无所利其入，今提举司以户等给钱，皆令出三分之息。"）只今所谓三分。又云："凡春贷十千，半年之内，便令纳利二千；秋再放十千，至岁终，又令纳利二千；则是贷万钱者，岁令出息四千。"亦不过四分。王广渊为此法所由行，然其传云："广渊以方春农事兴，兼并之家，得以乘急要利，乞留本道钱帛五十万，贷之贫民，岁可获息二十五万。"亦不过五分耳，未及倍也。《李常传》：常言："州县散常平钱，实不出本，勒民出息。"此等弊政，必积久而后致，初行时必不敢如此。故王安石请令常具官吏主名，而常不能对也。

元祐元年，废青苗法，四月，复之。史云出范纯仁意。绍圣二年，淮南转运副使庄公岳请勿立定额。奉议郎郑仅等愿戒抑配，止收一分之息。皆见《食货志》。此可见青苗之弊，抑配及取息重，为其两大端也。

苏颂言："提举青苗官，不能体朝廷之意，邀功争利，务为烦扰。且与诸司不相临统，文移同异，州县莫知适从。乞与常平众役，一切付之监司，改提举为之属。则事有统一，而于更张之政，无所损也。"不从。此自是立法之弊。盖但求其事之行，因重其提举之权，而不计其统属之不明也。

《神宗纪》：熙宁三年，正月乙卯，"诏诸路散青苗钱禁抑配"。五月癸巳，"诏并边州郡毋给青苗钱"。盖抑配等弊，朝廷未尝不豫烛之，故禁戒之诏与行法之诏并下，且于缘边逆绝之也。然《蔡挺传》言：挺知庆州，蕃部岁饥，以田质于弓箭手，过期辄没。挺为贷官钱，岁息什一。后遂推为蕃汉青苗、助役法。则蕃部亦有资于此矣。

《食货志》述和籴，言"陕西籴谷，岁豫给青苗钱。天圣已来，罢不复给"。（《仁宗纪》：天圣四年，十月辛未，"罢陕西青苗钱"。）李参之青苗钱，当源于此。《参传》言熙宁青苗法萌于参，实数典而忘祖也。《志》又述俵籴云："熙宁八年，令中书计运米百万石费约三十七万缗，帝怪其多。王安石因言：俵籴非特省六七十万缗岁漕之费，且河北入中之价，权之在我。遇斗斛贵住籴，即百姓米无所籴，自然价损。非惟实边，亦免伤农。乃诏岁以末盐钱钞、在京粳米六十万贯石，付都提举市易司贸易。度民田入多寡，豫给钱物。秋成于澶州、北京及缘边入米麦粟封桩。即物价踊，权止入中，听籴便司兑用，须岁丰补偿。绍圣三年，用吕大忠言，召农民相保，豫贷官钱之半，循税限催科，余钱至夏秋用时价随所输贴纳。崇宁中，蔡京令坊郭、乡村，以等第给钱，俟收，以时价入粟。边郡弓箭手、青唐蕃部皆然。"此既类豫买，亦得青苗钱之意也。

《辽史·食货志》言其"东京沿边诸州，各有和籴仓。依祖宗法，出陈易新，许民自愿假贷，收息二分。所在无虑二三十万石。虽累兵兴，未尝用乏。逮天庆间，金兵大入，尽为所有"。案《辽史》虽云阙佚，然苟和籴假贷，出入之间，大有弊窦，不能绝无事迹散见。而今竟无有，疑其循旧敛散，颇可相安；而取息二分，滋长不已，故虽累兵兴，未尝用乏也。然则仓储出贷，实有弘益，亦不必滋弊。宋青苗法之滋弊，实以其推行太急，未能顺其自然之势，又无祛弊之法；而攻新法者，又欲一举而尽去之，而不肯平心商榷，以祛其弊而收其利耳。

义仓之法始于隋。朱子所创之社仓，实大与之类。所异者，一借贷取息，一但事振济耳。足见借贷取息，未足为病也。清雍正二年，议定社仓收息之法："凡借本谷一石，冬间收息二斗。小歉减半。大歉全免，只收本谷。至十年后，息倍于本，只以加一行息。"（《清史稿·食货志·仓库》）亦不讳取息也。

羊羔利

放债者子本相侔，即禁再取利，为中国相沿之法，已见《借贷利率》条。至元时，乃有所谓羊羔利者，至期不偿，则以利为本而复生利。人皆以是为回鹘咎，其实不然也。《元史·太宗纪》：十二年，"是岁，以官民贷回鹘金偿官者，岁加倍，名羊羔息，其害为甚，诏以官物代还，凡七万六千锭。仍命凡假贷岁久，惟子本相侔而止，著为令"。《耶律楚材传》："州郡长吏，多借贾人银以偿官，息累数倍，曰羊羔儿利，至奴其妻子，犹不足偿。楚材奏令本利相侔而止，永为定制。民间所负者，官为代偿之。"《良吏·谭澄传》：澄为交城令。"岁乙未，籍民户，有司多以浮客占籍，及征赋，逃窜殆尽，官为称贷，积息数倍，民无以偿。澄入觐，因中书耶律楚材，面陈其害。太宗恻然，为免其逋，其私负者，年虽多，息取倍而止。"此三者即一事。《王珍传》："岁庚子，入见，言于帝（太宗）曰：大名困于赋调，贷借西域贾人银八十锭，及逋粮五万斛。若复征之，民无生者矣。诏官偿所借银，复尽蠲其逋粮。"《史天泽传》：蔡州破后，"天泽还真定。时政烦赋重，贷钱于西北贾人以代输，累倍其息，谓之羊羔利，民不能给。天泽奏请官为偿，一本息而止。继以岁饥，假贷充贡赋，积银至一万三千锭，天泽倾家赀，率族属、官吏代偿之"。所谓西域贾人，西北贾人，亦即《太宗纪》所谓回鹘。《严实传》：第二子忠济，袭实为东平路行军万户管民长官。中统二年，召还京师。"忠济治东平日，借贷于人，代部民纳逋赋，岁久愈多。及谢事，债家执文券来征。帝闻之，悉命发内藏代偿。"《耶律阿海传》：孙买哥，袭父中都路也可达鲁花赤。"时供亿浩繁，屡贷于民，买哥悉以私帑偿之，事闻，赐银万两。"《董文炳传》：岁乙未，以父任为藁城令。"前令因军兴乏用，称贷于人，而贷家取息岁倍，县以民蚕麦偿之。文炳曰：民困矣，吾为令，义不忍视也，吾当为代偿。乃以田庐若干亩计直与贷家。"所从贷之人与民，亦必是物也。此等借贷，皆由官尸其事。亦有由民尸之者。如《王玉传》：言玉权真定五路万户。"有民负西域贾人银，倍其母不能偿，玉出银五千两代偿之。"此亦必贷以充贡赋，故能由官代偿。盖官吏时有更调，其可信或尚不如当地之豪民，故以民为借主也。官吏借贷，以充贡赋，前此未闻。《阎复传》：复于元贞三年上疏，言"古者刑不上大夫，今郡守以征租受杖，非所以厉廉隅"。元贞如此，而况中统以前？盖迫于淫威，不得不尔。此自元朝之酷，于回鹘乎何与？回鹘之可诛者，或为乘危以邀重利耳。然《刘秉忠传》：秉忠尝上书世祖言："今宜打算官民所欠债负，若实为应当差发所借，宜依合罕皇帝圣旨，一本一利，官司归还。凡赔偿无名虚契所负，及还过元本者，并行赦免。"时世祖尚未立，其后于此说盖尝认真行之。故《姚枢传》：枢被召至，为书数千言，其及救时之弊者，有曰"倚债负，则贾胡不得以子为母，破称贷之家"也。远年债负，限于一本一利，其法盖出乡村。农民收入少，春耕时借，至秋获而不能偿者，待至明秋，所入亦不过如此；因其借在去年而增息，必至永不能偿，故不得不限以元额。若商人之资本，则本为流通蕃息之财，周转之次数愈多，则其所生之利愈巨，不论历时之久暂，概限以子本相侔，实未为得其平，更有何人肯事出举？故此法在中国，本未必行于城市，而回鹘竟受此限制，其所损为已多矣，尚得为之咎乎？或曰：刘秉忠言有无名虚契，此已为非法。又《廉希宪传》："嗣国王头辇哥行省镇辽阳，有言其扰民不便者，诏起希宪为北京行省平章政事。有西域人，自称驸马，营于城外，系富民，诬其祖父尝贷息钱，索偿甚急。民诉之行省。希宪命收捕之。其人怒，乘马入省堂，坐榻上。希宪命捽下跪，而问之曰：法无私狱，汝何人，敢擅系民？令械系之。其人皇惧求哀，国王亦为之请，乃稍宽，令待对，举营夜遁。"又《王磐传》：出为真定、顺德等路宣慰使。"有西域大贾，称贷取息。有不时偿者，辄置狱于家，拘系榜掠其人。且恃势干官府，直来坐厅事，指挥自若。磐大怒。叱左右捽下，棰之数十。时府治寓城上，即挤诸城下，几死。郡人称快。"此两事则更堪发指矣。殊不知此乃元代亲贵所为，与西域贾人无涉也。《新元史·食货志》云："斡脱官钱者，诸王、妃、主以钱借人，如期并其子母征之，元初谓之羊羔儿息。时官吏多借西域贾人银，以偿所负，息累数倍，至没其妻子，犹不足偿。耶律楚材奏令本利相侔，永为定例。中统三年，定诸王投下取索债负人员，须至宣抚司彼此对证；委无异词，依一本一利还之。毋得将欠债官民人等强行拖拽，人口头匹准折财产，搅扰不安，违者罪之。至元八年，立斡脱所，以掌其追征之事。二十年，蠲昔剌斡脱所负官钱。是年，诏未收之斡脱钱悉免之。二十九年，复诏穷民无力者，本利免其追征，中户则征其本而免其利。元贞元年，诏贷斡脱钱而逃匿者罪之，仍以其钱赏首告者。（《旧史·本纪》逃匿作逃隐。又：大德四年，正月，"命和林戍军借斡脱钱者，止偿其本"。）大德元年，禁权豪斡脱。二年，诸王阿只吉索斡脱钱，命江西行省籍负债者之子妇。省臣以江南平定之后，以人为货，久行禁止，移中书省罢其事。五年，禁斡脱钱夹带他人营运，违者罪之。六年，札忽真妃子、念木烈大王位下遣使人燕只哥歹等追征斡脱钱物。不由中书，亦无元借斡脱钱数目，止云借斡脱钱人不鲁罕丁等三人。展转相攀，牵累一百四十余户。中书省议准：凡征斡脱官钱者，开坐债负户计、人名、数目呈中书省，转咨行省官，同为征理。照验元坐取斡脱钱人姓名，依理追征。毋致句扰违错。著为令。"观此，知回鹘之借贷，入元初不久，即为亲贵所攘夺矣，回鹘在中国放债，由来已久。《旧唐书·李晟传》：子惎，累官至右龙武大将军，沉湎酒色，恣为豪侈，积债至数千万。其子贷回鹘钱一万余贯不偿，为回鹘所诉。文宗怒，贬惎为定州司法参军。即其一事。《通鉴》：德宗贞元三年，河陇既没于吐蕃，自天宝已来，安西、北廷奏事及西域使人在长安者，归路既绝，人马皆仰给于鸿胪。礼宾委府县供之，于度支受直。度支不时付直，长安市肆不胜其弊。李泌知胡客留长安久者，或四十余年，皆有妻子，买田宅，举质取利，安居不欲归，命检括胡客有田宅者停其给，凡得四千人。（胡三省《注》："举者，举贷以取倍称之利也，质者，以物质钱，计月而取其利也。"案此所谓倍称者，犹言其为重利耳，非谓其利与本相侔也。）此等胡客，随回鹘而来者甚多，故亦冒回鹘之名。读《新唐书·回鹘传》可见。元世西域来者，不皆回鹘。回鹘，元时称畏吾儿，亦不称回鹘。放债者称回鹘，盖犹是唐世胡客之后，元初来自西域之贾胡，与之合流也。然则西域商人在中国放债，不但为时甚早，亦且历时甚久矣。迄不闻其以重利盘剥，为民所恨，为法所诛，何哉？无如西域之亲贵以资依倚，势固不容尔也。《元史·张珪传》：珪于泰定初论当世得失，有曰："中卖宝物，世祖时不闻其事。自成宗以来，始有此弊。分珠寸石，雠直数万。大抵皆时贵与斡脱中宝之人，妄称呈献，冒给回赐，高其直且十倍。蚕蠹国财，暗行分用。"斡脱之罔利，在此不在彼，亦时贵所为也。

印子钱

予十余龄时，即闻上海有所谓印子钱者，专由印度人放诸华人。其后旅沪，人言亦如是。然其实非也。《清史稿·成性传》：（附《朱克简传》）康熙十一年，授工科给事中。疏陈民生十害，其九为放债，云："百姓十室九空，无藉乘急取利，逐月合券，俗谓印子钱，利至十之七八，折没妻孥。"则清初已有之矣。其时为此者，似以旗人为多。盖法之所禁，非恃势不能为也。《清史稿·赵士麟传》：康熙二十三年，授浙江巡抚。"杭州民贷于驻防旗兵，名为印子钱。取息重，至鬻妻孥、卖田舍；不偿，则閧于官。营兵马化龙殴官，成大狱。士麟移会将军，挈缴券约，捐资代偿。将军令减子归母，母复减十之六。事遂解，民大称颂。"此事可谓不法已极。然士麟徒能代偿，不能惩也。又《马如龙传》：康熙二十四年，迁杭州知府。"杭州民贷于旗营，息重不能偿，质及子女。如龙请于将军，核子母，以公使钱代偿。杭州民咸颂如龙。"则士麟之所为，并不过救一时之急，尚未能庇及来年也。《刘荫枢传》：康熙时，除刑科给事中。疏言："京师放债，六七当十；半年不偿，即行转票，以子为母。数年之间，累万盈千。乞敕严立科条，照实贷银数三分起息。"《卫既齐传》：康熙时，授直隶霸州州判。"民贷于旗丁，子钱过倍，横索无已。既齐力禁戢之，无敢逞"。则又南北皆然。《成性传》云逐月合券，此云半年不偿乃转票，似其盘剥较轻，借时先有折扣，则亦未可谓轻也。此与赵瓯北所云放京债者无异，（见《京债》条。）足见其由来已久。《张照传》：乾隆七年，擢刑部尚书。"民间贷钱征息，子母互相权，谓之印子钱。雍正间，八旗佐领等有以印子钱腏所部旗丁者，世宗论禁革，都统李禧因请贷钱者得自陈，免其偿，并治贷者罪。至是，照言印子钱宜禁，如止重利放债，依违禁取利本律治罪，禧所议宜罢不用。从之。"盖重利放债，究以印子钱为最甚也。参看《羊羔利》条。

上海晚近之重利放债，公元一九三二年十二月八日之《时事新报》曾载之。其说分洋债与印子钱为二。名印度人所放者曰洋债。云：其利为十分。如借百元者，月付息十元，一年则百二十元矣。借者不书借据，但于空白纸上印一指模与之。若不能偿，则彼于此纸上填写本利而兴讼。所写利率，不过二分，以避盘剥之咎，然本钱则任其填写矣。印子钱，该报云最为普遍。大抵借五十元者，先扣去鞋袜费五元，实止借得四十五元，而每日须还一元，二月为清，则共得六十元矣。所借少则为期短。如借十元先扣一元，日还四角，一月为清，则共得十二元也。又有曰礼拜钱者，每星期付息一次。如借银十元，扣去鞋袜费一元，每星期付息一元。又有曰加二钱者，借百元，月付息二十元。又有曰皮球钱者，还不逾日，晨借十元，晚还十元二角。以上皆《时事新报》所载也。别有一报，（予所作笔记及剪存报纸，因旧居为倭寇炸毁，悉亡佚破损。此纸即破损者之一。所记报名及年月日，均不可考。）则以印子钱专为印度人所放。盖印子钱本中国重利盘剥之旧名，在晚近之上海，则以印度人所放为多也。《时事新报》此则，乃上海商业储蓄银行所登，为该行静安寺路分行创办信用小借款而设，实广告也。信用小借款，利率自云为七厘半。局外人论者云：以其先扣利息及本金分期拔还，实合一分五厘以上。

田　制

井田之制，古之论者多以为宜行诸大乱之后，人少之时。《汉纪》所载荀悦之论，最众所熟知者也。此自有其理，然谓非如此不可，则亦未为的当。何者？历代土田，固多为私家所占，然在官者仍不少也。私家之田，不可卒夺，官田独不可详立制度，以之为本，推诸私田乎？《汉书·高帝纪》：五年，五月，兵皆罢归家。诏曰："民前或相聚保山泽，不书名数。今天下已定，令各归其县，复故爵、田宅。"又曰："诸侯子及从军归者，甚多高爵，吾数诏吏先与田宅，及所当求于吏者，亟与。爵或人君，上所尊礼，久立吏前，曾不为决，甚无谓也。异日秦民爵公大夫以上，令、丞与亢礼，今吾于爵非轻也，吏独安取此！且法以有功劳行田宅，今小吏未尝从军者多满，而有功者顾不得，背公立私，守、尉、长吏教训甚不善。其令诸吏善遇高爵，称吾意。且廉问，有不如吾诏者，以重论之。"读此诏，便知当时田宅，在官者多，吏且能制其予夺，九年徙齐、楚大族关中，所由能予以利田宅也。自晋至唐，田皆有还受之法，公田自必甚多。至金世，乃云卖质于人无禁。说见《田业卖质无禁》条。然《金史·高汝砺传》言：军户既迁，将括地分授，汝砺净之，谓"河南民地、官田，计数相半"。民地自有隐匿，然官田数已不少。《明史·食货志》载弘治时，"官田视民田得七之一"亦然。此岂不足立制度，为推行之本乎？

荀悦言：井田之制，"土地布列在豪强，卒而革之，并有怨心，则生纷乱，制度难行。若高祖初定天下，光武中兴之后，人众稀少，立之易矣。既未悉备井田之法，宜以口数限田，为之立限；人得耕种，不得卖买；以赡贫弱，以防兼并，且为制度张本，不亦善乎？"此即《申鉴》所谓"耕而勿有，以俟制度"者。仲长统《昌言》曰："今者土广民希，中地未垦，犹当限以大家，勿令过制。地有草者，尽曰官田，力堪农事，乃听受之。若听其自取，后必为灾也。"其说与悦若合符节。详密之条例，不徒非急务，或且非必须。扼要言之，未耕者悉为公田，惟能耕者乃得受之，即此二语，已尽哀多益寡、称物平施之义矣。将此二语，明白宣示，与此违者，限期正之；详密之条例，随时随地定之，岂必俟大乱之后？而亦岂虑纷乱之生乎？或曰：并兼者之悖戾，则何所不至？虽如此，岂遂不与政府抗？然耕者其右之乎？耕者不之右，豪强能为乱乎？故均地之制，实不难行也。其不行，乃莫之行，非不可行也。何以莫之行？曰：皇庄也，官庄也，职田也，公廨田也，其剥削莫不同于豪强。然则自天子以至于公卿大夫士，皆豪强也。与虎谋皮得乎？然则荀悦等之论，特鉴于新莽之败而云然耳，固未尽制土分民之理也。

魏三长之立也，李安世上疏曰："窃见州郡之民，或因年俭流移，弃卖田宅，漂居异乡，事涉数世。三长既立，始返旧墟，庐井荒毁，桑榆改植。事已历远，易生假冒。强宗豪族，肆其侵陵，远认魏晋之家，近引亲旧之验。又年载稍久，乡老所惑，群证虽多，莫可取据。各附亲知，互有长短，两证徒具，听者犹疑，争讼迁延，连纪不判。良畴委而不开，柔桑枯而不采，侥幸之徒兴，繁多之狱作。欲令家丰岁储，人给资用，其可得乎？愚谓今虽桑井难复，宜更均量，审其径术，令分艺有准，力业相称，细民获资生之利，豪右靡余地之盈。则无私之泽，乃播均于兆庶；如阜如山，可有积于比户矣。又所争之田，宜限年断；事久难明，悉属今主。然后虚妄之民，绝望于觊觎；守分之士，永免于陵夺矣。"当时强宗豪族之所为，即仲长统所谓自取者。而均田之令，则从事后正之者也，亦曷尝见其能为乱乎？

《韩非子》曰："夫与人相若也，无丰年、旁人之利，而独以完给者，非力则俭也。与人相若也，无饥馑、疾疫、祸罪之殃，独以贫穷者，非侈则惰也。今人征敛于富人，以布施于贫家，是夺力俭而与侈惰也。"（《显学》）人与人是否相若，事极难言。然使其资地相同，所异者只在丰年、旁人之利，饥馑、疾疫、祸罪之殃，韩非之言，庸或未为大过；若先据特厚之资，持是以剥削人，则其所以致富者，乃强豪，非力俭也。此而加以右护可乎？占荒田者是已。《晋书·李班载记》：班尝谓李雄："古者垦田均平，贫富获所。今贵者广占荒田，贫者种殖无地，富者以己所余卖之。此岂王者大均之义乎？"《梁书·武帝纪》：大同七年，诏："如闻顷者，豪家富室，多占取公田，贵价僦税，以与贫民，伤时害政，为蠹已甚。"《宋史·食货志》：绍兴二十六年，通判安丰军王时升言："淮南土皆膏腴，然地未尽辟、民不加多者，缘豪强虚占良田，而无遍耕之力；流民襁负而至，而无开耕之地。"又淳熙九年，袁枢振两淮还，奏："民占田不知其数。力不能垦，则废为荒地。他人请佃，则以疆界为词，官无稽考。是以野不加辟，户不加多，而郡县之计益窘。"《金史·食货志》：大定二十七年，"随处官豪之家，多请占官地，转与他人种佃，规取课利"。《世宗纪》：大定二十年，十月，上谓宰臣："山后之地，皆为亲王、公主、权势之家所占，转租于民。"此等皆由人得自取所致。荀悦所由欲以口数立限，户调式所以有占田之数也。

　　土地制度之难立，在于太重先占之权。《晋书·隐逸传》：郭翻，"欲垦荒田，先立表题，经年无主，然后乃作。稻将熟，有认之者，悉推与之。县令闻而诘之，以稻还翻，翻遂不受。"此以制行论，原不失为廉让之美德，然非所语于为政矣。李安世言桑井难复，宜更均量；所争之田，宜立限断。皆必破弃私有之权，然后其策克遂者也。《旧唐书·哀帝纪》：天祐二年十月，敕："洛城坊曲内，旧有朝臣、诸司宅舍，经乱荒榛。张全义葺理已来，皆已耕垦。既供军赋，即系公田。或恐每有披论，认为世业，须烦案验，遂启幸门。其都内坊曲及畿内已耕殖田土，诸色人并不得论认。如要业田，一任买置。凡论认者，不在给还之限。如有本主元自差人勾当，不在此限。如荒田无主，即许识认。"即以诏旨剥夺私有之权者也。谓不合义可乎？

宋杨戬之立公田也，《戬传》谓其谋出于胥吏杜公才。"立法索民田契。自甲之乙，乙之丙，展转究寻。至无可证，则度地所出，增立赋租。"以戬之暴，犹必展转寻索田契，可见昔人视私有权之重。此在常局，固亦不得不然，然不能以此妨碍改革之大计也。

《汉书·王莽传》载中郎区博谏莽之辞曰："井田虽圣王法，其废久矣。周道既衰，而民不从。秦知顺民之心，可以获大利也，故灭庐井而置阡陌，遂王诸夏，迄今海内未厌其敝。今欲违民心，追复千载绝迹，虽尧、舜复起，而无百年之渐，弗能行也。"此所谓顺民之心者，谓民灭庐井、置阡陌而秦听之，非谓庐井为秦所灭，阡陌为秦所置也。曰民未厌其敝，乃谓民未思复井田，非谓其不恶富者占逾分之田，而己无立锥之地也。曰欲复井田，必有百年之渐，亦以繁碎之条例言。若知行井田之义在于均田，则亦初不俟此也。

《宋史·杨存中传》：乾道元年，兴屯田，存中献私田在楚州者三万九千亩。此亦乘兵荒而占取者也。王时升、袁枢所言不过平民，其为害已如此，况将帅乎？

官家出举（上）

振贷平民之事，后世日见其少，而出举兴生之事顾日多。《后汉书·樊宏传》：子儵，以永平十年卒。"帝遣小黄门张音问所遗言。先是河南县亡失官钱，典负者坐死及罪徙者甚众，并委责于人，以偿其耗。乡部吏司因此为奸。儵常疾之。又野王岁献甘醪、膏饧，每辄扰人，吏以为利。儵并欲奏罢之，疾病未及得上。音归，具以闻。帝览之而悲叹，敕二郡并令从之。"《虞诩传》：永建元年，为司隶校尉。为张防所陷，论输左校。复拜议郎。数日，迁尚书仆射。"是时长吏、二千石听百姓谪罚者输赎，号为义钱，托为贫人储，而守令因以聚敛。诩上疏曰：元年以来，贫百姓章言长吏受取百万以上者，匈匈不绝；谪罚吏人，至数千万；而三公、刺史，少所举奏。寻永平、章和中，州郡以走卒钱给贷贫人，司空劾案，州及郡县，皆坐免黜。今宜遵前典，蠲除权制。于是诏书下诩章，切责州郡。谪罚输赎，自此而止。"此皆官自放责以取利者也。《朱俊传》："少孤，母尝贩缯为业。俊以孝养致名，为县门下书佐。时同郡周规辟公府，当行，假郡库钱百万，以为冠帻费，而后仓卒督责，规家贫无以备，俊乃窃母缯帛，为规解对。"观规所假之巨，而长吏受取之多，无足异矣。《北齐书·宋游道传》：为尚书左丞，"入省，劾太师咸阳王坦、太保孙腾、司徒高隆之、司空侯景、录尚书元弼、尚书令司马子如官贷金银，催征酬价，虽非指事臧贿，终是不避权豪"。可见官家出举，历代不绝。然论者究尚以为非法，至隋、唐之世，而所谓公廨钱者，乃公然以出举兴生为事矣。

《隋书·食货志》："开皇八年，五月，高颎奏诸州无课调处，及课州管户数少者，官人禄力，乘前已来，恒出随近之州。但判官本为牧人，役力理出所部。请于所管户内，计户征税。帝从之。先是京官及诸州，并给公廨钱，回易取利，以给公用。至十四年六月，工部尚书苏孝慈等，以为所在官司，因循往昔，以公廨钱物，出举、兴生。惟利是求。烦扰百姓，败损风俗，莫斯之甚。于是奏皆给地以营农。回易取利，一皆禁止。"此先是二字，可上溯至拓跋魏之世。魏百官本无禄，至孝文太和八年，乃颁禄而罢在官商人，（见《魏书·本纪》。）未颁禄前，疑即任商人出举、兴生以自给。然虽颁禄之后，疑亦未能尽绝，至衰敝之世，乃又从而扬之。宋游道所劾咸阳王坦等，即其事也。《隋志》又云："开皇十七年，十一月，诏在京及在外诸司公廨，在市回易，及诸处兴生，并听之，惟禁出举收利。"盖出举之弊，较兴生为尤甚矣。唐世公廨钱，屡罢屡复，甚至祠祭、蕃夷别设、宰相堂除食利、六宫殓钱等，皆恃此以给之。事见《新唐书·食货志》。其散见他处者：《旧唐书·玄宗纪》：开元二十六年，正月，长安、万年两县，各与本钱一千贯，收利供驲。三月，河南、洛阳两县，亦借本钱一千贯，收利充人吏课役。《代宗纪》：永泰元年，三月，诏左仆射裴冕等十三人并集贤院待诏。上以勋臣罢节制者，京师无职事，乃合于禁门、书院间，以文儒、公卿宠之也。仍特给飧本钱三千贯。《穆宗纪》：元和十五年，八月，赐教坊钱五千贯，充息利本钱。长庆三年，十月，赐内园使公廨本钱一万贯，军器使三千贯。《懿宗纪》：咸通五年，五月，以南蛮侵犯湖南，桂州是岭路系口，诸道兵马、纲运，无不经过，顿递供承，动多差配。潭、桂两道，各赐钱三万贯，以助军钱，亦以充馆驿息利本钱。江陵、江西、鄂州三道，比于潭、桂，徭配稍简。令本道观察使详其闲剧，准此例兴置。《礼乐志》：永泰二年，国子学成，贷钱一万贯，五分收钱，以供监官、学生之费。（《新唐书·宦者·鱼朝恩传》云：赐钱千万，取子钱供秩饭。）盖无一事不恃为经费之源矣。公家将资本放出，使民间得资周转，免于阁置，又得取其利息，以充经费，似亦未为失计。然其授受之间，必尽守私家贷贷之法乃可。

若其别有所挟，则其弊不可胜穷矣。

　　《宋史·宁宗纪》：嘉泰四年，七月，"蠲内外诸军逋负营运息钱"。则宋时诸军，仍有从事营运者。《辽史·圣宗纪》：开泰二年，七月，"诏以敦睦宫子钱振贫民"。此子钱亦必取之于民者也。《食货志》："圣宗乾亨间，以上京乣为户，訾具实饶，善避徭役，遗害贫民。遂勒各户，凡子钱到本，悉送归官，与民均差。"乣为户，盖藉代官营运而免役者。《元史·河渠志》：蜀堰之成，余款二十万一千八百缗，责灌守以贷于民，岁取其息，以备祭祀及淘滩、修堰之费。《百官志》：大司农司供膳司，所属有辅用库，掌规运息钱，以给供需。太医院大都惠民局，掌收官钱，经营出息，市药修剂，以惠贫民。（《食货志》：惠民药局：太宗九年，始于燕京等十路置局。官给银五百锭，为规运之本。世祖中统二年，又命王祐置局。四年，复置局于上都。每中统钞一百两，收息钱一两五钱。至元二十五年，以陷失官本，悉罢革之。至成宗大德三年，又准旧例，于各路设置焉。）内宰司广惠库，至元三十年，以钞本五千锭立库，放典收息，纳于备用库。《世祖纪》：至元十四年，二月，"立永昌路山丹城等驿。仍给钞千锭为本，俾取息以给驿传之须。诸王只必铁木儿言：永昌路驿百二十五，疲于供给，质妻孥以应役。诏赐钞百八十锭赎还之"。《武宗纪》：大德十一年，七月，"从和林省臣请，如甘肃省例，给钞二千锭，岁收子钱，以佐供给"。至大三年，十月，"三宝奴言：故丞相和礼霍孙时，参议府左右司断事官、六部官日具一膳，不然则抱饥而还，稽误公事，今则无以为资。乞各赐钞二百锭规运，取其息钱以为食。制可"。《仁宗纪》：延佑六年，六月，"赐大乾元寺钞万锭，俾营子钱，供缮修之费"。十一月，"中书省臣言：曩赐诸王阿只吉钞三万锭，使营子钱，以给田猎廪膳，毋取诸民。今其部阿鲁忽等出猎，恣索于民，且为奸事。宜令宗正府、刑部讯鞫之，以正典刑。制曰可"。《顺帝纪》：至正六年，十二月，"诏复立大护国仁王寺昭应宫财用规运总管府，凡贷民间钱二十六万余锭"。《孔思晦传》：仁宗时，袭封衍圣公。"子思书院旧有营运钱万缗，贷于民，取子钱以供祭祀。久之，民不输子钱，并负其本。思晦理而复之。"皆可见出举关涉之广也。

宋时布帛，有所谓预买者。《宋史·食货志》云：太宗时，马元方为三司判官，建言："方春乏绝时，预给库钱贷民，至夏秋令输绢于官。"大中祥符三年，河北转运使李士衡又言："本路岁给诸军帛七十万，民间罕有缗钱，常预假于豪民，出倍称之息。至期则输赋之外，先偿逋欠，以是工机之利愈薄。请预给帛钱，俾及时输送，则民获利而官亦足用。"诏优予其直。自是诸路亦如之。或蚕事不登，许以大小麦折纳。仍免仓耗及头子钱。（亦见元方及仕衡传。）案《五代史·常思传》："广顺三年，徙镇归德，居三年，来朝，又徙平卢。思因启曰：臣居宋，宋民负臣丝息十万两，愿以券上进。太祖额之。（案时居位者应为世宗。）即焚其券，诏宋州悉蠲除之。"思盖名进其券，实冀朝廷为之征偿也。《通鉴》后唐庄宗同光二年，"孔谦贷民钱，使以贱价偿丝，屡檄州县督之。翰林学士承旨、权知汴州卢质上言：梁赵岩为租庸使，举贷诛敛，结怨于人。陛下革故鼎新，为人除害，而有司未改其所为，是赵岩复生也"。此与宋之预买，虽缓急不同，原其朔则同为一事。盖民间先有此等剥削之法，官乃恃其财势，从而攘其利耳。故预买本意，虽在宽民，后亦变为剥削之政矣。《宋史·王随传》：真宗时，"迁淮南转运使，父忧，起复。时岁比饥，随敕属部出库钱，贷民市种粮，岁中约输绢以偿，流庸多复业"。此亦初兴时之预买。《张美传》：太祖时，"拜定国军节度。县官市木关中，同州岁出缗钱数十万以假民，长吏十取其一，谓之率分钱，岁至数百万。美独不取。他郡有诣阙诉长吏受率分钱者，皆命偿之"。此则由预买变为放债矣。（俵籴价亦豫给，见《青苗法》条。）

《清史稿·陈鸿传》：道光二年，"奉命稽察银库。其妻固贤明，曰：可送妾辈归矣。惊问之，曰：银库美差，苟为所染，昵君者麕至，祸且不测，妾不忍见君菜市也。鸿指天自誓，禁绝赂遗。中庭已列花数盆，急挥去，盆堕地碎，中有藏镪，益耸惧。遂奏库衡年久铁陷，请敕工部选精铁易之。送库日，责成管库大臣率科道库员校验，然后启用。禁挪压饷银、空白出纳，及劈鞘诸弊。库吏百计话之，不动。复请户部逐月移送收银总簿；别立放银簿，钤用印信，以资考核。先是御史赵佩湘驭吏严，其死也，论者疑其中毒。鸿莅库，勺水不敢饮"。又《徐法绩传》："迁给事中。稽察银库，（案事在道光九年后。）无所染。（道光）十二年，分校会试。同官与吏乘隙为奸，匿云南饷银。法绩出闱，亟按之，谋始沮。"《论》曰："陈鸿、徐法绩，清操相继，冀挽颓风，而库藏大狱，卒发于十数年之间，甚矣实心除弊之罕觏其人也！"案所谓库藏大狱者，事在道光二十三年，亏空凡九百万两，见《黄爵滋传》。又《和瑛传》：为喀什噶尔参赞大臣，"劾喀喇沙尔历任办事大臣，私以库款贷与军民及土尔扈特回子，取息钱入己，降革治罪有差"。则知私以库款出贷，历代皆有其事。

又《觉罗宝兴传》：道光时，为四川总督。"以马边诸厅、县增设防兵，筹议边防经费，请按粮津贴，计可征银百万两。以三十万为初设防兵之需。每岁经费，即以余银七十万两生息，置田供支。上以津贴病民，拨部帑银百万。翰林院侍读学士王炳瀛奏：四川前买义田，遍及百余州县。若更以数十万帑银于各州县买田收租，膏腴将尽归公产。请限于四厅近边地收买，安置屯防。下宝兴妥议。疏言：边防完竣，用银二十二万两有奇。以三十七万发盐茶各商，岁得息三万七千余两，足敷增设练勇饷械之需。余银四十万，听部拨别用。遂罢买田议。"（此事亦见《何凌汉传》，可以参观。）隋代以兴生贤于出举，给地贤于回易，此则适与相反，足见社会情形，随世变易也。存商利息，不过一分，亦远较前代为轻。

《新唐书·苗晋卿传》：为魏郡太守，"会入计，因上表请归乡里。出俸钱三万为乡学本，以教授子弟"。则民间事业，亦多以出举收息充经费。《宋史·常林传》："为浙东安抚使。值水灾。两浙及会稽、山阴死者暴露，与贫而无以为敛者，以十万楮置普惠库，取息造棺以给之。"《黄䇕传》："知台州。置养济院；又创安济坊，以居病囚；皆自有子本钱，使不废。"此等虽出官办，实与民间自办者无异，故亦称善政。公家之出举，所恶者原在其恃势横行，实同豪夺，而非在其出举也。

《元史·奸臣·卢世荣传》：世荣奏："国家虽立平准，然无晓规运者，以致钞法虚弊，诸物踊贵。宜令各路立平准周急库，轻其月息，以贷贫民。如此，则贷者众而本且不失。"此欲出贷，与隋、唐之出举不同；所云规运，亦与其所谓兴生者大异。世荣理财之策，不徒非历代计臣所知，并非学人议论所及，疑实来自西域。其能行于中国与否，自难遽断，然入诸《奸臣传》，则实厚诬也。

公家亦有入举者，已见《古振贷二》条。宋元嘉二十七年北伐，扬、南徐、兖、江四州，富民家赀满五千万，僧尼满二千万者，并四分换一。过此率讨，事息即还。萧颖胄起兵，史亦言其换借富资，以充军费。当时所谓换，即今所谓借也。《元史·王楫传》："戊子，（宋理宗绍定元年，成吉思汗死之明年也。）奉监国公主命，领省中都。属盗起信安，结北山盗李密，转掠近县。楫曰：都城根本之地，何可无备？引水环城。调度经费，楫自为券，假之贾人，而敛不及民。"燕帖木儿之起，伯颜应之，亦借赀商人，许以倍息。此等皆在用兵之时。《新唐书·薛仁贵传》：子讷，迁蓝田令。"富人倪氏，讼息钱于肃政台。中丞来俊臣受赇，发义仓粟数千斛偿之。讷曰：义仓本备水旱，安可绝众人之仰私一家？报上不与。会俊臣得罪，亦止。"讼息钱而判以义仓粟为偿，其事殊不可解。度其贷款，必与地方公务有关涉也，此则在于平时矣。

官家出举（下）

专制之世，官私不甚分明。官之所为，与作官者之所为，往往混为一谈；而私家之所为，亦有托诸官或作官之人者。出举其一事也。

《史记·萧相国世家》言：高祖击黥布，数使使问相国何为。客有说相国买田地，赊贷以自污者。此说，盖汉初治纵横家言者所造，不足信，然当时有此等事，则可想见也。《汉书·王子侯表》：旁光侯殷，元鼎元年坐贷子钱不占租、取息过律，会赦，免；陵乡侯诉，建始二年坐使人伤家丞，又贷谷息过律，免；其明证矣。《宋书·蔡兴宗传》："迁会稽太守。会土全实，民物殷阜。王公妃主，邸舍相望，挠乱在所，大为民害。子息滋长，督责无穷。兴宗悉启罢省。"《隋书·秦王俊传》：镇并州，"出钱求息，民吏苦之"。《旧唐书·高季辅传》：太宗时上封事，言"公主、勋贵，放息出举，追求什一"。《新唐书·徐有功传》：博州刺史琅琊王冲，责息钱于贵乡，遣家奴督敛，与尉颜余庆相闻知。《辽史·道宗纪》：清宁三年，十二月，"禁职官于部内假贷、贸易"。太康九年，七月，"禁外官部内贷钱取息，及使者馆于民家"。《金史·马琪传》："世宗谓宰臣曰：比者马琪主奏高德温狱，其于富户寄钱，皆略不奏。朕以琪明法律而正直，所为乃尔。称职之才，何其难也？"《元史·刑法志·禁令》："诸监临官辄举贷于民者，取与俱罪之。"《明史·太祖诸子传》：宁王宸濠，"责民间子钱，强夺田宅、子女"。《外戚传》：孙忠，"家奴贷子钱于滨州民，规利数倍，有司望风奉行，民不堪，诉诸朝，言官交章劾之。命执家奴戍边，忠不问"。皆作官之人。若贵势之家，自以其钱出贷，非以官钱也。其与官相依倚者，则如汉掖庭狱"为人起责，分利受谢"；（《汉书·谷永传》）罗衷致千余万，举其半略遗曲阳、定陵侯，依其权力，赊贷郡国；《货殖传》。北齐诸商胡，负官债息者，宦者陈德信纵其妄注淮南富家，令州县征责，（《北齐书·卢潜传》）皆是。《明史·杨松传》：（附《骆开礼传》）"历官御史，巡视皇城。尚膳少监黄雄征子钱与民閧，兵马司捕送松所。事未决，而内监令校尉趣雄入直，诡言有驾帖。松验问无有，遂劾雄诈称诏旨。帝（穆宗）令黜兵马司官，而镌松三级，谪山西布政司照磨。"则并有依托宫禁者矣。

　　与官相依倚者，以商人为最多。以其兼事出举、兴生，二者皆有恃于官势也。《魏书·高宗纪》：和平二年，正月，诏曰：

"刺史牧民，为万里之表。自顷每因发调，逼民假贷，大商富贾，要射时利，旬日之间，增赢十倍。上下通同，分以润屋。为政之弊，莫过于此。其一切禁绝。犯者十匹以上皆死。"此所谓假贷，盖谓赊欠货物，即晁错所谓"乘上之急，所卖必倍"，乃兴生之事，非出举之事也。然游资在手，兼事出举，自亦甚便。故刘从谏署贾人子为牙将，使行贾州县，其人遂所在暴横，责子贷钱矣。(《新唐书》本传)

《旧唐书·杜亚传》：充东都留守。"既病风，尚建利以固宠。奏请开苑内地为营田，以资军粮，减度支每年所给。从之。""苑内地堪耕食者，先为留司中官及军人等开垦已尽。亚计急，乃取军中杂钱举息与畿内百姓。每至田收之际，多令军人车牛，散入村乡，收敛百姓所得菽粟将还军。民家略尽，无可输税，人多艰食，由是大致流散。"此军人从事放债者也。《明史·颜鲸传》："擢御史，出视仓场。奸人马汉，怙定国公势，贷子钱漕卒。偿不时，则没入其粮，为怨家所诉。汉持定国书至，鲸立论杀之。"则又贵势之放债于军人者矣。

《北齐书·循吏·苏琼传》：迁南清河太守。"道人道研为济州沙门统，资产巨富，在郡多有出息，常得郡县为征。及欲求谒，度知其意，每见则谈问玄理，应对肃敬。研虽为债数来，无由启口。"此可见当时僧人，亦多与官吏相结托。

与官吏相结托者，不过取其权力而已，纲纪颓敝之世，又有不待官而自行之者。《通鉴》后汉高祖乾祐元年，蜀司空兼中书侍郎、同平章事张业，于私第置狱系负债者，或历年，至有瘐死者，是也。然此等事非可常行，故与官结托者究多。

士大夫亦有以赍贷为可耻者。《宋书·王弘传》：父珣，"颇好积聚，财物布在民间。珣薨，弘悉燔烧券书，一不收责"。《顾颙之传》:"五子:约、缉、绰、缜、绲。绰私财甚丰,乡里士庶多负其责,颙之每禁之不能止。及后为吴郡,诱绰曰:我常不许汝出责,定思贫薄亦不可居。民间与汝交关,有几许不尽,及我在郡,为汝督之。将来岂可得?凡诸券书皆何在?绰大喜,悉出诸文券一大厨与颙之。颙之悉焚烧,宣语远近:负三郎责,皆不须还,凡券书悉烧之矣。绰懊叹弥日。"《齐书·崔慰祖传》:"父梁州之资,家财千万,散与宗族。料得父时假贳文疏,谓族子纮曰:彼有,自当见还,彼无,吾何言哉?悉火焚之。"《宋史·陈希亮传》:"幼孤,好学。年十六,将从师。其兄难之,使治钱息三十余万。希亮悉召取钱者,焚其券而去。"皆其事也。然此等人如凤毛麟角矣。

士大夫亦有入举者。如范质兄子杲,家贫,贷人钱数百万是也。(《宋史·质传》)此等人,谨慎守法者,亦多为债主所苦。《旧唐书·崔衍传》:继母李氏,不慈于衍,而衍事李氏益谨。李氏所生子郃,每多取子母钱,使其主以契书征负于衍。衍岁为偿之。故衍官至江州刺史,而妻子衣食无所余。盖其盘剥颇深矣。宋王旦为中书舍人,家贫,与昆弟贷人息钱,违期,以所乘马偿之。(《宋史·王祜传》)太宗并用李沆、宋湜、王化基为右补阙、知制诰,各赐钱百万。又以沆素贫,多负人钱,别赐三十万偿之。(《宋史·沆传》)亦其事也。其豪横者,则或不作偿计。《汉书·高惠高后文功臣表》:河阳严侯陈涓,子信,坐不偿人责过六月,免,其最早者矣。《宣元六王传》:朱博自言负责数百万,淮南宪王钦遣吏为偿二百万。《佞幸传》:邓通败后,家负责数巨万。《后汉书·梁冀传》:冀从士孙奋贷钱五千万,奋与以三千万。此等盖皆相交关为奸利,非迫于用,其借以供挥霍者。则如《潜夫论》言:"王侯、贵戚、豪富,高负千万,不肯偿责。小民守门号哭啼呼，曾无怵惕惭怍哀矜之意。苟崇聚酒徒无行之人，或殴击责主，入于死亡。诸妄骄奢、作大责者，必非救饥寒而解困急，振贫穷而行礼义者也，咸以崇骄奢而奉淫湎耳。"（《断讼》）是其事也。小民安有钱可以出借？盖皆出于赊欠。汉高祖从王媪、武负贳酒；吕母益酿醇酒，赊与少年来沽者；（《后汉书·刘盆子传》）潘璋居贫好赊沽；皆是。王符又言："永平时，诸侯负责，辄有削黜之罚，其后皆不敢负民。"可见负民习为恒事。然究不能不受法律之裁正，故又必崇聚酒徒无行之人，以其不畏法律也。此等可谓不法已极。唐章怀太子之子守礼，常带数千贯钱债。或谏之。守礼曰：岂有天子兄，没人葬？（《旧唐书·高宗诸子传》）转为愿朴者矣。

《宋史·奸臣·吕惠卿传》：邓绾言其兄弟强借秀州富民钱买田。此说未知信否。然以诋惠卿纵诬，当时必自有此等事。此又贵势入举之一种也。

《新唐书·宋璟传》："京兆人权梁山谋逆，敕河南尹王怡驰传往按，牢械充满，久未决，乃命璟为留守，复其狱。初，梁山诡称婚集，多假贷，吏欲并坐贷人。璟曰：婚礼借索大同，而狂谋率然，非所防亿。使知而不假，是与为反。贷者弗知，何罪之云？平纵数百人。"假贷何必分向数百人？数百人何以皆信之？其事殊不可解。梁山盖豪侠者流？其诡称婚集，盖亦如今豪侠者所谓"开贺"？特今则竟以相遗，尔时则犹称假贷耳。史言陈汤家贫，匄贷无节，此与汉高、潘璋、从吕母赊沽之少年，正汉诸侯王所崇聚者耳。

《宋史·李汉超传》："迁齐州防御使兼关南兵马都监。人有讼汉超强取其女为妾及贷而不偿者，太祖召而问之曰：汝女前适何人？曰：农家也。又问：汉超未至关南，契丹如何？曰：岁苦侵暴。曰：今复尔邪？曰：否。太祖曰：汉超，朕之贵臣也，为其妾，不犹愈于农妇乎？使汉超不守关南，尚能保汝家之所有乎？责而遣之。密使谕汉超曰：亟还其女并所贷。朕姑贳汝，勿复为也。不足于用，何不以告朕耶？"此人敢与汉超讼，讼而能达九重，必非贫弱，汉超盖亦择富民而鱼肉之耳。

时愈晚，则出举取利之事愈多。《宋史·文苑·贺铸传》："以尚气使酒，不得美官，悒悒不得志。食官祠禄，退居吴下，以是杜门，将遂其老。家贫，贷子钱自给。有负者，辄折券与之。秋豪不以丐人。"又《孝义·郝戭传》："家贫，竭力营养。或怜伤之，贷以钱数百万，使取息自赡。戭重谢，留钱五六年不用，复返之。"此虽尚与子钱家所为有异，然亦足见士大夫之恃子钱自活者日多矣。

民间借贷

借贷之事，在城市者，盖以工商为多，乡村则多农民。乡村赀财少，农民又多愿朴，故其盘剥为尤酷。晁错说汉文帝，言商人兼并农人，盖其意主抑商，故但言商人；其实田连阡陌之家，亦未尝不如是也。《后汉书·樊宏传》，言其父重，"世善农稼，好货殖，开广田土三百余顷，年八十余终。其素所假贷人间数百万，遗令焚削文契。责家闻者皆惭，争往偿之。诸子从敕，竟不肯受"。《魏书·卢义僖传》："义僖少时，幽州频遭水旱。先有谷数万石贷民。义僖以年谷不熟，乃燔其契。"《北齐书·卢叔武传》："叔武在乡时，有粟千石。每至春夏，乡人无食者，令自载取，至秋，任其偿，都不计较，而岁岁常得倍余。"《北史·李士谦传》："士谦出粟万石，以贷乡人。属年谷不登，责家无以偿，皆来致谢。士谦曰：吾家余粟，本图振赡，岂求利哉？于是悉召债家，为设酒食，对之燔契。明年，大熟，责家争来偿。士谦拒之，一无所受。"此等多粟之家，盖皆当时之大地主也。诸人皆获好义之名，然合全局观之，则必求利者其常，而振施者其变矣。《宋史·食货志》言：太宗时，"富者操奇赢之资，贫者取倍称之息，一或小稔，责偿愈急，税调未毕，资储罄然。遂令州县戒里胥、乡老察视，有取富民谷麦赀财，出息不得踰倍，未输税，毋得先偿私逋，违者罪之"。"宣仁太后临朝，起司马光为门下侍郎。光抗疏曰：四民之中，惟农最苦。幸而收成，公私之债，交争互令。谷未离场，帛未下机，已非己有。"其言之可谓痛矣。放此等债者，其追索恒特酷。宋武帝负刁逵社钱三万，为所执录，（事见《南史·本纪》。《魏书·刁雍》及《岛夷传》皆同，惟《北史·雍传》作一万。）其后辗转报复，可谓以涓涓之流，而酿滔天之祸。宋武亦豪杰之流，而犹如此，况于羸弱者乎？《宋史·崔与之传》，言民有窘于豪民逋负，殴死其子诬之者，盖诚有所不得已也。

　　亦有商人、地主，合而为一者。《清史稿·循吏·郑敦允传》：（附《狄尚纲传》）道光八年，出为湖北襄阳知府。"枣阳地瘠民贫，客商以重利称贷，田产折入客籍者多。敦允许贷户自陈，子浮于母则除之。积困顿苏。"以商人贷款而准折入田产，此晁错所以谓商人兼并农人也。

　　乘人之急而鱼肉之，已足诛矣。乃又有诱人使入陷阱者。《宋史·真宗纪》：大中祥符二年，正月，"诏诱人子弟析家产，或潜举息钱，辄坏坟域者，令所在擒捕流配"。宜矣。

《元史·成宗纪》：大德五年，十月，"诏权豪势要之家，佃户贷粮者，听于来岁秋成还之。"此田主于收租之外，更以借贷剥削其佃户者也。

在城市者，盖多以钱借贷。《元史·孝友传》："孙秀实，大宁人。里人王仲和，尝托秀实贷富人钞二千锭，贫不能偿，弃其亲逃去。数年，其亲思之，疾，秀实日馈薪米存问，终不乐。秀实哀之，悉为代偿，取券还其亲。后命奴控马赍金，访仲和使归，父子欢聚，闻者莫不叹美。又李怀玉等贷秀实钞一千五百锭，度无以偿，尽还其券不征。"此等皆为数颇巨，盖工商有赀产者。《梁书·王志传》：天监元年，迁丹阳尹。"京师有寡妇，无子，姑亡，举债以敛葬，既葬而无以还之。志愍其义，以俸钱偿焉。"则凡民之迫于用者也。《史记·货殖列传》：长安有子钱家。《元史·吴鼎传》：同知中政院事。"浙有两富豪曰朱、张家，多贷与民钱。其后两家诛没，而券之已偿者，亦入于官，官惟验券征理，民不能堪。鼎力为辨白，始获免。"专以出贷为事，盖亦所谓子钱家矣。《宋史·吴奎传》：权开封府。"富人孙氏辜榷财利，负其息者，至评取物产及妇女。奎发孙宿恶，徙其兄弟于江淮间，豪猾畏敛。"子钱家之居辇毂下者，其神通，又非寻常之子钱家比也。

豪猾虽自有势力，究仍多依倚官府。宋秦州民李益，民负息钱，官为督理，引见《富人之不法》条。《金史·章宗纪》：明昌元年，八月，"禁指托亲王、公主奴隶，占纲船，侵商旅，及妄征钱债。"亦其伦也。《宋史·陈舜俞传》：舜俞诤青苗法有云："祖宗著令：以财物相出举，任从书契，官不为理，其保全元元之意，深远如此。"以官不理债务为保全元元，盖知官吏必左袒债主也。《儒林·黄震传》："调吴县尉，吴多豪势家，告私债则以属尉。民多饥冻窘苦，死尉卒手。震至，不受贵家告。"
吴之豪势家，亦秦之李益也。

官之右护富民，亦有出于不得已者。盖既不能划除贫富，又
举相沿已久、习以为安之局而坏之，其为患，必更有不堪设想者
也。《宋史·沈立传》："迁两浙转运使。苏、湖水，民艰食，县
戒强豪民发粟以振，立亟命还之，而劝使自称贷，须岁稔，官
为责偿。"《朱寿隆传》：为京东转运使。"岁恶民移，寿隆谕大
姓、富室畜为田仆，举贷立息，官为置籍索之，贫富交利。"皆
以此也。《崔与之传》：知建昌之新城。"岁适大歉。有强发民
廪者，执其首，折手足以徇，盗为止。劝分有法，贫富安之。"
《陈居仁传》："移建宁府。岁饥，出储粟平其价，弛逋负以巨
万计，代输畸零茧税。有因告籴杀人者，会赦免，居仁曰：此乱
民也，释之将覆出为恶，遂诛之。"意亦如是。然折其手足已甚
矣，况杀之乎？

《金史·黄久约传》："时以贫富不均，或欲令富民分贷贫
者，下有司议。久约曰：物之不齐，物之情也。贫富不均，亦
理之常。若从或者言，适足以敛怨，非损有余补不足之道。章
宗时领右丞相，寝其议。"案行或者之言，则不得不官为理欠，
此其一难。然明二祖、仁、宣时，曾令"富人蠲佃户租，大户贷
贫民粟，免其杂役为息，丰年偿之"。见《明史·食货志》。又
《刘辰传》：迁江西布政司参政。"岁饥，劝富民贷饥者，蠲其
徭役，以为之息。官为立券，期年而偿。"则迫之虽属难行，劝
之亦自有其术也。

富人莫能救恤，贫民自不得不相濡以沫。既曰贫民，安有
余力，则合众之道尚焉。《新唐书·循吏传》：韦宙，出为永州
刺史。"民贫无牛，以力耕。宙为置社，二十家月会钱若干，探

名，得者先市牛，以是为准，久之，牛不乏。"此即后世纠会之法，缓急之藉以济者多矣。

质　典

出举者必不甘丧其所有也，于是乎有质典。可质典之物甚众。《梁书·处士庾诜传》："邻人有被诬为盗者，被劾妄款。诛矜之，乃以书质钱二万，令门生诈为其亲，代之酬备。"《南史·谢弘微传》：曾孙侨，"素贵。尝一朝无食，其子启欲以《班史》质钱。答曰：宁饿死，岂可以此充食乎？"北齐祖斑，尝以《华林遍略》数帙，质钱樗蒲。是书可为质也。褚炫病，无以市药，以冠剑为质。(《南史·褚彦回传》)孙腾、司马子如尝诣李元忠，逢其方坐树下，葛巾拥被，对壶独酌，使婢卷两褥，以质酒肉。及卒，又以金蝉质绢，乃得敛焉。杜甫之诗曰："朝回日日典春衣，每向江头尽醉归。"诗人之辞，似不容尽据为典实。然《宋史·张秉传》言："秉好饬衣服，洁馔具。每公宴及朋友家集会，多自挈肴膳而往。家甚贫，常质衣以给费焉。"则杜陵之辞，亦非尽子虚矣。是凡衣饰皆可为质也。《元史·儒学·胡长孺传》：为台州宁海县主簿。"永嘉民有弟质珠步摇于兄者，赎焉，兄妻爱之，绐以亡于盗。屡讼不获直，往告长孺。长孺曰：尔非吾民也，叱之去。未几，治盗。长孺嗾盗诬兄受步摇为赃，逮兄赴官，力辨数弗置。长孺曰：尔家信有是，何谓诬耶？兄仓皇曰：有固有之，乃弟所质者。趣持至验之。呼其弟示曰：得非尔家物乎？弟曰：然。遂归焉。"此又以贵重之物为质者也。以物为质而后出举，实最利于举主。然举主必资力雄厚，且必能保守其质物。独力不给，集众为之，而典肆兴矣。然非一蹴可几也。

《南史·循吏传》：甄法崇孙彬。"尝以一束苎就州长沙寺库质钱。后赎苎还，于苎束中得五两金，以手巾裹之，彬得，送遗寺库。道人惊云：近有人以此金质钱，时有事不得举而失。檀越乃能见还，辄以金半仰酬。往复十余，彬坚然不受。"案《齐书·褚渊传》言：渊死后，弟澄，"以钱万一千，就招提寺赎太祖所赐渊白貂坐褥，坏作裘及缨"。则当时僧寺，实为一质押称贷之所。《魏书·释老志》：永平二年冬，沙门统惠深上言："比来僧尼，或因三宝，出贷私财。"僧尼且然，岂况于寺？出举而多受质物，则寺库立矣。《旧唐书·德宗纪》：建中三年，"借京城富商钱，所得才八十万贯。少尹韦祯，又取僦柜质库法拷索之"。《通鉴》云："括僦柜质钱，凡蓄积钱帛粟麦者，皆借四分之一，封其柜窖。"胡《注》云："民间以物质钱，异时赎出，于母钱之外复还子钱，谓之僦柜。"《通鉴》本文，质字下似夺库字。综观诸文，盖藏钱帛之所谓之柜，粟麦之所谓之窖，出于钱粟之外者，则谓之库也。至此则缘起僧寺，托于周急以自文者，公然为牟利之举矣。《老学庵笔记》云："今僧寺辄作库质钱取利，谓之长生库。"则宋时僧寺，犹有从事于此者，然日衰矣。《五代史补》云："慕容彦超之被围也，勉其麾下曰：吾库中金银如山积，若全此城，尽以为赐，汝等勿患富贵。有卒私言曰：侍中银皆铁胎，得之何用？诸军闻之，稍稍解体。高祖入，有司阅其库藏银，铁胎者果什七八。初，彦超令人开质库，有以铁胎银质钱者，经年后库吏始觉，言之彦超。初甚怒，顷之，谓吏曰：此易致耳，汝宜伪宝库墙，凡金银器用暨缣帛等，速皆藏匿，仍乱撒其余，以为贼践，吾当擒此辈矣。库吏如其教。彦超卞令：恐百姓疑彦超隐其物，宜令三日内各投状，明言质物色目，当倍偿之。百姓以为然，投状相继。翼日，铁胎银主果出。于是擒之，置之深屋中，使教部曲辈昼夜造，用广府库。此银是也。"则五代时并有官典矣。

《金史·百官志》："中都流泉务。大定十三年，上谓宰臣曰：闻民间质典，利息重者至五七分，或以利为本，小民苦之。若官为设库务，十中取一为息，以助官吏廪给之费，似可便民。卿等其议以闻。有司奏于中都、南京、东平、真定等处并置质典库，以流泉为名，各设使、副一员。凡典质物，使、副亲评价值，许典七分，月利一分；不及一月者，以日计之。经二周年外，又踰月不赎，即听下架出卖。出帖子时，写质物人姓名、物之名色、金银等第分两、所典年月日、钱贯、下架年月之类。若亡失者，收赎日勒合干人，验元典官本，并合该利息，陪偿入官外，更勒库子，验典物日上等时估偿之。物虽故旧，依新价偿。仍委运司佐贰幕官识汉字者一员提控，若有违犯则究治。每月具数申报上司。大定二十八年十月，京府、节度州添设流泉务，凡二十八所。明昌元年，皆罢之。二年，在都依旧存设。"此典肆规制见于史最早者。其待质物者，较后世私典颇优。然此类事官办必不能善，故后不得不皆罢也。《元史·文宗纪》：至顺元年，正月，"赐燕帖木儿质库一"。知元时亦有官典。然《刑法志·禁令》云："诸典质不设正库，不立信帖，违例取息者禁之。"则私典究盛矣。信帖，即金流泉务之帖子。《齐书·萧坦之传》：坦之死，收其从兄翼宗，"检家赤贫，惟有质钱帖子数百"。此事《通鉴》见永元元年。《注》云："质钱帖者，以物质钱，钱主给帖与之，以为照验，他日出子本钱收赎。"其昉也。

商业初兴时，受官管制颇严，如《礼记·王制》所载："有圭璧金璋，不粥于市"等是也。典肆亦然。《元史·仁宗纪》：
至大四年，九月，"禁卫士不得私衣侍宴服，及以质于人。"《宁
宗纪》：至顺三年，十月，"敕百官及宿卫士有只孙衣者，凡与
宴飨，皆服以侍，其或质诸人者罪之"。《刑法志·职制下》：
"诸管军官辄以所佩金银符充典质者，笞五十七，降散官一等。
受质者减半。"皆是。然此等亦终成具文而已。

　　自吾所传闻之世，下逮少时所见，全国典肆，盖有数千，而
在乡实多于在城。其受质也，主于粟米、丝绵、布帛、衣物；于
他琐屑之物，亦多受质。利率月二分。而其为质者守护其作质之
物，亦他放债者所弗逮也。又其受官管理颇严，故其营业颇为稳
固，存款者多乐于是，典肆得之，可以扩充其营业，而公私款
项，亦有存放之所也。典肆之败坏，实与银圆之流行相关。当银
圆未行时，典肆实为极稳固之业，逮其盛行，平钱稍尽，钱价日
跌，典肆以受官管理故，出入仍皆用钱，而社会实已用银。质物
时得钱若干，将来仍以此数来赎，合之银价，所亏甚巨，虽加息
无益也。典肆在斯时，受创最巨。其后虽许改正，然民生日蹙，
质物而不能赎者日多，且所质之物，多为衣服。晚近风气，裁制
多尚新奇，而自洋布及人造丝盛行，衣服亦不如土布暨纯丝所制
紬缎之牢固，不赎者遂益增多，售诸衣庄，亦不能得善价，典肆
遂纷纷倒闭矣。公元一九三一年后，上海银行有至内地设抵押所
者。然其所受之广，及其与农民之相习，尚远不如典肆也。倭难
旋作，事亦遂辍。

　　乡民除土地外，可以质典之物甚少，此兼并之所以盛行也。
《宋史·仁宗纪》：天圣六年，九月，"诏河北灾伤，民质桑土
与人者悉归之，候岁丰偿所贷"。此等原欲保护贫民，然无益
也。何者？出举者必不甘丧其所有，无质典，则借贷愈难也。

《金史·高汝砺传》：汝砺言"循例推排"，民"或虚作贫乏，故以产业低价质典"。足见质典之事，平时并不甚多。张骏尝以谷帛付民，岁收倍利。利不充者，簿卖田宅。（见《魏书》）宋时，以田宅抵市易钱久不偿者，估实直如卖坊场河渡法。若未输钱者，官收其租息。（元丰二年令。见《宋史·食货志》。）此皆官家，故能如是。民间惟武断者为之，而兼并转盛矣。

《宋史·刘文质传》：子涣，"历知邢、恩、冀、泾、澶五州。治平中，河北地震，民乏粟，率贱卖耕牛，以苟朝夕。涣在澶，尽发公钱买之。明年，民无牛耕，价增十倍。涣复出所市牛，以元直与民。澶民赖不失业。"此亦犹许其典质也。故典质者即或重取其息，较之迫买，相去终有间也。

以货物为抵，而贷款以经商者，为《周官》之泉府。王莽亦行之。宋市易法、抵当所，亦颇得其意。市易法未能行，而抵当所卒不能废。（见《宋史·食货志》《职官志》。）黄䇓知台州，"为抵当库"；徐鹿卿为江东转运判官，"岁大饥，减抵当库息"；（皆见《宋史》本传。）则地方亦颇藉以周转。

《宋史·李谦溥传》：子允正，雍熙四年，"迁阁门通事舍人。时女弟适许王，以居第质于宋偓。太宗诘之曰：尔父守边二十余年，止有此第耳，何以质之？允正具以奏。即遣内侍赍钱赎还。缙绅咸赋诗颂美"。《向敏中传》："故相薛居正孙安上不肖，其居第有诏无得贸易，敏中违诏质之。会居正子惟吉鳌妇柴，将携资产适张齐贤，安上诉其事，柴遂言敏中尝求娶己，不许，以是阴庇安上。"《金史·移剌子敬传》："卒，家无余财，其子质宅以营葬事。"皆城市中以宅为质者。

以人为质，久为法所不许，然亦终不能绝。《元史·刑法志·禁令》："诸称贷钱谷，夺人子女以为奴婢者，重加之罪。"

即其事也。前代奴婢，以罪没入与以贫穷粥卖者不同。以罪没入者可黥面，以贫穷粥卖者不能也。见《三国志·毛玠传》。而《元史·世祖纪》：至元二十年，十一月，"禁云南权势多取债息，仍禁没人口为奴，及黥其面者"。则并视如罪人矣。《宋史·食货志》上："宁宗开禧元年，夔路转运判官范荪言：本路施、黔等州荒远，绵亘山谷，地旷人稀，其占田多者须人耕垦，富豪之家诱客户举室迁去。乞将皇祐官庄客户逃移之法校定：凡为客户者，许役其身，毋及其家属；凡典卖田宅，听其离业，毋就租以充客户；凡贷钱，止凭文约交还，毋抑勒以为地客；凡客户身故，其妻改嫁者，听其自便，女听其自嫁。庶使深山穷谷之民，得安生理。刑部以皇祐逃移旧法轻重适中，可以经久，淳熙比附略人之法太重，今后凡理诉官庄客户，并用皇祐旧法。从之。"典卖田宅，而不许其离业；贷钱除交还外，又抑勒以为地客；皆为奴之渐也。淳熙比附略人法，亦必有其由，恐其不法，尚不仅如范荪所言耳。

凡事独力不如合众徒，贷赀于人，而富家联合为之，乃近世钱庄所由兴；其收受质物者，则典肆所由兴也。故钱庄典肆之兴，亦为生计自然之演进。

借贷利率

古书言利息最早者，为《周官》泉府"以国服为之息"之语。司农谓以其所贾之国所出为息。假令其国出丝絮，则以丝絮偿；其国出絺葛，则以絺葛偿。说颇牵强，且亦未及息率。康成云：以其于国服事之税为息。并据载师之文，而云：受园廛之田而贷万泉者，则期出息五百。贾《疏》因并"近郊十一"等文用之且推诸小宰八成之"称责"，其凿空亦与司农同，其所言之利率，亦不足信矣。《史记·货殖列传》云："封者食租税，岁率户二百。千户之君则二十万，朝觐聘享出其中。庶民农、工、商贾，率亦岁万息二千，百万之家则二十万，而更徭租赋出其中。衣食之欲，恣所好美矣。"《汉书·贡禹传》云："商贾求利，东西南北，各用智巧，好衣美食，一岁有十二之利。"而《食货志》晁错谓农夫"取倍称之息"，如淳曰："取一偿二为倍称。"（师古曰："称，举也，今俗所谓举钱者也。"案此犹今云借加倍偿还之债。）则当时息率之低者，为今所谓二分，其高者则今所谓十分也。《史记·货殖列传》又云："子贷金钱千贯；节驵会，贪贾三之，廉贾五之；此亦比千乘之家。"《集解》引《汉书音义》云："贪贾未当卖而卖，未可买而买，故得利少而十得三；廉贾贵而卖，贱乃买，故十得五。"此说殊误。金钱千贯，其什二正二十万。三之五之，即《易·系辞传》"参伍以变"之"参伍"字，乃动字，非数字。此言贾人以驵会所平物价为节度，而参伍用之，亦可得什二之利耳。故下文又总结之曰"他杂业不中什二，则非吾财"也。《货殖列传》又云："吴楚七国兵起时，长安中列侯封君行从军旅，赍贷子钱。子钱家以为侯邑国在关东，关东成败未决，莫肯与。惟无盐氏出捐千金贷，其息什之。三月，吴楚平。一岁之中，则无盐氏之息什倍，用此富埒关中。"《索隐》云："出一得十倍。"此说更误。本一息十，亘古未闻。果若所云，列侯封君，安肯俯首就范？其息什之，盖亦谓子本相侔，即所谓倍称之息。什倍，谓以十分之十加厚，非谓以一出，以十一入也。盖以盘剥农夫之利率，施诸列侯封君耳。

《泉府注》云"王莽时，民贷以治产业者，但计赢所得受息，无过岁什一"，与《汉书·食货志》合《王莽传》云"收息百月三"，如淳曰"出百钱与民，月收其息三钱也"，二说不同，未知孰是。盖《食货志》所言为定法，而初行时未能遽如法邪？

《魏书·张骏传》：以谷帛付民，岁收倍利。利不充者，簿卖田宅。此亦倍称之息，盖沿民间旧习也。利不充即簿卖田宅，则民间出举者所不能矣。

隋、唐之世，官之取于民者，远过于秦、汉时之什二。公廨钱之制，见于《新书·食货志》者：贞观十五年，以捉钱令史主之，所主才五万钱以下，而市肆贩易，月纳息钱四千，此今所谓八分利也。永徽中，天下置公廨本钱，以典史主之，收赢十之七。开元│年罢之。十八年复，收赢十之六。元和十年新收置公廨本钱，则收息五之一。案《全唐文》卷三载玄宗诏云："比来公私举放，取利颇深，有损贫下，事须厘革。自今已后，天下私举质宜四分收利，官本五分收利。"《新唐书·礼乐志》：永泰二年，国子学成，贷钱一万贯，五分收息。《旧唐书·沈传师传》："建中二年夏，敕中书、门下两省分置待诏官三十员。各准品秩给俸钱、廪饩、干力，什器、馆宇之设；以公钱为之本，收息以赡用。"传师父既济上疏，言"今官三十员，皆给俸钱、干力，及厨廪、什器、厅宇，约计一月不减百万。以他司息利准之，当以钱二千万为之本"，亦以五分为率也。然则当时官贷五分，私贷四分，盖视为持平之利率，故中叶后咸遵之也。

古所谓倍称之息者，并未言及其时之长短。然以理度之，其为时必不长。以此等借贷，原出农家，必也春耕时借，秋获时还也。设以半年为期，则一年所得，将再倍其本矣。此其所以为重也。后世则不论其时之长短，但息过于本则禁之。《旧五

735

代史·梁末帝纪》：贞明六年，四月丁亥，(《新五代史》作己亥。)制："私放远年债负，生利过倍，自违格条，所在州县，不在更与征理之限。"龙德元年，五月丙戌，制："公私债负，纳利及一倍已上者，不得利上生利。"《唐明宗纪》：长兴元年，圜丘赦制："应私债出利已经倍者，只许征本；已经两倍者，本利并放。"《晋高祖纪》：天福六年赦诏："私下债负，征利一倍者并放。"《宋史·太祖纪》：乾德四年，八月丁酉，"诏除蜀倍息"。《食货志》：太宗时，"令州县戒里胥、乡老察视，有取富民谷麦赀财，出息不得踰倍。"《光宗纪》：淳熙十六年，闰五月，"免郡县淳熙十四年以前私负。十五年以后，输息及本者亦蠲之"。《金史·食货志·和籴》：宣宗贞祐中，"上封事者言：比年以来屡艰食，虽由调度征敛之繁，亦兼并之家有以夺之也。收则乘贱多乘，困急则以贷人，私立券质，名为无利，而实数倍。饥民惟恐不得，莫敢较者，故场功甫毕，官租未了，而囷已空矣。国朝立法，举财物者，月利不过三分，积久至倍则止，今或不期月而息三倍。愿明敕有司，举行旧法，丰熟之日，增价和籴"。皆禁其踰倍者也。《元史·良吏·谭澄传》：为交城令。"岁乙未，籍民户，有司多以浮客占籍，及征赋，逃窜殆尽，官为称贷，积息数倍，民无以偿。澄入觐，因中书耶律楚材面陈其害，太宗恻然，为免其逋。其私负者，年虽多，息取倍而止。"《刘秉忠传》：秉忠上书世祖，(时世祖未立。)有云："今宜打算官民所欠债负，若实为应当差发所借，宜依合罕皇帝圣旨，一本一利，官司归还。凡陪偿无名虚契所负，及还过元本者，并行赦免。"亦仍守中国旧法。其后遂自定为法令。《布鲁海牙传》："世祖即位，择信臣宣抚十道，命布鲁海牙使真定。真定富民出钱贷人者，不踰时倍取其息。布鲁海牙正其罪，使偿者息如本而止。后定为令。"《世祖纪》：至元六年，九月戊午，"敕民间贷钱取息，虽踰限，止偿一本息"。《刑法志·禁令》："诸称贷钱谷，年月虽多，不过一本一息。有辄取赢于人，或转换契券，息上加息；或占人牛马财产，夺人子女以为奴婢者，重加之罪，仍偿多取之息，其本息没官。"盖皆《布鲁海牙传》所谓令者也。《成宗纪》：至元三十一年，六月，"完泽贷民钱，多取其息，命依世祖定制"。所指盖亦此令。《陈思谦传》："至顺元年，拜陕西行台监察御史。先是关陕大饥，民多粥产流徙，及来归，皆无地可耕。思谦言听民倍直赎之，使富者收兼人之利，贫者获已弃之业。从之。"亦认倍称为合法者也。

月利不过三分，《金史·食货志》外，又见《元史·世祖本纪》。至元十九年，四月，"定民间贷钱取息之法，以三分为率"，其事也。亦重于汉时之什二。案《汉书·王子侯表》：旁光侯殷坐取息过律，陵乡侯欣坐贷谷息过律，皆获罪。则重利盘剥，久有法禁，但恒不易行耳。（《周官》朝士："凡民同货财者，令以国法行之，犯令者刑罚之。"司农云："同货财谓合钱共贾。"康成则云："富人畜积者，多时收敛之，乏时以国服之法出之。虽有腾跃，共赢不得过此，以利出者与取者；过此则罚之，若今时加贵取息坐臧。"释"同货财"未知孰是，谓其时有加贵取息坐臧之法，则必不诬也。）

古代贱商之由

子贡废著粥财，而结驷连骑，束帛之币以聘享诸侯。所至，国君莫不分庭与之抗礼。乌氏倮以畜牧富，秦始皇帝令比封君，以时与列臣朝请。巴寡妇清擅丹穴之利，则以为贞妇而客之。晁错论当时商人，谓其交通王侯，力过吏势。其重富人如此，然言及商贾，则又恒以为贱，何哉？杨恽《报孙会宗书》曰："恽幸有余禄，方籴贱贩贵，逐十一之利，此贾竖之事，污辱之处，恽亲行之，下流之人，众毁所归，不寒而栗。"可谓若将浼焉。又其甚者，"国君过市则刑人赦；夫人过市，罚一幕；世子过市，罚一帟；命夫过市，罚一盖；命妇过市，罚一帷"。（《周官·地官司市》）几于刑余之贱矣。岂真以其皇皇求财利，非士大夫之意，故贱之乎？非也。隆古之民好争，惟武健是尚，耕稼畜牧，已非所问。贸迁有无，更不必论矣。是惟贱者为之。其后居高明者，非不欲自封殖，则亦使贱者为之。《货殖列传》曰："齐俗贱奴虏。而刀闲独爱贵之。桀黠奴，人之所恶也。惟刀闲收取，使之逐渔盐商贾之利。"今所传汉人乐府《孤儿行》曰："孤儿生，孤儿遇生，命当独苦。父母在时，乘坚车，驾驷马。父母已去，兄嫂令我行贾，南到九江，东到齐与鲁。"王子渊《僮约》曰："舍后有树，尝裁作船。上至江州下到湔，主为府椽求用钱。推访垩，贩棕索。绵亭买席，往来都落。当为妇女求脂泽，贩于小市，归都儋橐。转出旁蹉，牵犬贩鹅。武都买茶，杨氏儋荷。往来市聚，慎护奸偷。入市不得夷蹲旁卧，恶言丑骂。多作刀矛，持入益州，货易羊牛。"虽讽刺之辞，或溢其实，游戏之文，不为典要，然当时贩粥，皆使贱者为之，则可见矣。《货殖列传》所列诸人，度亦深居，发踪指示，坐收其利，非真躬与贾竖处也。不然，安得曰"千金之子，不死于市"哉？且达官贵人，因好利故，至于与贾竖抗礼，而语及其人，则又贱之，亦非自舛倍也。近世淮南鹾贾，有起自奴仆者，士人或从之求匂，犹不欲与通婚姻。乡人有嫁女军人者，军人故盗也。戚党耻之，虽其人亦自惭恶。然耻之者，亦未尝不以其从军人餔啜为幸。为贪财利，乃蚁慕小人，语及家世，则又自矜亢，承流品之余习，丁好利之末世，人之情固然，其无足怪。

　　附：市区

　　古代之市，皆自为一区，不与民居相杂，所以治理之者甚备，监督之者亦严。其见于《周官》者，有胥师以察其诈伪；贾师以定其恒贾；司虣以禁其斗嚣；司稽以执其盗贼；胥以掌其坐作出入之禁令，肆长以掌其货贿之陈列；而司市总其成。（郑《注》云："司市，市官之长。"又云"自胥师以及司稽，皆司市所自辟除也。胥及肆长。市中给繇役者"。）又有质人以掌其质剂、书契、度量、淳制、廛人以敛其布。凡治市之吏，居于思次。（司市："以次序分地而经市，凡门人，则胥执鞭度，守门市之群吏平肆，展成奠贾，上旌于思次以令市。市师莅焉。而听大治大讼。胥师贾师，莅于介次。而听小治小讼。"《注》："次，谓吏所舍。思次，若今市亭也。介次，市亭之属，别小者也。郑司农云：思，辞也。次，市中候楼也。玄谓思当为司，声之误也。"《天官》：内宰："凡建国，佐后立布，设其次，置其叙，正其肆，陈其货贿，出其度量淳制。祭之以阴礼。"）通货贿则以节传出入之。司市："凡通货贿以玺节出入之。"（司关："掌国货之节，以联门市。凡货不出于关者，举其货，罚其人。凡所达货贿者，则以节传出之。"《注》："货节谓商本所发司市之玺节也。自外来者，则案其节而书其货之多少，通之国门，国门通之司市。自内出者，司市为之玺节，通之国门，国门通之关门。"又云："商或取货于民间，无玺节者至关，关为之玺节及传出之。其有玺节，亦为之传。传如今移过所文书。"）物之藏则于廛。（《孟子·公孙丑》上："市廛而不征，法而不廛。"《注》："廛，市宅也。"

《王制》："市廛而不税。"《注》："廛市物邸舍。"《周官》载师："以廛里任国中之地。"《注》："故书廛或作坛。郑司农云：坛读为廛。廛，市中空地未有肆，城中空地未有宅者，玄谓廛里者，若今云邑里矣。廛，民居之区域也，里，居也。"又《序官·廛人注》："故书廛为坛。杜子春读坛为廛。说云市中空地。玄谓：廛，民居匠域之称。"又廛布《注》云："邸舍之税。"又，遂人"夫一廛"《注》："郑司农云：廛，居也。扬子云有田一廛，谓百亩之居也。玄谓廛，城邑之居。孟子所云：五亩之宅，树之以桑麻者也。"愚按廛为区域之称，所谓市中城中空地者，正区域之谓也。但乡间可居之区域，亦称为廛。筑室其上，亦得沿廛之称。初不论其在邑在野、有宅无宅、为民居、为邸舍也。孟子言："廛而不税。"指商肆，下又言："廛无夫里之布。"则指民居。载师"以廛里任国中之地"，明言在国中。遂人"夫一廛"，则必在野矣。《荀子·王制》定廛宅似以廛与宅为对文。许行"愿受一廛而为氓"，则又似为通名，不必凿指其为空地，抑为宅舍也。）虽关下亦有之。（司关："司货贿之出入者，掌其治禁，与其证廛。"《注》："征廛者，货贿之税与所止邸舍也。关下亦有邸客舍，其出布为市之廛。"）是货物之运贩、屯积、粥卖，皆有定处，有定途也。（《周官》：司市"大市日昃而市，百族为主。朝市朝时而市，商贾为主。夕市夕时而市，贩夫贩妇为主"。《疏》云："大市于中，朝市于东偏，夕市于西偏，《郊特牲》所云是也。"案《郊特牲》云："朝市之于西方，失之矣。"《注》："朝市宜于市之东偏。"引《周官》此文为说，此疏所据也。然则一市之中，亦有部分不容紊越矣。）《周官·王制》："有圭璧金璋，不粥于市。命服命车，不粥于市。宗庙之器，不粥于市。牺牲不粥于市。戎器不粥于市。用器不中度，不粥于市。兵车不中度，不粥于市。布帛精粗不中度，幅广狭不中量，不粥于市。奸色乱正色，不粥于市。锦文珠玉成器，不粥于市。衣服饮食，不粥于市。五谷不时，果实未熟，不粥于市。木不中伐，不粥于市。禽兽鱼鳖不中杀，不粥于市。"又曰：天子巡守，"命市纳贾，以观民之所好恶"。惟市有定地。故监督易施，而物价亦可考而知也。秦汉而降，此意仍存。《三辅黄图》谓长安市有十，各方二百二十六步，六市在道西，四市在道东，凡四里，为一市。是汉之市有定地也。《唐书·百官志》谓："市肆皆建标筑土为候。凡市，日中击鼓三百以会众。日入前七刻，击钲三百而散。有果谷巡迦，平货物为三等之直，十日为簿。"（两京诸市署令。）是唐之市有定地也。此犹京国云尔。王莽于长安及五都立五均官，更名长安东西市令及洛阳、邯郸、临淄、宛、成都市长，皆为五均司市师。则大都会皆有市长矣。隋开皇中，以钱恶，京师及诸州邸肆之上，皆令立榜置样为准。不中样者，不入于市。（则天长安中，亦悬样于市，令百姓照样用钱。）则诸州邸肆皆有定所矣。（北魏胡灵后时，尝税入市者人一钱。）《辽史》谓太祖置羊城于炭山北，起榷务，以通诸道市易。太宗得燕，置南京，城北有市，令有司治其征；余四京及他州县产懋迁之地，置亦如之。则辽之市亦由官设，由官管理矣。要之邸肆民居，毫无区别，通衢僻巷，咸有商家，未有如今日者。此固由市制之益坏，职可见贸易之日盛也。

论金银之用

中国用金银为币，果始何时乎？曰用银为币，始于金末，而成于明之中叶，金则迄未尝为币也。自明废纸币以前，可称为币者惟铜耳。何以言之？

《史记·平准书》云："虞夏之币，金为三品，或黄，或白，或赤。"此为书传言用金银最古者。《平准书》本伪物，此数语在篇末，又系后人记识之语，混入正文。《汉书·食货志》云："凡货，金钱布帛之用，夏殷以前，其详靡记云。"记识者何由知之？《汉志》又言："太公为周立九府圜法：黄金方寸，而重一斤。"《管子》的《国蓄》《地数》《揆度》《轻重》诸篇皆言先王以"珠玉为上币，黄金为中币，刀布为下币"。所谓先王，盖亦指周。（《轻重乙》以为癸度系对周武王之言。）则用黄金为币，当始于周也。（《管子·山权数》言禹以历山、汤以庄山之金铸币，未言何金，然下文系言铜。）然此时所谓币者，与后世之所谓币，其意大异，不可不察。

凡物之得为易中者，必有二因：一曰有用，一曰好玩。《汉志》释食货之义曰："食为农殖嘉谷可食之物，布谓布帛可衣，及金刀龟贝，所以分财布利通有无者也。"所谓食，即今所谓消费；所谓货，即今所谓交易也。《志》又云："货宝于金，利于刀，流于泉，布于布，束于帛。"则所谓货者，实兼指金、铜、龟、贝、布、帛言之。是时之金，果可行用民间为易中之物乎？则不能无疑矣。

汉志载李悝尽地力之教，粟石三十。《史记·货殖列传》亦言："籴二十病农，九十病末。"则三十实当时恒价。古权量当今四之一，则百二十钱得今粟一石，一钱得粟八合余矣，此可供零星贸易之用乎？而况于黄金乎？然则古之金，果用诸何处？曰用诸远方。《管子》曰："玉起于禺氏，金起于汝、汉，珠起于赤野，东西南北距周七千八百里。（《通典》引作七、八千里。）水绝壤断，舟车不能通。先王为其途之远，其至之难，故托用于其重。"（《国蓄》《地数》《揆度》《轻重乙》略同。）又曰："汤七年旱，禹五年水，民之无餍卖子者。汤以庄山之金铸币，而赎民之无餍卖子者。禹以历山之金铸币，而赎民之无餍卖子者。"（《山权数》）盖古者交易未兴，资生之物，国皆自给，有待于外者，厥惟荒歉之年。故《周官·司市》"国凶荒札丧，则市无征而作布"。布者铜币，所以通寻常之贸易。（《揆度》所谓"百乘之国，中而立市，东西南北度五十里"；"千乘之国，中而立市，东西南北度百五十余里"；"万乘之国，中而立市，东西南北度五百里"者也。）

　　至于相距七、八千里之处，则铜又伤重赍，而不得不以黄金珠玉通其有无也。此黄金珠玉，岂持以与平民易哉？非以为聘币而乞粜于王公贵人，则以与所谓万金之贾者市耳。至于民间，则钱之用且极少，而黄金珠玉无论也。（李悝言粟石三十，乃用以计价耳，非必当时之余粜者，皆以钱粟相易也。《管子·轻重丁》：桓公欲藉国之富商畜贾，管子请使宾无驰而南，隰朋驰而北，宁戚驰而东，鲍叔驰而西，视四方称贷之间，受息之民几何家。反报西方称贷之家，多者千钟，少者六七百钟，其出之中也一钟，其受息之萌九百余家。南方称贷之家多者千万，少者六七百万，其出之中伯五也，其受息之萌八百余家。东方称贷之家丁惠高国，多者五千钟，少者三十钟，其出之中钟五釜也，其受息之萌八九百家。北方称贷之家多者千万，少者六、七百万，其出之中伯二十也，受息之氓九百余家。凡称贷之家，出泉参千万，出粟参数千万钟，受子息民参万家。可见当时称贷钱谷并用，及当时富家藏粟之多。其中丁惠高国，乃大夫也。桓公又忧大夫并其财而不出，腐朽五谷而不散，可见大夫与富商畜贾，并为多藏钱粟之家矣。大夫如此，国君可知。《山权数》：北郭有得龟者，管子请命之曰："赐若服中大夫。东海之龟，托舍于若。"四年，伐孤竹。丁氏家粟，可食三军之师行五月。召丁氏而命之曰：

"吾今将有大事，请以宝为质于子，以假子之邑粟。"当时以珠玉黄金等为币，皆用之。此等人非如后世帛币用诸寻常贸易之间也。）

　　然则货币之原始可知已矣。布帛泉刀，物之有用者也，所以与平民易也。（泉为钱之借字。钱本农器名，钱刀并以金为之。械器粗拙之时，日用之物，人民并能自造，惟金所成之械器不然。《易·大传》曰：神农"斫木为耜，揉木为耒"。黄帝、尧、舜"弦木为弧，剡木为矢"。则兵及农器，亦不用金。然究为难造之物，非夫人所能为，故为人所贵，而可用为易中也。）珠玉黄金，可资玩好者，所以与王公贵人易也。龟为神物，贝属玩好，龟少而难得，惟王公贵人有之，贝则较多，故民间亦用为易中焉。故曰"古者货贝而宝龟"。（《说文》宝者，保也。字或作㔐，与㑥相似。故庄六年"齐人来归卫宝"。左氏讹为㑥货者，非也，对居言之。书曰："懋迁有无非居。"《史记·货殖列传》作"废著"。《汉志》云："货宝于金可见黄金与龟，并皆宝藏，不用于市。"）周时之钱，则贝之后身也。（钱之圜所以像贝，函方所以便贯穿。古者贝亦贯而用之，故《说文》云："贯，钱贝之贯。"毋，"从一横贯。"囗，所以像宝货之形也。）汉武帝以白鹿皮为币，又造白金三品，以龙、马、龟为文，则古珠玉、黄金、宝龟之属也。王侯宗室朝觐聘享，必以皮币荐璧，然后得行，正合古者用上币中币之法。白金欲强凡人用之，则终废不行矣。王莽变法，黄金重一斤，值钱万。朱提银重八两为一流，直一千五百八十。他银一流直千。宣帝时，谷石四钱。然则挟他金一流者，将一举买谷二百五十石乎？其不行宜矣。（买谷十石，用钱四十，取携毫无不便也。用银尚不及三分之一两。古权量当今四之一，尚不及一钱，如何分割乎？王莽造错刀，以黄金错其文，曰一刀，直五千。张晏曰："刻之作字，以黄金填其文，上曰一，下曰刀"。汉时黄金，一斤值钱万。错刀所错之黄金，固必不及半斤，亦以金价太贵，不便分割，故欲错之于铜而用之也。）

职是故，古所谓子母相权者，非谓以金、银、铜等不同之物相权，乃谓以铜所铸之钱大小不同者相权。周景王将铸大钱，单穆公曰："不可。古者天降灾戾，于是乎量资币，权轻重，以救民。民患轻，则为之作重币以行之，于是有母权子而行，民皆得焉。若不堪重，则多作轻而行之，亦不废重。于是乎有子权母而行，小大利之。今王废轻而作重，民失其资，能无匮乎？"是其时金所以宜为币者，以其可分。什之伍之，其价亦必什之伍之。百取其一，千取其一，其价亦必为百之一，千之一。夫物之不齐，物之情也。三品之金，其物固异，其价安能强齐？今世以金银为主币，银铜为辅币，其视辅币，以为主币若干分之一耳，不复视为本物。犹恐其物故有直，民或舍其为辅币之值，而论其故直也。故必劣其成色，限其用数以防之，若防川焉，而犹时亦溃决。汉世钱之重，几牟于今之银圆，安得欲用金银？既不欲金银，安得喻今主辅币相辅而行之理？既不喻今主辅币相辅而行之理，相异之金安得并用为币乎？汉志曰："秦兼天下，币为二等：黄金以溢为名，上币；铜钱质如周钱，文曰半两，重如其文。而珠玉龟贝银锡之属为器饰宝藏，不为币。"珠玉龟贝银锡之属不为币固矣，黄金虽号上币，实亦非今之所谓币也。今之所谓币者，必周浃于日用市易之间，秦汉之黄金能之乎？则亦用为器饰宝藏，特以有币之名，故赐予时用之耳。得之者固与今之人得珠玉钻石等同，非如今之人之得金银也。或曰晁错言"珠玉金银轻微易藏，在于把握，可以周海内而无饥寒之患"。则固极通用矣，安得云不足为币？曰此言其易藏，非谓其可以易物。可以易物者，凡物之所同。轻微易藏，则珠玉金银之所独也。凡物之有用而为人所欲者，果能挟以周行，皆可以无饥寒之患，然则凡物皆可谓之币邪？

顾亭林《日知录》以金哀宗正大间，钞废不行，民间但以银市易，为上下皆用银之始。王西庄《十七史商榷》谓专用银、钱二币，直至明中叶始定。以生计学理衡之，说皆不误。赵瓯北《陔余丛考》驳王氏之说，殊为不然。然瓯北又谓当时用银，犹今俗之用金，则说亦不误，而又驳王氏者，昔人于泉币与人民寻常用为易中之物，分别未清也。亭林引《后汉书·光武纪》王莽末天下旱蝗，黄金一斤易粟一斛，为当时民间未尝无黄金之证，则殊不然。此特以金计价，非谓真持金一斤易粟一斛，即有其事，其人几何？今日荒歉之区，固亦有持黄金易粟者，可谓中国今日用金为币乎？

然则用银为币，晚近以前，果绝无其事，而用金为币，则更从来未有乎？曰是亦不然，特其有之皆在偏隅之地耳。五朝史《志》云：梁初，"交广以金银为货"；后周时，"河西诸郡或用西域金银之钱"。（或者，不尽然之词。《志》又云：陈时，"岭南诸州多用盐、米、布交易，不用钱"。盖通用盐、米、布；值巨，或须行远，则济以金银。）《日知录》引韩愈奏状云"五岭买卖一以银"；元稹奏状言："自岭以南，以金银为货币。"张籍诗曰："海国战骑象，蛮州市用银。"《宋史·仁宗纪》："景祐二年，诏诸路岁输缗钱，福建、二广以银。"则与偏隅之地交易，用金银由来已久，且迄不绝。然终不能行之全国者，以其与铜异物，价不齐，相权固不便也。历代钱法大坏，民至以物易物，数见不鲜。据《陔余丛考》所考，其时金银初未尝乏，然民终不用为币。（《旧唐书》：宪宗元和三年六月诏曰："天下有银之山，必有铜矿。铜者，可资于鼓铸。银者，无益于生人。其天下自五岭以北见采银坑，并宜禁断。"则明言银之不可为币矣。）宋代交、会跌价，香药犀象并供称提，而民仍不用金银。金以银为钞本，亦弗能信其钞。其后民间以银市易，则钞既不用，钱又无有，迫于无如何耳。故知中国人之用银，乃迫不得已为之，而非其所欲也。

夫民之所以不用金银为币者，何也？曰：以其与铜异物，物异则价不齐，不能并用为币也。故在古代，患物之重，宁铸大铜钱，与小钱相权。然生事日进，则资生之物有待于交易者日多；交易愈多，用币愈广；用币既广，泉币之数，势必随之而增；泉币日增，其价必落；币价落而交易又多，势必以重赍为患。大钱之名值，与其实值不符，民所弗信也。符则大钱之重赍与小钱等矣。（古之作大钱，非患小钱重赍，乃患钱币数少耳。）专用铜币，至此将穷，安得不济以金银乎？曰斯时也，实当以纸币济铜钱之穷，不当以金银也。《唐书·食货志》载飞钱之始，由"商贾至京师，委钱诸道进奏院及诸军，诸使，富家"，而"以轻装趋四方，合券乃取之"。《文献通考》载交子之始，由蜀人患铁钱重，私为券以便贸易，皆以为钱之代表，而非遂以纸为钱。其后宋造交、会、关子，金行钞，或不畜本，或虽畜本而不足，或则所以代本者为他物而非钱，故为民所弗信耳。若其可以代钱，则唐于飞钱，宋于交子，并弗能禁。（飞钱之行，京兆尹裴武请禁之。元和时，遂以"家有滞藏，物价寖轻"为患。交子之行，富人十六户主之。后富人资稍衰，不能偿所负，争讼数起。寇瑊尝守蜀，请禁之。薛田为转运使，议废交子，则贸易不便，请官为置务，禁民私造，乃置交子务于益州。）金章宗初立，或欲罢钞法，有司亦言"商旅利于致远，往往以钱买钞，公私俱便之事，岂可罢去"。以钞代钱，有轻赍之益，而无价格不齐之患，实非并用金银所逮，惜乎人民已自发明此策，而为理财者所乱也。故曰："善者因之。"又曰："代大匠斫，希不伤手。"

今日纷纷，莫如径用银为币，其值巨者，以钞代之。若虑汇兑之际，外人操纵金银之价，则定一比率，设法维持之可也。银之辅币，不必为铜，可别以一种合金为之，为一角、一分、一厘诸种。此犹以纸代银，视为十分圜、百分圜、千分圜之一，而不复视为本物，特不用纸而用一种合金耳。所以不用纸者，以币之值愈小，其为用愈繁，纸易敝坏，多耗费也。所以并不用铜者，以铜行用久，民或不视为银币之十分之一，百分之一，千分之一，而仍论其铜之价，则圜法不立。用新造之合金，其物为旧日所无，自无固有之价，民自视为银币之化身矣。此亦暂时之事，若论郅治，则必如孔子所言："货恶其弃于地也，不必藏于己；力恶其不出于身也，不必为己。"如今社会学家所言，有分配而无交易乃可。即以小康论，亦必支付，虽用泉币，定数则以实物，如今谓货物本位者。整齐钱币，特姑取济目前而已。

用钞之弊，昔人有言之者，亭林所谓"废坚刚可久之货，而行软熟易败之物"也。纸值最贱，贱则弥利伪造矣。其质易败，又不可以贮藏也。（新旧钞异价之事，往往有之。钞法行时，民多用钞而藏实币，钞价由是贱，实币由是贵，久则实币与钞异价，而钞法坏矣。固由民信实币，不信虚钞，亦由纸质易败，不可久藏也。）旷观历代值小之币，未有能用纸者。宋之交会，本以代表见钱，金之行钞，则为铜少权制。元中统元年造钞，始于十文，至元十一年，添造厘钞为一文、二文、三文，十五年而罢。明初设局铸钱，后以无铜，乃更行钞，然百文以下，皆用钱。至洪武二十七年，以民重钱轻钞，乃令悉收钱归官，依数换钞，不许更用，则钞法亦寖坏矣。钞可以行钱，而不可以为钱，固由虚不敌实，亦由辅币之值愈小，愈便于用。金利分割，坚刚可久，纸不然也。故主币可用纸，辅币用纸易败耳。

续论金银之用

　　予尝论古代之黄金，仅行于王公贵人、富商畜贾之间，人民初未以为用，故不可以为钱，观于亭林论铜之语而益信，亭林之言曰："乏铜之患，前代已言之。江淹谓古剑多用铜，如昆吾、欧冶之类皆铜也。楚子赐郑伯金，盟曰无以铸兵，故以铸三钟。（原注：杜氏注：古者以铜为兵。《汉书·食货志》：贾谊言，收铜勿令布，以作兵器。《韩延寿传》：为东郡太守，取官铜物，候月蚀，铁作刀剑钩镡，放效尚方事。）古金三品，黑金是铁，赤金是铜，黄金是金。夏后之时，九牧贡金，乃铸鼎于荆山之下。董安于之治晋阳公宫，令舍之堂，皆以炼铜为柱质。荆轲之击秦王中铜柱，而始皇收天下之兵铸金人十二，即铜人也。（原注：《三辅旧事》曰：聚天下兵器，铸铜人十二，各重二十四万斤。汉世在长乐宫门。《魏志》云：董卓坏以铸小钱。吴门杨氏曰：门当为王之误。）阖闾冢，铜椁三重。秦始皇冢，亦以铜为椁。战国至秦，攻争纷乱，铜不充用，故以铁足之。铸铜既难，求铁甚易，是故铜兵转少，铁兵转多，年甚一年，岁甚一岁，渐染流迁，遂成风俗，所以铁工比肩，而铜工稍绝。二汉之世，愈见其微。建安二十四年，魏太子铸三宝刀、二匕首，天下百炼之精利，而悉是铸铁，不能复铸铜矣。考之于史，自汉以后，铜器绝少，惟魏明帝铜人二，号曰翁仲。又铸黄龙、凤凰各一。而武后铸铜为九州鼎，用铜五十六万七百一十二斤。（原注：唐韩滉为镇海军节度，以佛寺铜钟铸弩牙兵器。）自此以外，寂尔无闻，止有铜马、铜驼、铜瓯之属。昭烈入蜀，仅铸铁钱。而见存于今者，如真定之佛、蒲州之牛、沧州之狮，无非黑金者矣。"亭林论铜之渐少甚精，然谓铜所以少，由于攻争纷乱，铜不充用，则非也。果如所言，秦、汉而后，天下统一，兵争旷绝，民亦不挟兵器以自卫，往往历一二百年，即战争亦不以铜为兵器，何以铜不见多乎？盖铜之少，非真少也，乃以散在民间而见其少耳。铜之所以散在民间，则因人民生计渐裕，所以资生者降而愈厚，用为器者多也。无论如何巨富之家，一人之藏，断不敌千万人之积。秦始皇帝收天下之兵，铸以为金人十二，重各二十四万斤。此数尚未必实。散诸民则家得一斤，有铜者亦仅二百八十八万家耳，不见其多也。推此论之，则古代黄金之多，亦以其聚觉其然耳，非值与后世相去悬绝也。今日中国人口号四万万，女子半之，姑以十分之一有黄金一钱计，已得二百万两，当汉八百万两，五十万斤矣。

贾生说文帝"收铜勿令布"。武帝时，钱法大乱，卒之"悉禁郡国无铸钱，专令上林三官铸。钱既多，而令天下非三官钱不得行，诸郡国前所铸钱皆废销之，输入其铜三官"。钱法乃理，所行实即贾生之策也。汉世钱重，宣帝时粟石四钱，汉权量当今四之一，则得今粟六升余矣。其时之民，所以资生者尚菲，所用之钱盖无几，故可悉收而改铸。若在今日，虽黄金岂可得而悉收，虽银圆亦岂易尽改铸邪？汉世黄金一斤值钱万，以宣帝时谷价除之，得粟二千五百石，岂人民所能有邪？

金之渐见其少，始于南北朝时。以《陔余丛考》考金银以两计始于梁，而《书》《疏》谓汉、魏赎罪皆用黄金。后魏以金难得，令金一两收绢十匹也。案《齐书·东昏侯纪》："后宫服御，极选珍奇，府库旧物，不复周用，贵市民间，金银宝物，价皆数倍京邑，酒租皆折使输金，以为金涂，犹不能足。"此虽用之侈，亦府库金渐少，民间金渐多之证。盖三代以前贵族平民阶级甚著，秦、汉而后，天下一统，封建废绝，官吏虽或贵富，较诸向者传世之君、卿大夫，则不可以道里计，其数之多少，亦相悬绝矣。昔之富有者既以世变之剧烈，人事之推移，其财日趋于散。新兴者之数不足与之相偿。平民之财产，则以铢积寸累，而日有所增，财货之下流，夫固不足为怪。然因此故，而钱币之措置，乃较古倍难，何者？钱法大乱时，必尽举所有改铸之，然数少收之易，数多则收之难，贾生"收铜勿令布"之说，惟汉武几于行之，后世卒莫能行，以此也。（后世尽收旧钱而铸新钱者有两次，一隋一明也。隋已无以善其后，明则以销铸有利，旧钱逐渐消磨以尽耳，非国家能悉收而改铸之也。详见《日知录·钱法之变》条。铜禁金世最烈，铜器不可缺者，皆造于官。其后官不胜烦，民不胜弊，乃听民冶造，而官为立价以售。然其铸钱，资铜于销钱如故也。明初，置局鼓铸，有司责民输铜，民毁器皿以进，深以为苦，乃改而行钞。凡此皆铜散而不可复收之证也。北齐以私铸多，令市长铜价。隋时，铸钱须和锡蜡，锡蜡既贱，私铸不可禁约，乃禁出锡蜡处不得私采。此二者，一禁之于售卖之处，一禁之于开采之乡，亦非今日矿产遍地，冶肆遍于穷乡僻壤者之所能行矣。清雍正间，李级疏言：钱文入炉，即化为铜，不可得而捕，惟禁断打造铜器之铺，则销毁亦无所用，其弊不禁自除。此仍"收铜勿令布"之意也。然其事岂可行乎？晚近康有为又欲令金肆之金，先尽国家收买，积之以行金币。一时之积或可致，然如是金价必贵，私销之弊必起，非尽积之银行，而以纸代之不可。然民信实币既久，金不可见，而纯以纸代，信亦不易立也。若谓钱币之用，只在市买；市买必须，虽不见金，民亦不得不用；不得不用则信立矣，则又何必用金乎？谓金价贵，利轻赍，纸币不益轻乎？故行金币，究劳扰而无益，尚不如就见已流通之银，而权之以纸也。）

欲齐币制，所难者不在私铸，而尤在私销。私铸但能行不爱铜、不惜工之论即可防，政治苟清明，虽持法令，亦足齐其末也。私销则钱一入炉，即化为金，无形迹可求。其事不待技艺，人人可以为之，又不必集众置器，可各为之隐屏。此直防无可防，非特防不胜防矣。以银为器，贵不如金，用不如铜，私销初无所利，但使名值与实值相符，即为能行不爱铜之论矣。以纸为币，制必极精，务使奸人不能仿为，所以行不惜工之论也。纸质无值，不虑私销。辅币以合金为之，故无此物，众所不贵，使用之数不待限而自有限。以无此物，则莫以为器，自亦不利私销。或谓可以为币之物，不能使人不以为器，则造此物，专以为币，可定法令，不许以造他器。苟见此物所造之器，即为奸，法禁之自易，非如金银铜等为法为奸，卒不可辨也。然则私铸私销，两无可虑，不劳而币制可理矣。

《日知录·以钱为赋》一条，引《白氏长庆集策》曰："夫赋敛之本者，量桑地以出租，计夫家以出庸。租庸者，谷帛而已。今则谷帛之外，又责之以钱。钱者，桑地不生铜，私家不敢铸，业于农者，何从得之？至乃吏胥追征，官限迫蹙，则易其所有，以赴公程。当丰岁，则贱粜半价，不足以充缗钱；遇凶年，则息利倍称，不足以偿逋债。丰凶既若此，为农者何所望焉！是以商贾大族，乘时射利者日以富豪，田垄罢人，望岁勤力者，日以贫困。"《李翱集·疏改税法》一篇言："钱者，官司所铸。粟帛者，农之所出。今乃使农人贱卖粟帛，易钱入官，由是豪家大商，皆多积钱，以逐轻重，故农人日困，末业日增。"宋绍熙元年，臣僚言："古者赋出于民之所有，不强其所无。今之为绢者，一倍折而为钱，再倍折而为银，银愈贵，钱愈难得，谷愈不可售。使民贱粜而贵折，则大熟之岁，反为民害。愿诏州郡，凡多取而多折者，重置于罚。民有粜不售者，令常平就粜，异时岁歉，平价以粜，庶于民无伤，于国有补。"从之。顾氏《钱粮论》曰：

"往在山东，见登、莱并海之人，多言谷贱，处山僻不得银以输官。今来关中，自鄠以西，至于岐下，则岁甚登，谷甚多，而民且相率卖其妻子。至征粮之日，则村民毕出，谓之人市。问其长吏，则曰一县之鬻于军营而请印者，岁近千人，其逃亡或自尽者又不知凡几也。何以故？则有谷而无银也。"其与蓟门当事书，谓"目见凤翔之民，举债于权要，每银一两，偿米四石"，"请举秦民之夏麦秋米及豆草，一切征其本色，贮之官仓，至来年青黄不接之时而卖之，则司农之金固在也，而民间省倍蓰之出"。清任源祥《赋役议》亦谓"征愈急则银愈贵，银愈贵则谷愈贱，谷愈贱则农愈困，农愈困则田愈轻"。昔人之非折色而欲征本色者，其论大率如此。予谓此固由民贫，平时略无余畜，欲完税即不得不急卖其新谷；小由乡间资生，皆属实物，即有余畜，亦非银钱也。近代之民如此，况于古昔。予谓古者金铜之多，特以其聚而见其然，审矣。(《钱粮论》又曰："今若于通都大邑行商辐集之地，虽尽征以银，而民不告病。至于遐陬僻壤舟车不至之处，即以什之三征之，而犹不可得。"可见银钱特乏于乡间。)或谓如此则近世之民，其乏泉币与秦汉等耳。予谓金铜散之民间，岂尽在城市间乎？曰金大略在城市间，钱则近世乡民亦皆有之。然征税又不以钱而以银，此其所以觉其难得也。读顾氏论火耗之说可知。

行钞奇谈，伪钞奇技

楮币尺寸可考，始于有明。陆容《菽园杂记》云金、元钞皆不详其尺寸之制。今之钞，竖长一官尺，横八寸。此说也，少时见之尝疑之。逮民国初年，南京掘得明代钞版，尺寸一一相符，然后知前人记载之不虚。以此推之，宋、金、元之楮币，其尺寸亦必不小也。不独以前，清咸丰时行钞亦仍系如此。故许梿论钞法有云："洋钱乃外夷之制，谓非中国所应行使则可，谓钞便于洋钱则不可。洋钱不过寸余，身带二寸之囊，贮洋钱十枚有余，倘贮小钞十贯，每贯长必尺许，阔必五六寸，纸又极厚，就令折叠如洋钱之大，囊腹皤然矣。或谓十贯自有总钞，无须零析，此又不通之论。寻常日用，岂可从十贯起乎？"案昔时楮币，所以不得不大，盖缘欲防伪造，则花文字迹，镂刻不得不多，而欲求花文字迹之多，则昔时镂刻之技，必不能如今日印刷术所成之微细，盖亦有所不得已也。然咸、同间士子应试所怀之书籍，字迹之细，亦仅累黍，与后来石印所成相差无几。特其成之大难，所费工力太巨，与石印相较，自不合算，故自石印兴而其业遂渐替耳。咸丰欲行钞时，虽尚无石印之术，即用此等工人为之，钞之大，亦必不至长尺许阔五、六寸也。梿又述当时难者之辞，谓"民间用钱票，长不过四寸，阔不过三寸，纸又极薄"。纸薄或虑其易敝，长四寸阔三寸之制，何以官家必不可仿行邪？此亦可见办事者不肯用心，不察实在情形之弊也。

　　楮币既已通行，自可以法律定其所值。当其推行之始，民信未立，则必与实物相附丽，所附丽者，自以向来通行之钱币为便。故行钞之初，必须兑换，而所与相兑换者，实莫便于现钱。斯时钱钞，断宜并行，况钞制巨大，不宜零用邪？咸丰时千钱之钞，其不便，尚有如许桩所云，况明世宝钞，起自百文；元世中统钞起自十文，至元钞起自五文，其间尝造厘钞，则起自一文；至大时造银钞亦起于二厘者乎？然宋世称提，即用香药、宝货，元则杂用金、银与丝为钞本；议铸钱与钞并行，藉铜钱以实钞法者，宋、金、元、明四朝，仅脱脱一人而已，而当时驳难者蜂起，即修元史者之意，亦甚不以其说为然。昧于钱币之理如此，尚何以善其事乎？

楮币本无所值，欲行钞，自不得不注意于防伪。然昔人所言防伪之法，有极可笑者。许链弟楣，作《造钞条论》，述当时主行钞者之议曰：“特造佳纸，禁民间不得行用。多为印记，篆法精工，使人难于摹仿。”案包慎伯有答王亮臣书云：“世臣前书云：取高丽及贡、宣两纸之匠与料，领于中官，和合两法为纸，即使中习其法，而两匠则终身不出，其纸既可垂久远，而外间不得其法，无可作伪，固已得其大端。然钞有大小，则纸亦随之，虽至小之钞，皆令四面毛边；更考宋纸宽帘之法，使帘纹宽一寸以上；又用高丽发笺之法，先制数大字于夹层之中，正反皆见；此为尤要。”即特造佳纸，禁民间不得行用之说也。王茂荫条议钞法，请“饬于制钞局特派一二有心计之员，另处密室，于每钞上暗设标识数处。所设标识，惟此一二人知之。仍立一标识簿，载明每年之钞，标识几处，如何辨认，封藏以便后来检对。其标识按年更换，以杜窥测”。许楣述议者之说，又有谓“大钞用善书者书之，使笔迹可验。其余则监造大臣，皆自书名，作伪者必不能以一人而摹众字”。王茂荫又欲“令各州县解藩库之钞，均令于正面之旁，注明某年月日某州县恭解。民间辗转流通，均许背面记明年月，收自何人。或加图记花字。遇有伪钞，不罪用钞之人，惟究钞所由来，逐层追溯，得造伪之人而止”。此即多为印记，篆法精工，使人难以模仿之见也。其说诚亦煞费苦心，然繁难迂曲如此，其事尚安可行？即造钞者能行之，世尚有乐于用钞者乎？

作伪之技，亦有迥出意外者。许楣《造钞条论》，许桩曾加识语云：“乙巳夏，在苏州讞局，会审常熟民入京控该县重征一案。据粘呈串票数纸。将常熟印信比对符合，而漕书俱云实无此重串。逮后审明系原告人描画印信。适有枭札在堂，令其当堂描画。伊将笔管撕一蔑片，随醮印泥，点触纸上，印文粗细缺蚀，丝毫不差。"又云："昔年在山左谳局，有吕姓粘庄票控告一案。票注二百千。钱庄只认二十千。检查庄簿，实止二十千。细验票上百字，一无补缀痕迹，图记、花板、字迹，分毫不爽。竟不能断为伪票。初疑庄伙舞弊，虚出二百千之票，而书二十千于簿，研鞫至再，原告吐露真情。云以水洗去十字，改为百字。始犹不信，令其当堂洗改。次日，持一白笔来，不知笔内有无药水。即将原票千字，用清水一滴，以笔扫洗，上下衬纸按吸。随洗随吸，至白乃止。世有巧夺天工如此者。"此等奇技，纵有至密之法，又何从而防之？然恃此等奇技而作伪，所能伪者几何？行钞者又岂以是为虑？故知政令之行，自有其康庄大道，筹国事者，正不必用心于无益之地也。

禁　奢

　　奢侈之风，虽历代皆有，然在古代，固为道德所不许，抑亦法律所不许也。至汉世，此谊犹明。《后汉书·明帝纪》：永平十二年，诏"有司申明科禁，宜于今者，宣下郡国"。《章帝纪》：建初二年，诏"科条制度，所宜施行，在事者备为之禁"。《和帝纪》：永元十一年，诏：旧令节之制度，"在位犯者，当先举正。市道小民，但且申明宪纲，勿因科令，加虐赢弱"。《安帝纪》：永初元年，诏三公明申旧令。元初五年，诏"旧令制度，各有科品"，"设张法禁，恳恻分明，而有司惰任，讫不奉行。秋节既立，鸷鸟将用，且复重申，以观后效"。《桓帝纪》：永兴二年，诏"申明旧令，如永平故事"。皆欲以法齐其民。此等法令，后世匪曰无之；禁奢之时，亦未尝不援以为言；实明知其不能行，视为官样文章而已。汉世则事虽已不能行，人犹以为可行，而冀行之也。故其议论亦然。晁错言："法律贱商人，商人已富贵矣；尊农夫，农夫已贫贱矣。故俗之所贵，主之所贱也；吏之所卑，法之所尊也。上下相反，好恶乖迕，而欲国富法立，不可得也。"其言可谓深切著明。故其时之人，所讥切者，皆在法令之不定。《汉书·货殖传》论贫富之不均，"缘法度之无限"。而夏侯玄讥"汉文虽身衣弋绨，而不革正法度，似指立仕身之名，非笃齐治制之意"。案《后汉书·荀爽传》：爽于延熹元年对策陈便宜，言宜"略依古礼尊卑之差，及董仲舒制度之别，严督有司，必行其命"；而玄亦以当时之科制为未足，欲大理其本，"准度古法文质之宜，取其中则，以为礼度"；皆所谓革正法度者。彼皆信法度之必可行，故欲有事于革正也。

善夫严安之言之也。曰："今天下人民，用财侈靡。车马、衣裘、宫室，皆竞修饰。调五声使有节族，杂五色使有文章，重五味方丈于前，以观欲天下。彼民之情，见美则愿之，是教民以侈也。侈而无节，则不可澹。民离本而徼末矣。末不可徒得，故搢绅者不惮为诈，带剑者夸杀人以矫夺，而世不知愧。故奸轨浸长。臣愿为民制度，以防其淫。使贫富不相耀，以和其心。心既和平，其性恬安。恬安不营，则盗贼销。盗贼销则刑罚少。刑罚少则阴阳和。四时正，风雨时，草木畅茂，五谷蕃熟，六畜遂字，民不夭厉，和之至也。"《老子》曰"民之轻死，以其奉生之厚"，末不可徒得故也。《管子》曰："地之生财有时，民之用力有倦，而人君之欲无穷。以有时与有倦，养无穷之君，而度量不生于其间，则上下相疾也。是以臣有弑其君，子有弑其父者矣。"（权修）《易》曰："臣弑其君，子弑其父，非一朝一夕之故，其所由来者渐矣，由辨之不早辨也。"度量之有无，则有国家者所当谨也。

禁奢之举，非不顺于民心也。虽或违之，固不如顺悦之者之众也。何也？"失节之嗟，民所自患，正耻不及群，故勉强而为之"，故"厘其风而正其失，易于反掌"也。贺琛之言。（见《梁书》本传）张鲁依月令，春夏禁杀，又禁酒，流移寄在其地者，不敢不奉，（《三国志·鲁传注》引《典略》）况威权大于鲁者乎？然惟鲁能行之，何也？曰：惟米贼，乃与纵欲败度者异其党类也。董和为成都令，防遏踰僭，为之轨制。县界豪强，惮和严法，遂说刘璋，转和为巴东属国都尉。（《三国·蜀志·和传》）盖法度之难行如此。岂无江充、阳球之伦，然此曹意实不在行法；毁法而有利于身，即遇坏法之事，熟视若无睹矣。陈思王妻衣绣，魏武帝怒其违制，杀之。（见《三国·魏志·崔琰传注》引《世语》。）其事不可常行，亦不能常行也。《宋史·谢绛传》言：仁宗初，"诏罢织密花透背，禁人服用，且云自掖庭始。既而内人赐衣，复取于有司。又后苑作制玳瑁器，索龟筒于市。龟筒，禁物也，民间不得有，而索不已。"此等法令，则直同儿戏矣。《后汉书·张酺传》："酺病临危，敕其子曰：显节陵扫地露祭，欲率天下以俭。吾为三公，既不能宣扬王化，令吏人从制，岂可不务节约乎？其无起祠堂，可作稿盖庑，施祭其下而已。"不能正人，而徒自责，犹为贤者。至于俗吏，则有纵释势豪，加虐羸弱者矣。汉宣帝五凤二年诏，谓"今郡国二千石，或擅为苛禁，禁民嫁娶不得具酒食相贺召"是也。岂徒科禁，即劝人治生者，如黄霸治颍川，"为条教，置父老、师帅、伍长，班行之于民间"；仇览长蒲亭，"为制科令，至于果菜为限，鸡豕有数"，亦只以扰民而已。何也？指立在身之名者，必不免于为伪，为伪则未有能善其后者也。观张敞讥黄霸之语可知。

《晋书·李重传》，述泰始八年己巳诏书申明律令："诸士卒、百工以上，所服乘皆不得违制。若一县一岁之中，有违犯者三家，洛阳县十家以上，官长免。"盖明知官吏之不奉行，而以是督之也。此其终为具文，亦无待再计矣。东渡后谢石奢侈，及死，博士范弘之议谥之曰襄墨。（朝议不从，单谥曰襄。）其议曰："汉文袭弋绨之服，诸侯犹侈；武帝焚雉头之裘，靡丽不息。良由俭德虽彰，而威禁不肃；道自我建，而刑不及物。若存罚其违，亡贬其恶，则四维必张，礼义行矣。"（《晋书·儒林·范弘之传》）此尚是汉人议论，然亦止于议论而已。

《旧唐书·文宗纪》：大和三年，九月，敕两军、诸司、内官不得着纱縠绫罗等衣服。十一月，南郊礼毕大赦节文，禁止奇贡，云"四方不得以新样织成非常之物为献，机杼纤丽若花丝布、缭绫之类，并宜禁断。敕到一月，机杼一切焚弃。"四年，四月，诏内外班列职位之士，各务素朴。有僭差尤甚者，御史纠上。六年，六月，右仆射王涯奉敕，准令式条疏士庶衣服、车马、第舍之制度。敕下后，浮议沸腾。杜悰于敕内条件易施行者宽其限，事竟不行，公议惜之。（《新唐书·车服志》：文宗即位，以四方车服僭奢，下诏准仪制令品秩勋劳为等级。诏下，人多怨者。京兆尹杜悰条易行者为宽限，而事遂不行。惟淮南观察使李德裕令管内妇人衣袖四尺者阔一尺五寸，裙曳地四五寸者减三寸。《王涯传》：文宗恶俗侈靡，诏涯惩革，涯条上其制。凡衣服、室宇，使略如古。贵戚皆不便，谤讪嚣然，议遂格。）七年，八月，甲申朔，御宣政殿册皇太子永。是日，降诏云："比年所颁制度，皆约国家令式，去其甚者，稍谓得中。而士大夫苟自便身，安于习俗，因循未革，以至于今。百官士族，起今年十月，其衣服、舆马，并宜准大和六年十月七日敕。如有固违，重加黜责。"六年十月七日敕，盖即杜悰所条也。文宗禁奢之意，最锐最坚，然亦徒托空言而已。

汉世贤者，尚有不待禁制，自守轨范者。《汉书·王吉传》言："自吉至崇，世名清廉，然材器名称稍不能及父，而禄位弥隆。皆好车马衣服，其自奉养，极为鲜明，而亡金银锦绣之物。及迁徙去处，所载不过囊衣，不畜积余财。去位家居，亦布衣疏食。天下服其廉而怪其奢，故俗传王阳能作黄金。"案汉世官禄较厚，居位者不事居积，自奉自可较丰，无足怪也。《三国·蜀志·费祎传注》引《祎别传》，言祎"雅性俭素，家不积财。儿子皆令布衣素食，出入不从车骑，无异凡人"。所守亦与吉同。古之制礼，奉养依贵贱而异。故古者富与贵一，贫与贱一。后世则不然矣。富与贵、贫与贱何以一？小儒必曰：才德之大小为之也。盍亦思富与贵者，果因其才德而居之欤？抑亦既富且贵，乃为是说以自文也。持此说者，以荀卿为最力。宜乎康南海斥为小康之言，未闻大同之教也。

王吉、费祎，能守法而已，尚未足以为俭也。然能守法而不越，亦不故为矫激，在当时已为贤者矣。真可云有俭德者，盖莫如公孙弘。论世者多讥其曲学阿世，此诬也。阿世者必有所求，彼也见举则谢不肯行，晚达而无所畜聚，阿世果何为哉？王吉、贡禹，志同道合。禹乞骸骨，自言禄赐愈多，家日益富，惟俭者为能知足，则禹有俭德可知。禹有俭德，而吉亦可知矣。其自奉养之鲜明，盖以为法当如是，非有所溺于物欲，故去位家居，即能复其布衣疏食之旧也。《后汉书·袁安传》，言其孙彭，"行至清，为吏粗袍粝食。终于议郎。胡广等追表其有清洁之美，比前朝贡禹、第五伦"。广等去禹等近，所言必有灼见也。公孙弘、王吉、贡禹、第五伦，位皆不为不显，然绝未有闻风兴起者，至毛玠、崔琰，因选权在手，乃稍收激扬之效。汉世之言禁奢者，皆欲乞灵于法律，岂无由哉？毛玠、崔琰所取，和洽讥其隐伪，是也，然国奢示俭，玠等亦或出于不得已。盖尝论之：军兴则万事堕废，纲纪坠地。曹爽，有为之才也，然司马氏讥其奢侈，恐不尽诬。奢侈之风，果何自来哉？窃疑魏武时已然，毛玠、崔琰不得已，乃矫枉而过其直。不然，彼岂不知其所取者之足容矫伪哉？和洽言："太祖建立洪业，奉师徒之费，供军赏之用，吏士丰于资食，仓府衍于谷帛，由不饰无用之宫，绝浮华之费。"夫君独俭于上，而臣奢侈于下，何益？然则毛玠、崔琰之所为，确有益于太祖也，然至曹爽等卒以贿败。然则汉末奢侈之风，魏武虽一抑塞之而未能绝也。司马氏以此罪曹爽，而身亦未能革，为之徒者，纵恣尤甚于爽等，而神州陆沉矣。

《魏略》以常林、吉茂、沐并、时苗四人为《清介传》，（《三国·魏志·常林传注》引。）皆和洽所谓隐伪之徒也。苗为寿春令。"始之官，乘薄軬车，黄牸牛；布被囊。居官岁余，牛生一犊。及其去，留其犊，谓主簿曰：令来时本无此犊，犊是淮南所生有也。群吏曰：六畜不识父，自当随母。苗不听。时人皆以为激，然由此名闻天下。"观"由此名闻天下"六字，而其所为为之可知。时人皆以为激，岂不如见其肺肝然哉？然隐伪者曾不以是为愧也。此一时风气所趋，能为隐伪者之所以多也。然究尚愈于并不能为隐伪之徒。《吴志·是仪传》言：吕壹历白将相大臣，或一人以罪闻者数四，独无以白仪。则有清德者究易自全也。或曰：世遂无有清德而获祸者欤？曰：有之矣，然非以其清也。时苗往谒蒋济。济素嗜酒，适会其醉，不能见苗。苗恚恨，还，刻木为人，署曰酒徒蒋济，置之墙下，旦夕射之。其忿戾如此。诗曰："不枝不求，何用不臧？"有清德者之获祸，以其枝，非以其清也。晏子岂无清德？何以卒全于乱国哉？

《徐邈传》：卢钦言："往者毛孝先、崔季珪等用事，贵清素之士，于时皆变易车服，以求名高，而徐公不改其常。比来天下奢靡，转相仿效，而徐公雅尚自若。"不改常度，自最可贵。所以如此，盖由无求。隐伪者之远利，实以求名也。《姜维传》：卻正著论论维曰："据上将之重，处群臣之右，宅舍弊薄，资财无余；侧室无妾媵之亵，后庭无声乐之娱。衣服取供，舆马取备，饮食节制，不奢不约，官给费用，随手消尽。察其所以然者，非以激贪厉浊，抑情自割也，直谓如是为足，不在多求。"此几于性之矣。盖其所务者大，于小者自有所不暇及也。故曰："士志于道，而耻恶衣恶食者，未足与议也。"（《论语·里仁》）彼实未志于道也。

王吉言："古者衣服车马，贵贱有章。今上下僭差，人人自制，是以贪财诛利，不畏死亡。周之所以能致治，刑措而不用者，以其禁邪于冥冥，绝恶于未萌也。"言之亦可谓深切著明，彼其所以谨守小康之世之法度而不敢踰也。《潜书·尚朴》曰："荆人炫服。有为太仆者，好墨布，乡人皆效之，帛不入境，染工远徙。荆之尚墨布也，则太仆为之也。陈友谅之父好衣褐，破薪，不杀衣褐者。有洛之贾在薪，以褐得免，归而终身衣褐，乡人皆效之。帛不入境，染工远徙；洛之尚褐也，则贾为之也。"铸万生直丧乱之时，侈固非民所欲，故有反之者，民从之如流水。《晋书·王导传》言：苏峻乱后，帑藏空竭，库中惟有练数千端，粥之不仇，而国用不给。导患之，乃与朝贤俱制练布单衣，士人翕然服之，练遂踊贵。乃令主者出卖，端至一金。与此可以参观。此等皆不能有大效，故汉人必欲以法驭之也。

《旧唐书·郑覃传》："文宗谓宰臣曰：朕闻前时内库惟二锦袍，饰以金鸟。一袍玄宗幸温汤御之，一即与贵妃。当时贵重如此。如今奢靡，岂复贵之？料今富家，往往皆有。"然则世愈乱愈奢也。所以然者，法度废而纲纪隳也。《新唐书·汉阳公主传》(顺宗女)："文宗尤恶世流侈。因主入，问曰：姑所服何年法也？今之弊何代而然？对曰：妾自贞元时辞宫，所服皆当时赐，未尝敢变。元和后数用兵，悉出禁藏纤丽物赏战士，由是散于人间，狃以成风。"可为一证。

顾亭林《菰中随笔》云："人富则难使也。夫人之轻于生，必自轻于货也始。是故人富而重其生。绝吭伏剑，不出素封千户之家；感慨自裁，多在婢妾贱人之辈。"又曰："古之偷生蒙耻，幸免而归，为乡里所不齿者有矣，未若今之甚也。非特不齿也，破其庐，劫其资，燔其室，而后厌于人心。何哉？古不富而今富也。富然后树怨深，富然后人思夺之。"斯言也，可为制富贵者之法，亦可为乘乱攘窃者之炯戒也。景延广处危幕之上，乃大治第宅，置妓乐，卒以此顾虑其家，不能引决，为虏所絷。此可谓绝吭伏剑，不出素封千户之家者矣。

《史记·春申君列传》云平原君使人于春申君，春申君舍之于上舍。赵使欲夸楚，为玳瑁簪，刀剑室以珠玉饰之，请命春申君客。春申君客三千余人，其上客皆蹑珠履，以见赵使，赵使大惭。"此等夸饰之辞，原不足信。然太史公曰："吾适楚，观春申君故城，宫室盛矣哉！"则必非虚语矣。哀哉，以是时之楚，而犹为是城郭宫室也！至昌平君、项燕之死，不终为他人奉矣乎？然岂徒一春申君哉？

毁奢侈之物

　　《晋书·武帝纪》：咸宁四年，十一月，太医司马程据献雉头裘。帝以奇技异服，典礼所禁，焚之于殿前。敕内外敢有犯者罪之。此事最为读史者所艳称，其实类此者非一事也。《陆云传》：云拜吴王晏郎中。"晏于西园大营第室。云上书，言清河王昔起墓宅时，手诏追述先帝节俭之教，恳切之旨，形于四海。清河王毁坏成宅以奉诏命。"则当武帝时，实有奉教而毁已成之物者，雉头裘之焚，不能谓其无益于观听也。《齐书·高帝纪》："即位后，敕中书舍人桓景真曰：主衣中似有玉介导。此制始自大明末，后泰始尤增其丽。留此置主衣，政是兴长疾源，可实时打碎。凡复有可异物，皆宜随例也。"《文惠太子传》：薨后，"世祖履行东宫，见太子服玩过制，大怒，敕有司随事毁除"。《梁书·武帝纪》："受相国、梁公之命。是日，焚东昏淫奢异服六十二种于都街。"《陈书·宣帝纪》：太建七年，四月，监豫州陈桃根于所部得青牛，献之，诏遣还民。桃根又表上织成罗文锦被裘各二，诏于云龙门外焚之。凡此皆弃其物。《南史·梁武帝纪》：天监四年，正月，有司奏吴令唐佣铸盘龙火炉，翔凤砚盖。诏禁锢终身。则虽未毁其物而绝其人。《宋书·周朗传》：朗上书论革侈俗曰："自今以去，宜为节目。若工人复造奇技淫器，皆焚之而重其罪。"则并欲绝其制造之源，其所及弥深广矣。《魏书·韩秀传》：子务，为郢州刺史，献七宝床、象牙席。诏曰："晋武帝焚雉头裘，朕常嘉之。今务所献，亦此之类矣。可付其家人。"此诏当出宣武。《长孙道生传》：道生廉约，第宅卑陋。出镇后，其子弟颇更修缮，起堂庑。道生还，切责之，令毁宅。则北朝君臣，亦有知此义者。宇文氏仰慕华风，故其行之尤力。《周书·武帝纪》：建德元年，十二月，幸道会苑，以上善殿壮丽，焚之。六年，正月，入邺。诏："东山、南园及三台，可并毁撤。

瓦木诸物，凡人用者，尽赐下民。山园之田，各还本主。"五月，诏曰："往者冢臣专任，制度有违，正殿别寝，事穷壮丽。非直雕墙峻宇，深戒前王，而缔构宏敞，有踰清庙。不轨不物，何以示后？兼东夏初平，民未见德，率先海内，宜自朕始。其露寝会义、崇信、含仁、云和、思齐诸殿等，农隙之时，悉可毁撤。雕斲之物，并赐贫民。缮造之宜，务从卑朴。"又诏曰："京师宫殿，已从撤毁。并、邺二所，华侈过度，诚复作之非我，岂容因而弗革？诸堂殿壮丽，并宜除荡，甍宇杂物，分赐穷民。三农之隙，别渐营构，正蔽风雨，务在卑狭。"其雷厉风行，并非南朝所及矣。隋文俭德，冠绝古今。《本纪》：开皇十五年，六月相州刺史豆卢通贡绫文布，命焚之于朝堂，绝与晋武帝焚雉头裘类。《秦王俊传》：甍后"所为侈丽之物，悉命焚之"，亦犹齐武帝之于文惠也。《旧唐书·张玄素传》：贞观四年，诏发卒修洛阳宫乾阳殿，以备巡幸。玄素上书谏，有曰："陛下初平东都，层楼广殿，皆令撤毁。"其后面对，又言："陛下初平东都，太上皇敕大殿高门并宜焚毁。陛下以瓦木可用，不宜焚灼，请赐与贫人。事虽不行，天下翕然，讴歌至德。"《窦琎传》："为将作大匠，修茸洛阳宫。于宫中凿池起山，崇饰雕丽。太宗怒，遽令毁之。"亦周武帝之志也。《玄宗纪》：开元二年，六月，"内出珠玉、锦绣等服玩，又令于正殿前焚之。"（《新唐书》：七月，乙未，"焚锦绣、珠玉于前殿"。）《通鉴》：开元二十五年，"命将作大匠康訾素之东都毁明堂。訾素上言：毁之劳人。请去上层，卑于旧九十五尺，仍旧为乾元殿。从之"。玄宗后虽奢侈，其初政，亦尚能式遵旧典也。中叶以后，武人跋扈，然《旧唐书·德宗纪》：大历十四年，七月，"毁元载、马璘、刘忠翼之第，以其雄侈踰制也"。则亦不能任意妄作。《文宗纪》：大和元年，四月，"毁升阳殿东放鸭亭，望仙门侧看楼十间，并敬宗所造也"。则前王之所为，亦自正之矣。三年南郊赦文云："四方机杼纤丽，若花丝布、缭绫之类，并宜禁断。赦到一月，机杼并即焚弃。"是欲举周朗之所言者而行之也。《田弘正传》："魏州自承嗣已来，馆宇、服玩，有踰常制者，悉命彻毁之。"《旧五代史·周太祖纪》：广顺元年，二月，"内出宝玉器及金银结缕宝装床几饮食之具数十，碎之于殿廷。仍诏所司：凡珍华悦目之物，不得入宫"。则武人之贤者，亦知此义矣。《宋史·太宗纪》：淳化元年，八月，毁左藏库金银器皿，亦与周太祖所为同。《范雍传》："玉清昭应宫灾。章献太后泣对大臣曰：先帝竭力成此宫，一夕延燎几尽，惟一二小殿存耳。雍抗言曰：不若悉燔之也。先朝以此竭天下之力，遽为灰烬，非出人意。如因其所存，又将葺之，则民不堪命，非所以畏天戒也。时王曾亦止之，遂诏勿葺。"此真侃侃直节矣。《高宗纪》：绍兴二年，五月，"两浙转运副使徐康国献销金屏障。诏有司毁之，夺康国二官"。二十七年，三月，"诏焚交阯所贡翠羽于通衢，仍禁宫人服用销金翠羽"。（《王十朋传》：秦桧死，上亲政，策士，擢为第一。用其言，严销金铺翠之令，取交阯所贡翠物焚之。）《宁宗纪》：嘉泰元年，四月，"诏以风俗侈靡，灾后官军营造，务遵法制。三月临安大火。内出销金铺翠，焚之通衢。禁民无或服用"。《明史·陈友谅传》："友谅豪侈，尝造镂金床甚工。宫中器物类是。既亡，江西行省以床进。太祖叹曰：此与孟昶七宝溺器何异？命有司毁之。"皆能守前世之遗规者也。《彭泽传》："出为徽州知府。将遣女，治漆器数十，使吏送其家。

泽父大怒，趣焚之，徒步诣徽。泽惊，出迓，目吏负其装。父怒曰：吾负此数千里，汝不能负数步耶？入，杖泽堂下。杖已，持装径去。"古人之清正如此，此其所以毁既成之物而弗作也。自恒人之情言之，必曰：弗之用，斯可矣，毁之宁不可惜？然自毁之者言之，则其物并无可用之处。夫无可用之处，则是无用之物也，毁之又何足惜？夫毁之则重劳者，莫如宫室。然翼奉说汉元帝，言其时宫室、苑囿，奢泰难供，以故民困国虚，亡累年之畜。不改其本，难以末正。汉德隆盛，在于孝文，躬行节俭，如令处于当今，因此制度，必不能成功名。故愿迁都正本。众制皆定，亡复缮治宫馆不急之费，岁可余一年之畜。夫亡复缮治，宁不渐坏？与撤毁亦何以异？撤毁固不能无劳民，然缮治则将劳民无已，与夫撤毁之止于一次者为何如哉？且留之将何为乎？将以观欲天下乎？民生而日抒矣，虽用今所谓奢侈之物而不为侈矣，至其时，岂不能更造哉？而留此不轨之物，以塞其革正之路乎？

《南史·宋武帝纪》："帝素有热病，并患金创，末年尤剧，坐卧常须冷物。后有人献石床，寝之极以为佳。乃叹曰：木床且费，而况石耶？即令毁之。"以疾而须石床，实不可谓之侈。况于帝之金创，殆以定内御外所致，而犹毁之，然则不必圣贤，即英雄亦不易为也。

宝　物

孟子曰："诸侯之宝三：土地、人民、政事。宝珠玉者，殃必及身。"《尽心》下。乍观之，其言似甚可怪。以一国之大，何至不知宝而宝珠玉？然观古以觊重器而伐国、出重器而媾和者之多，而知孟子之言，非有过矣。楚灵王，雄主也，而其谓子革曰："昔我先王熊绎，与吕伋、王孙牟、燮父、禽父并事康王，四国皆有分，我独无有。"（《左氏》昭公十二年）蒯聩，亦久历艰难之主也，而其谓浑良夫曰："吾继先君而不得其器，若之何？"（《左氏》哀公十六年）皆若不胜其怏怏之情焉。即乐毅报燕惠王，侈陈前王之功绩，亦曰："珠玉、财宝、车甲、珍器，尽收入于燕。齐器设于宁台，大吕陈于元英，故鼎返于磨室。"其重之也如是。无怪子常以裘佩与马，止唐、蔡之君，而酿滔天之祸矣。"虞叔有玉，虞公求旃。弗献。既而悔之，曰：匹夫无罪，怀璧其罪。吾焉用此？其以贾害也？乃献之。又求其宝剑。叔曰：是无厌也。无厌，将及我。遂伐虞公。故虞公出奔共池。"（《左氏》桓公十年）知怀璧之将以贾害而献之，可谓难矣。而虞公犹以无厌之求致败；叔亦以惧将及而出其君。处好宝物之世，而求自全，难矣哉！

《晋书·桓玄传》，言其"尤爱宝物，珠玉不离于手。人士有法书、好画及佳园宅者，悉欲归己。犹难逼夺之，皆蒲博而取。遣臣佐四出，掘果移竹，不远数千里。百姓佳果、美竹，无复遗余"。此似痴绝，惟纨袴少年为之，然历代皇室，谁不多藏珠玉、法书、好画邪？宋徽宗之花石纲，非即玄之遣人四出掘果移竹乎？《传》又言其请平姚兴，"初欲饰装，无他处分，先使作轻舸，载服玩及书画等物。或谏之，玄曰：书画服玩，既宜恒在左右；且兵凶战危，脱有不意，当使轻而易运。众咸笑之"。然古来有国有家者，至于亡灭之际，孰不犹有所藏乎？《宋史·刘重进传》，言其以显德三年克泰州。"初，杨行密子孙居海陵，号永宁宫。周师渡淮，尽为李景所杀。重进入其家，得玉砚、玉杯盘、水晶盏、码碯签、翡翠瓶以献。"是杨氏亡时，其宝物初未尽亡也。又《贾黄中传》，言其以太平兴国二年知升州，"一日，案行府署中，见一室，扃钥甚固。命发视之，得金宝数十匮，计直数百万，乃李氏宫中遗物也，即表上之"。是李氏亡时，其宝物亦未尽亡也。然宝之果何益哉？《张洎传》言：李煜既归朝，贫甚，洎犹匄索之。煜以白金颒面器与洎，洎尚未满意。然则不徒敌国，虽旧臣，犹以怀璧而肆诛求矣。宝之则其罪矣，果何为哉？亦岂可终宝哉？

《宋史·贾似道传》，言其"酷嗜宝玩，建多宝阁，日一登玩"，此即桓玄见人有宝、尽欲归己之心。又云："闻余玠有玉带，已殉葬矣，发其冢取之。"居宰相之位，而为椎埋之行，此古人所以因求宝物而致动干戈也。《徐鹿卿传》："丞相史弥远之弟，通判温州，利韩世忠家宝玩，籍之。鹿卿奏削其官。"世忠家不以宝玩，是时亦岂见籍哉？高宗幸医王继先，怙宠干法，富浮公室，数十年无敢摇之者。闻边警，辇重宝归吴兴，为避敌计。杜莘老疏其十罪。高宗乃籍其赀，鬻钱入御前激赏库，以赏将士。事见《莘老传》。亦以爱宝物促其败也。

《明史·孟一脉传》：一脉于万历时上疏有曰"浮梁之磁，南海之珠，玩好之奇，器用之巧，锱铢取之，泥沙用之，于是民间皆为丽侈。穷耳目之好，竭工艺之新，不知纪极，中人得十金，即足供一岁之用，今一物常兼中人数家之产"云云。夫工艺之新，今人所誉为文明者也。然人之因此而陷于饥寒者众矣，而其物亦卒随兵燹而尽，哀哉！

婚　丧

合男女颁爵位必当年德义

　　社会学家言：浅演之世，无所谓夫妇。男女妃耦，惟论行辈。同辈之男，皆其女之夫；同辈之女，皆其男之妻。我国古代似亦如此。《大传》："同姓从宗合族属，异姓主名治际会。名著而男女有别。其夫属于父道者，妻皆母道也。其夫属于子道者，妻皆妇道也。谓弟之妻为妇者，是嫂亦可谓之母乎？名者，人治之大者也。可无慎乎？"曰"男女有别"，曰"人治之大"，而所致谨者不过辈行，（《注》："异姓，谓来嫁者也。主于母与妇之名耳。"）可见古者无后世所谓夫妇矣。盖一夫一妻，起于人类妒忌专有之私。人之性，固有爱一人而终身不变者，亦有不必然者。故以一男而拘多女，以一女而畜众男，已不能答，而又禁其更求匹耦，则害于义。若其随遇而合，不专于一；于甲固爱矣，于乙亦无恶，则亦犹友朋之好，并时可有多人耳；古未为恶德也。职是故，古人于男女配合，最致谨于其年。《礼运》曰："合男女，颁爵位，必当年德。"《荀子》曰："妇人莫不愿得以为夫，处女莫不愿得以为士。"（《荀子·非相》）"老妇士夫"，"老夫女妻"，则《易》譬诸"枯杨生华"，"枯杨生稊"，言其鲜也。夫合男女而惟致谨于其年，而不必严一夫一妻妃合之制，则同辈皆可为婚矣。《释亲》："长妇谓稚妇为娣妇，娣妇谓长妇为姒妇。"此兄弟之妻相谓之辞也。又云："女子同出，谓先生为姒，后生为娣。"孙炎云："同出，谓俱嫁事一夫者也。同适一夫之妇，其相谓乃与昆弟之妻之相谓同。"可见古者无后世所谓夫妇矣，（娣姒之称，或谓据夫年长幼，或谓据身年长幼，迄无定论。实缘两义各有所主。据夫年长幼者，昆弟之妻相谓之辞也。据身年长幼者，同出者相谓之辞也。古无后世所谓夫妇则亦无昆弟之妻相谓之辞矣。）古之淫于亲属者，曰烝，曰报（《汉律》："淫季父之妻曰报。"见《诗·雄雉序疏》），皆辈行不合之称。其辈行相合者，则无专名，曰淫，曰通而已。淫者，放滥之词。好色而过其节，虽于妻妾亦曰淫，不必他人之妻妾也。通者，《曲礼》曰："嫂叔不通问。"又曰："内言不出于梱，外言不入于梱。"内言而出焉，外言而入焉，则所谓通也。《内则》曰："礼始于谨夫妇。为宫室，辨内外，深宫固门，阍寺守之。男不入，女不出。"自为宫室辨内外以来，乃有所谓通，前此无有也。《匈奴列传》曰："父死，妻其后母；兄弟死，皆取其妻妻之。"父死妻其后母，不知中国古俗亦然否。（妾皆幼小。则父之妾，或与子之行辈相当也。）兄弟死，皆取其妻妻之，则亦必如是矣。象以舜为已死，而曰"二嫂使治朕栖"是也。父子聚麀，《礼记》所戒。新台有泚，诗人刺焉。至卫君之弟，欲与宣夫人同庖，则齐兄弟皆欲与之，《柏舟》之诗是也。然则上淫下淫，古人所深疾；旁淫则不如是之甚。所以者何？一当其年，一不当其年也。夫妇之制既立矣，而其刺旁淫，犹不如上下淫之甚，则古无后世所谓夫妇，男女耦合，但论行辈之征也。今贵州仲家苗，女有淫者，父母伯叔皆不间；惟昆弟见之，非殴则杀；故仲家女最畏其昆弟云。亦婚姻但论行辈之遗俗也。

合男女贵当其年乎？不贵当其年乎？则必曰贵当其年矣。自夫妇之制立，而后男女妃合，有不当其年者，此则后人之罪也。俞理初有《释小篇》，论妾之名义，皆取于幼小，其说甚博，犹有未备者。《易·说卦》：兑为少女，为妾。《内则》："妾将御者，齐漱浣，慎衣服。栉纵，笄总，拂髦。"髦者，事父母之饰，惟小时有之，亦妾年小之征。《曲礼》："诸侯之妻曰夫人，大夫曰孺人。"郑《注》：孺，属也，《书·梓材》"至于属妇"，伪孔训为妾妇，盖本下妻之称。故韩非以贵夫人与爱孺子对举也（《八奸》）。古者诸侯娶，二国往媵，皆有侄娣。侄者何？兄之子也。娣者何？弟也。待年父母国，不与嫡俱行，明其年小于嫡。诸侯正妻之外，又有孺子。大夫则无有，故径号其妻曰孺人。诸侯妻之外又有妾，皆由其据高位，故得恣意渔少艾也。《诗》曰："婉兮娈兮，季女斯饥。"言季不言孟；妙之本字为眇，由眇小引申为美妙；皆古人好少女之证。男子之性，盖无不好少女者。率其意而莫之制，而世之以老夫拘女妻者多矣。（《祭统》曰："祭有昭穆。""凡赐爵，昭为一，穆为一。昭与昭齿，穆与穆齿。"此亦古人重行辈之征。《公羊》僖二十五年《解诂》曰："齐鲁之间，名结婚姻为兄弟。"《曾子问》：婿之伯父致命女氏曰：某之子有父母之丧，不得嗣为兄弟是也。结婚姻称兄弟，亦其行辈相当之征。）

娶于异姓所以附远厚别义

《郊特牲》曰："娶于异性，所以附远厚别也。"此古同姓之所以不昏也。《左氏》载郑叔詹之言曰："男女同姓，其生不蕃。"（《左传》僖公二十三年）子产之言曰："内官不及同姓。美先尽矣，则相生疾。"后人恒以为是为同姓不昏之由。然据今之治遗传学者言，则谓近亲婚姻，初不能致子孙于不肖。所虑者，男女体质相类，苟有不善之质，亦必彼此相同，子姓兼受父母之性，其不善之质，益易显耳。若其男女二者，本无不善之质，则亦初无可虑。其同善质者，子姓之善性，亦将因之而益显也。至于致疾之说，则犹待研究，医学家未有言之者也。然则古人之言，何以来邪？其出于迷信邪？抑亦有事实为据邪？谓其出于迷信。其言固以子姓蕃殖与否及疾病为据，拟有事实可征也。谓有事实为征，则"晋公子，姬出也，而至于今"一语，已足破叔詹之说矣。然则古人之言，果何自来邪？同姓为昏之禁，何由持之甚严邪？予谓古者同姓不昏，实如《郊特牲》所言，以附远厚别为义；而其生不蕃，则相生疾诸说，则后来所附益也。何则？群之患莫大乎争，争则乱。妃色，人所欲也。争色，致乱之由也。同姓为昏则必争，争则戈干起于骨肉间矣。《晋语》："同姓则同德，同德则同心，同心则同志，同志虽远，男女不相及；畏黩故也。黩则生怨，怨乱毓灾，灾毓灭姓。是故娶妻避同姓，畏乱灾也。"此为同姓不昏最重之义。古人所以谨男女之别于家庭之中者以此。《坊记》："孔子曰：男女授受不亲。御妇人则进左手。姑姊妹，女子子，已嫁而反，男子不与同席而坐。寡妇不夜哭。妇人疾，问之，不问其疾。以此坊民，民犹淫佚而乱于族。"乱于族，则《晋语》所谓黩也。（古者防范甚严，淫于他族本不易。有之，虽国君往往见杀。如陈佗、齐庄是也。邓扈乐淫于鲁宫中，则以其为力人也。）又曰："礼，与祭男女不交爵。以此坊民，阳侯犹杀缪侯而窃其夫人。"阳侯、缪侯，固同姓也，此乱于族之祸也。盖同姓之争色致乱如此。大为之坊犹然，而况乎黩乎？此古人所以严同姓为昏之禁也。同姓不昏，则必昏于异姓。昏于异姓，既可坊同姓之黩，又可收亲附异姓之功，此则一举而两得矣。此附远厚别，所以为同姓不昏之真实义也。然则其生不蕃，则相生疾之说，果何自来哉？曰：子孙之盛昌，人之所欲也。凋落，人之所恶也。身，人之所爱也。疾，人之所惧也。以其所甚恶、甚惧，夺其所甚欲，此主同姓不昏之说者之苦心。抑同姓为昏之禁，传之既久，求其说而不得，乃附会于此，亦未可知也。《月令》：仲春之月，"先雷三日，奋木铎以令兆民，曰：雷将发声，有不戒其容止者，生子不备，必有凶灾"。生子不备，犹云其生不蕃；必有凶灾，犹云则相生疾；皆以是恐其民也。楚子反将取夏姬。巫臣曰："是不祥人也。是夭子蛮，杀御叔，弑灵侯，戮夏南，出孔仪，丧陈国，何不祥如是？人生实难，其有不获死乎？"子反乃止（《左传》成公二年）。盖爱身之情，足以夺其好色之心如此。叔向之母妒，叔虎之母美而不使。其子皆谏其母。其母曰：深山大泽，实生龙蛇。彼美，余惧其生龙蛇以祸汝。汝敝族也，国多大宠，不仁人间之，不亦难乎？余何爱焉？（《左传》襄公二十二年）盖古人惧遗传之不善，足以为祸又如此。此其生不蕃，则相生疾诸说，所以能夺人好色之心，而禁其乱于族也邪？抑子孙之蕃衍，恃乎宗族之盛昌。宗族之盛昌，恃乎族人之辑睦。因争致乱，夫固足以召亡。又娶于异姓，则一人不能致多女。古惟诸侯娶一国，二国往媵。纳女于天子，乃曰备百姓。管氏有三归，则孔子讥其不俭矣。淫于同族，则可致多女。致多女，固可以致疾，晋平公其一也。其致疾之由在淫，不在所淫者之为同姓也。然两事既相附，因误以由于此者为由于彼，亦有所恒有也。

昏年考

古书言昏年者：《书传》《礼记》《公羊》《谷梁》《周官》，皆以男三十而娶，女二十而嫁。《墨子》《节用》。《韩非》《外储说右下》。则谓丈夫二十，妇人十五。《大戴》又谓大古五十而室，三十而嫁。中古三十而娶，二十而嫁（《本命》）。《异义》：《大戴礼》说，三十而室，二十而嫁，天子庶人同礼。《左氏》说，天子十五而生子；三十而娶，庶人礼也。（案国君十五而生子，见《左》襄九年。）诸说纷纷者何？曰：女子十四五可嫁，男子十五六可娶，生理然也。果何时娶，何时嫁，则随时代而不同。大率古人晚，后世较早，则生计之舒蹙为之也。《家语》："哀公曰：男子十六精通，女子十四而化，则可以生民矣。而礼，男必三十而有室，女必二十而有夫也，岂不晚哉？孔子曰：夫礼言其极，不是过也。男子二十而冠，有为人父之端；女子十五许嫁，有适人之道。于此而往，则是婚矣。"（《本命解》）男子十六精通，女子十四而化，说与《素问》合。何君《公羊解诂》曰："妇人八岁备数，十五从嫡，二十承事君子。"（《隐公七年》）八岁者，龀之翌年。十五者，化之明岁。准是以言，则二十当云二十二。而云二十者，举成数也。许慎曰："侄娣十五以上，能共事君子，可以往。二十而御。"（《谷梁》隐公七年《注》）说亦与何君同。王肃述毛，谓男自二十以及三十，女自十五以及二十，皆得嫁娶（《摽有梅·疏》），其说是也。（王肃又谓"男年二十以后，女年十五以后，随任所当，嘉好则成。不必以十五六女，妃二十一二男。虽二十女配二十男，三十男妃十五女，亦可"。亦通论也。）王肃又引礼子不殇父，而男子长殇，止于十九，女子十五许嫁不为殇，证亦极确。毛谓"三十之男，二十之女，礼未备则不待礼，会而行之，所以蕃育人民也"，亦以三十、二十为极。王肃述毛，得毛意也。然则古者以蕃育人民为急。越王勾践，栖于会稽，而谋生聚，至令男二十不娶，女十七不嫁，罪其父母。而其著为礼，不以精通能化之年；顾曰二十、三十，太古且至三十、五十者，何也？曰：蕃民，古人之所愿也。然精通而取，始化而嫁，为古人财力所不逮，是以民间恒缓其年。此为法令所无可如何。然曰二十、三十，曰三十、五十，则固已为之极矣。为之极，则不可过，犹蕃民之意也。何以知其然也？《说苑》曰："桓公至平陵，见年老而自养者，问其故。对曰：吾有子九人，家贫，无以妻之，吾使佣而未返也。桓公取外御者五人妻之。管仲入见，曰：公之施惠，不亦小矣？公曰：何也？对曰：公待所见而施惠焉，则齐国之有妻者少矣。公曰：若何？管仲曰：令国丈夫三十而室，女子十五而嫁。"（《贵德》）盖古者嫁取以俪皮为礼。俪皮者两麇鹿皮也（《聘礼注》）。汉武帝时，尝以白鹿皮为币，值四十万。白鹿皮固非凡鹿皮比；古时鹿皮，亦不必如汉代之贵。又汉武之为皮币，使王侯宗室，朝觐聘享，必以荐璧乃得行，则亦强名其值，犹今纸币之署若干万耳；尤非民间用之比。又用俪皮为士礼，未知庶人以下亦然否？然古皮币亦诸侯聘享所用，价不能甚贱。假不用之者，《曲礼》言取妻者"为酒食以召乡党僚友"，亦民间所不可少矣。"古者庶人枥食藜藿，非乡饮酒滕腊祭祀无酒肉。宾婚相召，则豆羹白饭，綦脍熟肉"（《盐铁论·散不足篇》），已不易办矣。管仲非桓公以御女赐平陵之民，而谓施惠当限嫁娶之年，岂有是一令，民间即饶于财哉？有是令，则不可过，不可过，则虽杀礼而莫之非也。《周官》：媒氏"仲春之月，令会男女。于是时也，奔者不禁。若无故而不用令者罪之"。仲春则奔者不禁者，古以九月至正月为婚期；仲春而犹不克昏，则其乏于财可知；乏于财，故许其杀礼。奔者，对聘而言。不聘即许其杀礼，非谓淫奔也。无故而不用令者，谓非无财，亦奔而不聘也。所谓聘者，则下文云"入币纯帛无过五两"是也。大司徒荒政十有二，十曰多昏（《注》："不备礼。"），亦此意也。贾生曰："秦人家贫子壮则出赘。"诸书或言贫不能嫁。皆嫁娶不易之征。太古男三十而娶，女二十而嫁。中古则三十、二十。《论衡》曰："男三十而娶，女二十而嫁，法制虽设，未必奉行。何以效之？以令不奉行也。"（《齐世篇》）曹大家十四而适人，则汉世嫁取，早于古人矣。故汉惠帝令女子十五不嫁五算也。然则世愈降，则昏年愈早。盖民生降而益舒，故礼易行也。然墨子谓圣王之法，丈夫年二十毋敢不处家，女子年十五毋敢不事人。圣王既殁，民欲蚤处家者，有所二十处家；其欲晚处家者，有所四十处家。以其早与晚相践，后圣王之法十年。（此为三十有室，二十而嫁，知古人制礼，必因习俗，非苟为也。）则后世嫁娶，反视古人为晚。岂古者质朴，礼简，嫁取易；后世迎妇送女愈侈，故难办邪？非也。墨子背周道，用夏政；其所述者，盖亦蕃育人民之法，禹遭洪水行之。犹勾践栖于会稽，而谋生聚耳，非经制也。若其述当时之俗，民之蚤晚处家者，有二十年之差。民之贫富固不齐，就其晚者，固犹视三十有室之年为迟矣。国君十五而生子，亦以饶于财，得蚤娶也。故曰：婚年之蚤晚，以民之财力而异也。（《汉书·王吉传》："以为世俗聘妻送女无节，则贫人不及，故不举子。"则后世昏年之早，亦竭蹶赴之，不必其财力果视古代为饶也。但以大体言之，则后人生计程度，总视古人为高耳。）

释夫妇

夫妇二字，习用之。诂曰："夫，扶也。""妇，服也。"其义甚不平等，然非夫妇二字之初诂也。夫妇之本义，盖为"抱负”，其后引伸为“伴侣”。何以言之？《史》《汉·高帝纪》有武负，《陈丞相世家》有张负。如淳曰：“俗谓老大母为阿负。”司马贞曰：“负是妇人老宿之称。”然《高帝纪》以王媪、武负并言，则负必小于媪。师古曰：“刘向《列女传》云：魏曲沃负者，魏大夫如耳之母也。此则古语谓老母为负耳。王媪，王家之媪也。武负，武家之母也。”予谓媪为老妇之称；母不必老，凡主妇皆可称之，犹男子之称父也。然则王媪为老妇；武负、张负，特其家之主妇耳。正妇字之转音也（今用婆字，亦具二义。俗称老妇为老太婆，即如淳所谓老大母。吴俗称妻曰家主婆，则古书皆作家主妇也。《尔雅·释鱼》：“鳛鳑，鳜妇。”王氏筠曰：“今称为鳜婆。”知二字之相淆久矣）。古以南为阳，北为阴。亦以人身之胸腹为阳，背为阴。故南乡而立，则曰：“左圣，乡仁，右义，背藏。”（《礼记·乡饮酒义》）南训任，男亦训任。北训背，负亦训背（《秦策注》），可知妇、背本一字。《方言》：“抱，耦也。”则抱有夫义。抱、负双声，《淮南·说林注》：“背，抱也。”夫妇亦双声，夫妇抱负，正一语也。《老子》：“万物负阴而抱阳，冲气以为和。”负阴而抱阳，犹言妇阴而夫阳。冲气以为和，则夫妇合而生一子矣。古言抱负，犹今言正负。正负各得其体之半，故孳乳为半字。《仪礼》“夫妻牉合”，正言其为一体也。物之正负，不能相离，故又孳乳为伴字。《说文》：“扶，并行也。”读若伴侣之伴。《说文》无侣字，伴训大，读若当出后人沾注。然其语自有所本。盖伴侣之伴之正字也。《汉书·天文志》：“晷：长为潦，短为旱，奢为扶。”《注》：“郑氏曰：扶当为蟠，齐鲁之间声如酺。晋灼曰：扶，附也。小人佞媚，附近君子之侧也。”《通卦验》：“晷，进为赢，退为缩，稽为扶。扶者，谀臣进，忠臣退。”郑《注》：“扶亦作扶。”《集韵》亦云：

"古扶字作麸。"并文音义，多同本文，可知夫麸实一字。故训夫之言扶，犹曰夫之言麸耳。诸侯之妻曰夫人，亦此义。不然，岂凡妇皆待其夫扶之，独诸侯则当待其妇扶之乎？物之正负，既不可离，即恒相依附。故负训恃，亦训依。夫训附，亦训傅。（《诗》："夫也不良。"毛《传》："夫，傅相也。"《郊特牲》："夫也者，夫也。"《注》："夫或为傅。"）《方言》："北燕朝鲜冽水之间，谓伏鸡曰抱。"皆附着之意也。

原　妾

社会学家言畜妾之由：曰女多男少也。曰男子好色之性，不以一女子为已足也。曰男子之性，好多渔妇女也。曰女子姿色易衰，其闭房亦较男子为早也。曰求子姓之众多也。曰女子可从事操作，利其力也。曰野蛮之世，以致多女为荣也。征诸我国书传，亦多可见之。《周官》：职方氏，扬州，其民二男五女。荆州，一男二女。豫州，二男三女。青州，二男二女。兖州，二男三女。雍州，三男二女。幽州，一男三女。冀州，五男三女。并州，二男三女。其数未必可信。然据生物学家言：民之生，本男多于女。而其死者亦众。故逮其成立，则女多于男。脱有战争，则男女之相差尤甚。吾谓战争而外，力役甚者，亦足杀人。又女子恒处家，希触法网。刑戮所及，亦恒少于男。天灾流行，捍之者多死，亦战争类也。古代女子皆能劳作，非若后世待养于人。溺女等风，古必无有。试观古书多言生子不举，未尝偏在于女，可知也。然则男少女多，古代亦必不免矣。（惟男女虽有多少，初不得谓当藉畜妾以调剂之。古代人畜妾，亦未必有调剂男女多少之意，只是以快淫欲耳。《墨子》谓"当今之君，大国拘女累千，小国累百，是以天下之男，多寡无妻，女多拘无夫"。齐宣王曰："寡人有疾，寡人好色。"孟子告以"大王好色"，"内无怨女，外无旷夫"。皆以怨、旷并言。则当时之民，怨女固多，旷夫亦不少矣。）拿破仑曰："一男子但有一女子则不足，以其有娠乳时也。"《内则》：妻将生子，及月辰，居侧室。三月之末，见子于父，乃后适寝。妾亦三月见子，而后入御。《汉律》：娠变者不得侍祠（《说文解字》）。即拿破仑之说也。班氏《女诫》谓"阳以博施为贵，阴以不专为美"。此男权盛时，好渔色之男子所创之义也。《素问》谓女子二七而天癸至，七七而天癸竭。丈夫二八天癸至，七八天癸竭（《上古天真论》）。则女子闭房之岁，早于丈夫者殆十年。韩非曰："丈夫年五十，而好色未解也；妇人年三十，而美色衰矣。以衰美之妇人，事好色之丈夫，则身死，见疏贱，而子疑不为后。此后妃夫人，所以冀其君之死者也。"（《韩非子·备内》）古制三十而娶，二十而嫁，女小于男者十年，殆以此欤？然三十而美色衰，五十而好色未解，虽小十年，终不相副。况三十二十，特辜较言之，课其实，男女之年，未必相差至是。此亦男子之所以好广渔色邪？若夫求子姓之多，则诗人以则百斯男颂文王其事也。（古重传统，统系在男，则无子者不得不许其畜妾，不许畜妾，则不得不许其弃妻更取，而无子为七出之一矣。）《诗》又曰："掺掺女手，可以缝裳。"毛《传》："妇人三月庙见，然后执妇功。"《笺》曰："未三月，未成为妇。裳，男子之下服。贱，又未可使缝。魏俗使未三月妇缝裳，利其事也。"然则坐男立女之风，正不待盛唐诗人而后兴叹矣。多妻淫佚，义士所羞。此非流俗所知。流俗方以是为美谈耳。西南之夷，有八百媳妇者，传言其酋有妻八百，与《周官》之侈言女御，何以异邪？然则社会学家所言畜妾之由，征诸吾国，靡不具之。人类之所为，何其异时异地而同揆也？

汉人多从母姓

《廿二史札记》言"汉皇子未封者，多以母姓为称"，举卫太子、史皇孙为例。实则其以母姓为称，与其封不封无涉。馆陶公主以为窦太后女，号窦太主（见《汉书·东方朔传》）。岂其身无封号邪？元帝称许太子（见《外戚·孝宣王皇后传》），淮南太子亦称蓼太子（见《伍被传》），盖时俗语言如此。景帝子王者十三人，其母五人，《史记》谓之《五宗世家》（《索隐》说，《后汉书·窦融传注》同）。此犹黄帝二十五子，得姓者十四人，显系子从母姓余习。《汉书·外戚侯表》，有扶柳侯吕平，以皇太后姊长姁子侯。师古曰："平既吕氏所生，不当姓吕。盖史家惟记母族。"（《史表》作昌平，昌盖误字）赵氏所举，有滕公曾孙颇，尚平阳公主，主随外家姓，号孙公主。故滕公子孙，更为孙氏。此非从母姓，乃改氏以示其为皇室之所自出耳，氏固可随意改易也。

献帝，灵帝母自养之，号曰董侯。此以祖母姓为姓也。然少帝养于史道人家，号曰史侯。则献帝亦非以祖母姓为姓，而以所养之家之姓为号尔。汉人视姓无甚不可改易，以姓所以本其所自生，是时已无可知，氏则本可随意自立也。必欲求其姓者，则有如京房推律定姓之法，转非依父祖以来之称号所可得也。

《景十三王传》言：胶东康王寄，于上最亲。师古曰："寄母王夫人，即王皇后之妹，于上为从母，故寄于诸兄弟之中又更亲也。此下有常山王云天子为最亲，其义亦同。"《五宗世家》之名，已足显母弟亲于异母，此更推广之而及于从母。知礼家虽以父母何算讥野人，而言情亦卒莫能外矣，此尚文之所以不如反质也。

《三国·蜀志·简雍传注》：或曰："雍本姓耿，幽州人语谓耿为简，遂随音变之。"《吴志·是仪传》："本姓氏，初为县吏，后仕郡，郡相孔融嘲仪，言氏字民无上，可改为是，乃遂改焉。"是姓亦可随音易字。以其本非姓，无关系也。徐众议之（见《是仪传注》）。《魏志·管宁传注》引《傅子》，言宁以衰乱之时多妄变氏族者，著《氏姓论》以原本世系。其说未知如何，度亦不过如《潜夫志》之所论耳。

汉世昏姻多出自愿

《左氏》昭公元年："郑徐吾犯之妹美，公孙楚聘之矣，公孙黑又使强委禽焉。犯请于二子，请使女择焉。"此固一时免患之计，然亦可见古昏姻固许男女自择。《公羊》之非鄫季姬，乃谓其不待父母之命，媒妁之言，而径使鄫子来请己，有背男不亲求女不亲许之义耳（僖十四年），非谓嫁娶可全由父母主之也。汉世犹知此义。《后汉书·宋弘传》："帝（光武）姊湖阳公主新寡，帝与共论朝臣，微观其意。主曰：宋公威容德器，群臣莫及。帝曰：方且图之。后弘被引见，帝令主坐屏风后，因谓弘曰：谚言贵易交，富易妻，人情乎？弘曰：臣闻贫贱之知不可忘，糟糠之妻不下堂。帝顾谓主曰：事不谐矣。"是虽以帝王之尊，至于昏姻，亦曲从本人之意也。《三国·魏志·陈思王传注》引《魏略》言：太祖欲以爱女妻丁仪，以问五官将。五官将曰：女人观貌，而正礼目不便，诚恐爱女未必悦也。以为不如与伏波子楙。太祖从之。此虽未尝问诸本人，然亦可谓曲体本人之意矣。

汉时嫁娶之年

古之欲蕃育其民者，大抵冀嫁娶之早。汉惠帝六年令：女子年十五以上至三十不嫁，五算（《汉书》本纪）。是也。王吉言世俗嫁娶太早，未知为人父母之道而有子，是以教化不明，而民多夭（《汉书·王吉传》），其言固是一理。然知为父母之道与否，由于教化之废兴；民之夭寿，系乎生计之舒蹙，不尽由于嫁娶之迟早也。汉时嫁娶之年可考者：班昭十四而适曹氏，见其所作《女诫》；陆绩女郁生，十三而适张白，见《三国·吴志·绩传注》；皆较惠帝之令为早。盖时俗固尚早婚，惟贫人不及者，乃有待于法令之迫促耳。然则欲蕃育人民，而徒立法以迫之，亦非计之善者也。

刘攽曰："予谓女子五算，亦不顿谪之，自十五至三十为五等，每等加一算也。"此说颇近凭臆。攽盖疑自十五至三十，罪谪之不当相同耳。予谓自十五至三十，为生育之年，故不嫁者罪谪之。三十以上，生育之力稍减，故不嫁者又不罪也。

汉时男女交际之废

《记》曰："阳侯杀缪侯而窃其夫人，故大飨废夫人之礼。"然则男女交际，古本自由，至后世乃稍因争色而致废坠也。汉高祖十二年，还过沛，置酒沛宫，沛父老诸母故人日乐饮极欢，道旧故为笑乐。光武建武十七年，幸章陵，修园庙，祠旧宅，观田庐，置酒作乐，赏赐。时宗室诸母因醋悦，相与语曰："文叔少时谨信，与人不款曲，唯直柔耳，今乃能如此！"安帝延光三年，祀孔子及七十二弟子于阙里，自鲁相、令、丞、尉及孔氏亲属、妇女、诸生悉会。此古大聚会时男女皆与之证。《三国·魏志·王粲传注》引《典略》，言太子尝请诸文学，酒酣坐欢，命夫人甄氏出拜；又引《吴质别传》，言帝尝召质及曹休欢会，命郭后出见质等，帝曰："卿仰谛视之。"其至亲如此。《卫臻传》言夏侯惇为陈留太守，举臻计吏，命妇出宴；《吴志·孙策传注》引《吴录》：策母谓策：王晟与汝父，有升堂见妻之分。然则司马德操造庞德公，径入其室，呼其妻子作黍（《蜀志·庞统传注》引《襄阳记》），亦不足怪矣。《蜀志·刘琰传》："琰妻胡氏入贺太后，太后特令留胡氏，经月乃出。胡氏有美色，琰疑其与后主有私，呼卒五百挝胡，至于以履搏面，而后弃遣。胡具以告言琰，琰坐下狱。有司议曰：卒非挝妻之人，面非受履之地。琰竟弃市。自是大臣妻母朝庆遂绝。"此亦阳侯杀缪侯而窃其夫人之类也。

妻死不娶

　　《汉书·王吉传》：子骏，妻死不复娶，或问之，骏曰："德非曾参，子非华元，亦何敢娶？"《三国·吴志·孙权传》黄武四年《注》引《吴书》言：陈化妻早亡，以古事为鉴，乃不复娶。权闻而贵之，以其年壮，敕宗正妻以宗室女，化固辞以疾。似乎惩羹而吹齑矣。然世固有后妻疾前妻之子而杀之如庞参者（见《后汉书》本传），则王骏、陈化之所为，亦有所不得已邪？孔子曰人之性，本不独亲其亲，不独子其子也。而必使之各亲其亲，各子其子焉，亲于此，则不亲于彼矣；子于此，则不子于彼矣。相生也，而相杀之机伏焉矣，安得不戈矛起于骨肉之间，肝脑涂于萧墙之内邪？《诸葛瑾传注》引《吴书》，言瑾妻死不改娶，有所爱妾，生子不举。盖亦虑变起庭闱。然生子不举，则是先犯杀人之罪矣。拘儒以为所谓家庭者，是以为人相生养之地也，而不知人之死于其中者不知凡几也。"人皆曰予知，驱而纳诸罟攫陷阱之中而莫之知辟也"，《礼记·中庸》。哀哉！

出妻改嫁（上）

　　汉人于出妻及改嫁，视之初不甚重。然屡易妻亦究非美事。故光武帝降赤眉，称其酋帅有三善：攻破城邑，周遍天下，本故妻妇，无所改易，其一（《后汉书·刘盆子传》）。而冯衍亦自伤有去两妇之名也（本传《注》引衍与宣孟书）。光武欲以湖阳公主妻宋弘，谓曰："谚言贵易交，富易妻，人情乎？"弘曰："臣闻贫贱之知不可忘，糟糠之妻不下堂。"（《后汉书·宋弘传》）此或以汉世尚主非易，为此托辞（参看《汉尚主之法》条）。然其言，则固先贫贱后富贵不去之义矣。鲍永事后母至孝，妻尝于母前叱狗，即去之。李充家贫，兄弟六人，同食递衣。妻窃谓充曰："今贫居如此，难以久安，妾有私财，愿思分异。"充伪酬之曰："如欲别居，当酤酒具会，请呼乡里内外，共议其事。"妇从充，置酒燕客，充于坐中前跪白母曰此妇无状，而教充离间母兄，罪合遣斥。"便呵叱其妇，逐令出门，妇衔涕而去（《后汉书·李充传》）。皆矫激以立名，非人情之正也。子曰："听讼吾犹人也，必也使无讼乎！无情者不得尽其辞，大畏民志，此谓知本。"（《礼记·大学》）苟使听讼者而皆能大畏民志如充者，固在所必诛，而如永者亦清议所必斥矣。

《后汉书·应奉传注》引《汝南记》曰："华仲妻（奉曾祖父顺，字华仲）本是汝南邓元义前妻也。元义父伯考为尚书仆射，元义还乡里，妻留事姑，甚谨，姑憎之，幽闭空室，节其食饮，羸露日困，妻终无怨言。后伯考怪而问之，时义子朗年数岁，言母不病，但苦饥耳。伯考流涕曰：何意亲姑，反为此祸？因遣归家。更嫁为华仲妻。仲为将作大匠，妻乘朝车出，元义于路旁观之，谓人曰：此我故妇，非有他过，家夫人遇之实酷，本自相贵。其子朗时为郎，母与书皆不答，与衣裳辄烧之。母不以介意，意欲见之，乃至亲家李氏堂上，令人以他词请朗。朗至，见母，再拜涕泣，因起出。母追谓之曰：我几死，自为汝家所弃，我何罪过，乃如此邪？因此遂绝也。"朗之不答其母，盖不欲彰其王母之过。犹《春秋》不以父命辞王父命之义。然《春秋》之义，乃为有国家者，统绪不可以二，统二则事权不一，而祸将延于下民尔，非以人情论也。以人情论，母固亲于王母，虽以此绝其王母可矣。元义怜其故妇，而白其母之过于路人，若违内大恶讳之义者。然是非者天下之公。孟子曰："名之曰幽厉，虽孝子慈孙，百世不能改也。"（《离娄》上）夫欲改之者，孝子慈孙之心；不能改者，天下之公义也。元义之母既尽人知之矣，虽欲讳之，又可得乎？抑岂可因为母讳而诬其妻乎？缄口不言，固无不可，然情之至而不能已于言，亦君子之所不诛也，不得绳以为亲隐之义。

《三国·魏志·刘晔传》："父普，母修，产涣及晔。涣九岁，晔七岁，而母病困。临终，戒涣、晔以普之侍人有谄害之性，身死之后，惧必乱家；汝长大能除之，则吾无恨矣。晔年十三，谓兄涣曰：亡母之言，可以行矣。涣曰：那可尔！晔即入室杀侍者，径出拜墓。"汉人重复仇，云"惧必乱家"，饰辞；此必晔之母有深怒积怨于侍者耳。王母固不可杀，然以晔之所为揆之，邓朗绝其王母，亦无讥焉。

出妻改嫁（下）

汉人不讳改嫁，故虽皇帝后宫，亦恒出之。《汉书·文帝纪》：十二年二月，出孝惠皇帝后宫美人，令得嫁；帝崩，遗诏归夫人以下至少使。景帝崩，亦出宫人归其家，复终身。《成帝纪》：永始四年，出杜陵诸未尝御者归家。《哀帝纪》：绥和二年，掖庭宫人年三十以下出嫁之。平帝之崩也，诏曰："皇帝仁惠，无不顾哀，每疾一发，气辄上逆，害于言语，故不及有遗诏。其出媵妾皆归家得嫁，如孝文时故事。"（《汉书·平帝纪》）景帝称文帝之德曰："除宫刑，出美人，重绝人之世也。"（《汉书·景帝纪》）晁错对策，亦以后宫出嫁为美谈，诚厌于人心也。秦始皇之死也，二世曰："先帝后宫非有子者，出焉不宜，皆令从死。"（《史记·秦始皇本纪》）此秦人之暴政，何足法，而霍光厚葬武帝，且皆以后宫女置于园陵（见《贡禹传》），所谓不学无术，宦官宫妾之孝也。

魏文帝之为人不足取，然能自为终制，革汉人厚葬之习则贤。疾笃，即遣后宫淑媛、昭仪已下归其家，尤汉帝之所不及矣。有学问者，毕竟不徒然也。

张敞条奏昌邑王曰："臣敞前书言昌邑哀王歌舞者张修等十人无子，又非姬，但良人，无官名，王薨当罢归；太傅豹等擅留，以为哀王园中人，所不当得为，请罢归。故王闻之曰：中人守园，疾者当勿治，相杀伤者当勿法，欲令瘐死，太守奈何而欲罢之？"（《汉书·武五子传》）不知诚贺言邪？抑敞故诬之而实欲保全之也？使其诚然，则其心乃侔于秦二世，其见废也宜矣。而霍光之所为，亦昌邑太傅之所为也。文、景再世之仁政，而光一举坏之，不学无术者之不可以为国如此。

汉人不讳改嫁，故亦不讳取再嫁之女。谷永劝成帝益纳宜子妇人，毋避尝字，是也（《汉书·谷永传》）。王章攻王凤，引羌胡杀首子为言（见《元后传》），乃欲文致凤罪耳，非当时之通义也。魏文帝甄皇后，本袁绍中子熙妻；孙权徐夫人，初适同郡陆尚，皆其证。后汉桓帝邓皇后，母宣，初适邓香，生后，改嫁梁纪，后随母居，亦冒姓梁氏，则再醮妇之女也。

《吴志》孙壹降魏，魏以故主芳贵人邢氏妻之，此后宫之改适者也。弘农王之见杀也，谓妻唐姬曰："卿王者妃，势不复为吏民妻，自爱。"则谓尊卑之不敌耳，非谓不可改嫁。故其归乡里，其父犹欲嫁之，姬誓不许。及李傕破长安，遣兵钞关东，略得姬，傕欲妻之，固不听，亦以傕之不足偶也。抑古之贞妇，不于寻常之时而每于存亡之际，此固意气感激，亦以存亡所系，平时固无所用之也。曹爽从弟文叔早死，妻夏侯文宁女，名令女，居止常依爽。及爽被诛，曹氏尽死。令女叔父上书与曹氏绝婚，强迎令女归。文宁使讽之，令女以刀断鼻，血流满床席。或谓之曰："人生世间，如轻尘栖弱草耳，何至辛苦乃尔！且夫家夷灭已尽，守此欲谁为哉？"令女曰："闻仁者不以盛衰改节，义者不以存亡易心，曹氏前盛之时，尚欲保终，况今衰亡，何忍弃之！"（《爽传注》引皇甫谧《列女传》）彼其视衰亡时之不可弃背，尤甚于盛时也。语曰："疾风知劲草，世乱识忠臣。"草木无知，不能以疾风而自奋。人则不然，愈危亡，愈激厉于忠义。此忠臣义士之所以史不绝书，而伦纪之所以维持于不敝也。古今中外，忠臣孝子，义夫节妇，其所守者不同，其为不肯相背负则一也。唐姬之誓死，其亦以此乎？（陆绩女郁生，适同郡张白，侍庙三月，妇礼未卒，白遭罹家祸，迁死异郡，郁生抗声昭节，义形于色，冠盖交横，誓而不许。见《吴志·陆绩传注》引《姚信集》信表文。）

汉季婚配，颇重门第。魏氏三世立贱，栈潜抗疏以谏，孙盛著为讥评，无论矣。文德郭皇后外亲刘斐与他国为婚，后闻之，敕曰："诸亲戚嫁娶，自当与乡里门户匹敌者，不得因势，强与他方人婚也。"（《三国·魏志·后妃传》）盖乡里难得高门，外方差易，故刘斐于是求之耳，而后犹以为戒，则知昏嫁视门户甚重。弘农王属付唐姬，盖亦以此也。

《蜀志·后主张皇后传注》引《汉晋春秋》曰："魏以蜀宫人赐诸将之无妻者，李昭仪曰：我不能二三屈辱。乃自杀。"

此盖以国亡感慨，然亦以录赐等于强配，非其所愿故也。古者昏嫁，本由官主，故《周官》有媒氏之官，《管子》有合独之政（见《入国》篇）。降逮汉世，遗意犹存。淮南异国中民家有女者，以待游士而妻之（见《汉书·地理志》），此即《吴越春秋》谓句践以寡妇淫佚过犯，皆输山上，士有忧思者，令游山上，以喜其意，实仍官为婚配之制耳。合男女之法，秦汉而后，平时已不复存，然至变动时犹行之。《汉书·王莽传》：民犯铸钱，伍人相坐，没入为官奴婢，传诣钟官，以十万数；到者易其夫妇，愁苦死者什六七（地皇二年）。所谓易其夫妇者，非谓其夫妇本相保而故易之，亦其既已离散，而更为之择配耳。三国之世，录夺妇女以配战士之事乃极多。《魏志·明帝纪》青龙三年《注》引《魏略》，言是时录夺士女前已嫁为吏民妻者，还以配士，既听以生口自赎，又简选其有姿色者内之掖庭。太子舍人张茂上书谏，言："诏书听得以生口年纪、颜色与妻相当者自代，故富者则倾家尽产，贫者举假贷赁，贵买生口以赎其妻；县官以配士为名而实内之掖庭，其丑恶者乃出与士。得妇者未必有权心，而失妻者必有忧色。"其弊至于如此。然《杜畿传》言畿在河东十六年，文帝即王位，征为尚书，《注》引《魏略》言："初畿在郡，被书录寡妇。是时他郡或有已自相配嫁，依书皆录夺，啼哭道路。畿但取寡者，故所送少；及赵俨代畿而所送多。文帝问畿，畿对曰：臣前所录皆亡者妻，今俨送生人妇也。帝及左右顾而失色。"则明帝所行虽弊，而其事实不始于明帝。《文德郭皇后传》言："后姊子孟武还乡里，求小妻，后止之。遂敕诸家曰：今世妇女少，当配将士，不得因缘取以为妾也。宜各自慎，毋为罚首。"《吴志·孙皓传》元兴元年《注》引《江表传》言："皓初立，发优诏，恤士民，开仓廪，振贫乏，科出宫女以配无妻，禽兽扰于苑者皆放之。当时翕然称为明主。"《陆凯传》言：凯上疏曰："伏闻织络及诸徒坐，乃有千数，愿陛下料出赋嫁，给与无妻者。"又疏言："先帝爱民过于婴孩，民无妻者以妾妻之。"而韩综谋叛，且尽以亲戚姑姊嫁将吏，所幸婢妾赐亲近，以市恩（《韩当传注》引《吴书》）。则录士女以配将士，实为当时通行之政。其行之虽弊，固犹自古者合独之政来也。然其行之则不能无弊矣。《张温传注》引《文士传》言："温姊妹三人皆有节行，为温事，已嫁者皆见录夺。其仲妹先适顾承，官以许嫁丁氏，成婚有日，遂饮药而死。"盖婚姻必出自愿，官为许嫁，不能合于本人之意审矣。李昭仪之自杀，或亦以此欤？《后汉书·独行刘翊传》云："黄巾贼起，郡县饥荒，翊救给乏绝，死亡则为具殡葬，鳏独则助营妻娶。"可见古人虽当乱离之世，未尝不行合独之政。特不当由官一切行之，不顾本人之愿不耳。《魏志·钟繇传》：子毓，曹爽既诛，"入为侍史中丞、侍中廷尉。听君父已没，臣子得为理谤，及士为侯，其妻不复配嫁，毓所创也。"配嫁固非仁政，为侯则其妻可免，亦以尊卑之不敌也。（殿本《考证》云："《太平御览》作不复改嫁。此后人不知古事而妄改之。天子媵妾犹可嫁，况侯之妻邪？邓香为名族，其妻不讳改嫁。孙权步夫人生二女，长曰鲁班，字大虎，前配周瑜子循，后配全琮。少曰鲁育，字小虎，前配朱据，后配刘纂。二女在当时为帝女，亦不讳改嫁，下此者更不可胜数。如李密祖父为朱提太守，父早亡。母何氏亦更适人。见《蜀志·杨戏传注》引《华阳国志》。）

贞妇二字，昉见《礼记·丧服四制》，盖汉人语也。其见于法令者，《汉书·宣帝纪》神爵四年，赐颍川贞妇顺女帛。《平帝纪》元始元年，复贞妇乡一人。

《史记·张耳陈余列传》："张耳尝亡命游外黄，外黄富人女甚美，嫁庸奴，亡其夫，去抵父客（《汉书》作"庸奴其夫，亡邸父客"）。父客素知张耳，乃谓女曰：必欲求贤夫，从张耳。女听，乃卒为请决，嫁之张耳。"是则欲离婚者，亦必须有居间之人。

汉世宫人出嫁，略无限制，惟不得适诸国。见《后汉书·孝明八王传》。

《后汉书·方术传》：谢夷吾举孝廉，为寿张令。《注》引《谢承书》曰："县人女子张雨，早丧父母，年五十，不肯嫁，留养孤弟二人，教其学问，各得通经。雨皆为聘娶，皆成善士。夷吾荐于州府，使各选举，表复雨门户。"张雨之所以不嫁，亦以遭家不造也。

合男女之政，汉世虽不行，然儒者仍知其义，扬雄《校猎赋》"侪男女使莫违"，《长杨赋》"婚姻以时，男女莫违"，是也。

汉世妾称

妻之外，女子共居处者，古称妾媵，后世则但称妾；以古有媵，后世则无之也。然妾谓女子执事之得接于君者，则必有执事之女子然后称，否则其不合，亦与媵等矣。故汉人称妻以外共居处之女子，名目颇多，无曰妾者。

《史记·齐悼惠王世家》："高祖长庶男也。其母外妇也，曰曹氏。"外妇，谓不处家中也。然不称外妇者非必皆处家庭之中，如《汉书·枚乘传》言："乘在梁时，娶皋母为小妻。乘之东归也，皋母不肯随乘。"明其亦不处家中也。小妻之称，汉时最为通行。《孔光传》言：淳于长坐大逆诛，长小妻乃始等六人皆以长事未发觉时弃去，或更嫁；《后汉书·赵孝王良传》：玄孙乾，赵相奏其居父丧，私娉小妻；《窦融传》：女弟为大司空王邑小妻；《梁节王畅传》：畅上疏谢，言臣畅小妻三十七人，其无子者愿还本家，是也。亦曰傍妻。《汉书·元后传》言其父禁多取傍妻，是也。亦曰下妻。《王莽传》：始建国二年十一月，立国将军建奏"今月癸酉，不知何一男子遮臣建车前，自称汉氏刘子舆，成帝下妻子也"；《后汉书·光武帝纪》：建武七年五月，"诏吏人遭饥乱及为青徐贼所略为奴婢下妻，欲去留者，恣听之，敢拘制不还，以卖人法从事"；十三年十二月，"诏益州民自八年以来被略为奴婢者，皆一切免为庶民；或依托为人下妻，欲去者，恣听之；敢拘留者，比青徐二州以略人法从事"，是也。《方术传》：樊英，"颍川陈建少从英学，尝有疾，妻遣婢拜问，英下床答拜。寔怪而问之，英曰：妻，齐也，共奉祭祀，礼无不答。"则妻之称实不可妄用。然字之义多端，妻固有齐义，亦有共居处之义，汉人于妻，盖专取其后一义尔。《礼记》"聘则为妻，奔则为妾"，然《后汉书·赵孝王传》，于其取小妻亦称聘，此聘字亦仅为娶义尔。

《后汉书·明帝纪》：中元二年四月，诏："边人遭乱为内郡人妻，在（中元元年四月）已卯赦前，一切遣还边，恣其所乐。"此与建武七年及十三年之诏同，不曰下妻而径曰妻，盖所依托之人，亦有本无妻者；或间阎之间，妻妾之位，不能尽依礼法分别也。《酷吏传》：黄昌，"迁蜀郡太守。初昌为州书佐，其妇归宁，遇贼被获，遂流转入蜀为人妻；其子犯事，乃诣昌自讼。昌疑母不类蜀人，因问所由，对曰：妾本会稽余姚戴次公女，州书佐黄昌妻也。妾尝归家，为贼所略，遂至于此。昌惊，呼前谓曰：何以识黄昌邪？对曰：昌左足心有黑子，尝自言当为二千石。昌乃出足示之，因相持悲泣，还为夫妇。"更嫁既生子长大，与故夫不相识，而犹得还者，以其本被略，非所欲，以法律人情论，均不得视同嫁娶也。

许皇后姊为淳于长小妻，窦融女弟亦为王邑小妻（见融本传），则汉人不甚以小妻为讳。

取女闭之

《后汉书·周举传》：举对策言："竖宦之人，虚以形势，威侮良家，取女闭之，至有白首殁无配偶，逆于天心。"《宦者传》言四侯之横，亦云"多取良人美女以为姬妾，皆珍饰华侈，拟则宫人"。盖当时贵戚专横，取女闭之者甚多。取女闭之，原不过以供执事，由之仆役之逾侈，本未必尽为淫欲也。

適庶之别

汉人虽不禁娶妾，然適庶之别颇严。《汉书·外戚恩泽侯表》：孔乡侯傅晏，"元寿二年，坐乱妻妾位免，徙合浦"是也。《三国·魏志·钟会传注》引《魏氏春秋》言："会母见宠于繇，繇为之出其夫人。卞太后以为言，文帝诏繇复之。繇恚愤，将引鸩，弗获，餐椒致噤，帝乃止。"虽幸免于罚，然亦危矣。孙权谢夫人，权母吴，为权聘以为妃，爱幸有宠。后权纳姑孙徐氏，欲令谢下之，而谢不肯（《三国·吴志·妃嫔传》）。则虽人主，亦不能得之于其妃匹也。

适子庶子，地位亦颇不同。《后汉书·王符传》言："安定俗鄙庶孽，而符无外家，为乡人所贱。自和、安之后，世务游宦，当涂者更相荐引，而符独耿介不同于俗，以此遂不得升进。"《公孙瓒传》："家世二千石，以母贱，为郡小吏。"《三国志·瓒传注》引《典略》载瓒表袁绍罪状，有云："《春秋》之义，子以母贵。绍母亲为婢使，绍实微贱，不可以为人后，以义不宜，乃据丰隆之重任，忝辱王爵，损辱袁宗。"是正适之与庶孽，进取之途，大有殊异也。以财产论亦然。《汉书·景十三王传》言：常山宪王舜，有不爱姬生长男棁，雅不以为子数，不分与财物。太子代立，又不收恤棁。《卫青传》言：青少时归其父，父使牧羊。民母之子皆奴畜之，不以为兄弟数。则贵族与民间皆然矣。

禁以异姓为后

《三国·蜀志·卫继传》："父为县功曹。继为儿时，与兄弟随父游戏庭寺中，县长蜀郡成都张君无子，数命功曹呼其子省弄，甚怜爱之。张因言宴之间，语功曹欲乞继，功曹即许之，遂养为子。"时法禁以异姓为后，故复为卫氏。案《刘封传》："封本罗侯寇氏之子，长沙刘氏之甥也。先主至荆州，以未有继嗣，养封为子。"《吴志·朱然传》云："然，治姊子也，本姓施氏。初治未有子，然年十三，乃启策乞以为嗣。"刘备、朱治，皆一国之君，而不讳乞人为嗣，则当时风俗，于亲生子及养子，实不甚歧视。《魏志·曹爽传注》引皇甫谧《列女传》言：爽诛，其从弟文叔妻夏侯令女，不肯与曹氏绝婚，至于以刀断鼻。司马宣王闻而嘉之，听使乞子字养，为曹氏后。乞子字养必得许可者，以曹氏当诛戮之余也。朱治乞子为后必请于孙策者，亦以其有爵禄也。民间乞子为后与否，本不与公家事，安可得而尽禁邪？父母之恩，不在生而在养。朱然为治行丧竟，乞复本姓，孙权不许。盖以鞠育之恩，不可负也。然然乞复本姓，必犹在行丧之后。（《汉书·韩安国传》："语曰：虽有亲父，安知不为虎？虽有亲兄，安知不为狼？"此所生不必有恩之证。）

　　父母之恩，固不在生而在养，父之于子也亦然。今之人尽有依倚既久，亲其所养，转过于所生者。同居则恩生焉，隔绝则意自睽，人之性则然也。故不独亲其亲，不独子其子，人之性本然也。各亲其亲，各子其子，非人性之本然，社会之组织，实为之也。

　　汉世非立异姓之议，盖颇盛。故孟达与刘封书，讥其弃父母而为人后非礼。朱然乞复本姓不许，五凤中其子绩卒表还施氏也。又蜀马忠，少养外家，姓狐名笃，后乃复姓改名。王平本养外家何氏，后复姓王。观汉人随母姓者之多，此盖所以救其弊。

　　灌夫父张孟，为灌婴舍人，得幸，因进之，至二千石，故蒙灌氏姓为灌孟。张燕，本姓褚，黄巾起，聚合少年为群盗。张牛角亦起与燕合，燕推牛角为帅。牛角且死，令众奉燕，燕因改姓张。此固或凭借其权势，有所利而为之，亦未尝无感恩之念也。

　　《汉书·宣帝纪》：元康三年，"封（张）贺所子弟子侍中中郎将彭祖为阳都侯"。师古曰："所子者，言养弟子以为子。"《三国·魏志·后妃传》："明帝爱女淑襄，取（甄）后亡从孙黄与合葬，追封黄列侯，以夫人郭氏从弟德为之后，承甄氏姓。"此尚不足以言所子，然袭封亦无禁忌。魏明帝始诏诸侯入奉大统，不得尊其所生（见《纪》太和三年）。其于宗法甚重，然其所为如此，可见当时俗，于异姓为后，并不禁忌也。（《三国·魏志》：文聘薨，子岱先亡，养子休嗣。）

《后汉书·皇后纪》："桓帝邓皇后，和熹皇后从兄子邓香之女也。母宣，初适香，生后，改嫁梁纪。后少孤，随母为居，因冒姓梁氏。梁冀诛，立为后，帝恶梁氏，改姓为薄。永兴四年，有司奏后本郎中邓香之女，不宜改易他姓，乃复为邓氏。"当时虽恶梁氏而欲改之，然初不亟亟于复本姓也，此亦汉人不甚重视本宗之证。

汉尚主之法

自昔男权昌盛以来，女子之臣伏于男子久矣。然女子苟别有凭藉，则男子亦有反为所制者，历代公主之骄横，即其一端也。汉世尚主之法，王吉、荀爽、荀悦皆非之。吉之言曰："汉家列侯尚公主，诸侯则国人承翁主，使男事女，夫诎于妇，逆阴阳之位，故多女乱。"（《汉书·王吉传》）爽之言曰："汉承秦法，设尚主之仪，以妻制夫，以卑临尊，违乾坤之道，失阳唱之义。"悦亦言"以阴乘阳违天，以妇陵夫违人"（《后汉书·荀爽荀悦传》）。此固不免拘墟之见，然此特帝王家事，于国计民生所关实小，而诸儒亟亟以为言者，盖当时之公主，实有骄纵不可制驭者在也。赵瓯北《廿二史札记》，以馆陶公主宠董偃，鄂邑公主通丁外人，讥当时淫逸之甚（卷三）。其实此并在寡居之后。若班始尚清河孝王女阴城公主，贵骄淫乱，与嬖人居帷中，而召始入，使伏床下者，方之蔑矣。始以积怒，拔刃杀主（始，班超孙，事见《超传》）。又光武女郦邑公主，适新阳侯世子阴丰，亦为所害。后汉一代之中，公主被杀之祸再见，岂偶然哉！光武欲以湖阳公主妻宋弘，弘拒之曰："贫贱之知不可忘，糟糠之妻不下堂。"（《后汉书·宋弘传》）其论固正矣，安知非逆知尚主之难，乃为是以拒之邪？杨旋兄乔为尚书，容仪伟丽，数上言政事。桓帝爱其才貌，诏妻以公主，乔固辞，不听，遂闭口不食，七日而死（见《后汉书·杨琁传》）。欲尚主而至以死拒，知其中必有大不得已之故矣。

阴丰，《明帝纪》云自杀（永平二年），《后纪》云诛死，《阴识传》亦云被诛。盖被诛而后自杀也。《阴识传》云："父母当坐，皆自杀，国除。帝以舅氏故，不极其刑。"云不极其刑者，班始要斩，同产皆弃市（《顺帝纪》永建五年及《班超传》）。丰获自杀，同产不坐，盖即所谓"不极其刑"也。汉赵王友以诸吕女为后，弗爱，爱他姬。诸吕女怒，去，谗之太后。太后召赵王幽之，以饿死（《汉书·高五王传》）。夏侯尚有爱妾嬖幸，宠夺适室；适室，曹氏女也，文帝遣人绞杀之（《三国·魏志·夏侯尚传》）。与大族为耦者，其生命岌岌乎不可保矣。

公主骄纵，特其□□之咎，王吉、荀爽、荀悦等皆以制度为言者，盖汉承秦法，公主亦立家；尚公主及承翁主者，皆不啻赘婿，故爽、悦并引尧女厘降、帝乙归妹、王姬嫁齐为言也。此女系之世，女权所以必张于男系之世。

王莽妃匹无二

三夫人，九嫔，二十七世妇，八十一御妻，首见《礼记·昏义》；《昏义》者，《士昏礼》之传，安得忽言天子之礼。《三国·魏志·王朗传》：朗上疏言："《周礼》六宫内官百二十人，而诸经常说，咸以十二为限。"知此为古周礼说，莽造之，以为其和嫔美御之张本者也。（《蜀志·董允传》："后主常欲采择以充后宫，允以为古者天子后妃之数不过十二，今嫔嫱已具，不宜增益，终执不听。"知尔时《周礼》之说，犹未盛行。）然张竦为陈崇草奏，称莽功德，云妃匹无二，则莽非溺于色者。其立和嫔美御之制，亦徒欲夸盛大而越前人而已。其信方士为淫乐，盖亦非以纵淫，而信其可以致神仙也。大抵溺于旧说，而不察情实，为莽一生受病之根。

又案：言天子娶十二，已非经说之朔。盖汉人以为天子不当与诸侯同而增之；原其朔，则亦一取九女而已。古天子、诸侯，本无大别也。汉儒经说，亦有仍主九女之制者，如杜钦、谷永皆是。

乱时取二妻

时直非常，则有非常之事。汉魏之际，丧乱荐臻。而要二妻者，遂屡有所闻焉。太康元年，东平王楙上言，相王昌父毖，本居长沙，有妻息，汉末使入中国，值吴叛，仕魏为黄门郎，与前妻息死生隔绝，更取昌母。今江表一统，昌闻前母久丧，当追成服，求平议。其时议者，谢衡以为虽有二妻，盖有故而然，不为害于道，宜更相为服，盖以为无妨二适者也。张恽谓《尧典》以釐降二女为文，不殊嫡媵，传记以妃夫人称之，明不立正后，则以为可不分适庶者也。其以为不容二适者，则虞溥谓未有遭变而二适，故昌父更娶之辰，是前妻义绝之日。许猛以为地绝。卫恒谓地绝死绝无异。盖谓不容二适，乃出以求全。然昌妻何故当义绝乎？李胤谓遂为黄门侍郎，江南已叛，石厚与焉。大义灭亲，毖可得以为妻乎？夫江南叛，非毖之妻叛也。如毖之说，境有叛首，境内之人，皆在当绝之列乎？于义窒矣。虞溥谓妻专一以事夫，夫怀贰以接已。开伪薄之风，伤贞信之教，于以纯化笃俗，不亦艰乎？其说是也。地绝之说本已难通。刘卞云：地既通，何故追而绝之，于义尤允。虞溥谓据已更娶，有绝前之证，又欲方之恶疾。（谓虽无过，亦可见出。）然揆诸人情，终不如卞粹谓昌父当莫审之时而娶后妻，则前妻同之于死而义不绝之为允也。卫恒谓绝前为夺旧与新，为礼律所不许，人情所不安，信矣。绝与死同，无嫌二嫡，此所以济事之穷，然以言终绝者则可矣。其如绝而复通，如朱某郑子群陈诜者何？于是嫡庶之别，终不得不辨矣。刘卞云：毖于南为邦族，于北为羁旅，此以名分言之，前妻为元妃，后妇为继室，然娶妻必于邦族，窃所未闻。干宝云：同产者无适侧之别，而先生为兄，诸侯同爵无等级之差，而先封为长，今二妻之入，无贵贱之礼，则宜以先后为秩，今生而同室者寡，死而同庙者众，及其神位，故有上下也。春秋贤赵姬遭礼之变而得礼情，朝廷于此，宜导之以赵姬，齐之以诏命，使先妻恢含容之德，后妻崇卑让之道，室人达少长之序，百姓见变礼之中，若此可以居生，又况于死乎？如宝之论，以处死则得矣。以之居生，先妻不恢含容之德，后妻不崇卑让之道，将若何？时吴国朱某，娶妻陈氏，生子东伯，入晋，晋赐妻某氏，生子绥伯。太康中，某已亡，绥伯将母以归邦族，兄弟交爱敬之道，二母笃先后之序，及其终也，二子交相为服，即行宝之说者也。君子以为贤，然虞溥云伯夷让孤竹，不可以为后王法，此可以为教不可以立法也。安丰太守程谅先已有妻，后又娶，遂立二嫡。前妻亡，后妻子勋疑所服，荀勖议曰：昔乡里郑子群娶陈司全从妹，后隔吕布之乱，不复相知存亡，更娶乡里蔡氏女，徐州平定，陈氏得还，遂二妃并存，蔡氏之子字符嶷，为陈氏服嫡母之服，事陈公以从舅之礼，族兄宗伯曾责元嶷，谓抑其亲，干宝之议，于斯穷矣。沛国刘仲武先娶毌丘氏，生子正舒、正则，毌丘俭反，败，仲武出其妻，娶王氏生陶，仲武为毌丘氏别舍而不告绝，及毌丘氏卒，正舒求祔葬焉。而陶不许，舒不释服，讼于上下，泣血露骨，缳裳缀络，数十年不得从，以至死亡。陶之所为于人情，则有嗛矣，于法不能责也。咸康二年零陵李繁姊先适南平郡陈诜，产四子而遭贼，于贼请活姑命，贼略将姊去。诜更娶严氏，生三子，繁后得姊消息，往迎还诜，诜籍注领二妻，及李亡，诜疑制服，以事言征西大将军庾亮，府司马王愆期议曰：诜有老母，不可以莫之养，妻无归期，纳妾可也。李虽没贼，尚有生冀，诜寻求之理不尽，而便娶妻，诚诜之短，其妻非犯七出，临危请治姑命，可谓孝归矣。议者欲令在没略之中，必全苦操，有陨无二，是望凡人皆为宋伯姬也。后子不及前母，故无制服之文。然构祠蒸尝，未有不以前母为母者，亡犹母之，况其存乎？继室本非适也。虽云非适，义在始终，严宁可以，诜不应二妻而已涉二庭乎？若能下之，则赵姬之义，若云不能，官当有制。先适后继，有自来矣。此议惟责严氏不当涉二庭为过，余皆平允也。（以上据《晋书·礼志》。）

《晋书·贾充传》：初充前妻李氏，淑美有才行，生二女，褒、裕。褒一名荃，裕一名濬。父丰诛，李氏坐流徙，后娶城阳太守郭配女，即广城君也。武帝践阼，李以大赦得还，帝特诏充置左右夫人，充母亦敕充迎李氏。郭槐怒，攘袂数充曰：刊之律令，为佐命之功，我有其分，李那得与我并？充乃答诏，托以谦冲，不敢当两夫人盛礼，实畏槐也。而荃为齐王妃，欲令充遣郭而还其母，时沛国刘含母及帝舅羽林监王虔前妻，皆毋丘俭孙女。此例既多，质之礼官，皆不能决。虽不遣后妻，多异居私通。充自以宰相，为海内准则，乃为李筑室于永年里，而不往来。荃、濬每号泣谓充，充竟不往，会充当镇关右，公卿供帐祖道。荃、濬惧充遂出，乃排幔出，于坐中叩头流血，向充及群僚陈母应还之意，众以荃王妃，皆惊起而散，充甚愧愕，遣黄门将官人扶去。既而郭槐女为皇太子妃，帝乃下诏，断如李比皆不得还，后荃恚愤而薨……及充薨后，李氏二女乃欲令其母祔葬，贾后弗之许也。及后废，李氏乃得合葬。

谅　闇

子张曰："高宗谅闇，三年不言，何谓也？"子曰："何必高宗，古之人皆然。君薨，百官总已以听于冢宰，三年。"（《论语·宪问》）案《丧服大记》曰："父母之丧，居倚庐，非丧事不言。既葬，与人立，君言王事，不言国事。大夫士言公事，不言家事。君既葬，王政入于国。既卒哭而服王事。大夫士既葬，公政入于家。既卒哭，弁绖带，金革之事无辟也。既练，居垩室，不与人居。君谋国政，大夫士谋家事。"盖古之居丧者，于凡事皆无所与。古者君与民相去近，而国事亦简，是以能守其旧俗也。臣有大丧，君三年不呼其门（《公羊》宣公元年），亦以此。至于后世，则金革之事有不暇辟者也，礼从俗而变，亦事之不得不然。正不必讥后人之短丧也。

坟 墓

顾亭林曰：古王者之葬，称墓而已。春秋以降，乃有称丘者。赵肃侯、秦惠文、悼武、孝文三王始称陵，至汉则无帝不称陵矣（《日知录·陵》）。案古之葬，盖本有二法：《易》曰："古之葬者，厚衣之以薪，葬之中野，不封不树。"（《系辞传》）此葬于平地者也。《孟子》言："上世尝有不葬其亲者；其亲死，则举而委之于壑；他日过之，狐狸食之，蝇蚋姑嘬之"，乃归，"反虆梩而掩之"。（《滕文公》上）此葬于山中者也。《淮南子》言：禹之时，"死陵者葬陵，死泽者葬泽"（《要略》）况上古之世，奉生送死，又不如禹之时之美备者乎？农耕者葬于中田，游猎者葬于山壑，亦固其所。《檀弓》曰"易墓非古也"；又言"季子皋葬其妻，犯人之禾"；成子高曰"我死，则择不食之地而葬我焉"；此皆葬于中田者。公叔文子升于瑕丘，曰："乐哉斯丘也，死则我欲葬焉。"则择丘陵之地以营葬矣（《注》言"刺其欲害人良田"，非也）。《吕览》曰："葬浅则狐狸抇之，深则及于山泉。故凡葬必于高陵之上，以避狐狸之患，水泉之湿。"（《节丧》）则古之葬者，实以丘陵为安，然非凡人之力所及，故不得不就近地而营葬焉。《吕览》又言："古之人有藏于广野深山而安者。"可见其葬原有两法也。

言葬者既以高陵为安，故公置之墓地，多在于是。"晋卿大夫之墓地在九原"（《檀弓》"是全要领以从先大夫于九京也"《注》。又云："京盖字之误，当为原。"案下文"赵文子与叔誉观乎九原"，《经》文亦作原，而此节《释文》云："京音原。下同。下亦作原字。"《疏》云："知京当为原者，案《韩诗外传》云：晋赵武与叔向观于九原。"则下节《经》文，本亦作京而或依郑《注》改之。德明所见本，犹未尽改，《义疏》所据，亦为未改之本；否则《经》文下节可据，不待引《韩诗》为证矣。《新序·杂事》："晋平公过九原而叹。"亦作原）。《左氏》襄公二十五年：楚蒍掩"辨京陵"。杜《注》曰"别之以为冢墓之地"是也。人君所葬，或本非丘陵；或虽因丘陵，而犹以为未高大，则以人力增筑之事起，踵事增华，遂有如吴阖闾、秦始皇帝之所为者矣。

上古之不封不树，非徒制度之简陋，亦以葬地距所居本近，不待识别也；不然，封树不甚劳人，岂古之人所不能为哉？"孔子既得合葬于防，曰：吾闻之：古也墓而不坟。今丘也，东西南北之人也，不可以弗识也。于是封之，崇四尺。"（《檀弓》）墨子制葬埋之法，曰："垄足以期其所。"（《节葬》）皆是物也。《吕览》言："葬于山林，则合乎山林，葬于阪隰，则同乎阪隰。"（《安死》）盖就不封不树之俗推言之。后世士大夫之墓，盖无不封树者。故《礼记·月令》：孟冬，"饬丧纪，辨衣裳，审棺椁之厚薄，茔丘垄之大小高卑厚薄之度，贵贱之等级"。《周官·春官》冢人，亦"以爵等为丘封之度，与其树数"也。秦穆公之距蹇叔也，曰："中寿，尔墓之木拱矣。"（《左氏》僖公三十二年）伍子胥之将死也，曰："树吾墓槚。槚可材也，吴其亡乎！"（《左氏》哀公十一年）亦卿大夫之墓无不封树之一证也。《诗·小弁》曰："行有死人，尚或墐之。"《毛传》曰："墐，路冢也。"路人而犹为之冢，亦取其可识也。《周官·秋官》蜡氏："若有死于道路者，则令埋而置楬焉。"其用意与为冢同。

桐棺三寸非禹制

《墨子·节用》曰："古者圣王制为节葬之法，曰：衣三领，足以朽肉；棺三寸，足以朽骸；堀穴深不通于泉流，不发泄（毕氏云："流疑当为气。"）则止。"《节葬》曰："古圣王制为葬埋之法，曰：棺三寸，足以朽体；衣衾三领，足以覆恶；下毋及泉，上毋通臭；垄若参耕之亩则止矣。"又曰："禹葬会稽之山，衣衾三领，桐棺三寸；土地之深，下毋及泉，上毋通臭；既葬，收余壤其上，垄若参耕之亩则止矣。"又曰："子墨子制为葬埋之法，曰：棺三寸，足以朽骨；衣三领，足以朽肉；掘地之深，下无菹漏，气无发泄于上；垄足以期其所则止矣。"今案此葬埋之法，盖墨子斟酌时俗所制；云古圣王所制，又云禹之行事如此，皆托辞也。《礼记·檀弓》曰："有虞氏瓦棺，夏后氏堲周，殷人棺椁。"郑《注》言：有虞氏始不用薪，上陶；火熟曰堲，烧土冶以周于棺，或谓之土周，由是也；椁，大也，以木为之。《淮南·氾论》曰："有虞氏用瓦棺，夏后氏堲周，殷人用椁。"高《注》言："禹世无棺椁，以瓦广二尺，长四尺，侧身累之以蔽土，曰堲堲周。"如郑意，夏后氏有棺，堲周所以为椁；如高意，夏后氏无棺，堲周即所以为棺。今案《檀弓》言"殷人棺椁"，明以木为棺椁，并始于殷；《淮南》言"殷人用椁"，则以虞夏虽未以木为棺，已有瓦棺、垩周之制，惟椁实始于殷，故主椁言之，非谓夏后氏以木为棺；二说自当以高为是也。或曰：《檀弓》又曰："周人以殷人之棺椁葬长殇，以夏后氏之垩周葬中殇下殇，以有虞氏之瓦棺葬无服之殇。"《曾子问》曰："下殇，土周葬于园。"此郑以土周即垩周所本也。然则瓦棺而无椁，无服之殇之葬也；木以为棺，垩周以为椁，中殇下殇之葬也；棺椁皆以木为之，则长殇之葬也。等级分明，隆杀以辨，安得谓垩周之制，更无木制之棺与？不知周承殷之后，而以烧土为椁，夏当殷之前，即以烧土为棺，事不相妨；正不必因周用垩周之有棺，而疑夏之垩周必为椁也。部族长技，各有不同。虞夏盖专尚陶，用木为棺椁，实始于殷；不然，既以木为之棺，何不遂为之椁，而又必烧土以周之也？此又以理推之，而见高说之可信者也。然则夏时实未能以木为棺，安有桐棺三寸之事？赵鞅之誓众也，曰："若其有罪，绞缢以戮；桐棺三寸，不设属辟。"（《左氏》哀公二年）延陵季子之葬其子也，"其坎深，不至于泉"（《檀弓》）。然则墨子所据，自是当时觳薄之制，既背周道而用夏政，遂乃傅之于禹耳。其实禹时养生送死之制，较墨子所制，为更薄陋也。

《郊特牲》曰："礼之所尊，尊其义也。失其义，陈其数，祝史之事也。故其数可陈也，其义虽知也。知其义而敬守之，天子之所以治天下也。"其说则美矣，然礼家所言之义，未必皆礼之初意也，《檀弓》曰："孔子曰：之死而致死之，不仁而不可为也；之死而致生之，不知而不可为也。是故竹不成用，瓦不成味，木不成斲，琴瑟张而不平，竽笙备而不和，有钟磬而无簨虡。其曰明器，神明之也。"又曰："孔子谓为明器者，知丧道矣，备物而不可用也。哀哉，死者而用生者之器也，不殆于用殉乎哉？涂车刍灵，自古有之，明器之道也。孔子谓为刍灵者善，谓为俑者不仁，不殆于用人乎哉？"《孟子》亦曰："仲尼曰：始作俑者，其无后乎？为其象人而用之也。"（《梁惠王》上）《淮南子》曰："鲁以偶人葬而孔子叹。"（《缪称》。又见《说山》）《荀子》亦曰："卒礼者，以生者饰死者也。大象其生，以送其死也。故如死如生，如亡如存，终始一也。始卒，沐浴髺体饭晗，象生执也。不沐则濡栉，三律而止；不浴则濡巾，三式而止。充耳而设瑱，饭以生稻，晗以槁骨，反生术矣。设裘衣，袭三称，搢绅而无钩带矣。设掩面儇目，鬠而不冠笄矣。书其名，置于其重，则铭不见而枢独明矣。荐器则冠有鍪而无纵，瓮庑虚而不实，有簟席而无床第，木器不成斲，陶器不成物，薄器不成内，笙竽具而不和，琴瑟张而不均，舆藏而马反，告不用也。具生器以适墓，象徙道也。略而不尽，貌而不功。趋舆而藏之，金革辔靷而不入，明不用也。象徙道，又明不用也。是皆所以重哀也，故生器文而不功，明器貌而不用。"（《礼论》）一似古人之制礼，真有深意存乎其间者。然既曰事死如事生，事亡如事存矣，又何惜乎器而必文而不功，貌而不用也？既惜其器，则不如无器之为愈也。然则所谓文而不功，貌而不用者，亦古者技艺未精，所制之器，本不过如此。后世生人所用之器，虽日益美备，而事死之礼，则相沿莫之敢变，正如祭之尚玄酒大羹，路车越席耳。既拘于旧俗而莫敢废，又沿袭旧器而莫敢革，因生致死不仁、致生不知之说，坊民之倍死忘生，而亦以儆夫以死伤生者也。其说则美矣，然岂礼之初意哉？涂车抟土而俑刻木，窃疑一与瓦棺塈周并行，一与棺椁并起，固由时代不同，亦虞夏与殷，制器各有专长也。

《檀弓》又曰："仲宪言于曾子曰：夏后氏用明器，示民无知也。殷人用祭器，示民有知也。周人兼用之，示民疑也。曾子曰：其不然乎？其不然乎！夫明器，鬼器也；祭器，人器也。夫古之人，胡为而死其亲乎？"其实示民疑者，即致死不仁、致生不知之说，曾子意存于厚，然其言，殊不如仲宪得孔子之意也。夏后氏用明器，殷人用祭器，周人兼用之，亦见丧礼前后相因，并日趋于美备。

《荀子》又曰："礼者，谨于吉凶，不相厌者也。紸纩听息之时，忠臣孝子，亦知其闵已，然而殡敛之具未有求也。垂涕恐惧，然而幸生之心未已，持生之事未辍也。卒矣，然后作具之，故虽备，家必逾日，然后能殡，三日而成服。然后告远者出矣，备物者作矣。故殡久不过七十日，速不损五十日。是何也？曰：远者可以至矣，百求可以得矣，百事可以成矣。其忠至矣，其节大矣，其文备矣。然后月朝卜日，月夕卜宅，然后葬也。"（《礼论》）然则殡葬之期，亦度其事之宜耳。离乎事而言礼者，未之有也。（《左氏》隐公元年："天子七月而葬，同轨毕至。诸侯五月，同盟至。大夫三月，同位至。士逾月，外姻至。赠死不及尸，吊生不及哀。豫凶事，非礼也。"此即《荀子》远者可以至，吉凶不相厌之说也。《淮南·齐俗》曰："禹遭洪水之患，陂塘之事，故朝死而暮葬。"则凶荒之时，不能备礼，戚友亦莫相吊赠，亦有不拘以时者，古人所以有报葬及久而不葬者也。报葬及久而不葬，皆见《礼记·丧服小记》。报，《注》云："读为赴疾之赴。"案《公羊》隐公三年，称不及时之葬为渴葬。）

墓 祭

礼家言古不祭墓，谓葬埋所以藏其形，祭祀所以事其神也。（《荀子·礼论》："葬埋，敬藏其形也；祭祀，敬祀其神也；铭诔系世，敬传其名也。"）夫不以形魄为重，则可戢厚葬之风，不至殚财币以送死，而反使死者遭发掘之惨，其意则诚善矣，然谓古不祭墓，则非其实也。《易》曰："古之葬者，厚衣之以薪，葬之中野，不封不树。"（《系辞传》）此盖农耕之民，即其所耕作之地以为葬，犹《礼记·曾子问》言下殇葬于园耳。其距所居盖甚近，祭于墓与祭于家，无甚区别，故古无祭墓庐墓之事，而非其不重形魄，以形魄为无知也。户口渐繁，耕地渐虞不足，度地居民之法亦稍详，则民居与墓地，不得不离，而祭墓庐墓之事，稍以起矣。

《礼记·檀弓》曰："延陵季子适齐，于其反也，其长子死，葬于嬴博之间。既封，左袒，右还其封，且号者三，曰：骨肉归复于土，命也；若魂气，则无不之也。"刘向言嬴博去吴，千有余里，季子不归葬（《汉书》本传），似古人之于形魄，诚以为无足重轻矣。然《记·檀弓》又曰："太公封于营丘，比及五世，皆反葬于周。君子曰：乐，乐其所自生；礼，不忘其本。古之人有言曰：狐死正丘首，仁也。"则又何也？《曲礼》曰："国君去其国，止之曰：奈何去社稷也？大夫曰：奈何去宗庙也？士曰：奈何去坟墓也？"（观此知士不必有庙）《檀弓》曰："子路去鲁，谓颜渊曰：何以赠我？曰：吾闻之也：去国则哭于墓而后行；反其国不哭，展墓而入。"《史记·范雎列传》：雎责须贾曰："昔申包胥为楚却吴军，楚王封之以荆五千户，包胥辞不受，为丘墓之寄于荆也。今雎之先人丘墓亦在魏，公前以雎为有外心于齐而恶雎于魏齐，公之罪一也。"《田单列传》："单纵反间曰：吾惧燕人掘吾城外冢墓，戮先人，可为寒心。燕军尽掘垄墓，烧死人。即墨人从城上望见，皆涕泣，俱欲出战，怒自十倍。"古人之重丘墓如此。"曾子问曰：宗子去在他国，庶子无爵而居者，可以祭乎？孔子曰：祭哉。请问其祭如之何？孔子曰：望墓而为坛，以时祭。若宗子死，告于墓，而后祭于家。"（《礼记·曾子问》）奔丧者不及殡，先之墓（《礼记·奔丧》）。谓古人以神不栖于丘墓，徒为无知之形魄所寄，可乎？丽姬之欲陷申生也，"谓君曰：吾夜者梦夫人趋而来，曰：吾苦畏，胡不使大夫将卫士而卫冢乎？公曰：孰可使？曰：臣莫尊于世子，则世子可。故君谓世子曰：丽姬梦夫人趋而来，曰：吾苦畏，女其将卫士而往卫冢乎？世子曰：敬诺。筑宫。宫成，丽姬又曰：吾夜者梦夫人趋而来，曰：吾苦饥。世子之宫已成，则何为不使祠也？"（《谷梁》僖公十年）曰苦畏而使士卫其冢，则古人谓神依于墓之证也。所筑之宫，盖即汉世之园寝。《吕览》言："世之为丘垄也，其高大若山，树之若林，其设阙庭，为宫室，造宾阼也若都邑。"（《安死》）其所由来者旧矣。《史记·孔子世家》言："孔子葬鲁城北泗上。""故所居堂，弟子内，后世因庙，藏孔子衣冠琴车书。""鲁世世相传，以岁时奉时奉祠孔子冢。"盖即于是，非真祭于丘墓之间也。然其不能为庙者，则不得不祭于丘墓之间矣。伊川之被发而祭于野（《左氏》僖公二十二年），齐人之祭于东郭墦间（《孟子·离娄》下）。是也。《论衡·四讳》曰："古礼庙祭，今俗墓祀。"盖谓此也。其《薄葬》又曰：世俗"闵死独葬，魂孤无副，丘墓闭藏，谷物乏匮，故作偶人，以侍尸柩；多藏食物，以歆精魂"。俑与遣奠，固皆古礼。然则谓魂无不之，而弃其形魄于远，乃古人无可如何之事，而非其谓神之必不栖于是也。《韩诗外传》曰："曾子曰：椎牛而祭墓，不如鸡豚之逮亲存也。"夫能椎牛，其祭亦不菲矣，犹有祭于墓者，则知祭墓非古俗所无。《周官·春官》冢人"祭墓为尸"，固不必六国时俗矣。

苦畏而将士以卫其冢，此庐墓之礼所由起也。孔子之葬也，弟子皆毕心丧三年，然后去，子贡庐于冢上，凡六年（《史记·孔子世家》。案亦见《孟子·滕文公》上）。无卫士又无弟子者，即不得不作偶人以为之侍；以偶人为未足而加隆焉，则庐墓之事起矣。庐墓盛于汉世，固不免于矫诈而沽名，然谓其俗不原于古，固不可也。

然古人虽重视形魄，欲敬藏之，而当其临利害之际，则亦有卓然不惑者。楚昭王之失国而秦救之至也，"吴师居麇。子期将焚之，子西曰：父兄亲暴骨焉，不能收，又焚之，不可。子期曰：国亡矣，死者若有知也，可以歆旧祀，岂惮焚之？焚之而又战，吴师败，吴子乃归。"（《左氏》定公五年）此与延陵季子之事，可以参观。古人虽兼重形魄，然及其不能两全之际，其重神，固尤甚于其重形也。

死于兵者不入兆域

《周官·春官》冢人："凡死于兵者，不入兆域。"《注》曰："战败无勇，投诸茔外以罚之。"观下文"凡有功者居前"之文，其说似当矣。然《左氏》襄公二十九年，"齐人葬庄公于北郭"。(杜《注》:"兵死不入兆域,故葬北郭。")君岂以战陈为勇乎?且庄公死于弑逆,非战败也。戚之战,赵鞅誓于师曰:"若其有罪,绞缢以戮,桐棺三寸,不设属辟,素车朴马,无入于兆。"(《左氏》哀公二年)虽曰战败,其人仍死于刑戮也。邲之役,楚庄王"欲还,嬖人伍参欲战。令尹孙叔敖弗欲,曰:战而不捷,参之肉其足食乎?参曰:若事之捷,孙叔为无谋矣;不捷,参之肉将在晋军,可得食乎?"(《左氏》宣公十二年)战而死于兵,非无勇也,较诸奔北者如何?《论衡·四讳》曰:俗讳被刑为徒,不上丘墓。父母死,不送葬;若至墓侧,不敢临葬。甚失至于不行吊,伤见他人之枢者。仲任云:"不能知其不可之意。"然所讳者被刑,非战败也。康成之言,于是为亿测矣。

厚　葬

　　墨家言薄葬,然儒家亦非主厚葬也。《礼记·檀弓》曰:"夫子居于宋,见桓司马自为石椁,三年而不成。夫子曰:若是其靡也,死不如速朽之为愈也。"又曰:"后木曰:丧,吾闻诸县子曰:夫丧,不可不深长思也,买棺外内易。我死则亦然。"《注》曰"此孝子之事,非所托",盖讥之也。然而卒不能止厚葬之俗者,何也?则当时之制度,牵于流俗,以厚葬为荣,薄葬为辱;而儒者又狃于当时之制度,未能一举而正之也。《檀弓》又曰:"君即位而为椑,岁一漆之,藏焉。"此与汉天子即位而为陵;句骊婚嫁毕,便稍营送终之具者何异?盖流俗之情,虽亦以为魂升魄降(《礼运》:孔子言礼之初曰:"及其死也,升屋而号,告曰皋某复,然后饭腥而苴孰,故天望而地藏也。体魄则降,知气在上,故死者北首,生者南乡,皆从其初。"离魂与魄而二之,固野蛮人之思想也。而又不敢决形魄之无知,迷信之情愈澹,则愈怀疑于鬼神,而愈重视形魄),则恒思有以厚之其不能遂者,限于力耳。力所能及,则无弗为矣。变本加厉,遂有以此眩耀生人,而转忘其本意者。《吕览》曰:"今世俗大乱之主,愈侈其葬,非为乎死者虑也,生者以相矜尚也。侈靡者以为荣,俭节者以为陋。"(《节丧》)其极言厚葬之祸也,曰:"民之于利也,犯流矢,蹈白刃,涉血盩肝以求之。虽圣人犹不能禁。"况于"死者弥久,生者弥疏;生者弥疏,守者弥怠"(同上);又况"自古及今,未有不亡之国"也?(《安死》)此非难明之理,而亦著见之事也,然而卒莫能戡其观世示富之心。岂不哀哉!

语曰:矫枉者必过其直。过其直,犹恐枉之不见矫也;况于不及其直也?《荀子》曰:"天子棺椁十重,诸侯五重,大夫三重,士再重。皆有衣衾多少厚薄之数,皆有翣菨文章之等,以敬饰之。天子之丧,动四海,属诸侯;诸侯之丧,动通国属大夫;大夫之丧,动一国,属修士;修士之丧,动一乡,属朋友;庶人之丧,合族党,动州里。刑余罪人之丧,不得合族党,独属妻子;棺椁三寸,衣衾三领;不得饰棺,不得昼行,以昏殣;凡缘而往埋之。反,无哭泣之节,无衰麻之服,无亲疏月数之等;各反其平,各复其始;已葬埋,若无丧者而止。夫是之谓至辱。"《礼论》。晋赵鞅之誓师也,曰:"若其有罪,绞缢以戮,桐棺三寸,不设属辟,素车朴马,无入于兆。"(《左氏》哀公二年)其以厚葬为荣,薄葬为辱如是,民安得不逾侈以相高也?流之不可止者,必由于不能塞其原。故曰:儒家非厚葬而终不能止厚葬之俗者,以其狃于当时之制度,未能一举而正之也。

　　然则儒家之制非，而墨家之法善与？是亦不然。夫积古相沿之俗，非一朝之所能革也审矣。峻其法以禁之，革其事，不能革其心也。不能革其心，则督责之力一衰，其事且将变本而加厉。故儒家贵道之以德，齐之以礼，而不贵道之以政，齐之以刑。厚葬虽非义乎，不强人以所难从，先为之礼，去其泰甚，正其事而徐俟其心之自变焉，固亦未为非计。然而以身教者从，以言教者讼；其所令，反其所好，而民不从矣。"夫子制于中都，四寸之棺，五寸之椁。"（亦见《檀弓》）"颜渊死，颜路请子之车以为之椁。子曰：才不才，亦各言其子也。鲤也死，有棺而无椁，吾不徒行以为之椁。以吾从大夫之后，不可徒行也。"（《论语·先进》）然则夫子之所以送其子者，不及其所定之制也。"颜渊死，门人欲厚葬之。子曰：不可。门人厚葬之。子曰：回也，视予犹父也，予不得视犹子也。非我也，夫二三子也。"（亦见《先进》）距颜路而颜路不敢非，责门人而门人莫敢怼，其所以自处者，固有以大服乎人心也。墨者夷之，葬其亲厚，而犹欲以墨之道易天下，则必不行矣（《孟子·滕文公》上）。夫夷子岂以为非是而不贵也，然而葬其亲厚，则墨子之道，流俗之情，必有交战于中而不能自决者矣。子曰："人之过也，各于其党。观过，斯知仁矣。"（《论语·里仁》）"程子曰：君子常失于厚，小人常失于薄；君子过于爱，小人过于忍。"（《集注》）人子而不忍俭其亲，未为大恶也，而民之从其意不从其令者，未尝以是恕也。况夫情无以异于流俗，徒欲责人之守法，而己顾以逾侈为快者乎？

　　《墨子·节葬》《吕览·安死》，言古之薄葬者，皆称尧、舜、禹。刘向谏起昌陵，更列黄帝、殷汤、文、武、周公、秦穆公、樗里子、孔子、延陵季子（《汉书》本传）。其尽信与否不可知，然宋文公卒，始厚葬，而君子讥华元、乐举之不臣（《左氏》成公二年。《史记·宋世家》亦云："君子讥华元不臣。"），则春秋以前，敢于违礼厚葬者，盖亦寡矣。礼制未亡，而人莫敢自恣也。及战国之世，则有难言者矣。然其甚者，尤莫过于吴阖闾、秦惠文、武、昭、严襄五王，则又何也？曰：俭，德之共，侈，恶之大；必尝学问、积经历而后知之，否则徒知以侈为贵耳。是固流俗之情也。吴与秦，皆俭陋之邦也。以俭陋之邦，接富厚之国，而无尝学问，积经历之人，则必以富厚相高，以俭陋为愧矣。则必以侈靡逾制者，奉其所尊，厚其徒党矣。商鞅以大筑冀阙、营如鲁卫骄赵良（《史记》本传），其务饰外观可见。《吕览》之言，盖为秦人发也。然而不韦宾客之为秦谋，则可谓忠矣。苏秦通于燕易王母，恐诛，乃说燕王，详为得罪于燕而亡走齐，说湣王厚葬以明孝，高宫室苑囿以明得意，欲破敝齐而为燕。《史记》本传。安知当时诸侯宾客，不有欲祸吴、秦者，而以是破敝之也？然而烛客之奸，亦必资于尝学问、积经历，固非吴、秦之臣所及矣。

　　《荀子》书晚出，论多偏激不中理，其言厚葬亦是也。《荀子》之言曰："世俗之为说者曰：太古薄葬，棺厚三寸、衣衾三领，葬田不妨田，故不掘也。乱今厚葬饰棺，故担也，是不及知治道，而不察于担不担者之所言也。凡人之盗也，必以有为；不以备不足，则以重有余也。而圣王之生民也，皆使当厚，优犹知足，而不得以有余过度，故盗不窃，贼不刺；狗豕吐菽粟，而农贾皆能以货财让。风俗之美，男女自不取于途，而百姓羞拾遗。虽珠玉满体，文绣充棺，黄金充椁，加之以丹矸，重之以曾青，犀象以为树，琅玕、龙兹、华觐以为实，人犹且莫之掘也。乱今然后反是。上以无法使，下以无度行。若是，则上失天性，下失地利，中失人和。故百事废，财物诎，而祸乱起。王公则病不足于上，庶人则冻馁羸瘠于下。于是焉桀纣群居，而盗贼击夺以危上矣。虽此倮而埋之，犹且必担也，安得葬埋哉？"（《正论》）其言似辩矣，独不知珠玉满体，文绣充棺者，何以使民知足也？《老子》曰："民之饥，以其上食税之多。"何谓饥，盖难言之矣。有多食税者以与之相形，民未有不自以为饥者也。《孟子》曰："万取千焉，千取百焉，不为不多矣。苟为后义而先利，不夺不餍。"（《梁惠王》上）有万焉，未有以千自足者也；有千焉，未有以百自足者也。然而世皆以厚葬为能尊其所尊，亲其所亲，是则宦官宫妾之见也。

殉　葬

殉葬之风，何自起乎？曰：其所由来者旧矣。《檀弓》曰："陈子车死于卫，其妻与其家大夫谋以殉葬。定，而后陈子亢至。以告，曰：夫子疾，莫养于下，请以殉葬。"此隆古留诒之思想也。观羊角哀、左伯桃之事可知。春秋士大夫，虽不能断然持无鬼之论，然疑信于其有无之间者多矣，不能革故俗，未必创此陋制也。故曰：殉葬之风，其所由来者旧矣。

《左氏》成公二年："宋文公卒，始用殉。"《史记·秦本纪》亦言："武公卒，初以人从死。"似前此无其事者，何也？盖殉葬古有此俗，至周时多以为非，故知礼之国莫敢行；而俭陋之国，又莫之能行也。陈子亢之距子车之妻与其家大夫也，曰："以殉葬，非礼也。虽然，则彼疾，当养者，孰若妻与宰？得已，则吾欲已；不得已，则吾欲以二子者之为之也。于是弗果用。"《檀弓》又曰："孔子谓为明器者，知丧道矣，备物而不可用也。哀哉，死者而用生者之器也，不殆于用殉乎哉？其曰明器，神明之也。涂车刍灵，自古有之。孔子谓为刍灵者善，谓为俑者不仁，不殆于用人乎哉？"（《孟子·梁惠王》上："仲尼曰：始作俑者，其无后乎？为其象人而用之也。"夫象人及用生者之器则何害，然而孔子深恶之者，所谓防其渐也。）又曰："陈乾昔寝疾，属其兄弟，而命其子尊己曰：如我死，则必大为我棺，使吾二婢子夹我。陈乾昔死。其子曰：以殉葬，非礼也，况又同棺乎？弗果杀。"《左氏》文公六年："秦伯任好卒，以子车氏之三子奄息、仲行、针虎为殉，皆秦之良也。国人哀之，为之赋《黄鸟》。君子曰：秦穆之不为盟主也，宜哉。"又曰："君子是以知秦之不复东征也。"宣公十五年："魏颗败秦师于辅氏，获杜回，秦之力人也。初，魏武子有嬖妾，无子。武子疾，命颗曰：必嫁是。疾病，则曰：必以为殉。及卒，颗嫁之，曰：疾病则乱，吾从其治也。及辅氏之役，颗见老人结草以亢杜回，杜回踬而颠，故获之。夜梦之曰：余，而所嫁妇人之父也。尔用先人之治命，余是以报。"当时之人之视用殉，以为惨酷不仁如是，宜其敢行之者少也。

　　《墨子·节葬》言："天子杀殉，众者数百，寡者数十；将军大夫杀殉，众者数十，寡者数人。"所谓天子，盖指当时大国。秦当武公时，东竟犹未至河，未足与大国侔也，而从死者六十六人；穆公则从死者百七十七人，侔于墨子之所谓天子矣。《史记·秦本纪正义》引应劭云："秦穆公与群臣饮，酒酣，公曰：生共此乐，死共此哀。于是奄息、仲行、针虎许诺。及公薨，皆从死。《黄鸟》诗所为作也。"此盖三家遗说。当时许诺者必不止此三人，说诗者但举此三人耳。盖戎翟故有此俗，故君以是要其臣，臣亦以是许其君也。然则秦人之用殉，不尽由于其君之侈虐。然《史记》又言"献公元年止从死"，则亦知其非礼而改之矣。《秦始皇本纪》："葬始皇骊山。二世曰：先帝后宫非有子者，出焉不宜。皆令从死，死者甚众。"盖自此以前，后宫无子者皆出也。

《左氏》昭公十三年，楚灵王缢于申亥氏，"申亥以其二女殉而葬之"。虽造次颠沛之际，而殉葬之礼不废，可见其俗由来甚久，深入人心也。

法　律

象 刑

象刑之说，荀子深非之，《正论》。此未达于古今之变者也。荀子曰："杀人者死，伤人者刑，是百王之所同也，未有知其所由来者也。"其实肉刑之原，出于战陈，乃行于部族与部族之间；在本部族中，固无操兵刃以断割人者也。

五刑之名，昉见《尧典》，然未尝列举其名。其见于《吕刑》者，为墨、劓、剕、宫、大辟。见于《周官》司刑者，为墨、劓、宫、刖、杀。《注》言"周改膑作刖"，未知何据。恐即据《周官》与《吕刑》不同而言之，凡郑《注》固多如是。案《国语·鲁语》：臧文仲言："刑五而已，无有隐者。大刑用甲兵，其次用斧钺；中刑用刀锯，其次用钻笮；薄刑用鞭扑。大者陈之原野，小者致之市朝。五刑三次，是无隐也。"三次，即《尧典》之三就，可见《尧典》之五刑，与《鲁语》是一。大者陈诸原野，指战陈言，又可见肉刑原于兵争，始仅施诸异部族也。

《吕刑》曰："苗民弗用灵，制以刑，惟作五虐之刑曰法。"《墨子·尚同中篇》亦曰："圣王制五刑以治天下，苗民制五刑以乱天下。"五刑始于苗民，说当可信。苗民者，九黎之君，蚩尤之后。蚩尤乃始作兵者，盖尝威行于南方。南方之民，本以雕题为俗，蚩尤盖得其人以为奴隶。其后本族有罪者，亦以为奴隶而侪诸异族，因亦如异族雕其题以别之，是为黥。又其后，则并制膑、宫、劓、杀之法。古代铸兵，南胜于北。故春秋时，郑伯朝于楚，楚子赐之金，既而悔之，与之盟，曰：无以铸兵（《左氏》僖公十八年）；而吴以干将莫邪之利闻天下。微江、淮、荆州，蚩尤固无所取是。《周官》五隶：蛮、闽、夷、貉皆异族，而罪隶为罪人。《尧典》："帝曰：皋陶，蛮夷猾夏，寇贼奸宄，女作士，五刑有服。"五刑初施诸异族，后乃迤及罪人，亦隐隐可见也。（司刑郑注："今东西夷或以墨劓为俗，古刑人亡逃者之世类与？"不悟五刑之制放自异族，而转谓异族效中国之刑人，可谓因果颠倒矣。《后汉书·西羌传》：羌无弋爰剑，"与劓女遇于野，遂成夫妇。女耻其状，被发覆面，羌人因以为俗。"此劓女之劓，实其饰也，盖康成所谓西夷以墨劓为俗者。至东夷之文身者，则不可胜举矣。）

《周官》司刑之为刑，与《吕刑》仅荆刖小异。掌戮则曰："墨者使守门，劓者使守关，宫者使守内，刖者使守囿，髡者使守积。"《注》："郑司农云：髡当为完，谓但居作三年，不亏体者也。玄谓此出五刑之中，而髡者，必王之同族不宫者。宫之为翦其类，髡头而已。"案《说文·而部》："耏，罪不至髡也。"《汉书·高帝纪》：七年，"令郎中有罪，耐以上请之"。应劭曰："轻罪不至于髡，完其耏鬓，故曰耐。"《礼运疏》云："古者犯罪，以髡其须，谓之耐罪。"段懋堂《说文注》云："髡者，剃发也。不剃其发，仅去须鬓，是曰耐，亦曰完。谓之完者，言完其发也。"《刑法志》：有司之议废肉刑也，曰："诸当髡者，完为城旦舂；当黥者，髡钳为城旦舂。"《列女·辨通·齐大仓女传》曰："自是之后，凿颠者髡，抽胁者笞，刖足者钳。"然则耐轻于髡；髡所以代黥，非以代宫。汉初去古近，刑之相代，必有所受之。司农读髡为完；康成谓髡施诸王族不宫者；殆非是。然不改髡字则是矣。掌戮之意，盖并举刑人所职，耐名为完，古人殆不以为刑也。髡之初，盖亦施诸奴隶。《少牢馈食礼》："主妇被锡。"《注》："被锡，读为髲鬄。古者或剔贱者刑者之发，以被妇人之纷为饰，因名髲鬄焉。"（《诗·采繁》："被之僮僮。"《毛传》："被，首饰也。"《笺》引《礼记》"主妇髲髢"。《周官》追师"掌为副编次"，《注》亦曰："次，次第发长短为之，所谓髲髢。"《诗疏》云："主妇髲鬄，在《少牢》之经，《笺》云《礼记》，误也。""《少牢注》读被锡为髲鬄者，以剔是翦发之名，直云被锡，于用发之理未见，故读为髲鬄。鬄，剔发以被首也。"）案"鬄剔发以被首也"疑当作"髲鬄，剔发以被首也"。《疏》引《左氏》哀公十七年：卫庄公登城望戎州，见已氏之妻发美，使髡之，以为吕姜髢。后卒以是见弑。盖无故而刑人，故为人所怨。髡之始，盖以蛮隶断发，因而施诸本族之奴隶者也。蛮隶断发雕题，吾族之犯罪，侪异族为奴隶者，重则凿其颠，轻则剔其发。虽轻重不同，其缘起则一，故掌戮以髡与墨、劓、宫、刖并举，而汉有司犹议以髡代黥也。

古于刑人，畏恶特甚，后世则稍衰。《曲礼》曰："刑人不在君侧。"《祭统》曰："古者不使刑人守门。"而《周官》墨、劓、宫、刖者，咸有所守，是其征也。《公羊》曰："君子不近刑人；近刑人，则轻死之道也。"《谷梁》曰："礼：君不使无耻，不近刑人，不狎敌，不迩怨。贱人非所贵也，贵人非所刑也，刑人非所近也。"襄公二十九年。《公羊》又曰："盗杀蔡侯申。弑君贱者穷诸人，此其称盗以弑何？贱乎贱者也。贱乎贱者孰谓？谓罪人也。"《解诂》曰："罪人者，未加刑也。"（哀公四年）则当刑而未刑者，亦不敢近矣。《王制》曰："公家不畜刑人，大夫弗养，士遇之涂，弗与言也。屏之四方，不及以政，示弗故生也。"则不近刑人者，又不独人君矣。其畏恶之至于如是，知其初必与异族相杂，虑其蓄怨而报复也。（《吕览·音初》曰："夏后氏孔甲，田于东阳萯山，天大风晦盲，孔甲迷惑，入于民室。主人方乳。或曰：后来，是良日也，之子是必大吉。或曰：不胜也，之子是必有殃。后乃取其子以归，曰：以为予子，谁敢殃之？子长成人，幕动坼撩斧斫斩其足，遂为守门者。孔甲曰：乌乎！有疾，命矣夫！乃作为《破斧之歌》。实始为东音。"据此，则刖者守门，由来旧矣。然或偶行之，未以为法。抑古书述事多不审，此未必果夏时事也。然云东音，说当不诬。古东夷、南蛮，仅因居处不同而异其名，其种族实是一，亦足为五刑始于南方之征也。）

刑皆施诸异族，则其施诸本族者如何？曰：笞挞而已，放流而已。语曰：教笞不可废于家。古者一部族之民犹一家，上之施于下者，固不过如是。即其罪大恶极，不可与处者，亦不过屏之部族之外而止，犹子放妇出也。操兵刃以断割人，部族中固无是事。旧时云南彝族人，无不佩刀者。然皆以御野兽，同族相争，莫或拔刀相向。彼岂无暴戾者？故无是事，则莫敢作是想也。皇古风俗之淳，奚翅今之彝族哉？《尧典》曰："流宥五刑，鞭作官刑，扑作教刑，金作赎刑。"盖本族之丽于刑者，或宥之以流，或许其纳赎；其未丽于刑者，则止于鞭扑而已，此肉刑初用犹未至于滥之情形也。

《尧典疏》引《周官》条狼氏誓大夫曰敢不关，鞭五百；《左氏》鞭徒人费、圉人荦，子玉使鞭七人，卫侯鞭师曹三百。此皆所谓"鞭作官刑"者也。《学记》曰："夏楚二物，收其威也。"此则所谓"扑作教刑"者也。季氏负捶于鲁昭公；（见《公羊》昭公三十一年《解诂》。《疏》云："《春秋说》文。"）廉颇负荆于蔺相如；魏齐使舍人笞击范雎，折胁摺齿；（皆见《史记》本传）可见古者鞭扑之刑，行用甚广。《谷梁》宣公十八年："邾人戕鄫子于鄫。戕，犹残也。挩，杀也。"《注》："挩，谓捶打残贼而杀。"案鄫子之死，《公羊》但云"残贼而杀之"。《解诂》曰："支解节断之。"盖先锐杀之，后又支解之以为徇（参看《辕》

条），《公羊》言之不具也。《新序·节士》云："掠服无罪，百姓怨。"盖官刑至后来，寖以施诸讯鞫，如路温舒所谓"捶楚之下，何求不得"者矣。然其初当无是也。

《尧典》又曰："流共工于幽州，放驩兜于崇山，窜三苗于三危，殛鲧于羽山。"此所谓"流宥五刑"者邪？幽州、崇山、三危、羽山，究在何处，殊难质言，然必不能甚远。《大学》曰："惟仁人放流之，屏诸四夷，不与同中国。"一似放流之刑，必极之四海者。然《周官》大司寇之职曰："凡害人者，寘之圜土而施职事焉，以明刑耻之。其能改过，反于中国，不齿三年。"此圜土岂在四夷乎？然则中国犹言国中。不与同中国者，亦如《王制》移之郊，移之遂，终乃屏之远方耳。所谓远方，亦郊遂之外，非真在夷蛮戎狄之地也。不然，放流者何以自达？而放流之者，亦将何以致之邪？《史记·五帝本纪》曰："流共工于幽陵，以变北狄；放驩兜于崇山，以变南蛮；迁三苗于三危，以变西戎；殛鲧于羽山，以变东夷。"其说盖出《书传》，乃后之人侈言之耳。抑四凶皆贵人，放流虽远，犹足自达，若平民则必无以达矣。（《左氏》昭公元年，郑放游楚于吴。子产数之曰："宥女以远，勉速行乎，无重而罪。"则春秋时，放大夫者犹不甚远。郑之放游楚，及楚放陈公子招于越，齐放高止、卢蒲嫳于北燕，皆罕有之事也。）《周官》又曰："其不能改而出圜土者杀。"杀之盖以其逃亡。《周官》晚出之书，用刑稍酷；抑寘之圜土者，亦几侪于奴隶，故逃亡而即杀之。若《王制》则屏之远方止矣。然《周官》于圜土嘉石，犹皆不遽施刑，此可见古昔刑人，其难其慎，亦可想见其本不施诸同族也。

刑至后来，虽亦施于本族，然仍限于平民可侪异族为奴隶者，贵族则否。何者？贵族终不可侪异族为奴隶也。故其有罪，止于放流。《公羊》宣公元年《解诂》曰："古者刑不上大夫，有罪放之而已。"尧之于共工，得毋名曰流，其实放邪？《周官》小司寇："以八辟丽邦法，附刑罚：一曰议亲之辟，二曰议故之辟，三曰议贤之辟，四曰议能之辟，五曰议功之辟，六曰议贵之辟，七曰议勤之辟，八曰议宾之辟。"《疏》云："案《曲礼》云：刑不上大夫。郑《注》云：其犯法则在八议，轻重不在刑书。若然，此八辟为不在刑书。若有罪当议；议得其罪，乃附邦法而附于刑罚也。"案以《周官》牵合《曲礼》非是。然议而后可丽邦法，附刑罚，则大夫之无刑可知。《周官》之法，盖刑上于大夫之渐也。《文王世子》曰："公族：其有死罪，则磬于甸人。其刑罪，则纤剸，亦告于甸人。公族无宫刑。"《注》："缢杀之曰磬。纤读为针。针，刺也。剸，割也。刺割，膑、墨、劓、刖。"然则公族之异于平民者，死罪不殊其体，刑罪无宫而已，余皆与庶民同矣。此刑法画一，等级平夷之渐也。

然则所谓象刑者，可知已矣。象刑者，风俗寖薄，等级稍平，刑将施于本族，而犹未忍遽施，乃立是法以耻之者也。《周官·秋官》司园曰："掌收教罢民。

凡害人者，弗使冠饰，而加明刑焉。"明刑者，大司寇之职曰："凡害人者，寘之圜土而施职事焉，以明刑耻之。"《注》曰："明刑，书其罪恶于大方版，著其背。"司救之职云："凡民之有邪恶者，三让而罚，三罚而士加明刑，耻诸嘉石，役诸司空。"《注》曰："加明刑者，去其冠饰，而书其邪恶之状，著之背也。"又掌囚之职曰："及刑杀，告刑于王，奉而适朝。士加明梏，以适市而刑杀之。"《注》："乡士加明梏者，谓书其姓名及其罪于梏而著之也。"此亦明刑之类，皆所以戮之也。《司圜注》曰："弗使冠饰者，着墨幪，若古之象刑与？"案《书大传》

827

云："唐虞之象刑，上刑赭衣不纯，中刑杂屦，下刑墨幪。"又《尸子》言："有虞氏之诛，以幪巾当墨，以草缨当劓，以菲屦当刖，以艾韠当宫，以布衣无领当大辟。"此皆刑将施于本族，而犹未忍遽施之遗迹。《墨子·尚贤下》曰："昔者傅说，居北海之洲，圜土之上，衣褐带索，庸筑于傅岩之城。"则圜土嘉石皆古法，或唐、虞已有之。明刑虽若无所苦，而囚系其身，苦役其力，亦足以惩之矣，而荀子讥其杀人不死，伤人不刑，惠暴宽贼而非恶恶，何其闇于事也？司圜曰："凡圜土之刑人也不亏体，其罚人也不亏财。"不亏体即象刑。不亏财者，金作赎刑。本无刑，焉用赎？知其为古之遗制也。《玉藻》曰："垂缕五寸，惰游之士也（《注》："惰游，罢民也。"）。玄冠缟武，不齿之服也。"（《注》："所放不帅教者。"）此亦象刑之意。《玉藻》所述，多王居明堂礼，可知其为古制，知象刑为古之所有也。

《礼经·乡射·大射》，司射皆撎扑。乡射升堂告宾，大射告公则去之，降，撎扑反位。《乡射礼》云："射者有过则挞之。楚扑，长如等，刊本尺。"此即《尧典》所谓"扑作教刑"；亦即《皋陶谟》所谓"侯以明之，挞以记之"者也。《皋陶谟》又曰："书用识哉，欲并生哉。"书识，盖明刑所由昉。《周官》司市："小刑宪罚，中刑徇罚，大刑扑罚。"宪罚亦明刑之类。徇罚所以戮之，意亦与明刑同。其附于刑者归于士，知亏体之刑，与鞭扑明刑，迥然异物也。

《新唐书·吐蕃传》曰："重兵死，以累世战殁为甲门。败懦者垂狐尾于首示辱，不得列于人。"（案此古所谓不齿也）《回鹘黠戛斯传》曰："临陈桡、奉使不称、妄议国若盗者，皆断首；子为盗，以首著父颈，非死不脱。"此亦明刑之意，华夷浅演之世，法俗可以参观。

　　《孝经纬》云："三皇无文，五帝画象，三王肉刑。"（《司圜疏》引）《孝经说》云："三皇设言民不违，五帝画象世顺机，三王肉刑揆渐加，应世黠巧奸伪多。"（《公羊》襄公二十九年《解诂》）此汉人之言，盖并缘《尧典》"象以典刑"之文而附会。其实《尧典》之"象以典刑"，当即《周官》之悬法象魏，谓所用之刑，当以悬象所有为限，非谓画衣冠异章服以为戮也。然汉师之言，亦有所本。《淮南王书》曰："神农无制令而民治，唐虞有制令而无刑罚。"《氾论》。此即三皇无文、五帝画象之说。《管子》曰："偍，尧之时，其狱一蹄腓一蹄屦而当死。今周公断指满稽，断首满稽，断足满稽而死，民不服。"（《侈靡》）此即五帝画象、三王肉刑之说。知旧有是言也。象刑固古所可有，谓必在唐虞时，初无确据，然《书》始《尧典》，而因于是著其说，亦《春秋》托始之义尔。儒家初不讲史学，不容以后世考据家之见绳之也。

　　刑之用于家者，止于教笞，极于放逐，此自情理宜然，古今一揆。然古者国法未立，家长之权无限，亦有滥杀其家人者。《左氏》昭公二十一年，司马叹曰："吾有谗子而弗能杀，吾又不死，抑君有命，可若何？"可见父之杀子，当时视之，恬不为怪矣。其后人权稍尊，则国法以立。《白虎通义·诛伐》篇曰："父杀其子当诛何？以为天地之性，人为贵，人皆天所生也，托父母气而生耳；王者以养长而教之，故父不得专也。"《说苑·建本》："曾子芸瓜，而误斩其根。曾晳怒，援大杖击之。曾子仆地。有顷苏。孔子闻之，告门人曰：参来，勿内也。曾子自以无罪，使人谢孔子。孔子曰：女闻瞽叟有子名曰舜？舜之事父也，索而使之，未尝不在侧；求而杀之，未尝可得。小棰则待，大棰则走，以逃暴怒也。今子委身以待暴怒，立体而不去，杀身以陷父不义，不孝孰是大乎？女非天子之民邪？杀天子之民罪奚如？”即设说以明《白虎通》所言之义者也。董仲舒说汉武帝“去奴婢，除专杀之威”（见《汉书·食货志》），知古家庭之中，专杀之事多矣。然以大体言之，施于本族者，终不能甚酷。故肉刑之原，非溯诸战陈不可也（士师为战士之长，实司刑杀，亦可见其原于战陈。见《郑铸刑书上》条）。

汉文帝废肉刑之诏曰：“盖闻有虞氏之时，画衣冠异章服以为戮，而民弗犯。”（《武帝纪》元光元年。《哀帝纪》永光二年诏，亦称是语）所称即今文《书》说也。《论衡·四讳》曰：“俗讳被刑为徒，不上丘墓。古者用刑，形毁不全，乃不可耳。方今象刑。象刑重者，髡钳之法也。若完城旦以下，施刑（施，疑当作弛），采衣系躬，冠带与俗人殊，何为不可？”然则象刑之法，汉固颇行之矣。汉刑罚固不中，奸固不得，然非以行象刑故也。抑行象刑，刑罚虽不中，奸虽或不得，然民之刻肌肤，断支体，终身不息者究少焉。然则汉文不诚仁君？而缇萦之上书，不亦仁人之言其利溥哉？自汉文废肉刑后，屡有议复之者。终以其事酷虐，莫之敢尸。民之获宥者，盖不知凡几矣。信经术之有益于治道也。而荀子之言，则何其刻急也？其或者汉人托之与？

投畀豺虎

《诗·巷伯》：“取彼谮人，投畀豺虎。豺虎不食，投畀有北。有北不受，投畀有昊。”案野蛮之世，往往有狱不能听，而质诸不可知之神。《南史·林邑传》：“国不设刑法，有罪，使象蹴杀之。"又《扶南传》:"于城沟中养鳄鱼,门外圈猛兽。有罪者,辄以倭猛兽及鳄鱼,鱼兽不食为无罪,三日乃放之。"兽为唐人避讳之字,猛兽即猛虎也。投畀豺虎,疑亦古之刑法。有北似指地言之,与有昊相对。投畀有北,投畀有昊,盖诅诸天地,求其降罚也。《毛传》云"北方荒凉而不毛",则以为流放,恐未是。

《说文·廌部》:"廌,解廌,兽也。似山牛,一角。古者决讼,令触不直者。"段《注》删山字,云:"《玉篇》《广韵》及《太平御览》所引皆无山也。"然又引《论衡》云:"獬豸者,一角之羊,性识有罪。皋陶治狱,有罪者令羊触之。"案《墨子·明鬼下》云:"齐庄君之臣,有王里国、中里徼者,讼三年而狱不断。乃使人共一羊,盟齐之神社。读王里国之辞,既已终矣,读中里徼之辞。未半也,羊起而触之,殪之盟所。"此羊即解廌。羊本无知,共之神社乃有知,后遂傅会,谓其性识有罪,且亿言其形一角,谓非凡羊耳。山牛二字,盖羊之误分,《玉篇》《广韵》《御览》所据,盖已为误本,因臆删山字,而段从之,似为未谛。

《说文·豸部》:"犴,胡地野狗。从豸,干声。"其或体从犬。引《诗》曰:宜犴宜狱。今《毛诗》亦作犴。《释文》云:"《韩诗》作犴,云乡亭之系曰犴,朝廷曰狱。"案《说文·狱部》:"狱,从犬从言。二犬所以守也。"则犴自当从犬。盖古之狱,以犬守之也。社会学家言:"人之好狗者,每易犯罪。以猎人性最残忍,狗常与猎人为伍,好狗者性必近于猎人也。"以犬守人,必田猎之群之遗俗也。弃人用犬,虽猛何为?

郑人铸刑书（上）

《左氏》昭公六年，郑人铸刑书。叔向诒子产书深讥之。子产复书曰："吾以救世也。"铸刑书何以可救世？后人之说，不过谓风俗日薄，圣哲之上，明察之官，忠信之长，慈惠之师，不可必得，不得不明著其文，俾众周知，使不敢以意出入而已。此固其一端，然而未尽也。读书贵通观前后，观于后世刑法之敝，而子产之所为铸刑书者可知；而吾国法典之所由成，亦可知矣。

《晋书·刑法志》言：秦汉旧律，起自魏文侯师李悝。悝撰次诸国法，著《法经》，所著六篇而已，商君受之以相秦。汉承秦制，萧何益《兴》《厩》《户》三篇，合为九篇。叔孙通益律所不及傍章十八篇，张汤《越宫律》二十七篇，赵禹《朝律》六篇，合六十篇。又汉时决事，集为《令甲》以下三百余篇。及司徒鲍公，撰《嫁娶辞讼决》为《法比》，都目凡九百六卷。世有增损，错糅无常。后人生意，各为章句。凡断罪所当由用者，遂至二万六千二百七十二条，七百七十三万二千二百余言。文书盈于几阁，览者不能遍睹，奸吏之得上下其手，盖由此也。然陈群等《魏律序》，谓"旧律难知，由于篇少；篇少则文荒，文荒则事寡，事寡则罪漏；是以后人稍增，更与本体相离"。然则错乱之弊，虽生于繁，实原于简。盖缘人事日繁，律文不能与之相应，徒咎用法者之不善，实耳食之谈也。本此以上观春秋，其弊殆如出一辙。

叔向曰："先王议事以制，不为刑辟。"又曰："夏有乱政而作《禹刑》，商有乱政而作《汤刑》，周有乱政而作《九刑》；三辟之兴，皆叔世也。"然则三代盛时，果刑错不用乎？抑法也者，设于此以待彼。世可百年无犯法之人，而国不可一日无法，不为刑辟，果何以为治乎？盖刑之所诛，有两大端：一为俗所不容，所谓出于礼者入于刑也。一则上有所求，而下不能副，凡令不行禁不止者皆是。俗固众所周知，无待于教。所恶于不教而诛者，则上之所求耳。故古所谓法者，皆力求人之周知（其原于俗者，谓之礼，不谓之法）。凡悬象布宪之事皆是。然此等事，果能使人周知法律乎？悬象之说，始见于《尧典》之"象以典刑"，盖画刑人之状，以恐怖人。后乃改悬律文，《周官》所谓悬法者是也。夫区区魏阙，所悬几何？虽又有宪禁及徇以木铎之事，布宪及属民读法之举，然法文既繁，终非此等事所能尽；抑法有待于读，则其为人民所不易晓，又可知矣。（读为紬绎之义，盖如今之讲解也。《周官》州长：以正月之吉，属民读法，正岁又读焉，岁时祭州社又读焉。党正：以四时孟月吉日，属民读法，正岁又读焉，春秋祭禜又读焉。族师：以月吉属民读法，春秋祭酺亦如之。闾胥：凡春秋祭祀、役政、丧纪之数，聚众庶，既比则读法。其读之甚繁，知其法之不易晓也。）于此而随之以刑，虽曰教之，犹不教也，况于议事以制，听其高下在心乎？其不得不明著其文，使知某罪当某刑，而据之以诤于其上者，势也。然则刑法之公布，一由于俗之日薄，一亦由于政之日苛，而其大原，则尤在于社会演进，人事日益繁复也。夫岂为治者所能逆？叔向曰："民知有辟，则不忌于上。"又恶知夫子产之所求者，正在于是乎？

　　然如子产之所为，遂足使民皆晓然于法，而吏不得上下其手乎？吾又知其不能也。何也？以当时之法既繁，而如子产之所为，其所能著者亦甚少也。古之所谓法者，实分守于诸官。凡犯法者，皆为有罪，然犯法与否，及其所犯何法，则非守其法之官不得知。以除诸官成法之外，别无如后世之所谓律者也。《周官》大司寇："凡诸侯之狱讼，以邦典定之；凡卿大夫之狱讼，以邦法断之；凡庶民之狱讼，以邦成弊之。"邦典、邦法，即大宰之六典、八法；邦成即小宰之八成（一曰听政役以比居，二曰听师田以简稽，三曰听闾里以版图，四曰听称责以傅别，五曰听禄位以礼命，六曰听取予以书契，七曰听卖买以质剂，八曰听出入以要会，皆关涉人民之事也。别有所谓士之八成者，掌于士师。一曰邦汋，二曰邦贼，三曰邦谍，四曰犯邦令，五曰挢邦令，六曰为邦盗，七曰为邦朋，八曰为邦诬，则施诸戮士之法。士师之初，盖戮士之长，故治戮士之法属焉。此可见古者治人之法，分属诸官，不统于一也）。是诸侯、卿大夫、庶民犯法与否，司寇不能知，必有待于大宰、小宰也。又大司寇以五刑纠万民：一曰野刑，上功纠力；二曰军刑，上命纠守；三曰乡刑，上德纠孝；四曰官刑，上能纠职；五曰国刑，上愿纠暴。官刑见于大宰。乡八刑见于大司徒：一曰不孝之刑，二曰不睦之刑，三曰不姻之刑，四曰不弟之刑，五曰不任之刑，六曰不恤之刑，七曰造言之刑，八曰乱民之刑。自一至六，盖不修六行者。考察德行道艺之责，属于族党州乡之师。则官刑乡刑，又当质诸天地二官也。又大司徒以荒政十有二聚万民，三曰缓刑，十有二曰除盗贼。而士师之职："若邦凶荒，则以荒辩之法治之，令移民，通财，纠守，缓刑。"缓刑文同大司徒。纠守，《注》曰"备盗贼"，亦即其所谓除盗贼也。《注》又曰："辩当为贬。"引朝士"若邦凶荒札丧寇戎之故，则令邦国都家县鄙虑刑贬。"则一荒政也，司徒、士师、朝士实兼守其法矣，然则士师者，行刑之官，非司法之官也。盖古者政简而刑清，诸官各司其事，有犯其法者，皆为有罪，轻者自治之，重者则归诸士师，所谓附于刑者归于士也。不虞耳目之淆乱也。后世则事日繁而法亦随之，寖至为人民所不能晓，诸官各据其法以治民，安得不纷然淆乱？况又一事兼属诸官，权限不清乎？如是而使之各率其意以治民，民尚有所措手足乎？

"议事以制"之议，与义通，谓度其宜也。制者，折也，断也。议事以制，谓临事度其宜而断之也。（《表记》曰："义者，天下之制也。"与此制同，皆动字。）此等释法任情之举，纵得其人，犹不免于轻重出入，况人不可必得乎？昭公二十九年，赵鞅、荀寅铸刑鼎，着范宣子所为刑书焉。仲尼非之曰："晋其亡乎？失其度矣。夫晋国，将守唐叔之所受法度，以经纬其民，卿大夫以序守之。民是以能尊其贵，贵是以能守其业。贵贱不愆，所谓度也。文公是以作执秩之官，为被庐之法，以为盟主。今弃是度也，而为刑鼎。民在鼎矣，何以尊贵？贵何业之守？贵贱无序，何以为国？"其意小谓民犯法者，当各由其官议之，而不当著之刑鼎，而不知其事之不可行也。

仲尼又訾赵缺、荀寅曰："宣子之刑，夷之蒐也，晋国之乱制也，若之何以为法？"夷之蒐，事在文公六年。左氏以为赵宣子，而是年又云范宣子。《注》云："范宣子所用刑，乃夷蒐之法。"其信否姑弗论。要之赵缺、荀寅之前，晋已尝一改刑法矣。而据叔向之言，则三代已有《禹刑》《汤刑》《九刑》。知刑书之作，由来已久，《左氏》所载叔向、仲尼之言，特当时一派议论，未可据为是非之准也。（《左氏》文公六年纪事，即于赵宣子无贬辞。）

《韩非·定法》曰："韩者，晋之别国也。晋之故法未息，而韩之新法又生；先君之令未收，而后君之令又下。申不害不擅其法，不一其宪令，则奸多故。"魏亦晋之别国，度其情形，亦必与韩相类，故李悝急为魏文侯制法，然其篇少文荒犹如是。子产、赵鞅又在悝前，其所定法，安得较悝为详，则亦著其大要而已。然其用意则一也。岂惟子产、赵缺，制《禹刑》《汤刑》《九刑》者，其意盖亦如是也。则知法家之原起亦旧矣。

《韩非·八说》曰："书约而弟子辩，法省而民讼简。是以圣人之书必著论，明主之法必详事。"顾千里曰："民讼简，当作民萌讼，与弟子辩相对。"其说是也。知律之病简，由来旧矣。而李悝所著，伤于篇少，商君又沿而弗革，则作始者势有未皇，不得不有待于后人之弥缝匡救也。叔向顾非子产之所为，可谓泥古而不知变矣。

《曲礼》下曰："入竟而问禁，入国而问俗。"此古人之文，所谓互相备者，非谓入竟可不问俗，入国可不问禁也。故孟子谓齐宣王曰："臣始至于竟，问国之大禁，然后敢入。"（《梁惠王》下）禁者上之所为，俗者民之所习，予所谓法所诛之两大端也。俗之未敝也，不待有以守之，民自率由而弗敢越，及其既敝，则有弁髦视之者矣。俗足以约束其民，虽无刑政民犹治；及其约束之力既衰，则虽日饬刑政而犹弗能胜，叔向所由虑民之弃礼而征于书也。然俗之变自有其由，又岂不为刑辟所能逆挽邪？

郑人铸刑书（中）

《周官》士师之职云："以五戒先后刑罚，毋使罪丽于民。一曰誓，用之于军旅。二曰诰，用之于会同。三曰禁，用诸田役。四曰纠，用诸国中。五曰宪，用诸都鄙。"（《墨子·非命上》亦曰："先王之书，所以出国家布施百姓者宪也，所以听狱制罪者刑也，所以整设师旅，进退师徒者誓也。"）此五者，盖当时上所以约束其下之莘莘大端。誓与诰皆仅用诸一时；纠为司察矫正之名，其所纠者，盖亦众所共知，如大司徒以乡八刑纠万民是。无待诏告；惟禁与宪，皆上之所求，而非下所素习，故宪之布之，特为殷勤也。

宪禁之文，见于《周官》者：《天官》小宰（以宫刑宪禁于王宫），内宰（正岁，宪禁令于王之北宫），《地官》小司徒（令群吏宪禁令），乡大夫（正岁，令群吏考法于司徒，各宪之于其所治之国），司㡚（掌宪市之禁令），《秋官》小司寇（令群士，乃宣布于四方，宪刑禁。案《春官》无布宪之事，以其所司与人民无涉也。《冬官》亡，《夏官》小司马文阙，否则亦当有布宪之事），士师（正岁，帅其属而宪禁令于国及郊野。布宪。掌宪邦之刑禁。正月之吉，执旌节，以宣布于四方。而宪邦之刑禁，以诘四方邦国，及其都鄙，达于四海），宪谓表而悬之（《小宰注》），盖所以使众共见；又或徇以木铎，则所以使众共闻；小宰（正岁，帅治官之属，而观治象之法。徇以木铎，曰：不用法者，国有常刑），小司徒（正岁，则帅其属而观教法之象。徇以木铎，曰：不用法者，国有常刑），司寇（正岁，帅其属而观刑象。令以木铎，曰：不用法者，国有常刑。又案小司马文阙），士师（掌国之五禁之法，以左右刑罚。一曰宫禁。二曰官禁。三曰国禁。四曰野禁。五曰军禁。皆以木铎徇之于朝，书而悬于门闾），《秋官》司烜氏，中春（以木铎修火禁于国中），咸有其文。而《秋官》讶士，凡邦之大事，聚众庶，则读其誓禁。（县士，若邦有大役，聚众庶，则各掌其县之禁令。方士，凡都家之大事，聚众庶，则各掌其方之禁令。当亦如讶士读之，特文有异同耳），则又非徒使之闻知，并进而教之矣。布宪之法，见于《管子》之《立政》（《立政》曰：正月之朔，百吏在朝，君乃出令，布宪于国。五乡之师，五属大夫，皆受宪于太史。大朝之日，五乡之师，五属大夫，皆身习宪于君前。太史既布宪，入籍于太府。宪籍分于君前。五乡之师，出朝，遂于乡官，致于乡属，及于游宗，皆受宪。宪既布，乃反致令焉，然后敢就舍。宪未布，令未致，不敢就舍。就舍谓之留令，罪死不赦。五属大夫，皆以行车朝。出朝，不敢就舍，遂行。至都之日，遂于庙。致属吏，皆受宪。宪既布，乃发使者致令，以布宪之日，蚤宴之时。宪既布，使者以发，然后敢就舍。宪未布，使者未发，不敢就舍。就舍谓之留令，罪死不赦。宪既布，有不行宪者，谓之不从令，罪死不赦。）考宪而有不合于太府之籍者，侈曰专制，不足曰亏令。罪死不赦。《周官》大司徒，"施教法于邦国都鄙，使之各以教其所治民"；乡大夫，"受教法于司徒，退而颁之于其乡吏，使各以教其所治"；其布之之法，与《管子》不同，其用意则一也。禁专施于一事，故有宫禁、官禁、国禁、野禁、军禁之不同，宪则所该颇广。盖国之旧典，随时审正施行者。何以知其然？以布宪在岁首，（《周官·天官》大宰，"正月之吉，始和，布治于邦国都鄙。乃悬治象之法于象魏，使万民观治象，挟日而敛之"。《注》："正月，周之正月，吉谓朔日。大宰以正月朔日，布王之治事于天下。至正岁，又书而悬于象魏，振木铎以徇之，使万民观焉。小宰亦帅其属而往。"《疏》："必知乃悬是正岁建寅之月者，下小宰所以佐大宰，彼云正岁悬之，与此乃悬为一事。"《注》《疏》所言，未知确否，然布治在正月之吉，则《周官》本文明白也。）而《月令》，天子与公卿大夫共饬国典，在季冬之月也。国典果属常行，何待岁饬？岁饬之，则必有异于旧者矣。盖成法甚繁，择其切于时用者而布之，否则格置之矣。《管子·小匡》所谓"修旧法，择其善者而严用之"也。然宣布所不及者，人民苟或触犯，是否举不论罪，亦殊可疑。何也？以上之所求于下者甚多，而布宪之所能及者必较少也。

宪据旧章增损，其随事临时制之者则曰令。《立政》所谓"凡将举事，令必先出"也。《墨子》言"古之圣王，发宪出令，设为赏罚以劝贤"（《非命上》），《韩非》谓"宪令著于官府"（《定法》），皆以宪令并举，足征其为上所施于下之两大端，盖犹后世言法令也。令仅施于一事，其赏罚，盖亦专为一事而设。（《管子》曰："凡将举事，令必先出。"又曰："其赏罚之数，必先明之。"）宪为旧章，则犯之者亦有旧法可援，所谓国有常刑也。著常刑者，其书亦曰刑，如《禹刑》《汤刑》《九刑》是也。亦或称为法。《左氏》昭公七年，陈无宇述楚文王《仆区之法》曰："盗所隐器，与盗同罪。"《韩非·外储说右上》曰："荆庄王有《茅门之法》，曰：群臣、大夫、诸公子入朝，马蹄践霤者，理斩其辀，戮其御。"皆有治罪之文。（陈无宇又引周文王之法曰"有亡荒阅"，未及治罪之方，盖言之不具耳。子产、赵鞅之所著，则是物也。令虽临时所制，亦戒数变，故《韩非·亡征》，谓法禁变易，号令数下者可亡。）

郑人铸刑书（下）

范宣子所为刑书，《左氏》明言其著之刑鼎，至郑人之刑书，则未言其著之何物。然史墨讥荀寅"擅作刑器"；士文伯亦讥子产"火未出而作火，以铸刑器"；则晋郑所制，殆为同物。昭公六年杜《注》云："刑器，鼎也。"虽出臆测，说当不误。襄公九年，宋乐喜使乐遄庇刑器，《疏》云："当书于器物，官府自宰之，不知其在何器也。或书之于版，号此版为刑器耳。"案有所盛乃可称器，以版为器，似未必然，恐宋之刑书，亦著之于鼎也。（定公九年，郑驷歇杀邓析而用其竹刑。竹刑当著之简策。然非以喻之人民也。）

刑书必著于鼎，盖亦有由。《周官·秋官》司约："凡大约剂书于宗彝。小约剂书于丹图。若有讼者，则珥而辟藏，其不信者服墨刑。若大乱，则六官辟藏，其不信者杀。"《注》："大约剂，邦国约也。书于宗庙之六彝，欲神监焉。小约剂，万民约也。丹图，未闻。或有雕器簠簋之属，有图象者与？《春秋传》曰：斐豹，隶也，著于丹书，今俗语有铁券丹书，岂此旧典之遗言与？"案《左氏》载斐豹之言曰："苟焚丹书，我杀督戎。"又载范宣子之言曰："而杀之，所不请于君焚丹书者，有如日。"襄公二十三年。苟为铁券，如何可焚？明所著者为简牍之伦也。然俗语亦必有本，盖自有著之铁券者。盖欲其贞于久，故著之金石。丹书且然，而况刑书？大司寇之职曰："凡邦之大盟约。莅其盟书，而登之于天府。"《注》："天府，祖庙之藏。"司盟之职曰："掌盟载之法。凡邦国有疑会同，则掌其盟约之载，及其礼仪。北面诏明神。既盟则贰之。盟万民之犯命者，诅其不信者，亦如之。"《左氏》定公十三年，苟跞言于晋侯曰："君命大臣，始祸者死，载书在河。"即盟诸明神之事也。古之人笃于教，刑法之始，参以神权，刑书必著于鼎，盖由是昉，后遂习为故常也。

戮　尸

古者刑人，盖以警众。故曰："爵人于朝，与众共之；刑人于市，与众弃之。"（《礼记·王制》）《周官·秋官》掌戮，凡杀人，踣诸市，肆之三日，意亦如是（又云："刑盗于市。"），非欲残其尸也。《左氏》襄公二十八年："齐人迁庄公殡于大寝，以其棺尸崔杼于市。国人犹知之，皆曰：崔子也。"昭公二年：郑公孙黑绉，"尸诸周氏之衢，加木焉。"（《注》："书其罪于木，以加尸上。"）其意之所在，显然可见。然杀机既启，亦有残贼已死之人以为快者。齐懿公掘邴歜之父而刖之（文公十八年），叔孙舒等伐卫，掘褚师定子之墓而焚之是也（哀公二十六年）。是故仲尼恶始作俑者。

《左氏》宣公十年："郑人讨幽公之乱，斲子家之棺而逐其族。"《注》曰："斲薄其棺，不使从卿礼。"案古人视送终之礼甚重。《荀子·礼论》曰："死之为道也，一而不可得再复也。臣之所以致重其君，子之所以致重其亲，于是尽矣。故事生不忠厚，不敬文，谓之野；送死不忠厚，不敬文，谓之瘠。君子贱野而羞瘠。故天子棺椁十重，诸侯五重，大夫三重，士再重。然后皆有衣衾多少厚薄之数，皆有翣菨文章之等，以敬饰之。使生死终始若一，一足以为人愿，是先王之道，忠臣孝子之极也。天子之丧，动四海，属诸侯；诸侯之丧，动通国，属大夫；大夫之丧，动一国，属修士；修士之丧，动一乡，属朋友；庶人之丧，合族党，动州里。刑余罪人之丧，不得合族党，独属妻子；棺椁三寸，衣衾三领；不得饰棺，不得昼行，以昏殣；凡缘而往埋之。反，无哭泣之节，无衰麻之服，无亲疏月数之等；各反其平，各复其始；已葬埋，若无丧者而止。夫是之谓至辱。"其视饰终之礼之重如此，无怪郑人之欲追正子家也。然其意亦在于辱之而已，非欲残其尸也。

又襄公三年："晋侯之弟扬干乱行于曲梁，魏绛戮其仆。"《疏》曰："《周礼》司寇之属，有掌戮之官。郑玄云：戮，犹辱也。既斩杀，又辱之。其职云：掌斩杀贼谍而膊之。凡杀其亲者焚之。杀王之亲者辜之。杀人者踣诸市，肆之三日。郑玄云：膊，谓去衣磔之。焚，烧也。辜，谓磔之。踣，僵尸也。肆，犹申也，陈也。彼膊、焚、辜、肆，皆谓陈以示人，然则此言戮者，非徒杀之而已乃杀之以徇诸军。昭四年，楚戮庆封，负之斧钺，以徇于诸侯，先徇乃杀之也。成二年，韩献子既斩人，郤子使速以徇，是杀之而后徇也。此戮即彼徇之谓也。文十年，楚申舟抶宋公之仆以徇。或曰：国君不可戮也。彼扶以徇，亦称为戮。下云至于用钺，当是杀之乃以徇也。"案《左氏》成公二年："齐侯伐我北鄙，围龙。顷公之嬖人卢蒲就魁门焉。龙人囚之。齐侯曰：勿杀，吾与而盟，无入而封。弗听，杀而膊诸城上。"意盖亦以辱齐，故齐侯怒而亲鼓也。襄公六年："宋子荡以弓梏华弱于朝。子罕曰：专戮于朝，罪孰大焉。"则徒辱之而已。此戮之本义也。（《论语·宪问》："子服景伯曰：夫子固有惑志于公伯寮，吾力犹能肆诸市朝。"亦谓杀而后戮之。）

轘

古有轘刑，其意，盖欲裂其体以为徇。观《左氏》襄公二十二年，楚"轘观起于四竟"可见也。《史记·商君列传》："秦发兵攻商君，杀之于郑黾池。秦王车裂商君以徇。"《苏秦列传》："秦且死，乃谓齐王曰：臣即死，车裂臣以徇于市。"其车裂皆在死后，可见其意在于徇。

《左氏》桓公十八年："齐人杀子亹而轘高渠弥。"《疏》云：

"《周礼》条狼氏，誓仆右曰杀，誓驭曰车辗，然则周法有此刑也。"案《墨子·号令》："归敌者，父母妻子同产皆车裂。"《周官》用诸誓驭，《墨子》用诸守御，疑其初亦军刑。《左氏》宣公十一年：楚杀陈夏征舒，辗诸栗门。此与《墨子》之法，疑皆徇诸四门也。

《韩非子·人主》："昔关龙逢说桀而伤其四支。"言伤四支，似膑刖之刑，然诸书皆言桀杀关龙逢，则亦辗刑也。盖徇之以拒谏也。

《公羊》宣公十八年："邾娄人戕鄫子于鄫。戕鄫子于鄫者何？残贼而杀之也。"《解诂》曰："支解节断之，故变杀言戕。"岂亦徇之以立威邪？

妇人无刑

《吕刑》云："苗民弗用灵，制以刑，惟作五虐之刑曰法，杀戮无辜，爰始淫为劓、刵、椓、黥。""劓、刵、核、黥"，《书疏》云：欧阳、大小夏侯作"膑、宫、劓、割头、庶剠。"（见卷二《虞书》标目下。案庶字未详。）案《说文·攴部》："斀，去阴之刑也。《周书》曰：刖劓斀黥。"《说文》所称，当系古文，则今本之到乃误字。改膑为刵，苗民所制，遂与穆王所训不合矣。予因此悟《康诰》之刑人、杀人、劓刵人，则亦当作刖。杀指大辟，刑指宫，黥罪最轻，故不之及。《康诰》曰："汝陈时臬司师，兹殷罚有伦。"又曰："汝陈时臬事，罚蔽殷彝。"《荀子》亦曰："刑名从商。"（《正名》）然则五刑之名，盖自唐迄周，未之有改。何者？《尧典》言"五刑有服，五服三就"，而《国语·鲁语》言："刑五而已。大刑用甲兵，其次用斧钺；中刑用刀锯，其次用钻笮；薄刑用鞭扑。大者陈之原野，小者致之市朝，五刑三次。"三次即三就，知《尧典》之五刑，与《鲁语》之五刑是一。《国语》韦《注》曰："割劓用刀，断截用锯，亦有大辟。钻，膑刑；笮，黥刑。"（《周语》：内史过言："有斧钺刀墨之民。"《注》曰："斧钺，大刑也。刀墨，谓以刀刻其额而墨涅之。"与《鲁语注》自相违异。窃疑斧钺指大辟；《周语》所谓刀，《鲁语》所谓刀锯者，指宫、劓、刖；《周语》所谓墨，《鲁语》所谓钻笮者，指黥。）知《鲁语》之五刑，与《吕刑》之五刑亦合。所异者，《尧典》又言："流宥五刑。鞭作官刑，扑作教刑，金作赎刑。"其所谓五刑者，与《吕刑》皆仅指《鲁语》之中刑；而《鲁语》则兼苞大刑与薄刑为五耳。然所苞虽有广狭之殊，所用实无古今之异。唐法当为虞夏所沿，殷周又无二致，则五刑自苗民始制以来，历代实未之有改也。

《左氏》襄公十九年："妇人无刑；虽有刑，不在朝市。"案《韩非子·内储说下》，载荆王劓其美人，《外储说左下》，又载梁车刖其姊。则妇人非无刑。抑古者刑人于市，与众弃之，惟公族而后刑于隐者，妇人无刑则已，苟有刑，安得不在朝市乎？且既曰"妇人无刑"，又曰"有刑不在朝市"，语亦自相矛盾。予反复思之，乃知"妇人无刑"为古语，"虽有刑不在朝市"，则为《左氏》者所加以非齐庄公者，其言实无所据；而古谓妇人无刑，则因其所谓刑者专指宫，而妇人宫刑，止于幽闭故也。

刑之义为断。汉人恒言曰："死者不可复生，刑者不可复属。"亦曰："断者不可复属。"黥本仅刻其肌肤，劓刖虽断其体，所断亦小，惟宫刑受创较深，故初所谓刑者，乃专属之也。《周官·司刑》郑《注》曰："宫者，丈夫则割其势，女子闭于宫中，若今官男女也。"《吕刑》伪《孔传》亦曰："宫，淫刑也，男子割势，妇人幽闭。"《疏》云："汉除肉刑，除墨、劓、刖耳，宫刑犹在。近代反逆缘坐，男子十五以下不应死者皆宫之，大隋开皇之初，始除男子宫刑，妇人犹闭于宫。"（《孝经·五刑章疏》略同。《周官·司刑疏》云："宫刑至唐乃赦。"《校勘记》云："闽本同，误也。《汉制考》及监、毛本唐作隋。"）案《文献通考》言：景帝元年，诏言孝文皇帝除宫刑，出美人，重绝人之世也。知文帝并宫刑除之。至景帝中元年，赦徒作阳陵者死罪，欲腐者许之，而宫刑乃复用。则谓文帝未除宫刑者非是。然自文帝十三年除宫刑，下逮景帝中元年，仅十有八年，（宫刑之复，或尚不始是岁，特可考者始于是岁耳。）旧法不得遂亡。《左氏》僖公十五年："穆姬闻晋侯将至，以太子罃、弘，与女简璧，登台而履薪焉。"《注》曰："古之宫闭者，皆居之台以抗绝之。"《疏》引哀八年《传》，称邾子又无道，吴子囚诸楼台，栫之以棘，谓"以此二文，知古之宫闭者，皆居之于台以抗绝之"。《正义》虽唐世所修，实多沿隋旧，故并大隋字样，亦未刊落。（《尧典》："鞭作官刑"。《疏》亦曰："大隋造律，方使废之。"）康成、元凯，及造《伪传》、作《义疏》者，皆亲见幽闭之刑，则妇人无刑，决非虚语。盖肉刑原于战陈，古于异族丁男，多施杀戮，而于妇女则多原宥邪？抑阉割女子之术，非古人所知也？

《周官》大司马："以九伐之法正邦国，暴内陵外则坛之。"《注》："坛，读如同墠之墠。《王霸记》曰：置之空墠之地。玄谓置之空墠，以出其君，更立其次贤者。"此即吴人之所以待邾子，与《左氏》杜《注》，亦可参观也。

《书疏》引郑注《尚书》曰："刵，断耳。劓，截鼻。椓谓椓破阴。黥谓羁黥人面。"《伪传》亦曰:"截人耳鼻,椓阴,黥面。"知所据本刵虽误则,犹在劓上。以此知《说文》所据本,必不误。《诗》曰:"矫矫虎臣,在泮献馘。"(《泮水》)《左氏》僖公二十二年:"郑文夫人芈氏、姜氏劳楚子于柯泽,楚子使师缙示之俘馘。"知馘亦战陈之际,施诸敌人。后来施诸本族以否不可知,要未尝为五刑之一。郑玄注书,每沿误本,妄为之说。且如四始,《史记·孔子世家》:"曰《关雎》之乱,以为《风》始;《鹿鸣》为《小雅》始;《文王》为《大雅》始;《清庙》为《颂》始。"盖《鲁诗》说也。今《诗序》曰《关雎》,《风》之始也,既已同于三家矣,则《雅》《颂》之始亦必同。下文"是谓四始"之上,盖有夺文。而郑即随文说《风》《小雅》《大雅》《颂》为四始,不亦支离灭裂之甚邪?王鸣盛《尚书后案》引王錄《啸堂集古录》载周侯镈钟,亦有刵劓之文,足征《说文》之是,乃反指为传写之误。王氏一生佞郑不足责,陈朴园固蒐讨今文书说者,乃亦欲改三家之说以从郑(见《今文尚书经说考》),抑何不思之甚也!

《山海经·东山经》:"凡《东山经》之首,自樕螽之山以至于竹山,凡十二山,三千六百里。其神状皆人身龙首。祠:毛用一犬祈,聏用鱼。"郭《注》:"以血涂祭为聏也。《公羊传》云:盖叩其鼻以聏社。音钓饵之饵。"郝氏《笺疏》云:"《玉篇》云:以牲告神,欲神听之曰聏。说与郭异。据郭《注》,聏疑当为衈。《玉篇》云:耳血也。《礼记·杂记》:衈皆于屋下。郑《注》云:衈,谓将到割牲以衅,先灭耳旁毛荐之。郭引《公羊传》者,僖十九年文;然《传》云盖叩其鼻以血社,不作衈字。《谷梁》正作叩其鼻以衈社。范宁《注》云:衈者,衅也。是郭此注当由误记,故竟以《谷梁》为《公羊》耳。"愚案《谷梁》之文，多袭《公羊》。窃疑《公羊》之血社，实衈社之误。《左氏》僖公三十三年，孟明视曰"君之惠，不以累臣衈鼓"，知古衈鼓用敌俘。衈社盖亦其类。此本非刑，亦不以施诸异族之为奴者，故亦无缘她及本族也。入之五刑之中，其误不足疑矣。

父子兄弟罪不相及

《左氏》昭公二十年，苑何忌引《康诰》曰："父子兄弟，罪不相及。"今《康诰》无其文。盖《传》辞也。案连坐之罪，古者无之。《甘誓》曰："予则孥戮女。"《汤誓》曰："予则孥戮女，罔有攸赦。"此已为军刑。然郑《注》引《周礼》："其奴男子人于罪隶，女子人于春藁。"（《汤誓疏》）则亦止于奴之而已，非杀其身也。《礼记·檀弓》："齐庄公袭莒于夺，杞梁死焉。其妻迎其柩于路而哭之哀。庄公使人吊之。对曰：君之臣不免于罪，则将肆诸市朝而妻妾执。"执即为奴之谓，非谓刑杀。《说苑·尊贤》："晋文侯行地登隧，大夫皆扶之。随会不扶。文侯曰：会，夫为人臣而忍其君者，其罪奚如？对曰：其罪重死。文侯曰：何谓重死？对曰：身死，妻子为戮焉。"以戮为死，非古义矣。盖缘秦以来有族诛之法，耳濡目染，忘其本来也。《牧誓》曰："勖哉夫子，尔所弗勖，其于尔躬有戮。"虽军刑，亦止及其身。祁奚之言叔向曰："犹将十世宥之，以劝能者。"（《左氏》襄公二十一年）则以功德而宥其亲族者有之矣，以愆咎而戮及亲族，军刑外未之前闻，况于刑杀之乎？（古有以谋叛而族诛者，此乃虑其复仇，非欲治其罪也，故出奔则可以免，如成虎是也。

见《左氏》昭公十二年。）

《史记·秦本纪》文公二十年，"法初有三族之罪"。《集解》引张晏曰："父母、兄弟、妻子也。"又引如淳曰："父族、母族、妻族也。"案《费誓》："汝则有无余刑，非杀。"《疏》引王肃云："父母、妻子，同产皆坐之，无遗免之者，故谓无余之刑；然入于罪隶，亦不杀之。"又引郑玄云："无余刑非杀者，谓尽奴其妻子，不遗其种类，在军使给厮役，反则入于罪隶舂橐，不杀之。"案王肃之说，即张晏之说也。挈不兼父母兄弟言，恐不如郑说之确。伪《大誓》："罪人以族。"《伪传》云："一人有罪，刑及父母、兄弟、妻子"，与肃说同。《商君书·赏刑》："守法、守职之吏，有不行王法者，罪死不赦，刑及三族。"此刑字，亦当兼奴戮言之，不必皆为亏体之刑也。

《史记·廉颇蔺相如列传》：赵括之母，请赵王毋用括，赵王不听。括母因曰："王终遣之，即如有不称，妾得无随坐乎？"王许诺。其后括败，赵王以母先言，竟不诛也。《三国·魏志·武帝纪》：建安八年五月己酉令，引此事，为"古之将者，军破于外，而家受罪于内"之征，盖军刑之连及亲族，由来旧矣。孔子曰："射不主皮，为力不同科，古之道也。"况于军之出，不必皆有可胜之道乎？而以一切之法劫之，至于戮及无辜，亦可哀矣，固知争夺相杀者，不能复顾仁义也。

《荀子·荣辱》论斗者忘其身云："室家立残，亲戚不免乎刑戮。"此似内政，与军法无关，然事势之流，相激使然。后虽用诸内政，溯其始，要不能谓不出于军刑也。

《吕览·开春论》："晋诛羊舌虎，叔向为之奴而腏。"《注》："奴，戮也。律坐父兄，没入为奴。《周礼》曰：其奴男子入于罪隶，此之谓也。腏，系也。"《汉书·楚元王传》：申公、白生谏王戊不听，"胥靡之"。《注》："应劭曰：《诗》云：若此无罪，沦胥以铺。胥靡，刑名也。晋灼曰：胥，相也。靡，随也。古者相随坐轻刑之名。"师古曰："联系使相随而服役之，故谓之胥靡。犹今之役囚徒，以锁联缀耳。"此正《吕览》所谓朡者也。《叙传》曰："呜乎史迁，薰胥以刑。"《注》："晋灼曰：《齐》《韩》《鲁诗》作薰。薰，帅也。从人得罪相坐之刑也。"《后汉书·蔡邕传》："下获熏胥之辜。"《注》："《诗·小雅》曰：若此无罪，勋胥以痛，勋，帅也；胥，相也；痛，病也。言此无罪之人，而使有罪者相帅而病之，是其大甚。见《韩诗》。"然则《诗》之所刺，亦仅相随苦役耳。《左氏》昭公二十七年："子常杀费无极与鄢将师，尽灭其族。"《左氏》战国时书，疑所言不尽实也。

救父杀夫，助夫杀父

《左传》桓公十五年，"祭仲专，郑伯患之，使其婿雍纠杀之。将享诸郊。雍姬知之，谓其母曰：父与夫孰亲？其母曰：人尽夫也，父一而已，胡可比也？遂告祭仲曰：雍氏舍其室，而将享子于郊，吾惑之，以告。祭仲杀雍纠，尸诸周氏之汪"。是雍姬杀其夫以救其父也。襄公二十八年，"卢蒲癸、王何卜攻庆氏……卢蒲姜谓癸曰：有事而不告我，必不捷矣。癸告之，姜曰：夫子愎，莫之止，将不出，我请止之。癸曰：诺。十一月乙亥，尝于大公之庙，庆舍莅事，卢蒲姜告之，且止之，弗听，曰：谁敢者？遂如公"，卒见杀。是卢蒲姜助其夫以谋杀其父也。又定公十四年，蒯聩使戏阳速杀南子，则为子欲杀其母者。

父为子隐，子为父隐

《论语·子路》："叶公语孔子曰：吾党有直躬者，其父攘羊，而子证之。孔子曰：吾党之直者异于是，父为子隐，子为父隐，直在其中矣。"古之为法者，上之所求于下，不必其有利于民，或且贼民以自利焉；纵不如是，民之恃法以自安者浅，恃其以情相联系以为安者深，故圣人不肯求法之必行，而使其民相纠告，知其所获者小，所丧者大也，圣之至也。

《宋书·何尚之传》："义熙五年，吴兴武康县民王延祖为劫，父睦以告官。新制：凡制，身斩刑，家人弃市。睦既自告，于法有疑，时尚之父叔度，为尚书，议曰：设法止奸，本于情理。非一人为劫，阖门应刑；所以罪及同产，欲开其相告，以出为恶之身。睦父子之至，容可悉共逃亡，而割其天属，还相缚送，螫毒在手，解腕求全，于情可愍，理亦宜宥。睦既纠送，即余人无应复告。并全之。"立法以劫其民，至于如是，亦可哀矣。《蔡廓传》："宋台建为侍中，建议以为鞠狱不宜令子孙下辞，明言父祖之罪，自今家人与囚相见，无乞鞠之诉，使民以明伏罪，不须责家人下辞。朝议咸以为允，从之。"此即颇有合平恕之理矣。廓少子兴宗，"为廷尉卿，有解士先者，告申坦昔与丞相义宣同谋。时坦已死，子令孙，时作山阳郡，自系廷尉。兴宗议曰：若坦昔为戎首，身今尚存，累经肆眚，犹应蒙宥。令孙天属，理相为隐。况人亡事远，追相诬讦，断以礼律，义不合关。若士先审知逆谋，当时即应启闻，包藏积年，发因私怨；况称风声路传，实无定主，而干黩欺罔，罪合极法"。此则不徒平恕，且足以大畏奸狡矣。

比伍相及

比伍相及之法，其初盖亦军刑。《康诰疏》谓"子弗祇服厥父事"云云，即父子兄弟，罪不相及。（案此数语绝无罪不相及之意，《疏》言非也。自当如予说谓系《传》文为是，参看《传说记》条。）又言子非及父，理所当然，而《周官》邻保，以比伍相及，赵商疑而发问。郑答云：《周礼》大平制，此居殷乱。（《周官·大司寇疏》："赵商问族师职曰：四闾为族，八闾为联，使之相保相受，刑罚庆赏相及。在《康诰》曰：父不慈，子不孝，兄不友，弟不恭，不相及也。族师之职，邻比相坐；《康诰》之云门内尚宽，不知《书》《礼》是错，未达指趣。答曰：族师之职，周公新制礼，使民相拱救之法；《康诰》之时，周法未定，天下又新诛三监，务在尚宽，以安天下。先后量时，各有云为，乃谓是错也？"）说殊不然，《墨子·尚同下》："圣王皆以尚同为政，故天下治。何以知其然也？于先王之书也。《大誓》之言曰：小人见奸巧，乃闻不言也，发，罪钧。"魏默深谓此乃纣创之以监谤（《书古微·太誓补亡中》），说亦无据。《繁露·王道》云："梁内役民无已，其民不能堪，使民比地为伍，一家亡，五家杀，刑。"《公羊解诂》亦云："梁君隆刑峻法，一家犯罪，四家坐之。"（僖公十九年）《疏》云：《春秋说》有此文。盖连坐之制，由来旧矣。《周官》族师职云："五家为比，十家为联；五人为伍，十人为联；四闾为族，八闾为联；使之相保相受，刑罪庆赏，相及相共。"比长职云："五家相受相和亲，有罪奇邪则相及。"邻长职云："掌相纠相受。"士师职云："掌乡合州党族闾比之联，与其民人之什伍，使之相安相受，以比追胥之事，以施刑罚庆赏。"《周官》

虽战国时书，其所祖述，固皆古制。即《管子》之轨里连乡，亦属此制（《小匡》）。特时会晚则操之者愈蹙，故《管子》仅言祭祀相福，死丧相恤，祸福相忧，居处相乐，行作相和，哭泣相哀。《周官》已以相纠与相受并举，《商君》尤专重相司耳。《韩非·制分》曰："去微奸之道奈何？其务令相窥其情者也。使相窥奈何？曰：里相坐而已。告过者免罪受赏，失奸者必诛连刑，如此，则奸类发矣。奸不容细，私告任坐使然也。"其言尤为峻急。《商君书·赏刑》云："周官之人，知而讦之上，自免于罪；无贵贱，尸袭其官长之官爵田禄。"则又推诸什伍之外矣。古之居民，盖有二法：一如《周官》之比闾族党，《管子》之轨里连乡，与什伍之制相应，盖军人更屯聚者也。一如《尚书大传》所述：八家而为邻，三邻而为朋，三朋而为里，与井田之制相应，盖农耕之民，不入行伍者。相司连坐之制，皆起于什伍，故知其初亦军刑也。

命夫命妇不躬坐狱讼

《周官》小司寇："凡命夫命妇，不躬坐狱讼。"此与"刑不上大夫"同意。盖古者平民贵族，界限森严，命夫命妇，固非狱吏小人之所得而治也。《左氏》僖公二十八年，卫侯与元咺讼，鍼庄子为坐；襄公十年，王叔之宰与伯舆之大夫瑕禽坐狱于王庭；昭公二十三年，晋人执叔孙婼，使与邾大夫坐，叔孙曰："列国之卿当小国之君，固周制也。邾又夷也，寡君之命介子服回在，请使当之，不敢废周制故也。"乃得不坐。并《周官》之注脚。

贵族与平民，界限甚严；然同为贵族，则不以其位之高下，而有所左右袒；故上下之讼，上不必胜，下不必负。卫侯与元咺、王叔与伯舆之讼，其明征也。郑之放子南也，子产曰："直钧，幼贱有罪。"（《左氏》昭公元年）不曰不论曲直，罪在幼贱也。瑕禽曰："下而无直，则何谓正矣。"（《左氏》襄公十年）尤觉言之侃侃。

《小司寇注》曰："不身坐者，使其属若子弟。"此今诉讼之代理人也。卫侯之与元咺讼也，既使鍼庄子为坐，又使宁武子为辅，士荣为大士。《疏》云："以其主狱事，故亦使辅之。"盖以其习于法律之故，则似今之律师矣。卫侯不胜，杀士荣，刖鍼庄子；盖以尊者不可加刑，犹商君治秦，太子犯令，而刑其师傅，非以其为坐为辅也。然犹执卫侯，归之京师，寘诸深室，则尊者仅得免刑，拘系之罪，亦在所不免矣。

僖公二十八年杜《注》并引王叔之宰与伯舆之大夫坐狱事，曰："各不身亲，盖今长吏有罪，先验吏卒之义。"案卫青之责李广也，史云大将军长史急责广之幕府对簿，然广曰："诸校尉无罪，乃我自失道，吾今自上簿。"则长史实未尝责广自行。贾生曰："古者大臣，有坐不廉而废者，不谓不廉，曰簠簋不饰；坐污秽淫乱，男女亡别者，不曰污秽，曰帷薄不修；坐罢软不胜任者，不曰罢软，曰下官不职。"盖其后仅为逊辞，其初则所验问者，诚皆其下执事也。"成王有过，则挞伯禽"，义亦如是。

《尚书·立政》曰："文王罔攸兼于庶言、庶狱、庶慎，惟有司之牧夫。是训用违，庶狱庶慎，文王罔敢知于兹。"崔东壁曰："文王之不兼庶狱，谓庶人之轻狱，非士大夫之大狱也。孟子曰：讼狱者不之尧之子而之舜，不之益而之启。是古者诸侯之狱，皆天子自治之也。王叔陈生与伯舆争政，王叔之宰与伯舆之大夫瑕禽，坐狱于王庭；叔孙昭子朝而命吏曰：婼将与季氏讼，书辞无颇；是古者卿大夫之狱，皆其君自治之也。邢侯与雍子争鄐田，叔鱼蔽罪邢侯，邢侯杀叔鱼与雍子于朝；梗阳人有狱，魏戊不能断，以狱上；是古者位相埒则不能治其狱，必尊者而后能治卑者之狱也明矣。自秦始重狱吏之权，无论丞相大臣，皆使治之，而李斯以谋反诬服矣。唐高宗时，人告长孙无忌谋反，许敬宗文致而上之，高宗犹以元舅之故，不忍杀，而敬宗不可；夫元舅诚不可以谋反贷死，顾无忌实未尝谋反，高宗何不亲鞫之乎？至明置锦衣狱，其祸尤烈，杨涟、左光斗诸人皆忠直大臣，一入狱中，覆盆莫告，榜掠至无完肤，卒以狱毙。若此者，岂非人主不自理之过与？"（《丰镐考信别录》）案古者卑不治尊，实由平民贵族等级森严之故。汉武论魏其、武安之狱曰："俱宗室外家，故廷辩之。不然，一狱吏所决耳。"谓此也。自秦以降，阶级渐夷，虽丞相亦知狱吏之尊，实有平夷之美；然上下之隔绝愈甚，而冤狱益多，亦其远不逮古者；故古今之刑法，亦互有得失也。

舜为天子皋陶为士瞽瞍杀人

《孟子·尽心》："桃应问曰：舜为天子，皋陶为士，瞽瞍杀人，则如之何？孟子曰：执之而已矣！然则舜不禁与？曰：夫舜，恶得而禁之？夫有所受之也。然则舜如之何？曰：舜视弃天下，犹弃敝蹝也。窃负而逃，遵海滨而处，终身诉然乐而忘天下。"此儒家斟酌于公私之间，恩义曲尽之道也。《记》曰："门内之治恩掩义，门外之治义断恩。"（《丧服四制》）善言治者，不以门内之恩，害门外之义；亦不以门外之义，夺门内之恩。盖人群之公义，不得不信；而世运未至于大同，则各亲其亲之心，亦为人人所同具，故以是斟酌于二者之间，而求其曲当也。此章读者或疑之，其实以其义推之群经，均无不合。《论语》："叶公语孔子曰：吾党有直躬者，其父攘羊，而子证之。孔子曰：吾党之直者异于是，父为子隐，子为父隐，直在其中矣。"（《子路》）夫以子证父则不可，人或证其父，则非其子所得而为之讳矣。《公羊》曰："父母之于子，虽有罪，犹若不欲其服罪然。"（文公十五年）不欲其服罪者，其心，非能使之不服罪也。此舜之所以窃负而逃，而不能禁皋陶之执也。《公羊》又曰："郑伯克段于鄢，克之者何？杀之也。杀之则曷为谓之克？大郑伯之恶也。"《解诂》曰："明郑伯为人君，当如《传》辞，不当自己行诛杀，使执政大夫当诛之。《礼》：公族有罪，有司谳于公，公曰：宥之。及三宥，不对。走出，公又使人赦之。以不及反命。公素服，不举，而为之变，如其伦之丧；无服，亲哭之。"（隐公元年）三宥而有司不对，此即所谓皋陶执之者。《王制》曰："三公以狱之成告于王，王三又，然后致刑。"三宥之文，亦见《周官》司刺，盖古之遗法。人君之于其族，亦依成法宥之耳，非能特赦之也。此亦所谓舜不得而禁之者也。季子之于公子牙也，不以为国狱，不欲其服罪之心也。其于庆父也，缓追逸贼，归狱邓扈乐而不变，窃负而逃之义也。然以君臣之义，诛不得辟兄，则又舜之不得禁皋陶也。（《公羊》庄公三十二年，闵公元年、二年。故曰：孟子之言，推之群经而无不合也。）

抑不独经义。石碏之杀石厚也，使其宰獳羊肩涖焉，此即何君所谓"使执政大夫当诛之"者也。然卒不得不杀厚，则犹季子之诛不避兄也（《左氏》隐公四年）。叔向治国制刑，不隐于亲，三数叔鱼之恶，不为末减，而仲尼称为古之遗直（《左氏》昭公十四年）。当官而行，势不得隐，亦季子之诛不辟兄也。《史记·循吏列传》曰："石奢者，楚昭王相也。行县，道有杀人者，相追之，乃其父也。纵其父而还自系焉。使人言之王曰：杀人者，臣之父也。夫以父立政，不孝也；废法纵罪，非忠也；臣罪当死。王曰：追而不及，不当伏罪，子其治事矣。石奢曰：不私其父，非孝子也；不奉主法，非忠臣也。王赦其罪，上惠也；伏诛而死，臣职也。遂不受令，自刎而死。"夫其纵父，则舜之窃负而逃也。然孟子谓舜可遵海滨而处，而石奢必还自系、不受令、伏剑而死者，其所处之位异也。《史记》又曰："李离者，晋文公之理也。过听杀人，自拘当死。文公曰：官有贵贱，罚有轻重；下吏有过，非子之罪也。李离曰：臣居官为长，不与吏让位；受禄为多，不与下分利；今过听杀人，傅其罪下吏，非所闻也。辞不受令。文公曰：子则自以为有罪，寡人亦有罪邪？李离曰：理有法：失刑则刑，失死则死。公以臣能听微决疑，故使为理，今过听杀人，罪当死。遂不受令，伏剑而死。"李离自以为有罪，而不谓其君有罪者，君故不以弊狱为责，然则皋陶之父而杀人，苟纵之，亦必如石奢之自系，而不得如舜之遵海滨而处矣。然则群经之义，亦当时贤士大夫所共知，盖孔子亦因俗之合于义者，著之于经尔，非必有所创也。

《左氏》襄公二十二年："楚观起有宠于令尹子南，楚人患之，王将讨焉。子南之子弃疾为王御士，王每见之，必泣。弃疾曰：君三泣臣矣，敢问谁之罪也？王曰：令尹之不能，尔所知也，国将讨焉，尔其居乎？对曰：父戮子居，君焉用之？泄命重刑，臣亦不为。王遂杀子南于朝，轘观起于四竟。子南之臣谓弃疾：请徙子尸于朝，曰：君臣有礼，唯二三子。三日，弃疾请尸。王许之。既葬，其徒曰：行乎？曰：吾与杀吾父，行将焉入？曰：然则臣王乎？曰：弃父事仇，吾弗忍也。遂缢而死。"夫康王之欲杀子南，犹皋陶之欲执瞽瞍也，而何以弃疾不窃负而逃也？曰：观子南既死，其徒犹欲犯命取殡，则其力能抗王可知，劝其行，必不从矣，此弃疾之所以弗告也；自杀以全臣子之义也。

以吏为师

《史记·秦始皇本纪》：李斯焚书之议曰："若有欲学法令，以吏为师。"《集解》引徐广曰："一无法令二字。"案《李斯传》亦无之，疑此二字乃注语，诸本或夺，或溷入正文也。此语为史公元文与否不可知，要不失李斯之意。或谓若有欲学，指凡学问言；又或谓吏即博士，以此为秦未尝灭学之征，则翩其反而矣。

"欲学法令，以吏为师"，说见《商君书·定分》篇。此篇之意，欲置官吏知法令之谓者，以为天下正。诸官吏及民，有问法令之所谓者，皆明告之。不告，以其所问法令之罪罪之。其言曰："一兔走，百人逐之。卖者满市，盗不敢取，由名分已定也。今法令不明，其名不定，天下之人得议之。其议人异而无定，是法令不定，以下为上也。先圣人为书而传之，后世必师受之，乃知所谓之名；不师受之，而人以其心意议之，至死不能知其名与其意，故圣人必为法令置官也。置吏也，为天下师，所以定名分也。"盖欲收解释法令之权，归之于上耳。

《礼记·王制》曰："析言破律，乱名改作，执左道以乱政，杀；作淫声、异服、奇技、奇器以疑众，杀；行伪而坚，言伪而辩，学非而博，顺非而泽以疑众，杀；假于鬼神、时日、卜筮以疑众，杀；此四诛者，不以听。"《荀子·宥坐》曰："孔子为鲁摄相，朝七日而诛少正卯。门人进问曰：夫少正卯，鲁之闻人也，夫子为政而始诛之，得无失乎？孔子曰：居，吾语女其故。人有恶者五，而盗窃不与焉。一曰心达而险，二曰行辟而坚，三曰言伪而辩，四曰记丑而博，五曰顺非而泽。此五者有一于人，则不得免于君子之诛；而少正卯兼有之。故居处足以聚徒成群，言谈足以饰邪营众，强足以反是独立，此小人之桀雄也，不可不诛也。是以汤诛尹谐，文王诛潘止，周公诛管叔，太公诛华仕，管仲诛付里乙，子产诛邓析、史付。此七子者，皆异世同心，不可不诛也。"《说苑·指武》篇略同，此即《王制》之注脚也。《吕览·离谓》曰："郑国多相悬以书者，子产令无悬书，邓析致之；子产令无致书，邓析倚之；令无穷，则邓析应之亦无穷，是可不可无辨也。"又曰："子产治郑，邓析务难之。与民之有狱者约：大狱一衣，小狱襦袴。民之献衣襦袴而学讼者，不可胜数，以非为是，以是为非，是非无度，而可与不可日变；所欲胜因胜，所欲罪因罪；郑国大乱，民口讙哗。子产患之，于是杀邓析而戮之。民心乃服，是非乃定，法律乃行。"夫是非可否，明著于法律者，岂邓析所能违？邓析所为，亦贸其名实，以法之所诛为无罪，法所不问者为有诛耳。此正所谓"析言破律，乱名改作"者也。以此傅诸邓析不必实，然春秋战国时，必有此等事，则无疑矣。故儒、法二家，同以为患也。

商君之意，欲"天子置三法官：殿中置一法官，御史置一法官及吏，丞相置一法官。诸侯郡县皆各为置一法官及吏。皆此秦一法官，郡县诸侯，一受宝来之法令学问并所谓吏民知法令者，皆问法官。故天下之吏民无不知法者。吏明知民知法令也，故不敢以非法遇民。遇民不修法，则问法官，法官即以法之罪告之，民即以法官之言正告之吏。吏知其如此，故吏不敢以非法遇民，民又不敢犯法"。此所谓法官，非躬行法，而为行法之吏所禀承，故曰为天下正。今之论者，但知司法与行政当分，而解释法律，则悉由司法官，司法官犹得上下其手。若如《商君书》所言，则行政官虽兼司法，而亦不能自恣，而遇民不法者，民得告之法官，则又不啻今之平政院矣。其法虽与欧西立宪之国异，其用意固相通也。李斯所谓"欲学法令，以吏为师"者，不知其吏亦如此否？然即谓其意如是，其事亦必未行，故《史记》不载，他书亦无及之者也。汉世法令之弊，在于郡国承用者驳，或罪同而论议，奸吏因缘为市，惜乎未有以商君之说正之者也。然曹魏之世，因诸家章句大繁，而诏专用郑氏，虽未尝收解释之权于上，亦有一其解释之意矣。

　　《周官·天官》大宰："掌建邦之六典，以佐王治邦国。以八法治官府，以八则治都鄙。"《春官》大史："掌建邦之六典，以逆邦国之治，掌法以逆官府之治掌则以逆都鄙之治。凡辨法者考焉，不信者刑之。"御史："掌邦国都鄙及万民之治令，以赞冢宰，凡治者受法令焉。"此即商君欲於殿中、御史、丞相各置一法官之意；讶士谕罪刑于邦国，亦即其为诸侯郡县各置法官之意。盖考核诸司是否守法，其权固操之自上，而于法律或有不明，亦当问之于上，故战国时之成法；《商君书》与《周官》，同为六国时物，故其用意亦颇同也。

　　商君欲使人人皆知法令，与叔向之诤刑书，仲尼之非刑鼎，用意大异。然其言曰："吏不敢以非法遇民，民又不敢犯法，如此，天下之吏民，虽有贤良辨慧，不能开一言以枉法；（解释法律之权，操之于吏，而邓析之徒绝迹矣。）虽有千金，不能以用一铢。故知诈贤能者，皆作而为善，皆务自治奉公，民愚则易治也。此所生于法明白易知而必行。"又曰："夫微妙意志之言，上知之所难也。夫不待法令绳墨而无不正者，千万之一也。故圣人以千万治天下。故夫知者而后能知之，不可以为法，民不尽知。贤者而后知之，不可以为法，民不尽贤。故圣人为法，必使之明白易知。名正，愚知遍能知之。为置法官，置主法之吏，以为天下师，令万民无陷于险危。故圣人立而天下无刑死者，非不刑杀也，行法令明白易知，为置法官，吏为之师，以道之知，万民皆知所避就；避祸就福，而皆以自治也。"然则刑期无刑之意，实儒、法二家之所同，特其所由之路异耳。以时势揆之，则法家之言为切矣。（《吕览·淫辞》："惠子为魏惠王为法，已成，以示诸民人。民人皆善之。"则战国时之为法，无不求人民能知之者，与春秋时人见解大异矣。）然仍有其不可行者，法家之所恃以致无刑者，曰人能知法；其所恃以使人能知法者，曰法明白易知。然群治演进，则人事随之而繁；人事既繁，而法令随之而杂，其势有不得不难知者。试观今之法令，夫岂人人所能知，而亦曷尝有一章一篇之可省乎？故法令如牛毛，而非人人所能知，而不足以餍人心，而不能收劝惩之效，皆世变为之，非为法者之过也。

李悝撰次诸国法，为《法经》六篇，商君受之以相秦。六篇者：《盗》《贼》《网》《捕》《杂》及加减。其后萧何益以《兴》《厩》《户》三篇，叔孙通益律所不及旁章十八篇，张汤有《越宫律》二十七篇，赵禹有《朝律》六篇。汉律至此，遂有六十篇矣。益以汉时决事，集为《令甲》以下三百余篇，及司徒鲍公《嫁娶辞讼决》为《法比》，都目凡九百六卷（《晋书·刑法志》）。文书盈于几阁，典者不皆遍睹，此汉世之有心人，所由无不以删定律令为急者也。张汤、赵禹之属不足论，萧何以清净为治，叔孙通亦儒者，岂肯使法令如牛毛？然于秦律皆有所增益，明《法经》原出李悝以前，悝撰次诸国法为之，而非悝所自为。已不足周当时之用，增益者亦出于势不得已也。增益则文繁；文繁，众必不能尽省矣，又况其不易知乎？

复　仇

《礼记·檀弓》："子夏问于孔子曰：居父母之仇如之何？夫子曰：寝苫，枕干，不仕，弗与共天下也。遇诸市朝，不反兵而斗。曰：请问居昆弟之仇如之何？曰：仕弗与共国，衔君命而使，虽遇之不斗。曰：请问居从父昆弟之仇如之何？曰：不为魁，主人能，则执兵而陪其后。"《周官·地官》调人："凡和难，父之仇，辟诸海外；兄弟之仇，辟诸千里之外；从父兄弟之仇不同国。君之仇眡父，师长之仇眡兄弟，主友之仇眡从父兄弟。"《疏》云："赵商问：天下尚不反兵，海内何为和之？郑答曰：仇在九夷之东，八蛮之南，六戎之西，五狄之北，虽有至孝之心，能往讨不乎？"案古所谓天下者，非真谓普天之下，乃谓中国政教所及耳。秦始皇分天下为三十六郡，桂林、南海、象、闽中，初不在其内也。明当时所谓天下，限于四海之内也。《诗》曰："普天之下，莫非王土。"夷蛮戎狄亦非疆理所及也。

《礼记·曲礼》："父之仇，弗与共戴天，兄弟之仇不反兵，交游之仇不同国。"（《注》：交游，或为朋友）《大戴记·曾子制言上》："父母之仇，不与同生；兄弟之仇，不与聚国；朋友之仇，不与聚乡；族人之仇，不与聚邻。"《公羊》庄公四年《解诂》："《礼》：父母之仇，不同戴天；兄弟之仇，不同国；九族之仇，不同乡党；朋友之仇，不同市朝。"所言大致略同。《二戴记》《解诂》所谓国，盖指郭以内言，较市朝乡党为广。《周官》晚出，其时交通较便，声闻所及益广，故兄弟之仇，所不同者，扩及千里，从父昆弟之仇，则同于昔者之兄弟也。世运愈进，交通愈便，声闻所及愈广，报仇者有虽数千里而弗释者矣，若范雎之于魏齐是也；而如汉高之于田横，则虽亡之海外，亦弗获免矣。

弗仕者，仕则有公事，不得专顾其私以复仇为事也。《檀弓》曰：滕成公之丧，使子叔敬叔吊，进书，子服惠伯为介。及郊，为懿伯之忌不入。惠伯曰：政也，不可以叔父之私，不将公事。遂入（亦见《左氏》昭公三年）。此所谓衔君命而使，虽遇之不斗者也。伍子胥之干阖庐也，阖庐将为之兴师，子胥曰："诸侯不为匹夫兴师。且臣闻之：事君犹事父也，亏君之义，复父之仇，臣不为也。"（《公羊》定公四年。《谷梁》同）盖君非一臣之君，势不得举一国以殉一人。故臣仕于君有不得资其力以复仇者。若枉道而资其力，则亏君之义矣，又古之义士所不为也。此有父母之仇者所以弗仕也。然如伍子胥者，其所仇乃为万乘之君；范雎之所仇，则千乘之君蔽之，有非资国君之力不能报者。此亏君之义以释私怨者，所由接迹于后世与？伍子胥不肯亏君之义，以复父之仇；范雎以一人之私怨，挟秦力以穷魏齐，而秦王亦举国以殉之，可以觇世变矣。

葛伯仇饷之事（《孟子·滕文公下》），论者恒疑之；然大同之世，力恶其不出于身也，不必为己，代耕之事，固古之遗俗，不足疑也；即为匹夫匹妇复仇，亦不足怪，何者？古代部族林立，部族与部族之交涉，犹今日国与国之交涉也。今日此国之人，有见杀于彼国者，岂不亦责诸其国，而不问其人与。特不能皆为之兴师耳。此则时异势殊，利害交错，不能专殉一事，使之然也。然而匹夫匹妇，含愤而不获申者众矣。然后知伊尹思天下之民，匹夫匹妇，有不与被尧舜之泽者，若己推而内之沟中，（《孟子·万章上》）非徒存虚愿也；当时之时势，诚可使匹夫匹妇，无不被其泽也，何也？其群小，其事简，利害关系未甚错杂，为君相者诚可以顾及其人民，使之生得其养，死得其葬。苟有冤屈，无不获理也。至于后世，牧民者虽有无穷之心，而为事势所限，可若何。禹思天下有溺者，由己溺之也；稷思天下有饥者，犹己饥之也；（《孟子·离娄下》）亦当时之事势，可以振天下之饥溺者。张子见饿殍辄咨嗟，对案不食者累日。其心，禹稷之心也；欲买田一方，试井之，卒不可得，尚何以振天下之饥溺者哉？

子胥之复仇，处心积虑，则可谓深矣。艰难其身，则可谓甚矣。抑如白公者，以子西不为之复仇，而至于作难（《左氏》哀公十六年），虽曰亏君之义，亦不可谓之不烈。严仲子求匹夫以报国相；秦昭王以万乘之力，为范雎穷魏齐，平原君身见止而不肯出之，虞卿解相印而与之亡，侯嬴缓颊，信陵怀惭，魏齐犹以其初难见之也，怒而自刭。当时游侠之徒，意气之盛，可以想见。如姬父为人杀，资之三年（《史记·信陵君列传》。《索隐》："旧解资之三年谓服齐衰也。今案：资者，畜也。谓欲为父报仇之资畜于心已得三年也。"愚按旧解是也。三年言其久尔，亦不必三年而遂释也），终以信陵君为之报仇，冒死为窃兵符，其视庞娥，亦何多让焉？此借交报仇者之所以满于天下与！盖自侠累见杀，而刺万乘之君若刺褐夫，而诸侯有不足严者矣。然如白公、严仲子者，不恤一身之忿，险危大人，虽微二子者楚不国，不之恤也。

而如范雎、虞卿、平原、信陵、侯嬴、如姬之徒，其所行不同，而不免于亏君之义则同。事势之流相激使然，曷足怪乎？然而复仇之风，有不可长者矣。

复仇之风，初皆起于部落之相报，虽非天下为公之义，犹有亲亲之道存焉。至于范雎，一饭之德必偿，睚眦之怨必报（《史记》本传），则徒以一身之私矣。郑伯将以高渠弥为卿，昭公恶之，固谏，不听。昭公立，惧其杀己也，弑昭公而立公子亹。公子达曰："高伯其为戮乎，复恶已甚矣。"（《左氏》桓公十七年）则并以除害而弑君矣。此亦所谓事势之流相激使然者也。至此而复仇之风，益不可长矣。

以复仇之风之不可长也，而限制之法渐生。"父不受诛，子复仇可也；父受诛，子复仇，推刃之道也。"此以义之是非为正者也。"复仇不除害，朋友相卫而不相迿。"（《公羊》定公四年。《解诂》："迿，出表辞，犹先也。不当先相击刺，所以伸孝子之恩。"案亦所以限制为人复仇者，使不得逾其分也。《檀弓》之"不为魁"亦此义。）此限止其事，使不得过当者也。国君一体，故贤齐襄复九世之仇，而家则不得援以为例，犹必以上无天子、下无方伯为限，则几于尊国法而绝私报矣。《公羊》庄公四年。此《春秋》之义也。《周官》所著，盖当时所行之法，"调人掌司万民之难而谐和之"，其意本在防其相报，故"凡过而杀伤人者，以民成之（郑司农云："以民成之，谓立证佐成其罪也。一说：以乡里之民，共和解之。"案一说是也），鸟兽亦如之。凡和难者，皆使之辟。"弗辟，然后与之瑞节而以执之。凡杀人，有反杀者，邦国交仇之。凡杀人而义者，不同国，令弗仇，仇之则死。凡有斗怒者成之，不可成者则书之，先动者诛之。"（郑司农云："成之谓和之也。和之犹今二千石以令解仇怨，后复相报移徙之。"此调人遗法存于汉世者。）又朝士，“凡报仇雠者，书于士，杀之无罪。”皆以其时复仇为难之风方盛（《左氏》文公二年："狼瞫见黜，其友曰：吾与女为难。"古人不恤逞一朝之忿者，往往如此），不能绝，不得已而姑为之限，以去其太甚者也。

《论语·宪问》："或曰：以德报怨，何如？子曰：何以报德？以直报怨，以德报德。"或谓此或人为老氏之徒，此深求而反失之者也。此或人之言，不过指当时复仇之事耳。然则孔子亦不主不报怨也，此自当时事势使然。《颜渊》："樊迟问辨惑，子曰：一朝之忿，忘其身以及其亲，非惑与？"此即孟子所谓"好勇斗狠，以危父母"者（《万章》下）。孟子又曰："吾今而后知杀人亲之重也，杀人之父，人亦杀其父；杀人之兄，人亦杀其兄；然则非自杀之也，一间耳。"（《尽心》下）《集注》谓："言吾今而后知者，必有所为而感发也。"其实此亦当时风气如此，不必特指一事也。

《史记·范雎蔡泽列传》：郑安平进雎于王稽，诈言其人有仇，不敢昼见。可见复仇风气之盛，所谓不反兵者，非虚言也。聂政不肯受严仲子百镒之金，即《礼记》所谓"父母存，不许友以死"者。

《左氏》襄公二十二年："郑游贩将归晋，未出竟，遭逆妻者，夺之以馆于邑。其夫攻子明，杀之，以其妻行。子展废良而立大叔。求亡妻者，使复其所。使游氏勿怨，曰：无昭恶也。"此以政令禁止民相仇报者也。文公六年："贾季奔狄，宣子使臾骈送其帑。夷之搜，贾季戮臾骈，臾骈之人欲尽杀贾氏以报焉。臾骈曰：不可，吾闻敌惠敌怨，不在后嗣，忠之道也。夫子礼于贾季，我以其宠报私怨，无乃不可乎？介人之宠，非勇也；损怨益仇，非知也；以私害公，非忠也。释此三者，何以事夫子？尽具其帑，与其器用财贿，亲帅扦之，送致诸竟。"敌惠敌怨，不在后嗣，复仇不除害之义也。不肯介人之宠，朋友不相迥之义也。不肯损怨益仇，不以一朝之忿忘其身以及其亲也。不肯以私害公，不亏君之义也。臾骈几于能以德报怨矣。臾骈之人以贾季一人之失，而欲尽杀贾氏，何其甚也？孟子曰："仁者以其所爱及其所不爱，不仁者以其所不爱及其所爱。梁惠王以土地之故，糜烂其民而战之，大败，将复之，恐不能胜，故驱其所爱子弟以殉之，是之谓以其所不爱及其所爱也。"（《孟子·尽心》下）亦不过一念之推耳，是以君子贵惩忿窒欲也。

《周官》："凡杀人而义者。"郑《注》谓："父母兄弟师长尝辱焉而杀之者。"此臾骈之人，所以以骈见戮而欲尽杀贾氏也。夏侯惇年十四，就师学，人有辱其师者，惇杀之。汉魏间人犹时有此事。

《管子·大匡》："君谓国子，凡贵贱之义，入与父俱，出与师俱，上与君俱，凡三者，遇贼不死，不知贼，则无赦。"以此义推之，则复仇不徒非所禁，不复仇者且犯义当诛矣。《春秋》之义，君弑，贼不讨，不书葬，以为无臣子也。（《公羊》隐公十一年。子沈子曰："君弑，臣不讨贼，非臣也；不复仇，非子也。葬，生者之事也。《春秋》君弑，贼不讨，不书葬，以为不系乎臣子也。"案不系乎臣子者，犹言非其君父也，乃绝之于君父云尔。又隐公四年："卫人杀州吁于濮，其称人何？讨贼之辞也。"《解诂》云："明国中人人得讨之，所以广忠孝之路。"）《檀弓》："邾娄定公之时，有弑其父者。公曰：寡人尝学断斯狱矣：臣弑君，凡在官者杀无赦；子弑父，凡在宫者杀无赦。"盖古之为群也重统率。君也，父也，师也，皆一群统率之人，故其尊之也如此；犹后世军行失主将者，部曲重诛也。

　　《曲礼疏》："《异义》：《公羊》说：复百世之仇。古周礼说：复仇之义，不过五世。许慎谨按：鲁桓公为齐襄公所杀，其子庄公与齐桓公会，《春秋》不讥。又定公是鲁桓公九世孙，孔子相定公，与齐会夹谷，是不复百世之仇也。从周礼说。郑康成不驳，即与许慎同。凡君非理杀臣，《公羊》说：子可复仇；故子胥伐楚，《春秋》贤之。《左氏》说：君命天也，是不可复仇。郑较《异义》，称子思云：今之君子，退人若将队诸渊，无为戎首，不亦善乎？子胥父兄之诛，队渊不足喻，伐楚使吴首兵，合于子思之言也。是郑善子胥，同《公羊》之义也。"案郜之狩，《春秋》讳齐侯称"人"。《传》曰："前此者有事矣，后此者有事矣，则曷为独于此焉讥？于仇者将壹讥而已，故择其重者而讥焉，臭重乎其与仇狩也。于仇者则曷为将壹讥而已？仇者无时焉可与通；通则为大讥；不可胜讥，故将壹讥而已；其余从同。"（《公羊》庄公四年）安得谓庄公与齐桓公会，《春秋》不讥？引夹谷之会，以非复百世之仇也。僖公元年："九月，公败邾娄师于缨。"《解诂》："有夫人丧，不恶亲用兵者，时恶邾娄人以夫人与齐，于丧事无薄故也。"哀姜且然，况桓公乎？抑《春秋》诛意不诛事，故乾时之战，复仇者在下，则不与公（庄公九年）。桓公之书葬，《传》曰：贼未讨，何以书葬？仇在外也。仇在外则何以书葬？君子辞也。《解诂》曰：时齐强鲁弱，不可立得报，故君子量力；且假使书葬，于可复仇而不复乃责之，讳与齐狩是也（《公羊》桓公十八年。《谷梁》义同）。然则《春秋》虽贤复仇，亦未尝不量力，安得鲁与齐会，一一讥之乎？许慎疾今学如仇（康南海语。见《新学伪经考》），然其无识妄断率如此。至其从《左》义而非子胥，更不足辨也。

决斗复仇

事有可行于古，不可行于今者，风俗之异也。西方两男争一女，往往以决斗定之，胜者取女以去，败者甘服无辞焉；心即不乐，不敢为枉道以求报也。夫斗者求胜而已，所由之道何择焉？然而莫肯为者，风气未开，人自不出于其途也。今中国以两男而争一女者亦多矣，使以决斗定其胜负，胜者取女以去，岂可一日安乎？此无他，风气之异。然初守成法而不敢逾者，久而终必至惟胜之求。而所由之道，一切皆非所计而后已。此事势相激使然，虽有大力，莫之能遏者也。古之用兵，必守军礼，不斩祀，不杀厉，不重伤，不禽二毛。其后终至于禽狝草薙，系虏老弱，焚烧宫室，无所不为者以此。观于小，固可以知大也。

《春秋》之义，复仇不除害，此亦古代之风气，有以限止人，使不出于过当不直之途者也。然而其后亦有不能保守者矣，族诛之法，盖由是而起也。呜呼！复仇不除害之道，犹有存焉。而复仇之事，犹可行乎？君子观于此，而知风气之变迁之烈也。

断狱重情

古之听讼，所以异于后世者何与？曰：古者以其情，后世则徒以其事而已矣。人之所以能相与群居而不乱者，以其相亲爱；其不然者，则以其相怨怒。而人之所以相亲爱相怨怒者，非以其利不利也，而特以其心之欲相利抑欲相贼。亲戚朋友，敝吾之物，虽若丘陵，弗怒也；苟有意欲相贼者，则虽箪食豆羹，或至于挺剑而起矣。夫人，不能无群居者也。利于群居者谓之善，不利于群居者谓之恶，此无待再计也。有相利之心，则足以使人相亲爱；有相贼之心，足以使人相怨怒。而无其情而有其事者不然。则刑罚之所诛，乃意而非事，亦昭昭矣。此《春秋》听狱之所以重志也。《大学》："子曰：听讼吾犹人也，必也使无讼乎？此十四字亦见（《论语·颜渊》）。无情者不得尽其辞，大畏民志，此谓知本。"盖谓此也。

古之断狱，所以能重其情者，以其国小民寡而俗朴，上下之情易得而其诚意易相孚也。《左氏》庄公十年："齐师伐我，公将战，曹刿请见。问何以战？公曰：衣食所安，弗敢专也，必以分人。对曰：小惠未遍，民弗从也。公曰：牺牲玉帛，弗敢加也，必以信。对曰：小信未孚，神弗福也。公曰：小大之狱，虽不能察，必以情。对曰：忠之属也，可以一战。"所谓"必以情"者，《王制》曰："凡制五刑，必即天论，邮罚丽于事。凡听五刑之讼，必原父子之亲，立君臣之义以权。意论轻重之序，慎测浅深之量以别之。悉其聪明，致其忠爱以尽之。"盖其推原其犯罪之由，而究度其究为罪与非罪如是其悉也。《论语》曰："孟氏使阳肤为士师，问于曾子。曾子曰：上失其道，民散久矣。如得其情，则哀矜而勿喜。"（《子张》）《孟子》曰："邹与鲁閧，穆公问曰：吾有司死者三十三人，而民莫之死也。诛之，则不可胜诛；不诛，则疾视其长上之死而不救，如之何则可也？孟子对曰：凶年饥岁，君之民，老弱转乎沟壑，壮者散而之四方者，几千人矣；而君之仓廪实，府库充，有司莫以告，是上慢而残下也。曾子曰：戒之戒之！出乎尔者，反乎尔者也。夫民今而后得反之也。君无尤焉！"（《梁惠王》下）深推其犯罪之由，而洞烛乎其不得已之故，所谓得其情也。得其情，哀矜之心必有惕然不能自已者矣，刑罚安得不中？然此惟国小民寡而俗朴之世为能。若如后世，敦朴既漓，诈伪百出，犯罪者不必穷民，或多大猾，微论其情不易得；即能得之，而以朽索驭六马，懔懔乎防其奔逸之不暇，虽明知其穷而可矜，安能恤之？而于大猾，则有孰视而莫敢谁何者矣，而孰能治之！举世皆知法律之诛求，乃其事之表面，而非心之意也，在上者虽有哀矜之心，亦岂有详刑之效哉？

《周官·秋官》小司寇："以五声听狱讼，求民情，一曰辞听，二曰色听，三曰气听，四曰耳听，五曰目听。"此所求其罪状，无或有枉。司刺："掌三宥三赦之法。壹宥曰不识，再宥曰过失，三宥曰遗忘。壹赦曰幼弱，再赦曰老旄，三赦曰惷愚。"此皆确有其人，确有其事，既得其罪状之后，又深念其是否如是者也。《王制》曰"必察小大之比以成之"，则虑蔽狱之人，性质或有宽严，又或有一时之喜怒，故必择前此之成案，以相比较也。此皆悉其聪明，致其忠爱之道也。(《管子·霸形》："孤幼不刑。"《戒》篇："老弱勿刑，三宥而后弊。")夫一人之聪明，必不如万人之聪明也，是故"疑狱，泛与众共之，众疑，赦之"（《王制》）。《周官》三刺之法，一曰讯群臣，二曰讯群吏，三曰讯万民（小司寇）。又见司刺。《孟子》"左右皆曰可杀"，即所谓"讯群臣"；"诸大夫皆曰可杀"，即所谓"讯群吏"；"国人皆曰可杀"，即所谓"讯万民"（《梁惠王》下）。盖古之遗制也。《南史·扶桑传》曰："贵人有罪，国人大会。坐罪人于坑，对之宴饮分诀若死别焉。以灰绕之，其一重则一身屏退，二重则及子孙，三重则及七世。"扶桑盖秽貉之族浮海而东者。秽貉法俗，类中国者极多，予别有考。抑人群演进之程度相同，其法俗亦往往相类，正不必论其渊源之所自而已足相证明矣。

听狱者之诛事而不诛意，果何自始哉？曰：一由风俗日漓，民思侥幸，《王制》所以云"凡作刑罚，轻无赦"也。一由是非利害，日益错杂而难明，《王制》所以有"不以听"之"四诛"也。（《王制》曰："析言破律，乱名改作，执左道以乱政，杀；作淫声异服奇技奇器以疑众，杀；行伪而坚，言伪而辩，学非而博，顺非而泽以疑众，杀；假于鬼神时日卜筮以疑众，杀；此四诛者不以听。"《注》曰："为其为害大而辞不可明。"案犯法者有二：一不忍于社会之压力而悍然犯之，如《庄子·则阳》篇柏矩所哭之辜人是。此仅图苟免其身，乃寻常所谓犯罪。一不以社会之是非为然，而欲反之，则不逞之徒矣。《王制》此四诛，皆其流亚也。）一由众心不同，不可理喻，而不得不取一切之法，《王制》所谓"凡执禁以齐众，不赦过"也。盖风气稍变，德与礼之用穷，而不得不专恃法。夫法之与德礼，其初本一也，而后卒至于分歧者，则以民俗渐漓，表里不能如一也。人藏其心，不可测度，何以穷之？其不得不舍其意而诛其事，亦势也。故人不能皆合乎礼，而必有刑以驱之，而法之为用由是起。其初犹兼问其意也，卒至于尽舍其意而专诛其事，而法之体由是成。

《王制》又曰："有旨无简，不听。"《注》："简，诚也。有其意，无其诚者，不论以为罪。"此谓明知其有犯罪之意，能得其犯罪之情。而不能得其犯罪之实据者，盖不徒诛意而兼重事矣。因民情不易得，而不敢专据之以蔽罪也，亦法律变迁之渐也。

民情不易得，则蔽狱不免失实，而不得不力求其轻，故曰："附从轻，赦从重。"（《王制》）《左氏》：声子谓子木曰："善为国者，赏不僭而刑不滥。赏僭则惧及淫人，刑滥则惧及善人。若不幸而过，宁僭无滥。与其失善，宁其利淫，无善人则国从之。《诗》曰：人之云亡，邦国殄瘁。无善人之谓也。故《夏书》

曰：与其杀不辜，宁失不经。惧失善也。《商颂》有之，曰：不僭不滥，不敢怠皇，命于下国，封建厥福。此汤所以获天福也。"（襄公二十六年）"附从轻，赦从重"，原不失祥刑之意，不幸而有过，势亦不得不然，然去不僭不滥者则远矣，终不得不谓为过也，此风气之漓为之也。语曰："无赦之国，其刑必平。"予亦曰："无轻附之国，其俗必朴。"

秦汉法律之学

秦汉之世，法学亦有专门传授。李斯请欲学法令，以吏为师；后汉樊准上疏：请复召郡国书佐，使读律令；魏明帝时，卫觊奏："九章之律，自古所传，断定刑罪，其意微妙。百里长吏，皆宜知律。请置律博士，转相教授。"事遂施行；此官学也。郭躬父弘习小杜律，躬少传父业，讲授徒众常数百人，此私学也。路温舒求为狱小吏，因学律令；严延年父为丞相掾，延年少学法律丞相府；此学之于官者也。于定国少学法于父；王霸世好文法；郭躬少传父业，子贶亦明法律；弟子镇少修家业，镇子祯亦以能法律至廷尉；镇弟子禧少明习家业；陈宠曾祖父咸，成哀间以律令为尚书，宠明习家业，宠子忠亦明习法律；钟皓世善刑律；此传之于家者也。文翁选郡县小吏开敏有材者张叔等十余人，遣诣京师，受业博士，或学律令；元后父禁，少学法律于长安；则留学异地者也。黄霸少学律令；梁统性刚毅而好法律；不知其为师承，然其决非无所师承可知。张皓征拜廷尉，虽非法家，而留心刑狱，数与尚书辨正疑狱，多以详当见从；王涣少好侠，尚气力，数通剽轻少年，晚而改节，敦儒学，习《尚书》，读律令，略举大义；此又仕而后学，晚而好学者矣。当时国家于文吏，亦颇重用。史言"郭氏自弘后数世皆传法律，子孙至公者一人，廷尉七人，侯者三人，刺史、二千石、侍中、中郎将者二十余人，侍御史、正、监、平者甚众"（《后汉书·郭躬传》），几于官有世功，族有世业矣。又言"吴雄季高以明法律，断狱平，起自孤宦，致位司徒"（同上），此则以孤寒特擢者也。然其时儒学日见隆重，故法家之地盘，卒渐为儒家所夺。

以儒家篡法家之统者，莫如以《春秋》折狱。应劭删定律令为《汉仪》，其奏之之辞曰："故胶东相董仲舒老病致仕；朝廷每有政议，数遣廷尉张汤亲至陋巷，问其得失。于是作《春秋决狱》二百三十二事，动以经对，言之详矣。"此为儒家之羼入法学之大宗。《汉书·艺文志·春秋》家有"《公羊董仲舒治狱》十六篇"，当即是书。劭自言："撰具《律本章句》《尚书旧事》《廷尉板令》《决事比例》《司徒都目》《五曹诏书》及《春秋断狱》，凡二百五十篇。蠲去复重，为之节文。"则仲舒之议，业已与律、令及比并编。后来魏晋修律，羼入其中者，必不少矣。公孙弘"少时为薛狱吏，年四十余，乃学《春秋》杂说"，史称其"习文法吏事，而又缘饰以儒术"。吕步舒持斧钺治淮南狱，以《春秋》谊颛断于外，不请，既还奏事。上皆是之（《汉书·五行志》）。张汤决大狱，欲传古义，乃请博士弟子治《尚书》《春秋》补廷尉史，亭疑法（《史记·酷吏列传》）。《汉书·儿宽传》："宽以射策为掌故，功次，补廷尉文学卒史。时张汤为廷尉，廷尉府尽用文史法律之吏，而宽以儒生在其间，见谓不习事，不署曹，除为从史，之北地，视畜数年。还至府，上畜簿，会廷尉时有疑奏，已再见却矣，掾史莫知所为，宽为言其意。掾史因使宽为奏，奏成，读之，皆服，以白廷尉汤。汤大惊，召宽与语，乃奇其材，以为掾。上宽所作奏，即时得可。异日，汤见上。问曰：前奏非俗吏所及，谁为之者？汤言儿宽。上曰：吾固闻之久矣。汤由是乡学，以宽为奏谳掾，以古法义决疑狱，甚重之。"何敞"迁汝南太守。立春日，尝召督邮还府，分遣儒术大吏案行属县，显孝悌有义行者。及举冤狱，以《春秋》义断之"（《后汉书》本传）。"诸官司有所患疾，欲增重科防，以检御臣下，泽每曰：宜依礼、律。"（《三国·吴志·阚泽传》）皆儒术羼入法学之证。当时之为学者，亦多如此。路温舒又受《春秋》，通大义；于定国迎师学《春秋》，身执经北面备弟子礼；丙吉本起狱法小吏，后学《诗》《礼》，皆通大义；王霸父为郡决曹掾，霸亦少为狱吏，尝慷慨不乐吏职，其父奇之，遣西学长安；郭禧兼好儒学；陈宠虽传法律，而兼通经书；陈球少涉儒学，善律令；张翼高祖父浩兼治律、《春秋》；皆其事。梁统欲改正王嘉所改旧律，三公廷尉以为不宜，统请口对尚书，言"愿陛下采择贤臣孔光、师丹等议"；则儒生之议为法家所重，旧矣。《后汉书·儒林传》：何休"以《春秋》驳汉事六百余条，妙得《公羊》本意；服虔又以《左传》驳何休之所驳汉事六十条"。则当时儒家之内，又有分门，亦可谓盛矣。

汉文帝除宫刑

汉景帝元年诏曰："孝文皇帝临天下……除宫刑，出美人，重绝人之世也。"《史记》作肉刑，辞异意同。（上文已有去肉刑语，王先谦《汉书补注》："《史记》作除肉刑，与上复出，自是传写误改。且下云重绝人世，知非谓肉刑也。"案此恐后人以为言除肉刑不切而改之，古人于此等处，不甚计较。除宫刑与除肉刑既系一事，即上言肉，下言宫，亦不能谓其不犯复也。）晁错对策，亦美文帝"除去阴刑"，则文帝确有除宫刑之事。崔浩《汉律序》云"文帝除肉刑而宫不易"（《史记·孝文本纪索隐》引），误矣。其所以致误者，《汉书·孝文本纪》云："除肉刑法，语在《刑法志》。"而《刑法志》载张苍等议，但云"当黥者髡钳为城旦春，当劓者笞三百，当斩左止者笞五百，当斩右止、及杀人先自告、及吏坐受赇枉法、守县官财物而即盗之、已论命复有笞罪者，皆弃市"，而不及宫。孟康遂释文帝令中"今法有肉刑三"之语曰："黥、劓二，刖左右趾合一，凡三也。"其实令云"断支体"当指斩止，"刻肌肤"当指黥、劓，云"终身不息"则指宫也。《三国志·钟繇传》：繇上疏云："若今蔽狱之时，讯问三槐、九棘、群吏、万民，使如孝景之令，其当弃市，欲斩右趾者许之。其黥、劓、左趾、宫刑者，自如孝文，易以髡、笞。"则孝文亦以髡、笞易宫刑，而《汉志》不之及，其疏漏殊可异也。

宫刑既废而复用，盖所以代死刑。景帝中四年秋，"死罪欲腐者许之"，其始也。《后汉书·明帝纪》永平八年："诏三公募郡国中都官死罪系囚，减罪一等，勿笞，诣度辽将军营，屯朔方、五原之边县。其大逆无道殊死者，一切募下蚕室。"《章帝纪》元和元年："诏郡国中都官系囚减死一等，勿笞，诣边县；其犯殊死，一切募下蚕室；其女子宫。"章和元年："诏郡国中都官系囚减死罪一等，诣金城戍；犯殊死者，一切募下蚕室；其女子宫。"《和帝纪》永元八年："诏郡国中都官系囚减死一等，诣敦煌戍；其犯大逆，募下蚕室；其女子宫。"盖犯凡死罪者减一等，而全其肢体。大逆无道殊死者，不可与之同科，故又加以宫割耳。《明帝纪》永平十六年："诏令郡国中都官死罪系囚减死罪一等，勿笞，诣军营，屯朔方、敦煌；妻子自随，父母同产欲求从者，恣听之；女子嫁为人妻，勿与俱。谋反大逆无道，不用此书。"王朗驳钟繇之议："以为繇欲轻减大辟之条，以增益刖刑之数，此即起偃为竖，化尸为人矣。然臣之愚，犹有未合微异之意。夫五刑之属，著在科律，自有减死一等之法，不死即为减。施行已久，不待远假斧凿于彼肉刑，然后有罪次也。"而不知科律之或任减死，或又假于斧凿者，固自有其等差也。繇传言"太祖下令，使平议死刑可宫割者"，则仍系欲以之代死刑。

《汉书·外戚传》：孝宣许皇后父广汉，从武帝上甘泉，误取他郎鞍以被其马。发觉，吏劾从行而盗，当死。有诏募下蚕室。孟康曰："死罪囚欲就宫者听之。"则以宫恕死，由来已久。《传》又云：孝武钩弋赵捷予，"其父坐法宫刑为中黄门"；太史公亦下腐刑。此等皆非大逆无道殊死之属；盖初行时，但以宥凡死者，至后汉时乃分等差也。

卖首级

俗有所谓宰白鸭者，谓贫困之人，得富人若干钱，则自卖生命，代承死罪是也。《后汉书·刘瑜传》：瑜上书陈事，言民愁郁结，起入贼党，官辄兴兵，诛讨其罪。贫困之民，或有卖其首级，以要酬赏。则汉世已有之矣。亦可哀矣。

父母杀子同凡论

　　章太炎作《五朝法律索隐》，深美魏、晋、宋、齐、梁之法恢卓乐易，其所举者有四端：一曰重生命，二曰恤无告，三曰平吏民，四曰抑富人。重生命之法有二，其一曰父母杀子同凡论。说曰："《南史·徐羡之传》：义熙十四年，军人朱兴妻周生子道扶，年三岁，先得痫病。周因其病发，掘地生埋之，为道扶姑双女所告，周弃市。羡之议曰：自然之爱，犲狼犹仁，周之凶忍，宜加显戮。臣以为法律之外，尚弘通理。母之即刑，由子明法，为子之道，焉有自容之地？愚谓可特申之遐裔。从之。据此，是晋律父母杀子，并附死刑。上观汉法，《白虎通德论》亦同斯说。羡之不学，特议宥恕。夫子既生埋，长冥不视，而云焉有自容之地，宁当与朽骨论孝慈邪？藉如其议，翁奸子妇者，律亦殊死，复甚为其子求自容之地乎？然羡之议虽暂行一时，不著为令。近世父母杀子者，皆从轻比，南朝固无此律。后魏法：诸祖父父母忿怒以兵刃杀子孙者五岁刑，殴杀及爱憎而故杀者减一等。是知鲜卑乱制，至今为梗，甚乎始造桐人以葬者！"

　　案《宋书·宗室传》：临川王义庆为丹阳尹。民黄初妻赵杀子妇遇赦，应徙送避孙仇，义庆议以为"亲戚为戮，骨肉相残，故道乖常，宪纪无定。当求之法外，裁以人情，且礼有过失之宥，律无仇祖之文。况赵之纵暴，本由于酒，论心即实，事尽荒耄。岂得以荒耄之王母，等行路之深仇？臣谓此孙，忍愧衔悲，不违子义，共天同域，无亏孝道"。（兼采《南史》之文。）如所言，是母为王母所杀者，当时律家，固谓孙得割刃于王母也。王母者一家之私尊，禁杀者阖群之公义；阖群之公义，固不以一家之私尊废矣。既曰宪纪无定，当求之法外，而又曰律无仇祖之文，然则律有许杀子之文乎？

又案《宋书·孔季恭传》：季恭弟子渊之，"大明中为尚书比部郎。时安陆应城县民张江陵，与妻吴共骂母黄令死，黄忿恨自经死，值赦。律文：子贼杀伤殴父母，枭首；骂詈，弃市；谋杀夫之父母，亦弃市。值赦，免刑补冶。江陵骂母，母以之自裁，重于伤殴。若同杀科，则疑重，角殴伤及骂科，则疑轻。制惟有打母遇赦犹枭首，无骂母致死值赦之科。渊之议曰：夫题里逆心，而仁者不入，名且恶之，况于人事？故殴伤呪诅，法所不原，詈之致尽，则理无可宥。江陵虽值赦恩，故合枭首。妇本以义，爱非天属，黄之所恨，情不在吴，原死补冶，有允正法。诏如渊之议，吴免弃市。"是则妇之于姑，其恩本杀于子之于母，即谓父母杀子可从轻者，杀子妇亦不得援以为例也。斯义明，恶姑之杀妇者，庶可知所戒矣。

又案《宋书·何承天传》："有尹嘉者，家贫，母熊，自以身贴钱，为嘉偿责。坐不孝当死。承天议曰：被府宣令，普议尹嘉大辟事，称法吏葛滕签：母告子不孝，欲杀者许之；法云谓违犯教令，敬恭有亏，父母欲杀，皆许之。嘉虽亏犯教义，而熊无请杀之辞。熊求所以生之而今杀之，非随所求之谓。滕签法文，为非其条。"案父母欲杀则许，非谓顺其爱憎，必其本有可杀之罪者。然此究非重人命之道。《汉书·田儋传》："儋阳为缚其奴，从少年之廷，欲谒杀奴。"《注》引服虔曰："古杀奴婢皆当告官。"盖始也专杀自由，后则当告之官而得其许可耳。古者臣、子一例，是以父母亦得告之官而杀其子也。既告之官，必不致不论有罪无罪而皆许之矣。然此究非重人命之道也。

弑父弑君，固为大恶，然诛亦当止其身。《魏书·邢峦传》：

"雁门人有害母者，八坐奏辗之而潴其室，宥其二子。（虬峦叔祖祐之从子。）驳奏云：君亲无将，将而必诛。今谋逆者戮及期亲，害亲者今不及子。既逆甚枭镜，禽兽之不若，而使褵祀不绝，遗育永传，非所以劝忠孝之道，存三纲之义。若圣教含容，不加孥戮，使父子罪不相及，恶止于其身，不则宜投之四裔，敕所在不听妃匹。《盘庚》言无令易种于新邑，汉法五月食枭羹，皆欲绝其类也。奏入，世宗从之。"此则淫刑也已矣。

梁武帝宽刑法

《隋书·刑法志》云："（梁）武帝敦睦九族，优借朝士，有犯罪者，讽群下屈法申之。百姓有罪，皆案之以法，其缘坐则老幼不免，一人亡逃，则举家质作。人既穷急，奸宄益深。后帝亲谒南郊，秣陵老人遮帝曰：陛下为法，急于黎庶，缓于权贵，非长久之术；诚能反是，天下幸甚。帝于是思有以宽之。旧狱法：夫有罪，逮妻子，子有罪，逮父母。十一年（天监）。正月壬辰，乃下诏曰：自今捕谪之家，及罪应质作，若年有老小者，可停将送。十四年，又除黥面之刑。"此其所更者法而已，徒法不能以自行。《志》又云："帝锐意儒雅，疏简刑法，自公卿大臣，咸不以鞫狱留意。奸吏招权，巧文弄法，货贿成市，多致枉滥，大率二岁刑已上，岁至五千人。"又云："是时王侯子弟皆长，而骄蹇不法。武帝年老，厌于万机，又专精佛戒，每断重罪，则终日弗怿。尝游南苑，临川王宏伏人于桥下，将欲为逆。事觉，有司请诛之。帝但泣而让曰：我人才十倍于尔，处此恒怀战惧，尔何为者？我岂不能行周公之事，念汝愚故也。免所居官，顷之，还复本职。由是王侯骄横转甚，或白日杀人于都街。劫贼亡命，咸于王家自匿，薄暮尘起，则剥掠行路，谓之打稽。武帝深知其弊，而难于诛讨。"然则帝之所谓宽之者，竟何益也？与其思宽于黎庶，不如加严于权贵矣。

追戮已出之女

《晋书·刑法志》曰："景帝（司马师）辅政，是时魏法，犯大逆者诛及已出之女。毋丘俭之诛，其子甸妻荀氏应坐死，其族兄顗与景帝姻通，表魏帝以匄其命。诏听离婚。荀氏所生女芝，为颍川太守刘子元妻，亦坐死，以怀妊系狱。荀氏辞诣司隶校尉何曾乞恩，求没为官婢，以赎芝命。（案此事亦见《三国志·何夔传注》。《注》引干宝《晋纪》云："辞诣廷尉，乞为官婢，以赎女命。"）曾哀之，使主簿程咸上议曰：夫司寇作典，建三等之制；甫侯修刑，通轻重之法。叔世多变，秦立重辟，汉又修之。大魏承秦汉之弊，未及革制，所以追戮已出之女，诚欲珍丑类之族也。"据议，其法沿自秦汉，而《志》又言魏法者，盖秦汉有此法而未必行，及是时乃行之耳。魏文帝诛丁仪、丁廙并其男口，（《三国志·陈思王传》）则虽非已出之女，亦有不并戮者。

《三国志·郭淮传注》引《世语》曰："淮妻，王凌之妹。凌诛，妹当从坐，御史往收。督将及羌、胡渠帅数千人叩头请淮表留妻，淮不从。妻上道，莫不流涕，人人扼腕，欲劫留之。淮五子叩头流血请淮，淮不忍视，乃命左右追妻。于是追者数千骑，数日而还。淮以书白司马宣王曰：五子哀母，不惜其身；若无其母，是无五子；无五子，亦无淮也。今辄追还，若于法未通，当受罪于主者，觊展在近。书至，宣王亦宥之。"案此书乃迫胁之辞。上文叙事之语，亦淮之托辞，非必其实也。此事之去激变亦仅矣。夫族诛之酷，不过虑报复耳；安知不有因此而引起自危之念，益坚其报复之心，而终不得戢者邪？

教　育

汉兴三雍太学

《汉书·礼乐志》云："成帝时，犍为郡于水滨得古磬十六枚。刘向因是说上：宜兴辟雍，设庠序，陈礼乐，隆雅颂之声，盛揖逊之容，以风化天下。成帝以向言下公卿议。会向病卒。丞相、大司空奏请立辟雍。（《何武传》："成帝欲修辟雍，通三公官，即改御史大夫为大司空，武更为大司空。"）案行长安城南。营表未作，遭成帝崩，群臣引以定谥。及王莽为宰衡，欲耀众庶，遂兴辟雍，因以篡位。"《平帝纪》：元始四年，"安汉公奏立明堂、辟雍。"《萧望之传》：望之子由，"为陈留太守。元始中，作明堂、辟雍，大朝诸侯，征为大鸿胪。会病，不及宾赞，还归故官"。《王莽传》："莽奏起明堂、辟雍、灵台，为学者筑舍万区。"说皆相合。《文献通考·学校考》谓"据《礼乐志》，辟雍王莽时方立。然武帝封泰山，还登明堂，儿宽上寿曰：间者圣统废绝，陛下发愤，祖立明堂、辟雍。河间献王来朝，献雅乐，对三雍宫。《注》曰：三雍，明堂、辟雍、灵台也。则似已立于武帝时。何也？盖古者明堂、辟雍，共为一所。武帝时封泰山，济南人公玉带上黄帝时明堂图，上令奉高作明堂汶上，如带图，修封时以祠太一、五帝。盖儿宽时为御史大夫，从祠东封，遂登明堂上寿，所言如此，则所指者疑此明堂。意河间献王所对之地，亦是其处。"案《献王传》云"对三雍宫及诏策所问三十余事"；而《艺文志》有"河间献王《对上下三雍宫》三篇"；则《通鉴》胡《注》谓为"对三雍宫之制度，非召对于三雍宫"者，其说自是。武帝"登封泰山，降坐明堂"，见于《本纪》。《郊祀志》亦云："天子从禅还，坐明堂，群臣更上寿。"

然《纪》至元封二年秋，乃书"作明堂于泰山下"。五年，冬，南巡守。三月，"还至泰山，增封。祠高祖于明堂，以配上帝。"《郊祀志》云："四月，至奉高，修封焉。初，天子封泰山，泰山东北址古时有明堂处，处险不敞。上欲治明堂奉高旁，未晓其制度。济南人公玉带上黄帝时明堂图。明堂中有一殿，四面无壁，以茅盖，通水，水环宫垣，为复道。上有楼，从西南入，名曰昆仑。天子从之入，以拜祀上帝焉。于是上令奉高作明堂汶上，如带图。及是岁修封，则祠泰一、五帝于明堂上坐，合高皇帝祠坐对之。祠后土于下房，以二十太牢。天子从昆仑道入，始拜明堂，如郊礼。毕，奈堂下。"观此，知臣瓒谓元封元年所坐，即泰山东北址古明堂处，明年秋乃作明堂，其说良是。是时明堂犹未作，而云"祖立明堂、辟雍"者，谓其意欲建立耳，不可泥也。明堂、辟雍是一，汉世更无明文。武帝营立辟雍，亦别无记载。其作明堂，则明白无疑。《地理志》：琅邪郡不其，"有泰一、仙人祠九所及明堂，武帝所起。"则武帝所作明堂，尚不止奉高一处。然言礼乐者皆不之及，盖以其用方士言所为，非如儒者所谓陈礼乐以风化天下者也。马氏又云："徐天麟《西汉会要》言：《三辅黄图》，汉辟雍在长安西北七里。恐即王莽所立。又言大学亦在长安西北七里，有市、有狱，岂即辟雍邪？或别一所邪？"案元始之前，既无辟雍，《黄图》所言，自即王莽所立。《莽传》为学者筑舍，明与起辟雍分言，二者自不得是一。盖其营建适在一地耳。马氏又云："鲍宣下狱，博士弟子王咸举幡大学下，曰：欲救鲍司隶者集此下。诸生会者千余人。此亦西都已立大学之证，当考。"案公孙弘请置博士弟子曰："古者政教未洽，不备其礼，请因旧官而兴焉。"（见《史记·儒林传》）则当时确未有学舍。其后员数日广，势非博士旧官所能容，必有其受学之所，即其所而称为大学，于理极顺。至于专为学者筑舍，则元始之前，必无其事，果其有之，言者必不得不及也。然则西汉三雍及大学之营建，皆在其大命将讫之年，实新朝之初政矣。若后汉则营建甚早。《后书·光武纪》：建武四年，"初起大学"。《儒林传》在五年，盖四年起，五年成也。又《纪》：中元元年，"初起明堂、灵台、辟雍"。《传》云"初建三雍。"《传》又云："明帝即位，亲行其礼。坐明堂而朝群后。登灵台以望云物。祖割辟雍之上，尊养三老、五更。飨射礼毕，帝正坐自讲，诸儒执经问难于前。冠带缙绅之人，圜桥门而观听者，盖亿万计。"（事在永平二年，见《本纪》及《续书·礼仪志》）《翟酺传》：酺于顺帝时上书，言"明帝时辟雍始成，欲毁大学，大尉赵熹以为大学、辟雍，皆宜兼存，故并传至今"。足见当时，于风化天下之具，务求其备。然刘向之说成帝，实兼以庠序为言；安汉公之兴学，亦兼及郡国乡党；（《平帝纪》：元始三年，安汉公奏立学官。郡、国曰学，县、道、邑、侯国曰校，校、学置五经师一人。乡曰庠，聚曰序，序、庠置《孝经》师一人。事未必能尽行，然立法之意，则固无所偏废也。）而光武、明、章，于此曾未留意，则自汉人观之，终不免于逐末而忘本也（读《汉书·礼乐志》可见）。三雍、大学，于古盖皆是一，后乃逐渐分离。然至其时，则古意已埋，亦未必遍设矣。（《孟子·梁惠王》下："齐宣王问曰：人皆谓我毁明堂。毁诸？已乎？"于旧有者尚欲毁之，遑论新建？）至汉世，乃毕分而毕建。盖物力丰而粉饰升平之事随之而盛也。然亦终于为粉饰升平之事而已矣。

王莽奏立明堂、辟雍，使刘歆等四人治之，事在元始五年，见《纪》，亦见《歆传》。四人者，歆与平晏、孔永、孙迁也，见《外戚恩泽侯表》。其成也，群臣奏颂莽功德，曰："明堂、辟雍，堕废千载莫能兴。"见《莽传》。足见汉人于武帝所为，莫或齿数也。

私家教授之盛不始东汉

　　赵瓯北《陔余丛考》卷十六言："汉时受学者，皆赴京师。盖遭秦灭学，天下既无书籍，又少师儒；郡国虽已立学，然经义之专门名家，惟太学为盛；故士无有不游太学者。及东汉中叶以后，学成而归者，各教授门徒，每一宿儒，门下著录者至千百人，由是学遍天下矣。"此说颇为失考。疏广家居教授，学者自远方至。赣遂教授数百人（见《朱博传》）。翟方进西至京师受经，积十余年，经学明习，徒众日广。其子宣，居长安教授，诸生满堂。皆前汉时事。许商门人林吉，王莽时为九卿，自表上师冢，大夫、博士、郎、吏为许氏学者，各从门人会，车数百两（《儒林传》）。声气之广，无异东京。吴章，弟子千余人，莽以为恶人党，皆当禁锢（《云敞传》）。刘昆，弟子五百余人。每春秋飨射，常备列典仪，县宰辄率吏属而观之；莽以昆多聚徒众，私行大礼，有僭上心，乃系昆及家属于外黄狱（《后汉书·儒林传》）。则又后汉党锢之先声矣。《后汉书·王良传》：王莽时称病不出，教授诸生千余人。《儒林传》：洼丹，王莽时避世教授，徒众数百人。又周泽，隐居教授，门徒常数百人；甄宇，讲授尝数百人；核其时，亦当在莽世。此仅举易见者数事，若细核之，《后书》所载私家教授门徒之多，在西汉末若新世者，必尚不止此数也；而东汉中叶以前，更无论矣。《汉书·儒林传赞》

云："自武帝立五经博士，开弟子员，设科射策，劝以官禄，讫于元始，百有余年，传业者寖盛，大师众至千余人。"此固先汉时事。《史记·儒林传》云："秦时焚书，伏生壁藏之。其后兵大起，流亡。汉定，伏生求其书，亡数十篇，独得二十九篇，即以教于齐、鲁之间。"云伏生壁藏其书，后独求得二十九篇，说不足信，云其教于齐、鲁之间则真。《传》又云："言《诗》，于鲁则申培公，于齐则辕固生，于燕则韩太傅。言《尚书》，自济南伏生。言《礼》，自鲁高堂生。言《易》，自菑川田生。言《春秋》，于齐、鲁自胡毋生，于赵自董仲舒。"此尤汉初事，为博士之学所从出，皆私学也。安得谓遭秦灭学，天下既无书籍，又少师儒乎？胡毋生为景帝博士，年老，归教于齐，齐之言《春秋》者宗之。虽为博士，教授固私家之业。董仲舒，孝景时为博士，弟子传以久次相受业，其时未为博士置弟子，仲舒之教授，亦私家之业也。安得云士无不游太学乎？陈平家贫，兄伯，常耕田，纵平使游学。楚元王与鲁穆生、白生，申公俱受诗于浮丘伯，及秦焚书，乃各别去。叔孙通之降汉，从弟子百余人。然则孔子弟子三千，孟子后车数十乘、从者数百人之风，盖自东周至秦，未之有改。秦之焚书，汉之兴学，实皆受民间风气之鼓动而不自知耳。（惟好学之风盛，故觉其足忌，乃欲焚《诗》《书》，禁私学。）

讲学者不亲授

汉世大师，所教授之弟子甚多。《后汉书·儒林传》言："精庐暂建，赢粮动有千百；其著名高义，开门授徒者，编牒不下万人。"皆据事实而言，非臆说也。(《后汉书》所载诸儒受业者之多，不可遍举。大抵千人为及门者之数，万人则编牒者之数。如年长，自为博士及在河内，诸生讲学常有千余人，著录前后万人；蔡玄，门徒常千人，其著录者万六千人是也。《党锢传》：景毅子顾，为李膺门徒，而未有录牒，故不及于谴，毅乃慨然曰：本谓膺贤，遣子师之，岂可以漏夺名籍苟安而已？遂自表免归。此即《儒林传》所谓编牒，其人不必亲至门下也。)职是故，其指授必不能遍及。《史记·儒林传》：董仲舒"下帷讲诵，弟子传以久次相受业，或莫见其面盖三年"。(下文云"董仲舒不观于舍园"，此八字盖当时成语。《史记》照录之，不加删改，其时之人行文之例然也。《汉书》删改作"不窥园"三字，盖钞胥所为。世遂以"盖三年"三字下属，而董仲舒三年不窥园，成为众所熟知之故实矣。)《汉书·孔光传》言：光"自为尚书，止不教授。后为卿时，会门下大生，讲问疑难，举大义"。《翟方进传》言：方进候伺胡常大都授时，遣门下诸生至常所问大义疑难。《后汉书·马融传》言："融弟子以次相传，鲜有入其室者。"《郑玄传》云："融门徒四百余人，升堂进者五十余生。融素骄贵。玄在门下三年不得见。乃使高业弟子传授于玄。间或大会诸生，不过讲正大义。"皆是物也。此风至后世亦未尝改。《晋书·隐逸传》：杨轲，"养徒数百。虽受业门徒，非入室弟子，莫得亲言。所欲论授，须旁无杂人，授入室弟子，令递相宣授"，即其一事。盖势有不给也。职是故，隶学籍者虽多，居门下者并不甚众。《后汉书·儒林·程曾传》，言会稽顾奉等数百人常居门下，则为罕有之事矣。虽官学亦如此。博士弟子初置，员五十人(此太常所选。郡、国、县、道、邑之民得诣太常受业如弟子者在外)。《汉书·儒林传》云："昭帝时，举贤良文学，增博士弟子员满百人。

宣帝末，增倍之。元帝好儒，能通一经者皆复。数年，以用度不
足，更为设员千人。（《元帝纪》：初元五年，博士弟子毋置员，
以广学者。永光三年，冬，复盐铁官、博士弟子员。以用度不足，
民多复除，无以给中外徭役。）郡国置五经百石卒史。成帝末，
或言孔子布衣，养徒三千人，今天子太学弟子少。于是增弟子员
三千人。岁余，复如故。平帝时，王莽秉政，增元士之子得受业
如弟子，勿以为员。岁课甲科四十人为郎中，乙科二十人为太
子舍人，丙科四十人补文学掌故云。"（《史记·儒林传索隐》引
如淳云："《汉仪》：弟子射策，甲科百人补郎中，乙科二百人补太
子舍人，皆秩比二百石；次郡国文学，秩百石。"与《汉书》之说
异。）博士弟子员数可考者如此：其中自以成帝时为最多，亦不
过三千人。《后汉书·翟酺传》：酺于顺帝时上言："孝文皇帝始
置一经博士，武帝大合天下之书，而孝宣论六经于石渠，学者滋
盛，弟子万数。"盖非专指一时，然其数之多，则三倍于成帝盛
时而不止矣。《后汉书·儒林传》云："光武中兴，爱好经术。
未及下车，而先访儒雅，采求阙文，补缀漏逸。先是四方学士，
多怀挟图书，遁逃林薮，自是莫不抱负坟策，云会京师。于是立
五经博士，各以家法教授。"似其时之生徒，必不能少。而范升
于建武四年沮立《费》《左》，乃言"虽设学官而无弟子"，此犹
可云博士初立故尔，而翟酺亦言大学颓废，至为园采刍牧之处。
然则太学之虚实，全与弟子员数之多少无涉。盖员数只是员数，
隶籍者可以不来，而观翟方进遣门下诸生诣胡常，则知素无学籍
者，亦未始不可临时来集也。要之与传习之关系，实甚浅也。

　　然则此等大师，从之何益？居其门下者，得毋皆仰慕虚名，
甚或借资声气乎？此在后来，诚为习见之事，然师道初立时，必
不容如此。盖由为学之道，先后不同也。《汉书·艺文志》曰：

"古之学者耕且养，三年而通一艺，存其大体，玩经文而已。是故用日少而畜德多，三十而五经立也。后世经传既已乖离，博学者又不思多闻阙疑之义，而务碎义逃难。说五字之文，至于二三万言。后进弥以驰逐。故幼童而守一艺，白首而后能言。安其所习，毁所不见，终以自蔽。此学者之大患也。"朱买臣常艾薪樵，卖以给食，担束薪，行且诵书；匡衡时行赁作，带经而鉏，休息辄读诵；皆所谓耕且养者：存其大体之学，固如是而可为，其从师，亦诚于都授时往问大义疑难而足矣。碎义逃难之学，则其势不能如此。《三国·吴志·程秉传注》引《吴录》，言征崇"好尚者从学，所教不过数人辄止，欲令其业必有成也"，盖势不得不如是也。至此而犹守马融之骄贵，则师之者除借资声气而外，别无他益，不过为其虚名所眩而已。

大会都讲，可以要名誉，可以广声气，于学则无益也。然而可以要名誉，可以广声气，故讲学者恒喜为之。魏、晋以后，所讲者自儒而兼及于玄、佛，此风未之有改；宋、明之世，理学聿兴，所讲者又与二氏立异，此风亦未之有改也。会集者多，则人心易奋。故有如陆子讲"君子喻于义"一章，使听者感激泣下者。然此非陆子不能。不能而犹为之，则亦以要名誉、广声气而已。唐甄尝讥之曰："升五尺之座，坐虎豹之皮，环而听之者百千人。在堂下者望而不见；负壁者、及阶者见而不闻；在寻丈之间者，闻而不知；在左右、前后者，知而不得。是之谓观讲。众观而已，何益之有？"（《潜书·讲学》）

《南齐书·高逸传》：沈驎士，隐居余不吴差山，讲经教授，从学者数十百人，各营屋宇，依止其侧。此亦所谓常居门下者也。其数，大概不过如是耳。

汉世向学者多孤寒之士

汉世向学者，颇多孤寒之士。公孙弘初牧豕海上。儿宽诣博士受业，贫无资用，常为弟子都养，及时时间行庸赁，以给衣食。匡衡世农夫，至衡好学，庸作以共资用。承宫，少孤，年八岁，为人牧豕；乡里有徐子盛者，以《春秋经》授诸生数百人，宫过息庐下，乐其业，因就听经，遂请留门下，为诸生拾薪。桓荣，少学长安，习《欧阳尚书》，事博士九江朱普；贫窭无资，常客佣以自给。公沙穆游太学，无资粮，乃变服客佣，为吴佑赁春。庾乘，少给县庭为门士，郭林宗见而拔之，劝游学宫，遂为诸生佣（《后汉书·党锢传》）。卫飒，家贫，好学问，随师无粮，常佣以自给。此等皆古所谓耕且养，亦今所谓工读者。翟方进西至京师受经，后母怜其幼，随之长安，织屦以给。王章学长安，独与妻居，章疾病，卧牛衣中。则又有家属相随作苦者。（王吉少时学问，居长安。东家有大枣树，垂吉庭中。吉妇取枣以啖吉。吉后知之，乃去妇。东家闻而欲伐其树，邻里共止之。因固请吉，令还妇。则汉时游学者，多有家室相随。）光武之长安受《尚书》，资用乏，与同舍生合钱买驴，令从者僦以给诸公费（《本纪》《注》引《东观记》），已非贫生所敢望矣。苦学者不必皆有所成，然究易于成就。自后汉崇儒重道，明帝既为功臣子孙、四姓末属别立校舍；质帝时，梁太后又诏大将军下至六百石，皆遣子入学；于是贵游子弟，羼入学校之中，势不得不"章句渐疏多以浮华相尚"矣。《后汉书·儒林传》。故凡事之衰机，即伏于其极盛之时也。

游 学

　　《后汉书·儒林传论》曰："自光武中年以后，干戈稍戢，专事经学，自是其风世笃焉。其服儒衣，称先王，游庠序，聚横塾者，盖布之于邦域矣。"（此风实尚不待后汉。《汉书·儒林传》言："自武帝立五经博士，开弟子员，设科射策，劝以官禄，讫于元始，百有余年，传业者寖盛，大师众至千余人。"）必不能皆在一地也。如是，向学者似不待远求，然又言"经生所处，不远千里之路"，何也？读《三国志·邴原传注》所引《原别传》而知其故矣。

　　《原别传》曰："原十　而丧父。家贫。邻有书舍，原过其旁而泣。师问曰：童子何悲？原曰：孤者易伤，贫者易感。夫书者必皆具有父兄者，一则羡其不孤，二者羡其得学，心中恻然而为涕零也。师亦哀原之言而为之泣，曰：欲书可耳。答曰：无钱资。师曰：童子苟有志，我徒相教，不求资也。于是遂就书。一冬之间，诵《孝经》《论语》。及长，欲远游学，诣安丘孙崧。崧辞焉。曰：君乡里郑君，君知之乎？原答曰：然。崧曰：郑君学览古今，博文强识，钩深致远，诚学者之师模也。君乃舍之，蹑屣千里，所谓以郑为东家丘者也。君似不知，而曰然者何？原曰：先生之说，诚可谓苦药良针矣，然犹未达仆之微趣也。人各有志，所规不同。故乃有登山而采玉者，有入海而采珠者。岂可谓登山者不知海之深，入海者不知山之高哉？君谓仆以郑为东家丘，君以仆为西家愚夫邪？崧辞谢焉。又曰：兖、豫之士，吾多所识，未有若君者。当以书相分。原重其意，难辞之，持书而别。原心以为求师启学，志高者通，非若交游待分而成也，书何为哉？乃藏书于家而行。原旧能饮酒，自行之后，八九年间，酒不向口，单步负笈，苦身持力。至陈留则师韩子助，颍川则宗陈仲弓，汝南则交范孟博，涿郡则亲卢子干。归，以书还孙嵩，解不致书之意。"古言知，犹今言相识。云"君似不知而曰然"，犹今言君实不识郑君，而冒充相识，其辞慢矣，而原答之甚逊。夫嵩之学，岂必愈于郑玄？原舍玄而求之，殆先见拒于玄？玄所以拒之者，交结之士，声气宜广，乡里中人，不足以相扶翼。抑方望谢隗嚣之书曰："以望异域之人，疵瑕未露，欲先崇郭隗，想望乐毅。"（《后汉书·隗嚣传》）乡里中人，庸或知我疵瑕，不相推奉，此亦远游之士之所以好远游也。孙嵩作书相分，而原不用者，知既相违，书必泛泛，投亦无益；不如搁置也。抑谁知原果藏之于家，抟携以行而未投乎？务交结之士，其言可尽信哉？羁旅八九年，酒不向口，其苦身持力，则可谓难矣。晋世之赵至，其事最可与原参观（见《晋书·文苑传》）。至而有成即原，原而不遂即至也，亦可哀矣。

交结亦非一术。《后汉书·文苑传》：高彪为诸生，游太学，有雅才而讷于言。尝从马融，欲访大义。融疾不获见。乃覆刺遗融书，讥其养疴傲士。融省书惭，追还之。彪逝而不顾。彪之见拒于融，犹邴原之不获于郑玄，且见拒于孙嵩也。原逊辞以答嵩，而彪盛气以陵融者，彪时在太学，声气已广，不惮融矣。融之追还之，盖亦以此。彪遂不顾者，知嫌隙已构，更下之亦无益也。《循吏传》：王涣署仇览为主簿，已而谢遣之，使入太学。同郡符融有高名，与览比宇，宾客盈室。览常自守，不与融言。融观其容止，心独奇之，乃谓曰：与先生同郡壤，邻房牖。今京师英雄四集，志士交结之秋。虽务经学，守之何固？览乃正色曰：天子修设太学，岂但使人游谈其中？高揖而去，不复与言。

后融以告郭林宗。林宗因与融赍刺就房谒之，遂请留宿。林宗嗟叹，下床为拜。览所以不与融亲者，亢厉亦交结之一术也。融终下之，且与林宗俱，其交结之术，可谓异曲而同工矣。览之见知于王涣，以其为蒲亭长，劝人生业，为制科令。陈元母告元不孝，览不罪元，亲到元家，与其母子饮，为陈人伦孝行。其事绝类黄霸，岂悃愊之士也？其亢厉，亦岂其本志乎？鲁丕居大学，"性深沈好学，孳孳不倦。遂杜绝交游，不答候问之礼"。此或真为己之学，然"士友以此少之"矣（丕，恭弟，见《后汉书·恭传》）。

《晋书·儒林·氾毓传》言：当时"隐逸之士，刘兆、徐苗等，皆务教授，惟毓不蓄门人，清静自守"。《隋书·隐逸·徐则传》："幼沉静，寡嗜欲。受业于周弘正，善三玄，精于议论，声擅都邑。则叹曰：名者，实之宾也，吾其为宾乎？遂杖策入缙云山。后学数百人，苦请教授，则谢而遣之。"观此二事，弥可知学者所以好游之故矣。

游学二字，昉见《史记·春申君列传》，曰"游学博闻"，盖谓其因游学所以能博闻也。学术初兴，散布未广，受业者不免拘墟，故虽极精深，而阙广大，言之似通，行之实窒，非有君人南面之学，无以用之。及杂家兴，"兼儒、墨，合名、法，知国体之有此，见王治之无不贯"，而此弊祛矣。故杂家之兴，实学术之一大变也，此惟游学可以致之，故游学实于学术大有裨益者也。然古之游学，所以求博闻，及汉世，学术既一于儒矣，离乡背井，所闻亦不过如此，而其好游反甚于古人。此则又使人惊叹于事势之迁流，有非拘于常理所能测度者矣。

汉世豪杰多能读书

　　《廿二史札记》有《东汉功臣多近儒》一条，历举光武功臣，多习儒术，与其《汉初布衣卿相之局》一条并观，可见世变之亟矣。然其所言，犹有未尽者。《后汉书·顺阳怀侯传》云：伯升尝与俱学长安，习《尚书》《春秋》。《阴识传》：伯升起兵时，识游学长安。闻之，委业而归，率子弟、宗族、宾客千余人往诣伯升。是伯升与其徒党，皆曾读书也。《朱晖传》：光武与晖父岑俱学长安，有旧故。及即位，求问岑，时已卒，乃召晖拜为郎（晖寻以病去，卒业太学）。则光武同学有旧故者，又不独一严光矣。诸将中盖以邓禹、贾复学业为最优，故最能偃武修文。然《李通传》言：光武征讨四方，常令通居守京师，镇抚百姓。修宫室，起学官。此又贤于萧何之徒能筹划兵饷。后汉营建太学之早，通其与有力乎？《邓禹传》言：禹有子十三人，各使守一艺。艺盖谓经艺。故和熹亦能通经；训不好文学，乃为禹所非也。《马武传》：帝与功臣诸侯燕语，从容言曰：诸卿不遭际会，自度爵禄何所至乎？邓禹先对曰：臣少尝学问，可郡文学博士。亦可见禹于经艺颇优。

　　《后书·儒林传赞》称美儒学之功，谓后汉所以衰敝而能多历年所者，皆学之效。乍观之，似不免阿私所好。然细思之，设使何进所召，非董卓而为张温、皇甫嵩，后汉之祸，何遽至此乎？诸葛亮鞠躬尽瘁，人人知其忠诚矣。即魏武帝，建安十五年十二月己亥令，何一语非出自肺腑？引蒙恬以自方，明虽死不敢负汉，意气感激之士，读之能无怆然流涕乎？梁太祖之功业，曷尝能过魏武帝，而汲汲谋篡如不及，人之度量相越，岂不远哉？

予尝谓：魏武帝之不肯篡汉，汉世儒学盛行之效也。近世湘淮诸将之不能覆清，自宋以来理学盛行之效也。其事之是非利害，难以一言定，要其因果，则如此耳。

抑汉世儒学，能戢枭雄之心，以澹干戈之祸者，尚不仅于魏武帝、诸葛武侯见之也。当时跅弛之士盖多矣！魏朗，尝白日操刃，为兄报仇县中。后亡命陈国，从博士郤仲信游。又诣太学受五经（《后汉书·党锢传》）。徐庶，少好任侠、击剑。为人报仇。后更折节学问（《三国志·诸葛亮传注》引《魏略》）。何颙、友人虞伟高，有父仇未报，而笃病将终。颙往候之，伟高泣而诉。颙感其义，为复仇，以头醢其墓。后为宦官所陷，亡匿汝南间。所至皆亲其豪杰。袁绍慕之，私与往来，结为奔走之友。是时党事起，天下多罹其难。颙尝私入洛阳，从绍计议。其穷困闭厄者，为求援救，以济其患。有被掩捕者，则广设权计，使得逃隐。后又与荀爽、王允等共谋董卓（《后书·党锢传》）。此等皆大侠者流也。使无名教以范围之，玄黄龙战之际，又恶知其所至乎？多一顾念名义之人，即少一裂冠毁冕之人；多一不忍杀人之人，即少一横行无忌之人。文教之维持世运，其功，诚有不可见而又不容尽没者耳。

国子太学

国子学与太学，初本是二，后乃合而为一。

古代平民，学于其所居之里之校，秀者升入其乡之庠序，自庠序升于司徒，入于大学。贵族则学于其家门侧之塾。师氏、保氏门闱之学，公宫南之左之小学，与家塾皆一物也，贵族出于此，亦入于大学。故平民登进，较之贵族，多一节级。然既入大学，即与王太子、王子、群后之太子、卿大夫、元士之嫡子等夷矣。（详见《古学制》条。）汉世博士弟子，太常择民年十八以上仪状端正者补；在郡、国、县、道、邑者，令、相、长、丞上二千石，二千石察可者，得与计偕；尤绝无限制。后汉虽有大将军至六百石遣子入学之令，亦未闻其较平民多占便宜，可谓荡荡平平矣。自国子学立，而此局乃一变。

《宋书·礼志》云："魏文帝黄初五年，立太学于洛阳。齐王正始中，刘馥上书曰：黄初以来，崇立太学，二十余年，而成者盖寡。由博士选轻，诸生避役，高门子弟，耻非其伦，故无学者。虽有其名而无其实，虽设其教而无其功。宜高选博士，取行为人表，经任人师者，掌教国子。依遵古法，使二千石以上子孙，年从十五，皆入太学。明制黜陟，陈荣辱之路。不从。晋武帝泰始八年，有司奏：

太学生七千余人，才任四品，听留。诏：已试经者留之，其余遣还郡国。大臣子弟堪受教者，令入学。（案此可见学生虽多，大臣子弟实少。）咸宁二年，起国子学。盖《周礼》国之贵游子弟所谓国子，受教于师氏者也。"此为国子学设立始末。盖欲迫令贵游子弟入学而不能，乃为之别立一学耳。观其拟诸师氏，则固以小学视之。《宋书·百官志》言晋初置国子学，隶属太学，其等级固分明也。至南朝而其制一变。南朝皆无太学。（陈宣帝太建三年、后主至德三年，皇太子皆释奠太学。然此等皆徒有其名而已。）《齐书·礼志》载曹思文之表曰："今之国学，即古之太学。晋初太学生三千人，（案较之上引《宋书·礼志》所述泰始八年之数，已裁减过半矣。）既多猥杂，惠帝时欲辨其泾

渭，故元康三年，始立国子学。官品第五以上，得入国学。（案
"立国子学"，《晋书·本纪》在咸宁二年。《宋书·礼志》作"起
国子学"。《晋书·职官志》云："咸宁四年，武帝初立国子学，定
置国子祭酒、博士各一人，助教十五人，以教生徒。"盖屋宇起于
二年，官制定于四年，生徒选补之法，实至元康三年而后定，故思
文又云立于是年也。）天子去太学入国学，以行礼也。太子去太
学入国学，以齿让也。太学之与国学，斯是晋世殊其士庶，异其
贵贱耳。"然则国学存而太学废矣。太学凡民可入，而国学限于
贵游，是则去荡平之途而求私龙断也。

原晋所以设国子学者，实缘欲求高门子弟之入学。其求高门
子弟入学，则以此辈专务交游也。《三国·魏志·董昭传》：昭
上疏陈末流之弊曰："当今年少，不复以学问为本，专更以交游
为业；国士不以孝弟清修为首，乃以趋势游利为先。合党连群，
互相褒叹，以毁訾为罚戮，用党誉为爵赏。附己者则叹之盈言，
不附者则为作瑕衅。"此本汉末太学中之弊风，特以遭逢丧乱，
学校丘墟，而此风未改，故初在学校中者，后又出于学校外耳。
《晋书·傅玄传》：玄于武帝初上疏，言"汉、魏百官子弟，不
修经艺而务交游，徒系名于太学，不闻先王之风"；又言"今圣
明之政资始，而汉、魏之失未改，散官众而学校未设"，盖以此
也。此事关键，首在其用人之能核实，次亦视其果能驱人入学与
否。用人果能核实，游谈将不禁自止。不能驱人入学，则国子学
亦与太学等耳。所谓高门子弟者，岂诚以羞与避役者伍而不入学
哉？抑因避役而入学，固情有可矜，然为政之道，当清简赋役，
不能搴避役者于学中，则当时猥杂之徒，虽一举而尽汰之可也。
而又不能，而乃为之别立一学，不诚无具矣哉？

然晋世所行之政，亦迄未收效也。以国学代太学，盖始于

宋，晋世尚未有此意，故东渡后，建武元年，即立太学。(《晋书·本纪》)此事由王导、戴邈。导之言曰："人知士之所贵，由乎道存，则退而修其身。修其身以及其家，正其家以及于乡，学于乡以登于朝。反本复始，各求诸己，则敦朴之业著，浮伪之道息。"欲"使朝之子弟，并入于学"。(《宋书·礼志》)邈亦言："贵游之子，未必有斩将搴旗之才，亦未有从军征戍之役。"宜"及盛年，讲求道艺"。(《宋书·礼志》)咸康三年，既立太学，复议国学。设立未几，又复遣散。(《晋书·成帝纪》：咸康三年，正月，立太学。《袁瑰传》：除国子祭酒，上疏曰："若得给其宅地备其学徒，粗有其官，则臣之愿也。"疏奏，成帝从之。国学之兴，自瑰始也。《宋书·礼志》，以疏为瑰与太常冯怀同上，事在咸康三年，云："疏奏，帝有感焉。由是议立国学，征集生徒。而世尚庄、老，莫肯用心儒训。穆帝永和八年，殷浩西征，以军兴罢遣。由此遂废。"自咸康三年至永和八年，凡十六年。)至孝武帝时，乃二学并立。(《晋书·孝武帝纪》：太元九年，四月，增置太学生百人。十年，二月，立国学。事由谢石之奏，见《晋书》本传及《宋书·礼志》。《宋书》载其疏辞，谓上于太元元年，盖当作九年，因字形近而误。疏有"皇威遐震，戎车方静"之语，盖指淝水之捷言之，事在太元八年也。)其事由于谢石。史称"烈宗纳其言，选公卿二千石子弟为生，增造庙屋一百五十五间，而品课无章，士君子耻与其列"。国子祭酒殷茂言之曰："自学建弥年，而功无可名。惮业避役，就存者无几。或假托亲疾，真伪难知。声实浑乱，莫此之甚。臣闻旧制，国子生皆冠族华胄，比列皇储，而中者混杂兰艾，遂令人情耻之。窃谓群臣内外，清官子侄，普应入学，制以程课。今者见生，或年在扞格，方圆殊趣，宜听其去就，各从所安。"又庾亮在武昌，开置学官，其教亦言："人情重交而轻财，好逸而恶劳。学业致苦，而禄答未厚，由捷径者多，故莫肯用心。"又言："若非束修之流，礼教所不及，而欲阶缘免役者，不得为生。"然则贵游不入，而避役者群集，在太学未闻有改，而国学又复如此；即地方设学，亦不能免也。此积习不易变，南朝盖患其猥杂，故径独立国学，然非政体也。

强高门子弟入学，太元十年，盖颇收效。然《宋书·五行志》云："太元十年，正月，立国子学。学生多顽嚚，因风放火，焚房百余间。"（《晋书·五行志》略同。）盖即高门子弟之所为也。历代学校，亦多有所谓风潮，然未有如此次之无意识者，别见《学校风潮》条。当时所谓高门子弟者，其质量可知矣。设学不以教孤寒之士，而斤斤欲教此等人，不亦雕朽木而圬粪土之墙乎？

《北齐书·儒林传》曰："齐制，诸郡并立学，置博士、助教授经。学生俱差逼充员。士流及豪富之家，皆不从调。备员既非所好，坟籍固不关怀，又多被州郡官人驱使，纵有游惰，亦不检治。"此则入学而不能避役，因之非差逼莫肯充员。又魏、晋以降之一变局矣。

为私家立学

予尝撰《私家教授之盛不始东汉》一条，读之，可知学术之兴盛，皆人民所自为，而政府所能为力者实浅矣；然犹不止此。夫东京十四博士，皆今学也。当时太学著籍之盛，旷古未闻，乃一朝灰炭，而今学之传授，即随之而绝，然则当时其学之传于后生者几何？无怪范蔚宗讥其"章句渐疏，多以浮华相尚"矣。

（《后汉书·儒林传序》）东京私学，亦多有名无实。郑玄在当时，最称大师，而其所传，陵乱无条理，且多矛盾，即可见之。然其传授，犹历久不绝。然则当时今学讲师，其学尚不逮郑玄、王肃也，况敢望韩婴、董仲舒、刘向、扬雄乎？晋立国子学而太学废。国学皆贵游子弟，自更不足语于学问，说见《国子太学》条。刘宋以后，国学又替，而就讲学之私家，加以扶助者转盛。则是学术之命脉，仍系于私家也。

《宋书·礼志》云：高祖受命，诏有司立学，（事在永初三年正月，见《纪》。）未就而崩。太祖元嘉二十年，复立国学。（《本纪》：太祖诏建国学，在元嘉十九年正月。是年十二月，诏言胄子始集，学业方兴。《何承天传》亦云：是年立国子学，以本官领国子博士。而《志》云二十年者，盖师生集于十九年末，始业实在二十年也。二十七年废。《纪》在三月，盖以军兴废。）《孝武帝纪》：大明五年，八月，诏来岁可修葺庠序，旌延胄子。《礼志》不言其事，疑其实未曾行。宋世国学之立，盖不及十年也。然其时周续之遁迹庐山，高祖践阼即召之，为开馆东郭外，招集生徒。元嘉十五年，文帝又征雷次宗至京师，为开馆于鸡笼山。时又使何尚之立玄学，何承天立史学，谢元立文学。凡四学并建。（见《隐逸·雷次宗传》。案此事《南史》入《本纪》，系元嘉十六年。《宋书·何尚之传》云：元嘉十三年，彭城王义康欲以司徒左长史刘斌为丹阳尹，上不许。乃以尚之为尹。立宅南郭外，置玄学，聚生徒，谓之南学。《南史》同。其立学不知究在何年也。）《明帝纪》：泰始六年，九月，立总明观。《南史》云：分为儒、道、文、史、阴阳五部学。言阴阳者遂无其人。此犹是率元嘉之旧。国学虽衰，其扶助私家之学，则可谓至矣。齐建元四年，正月，诏立国学。（见《礼志》及《本纪》。）九月，以国哀罢。（《武帝纪》。

《百官志》云：其夏国讳废学。）永明三年，正月，诏立学。（《本纪》）旋复省废。（未知何时，东昏侯时，曹思文争废国学，见下。表言永明以无太子故废，非古典。案建武四年诏言："往因时康，崇建庠序，屯虔荐有，权从省废。"则似非以无太子故。）建武四年，正月，又诏立学。永泰元年，东昏侯即位，尚书符依永明旧事废学。国子助教曹思文表言不可废。有司奏从之。（《礼志》）然其立学之久，尚不逮刘宋也。总明观以永明三年省，盖以国学已立故。然是岁，又于王俭宅置学士馆，悉以四部充俭家。则学术之重心，仍在私家。又竟陵王子良，尝表世祖，为刘瓛立馆，亦宋世待周续之、雷次宗之意也。梁武践阼，征何胤不至，遣何朗、孔寿等六人于东山受学。天监四年，置五经博士各一人。（《本纪》）《儒林传》云：以平原明山宾、吴兴沈峻、建平严植之、会稽贺场、吴郡陆琏补博士，各主一馆，则所重者仍在其人。七年，正月，诏大启庠序，博延胄子，国学盖自此建立。然恐亦徒有其名。故其后大同七年，又于宫城西立士林馆，延集学者也。《陈书·儒林传》言：高祖"承前代离乱，日不暇给，弗遑劝课。世祖以降，稍置学官。虽博延生徒，成学盖寡"。陈世，资助私家之事，阒焉无闻，然官立之国学，亦益黯然无色矣。

　　郡县亦有为私家立学者。《宋书·隐逸传》沈道虔：乡里年少，相率受学。道虔常无食，无以立学徒。武康令孔欣之厚相资给，受业者咸得有成。《梁书·处士传》诸葛璩：性勤于诲诱，后生就学者日至，居宅狭陋，无以容之，太守张友为起讲舍。《魏书·崔休传》：为渤海，大儒张吾贵有盛名于山东。西方学士咸相宗慕。弟子自远而至者恒千余人。生徒既众，所在多不见容。休乃为设俎豆，招延礼接，使肄业而还，儒者称为口实。皆是。

　　南北朝实为资助私家立学最盛之世。固以其时王业偏安，敬教劝学，力有弗逮，乃仅就私家，加以资助。亦以私家立学，为众所归仰者，其人必较有学问，而归仰之者，亦必较有乡学之诚，就加资助，转较官自立学者为有实际也。

范宁崇学

《晋书·范汪传》：为东阳太守，"在郡大兴学校"。子宁，为余杭令，"在县兴学校，养生徒，洁己修礼，志行之士，莫不宗之。朞年之后，风化大行。自中兴以来，崇学敦教，未有如宁者也"。补豫章太守，"在郡又大设庠序。遣人往交州采磬石，以供学用。改革旧制，不拘常宪。远近至者千余人，资给众费，一出私禄。并取郡四姓子弟，皆充学生，课读五经。又起学台，功用弥广。江州刺史王凝之上言曰：豫章郡居此州之半。太守臣宁，入参机省，出宰名郡，而肆其奢浊，所为狼籍。郡城先有六门，宁悉改作重楼，复更开二门，合前为八。私立下舍七所。臣伏寻宗庙之设，各有品秩，而宁自置家庙。又下十五县，皆使左宗庙，右社稷，准之太庙，皆资人力，又夺人居宅，工夫万计。宁若以古制宜崇，自当列上，而敢专辄，惟在任心。州既闻知，即符从事，制不复听。而宁严威属县，惟令速立。愿出臣表下太常，议之礼典。宁以此抵罪。子泰，弃官称诉。帝以宁所务惟学，事久不判。会赦，免。"案宁之所为，诚若奢浊，然远近至者千余人，资给众费，一出私禄，则其无所利焉可知。孝武迟回不判，以待赦令，良有由也。或疑宁私禄何以能如是之多，则此非指朝所颁禄；各地方相沿，本有行政经费，并有供守令之费，如后世之陋规者。此不能不取，亦不必不取，惟在用之何如耳。豫章居江州之半，此款必不菲也。人有所长，必有所短。用人之道，贵在舍短取长。宁之失，在于迂阔奢泰，以崇学敦教论，则可谓世济其美矣。若能任以学事，而抑其迂阔奢泰之为，则用人之道也。

事之当办与否，与其办理之善否，系属两事。当办之事，虽办理不善，只应改其办法，不应径废其事也。且如青苗，抑配固为不可，然任兼并之家要倍称之息，可乎？然则散放之法可变，散放之事，不可已也。宋世之新旧党，若知此义，事之败于狐埋狐撅者，必可大减矣。《宋史·胡宿传》："知湖州，前守滕宗谅大兴学校，费钱数十万。宗谅去，通判、僚吏皆疑以为欺，不肯书历。宿诮之曰：君辈佐滕侯久矣，苟有过，盍不早正？乃阴拱以观，俟其去而非之，岂昔人分谤之意乎？坐者皆大惭。其后湖学为东南最，宿之力为多。"滕侯贤者，自无欺罔之事，然其下之人，得毋有欺滕侯者乎？然其事已在前矣。惩此而不承权舆，是重费也。然则胡宿保全湖学之功，不减于滕宗谅之创始也。

宋世张昇镇许，欲兴乡学，而马宏沮之，诬县令因以取民，引见《郡县乡里之学下》条。宏之言固诬，然因兴作以取民之事，必多有之，宏乃得以肆其诬，则亦不可不儆也。国民党政府之都南京也，学校、官司，屋宇皆不周于用，于是竞事营建。百务废弛，惟兹则汲汲恐后。论者皆讥其别有用心焉。此则范宁之罪人也。

《晋书·虞溥传》："除鄱阳内史。大修庠序，广招学徒，至者七百余人。祭酒求更起屋行礼。溥曰：君子行礼，无常处也。故孔子射于矍相之圃，而行礼于大树之下。况今学庭庠序，高堂显敞乎！"斯则范宁之诤友也。子曰："以约失之者鲜矣。"（《论语·里仁》）

元仁宗重视国学

元仁宗颇重视国学。《本纪》：至大四年，四月，敕："国子监师儒之职，有才德者不拘品级，虽布衣亦选用。"闰七月，诏谕省臣曰："国子学，世祖皇帝深所注意。如平章不忽木等，皆蒙古人，而教以成才。朕今亲定国子生额为三百人，仍增陪堂生二十人。通一经者，以次补伴读。著为定式。"先是二月，命李孟领国子监学。十二月，命孟整饬国子监学。其后又命张珪、（皇庆二年二月。）许思敬、（六月。）赵世延（延祐元年二月。）纲领国子学。延祐二年，八月，增国子生百员，岁贡伴读四员。其于国学，可谓倦倦焉矣。案元自真金，即建学宫中，命王恂教近侍子弟。恂卒，刘因继之。（见《因传》。）成宗大德八年，二月，增置国子生二百员，选宿卫大臣子孙充之。武宗至大二年，十一月，尚书省臣言："比年卫士大滥，率多无赖。请充卫士者必廷见乃听。"从之。又择卫士子弟充国子学生。（皆见《本纪》。）盖元本族人多犷悍，而又倚为心腹，不肯不用，乃思以是柔之，即仁宗之用意，亦不外此也。然其效必微矣。

明初国子生

明初待国子生之厚，可谓旷古无伦，然其督之亦极严。《明史·选举志》云："监丞置集愆簿，有不遵者书之。再三犯者决责，四犯者至发遣安置。"然《宋讷传》云："讷既卒，帝思之。

诚诸生守讪学规。违者罪至死。"则有不止于发遣、安置者矣。《志》又云："省亲、毕姻回籍限期，以道里远近为差，违限者谪选远方典史，有罚充吏者。"然《胡俨传》云："永乐二年，九月，拜国子祭酒。时用法严峻，国子生托事告归者坐戍边。俨至，即奏除之。"则又有不止于谪选及罚充吏者矣。不徒督学生严也，即于教官亦然。《选举志》云："太祖时，教官考满，兼核其岁贡生员之数。后以岁贡为学校常例，府、州、县学各一人。翰林考试，不中者遣还，提调教官罚停廪禄。""洪武二十六年，定学官考课法，专以科举为殿最。九年任满，核其中式举人，府九人、州六人、县三人者为最。其教官又考通经，即与升迁。举人少者为平等，即考通经亦不迁。举人至少及全无者为殿，又考不通经，则黜降。"然《奸臣传》云：陈瑛，"成祖北巡，皇太子监国。有学官坐事谪充太学膳夫者，皇太子令法司与改役，瑛格不行。"则亦有不止于黜降者矣。法令贵乎能行，徒法不行，犹无法也。考试无至公之理；学生天资及境遇，亦万有不齐；以其得举之多寡，定教官之殿最，自窒碍而难行，故其后此法遂废。至于教官之学问，亦应有进而无退，则于理极明。故至清季，学使按临，教官仍须考试。然以吾所见，则教官情不知谁何之人，（自作自无不可，然学使按临，教官多忙碌，故假倩者多。）作文一篇投之，学使则依县分之先后，以定其名次而已。（如吾郡八县，武进第一，阳湖第二，无锡第三，金匮第四，宜兴第五，荆溪第六，江阴第七，靖江第八，教官名次之先后，亦恒如之。）行法如此，真堪一噱。

明于国子生，任之亦极重。洪武二十六年，尽擢监生刘政、龙镖等六十四人为行省布政、按察两使，及参政、参议、副使、佥事等官。其为四方大吏者无算。台谏之选，亦出于太学。其常调者，乃为府州县六品以下官。亦见《选举志》。其时士之能自效者亦不少。鱼鳞图册，为明、清两代赋役之法所依，迄民国犹沿之，即国子生武淳等所定也。事在洪武二十年，见《明史·食货志》及《古朴》《吕震传》。又洪武十年，户部奏天下税课司局征商不如额者百七八十处，遣中官、国子生及部委官各一人核实，立为定额。永乐七年，遣御史、监生于收课处榷办课程。亦见《食货志》。则于庶政，委任之者多矣。监生之历事，犹进士之观政。陆桴亭论用人云："旧制，举进士，必分试九卿衙门观政，每衙门约三十余人。堂长、司僚，与之朝夕而试之事，会其实以上于天官。天官籍注，以定铨选。随才授职，职必久任。故洪、永时得人为盛。今之观政，则不过随班作揖而已。名存实亡，可慨也夫！"洪、永时，进士之观政者如此，监生之历事者可知。人材多出于其中，亦有由也。《选举志》又言："明初优礼师儒，教官擢给事、御史。"此亦非徒优礼，盖其时之教官，亦多用通知政事者为之也。

郡县乡里之学（上）

古时学术之兴盛，教化之周浃，人民自为之乎？抑官府为之乎？曰：人民自为之也。往时官府之所为，多有名而无实。

凡事必本大而末小，然后能固。故郡国者，京师之本也；乡里者，郡国之本也。此义汉人犹知之，至后世则稍湮晦矣。公孙弘之请置博士弟子也，曰"建首善自京师始"。（《史记·儒林传》）不曰建三雍、立大学而治道遂备也。其后汉人之所为，正是如此，则论者多訾之，读《汉书·礼乐志》可见。然非汉世法令无令地方兴学之事也。《汉书·循吏文翁传》言："武帝时令天下郡国皆立学校官。"此令为中国一统后中央令地方立学之始，关系极巨，然他无可考，盖虽有令而未行，故史家视为不足重而未之记，而其事亦末由散见于他处也。王莽奏立学官：郡、国曰学，县、道、邑、侯国曰校，校、学置五经师一人。乡曰庠，聚曰序，序、庠置《孝经》师一人。（《平帝纪》元始三年）其制尤为美备。然其未之行，更不待言矣。自此以后，法令亦无不令地方立学者。虽丧乱之世，偏安割据之国犹然，而一统之世，清晏之时，更无论矣。（《三国志·魏武帝纪》：建安八年，七月，令曰："丧乱已来，十有五年，后生者不见仁义礼让之风，吾甚伤之。其令郡国各修文学。县满五百户置校官，选其乡之俊造而教学之。庶几先王之道不废，而有以益于天下。"此丧乱之世，"亟图兴学者也。《晋书·石勒载记》：令郡国立学官。每郡置博士、祭酒二人，弟子百五十人。《石季龙载记》：下书令诸郡国立五经博士。《符坚载记》：广修学宫，召郡国学生通一经以上充之。《姚苌载记》：下书令留台、诸镇，各置学官。此皆割据之国，于戎马倥偬之际，犹欲立学者也。《梁书·儒林传》：天监四年，分遣博士、祭酒到州郡立学。办理尤为切实。）然亦终于为法令而已矣。

至赵宋以后，而情形乃渐变。盖自汉武帝置博士弟子，设科射策，劝以官禄，学校久成为选举之一途。选举有登用人才之意者二：一为学校，一为科目。以为世信重论，学校远非科目之比，然科目亦不能全与学校脱离，故至近世，二者遂互相依倚。其事始于宋庆历四年，范仲淹令士必在学三百日然后得应试，而成于明世之学校储材，以待科举。于是有应科举之人处，必当有学校，而学校不得不遍设矣。故宋庆历四年，实为学校制度变革之一界限。前乎此者，法令有设学之文，而实未尝设。（间有设者，存乎其人，人亡则政息。）后乎此者，则逐渐设立，寖至各郡县皆有学，不过实不事事而已。虽同是有名无实，而其所谓有名无实者，又各有不同也。

然则宋以后郡县之学，究较唐以前为盛也。此亦民间好学之风气，有以阴驱而潜率之，非尽官府之力也。《宋史·祖无择传》，言其"出知袁州。自庆历诏天下立学，十年间，其弊徒文具，无命教之实。无择首建学官，置生徒，郡国弦诵之风，由此始盛"。又《宋绶传》：子敏求。"尝建言州郡有学舍而无学官，故士轻去乡里以求师，请置学官，后颇施行之。"然则庆历令天下立学，实亦徒有其名也。宋世郡县之学最著名者，莫如湖学。此自由滕宗谅之好兴学，胡瑗之善教，与政令何涉哉？书院在宋世，风起云涌，官立者固多，私立者尤众。即以官立者论，官何不兴学校而必立书院？毋亦以学校为官办之事，拘于法令，难于求功，易于丛弊，书院则为民间新兴之事，办理易于认真乎？《忠义·尹谷传》言："潭士以居学肄业为重，州学生月试积分高等，升湘西岳麓书院生，又积分高等，升岳麓精舍生，潭人号为三学生。兵兴时，三学生聚居州学，犹不废业。谷死，诸生数百人往哭之。城破，多感激死义者。"此其向学之精勤，临变之镇定，民族之正气存焉，岂徒禄所能劝哉？（《金史·胡砺传》言：定州学校"为河朔冠。士子聚居者，常以百数"。此等亦必有其由，特史未详言耳。）

《元史·选举志》：至元二十八年，"令江南诸路学及各县学内设立小学，选老成之士教之。或自愿招师，或自受家学于父兄者，亦从其便。其他先儒过化之地，名贤经行之所，与好事之家出钱粟赡学者，并立为书院"。此就当时民间之情形而整齐之者也。看似规画精密，实则官一无所为也。其为官所当为者，亦一无所就。《明史·选举志》云："郡县之学，与太学相维，创立自唐始。宋置诸路州学官，元颇因之，其法皆未具。迄明，天下府、州、县、卫所，皆建儒学，教官四千二百余员，弟子无算。教养之法备矣。洪武二年，太祖初建国学，谕中书省臣曰：学校之教，至元，其弊极矣。上下之间，波颓风靡，学校虽设，名存实亡。兵变以来，人习战争，惟知干戈，莫识俎豆。朕惟治国以教化为先，教化以学校为本。京师虽有太学，而天下学校未兴。宜令郡县皆立学校，延师儒，授生徒，讲论圣道。使人日渐月化，以复先王之旧。于是大建学校，府设教授，州设学正，县设教谕，各一。俱设训导，府四，州三，县二。生员之数，府学四十人，州县以次减十。盖无地而不设之学，无人而不纳之教，庠声序音，重规叠矩，无间于下邑荒徼，山陬海涯。此明代学校之盛，唐、宋以来所不及也。"观"名存实亡"四字，便可知元代所谓学校者为何如。然明代学校之盛，如《明史》所言者，恐亦未必不徒以其名也。《叶伯巨传》：伯巨以洪武九年上书，有曰："廪膳诸生，国家资之以取人才之地也。今四方师生，缺员甚多，纵使具员，守令亦鲜有以礼让之实，作其成器者。朝廷切切于社学，屡行取勘师生姓名，所习课业。乃今社镇城郭，或但置立门牌；远村僻处，则又徒存其名，守令不过具文案、备照刷而已。上官分部按临，亦但循习故常，依纸上照刷，未尝巡行点视也。兴废之实，上下视为虚文。小民不知孝弟忠信为何物，而礼义廉耻扫地矣。"观此，知明太祖并未能变元代学校名存实亡之习。以太祖之严厉，当立法之初，而犹如此，后世自更不必论。《张昭传》云：天顺三年秋，建安老人贺炀上书论时事，言："今铨授县令，多年老监生。逮满九载，年几七十，苟且贪污。"未几，又言："朝廷建学立师，将以陶镕士类。而师儒鲜积学，草野小夫夤缘津要，初解兔园之册，已厕鹗荐之群。及受职泮林，猥琐贪饕，要求百故，而授业解惑，莫措一词。生徒亦往往玩愒岁月，佻达城阙，待次循资，滥升太学。侵寻老耋，幸博一官。但廑身家之谋，无复功名之念。及今不严甄选，人材日陋，士习日非矣。"其言如此，则明除各府州县皆有学官外，亦何以异于前世哉？

然明世学风，虽云颓靡，学中尚颇有人。《明史·魏骥传》："永乐中，以进士副榜授松江训导。常夜分携茗粥劳诸生。诸生感奋，多成就者。"《彭勖传》："除南雄府教授。学舍后有祠，数见光怪，学官弟子率祷祀，勖撤而焚之。"《陈选传》："督学南畿。按部常止宿学宫，夜巡两庑，察诸生诵读。"皆其证也。以吾所见清世之学校，则绝无此事矣。又《明史·列女传》："吴氏，满州廪生卢清妻。清授徒自给。后失廪，充掾于汴，愤耻发狂死。"盖以学不及降等。则明世犹有甄别学生行业之事，清世亦非以他案无黜革矣。教官非无积学者，亦非无师之者，然自是师其人，非以其为教官也。然则学校之迁流，势自趋向于有名无实也。其故何哉？往时学术之兴盛，教化之周浃，久不系乎官立之学。官立之学，只是以利禄诱人；以利禄诱人，其效本不过如此而已。（《清史稿·选举志·学校》云："凡新进生员，如国子监坐监例，令在学肄业，以次期新生入学为满。"又云："教官考校之法，有月课、季考。除丁忧、患病、游学、有事故者，不应月课三次者戒饬，无故终年不应者黜革。试卷申送学政查覆。讫于嘉庆，月课渐不举行。"然《职官志·国子监》云："在学肄业者为南学，在外肄业赴学考试者为北学。"则监生已不尽坐监。月课之举行，征诸闻见，亦决非至嘉庆而后废弛也。）

郡县乡里之学（下）

　　乡里之学，又分二级。古者学于其里之校，而升入其乡之庠序是也。见《古学制》条。后世法令设学，大抵至乡而止。王莽奏立学官，乡曰庠，聚曰序，序、庠置《孝经》师一人是已。见上条。《旧唐书·礼仪志》：武德七年，二月，"诏州县及乡，并令置学"。《玄宗纪》：开元二十六年，正月，"制天下州县，每乡一学。仍择师资，令其教授"。（观此，知有学者不必皆有人教授。其措施亦与前世同。）《通鉴》云："令天下州县，里别置学。"唐制，百户为里，五里为乡，（《旧唐书·食货志》）如所言，则乡有五学，近乎何休所云八十家为里，中里为校室者矣，（亦见《古学制》条。）疑其说误也。然此等法令，皆成具文，究乡置一学，抑里别置学，亦不足深较也。《元史·世祖纪》：至元二十三年，大司农司上诸路学校，凡二万一百六十所。二十五年，二万四千四百余。二十八年，二万一千三百余。其数之多如此，必兼乡以下学言之。其名存实亡，已见上条。明世设学，最称普遍。洪武八年，正月，"诏天下立社学"。（《本纪》）史所载，尽力于此者，亦有数人。（《明史·杨继宗传》：成化初，擢嘉兴知府，大兴社学。民间子弟八岁不就学者，罚其父兄。《循吏传》：方克勤，为济宁知府，立社学数百区。马绍恩，知绍兴府，广设社学。《文苑传》：张弼，迁南安知府，毁淫祠百数十区，建为社学。然实凤毛麟角而已。）

　　官府之所为，既不足恃，则人民不得不自谋。受教最易者，自为父兄。元至元二十八年令所谓自受家学于父兄者也。见上条。然父兄不能皆有学，则不得不别求师。于是有以此为业者。

《汉书·艺文志》所云闾里书师，《三国志·邴原传注》引《原别传》所云原邻舍之师，《元史·列女传》所述之王德政皆是也。（皆见《束修》条。）《元史·忠义传》：王佐，"从父居上都，教授里巷"。此盖在城市。《孝友传》：王思聪，"素力田，农隙则教授诸生，得束修以养亲"。此则在乡村矣。《隋书·李密传》言：杨玄感败，密诣淮阳，舍于村中，变姓名为刘智远，聚徒教授。密是时必不敢居通衢大道。《宋史·马仁瑀传》："十余岁时，其父令就学，辄逃归。又遣于乡校习《孝经》，旬余不识一字。博士笞之。仁瑀夜中独往焚学堂，博士仅以身免。"亦必人烟寥落，乃可为所欲为。《元史·崔敬传》："出金山北廉访司事，按部全宁。狱有李秀，以坐造伪钞连数十人，而皆与秀不相识，敬疑而识之。秀曰：吾以训童子为业，居村落间，有司至秀舍，谓秀为伪造钞者，捶楚之下，不敢不诬服耳。"盖亦以所居僻左而疑之也。然则虽甚荒僻之地，亦有童子师矣。《金史·隐逸传》：薛继先，"隐居洛西山中，课童子读书"。则山陬亦有之矣。《明史·刘显传》："南昌人，生而膂力绝伦，稍通文义。家贫落魄，间行入蜀，为童子师。"又可见求之者众，故虽羁旅之士，亦可以此自业也。此等童子师，盖与古里校之教相当。稍进则为乡校，与古庠序相当，其所教亦有进焉。马仁瑀之师，能教《孝经》，已可与邴原之师侔，而非闾里书师仅教识字者比。《宋史·安焘传》："年十一，从学里中，羞与群儿伍，闻有老先生聚徒，往师之。先生曰：汝方为诵数之学，未可从吾游，当群试省题一诗，中选乃置汝。焘无难色。诗成，出诸生上，由是知名。"《元史·儒学传》：戴表元，"从里师习词赋，辄弃不肯为"。事在宋世。此所教者，皆当时应试之事。《五代史·刘岳传》：岳以遗下《兔园册》诮冯道，道大怒。欧公云：

"《兔园册》者，乡校俚儒教田夫牧子之所诵。"实亦应试者所诵习之书也。《宋史·陈襄传》："福州侯官人。少孤，能自立。出游乡校，与陈烈、周希孟、郑穆为友。时学者沉溺于雕琢之文，所谓知天尽性之说，皆指为迂阔而莫之讲。四人者始相与唱道于海滨，闻者皆笑以惊，守之不为变，卒从而化，谓之四先生。"则又超出于为应试之学之上者矣。《陈书·儒林传》：顾越，吴郡盐官人，"所居新坡黄冈，世有乡校。由是顾氏多儒学"。《齐书·高逸传》：顾欢，"乡中有学舍，欢贫，无以受业，于舍壁后倚听，无遗忘者"。欢亦盐官人也。《唐书·陈子昂传》："六世祖大乐，当齐时，兄弟竞豪杰，梁武帝命为郡司马。父元敬，世高赀，岁饥，出粟万石振乡里。子昂年十八，未知书，以富家子，尚气决，弋博自如。"此盖最难施教者。而"他日入乡校，感悔，即痛修饬"。《旧五代史·乌震传》，言其"少孤，自勤于乡校"。《金史·赤盏晖传》，亦言其"少游乡校"。《元史·吴澄传》云："九岁，从群子弟试乡校，每中前列。"则乡校所造就者颇多。《旧唐书·白居易传》：居易与元稹书曰："自长安抵江西，三四千里，凡乡校、佛寺、逆旅、行舟之中，往往有题仆诗者。"三四千里间，往往碁置，其教之被于社会者，亦可谓广矣。《旧唐书·苗晋卿传》，言其"归乡里，出俸钱二万为乡学本"。《明史·杨恒传》，言其外族方氏，建义塾，馆四方游学士。（详见《束修》条。）则倦倦于此者颇多。盖有由也。

有力者延师于家，以教其子弟，亦历代有之。《宋史·欧阳守道传》："少孤贫，无师，自力于学。里人聘为子弟师。"《杨梴传》："少能词赋。里陈氏馆之教子。"《马廷鸾传》："甘贫力学。既冠，里人聘为童子师。"《余天锡传》："史弥远延为子弟师。"《元史·孔思晦传》："远近争聘为子弟师。"《儒学·宇文公谅传》："弱冠有操行。嘉兴富民延为子弟师。"皆是。此事为古之所无。《汉书·孙宝传》："以明经为郡吏。御史大夫张忠辟宝为属，欲令授子经，更为除舍，设储偫。宝自劾去，忠固还之，心内不平。后署宝主簿。宝徙入舍，祭灶，请比邻。忠阴察，怪之，使所亲问宝：前大夫为君设除大舍，子自劾去者，欲为高节也。今两府高士，俗不为主簿，子既为之，徙舍甚说，何前后不相副也？宝曰：高士不为主簿，而大夫君以宝为可，一府莫言非，士安得独自高？前日君男欲学文，而移宝自近。礼有来学，义无往教；道不可诎，身诎何妨？且不遭者可无不为，况主簿乎？忠闻之甚惭。"盖古所谓外傅等，实皆家臣，从师自别是一事，故其说如此也。《明史·儒林传》：周蕙，"为临洮卫卒。吴瑾镇陕西，欲聘为子师，固辞不赴。或问之，蕙曰：吾军士也，召役则可。若以为师，师岂可召哉？瑾躬送二子于其家，蕙始纳贽焉"。与孙宝可谓异世同揆。生今反古，固不易为。然《宋史·危稹传》言其"迁诸王宫教授。稹谓以教名官，而实未尝教，请改创宗子学，立课试法如两学。从之"。盖共学尚有切磋之益，独学则无之也。然则延师于家，不徒非礼，亦无益于其子弟矣。

私家设塾，亦有不徒自教其子弟者。《元史·儒学·张𬤊传》："中州士大夫，欲淑子弟以朱子《四书》者，皆遣从𬤊游，或开私塾迎之。"此私塾之所教，必非一家之子弟矣。又《史天倪传》："曾祖伦，少好侠，因筑室，发土得金，始饶于财。金末，中原涂炭，乃建家塾，招徕学者，所藏活豪士甚众，以侠称于河朔，士族陷为奴虏者，辄出金赎之。"尤可见家塾聚徒之众也。

《元史·列女传》："冯氏，名淑安，字静君，大名宦家女，山阴县尹山东李如忠继室也。如忠初娶蒙古氏，生子任。如忠殁两月，遗腹生一子，名伏。李氏及蒙古氏之族在北，闻如忠殁于官，家多遗财，相率来山阴。冯氏方病，乘间尽取其赀及子任以去。一室萧然，惟余如忠及蒙古氏之枢而已。鬻衣权厝二枢戢山下，携其子庐墓侧。时年始二十二，羸形苦节，为女师以自给。"则前代民间，已有女师矣。

乡学二字，寻常皆指下于县之学而言。中国官治，至县而止，故县以上之学，必为官立，乡以下之学，则多为民立矣。然《魏书·高祖纪》：天安元年，九月，"初立乡学。郡置博士二人，助教二人，学生六十人"。此乡学二字，实指郡学言之。《景穆十二王传》：南安王桢之子英，奏言："谨案学令，诸州郡学生，三年一校。顷以皇都迁构，江、扬未一，故乡校之训，弗遑正试，致使薰莸之质，均诲学廷，兰萧之体，等教文肆。"其证也。《隋书·梁彦光传》，言其为相州刺史，招致山东大儒，每乡立学，此乡学疑又指县学言之，谓相州属县，每县各立一学也。《宋史·毕士安传》："子仲衍，以荫为阳翟主簿。张升，县人也，方镇许，请于朝，欲兴乡校，既具材计工，又听民自以其力输助。邑子马宏，以口舌横闾里，谩谓诸豪曰：张公兴学，而县令乃因以取诸民，由十百而至千万，未已也，君将不堪。诚捐百金与我，我能止役。豪信其能，予百金。宏即诣府，宣言县吏尽私为学之费，又将赋于民。升果疑焉，敕县且止，又揭其事于道。令欲上疏辩，仲衍曰：无益也。不如取宏治之，不辩自直矣。会摄县事，即逮捕验治，五日，得其奸，言于升，流宏鄂州，一县相贺。"此乡校，亦必郡县之学也。

乡 校

公元一九四六年九月八日，上海《大公报》载徐颂九论移民实边之文，述滇西之俗：谓其"村必有庙。庙皆有公仓，众出谷以实之。庙门左右，必有小门，时曰茶铺，众所集会之地也。议公事，选举乡、保长，摊筹经费，办理小学皆于此。婚、丧、祝寿等事，亦于此行之。故是庙也，非寻常佛寺、道院，耗民财以豢闲民者比也。村之议会也，公所也，学校也，礼堂也，殡仪馆也，而亦即其俱乐部也"。予案此正古之学校也。《公羊解诂》述井田之制曰："在田曰庐，在邑曰里。一里八十户。八家共一巷。中里为校室。选其耆老有高德者，名曰父老。""十月事讫，父老教于校室。八岁者学小学，十五者学大学。"（宣公十五年）此与伏生《书传》所云"大夫、士七十而致仕，老于乡里。大夫为父师，士为少师。耰锄已藏，祈乐已入，（注：祈乐，当为新谷。）岁事已毕，余子皆入学。十五始入小学，见小节，践小义；十八入大学，见大节，践大义焉。距冬至四十五日，始出学，傅农事"，正系一说。《左氏》襄公三十一年，"郑人游于乡校，以论执政。然明谓子产曰：毁乡校何如？子产曰：何为？夫人朝夕退而游焉，以议执政之善否。其所善者，吾则行之；其所恶者，吾则改之；是吾师也。若之何毁之？"惟仅冬日教学，余时皆如议会、公所，亦如俱乐部，故人得朝夕游其间也。《新唐书·韦挺传》：挺上疏言："闾里细人，每有重丧，不即发问，先造邑社，待营办具，乃始发哀。至假车乘、雇棺椁以荣送葬。既葬，邻伍会集，相与酣醉，名曰出孝。"以是为风俗之薄。其实，此亦犹今滇西行丧礼于庙也。贫家营葬且不易，乃能假车乘、雇棺椁以为荣，盖由同社者之相助。宜兴童伯章斐尝告予："其邑之某某乡，有丧者，吊客至，丧家之邻共饮食之，丧家不问也。"邻伍盖皆吊者，岂可无以饮食之？所醉饱者，盖亦出众力，非必丧家所费也。假车乘、雇棺椁以为荣，诚为无谓。然不有多其车乘，美其棺椁以为荣者，民又孰从而效之？所谓士大夫者，厚葬靡财以为孝，而又禁民之厚葬，乃曰：以贵贱分厚薄，自然之等差也。制为礼，强民守之。其所令，反其所好，民孰能从之哉？

宦学篇

古以宦学连称，亦以仕学并举。《礼记》言"宦学事师，非礼不亲"，（《礼记·曲礼》）《论语》言"仕而优则学，学而优则仕"（《子张》）是也。宦者学习，仕者任事，（《史记·留侯世家》言"良年少，未宦事韩"，事即仕也。）然宦学二者，又自殊途，学于学校，宦于官署，所学各不相干。古学校不能谓无其物，然迄未闻有一人焉卒业于学校，进身于仕途，或则出其在校所学以致用者，由此。盖古之学校，其初实神教之府。春秋教以礼乐，礼者，事神之仪；乐者，娱神之乐。冬夏教以诗书，诗者，乐之歌辞；书者，教中故籍也。故太学、清庙、明堂，异名同物。出征执有罪，反释奠于学，非文事武事相干，释奠于明堂之神也。尊师重道，执酱而馈，执爵而酳，北面请益而弗臣，非知重学问，尊教中之老宿也。然则古学校中，初无致用之学，所有者，则幽深玄远之哲学耳。《礼记·学记》曰："君子如欲化民成俗，其必由学乎？"又曰："古之王者，建国君民，教学为先。"又曰："君子以大德不官，大道不器。"此即《汉志》所称道家为君人南面之学，其说略存于《老子》《管子》书中，皆哲学与神教相杂者也。墨子最重实用，而辩学之剖析微芒者反存于《墨经》中，以其学出于史角，史角明于郊庙之礼故也。切于实用之学，则从官署之中，孕育而出。《汉志》所推九流之学，出于王官是也。九流之家，固多兼通古之神教哲学，然特以此润饰其任事之术，其缘起固判然不同，任职官署之人，尤未必通知九流之学，观九流为私家之学，寖且为始皇所禁，而令欲学法令者以吏为师可知也。秦始皇曰："吾前收天下书不中用者尽去之，悉召文学方术士甚众，欲以兴太平，方士欲练以求奇药。"兴太平指文学士言，此博士之流，始皇所与共图天下者，然特谟议于庙堂之上而已。奉行法令者，不求其有所知也。降逮汉初犹是如此。

行法者贵能通知法意，尤贵能得法外意。能知法意，则奉行可以尽善；能得法外意，则并可知法之弊而筹改革之方矣。欲通知法意，非深通其所事之科之学不可；欲能得法外意，则必兼通他科之学；故宦学合一，实学术之一进化，亦政治之一进化也。宦学之合一，其自汉置博士弟子许其入官始乎？史称公卿大夫士吏，多文学彬彬之士，即美其非仅通当代法令而已也。中国历代选举之途甚多，政府之所最重者，为学校、科举两途，所可惜者，学校之所肄，科举之所试，皆非当官之所务。致学校、科举出身之人，其习于事，反不如异途，而亦并不能通知其意耳。

昔日之教育，皆所以教治人之人者也。而学校之所肄，科举之所试，皆非当官之所务，何邪？此其故，一当求之法制之沿革，一则由于事实之迁流也。汉世博士弟子，其所学者，原不如法吏之切于用；然汉世去古近，儒家之学，可径措之于事者，尚不乏焉，经义折狱，即其一端也。（是时法次甚简，折狱根据习惯若条理者颇多，经义亦习惯若条理之一端，非违法也。）降逮后世，社会情形，去古愈远，通经渐不能致用，而考试之法，则犹沿汉代诸生试家法之旧焉，（后汉左雄所创。）是为唐时之明经。当时高才博学，足以经国理民者，本有秀才科可应，以其大难，能应者寡，后不复举，而俗尚舞章，进士遂为举世所重焉。其科始创于隋，试诗赋，盖炀帝好浮华为之。然度炀帝初意，亦非谓工时赋者可以经国理民，非如汉灵帝之鸿都，集玩弄之臣，则如唐玄宗之翰林，求书记之选耳；而后遂以辨官才使膺民社，则法制之流失也。历代法制，变迁而失初意者，固多如此。又儒术盛行之世，尊之者，信为包罗事理，囊括古今，通于是者，即可以应付一切；而欲应付一切者，亦皆不可不通于是，此则学校科举之偏重经义，始于宋，盛于元，而大成于明者之所由来也。一时代必有一时代所特尊之学，原不足追咎古人，惟通于其理者，亦必习于事而后可以应用。而向者学校科举之所求，于能通其理外，事遂一无所习；而其所谓理者，亦实非其理，寖至自此出身之人，成为一物不知之士，此又法制之流失，寖失其初意者也。

清季有老于仕途者，尝语人曰：官非予之所能为，衙门之所为也。人问其说，答曰：须策画之事，则有幕友焉；循例而行之事，则有吏胥焉。予何为哉，坐啸画诺而已矣！设无幕友吏胥，予固不能办其事也。闻者笑其尸位，其实无足笑也。当官而行，不能不据法令；法令至繁，非专门肄习者，不能深悉。向者亲民之官，莫如州县，幕友则有刑名、钱谷之司，不能相摄；吏则如六部之分科焉，非好为之，不得已也，所可诧者，则官之一无所知耳。论者深恶官场办事，循名而不责实，一切集矢于吏，清季遂欲一举而尽去之。殊不知循名而不责实，乃社会风气，彼此以文法相诛，而不以真诚相见之咎，非行政事者之失。苟政事而不循文法，民益将无所措手足矣，何则？今日如此者，明日可以如彼，甲地如此者，乙地可以如彼也。故乡者幕友吏胥，各专其职，其事实不容已，亦不可非。所不足者，则幕友吏胥，皆无学问，又或父子相继，或师友交私，朋比把持，使才智之士，无途以自奋，亦且明知其作奸犯科，欲去之而不得耳。

不乐仕进

儒教行于中国二千余年，所谓士君子者，皆自少即读儒书，以其所言为至当，而于其时社会之情形，大异于今日，曾不之察，其所主张之治法，遂无不生今反古矣，此其所以见目为迂远而阔于事情也。如论教学，皆以为荣以仕进，人必竞劝，即其一端。

《汉书·循吏传》云："文翁，景帝末为蜀郡守。见蜀地辟陋，有蛮夷风，乃选郡县小吏开敏有材者张叔等十余人，亲自饬厉，遣诣京师，受业博士，或学律令。数岁，蜀生皆成就还归，文翁以为右职，用次察举，官有至郡守、刺史者。又修起学官于成都市中，招下县子弟，以为学官弟子，为除更繇，高者以补郡县吏，次为孝弟力田。常选学官僮子，使在便坐受事。每出行县，益从学官诸生明经饬行者与俱，使传教令，出入闺阁。县邑吏民，见而荣之。数年，争欲为学官弟子，富人至出钱以求之。繇是大化。蜀地学于京师者，比齐、鲁焉。"《新唐书·文艺·欧阳詹传》云："闽越地肥衍，有山泉禽鱼，虽能通文书吏事，不肯北宦。及常衮罢宰相，为观察使，始择县乡秀民能文辞者，与为宾主，钧礼，观游飨集必与，里人矜耀，故其俗稍相劝仕。"观此二事，似乎荣以仕进，人必竞劝矣。然《宋史·地理志》言：川峡四路，"土植宜柘，茧丝织文纤丽者，穷于天下。地狭而腴，民勤耕作，无寸土之旷，岁三四收。其所获，多为遨游之费，踏青、药市之集尤盛焉，动至连月。好音乐，少愁苦，尚奢靡，性轻扬，喜虚称。庠塾聚学者众，然怀土，罕趋仕进"。则为学者会不乐仕进也。抑又何也？人孰肯以虚名易实利？抑怀居人人所同。《潜书·养重》篇曰："昔者蜀有二士：曰骆纯，曰殷正，以文学称。杨荣为相，使使奉书币二，而属之于布政使，曰：骆、殷二子，蜀之隽士也，吾怀其人久矣，君其为我致之来。于是骆子贫而无妻，教生徒于乡里。殷子富有田园、畜牧、山林之饶。骆子受书币，越三日而启行。殷子辞以疾，固不肯行。其友劝之行。殷子曰：吾非不知杨公之贤，可与为交，且力能进用我也。然富贵之家，不可客也；危疑之朝，不可居也。车马之上，不如我山居之安；公卿之禄，不如我岁入之多。舍己之安而任人之危，舍己之多而受人之少，不待智者而知其不可矣。遂终身隐而不出焉。"然则文翁、常衮之所致，得无皆骆纯之流乎？《宋史·张去华传》："父谊，好学，不事产业。既孤，诸父使督耕陇上。他日往视之，见阅书于树下。怒其不亲稼事，诟辱之。谊谓其兄曰：若不就学于外，素志无成矣。遂潜诣洛阳龙门书院。"《元史·王思诚传》："七岁从师，授《孝经》《论语》，即能成诵。家本业农。其祖佑，诟家人曰：儿大不教力田，反教为迂儒邪？"此二者，皆富人通有之见，虽殷正未能免焉者也。人孰肯以虚名易实利？抑谁无怀土之情？而可徒以仕进诱乎。

然则人富其遂不可教乎？曰：否。不以虚名易实利，怀土不肯仕宦，多数人则然。然古人有不以饱暖逸居为已足者。《宋史·孝义传》：胡仲尧（洪州奉新人），"构学舍于华林山别墅，聚书万卷，大设厨廪，以延四方游学之士"。陈昉（江州德安人），"建书楼于别墅，延四方之士。肄业者多依焉"。洪文抚（南康建昌人），"就所居雷湖北创书舍，招来学者"。彼独非张谊之诸父、王思诚之大父之伦乎？而其所为如是，然则世固有少数人不以饱暖逸居为已足者也。此等人亦必先饱暖逸居而后能为之，故言教必先言富，然亦非徒荣进所可诱致也。故徒执爵禄，而以为无所求而不得者，终为不察情实之谈也。

入学之年

《尚书大传》言，古者十八而入大学。汉世太常补博士弟子，限年十八以上，盖遵是说也。然其时入学者多迟。终军年十八，选为博士弟子，年数适符。军固隽材。若萧望之治《齐诗》，事同县后苍且十年，乃以令诣太常受业，则其年必非弱冠矣。诣博士者如此，事私师者亦然。公孙弘年四十余，乃学《春秋》《杂说》是也。翟方进年十二三，失父孤学，给事太守府为小史，数为掾史所詈辱。乃从汝南蔡父相，问己能所宜。辞其后母，欲西至京师受经。母怜其幼，随之长安，织屦以给。方进是时虽云幼，距十八亦必不远。史称其积十余年，经学明习，徒众日广，则必不止三十矣。先汉末年，情势渐变，至后汉而益甚。鲁恭年十五，即与弟丕俱居太学。张堪年十六，受业长安。张霸七岁通《春秋》。丁鸿，年十三，从桓荣受《欧阳尚书》，三年而明章句。杜安，年十三，入太学，号奇童。（安，根父，见《后汉书·根传》，此语系本《先贤行状》，《三国志·杜袭传注》引之，而作"号曰神童"。）任延，年十二，为诸生，学于长安，明《诗》《易》《春秋》，显名太学，号为任圣童。钟会，四岁受《孝经》，七岁诵《论语》，八岁诵《诗》，十岁诵《尚书》，十一诵《易》，十二诵《春秋左氏传》《国语》，十三诵《周礼》《礼记》，十四诵《成侯易记》，十五入太学，问四方奇文异训。《三国志·会传注》引其母传。并有弱冠即事教授如梁竦者。竦，统子，见《后汉书·统传》。世固有早慧之士，岂能如是比肩接踵？其为务名而不务实无疑矣。魏、晋而后，此风弥盛。《宋书·范泰传》：高祖受命，议建国学，以泰领国子祭酒。泰上表曰："十五志学，诚有其文。若年降无几，而深有志尚者，何必限以一格？"则其时功令，入学之年，已较汉世为早，而时人犹以为迟也。斯时入学之年见于史者：王锡，年十二，为国学生。（锡，份孙，见《梁书·份传》。）王承，七岁通《周易》，选补国子生，年十五，射策高第。萧乾，年九岁，召补国子《周易》生，十五举明经。张瓒，召补国子生，起家秘书郎，时年十七。实较后汉尤早。而许懋，十四入太学，受《毛诗》，且领师说，晚而覆诵，坐下听者，常数十百人，亦更甚于梁竦之弱冠即事教授者矣。盖斯时学校，已成为选举之一途，贵族出仕皆早，故其入学亦随之，全与学业无涉也。谢几卿，年十二，召补国子生。齐文惠太子自临策试，谓祭酒王俭曰："几卿本长玄理，今可以经义访之。"俭承旨发问，几卿随事辨对，辞无滞者，文惠大称赏焉。周弘正，年十岁，通《老子》《周易》，十五召补国子生，仍于国学讲《周易》，诸生传习其义。以季春入学，孟冬应举，学司以其日浅，弗许。博士到洽议曰："周郎年未弱冠，便自讲一经，虽曰诸生，实堪师表，无俟策试。"大同八年，梁武帝撰《孔子正言章句》，诏下国学宣制旨义。袁宪时年十四，被召为国子《正言》生，谒祭酒到溉，溉目而送之，爱其神采。在学一岁，国子博士周弘正谓宪父君正曰："贤子今兹欲策试否？"君正曰："经义犹浅，未敢令试。"居数日，君正遣门下客岑文豪与宪候弘正。会弘正将登讲坐，弟子毕集。乃延宪入室，授以麈尾，令宪树义。时谢岐、何妥在坐，弘正谓曰："二贤虽穷奥赜，得毋惮此后生邪？"何、谢于是递起义端，深极理致。宪与往复数番，酬对闲敏。弘正谓妥曰："恣卿所问，勿以童稚相期。"时学众满堂，观者重沓，而宪神色自若，辩论有余。弘正亦起数难，终不能屈，因告文豪曰："卿还咨袁吴郡，此郎已堪见代为博士矣。"时生徒对策，多行贿赂，文豪请具束修。君正曰："我岂能用钱为儿买第邪？"学司衔之。及宪试，争起剧难。宪随问抗答，剖析如流。到溉顾宪曰："袁君正其有后矣。"及君正将之吴郡，溉祖道于征虏亭，谓君正曰："昨策生，萧敏孙、徐孝克非不解义，至于风神器局，去贤子远矣。"寻举高第。上下扶同，共为欺罔，真堪浩叹；而其谄媚之态，尤令人作恶也。

《宋书·隐逸传》：周续之。豫章太守范宁，于郡立学，招集生徒，远方至者甚众。续之年十二，诣宁受业。居学数年，通五经并纬候，名冠同门，号曰颜子。风气所渐，不徒京师，郡邑亦不免矣。然宁素好学，其所立学，考校亦必较核实。其徒尚浮名，或转不如国学之甚也。

学校由行礼变为治经

古之言学校者，皆重行礼视化，非重读书讲学问也。汉武帝元朔五年之诏，犹曰："导民以礼，风之以乐，今礼坏乐崩，朕甚愍焉。其令礼官劝学，举遗兴礼，以为天下先。太常其议与博士弟子崇乡党之化。"而丞相与太常博士之议，亦曰："闻三代之道，乡里有教，夏曰校，殷曰序，周曰庠，"不曰古有辟雍、泮宫也。然则徒为博士置弟子，而教不及于乡里，殆非初意也。然此亦非但官府之咎，士大夫之风气，实有使之然者。《后汉书·文苑传》：刘梁除北新城长。大作讲舍，延聚生徒数百人，身执经卷，试策殿最。《三国志·杜畿传》言：畿守河东，冬月修戎讲武。又开学官，亲自执经教授。《注》引《魏略》曰：博士乐详，由畿而升。至今河东特多儒者，则畿之由矣。又《王肃传注》引《魏略》，言贾洪历守三县令，所在辄开除厩舍，亲授诸生。《管辂传注》引《辂别传》云：父为琅邪即丘长，时年十五，来至官舍读书。于时黉上有远方及国内诸生四百余人，皆服其才。此所治者，皆博士弟子之业，非所谓导民以礼，风之以乐，以崇乡党之化者也。此其故何哉？士大夫孰不欲富贵？既设科射策，劝以官禄矣，孰肯舍是路而不由哉？《明史·选举志》："社学。自洪武八年，延师以教民间子弟，兼读御制《大诰》及本朝律令。正统时，许补儒学生员。弘治十七年，令各府、州、县建立社学，选择明师。民间幼童十五以下者，送入读书，讲习冠、婚、丧、祭之礼。然其法久废，寖不举行。"读《大诰》、律令，讲习冠、婚、丧、祭之礼，犹古所谓导民以礼，风之以乐，所以求其驯扰易治者也。许补儒学生员，则使为博士弟子，治治人之学矣。卒不能不许，而读法、习礼，寝废不行，足见入社学者之所求，与立社学者之所期不同也。亦犹汉世劝学，本欲以行礼视化，而其后来者，皆以读书治学问为务也。此等级之平夷为之，以是为病，则不免拘墟之见矣。

孔子庙

《新唐书·刘禹锡传》："禹锡尝叹天下学校之废，乃奏记宰相曰：言者谓天下少士，而不知养材之道，郁堙不扬，非天不生材也。是不耕而叹廪庾之无余，可乎？贞观时，学舍千二百区，生徒三千余，外夷遣子弟入附者五国。今室庐圮废，生徒衰少，非学官不振，病无赀给也。凡学官，春秋释奠于先师，斯止辟雍、泮宫，非及天下。今州县咸以春秋上丁，有事孔子庙，其礼不应古，甚非孔子意。武德初，诏国学立周公、孔子庙，四时祭。贞观中，诏修孔子庙兖州。后许敬宗等奏天下州县置三献官，其他如立社。玄宗与儒臣议，罢释奠牲牢，荐酒脯。时王孙林甫为宰相，不涉学，使御史中丞王敬从以明衣牲牢著为令，遂无有非之者。今夔四县，岁释奠费十六万。（禹锡时为夔州刺史。）举天下州县，岁凡费四千万。适资三献官饰衣裳、饴妻子，于学无补也。请下礼官博士议，罢天下州县牲牢衣币，春秋祭如开元时。籍其赀，半畀所隶州，使增学校，举半归太学，犹不下万计，可以营学室，具器用，丰馔食，增掌故以备使令；儒官各加稍食；州县进士，皆立程督；则贞观之风，粲然可复。"其指陈利害，可谓深切著明矣。然《文献通考·学校考》引欧阳修《襄州谷城县夫子庙记》曰："隋、唐之际，天下州县，皆立学，置学官、生员，而释奠之礼，遂以著令。其后州县学废，而释奠之礼，吏以其著令故，得不废。学废矣，无所从祭，则皆庙而祭之。"马君按云："自唐以来，州县莫不有学，则凡学莫不有先圣之庙矣。然考之前贤文集，如柳子厚《柳州文宣王庙碑》与欧公此记，及刘公是《新息县盐城县夫子庙记》，皆言庙而不及学。盖衰乱之后，荒陋之邦，往往庠序颓圮，教养废弛，而文庙独存。长官之有识者，以兴学立教，其事重而费巨；故姑葺文庙，俾不废夫子之祠，所谓犹贤乎已。"然则有庙而无学，又非禹锡惜祭祀所费太多，而学校经费不足者比矣。其故何哉？二公所言，固为当时实录，然若深求其故，则尚有不止乎此者在也。

《齐书·江祐传》：祐弟祀，为南东海太守，治下有宣尼庙，久废不修，祀更开构建立。则有孔子庙者，久不止京师及鲁国矣。先圣、先师，盖释奠时祀之于学，不别作庙。然《隋书·梁彦光传》言：彦光为相州刺史。滏阳人焦通，性酗酒，事亲礼阙，为从弟所讼。彦光将至州学，令观于孔子庙。庙中有韩伯瑜母杖不痛，哀母力弱，对母悲泣之像。通遂感悟。则学中久有庙矣。《唐书·礼志》：贞观四年，诏州县学皆作孔子庙；咸亨元年，诏州县皆营孔子庙；（《旧唐书·高宗纪》：咸亨元年，五月，诏曰："诸州县孔子庙堂有破坏，并先来未造者，宜令所司，速事营造。"）则营建更形普遍。《旧唐书·良吏传》：韦机，显庆中为檀州刺史。边州素无学校，机敦劝生徒，创立孔子庙。图七十二子及自古贤达，皆为之赞。其营建实以庙为急。又《倪若水传》：开元初，出为汴州刺史。增修孔子庙堂及州县学舍，劝励生徒，儒教甚盛。《曹华传》：为沂州刺史、沂海兖观察使，移理于兖。春秋释奠于孔子庙，立学讲经。亦皆以庙、学并言。

马君谓自唐以来，州县莫不有学，则凡学莫不有庙者，殆非虚语也。自宋以降，重庙更甚。《宋史·王承美传》：为丰州刺史，请于州城置孔子庙，诏可之。《田锡传》：移睦州。睦州人旧阻礼教，锡建孔子庙，表请以经籍给诸生，诏赐九经，自是人知向学。《孝义传》：胡仲容，建本县孔子庙，颇为宏敞。皆言庙而不及学。《龚鼎臣传》：知渠州。渠故僻陋，无学者，鼎臣请于朝，建庙、学，选邑子为生，日讲说，立课肄法，人大劝。亦以庙、学并言。《外国·大理传》：政和六年，使李紫琮来，过鼎州，求诣学瞻拜先圣像，遍谒见诸生。其意亦以瞻拜圣像为重也。《辽史·能吏传》：大公鼎，改良乡令，建孔子庙学。《百官志》县学下，则但云大公鼎为良乡县尹，建孔子庙。其重庙而轻学可知。《金史·孔璠传》：熙宗即位，兴制度礼乐，立孔子庙于上京。盖徒立庙。《章宗纪》：明昌元年，三月，诏修曲阜孔子庙、学。泰和四年，二月，诏刺史：州郡无宣圣庙、学者，并增修之。虽言学，意所重亦必在庙。《蒲察郑留传》：改顺义军节度使。西京人李安兄弟争财，府县不能决，按察司移郑留平理。月余不问。会释奠孔子庙，郑留乃引安兄弟与诸生列坐会酒，陈说古之友悌数事。安兄弟感悟，相让而归。《任天宠传》：迁威戎县令。县故堡塞，无文庙、学舍，天宠以废署建。可见金时州县，有学者亦皆有庙也。《元史·选举志》：国初燕京始平，宣抚王楫，请以金枢密院为宣圣庙。《世祖纪》：中统二年，八月，命开平守臣释奠于宣圣庙。《哈剌哈孙传》：为左丞相，京师久阙孔子庙，而国学寓他署，乃奏建庙、学，选名儒为学官，采近臣子弟入学。其重庙亦与金人等。《何伯祥传》：子玮。京师孔子庙成，玮言唐、虞、三代，国都闾巷，莫不有学，今孔庙既成，宜建国学于其侧。从之。是反以庙为主，而以学从之也。《张柔传》：移镇保州，迁庙学于城东南，增其旧制。《严实传》：子忠济，袭东平路行军万户。东平庙学故溢陋，改卜高爽地于城东。《木华黎传》：弟带孙之后只必，袭父为东平达鲁花赤。尝出家藏书二千余卷置东平庙、学，使学徒讲肄之。《赵良弼传》：良弼别业在温县，故有地三千亩。乃析为二：六与怀州，四与孟州，皆永隶庙、学，以赡生徒。《段直传》：为泽州长官。大修孔子庙。割田千亩，置书万卷，迎儒士李俊民为师，以招延四方来学者。不五六年，学之士子，以通经被选者百二十有二人。《白景亮传》：特授衢州路总管。郡学之政久弛，从祀诸贤无塑像，诸生无廪膳，祭服、乐器有缺，景亮皆为备之，儒风大振。《赛典赤赡思丁传》：至元十一年，行省云南。创建孔子庙、明伦堂，购经史，授学田，由是文风稍兴。三子忽辛，大德时，改云南行省右丞。赡思丁为平章时，建孔子庙为学校，拨田五顷，以供祭祀、教养。赡思丁卒，田为大德寺所有，忽辛按庙学旧籍夺归之。乃复下诸郡邑，遍立庙、学，选文学之士，为之教官，文风大兴。《张立道传》：至元十五年，除忠庆路总管，佩虎符。先是云南未知尊孔子，祀王逸少为先师。立道首建孔子庙，置学舍，劝士人子弟以学，择蜀士之贤者，迎以为弟子师，岁时率诸生行释菜礼，人习礼让，风俗稍变矣。迁临安广西道军民宣抚使，复创庙学于建水路。诸人于学皆极有功，然所修饬必及于庙。盖有有庙而无学者矣，未有立学而不先立庙者。甚有如《明史·忠义传》所云：王恺，太祖克衢州，命总制军民事，学校毁，与孔子家庙之在衢者并新之。视家庙与学校等重者矣。《钱唐传》：洪武二年，诏孔庙春秋释奠，止行于曲阜，天下不必通祀。唐伏阙上疏，言孔子垂教万世，天下共遵其教，故天下得通祀孔子，报本之礼不可废。侍郎程徐亦疏言：古今祀典，独社稷、三皇与孔子，通祀天下。民非社稷、三皇则无以生，非孔子之道则无以立。孔子以道设教，天下祀之，非祀其人，祀其教也，祀其道也。今使天下之人，读其书，由其教，行其道，而不得举其祀，非所以维人心，扶世教也。皆不听。久之，乃用其言。二人之论，与刘禹锡适相反，以明太祖之刚愎而不能终违也，可以见舆情之所在矣。予犹及见清世所谓府、州、县学者，人皆称为孔子庙，无或知为学校者也。其故何哉？官府所设之学，学术久不存焉，而祭祀则人知严之，故其迁流所届如此也。（《清史稿·世宗纪》：雍正二年，正月，"建孔子庙于归化城"。《仁宗纪》：嘉庆元年，二月，"敕甘肃贵德厅建文庙"。亦徒云建庙。）

乡饮射礼

古代教育，重于行礼，六礼之中，乡为尤重，故乡饮、乡射，至汉世犹不绝焉。《史记·孔子世家》言："鲁世世相传，以岁时奉祠孔子冢，而诸儒亦讲礼乡饮大射于孔子冢。"其盛况可想。《自序》言"观孔子之遗风，乡射邹、峄"，则史公并曾亲与其事也。汉既崇儒，尤重其事。《汉书·成帝纪》：鸿嘉二年，三月，博士行饮酒礼。《汉纪》作乡饮酒礼，《五行志》作大射礼，盖射、乡并行。《后汉书·伏湛传》：建武三年，为大司徒，奏行乡饮酒礼。《续汉书·礼仪志》：明帝永平二年，三月，上始率群臣，躬养三老、五更于辟雍，行大射之礼。郡、县、道行乡饮酒于学校。皆祀圣师周公、孔子，牲以犬。《注》

引郑玄注《乡饮酒礼》曰："今郡国十月行乡饮酒礼。"《后汉书·儒林传》：本初元年，梁太后诏曰：大将军下至六百石，悉遣子就学，每岁辄于乡射月一飨会之，以此为常。《注》引《汉官仪》曰："春三月，秋九月，习乡射礼，礼生皆使太学学生。"盖在东京，饮射皆为常典矣。韩延寿，所至必修治学宫，春秋飨射，陈钟鼓管弦，盛升降揖让。李忠，迁丹阳太守。以越俗不好学，嫁娶礼仪，衰于中国，乃为起学校，习礼容，春秋乡饮。鲍永，拜鲁郡太守。孔子阙里，无故荆棘自除，乃会人众修乡射之礼，因以格杀彭丰。秦彭，迁丹阳太守。敦明庠序，每春秋飨射，辄修升降揖让之仪。皆良吏之欲以此化民者也。刘昆，王莽世，教授弟子五百余人。每春秋飨射，常备列典仪。以素木瓠叶为俎豆，桑弧蒿矢，以射菟首。每有行礼，县宰辄率吏属而观之。则私家讲习，亦甚重此矣。魏、晋而后，其事稍衰，然仍不绝。《晋书·隐逸·索袭传》：敦煌太守阴澹，欲行乡射之礼，请袭为三老。《宋书·蔡廓传》：子兴宗，迁会稽太守。三吴旧有乡射礼，久不复修，兴宗行之，礼仪甚整。是也。《唐书·太宗纪》：贞观六年，七月，诏天下行乡饮酒礼。则唐世又以为常典。《李栖筠传》：出为常州刺史。大起学校，堂上画孝友传示诸生。为乡饮酒礼，登歌降饮，人人知劝。亦其能奉行者也。宋儒好复古，故宋后其礼又渐盛。《宋史·李沆传》：弟维，知歙州。至郡，兴学舍，岁时行乡射之礼。《王沼传》：降知滑州，徙成德军。建学校，行乡饮酒礼。《龚茂良传》：为广东提刑。即番山之址建学，又置番禺、南海县学。既成，释奠，行乡饮酒以落之。《儒林·魏了翁传》：知眉州。朔望诣学宫，亲为讲说。行乡饮酒礼，以示教化。《元史·乌古孙泽传》：行兴化路总管府事。兴学校，召长老及诸生，讲肄经义，行乡饮酒礼。《儒学·周仁荣传》：署美化书院山长。美化在处州万山中，人鲜知学。仁荣举行乡饮酒礼，士俗为变。《明史·魏观传》：洪武五年，知苏州府。前守陈宁苛刻，人呼陈烙铁。观尽改宁所为，以明教化、正风俗为治。建黉舍，行乡饮酒礼，政化大行。皆其事之往往不绝者也。古去草昧之世近，其民好争斗，故为乡饮酒之礼以教弟，为乡射之礼以示不争，后世风俗久变；素木瓠叶，桑弧蒿矢，亦与人生日用不切；而犹沿袭其事，欲以化民，可谓循名而不察实者矣。抑饮、射皆所以禁未然也，贵能使人感奋兴起。而明世乡饮酒之礼，顾使"凡有过犯之人，列于外坐，同类者成席，不许杂于善良之中"。（洪武二十二年令。见《明史·礼志》。）是会人众以得辱之也。将使强者忿戾，弱者自弃，曷若不使与于会聚之为得哉？

束　修

《论语·述而》："子曰：自行束修以上，吾未尝无诲焉。"束修二字，可有二解：一以修为贽，一束身修行也。即以前说为是，亦所以致其敬，而非曰利其物。然此乃古道，在后世，则教者必有所取，学者必有所与，而束修二字，遂为弟子奉其师以财利之名矣。

然古道在后世，仍久而后湮。叔孙通之降汉，从弟子百余人，及为汉制朝仪，得赐金五百斤，皆以赐诸生。赵典，每得赏赐，辄分与诸生之贫者。包咸，显宗以师傅旧恩，而素清苦，常特赏赐，奉禄增于诸卿；皆散与诸生之贫者。皆弟子无以奉其师，顾有取于其师者也。此犹曰贫者。若戴崇，每候张禹，常责师宜置酒设乐，与弟子相娱。则并非因其困乏矣。盖古师弟子之伦，介乎君臣、朋友之间，君固当食其臣，朋友亦有通财之义，故其相处之道如此也。汉世于教授者多称为养徒，如《后汉书·来歙传》，言其六世孙艳，"好学下士，开馆养徒"是也，盖由于此。此似为高义，然社会之组织既变，古道终不可行，遂有"不行束修，未尝有所教诲"之刘焯矣。（《隋书》本传）然犹有不行束修者，又可见古道之未尽泯也。《北齐书·儒林传》：冯炜，"门徒束修，一豪不受"，亦由于此。

养徒之弊，有不免所识穷乏得我者，窦武得两宫赏赐，悉散与太学诸生，及载肴粮于路，匄施贫民是也。此所施者，犹为诸生及贫民。若窦瑰，周纡劾其"学无经术，而妄构讲舍，外招儒徒，实会奸党"，（《后汉书·酷吏传》）则其弊有不可胜言者，宜乎其事之不可久也。

《冯伟传》言其"闭门不出，将三十年，不问生产"，盖其家本饶足。又言其"耕而饭，蚕而衣，箪食瓢饮，不改其乐"，盖其性实澹泊，俭于自奉，初不由于贫乏，故能无所取于学者。若乃家无儋石，藉劳力以自活，则既从事于教授，自不可无以代耕。邴原邻舍之师，许不求资而徒相教，见《游学》条。此出特许，则其本必求资可知。盖藉以糊口者。《汉书·艺文志》有闾里书师，盖以教书故称书师。邴原之师，原从之读《孝经》《论语》，可称《孝经》《论语》师，要皆闾里之师也。闾里之师，殆皆藉教授以糊口。至于传经之大师，然后所取者多而且广，可以有所取，亦可以有所与，乃得模拟古之士大夫，而以养徒为名高矣。然氾毓不蓄门人，称为清静，（亦见《游学》条。）则蓄焉者可知。转不如闾里之师，自食其力者之无愧于心矣。

社会之组织既变，则人之所以自处及其相处之道，亦随之而变，此势之必不可免者也。一巨子多养徒众之局既去，而人皆恃通工易事以为生，师固不能无所取于弟子。此在汉世，亦业已如是。文翁选郡县小吏诣京师，受业博士，或学律令，减省少府用度，买刀布蜀物，赍计吏以遗博士，即弟子必有以奉其师之一事也。《宋史·赵安仁传》：孙君锡，为宗正丞。时增诸宗院讲书教授官，而逐院自备缗钱为月馈，贫者或不能以时致，宗师辄移文督取。君锡言：国家养天下士于太学，尚不较其费，安有教育宗室，令自行束修之理？诏悉从官给。《元史·李谦传》：为东平府教授，生徒四集。累官万户府经历。复教授东平。先时教授无俸，郡敛儒户银百两备束修。谦辞曰：家幸非甚贫，岂可聚货以自殖乎？此皆教师不能无禄之证。然无禄而有所取可也，元时国学，不闻无禄，而《孛术鲁翀传》言：旧制，弟子员初入学，以羊贽，所贰之品与羊等，则取之有伤于廉矣。吾少时所见清世之府、州、县学，生员入学之初，尚必有以贽其师。应试时，本有廪膳生为之保任，（保其身家清白及非冒籍。）及此，更由其与教官议贽币多少，斤斤颇甚。议定，生员投贽一见其师，自此师生若路人矣。

《元史·列女传》：王德政妻郭氏。少孤，事母张氏孝谨，以女仪闻于乡。及笄，富贵家慕之，争求聘。张氏不许。时德政教授里中，年四十余，貌甚古陋。张氏以贫不能教二子，欲纳德政为婿，使教之。宗族皆不然。郭氏慨然，愿顺母志。既婚，与德政相敬如宾。属教二弟有成。此亦师不能徒相教之一事。卒教其二子有成，亦为不负托付，然终愧邴原之师矣。

《元史·许有壬传》：有壬之父熙载，仕长沙日，设义学训诸生。既殁而诸生思之，为立东冈书院。《明史·隐逸·杨恒传》：诸暨人。外族方氏建义塾，馆四方游学士。恒幼，往受诸经，辄领其旨要。曰义学，盖不取其资者。孤寒向学之士，殆非此无以济也。

《论语》《孝经》

汉人读经，率先《论语》《孝经》，此法相沿甚久。《颜氏家训·勉学》篇云："士大夫子弟，数岁已上，莫不被教，多者或至《礼》《传》，少者不失《诗》《论》。"又云："自荒乱已来，诸见俘虏，虽百世小人，知读《论语》《孝经》者，尚为人师。"《魏书·外戚传》：冯熙，生于长安，为姚氏魏母所养。以叔父乐陵公邈因战入蠕蠕，魏母携熙逃避，至氏羌中抚育。年十二，好弓马，有勇干，氏羌皆归附之。魏母见其如此，将还长安。始就博士学问，从师受《孝经》《论语》。《周书·文闵明武宣诸子传》：宋献公震，年十岁，诵《孝经》《论语》《毛诗》，后与世宗俱受《礼记》《尚书》于卢诞。《隋书·蔡王智积传》：父景王整，高祖龙潜时与不睦；太妃尉氏，又与独孤皇后不相谐；以是智积常怀危惧。有五男，止教读《孝经》《论语》而已，亦不令交通宾客。《韦师传》：初就学，始读《孝经》，舍书而叹曰：名教之极，其在兹乎？《文学传》：王頍，少好游侠，年二十，尚不知书，为兄颙所责怒，于是感激，始读《孝经》《论语》。《元史·王思诚传》：七岁从师，授《孝经》《论语》，即能成诵。《儒学传》：陈栎生三岁，祖母吴氏口授《孝经》《论语》，辄成诵。又伯颜，六岁从里儒授《孝经》《论语》，即成诵。盖至朱子之学大行，入学者皆先诵《四书》，而先诵《论语》《孝经》之法乃变。

学校中体罚

近世学校，禁用体罚，然中国自昔有之。《陈书·新安王伯固传》："为国子祭酒。为政严苛。国学有惰游不修习者，重加榎楚，生徒惧焉。由是学业颇进。"此必国学中旧有此罚，伯固乃得施之也。《旧唐书·阳峤传》言：峤"为国子祭酒。学徒渐弛。峤课率经业，稍行鞭笞。学生怨之，颇有喧谤，乃相率乘夜于街中殴之。上闻，而令所由杖杀无理者。由是始息"。学校中无可行鞭笞之理，盖亦用夏楚，而史家措辞不审也。此皆国学，尚不免夏楚，而郡县以下之学可知矣。《宋史·马仁瑀传》："十余岁时，父令就学，辄逃归。又遣于乡校习《孝经》，旬余不识一字。博士笞之。仁瑀夜中独往焚学堂，博士仅以身免。"此则私塾中习用体罚，由来旧矣。

《宋史·宗室传》：赵师罪，知临安府。"武学士柯子冲、卢宣德以事至府，师罪擅挞遣之，众尽喧，文武二学之士交投牒，师弄乃罢免，与祠。"地方官擅责学生，近世为法所不许。不论文武，学生未经斥革者，有犯只能送学中羁禁。学中亦可用木板责打手心，所谓夏楚也，然久无其事矣。羁禁时，学中胥役，或亦小有求取，然较州县衙门之胥役，则不可同日语矣。故健讼之地，视生员特重，以官威有所格，则可以有所恃，而干与讼事以牟利耳。

《清史稿·德宗纪》：光绪三十三年，四月，"命衍圣公孔令贻稽察山东学务"。此人在当时，曾责打某校教师手心。论者颇不然之。以擅施体罚于学生，已为其时所不许，乃施之教师也。封建在中国，久成虚名，乃忽焉任之以事，而其坏法乱纪即如此。除恶务尽，信哉！

鸣鼓众质

事莫恶于挟势以相临。挟贵，挟贤，挟长，挟有勋劳，挟故，（见《孟子·尽心》上篇。挟故，赵《注》云："与师有故旧之好。"此无可挟，疑非。故，事也。盖谓挟一事足以相胁者。）其实皆挟势也。挟众亦然。历代讲学，喜于众属耳目之地，以口舌争胜。使听者而贤于我欤，我安可醲颜讲说？使听者而不如我欤，我顾因博其称许，而不惜自衒粥，是无耻之甚者也。然犹有可恕者，曰：此等皆选儒不自树立之徒，虽卑鄙，犹未至于暴戾也。若乃挟众势以攻一人，则更不可恕矣。《宋史·吴师礼传》："游太学。时兄师仁为正，守《春秋》学。他学官有恶之者，条其疑问诸生。师礼悉以兄说对。学官怒，鸣鼓坐堂众质之。师礼引据三传，意气自如。"此学官果自居何等邪？熙宁学校贡举之法，平心论之，未为非是，然法虽善而行之不善，亦有不能免于恶者。《石公弼传》云："三舍法行，士子计等第，颇事告讦。"虞蕃讼博士受贿，盖即告讦之一事。（见《蔡确传》。）其言或不免过甚。然株连众而追求酷，则必非虚语也。《刘挚传》云："神宗更新学制，养士以千数，有司立为约束，过于烦密。挚上疏（哲宗时。）曰：比以太学屡起狱讼，有司缘此，造为法禁，烦苛愈于治狱，条目多于防盗，上下疑贰，以求苟免。甚可怪者，博士、诸生，禁不相见，教谕无所施，质问无所从，月巡所隶之斋而已。斋舍既不一，随经分隶，则又《易》博士兼巡《礼》斋，《诗》博士兼巡《书》斋。所至备礼请问，相与揖诺；亦或不交一言而退，以防私请，以杜贿赂。学校如此，岂先帝所以造士之意哉？"岂不令人骇笑乎？《崔鷃传》："钦宗即位，上疏曰：谏议大夫冯澥近上章曰：士无异论，太学之盛也。澥尚敢为此奸言乎？王安石除异己之人，著三经之说以取士，天下靡然雷同，陵夷至于大乱，此无异论之效也。蔡京又以学校之法驭士人，如军法之驭卒伍，一有异论，累及学官。若苏轼、黄庭坚之文，范镇、沈括之杂说，悉以严刑重赏，禁其收藏，其苛锢多士，亦已密矣。而澥犹以为太学之盛，欺罔不已甚乎？"鷃乃旧党，所言必不免失中。然谓"绍述一道德而天下一于谄佞，绍述同风俗而天下同于欺罔"，则甚可痛而不可不深长思也。人固有所行者是，而其行之之心则非者。一时虽或有功，久必不胜其弊。昔贤所以贵"正其义不谋其利，明其道不计其功"也。

《金史·选举志》：章宗大定二十九年，上封事者乞兴学校，推行三舍法。事下尚书省集百官议。户部尚书邓俨等谓三舍法行，"多席势力尚趋走之弊。故苏轼有三舍既兴、货赂公行之语。臣等谓立法贵乎可久。彼三舍之法，委之学官选试，启侥幸之门，不可为法。"则熙、丰时太学有弊，自是事实。然此岂严刑密网所能治邪？入太学本为官禄之劝，委学官选试，而望其无货赂、告讦，岂可得哉？其关键在毋以选试之权，委之学官而已。此学校所以必与科举并行也。

宋理宗时，太学生林日养，受宦官之赂，上书攻谢方叔、洪天锡。学舍恶其党奸，鸣鼓攻之，引见《学校风潮》条。《明史·王省传》："凡二为教官，最后得济阳。燕兵至，为游兵所执。从容引譬，词义慷慨。众舍之。归坐明伦堂，伐鼓聚诸生，谓曰：若等知此堂何名？今日君臣之义何如？因大哭。诸生亦哭。省以头触柱死。"伐鼓，盖学中相传聚众之法也。或以教忠，或则挟众以临匹夫，以媚权贵而快私忿，人之度量相越，何其远也！

讲学以口舌争胜，非争学术是非之流失，实由古人本有以口舌争胜之恶习，而弛及于学术耳。读《抱朴子·疾谬》之篇而可知也。《后汉书·儒林传》：戴凭，"年十六，郡举明经，征试博士，拜郎中。时诏公卿大会，群臣皆就席，凭独立。光武问其意。对曰：博士说经皆不如臣，而坐居臣上，是以不得就席。帝即召上殿，令与诸儒难说，凭多所解释，帝善之，拜为侍中。正旦朝贺，百僚毕会，帝令群臣能说经者更相难诘，义有不通，辄夺其席以益通者，凭遂重坐五十余席。"凭幼不逊悌，光武之用之，亦如其令优伶剽剥人耳。《陈书·儒林传》：张讥，"天嘉中，迁国子助教。是时周弘正在国学，发《周易》题。弘正第四弟弘直，亦在讲席。讥与弘正论议，弘正乃屈。弘直危坐厉声，助其申理。讥乃正色谓弘直曰：今日义集，辩正名理，虽知兄弟急难，四公不得有助。弘直曰：仆助君师，何为不可？举坐以为笑乐。"此亦如观优戏耳。《隋书·儒林传》：元善，"通博在何妥之下，然以风流酝藉，俯仰可观，音韵清朗，听者忘倦，由是为后进所归。妥每怀不平，心欲屈善。因善讲《春秋》初发题，诸儒毕集。善私谓妥曰：名望已定，幸无相苦。妥然之。及就讲肆，妥遂引古今滞义以难善，多不能对。善深衔之，二人由是有隙"。又刘焯，"因国子释奠，与刘炫二人论义，深挫诸儒，咸怀妒恨，遂为飞章所谤，除名为民。"《新唐书·儒学·孔颖达传》："炀帝召天下儒官集东都，诏国子秘书学士与论议，颖达为冠，又年最少，老师宿儒耻出其下，阴遣客刺之，匿杨玄感家得免。"其妒嫉贼害，至于如此，岂不可骇？《周书·儒林·熊安生传》："天和三年，齐请通好。兵部尹公正使焉，与齐人语，及《周礼》。齐人不能对。乃令安生至宾馆与公正言。公正有口辩，安生语所未至者，便撮机要而骤问之。安生曰：礼义弘深，自有条贯。必欲升堂观奥，宁可汩其先后？但能留意，当为次第陈之。公正于是具问所疑，安生皆为一一演说，咸究其根本，公正深所嗟服。"以口给御人始，而以请益从善终，何其贤也！

学校风潮

今世有所谓学校风潮者，其事实古已有之。学校风潮，乃一种群众运动。可以大声疾呼，申明一事之是非曲直，而不能深谋远虑，定措置之方。并不能洞烛隐微，知症结所在。论者或以是为学生运动病，此乃未知学生运动之性质者也。历代之学校风潮，虽亦不尽纯正，然其所蕲求指斥，合于义者究多。此可见群众之可欺以其实，而不可欺以其名也。进一步，使大多数人，皆知综核名实之道，以群众运动，申明事之是非曲直，而更有切实而持久之办法以继之，则政治可以改观矣。

汉哀帝时，鲍宣为司隶，钩止丞相掾史，没入其车马。事下御史中丞。侍御史至司隶官，欲捕从事，闭门不肯内。坐距闭使者，下廷尉狱。博士弟子济南王咸举旛太学下，曰：欲救鲍司隶者会此下。诸生会者千余人。朝日，遮丞相孔光自言，丞相车不得行。又守阙上书。后汉光武帝时，欧阳歙征为大司徒，坐在汝南臧罪千余万发觉下狱。诸生守阙，为歙求哀者千余，至有自髡剔者。案宣本著高节。歙之被系也，平原礼震，自系上书，求代其死。高获亦冠铁冠，带鈇锁，诣阙请歙。（见《后汉书·方术传》。）光武不赦，歙死狱中。歙掾陈元，又上书追讼之，言甚切至。帝乃赐以棺木，赠印绶，赙缣三千匹，子复并获嗣爵。则歙狱盖实冤，不然，以光武用法之严，未必肯轻于平反也。桓帝时，梁冀专朝，而帝无子，连岁饥荒，灾异数见。刘陶游太学，乃上疏陈事。朱晖孙穆，以治宦者赵忠，输作左校，陶等数千人，又诣阙书讼之。桓帝览其奏，为之赦穆。时有上书言宜改铸大钱者，事下四府群僚及太学能言之士，陶上议沮之，帝竟不铸钱。则陶实达于政事，非徒能鼓众唱议。而桓帝之于诸生也，能用其言，又导之使言，实贤于光武之遂杀欧阳歙，哀帝之竟抵鲍宣罪者矣。灵帝时，皇甫规为徐璜等所陷，下吏，论输左校，诸公及太学生张凤等三百余人上书讼之。史云规会赦归家，不云由凤等之讼，则灵帝之听言，亦不如桓帝。熹平元年，有何人书朱雀阙，言"天下大乱，曹节、王甫幽杀太后，侯览多杀党人，公卿皆尸禄，无有忠言者"。司隶校尉刘猛不肯急捕，月余，主名不立。猛坐左转，代以段颍，四出逐捕，及太学游生，系者千余人。（见《后汉书·宦者传》。《灵帝纪》云：宦官讽司隶校尉段颍捕击太学诸生千余人。）则始公然与舆论为敌矣。段颍武人，剿羌时恣意杀戮，又比宦者，捕系平民，及于学生，罪不容于死矣。窦武难作，陈蕃将官属诸生八十余人，并拔刃，突入承明门。则汉世儒生，不徒主持清议，并有能以身赴难者，要不失为正气所在也。

晋世于太学外复立国子学。孝武帝用谢石之说，增置生员，造庙屋百五十五间，而学生顽嚚，因风放火，焚房百余间。此为历代学校风潮中最无意识者，说见《国子太学》条。唐玄宗初，阳峤入为国子祭酒。时学徒渐弛，峤课率经业，稍行鞭篷，学生怨之，颇有喧谤，乃相率乘夜于街中殴之。上闻，令所由杖杀，由是始息。此其轻侠，或非因风放火之伦，其顽不率教，则更甚矣。至于令所由杖杀，不亦酷哉？晋世国学固皆贵游，唐则并太学亦皆品官及勋封子弟，足见贵人之不可教矣。杨玚迁国子祭酒，请明经习《左传》者尽帖平文；通《周礼》《仪礼》《公羊》《谷梁》者量加优奖。诏习此诸经者，出身免任散官，遂着于式。生徒为场立颂学门外。欧阳詹举进士，与韩愈联第，又与愈善。詹先为四门助教，率其徒伏阙举愈博士。此等徒知干进，且或比周，亦殊愧士节。盖唐代士风，本近嗜利，故其所为如此也。其关涉政治者，惟德宗时之请留阳城。然城所因之得罪者薛约，实非佳士；留城之太学诸生，以何蕃为首，亦矫伪之徒；则此举亦党争，非关政事得失也。柳宗元顾遗蕃等书，比之李膺、嵇康时太学生徒仰阙执诉，不亦轻于许可乎？

以唐世之党争与宋世之党争较，则唐世徒为私利，而宋世实有政见之不同，二者未可同日语也。学潮亦然。神宗时，太学盛而学风实坏，说见《鸣鼓众质》条。然张商英罢而蔡京复用，太学诸生尝讼其冤。何执中代京相，太学诸生陈朝老亦诣阙上书言之。邓肃入太学，时东南贡花石纲，肃作诗十一章，言守令搜求扰民；用事者见之，屏出学。则虽用威胁利诱，并不能遂弭人言。陈公辅为平江府教授，朱勔方嬖幸，当官者奴事之，公辅绝不与交；勔有兄丧，诸生欲往吊，公辅不与告。则郡县教官，亦有毅然不可犯者矣。及金兵至，而陈东等代表民意，力主澄清政局，抗御强敌，正气大伸。东以钦宗即位后上书，数蔡京、童贯、王黼、梁师成、李彦、朱勔之罪，谓之六贼。靖康元年二月，复及都民数万人（此据《钦宗纪》。《聂昌传》云十余万人，恐失实。）伏阙上书，请复用李纲及种师道，且言李邦彦等嫉纲，恐其成功，罢纲正堕金人之计。会邦彦入朝，《邦彦传》云退朝。众数其罪而骂。（《邦彦传》云：且欲殴之，邦彦疾驰得免。）吴敏传宣，众不退，遂挝登闻鼓，山呼动地。殿帅王宗濋恐生变，奏上勉从之。遣耿南仲号于众曰：已得旨宣纲矣。内侍朱珙之宣纲后期，众脔而磔之，并杀内侍数十人。此纯为一群众运动。政府后虽从众，初亦欲以兵力压伏之。时与东俱上书者，尚有太学生高登。《登传》云："军民不期而会者数万，王时雍纵兵欲尽歼之，登与十人屹立不动。"可谓见危授命者矣。金兵解去，学官观望时宰议，尽屏伏阙之士，自东始。时雍又欲尽置诸生于狱，人人惴恐。聂昌力言不可。乃用杨时为祭酒，复东职，遣昌诣学抚谕，然后定。是时嬖臣多从上皇东下，惟宦者梁师成，当钦宗为太子时，郓王楷宠盛，有动摇东宫意，能力保护，以旧恩留京师。东又与布衣张炳俱疏其罪，其于一时之嬖幸，可谓无所宽假矣。明年，正月，钦宗如金军。太学生徐揆，率诸生扣南薰门，以书抵二酋，请车驾还阙。二酋使以马载揆至军诘难，揆厉声抗论，为所杀。金人胁立异姓，众如其意举张邦昌。孙傅、张叔夜不署状，金人执之，置军中。王时雍时为留守，再集百官诣秘书省。至即闭省门，以兵环之。俾范琼谕众以立邦昌。众意唯唯。有太学生难之。琼恐沮众，厉声折之，遣归学舍。此时独持异议，安得不为徐揆之续？然则是时之太学生，实有见危授命之节，非客气也。初吴敏欲弭谤议，奏补陈东官，赐第，除太学录。东又请诛蔡氏，且力辞官以归，前后书凡五上。高宗即位，相李纲，召东赴行在。比至，纲已罢。东即上书乞留纲而罢黄潜善、汪伯彦。会崇仁布衣欧阳澈上书诋时事，语侵宫掖，帝谓其言不实，潜善乘间启杀澈，遂并及东。《澈传》云：金人大入，要盟而去。澈闻，辄语人曰：我能口伐金人，强于百万之师，愿杀身以安社稷。有如上书不见信，请质子女于朝，身使穹庐，御亲王以归。乡人每笑其狂，止之，不可，乃徒步走行在。高宗即位南京，伏阙上封事，极诋用事大臣，遂见杀。澈盖迂儒，无足惮，当局所惮者实东也。是时而犹杀言者，诚足使人流涕者矣。秦桧成和议，太学生张伯麟题壁曰：夫差，而忘越王杀而父乎？杖脊，刺配吉阳军。其悖悍如此。然桧死，王十朋、冯方、胡宪、查籥、李浩相继论事，太学生为《五贤诗》述其事。周葵素与桧异，权礼部侍郎，兼国子祭酒，侍御史汤鹏举乞罢之。太学生黄作、詹渊率诸生都堂留葵。翼日，博士何俌等言于朝，乞惩戒。诏作、渊皆送五百里外编管，葵出知信州。太学中之正气，殊未泯也。孝宗隆兴二年，十一月，甲午，以黄榜禁太学生伏阙。是日，太学生张观等七十二人上书，请斩汤思退、王之望、尹穑，窜其党洪适、晁公武，而用陈康伯、胡铨等，以济大计。几复见陈东、高登之慷慨矣。

　　凡骛于名或激于意气者，往往遇一事焉而随之而动，己亦不知其所以然。此所谓役于气而不能自主者也。一人如此，成众自更然。光宗之不朝重华宫，此特一家之私事，于朝政无与也。君民之关系久疏，但使朝无觊觎之人，即植遗腹，朝委裘，天下亦自不乱。赵汝愚等之谋禅，盖实有功名之心焉？人民何必附和？然绍熙五年，大学生汪安仁等二百余人欲上书，而龚曰章等百余人以投匦上书为缓，必欲伏阙，（《宋史·杨大全传》）是亦不可以已乎？及汝愚罢相，国子祭酒李祥、博士杨简皆以为言。侂胄党正言李沐劾罢之。侍讲章颖亦以言汝愚罢。太学生杨宏中、周端朝、张衜、林仲麟、蒋傅、徐范留汝愚、颖及祥、简，悉送五百里外编管。此亦参与党争而已。然《宏中传》云：祥、简被斥，宏中曰：师儒能辨大臣之冤，而诸生不能留师儒之去，于义安乎？众莫应。独仲麟、范、衜、傅、端朝愿与其议。《范传》云：书已具，有闽士亦署名。忽夜传韩侂胄将寘言者重辟，闽士怖，请削名。范之友亦劝止之。范慨然曰：业已书名，尚何变？其临难毋苟免，亦无愧高登矣。

开禧元年，四月，武学生华岳上书，谏朝廷不宜用兵，恐启边衅。以忤韩侂胄，送建宁府编管。书辞见本传，论侂胄之专恣，政事之败坏，武备之不修，极伉直。（《侂胄传》云：乞斩侂胄、苏师旦、周筠，以谢天下。）书奏，侂胄大怒，下大理，贬建宁圜土中。侂胄诛，放还，复入学，登第，为殿前司官属，郁不得志。谋去史弥远，事觉，下临安狱。狱具，坐议大臣当死。宁宗知岳名，欲生之，弥远曰：是欲杀臣者。竟杖死东市。史言岳轻财好侠，盖意气用事者，然不肯以国事为孤注，则非武夫寡虑者比也。先攻韩侂胄，后谋史弥远，盖极知权奸之误国，内安为外攘之本者，其识见颇与陈东类也。（时太学博士钱廷玉，附会侂胄，言恢复之计，见《侂胄传》。）

华岳不欲启衅，以其无幸胜之理，非谓义不当谋恢复也，故事势一有转变，与论亦即随之。嘉定七年，十一月，遣聂子述使金贺正旦，刑部侍郎刘鑰等及太学诸生上章言其不可；十二年，五月，太学生何处恬等伏阙上书，以工部尚书胡榘欲和金人，请诛之以谢天下，皆是。（皆见《本纪》。）

争济王之狱，与请朝重华宫不同。请朝重华宫，可以沽名，而无后患，争济王之狱，则不然也。狱之起也，大学博士李韶上封事谏，且以书晓史弥远，亦为难得矣。

宋之末叶，学潮颇牵涉党争。其显著者，一为争史嵩之起复。事在淳祐四年。太学生百四十四人，武学生六十七人，京学生九十四人，宗学生三十四人，及建昌军教授卢钺，皆上书言其不可。《嵩之传》。侍御史刘汉弼言愿听嵩之终丧，帝乃以范钟、杜范并相。五年，正月，汉弼卒。太学生蔡德润等百七十三人伏阙上书，以为暴卒。（《汉弼传》）是年，四月，杜范卒；六月，兵部侍郎徐元杰卒，时亦谓非善终。程公许上书极言之。（公许时为起居郎，兼直学士院，权中书舍人。嵩之罢起复及相范钟、杜范三制，皆其所草。）先是嵩之从子璟卿，尝以书谏嵩之，暴卒，相传嵩之致毒。《嵩之传》。然实皆莫须有之事也。（读《程公许传》可见。）

一为攻余晦之事。晦为天锡从子。《宋史·程元凤传》云："淳祐十二年，拜右正言，兼侍讲。余晦恃恩妄作，三学诸生伏阙上书，白其罪状，司业蔡抗又力言之，元凤数其罪劾之。奏上，以晦为大理少卿，抗为宗正少卿。元凤又上疏，请留抗而黜晦，以安士心。乃命抗仍兼司业，晦予郡。"晦时为临安尹。理宗生平，于援立之恩最倦倦，盖不免放纵之也。

一为攻宦官卢允升、董宋臣。宝祐三年，监察御史洪天锡疏论二人，留中不下，而御笔授天锡大理少卿。太学生池元坚论击允升、宋臣。谗者以天锡之论，为时相谢方叔意；及天锡去，亦曰：方叔意也。方叔上疏自解。监察御史朱应元攻方叔罢相。允升、宋臣犹以为未快，厚赂太学生林日养，上书力诋天锡、方叔。且曰：乞诛方叔，使天下明知宰相、台谏之去，出自独断，于内侍初无预焉。书既上，学舍恶自养党奸，相与鸣鼓攻之，上书以声其罪。自有学潮以来，太学中人，以此次为最不一致矣。

一为攻丁大全之事。大全迫逐董槐，事在宝祐四年六月，三学生屡上书以为言。诏以槐为观文殿大学士，提举临安府洞霄宫。十一月，以监察御史吴衍、翁应弼劾太学、武学生刘蔽等八人不率，诏拘管江西、湖南州军。宗学生与伯等七人并削籍，拘管外宗正司。是时太学生获罪者六人：刘黻外为陈宗、黄镛、曾唯、陈宜中、林则祖。（《大全》及《宜中传》。）司业率十二斋生冠带送之桥门之外。大全益怒，立碑三学，诚诸生毋妄议国政，且令自后有上书者，前廊生看详，以牒报检院。士论翕然，称六人为六君子。而宗学谕冯去非，亦不肯书名石碑下，诸生下狱，去非复调护宗学生之就逮者焉。（《宜中》《去非传》。）大全贬，刘黻还太学。侍御史陈垓劾程公许，右正言蔡荣劾黄之纯，去职，黻又率诸生上书争之。（《黻传》，亦见《公许传》。）

《贾似道传》云："似道既专恣日甚，畏人议己，务以权术驾驭。不爱官爵，牢笼一时名士。又加太学餐钱，宽科场恩例，以小利啖之。由是言路断绝，威福肆行。"然景定五年，太学生萧规、叶李等上书言似道专政，似道命京尹刘良贵招撫以罪，悉黥配之。是役也，《食货志》云：三学六馆皆上书；《元史·叶李传》云：伏阙者凡八十三人；而良贵之陷李，亦诬其僭用金饰斋扁，未敢以攻执政为其罪；则初未能以一手掩天下目也。李亦可谓能持正论者。其后受虏命北上，至晚节不终，则声华之为累耳。故明夷利贞也。

陈宜中初本攻人者，后乃为人所攻。丁大全之败也，丞相吴潜奏还宜中。贾似道入相，复为之请，有诏六人皆免省试，令赴景定三年廷试，而宜中中第二人。宜中于似道，盖实不免比周。似道督师江上，以国事付王爚、章鉴及宜中，盖取其素与己。爚、宜中于其既出，稍欲自异，及闻其败，乘势蹙之。既而二人自为矛盾。熿子乃嗾京学生刘九皋等伏阙上书，攻宜中擅权，党似道。时为德祐元年七月，宜中遂径去，遣使召之，不至。其后罢熿，命临安府捕逮京学生，召之，亦不至。盖知国危，借此脱身也，亦云巧矣。然其后奔走朔方，身死异域，卒未肯屈节北廷，则曾读诗书者，虽倾危之士，亦终知顾惜名义也。

宋末，学生忠贞不屈者颇多。淳祐七年，十二月，诏太学生程九万自北脱身来归，且条上边事，赐迪功郎。德祐二年，正月，三学生誓死不去，特与放释褐出身。俱见《宋史·本纪》。此足愧当时儒生如许衡辈之屈节外族，及朝臣之纷纷遁去者矣。《元史·世祖纪》：至元十三年，二月，甲子，董文炳、唆都发宋随朝文士刘襄然及三学诸生赴京师。太学生徐应镳父子四人同赴井死。五月，壬寅，宋三学生四十六人至京师。九月，庚子，命姚枢、王磬选宋三学生之有实学者留京师，余听还家。三学生之为北廷所羁絷者，盖甚少也。

金、元以外族入据中国，自无为之尽忠者。《金史·仆散端传》："贞祐二年五月，判南京留守，与河南统军使长寿、按察转运使王质表请南迁，凡三奏，宣宗意乃决。百官士庶皆言其不可。太学生赵昉等四百人上书极论利害，宣宗慰遣之。"金之危亡，学生有所建白者，惟此而已。《元史·王思诚传》："国子监诸生相率为哄，复命为司业。思诚召诸生立堂下，黜其首为哄者五人，罚而降斋者七十人，勤者升，惰者黜，于是更相勉励。"此哄不知其为何事，然必无甚关系也。

至于明世，而学生之崇尚气节者又多。王省死建文之难，引见《鸣鼓众质》条。又陈思贤，洪武末为漳州教授，以忠孝大义勖诸生。燕王登极诏至，恸哭曰：明伦之义，正在今日。坚卧不迎诏。率其徒吴性原、陈应宗、林珏、邹君默、曾廷瑞、吕贤六人，即明伦堂为旧君位，哭临如礼。有司执之送京师，思贤及六生皆死。高贤宁，济阳儒学生。尝受学于王省，以节义相砥砺。建文中，贡入太学。燕兵围济南，贤宁在围中。王射书城中谕降，贤宁作《周公辅成王论》射城外。王悦其言，为缓攻。王即位后，贤宁被执入见。成祖曰：此作论秀才耶？秀才好人，予一官。贤宁固辞。锦衣卫指挥纪纲，故劣行被黜生也，素与贤宁善，劝就职。贤宁曰：君为学校所弃，固应尔，我食廪有年，义不可，且尝辱王先生之教矣。纲为言于帝，竟得归。然则纪纲亦非怙恶不悛者也。明有天下日浅，太祖又暴戾，无足为效死，而其臣之忠于建文如此。盖自宋以来，君臣之义久著，元时潜伏无所用之，至此又勃然而兴也。高瑶，由乡举为荆门州学训导。成化三年，抗疏陈十事。其一请追加郕王庙号。宪宗虽不用，然久之，竟复郕王帝号。又有虎臣者，成化中贡入太学。孝宗践阼，将建棕棚万岁山，备登眺。臣抗疏切谏。祭酒费訚惧祸及，银铛縶臣堂树下。俄官校宣臣至左顺门，传旨慰谕曰：若言是，棕棚已毁矣。訚大惭。此皆能责难于君者也。李时勉，正统六年，为国子祭酒。初，时勉请改建国学，帝命王振往视，时勉待振无加礼。振衔之，廉其短，无所得。时勉尝芟彝伦堂树旁枝，振遂言时勉擅伐官树入家，取中旨，与司业赵琬、掌馔金鉴并枷国子监前。方盛暑，枷三日不解。监生李贵等千余人诣阙乞贷。有石大用者，上章愿以身代。诸生圜集朝门，呼声彻殿庭。振闻诸生不平，恐激变。及通政司奏大用章，振内惭。助教李继，请解于太后父会昌侯孙忠。太后言之帝。帝初不知也，立释之。大用朴鲁，初不为六馆所知，及是，名动京师。时王骥攻麓川，会川卫训导詹英抗疏劾之，辞极切至。（见《骥传》。）盖一时教官、学生，与权奄之搏斗烈矣。杨守阯，（守陈弟，附《守陈传》。）

成化初乡试第一。祭酒邢让下狱，率六馆生伏阙讼冤。《让传》云：让以用会馔钱事，与后祭酒陈鉴、司业张业、典籍王允等俱得罪，坐死。用馔钱似属不合，然在当时，似已成陋规，取陋规未必有罪，即有罪亦不至死。《让传》又言让负才狭中，意所轻重，辄形于词色，名位相轧者多忌之，则其狱或实冤，在诸生亦非阿私所好也。李梦阳为江西提学副使，与同列相讦，羁广信狱，诸生万余为讼冤。梦阳非君子，与相讦者亦非正人，其事无足深论。刘大夏戍肃州，诸司惮刘瑾，绝馈问，儒学生徒传食之，则公道究存于学校中矣。杨涟劾魏忠贤，得严旨，蔡毅中领祭酒事，率属抗疏争之，尤为大义懔然。

学校中人，亦有不顾廉耻，干犯名义者。如林日养、费闻是也。尚不止此。魏忠贤之建生祠也，监生陆万龄，至谓孔子作《春秋》，忠贤作《要典》；孔子诛少正卯，忠贤诛东林；宜建祠国学西，与先圣并尊。司业朱之俊，辄为举行。会熹宗崩，乃止。（见《明史·阉党·阎鸣泰传》。）此真匪夷所思者矣。然有群众运动，即有其蟊贼，亦不足怪也。

武　举

武举起于唐世，所试者长垛、马枪、翘关、负重等，皆膂力之事也，至宋以后乃渐变。《宋史·选举志》："孝宗隆兴元年，殿中侍御史胡沂言：唐郭子仪以武举异等，初补右卫长史，历振远、横塞、天德军使。国初，试中武艺人，并赴陕西任使。又武举中选者，或除京东捉贼；或三路沿边，试其效用；或经略司教押军队，准备差使。今率授以榷酤之事，是所取非所用，所用非所学也。请取近岁中选人数，量其材品考任，授以军职，使之习练边事，谙晓军旅，实选用之初意也。乾道二年，中书舍人蒋芾亦以为言，请以武举登第者，悉处之军中。帝以问洪适。适对曰：武举人以文墨进，杂于卒伍，非便也。帝曰：累经任使，可以将佐处之。"观此，知武举出身者，与卒伍绝非同类矣。用兵固非文墨之事，然忠义及智谋，皆自文墨而出，亦岂可舍之不务邪？黄梨洲以从毅宗死者皆文臣，建义于郡县者，皆文臣及儒生，而武人之为大帅者，无不乘时易帜，谓观于此，然后知承平时待以徒隶者之未为非。（《明夷待访录·兵制》二）其言或不免少激，然执干戈者不可不受教育，则理无可疑也。《元史·世祖纪》：至元十二年，"帝既平宋，召宋诸将问曰：尔等何降之易邪？对曰：宋有强臣贾似道，擅国柄，每优礼文士，而独轻武官。臣等久积不平，心离体解，所以望风而送款也。帝命董文忠答之曰：借使似道实轻汝曹，特似道一人之过耳。且汝主何负焉？正如所言，则似道之轻汝也固宜。"其言颇足与梨洲之言相发明。元主而能知此者，此固事理之当然，不待智者而后知之也。而叛国之武臣，不得以意愚为解也审矣。

从来言教育者，皆详于文而几不及武。惟南北朝时，颇有异于是者。《齐书·崔祖思传》：祖思启陈政事，谓宜于太庙之南，引修文序，司农以北，广开武校是也。《魏书·韦阆传》：族子彧，为东豫州刺史。以蛮俗荒梗，不识礼仪，表立太学，（魏世州郡之学，对县以下之学，称为太学。《李平传》言：平在相州，修饰太学。《高祐传》言：祐为兖州刺史，镇滑台。以郡国虽有太学，县党宜有黉序，乃县立讲学，党立教学，村立小学。《崔挺传》：挺族子纂之从祖弟游，转河东太守。太学旧在城内，游移置城南闲敞之处，亲自说经。《北史·郦道元传》：道元试守鲁阳，表立黉序。诏曰：鲁阳本以蛮人，不立大学，今可听之，以成良守文翁之化。皆是。又成人之学，对童稚之学言之，亦曰大学。《景穆十二王传》：南安王桢之子英，奏言太学之馆久置于下国，四门之教方构于京瀍，是也。）又于城北置崇武馆以习武，则并曾试行之矣。《宋书·周朗传》：世祖即位，普责百官谠言。朗上书，言"宜二十五家选一长，百家置一师。男子十三至十七，皆令学经；十八至二十，尽使修武。习经者五年有立，则言之司徒；用武者三年善艺，亦升之司马。"则人人当文武兼修，其用意尤为周至。盖由竞争烈而其所责望于民者深也。别见《周朗》条。

文　化

儒术之兴（上）

自梁任公以周、秦之际，为中国学术最盛之时；谓汉武罢黜百家，表章六经，实为衰机所由肇；又谓历代帝王尊崇儒术，乃以儒家有尊君之义，用以便其专制之私。而世之论者，多袭其说，实则不衷情实之谈也。儒术之兴，乃事势所必至，汉武特适逢其会耳。

当秦、汉之世，欲求致治，势不能不图更化。秦人权使其士，虏使其民，内峻威刑，外勤战斗。《纪》载始皇之语曰："吾前收天下书不中用者尽去之，悉召文学方术士，甚众，欲以兴太平，方士欲练以求奇药。""欲以兴太平"上，盖有夺文。此五字指文学言。致太平责文学，练奇药资方士，皆始皇所谓在不中用之外者也。文学者，通知古今而不囿于当世法律辟禁之士。叔孙通以文学征，待诏博士；数岁，陈胜起，二世召博士诸儒生问，而通之对谀，赐帛二十疋，衣一袭，拜为博士。则当时博士，盖即文学之士为之。秦博士多儒生，见下条。则所谓文学者，其学术亦可知矣。然则始皇非不欲用儒也，未及用而诽谤之事遽起，案问御史既希旨，诸生又传相告引，遂至所坑者几五百人耳。然原其初意，固与汉武无以异也。使天假之年，获见海内平治，如汉文、景之时者，亦未必不终用儒生，成武帝之业也。

孔子论政，先富后教。孟子曰："无恒产而有恒心者，惟士为能。若民，则无恒产，因无恒心；苟无恒心，放辟邪侈，无不为矣。是故明君制民之产，必使仰足以事父母；俯足以畜妻子；乐岁终身饱，凶年免于死亡，然后驱而之善，故民之从之也轻。"《管子》曰："仓廪实而知礼节，衣食足而知荣辱。"《王制》曰：

"食节事时，民咸安其居。乐事劝功，尊君亲上，然后兴学。"凡古之言教化，无不如此者。叔孙通之使征鲁儒生也，有两生不肯行，曰："礼乐，积德百年而后可兴也。今天下初定，死者未葬，伤者未起，公所为不合古。"犹守旧说也。（《汉书·礼乐志》曰："世祖受命中兴，拨乱反正，改定京师于土中。即位三十年，四夷宾服，百姓家给，政教清明，乃营立明堂辟雍。"又曰："今海内更始，民人归本，户口岁息，平其刑辟，牧以贤良，至于家给，既庶且富；则须庠序礼乐之教化矣……今大汉继周，久旷大仪，未有立礼成乐，此贾谊、仲舒、王吉、刘向之徒，所为发愤而增叹也。"仍是此等议论。）汉代改正朔易服色之论，必起于文帝之时，以此。秦皇初并天下，日不暇给，其广征文学，而未能遽就其事，其无足怪。然以视汉之高帝，则规模弘远矣。

汉兴文治，盖有三时：郦生谒高祖，高祖问使者曰："何如人也？"使者曰："状貌类大儒，衣儒衣，冠侧注。"高祖即不肯见。郦生更其辞，然后得入。陆贾前说称《诗》《书》，高祖曰："乃公居马上得之，安事《诗》《书》。"客冠儒冠来者，高祖辄解其冠，溲溺其中。叔孙通乃从所好，服短衣楚制。通从儒生弟子百余人，然无所进，专言诸故"群盗"壮士进之。及高祖苦群臣拔剑击柱，通乃说之以起朝仪；高祖犹曰："得毋难乎？"又曰："可试为之。令易知，度吾所能行者为之。"通为之月余，请上试观。上即观，曰："吾能为此。"乃令群臣习肄，其所谓礼者可知矣。陆生之折高祖曰："马上得之，宁可以马上治之乎？且汤、武逆取而以顺守之，文武并用，长久之术也。"盖以利害动之，高祖乃曰："试为我著秦所以失天下，吾所以得之者何？及古成败之国。"陆生乃粗述存亡之征，凡着著十二篇。自来能应事机者，不必其明于理。高祖之粗野，岂足以语兴亡之故？其所著者亦可知矣。今《新语》系伪书，然真者即存，亦必甚浅俗。《绛侯世家》云："勃不好文学，每召诸生说士，东乡坐而责之，趣为我语。"《陆贾传》：贾谓陈平曰："臣尝欲谓太尉绛侯，绛侯与我戏，易吾言。"张良游侠，萧、曹刀笔吏，韩信徒能校兵书，张苍称于书无所不读，亦府史之材耳，安足以知文学？盖汉初之将相大臣又如此。而其时亦正死者未葬，伤者未起，其无意于言教化也固宜。孝惠、高后之时，民务稼穑，衣食滋殖。及文帝之立，而情势稍变矣。《史记·礼书》曰："孝文即位，有司议欲定仪礼；孝文好道家之学，以为繁礼饰貌，无益于治，躬化谓何耳，故罢去之。"与《贾生传》所云"贾生以为汉兴至孝文二十余年，天下和洽，当改正朔，易服色，法制度，定官名，兴礼乐，乃悉草具其事。孝文帝初即位，谦让未遑"者合。然《传》又曰："天子议以为贾生任公卿之位，绛、灌、东阳侯、冯敬之属尽害之，乃短贾生，于是天子后亦疏之，不用其议。"观公孙臣之进用，则贾生危见任为公卿不诬。盖道家之义，特不容妄事纷更，原不谓当束手一事不为也。（《汉书·礼乐志》亦云："天子说焉，而大臣绛、灌之属害之，故其议遂寝。"）《晁错传》曰："太子善错计策，袁盎诸大功臣多不好错。"又云："景帝即位，以错为内史。法令多所更定，丞相申屠嘉心弗便。""迁为御史大夫，请诸侯之罪过，削其地，收其枝郡。奏上，上令公卿列侯宗室集议，莫敢难。独窦婴争之，由此与错有隙。"错之死，论者皆谓袁盎为之。其实盎疏逖，非窦婴不得见；而错之诛，距盎之说已十余日矣，度其间必更有进议于景帝者，特史弗传耳。然则杀错者非盎，实汉朝之大臣也。故错之被陷，谊之见排，一也。特所遭之时不同，故一止于迁谪；一遂至于杀身耳。然则高、惠之世，本无意于更化者也；文、景则有意焉，而为武力功臣所沮者也；丁斯时也，必此等沮挠之人尽去，而又得一好大喜功之主，举前世谦让未遑者，悉不让而为之，而后更化之事可成，武帝则其人也。武帝之世，则其时也。其能就前人所未就之业，宜哉。然其事，则固始皇以来之所共愿也，未之逮耳。

儒术之兴（中）

博士，《汉书·百官公卿表》曰"秦官"，而沈约《宋书志》谓六国时往往有博士。案《史记·循史传》："公仪休者，鲁博士也。以高第为鲁相。"《龟策列传》：宋元王时，神龟为豫且所得，见梦，召博士卫平而问焉。《汉书·贾山传》："祖父祛，故魏王时博士弟子也。"则约之言是也。草昧之世，无所兴作，服官但循成法，固无取通知古今；稍进文明，即不容尔。博闻强识之士，遂为世之所贵。子产以博物君子，见称于晋；而楚灵王亦夸倚相能读《三坟》《五典》《八索》《九丘》；则是物也。春秋时，犹仅就博闻者而问焉，征故实于史氏；至战国，遂广罗道术之士，以备咨询，亦理势然矣。班《表》之说，盖谓汉之博士，沿袭嬴秦，原不谓博士之官，为秦人所创置也。（孔鲋为陈涉博士，汉高亦以叔孙通为博士。当戎马倥偬之际，不废是官，则亦颇重之矣。）

博士虽无重权，然议礼制度考文，由之而定；其于显庸创制之朝，所系实重。观其治何家之学，而其时之所尚可知矣。叔孙通、伏生皆儒者，众所共知。博士之议帝号也，曰："古有天皇，有地皇，有泰皇；泰皇最贵。"天皇、地皇、泰皇者，《尚书大传》曰：遂人以火纪，火，太阳也，阳尊，故托遂皇于天；宓戏以人事纪，故托戏皇于人；神农悉地力，种谷疏，故托农皇于地。泰即大，大与人古字相通。泰皇，盖人皇传写之讹。参看拙撰《三皇五帝考》。淳于越之谏始皇也，曰："臣闻殷、周之王千余岁，封子弟功臣，自为枝辅；今陛下有海内，而子弟为匹夫，卒有田常六卿之臣，无辅拂，何以相救哉？事不师古，而能长久者，非所闻也。"陈胜之起也，二世召博士诸儒生问，博士诸生三十余人前曰："人臣无将，将即反，罪死无赦。"观其所言，而其所学可知矣。《汉书·京房传》，房弟子姚平曰："昔秦时，赵高用事，有正先者，非刺高而死，高威自成。"孟康曰："姓正，名先，秦博士也。"高之学近法家，当时儒法二家，相讥颇甚，得毋先亦儒家者流与？（《梅福传》："夫叔孙先非不忠也。"师古曰："先犹先生也。"则正先未必名先。）始皇之坑儒生也，扶苏谏曰诸生皆诵法孔子。"则嬴秦之廷，齐、鲁之士为不少矣。

《始皇本纪》：三十六年，使博士为仙真人诗；三十七年，梦与海神战，问占梦博士。或有以此二事，疑当时博士，杂有方士巫祝之流者。然《纪》又言二世三年，梦白虎啮其左骖马，杀之，召问占梦；则三十七年之"占梦博士"四字不连读，乃始皇并问此两官，而非博士以占梦为职也。至使为仙真人诗，则以其闲于文学耳。汉世郊庙之歌，有定自匡衡者矣；亦杂有神仙家言，岂得谓稚圭为方士之流与？

侯生、卢生谓始皇专任狱吏，博士虽七十人，特备员弗用。然帝号之定，实采博士之议；淳于越之言虽不见用，且引起焚书之祸，当时亦曾下其议；而所焚之书，以非博士官所职为限，则其责博士以通古今如故也。始皇之封禅也，《史记·封禅书》记其事曰："征从齐、鲁之儒生，博士七十人，至乎泰山下。诸儒生或议曰：古者封禅，为蒲车，恶伤山之土石草木。扫地而祭，席用菹秸，言其易遵也。始皇闻此议各乖异，难施用，由此绌儒生；而遂除车道，上自泰山阳至巅，立石颂秦始皇帝德，明其得封也。从阴道下，禅于梁父，其礼颇采大祝之祀雍上帝所用，而封藏皆秘之，世不得而记也。始皇之上泰山，中阪，遇暴风雨，休于大树下；诸儒生既绌，不得与用于封事之礼，闻始皇遇风雨，则讥之。"颇采者，不尽采之辞；绌即不与于封事之谓；虽不从其人，实未尝尽废其议，故《本纪》纪此事，仍云"与鲁儒生议封禅望祭山川之事"。且齐、鲁之儒生虽绌，博士七十人，未必不从上山也。汉武之封禅也，《封禅书》记其事曰："天子既闻公孙卿及方士之言，欲放黄帝，以上接神仙人蓬莱士，高世比德于九皇，而颇采儒术以文之。群儒既已不能辨明封禅事，又牵拘于《诗》《书》古文而不能骋；上为封禅祠器，示群儒，群儒或曰不与古同，徐偃又曰太常诸生行礼不如鲁善，周霸属图封禅事，于是上绌偃、霸，而尽罢诸儒不用。"封禅自后世观之，诚为秕政，然秦、汉之世，则视之甚重；秦皇、汉武，其不专任儒亦等耳。

　　《汉书·艺文志》：《高祖》十三篇，高祖与大臣述古语及诏策也；《孝文传》十一篇，文帝所称及诏策。今观《史》《汉》，两帝诏策，多粹然儒者之言。文帝除肉刑一诏，原本《书传》，尤能行经义以除秕政；诏策如此，他所称述可知，知儒术之兴，实不自武帝始矣。

儒术之兴（下）

然则汉人议论，无事不引秦为鉴戒；而夷考其实，其所行者，实乃异世而同揆，是何也？曰：此事势之不得不然，而生其时者，亦遂莫知其然而然也。董仲舒之言曰："周之末世，大为亡道；秦继其后，又益甚之，习俗薄恶，民人抵冒；今汉继秦之后，虽欲治之，无可奈何。法出而奸生，令下而诈起。辟之琴瑟，不调甚者，必解而更张之，乃可鼓也；为政而不行甚者，必变而更化之，乃可理也。"此岂仲舒一人之言哉？趣过目前，而不暇为久远之图者，庸或虑不及此。苟为子孙帝王万世之计，更化之图，有必不容缓者矣。

汉儒之言更化，其道有二：曰立大学以教于国；曰设庠序以化于邑。古大学与明堂合一，制礼作乐之事皆出焉，汉人固颇行之矣。然与人民实无涉也，故讫无成效可见。至于庠序之化，则终汉世未之能行，故虽以东京大学之盛，而班固之徒，犹蹙然于教化之未兴也。（《汉书·礼乐志》曰："世祖受命中兴，拨乱反正，改定京师于土中。即位三十年，四夷宾服，百姓家给，政教清明，乃营立明堂辟雍。显宗即位，躬行其礼，宗祀光武皇帝于明堂，养三老五更于辟雍。威仪既盛美矣，然德化未流洽者，礼乐未具，群下无所诵说，而庠序尚未设之故也。"）

然则庠序而果遍设，汉儒所谓教化之具者而果毕张，风俗遂可以美善矣乎？曰：难言之矣。《汉书·地理志》曰："文翁为蜀守，教民读书法令，未能笃信道德，反以好文刺讥，贵慕权势；及司马相如游宦京师诸侯，以文辞显于世，乡党慕循其迹。后有王褒、严遵、扬雄之徒，文章冠天下。由文翁唱其教，相如为之师。"庠序学校之教，其效可睹矣。大史公曰："夏之政忠，忠之敝，小人以野；故殷人承之以敬，敬之敝，小人以鬼；故周人承之以文，文之敝，小人以僿。故救僿莫若以忠，三王之道若回圜，终而复始。"周秦之际，可谓文敝矣，秦政不改，反酷刑法，岂不缪乎？以酷刑法为反于忠者，董仲舒曰："秦师申商之法，行韩非之说，诛名而不察实。为善者不必克；而犯恶者未必刑，是以百官皆饰空言虚辞而不顾实，是其义也，好文刺讥，习为雕虫，饰其鞶帨，其不顾实，无乃愈甚。"然则汉儒之所为，自谓能救僿以忠，实乃以水济水也。

汉儒所谓教化者，不足以治天下，读张敞奏黄霸之语，最可见之。霸之治郡，先为人民筹生计，继乃教以孝弟贞廉之行；徒观其迹，真所谓先富后教者。而敞之奏曰："浇淳散朴，有名无实，甚者为妖。"又曰："假令京师先行让畔异路，道不拾遗，其实亡益廉贪贞淫之行，而以伪先天下，固未可也。即诸侯先行之，伪声轶于京师，非细事也。"其深恶痛绝之，至于如此。观于王莽之以伪率天下，而卒至于大乱，然后叹敞之见之卓矣。

（莽之所为，即所谓以伪先天下，甚者为妖者耳。）

然则如敞之所言，谓汉家承敝通变，造起律令，即以劝善禁奸者，其说果是矣乎？曰：又非也。王吉之言曰："今俗吏所以牧民者，非有礼义科指，可世世通行者也。以意穿凿，各取一切，是以诈伪萌生，刑罚无极，质朴日消，恩爱寖薄。"观汉世法令之支离灭裂，盖不能不以其言为然。而敞谓足劝善禁奸，诬矣。贾谊之言曰："今汉承秦之敝俗，废礼谊，捐廉耻。今其甚者杀父兄，盗者取庙器，而大臣特以簿书不报期会为故；至于风俗流溢，恬而不怪，以为是适然耳。"夫移风易俗，使天下回心而乡道，类非俗吏之所能为也。观于汉世大臣之无远虑，为吏者多沿亡秦之失，徒藉刑杀以立威，盖又不能不以其言为然。而敝以为但令贵臣，明饬长吏守丞，归告二千石，奉法令从事，遂足为治。得毋当时之二千石，皆非俗吏乎？何言之易也！五谷不熟，不如荑稗，张敞之稗，或愈于黄霸之秕，以为嘉谷则误矣。

任法既不足止奸；崇儒又适以长伪；则将何适而可？曰：言治必以教化为本，教化必以礼乐为先，此不易之理也。独惜儒家之言教化者，皆未知礼乐之情耳。《记》曰："大乐与天地同和，大礼与天地同节。和者，乐之情也；节者，礼之情也。"然非谓吾陈礼乐于此，而民遂能和，而民遂知节也。欲民之能和，必先去其争攘之心，消其愁怨之念；欲民之知节，必先禁其放荡之行，祛其鄙吝之情。民蹙然无以遂其生，又强陵弱众暴寡而莫之能正，不强圉即无以自卫；而欲陈乐以和之，难矣。富家一食之费，罄贫民终岁之粮，弗能均也。睦渊任恤之风邈，而民不得不厚自封殖，虽有数世温饱之计，犹怀不可终日之尤，弗能化也。而欲立礼以节之，难矣。此制礼作乐，所以必在功成治定之后也。功未成，治未定，曷尝不以前代之礼乐化其民。然所以成其功定其治者，必当别有作为，不能舞干羽以格有苗，写《孝经》以安反侧，审矣。满堂而饮酒，一人乡隅而悲泣，则四坐为之不乐；人心之欣戚，岂不以其境哉？班固之言曰："今海内更始，民人归本，户口岁息，平其刑辟，牧以贤良，至于家给，既庶且富，则须庠序礼乐之教化矣。"然而史迁言武帝之初，众庶街巷有马，阡陌之间成群，守闾阎者食粱肉，为吏者长子孙。而董仲舒言贫民常衣牛马之衣，食犬彘之食。虽迁，亦谓役财骄溢，或至并兼。夫苟家给人足，又何并兼之有？则知太仓之粟，陈陈相因，都鄙廪庾尽满，非人人得而食之矣。以此而言庠序礼乐，不亦难乎？故曰："礼云礼云，玉帛云乎哉？乐云乐云，钟鼓云乎哉？"而林放问礼之本，子曰：大哉问！

不特此也。礼也者，因时世人情，为之节文者也；然则非节文人者也，君子行礼，不求变俗，以此，夫异世之礼之不可以强齐，犹异地之礼之不可以强一也。刘向之言曰："为其俎豆笾弦之间小不备，因是绝而不为，是去小不备而就大不备，或莫甚焉。"固也，抑且愈备而愈不能行；何也？愈备，则其去人生日用愈远，非复因时世人情，为之节文之义矣。夫礼之初，始诸饮食，其燔黍而捭豚，污尊而抔饮，蒉桴而土鼓，犹若可以致其敬于鬼神；然而后圣有作，修火之利，以炮以燔，以亨以炙，以为醴酪，初不沿燔黍捭豚污尊抔饮之旧，何则？世殊则事异，人之情不存焉。叔孙生之制朝仪也，高祖曰："令易知，度吾所能行者为之。"然则为民制礼乐者，不当度民之所易知、所能行者乎？故曰：礼也者，义之实也。协诸义而协，则礼虽先王未之有，可以义起也。汉儒日言礼乐教化，而其所从事者，非陈诸庙堂之上，人民不见不闻，则拘牵于俎豆笾弦之间，徒陈古而不与今合；以此化民，得乎？故曰：知礼乐之情者能作；识礼乐之文者能述；作者之谓圣，述者之谓明。又曰：利之所尊，尊其义也。失其义，陈其教，祝史之事也；拘牵于俎豆笾弦之间，而犹弗能备，则求为祝史而未能逮也；将以化民，不亦难乎？

《史记·礼书》曰："今上即位，招致儒术之士，令共定仪，十余年不就。或言古者太平，万民和喜，瑞应辨至。乃采风俗，定制作。"定制作必采风俗，此即因时世人情为之节文之义；礼乐之必须制作以此。为此言者，不知何人，其所陈则古义也。《礼书》又曰："上闻之，制诏御史曰：盖受命而王，各有所由兴；谓因民而作，追俗为制也。议者咸称太古，百姓何望？汉亦一家之事，典法不传，谓子孙何？化隆者闳博，治浅者褊狭，可不勉与？乃以太初之元，改正朔，易服色，封泰山，定宗庙百官之仪，以为典常，垂之于后云。"制诏所陈，亦古义也，独惜改正朔易服色等事，皆与民无涉耳。

论后世之礼乐不切于民生者，以《唐志》之言为最著明：《志》曰："由三代而上，治出于一，而礼乐达于天下；由三代而下，治出于二，而礼乐为虚名。古者宫室车舆以为居，衣裳冕弁以为服，尊爵俎豆以为器，金石丝竹以为乐，以适郊庙，以临朝廷，以事神而治民。其岁时聚会，以为朝觐聘问；欢欣交接，以为射乡食飨；合众兴事，以为师田学校；下至里闾田亩，吉凶哀乐，凡民之事，莫不一出于礼。由之以教其民，为孝慈友弟忠信仁义者，常不出于居处动作、衣服饮食之间。盖其朝夕从事者，无非乎此也，此所谓治出于一。而礼乐达天下，使天下安习而行之，不知所以迁善远罪而成俗也。及三代已亡，遭秦变古，后之有天下者，自天子百官名号位序，国家制度，宫车服器，一切用秦。其间虽有欲治之主，思所改作，不能超然远复三代之上，而牵其时俗，稍即以损益，大抵安于苟简而已。其朝夕从事，则以簿书狱讼兵食为急，曰：此为政也，所以治民。至于三代礼乐，具其名物，而藏于有司，时出而用之郊庙朝廷，曰：此为礼也，所以教民。此所谓治出于二，而礼乐为虚名。故自汉以来，史官所记，事物名数，降登揖让拜俛伏兴之节，皆有司之事耳。所谓礼之末节也。然用之郊庙朝廷，自搢绅大夫从事其间者，皆莫能晓习，而天下之人，至于老死，未尝见也。况欲识礼乐之盛，晓然谕其意，而被其教化以成俗乎？"惟其不出于居处动作、衣服饮食之间，是以民至于老死而莫之见。欧氏不责后世之言礼乐者，不能即其时之居处动作、衣服饮食而为之制，顾责其不能超然远复三代之上。然则举民之居处动作、衣服饮食，悉变而还之古乎？是犹有蓬之心也夫！然民之居处动作、衣服饮食，终不可无以治之，是则欧氏所谓簿书狱讼者也；其事固不容不急。张敞谓造起律令，即以劝善禁奸，亦谓此也。然古之所谓礼者，固将举一世之民，而纳之轨物；律令则徒能恐惧之，使之有所不敢为而已。能治其身，不能治其心也。是以法出而奸生，令下而诈起也，谓其意亦在劝善禁奸，焉是矣，谓即足以劝善禁奸，焉诬矣。

清邵位西作《礼经通论》，谓古无以吉、凶、军、宾、嘉为五礼者；言吉与凶，谓居丧及免丧耳，无概以祭礼为吉礼者。乃作《周官》者特创此目，以括王朝之礼，而非所语于天下之达礼也。天下之达礼，时曰丧、祭、射、乡、冠、昏、朝、聘，（邵氏谓《礼运》之丧、祭、射、御、冠、昏、朝、聘，御为乡之误。）《礼经》十七篇其物，五礼则布列百司，具藏官府，若后世所谓礼书者，非可举以教人。（邵氏云："保氏以教国子，乡官以教万民者，虽曰五礼，以视宗伯所掌，必有详略繁简之分；亦犹德行道艺，《地官》《春官》所载，不尽符同也。"）终前汉之世，无传《周官》者。其书之体，本诸司职掌，不可以名礼也。此亦由后世所谓礼书者，不切民生日用而悟入。然则朝廷之礼，不尽切于民生日用，旧矣。

夫言古礼而徒欲陈其数，汉世固未尝无之。《史记·孔子世家》，言鲁诸儒讲礼，乡饮大射于孔子冢。《儒林传》云：高祖诛项籍，举兵围鲁。鲁中诸儒，尚讲诵，习礼乐，弦歌之音不绝。史公亦乡射邹、峄（《自序》），则邹、鲁之地，自周以来，礼乐未尝绝也。其升于朝者，徐生善为容，传子至孙延、襄。及徐氏弟子公户满意、桓生、单次，皆为汉礼官大夫（《儒林传》）。《汉书·艺文志》云：制氏以雅乐声律，世在乐官，颇能纪其铿锦鼓舞。又云：文帝时，得魏文侯乐人窦公。谓窦公逮事文侯，必无此理。盖得魏国乐人之传者耳。然《何武传》言其徙京兆尹，坐举方正。所举者召见，盘辟雅拜，有司以为诡众虚伪，左迁。夫独非礼容乎哉？而《后汉书·刘昆传》，言其“少习容礼。平帝时，受《施氏易》于沛人戴宾，能弹雅琴，知清角之操。王莽世教授，弟子恒五百余人。每春秋飨射，常备列典仪。以素木瓠叶为俎豆，桑弧蒿矢，以射菟首。每有行礼，县宰辄率吏属而观之。王莽以昆多聚徒众，私行大礼，有僭上心，乃系昆及家属于外黄狱。”则并有以此获罪者矣。

《汉书·艺文志》有《雅歌诗》四篇，又有《雅琴赵氏》七篇，名定，勃海人，宣帝时丞相魏相所奏。《雅琴师氏》八篇，名中，东海人，传言师旷后。《雅琴龙氏》九十九篇，名德，梁人。师古曰：“刘向《别录》云亦魏相所奏也。与赵定俱召见待诏，后拜为侍郎。”《后汉书·刘昆传注》引《别录》曰：“雅琴之意，事皆出龙德《诸琴杂事》中。”昆弟子五百余人，不知所教授者，《施氏易》乎？雅琴乎？容礼乎？先汉儒者，教授数百千人者，数见不鲜。而王莽独恶昆，则昆所教授，殆必兼及雅琴、容礼，亦如徐氏之有弟子也。然则自古相传之礼乐，知之者实不独一二人矣。《汉志》所载之书，今存者不及十一，而世必以为古籍亡于秦火；三代之礼乐，汉世未尝无存者，而世必谓周、秦之际，崩坏已尽，皆一概之谈耳。（《大戴记·投壶》：凡雅二十六篇。其八篇可歌，八篇废不可歌。七篇《商》《齐》，可歌也。三篇间歌。又较《汉志·雅歌》四篇为多。案八篇可歌者，盖谓《鹿鸣》《狸首》《鹊巢》《采蘩》《采苹》《伐檀》《白驹》《骓虞》也。）有甲乙相与语，甲曰：今之人，徒袭外国之法律政事，而欲以为治，不亦难乎？乙曰：今之人，若谓袭外国之法律政事而可以为治，则可语矣。彼其意，以为袭外国之法律政事，即为治耳，不计其功效如何？但以有其事为已足，汉后之言礼乐者，多有此病。

秦、汉之世，为儒法递嬗之会。《汉书·礼志》所载贾谊、董仲舒、王吉、刘向之言，儒家之义也。《循吏传》所载张敞之奏，法家之义也。《元帝纪》言："（帝）壮大，柔仁好儒。见宣帝所用多文法吏，以刑名绳下，尝侍燕，从容言陛下持刑大深，宜用儒生。宣帝作色曰：汉家自有制度，本以霸王道杂之，奈何纯任德教，用周政乎？且俗儒不达时宜，好是古非今，使人眩于名实，不知所守，何足委任。乃叹曰：乱我家者，太子也。"所谓王道指儒，霸道指法。汉之治，自宣帝以后，实儒法杂。元帝以后，乃纯于儒，然治反不逮者，饰虚文而不察其实也。王莽之虚伪，使后世之人失笑，稍深思之，或又以为不近情理，疑其未必如是。不知当时自有此等风气，盖特其尤甚者耳。以饰虚文而不察实，故无以禁奸，而莽得以篡，莽得以篡，仍崇饰虚文，以为足以为治，故卒以召亡。

汉崇儒之主，莫过于武帝；其为治，实亦儒法杂。一读《盐铁论》，则知桑弘羊之所持，纯为法家之说矣。以武帝之儒法并用，而知吾始皇用儒之说之不虚也。

黄霸何如人也？曰：诈伪人也。霸入钱谷为官，其饶于财可知。凡饶于财者，往往喜名誉。其治郡也，米盐靡密，精力能推行之。凡能自精力者，又往往好名誉也。闻巫家女相当富贵，即娶为妻，其热中可见。霸少学律令，喜为吏，其为治，专恃司察之术，是儒其名而法其实也。其害安可胜穷！或问其害安在？曰：宣帝之称扬霸也，曰狱或八年亡重罪囚，霸之治能至此乎？颍川俗夸奢，尚气力，臧匿难制御，此可旦夕致乎？然则霸故纵舍之以为名耳。或曰：以霸之善司察，固可以小安。然而如霸之所为，不能毋多张条教于法令之外。条教繁，名实紊，赏罚无所施矣。此张敞之所深恶也。使无敞之奏，郡国皆承霸意为之，有其烦碎，而无其司察之才；吏缘为奸，而民无所措手足，莽末之大乱，必见于宣、元之世。王莽之所为，意亦无恶于天下，所以致乱者，正坐名实紊而督责不施耳。然则宣帝所谓以霸王道杂之者，果为治之要义乎？曰：真儒未有不察名实者。子曰："必也正名乎？名不正，则言不顺；言不顺，则事不成；事不成，则礼乐不兴；礼乐不兴，则刑罚不中；刑罚不中，则民无所措手足。"何其类申、商之言也？真法家亦必不弃教化。韩非之言曰："糟糠不饱者，不务粱肉；短褐不完者，不待文绣。"原不谓功成治定，犹当坏利去乐也。虽墨子之非乐，亦斯义也。故曰：九流之学，辟之水火，相灭亦相生也。自元帝至于新室之所为，乃释儒法之长而用其短，亡国败家相随属，不足怪矣。夫人孰不欲释其短而用其长，乃至释其长而用其短，何也？曰：不诚无物，以伪率天下者，终必至于祸天下而还以自祸。

汉儒术盛衰（上）

《汉书》称武帝初立，罢黜百家，表章六经；案此指建元元年，丞相绾奏罢贤良治申、商、韩非、苏、张之言者言之。自此以后，利禄之途，遂为儒家所专矣；此诚学术兴替之一大关键也。然武帝是时年十七耳，虽非昏愚之主，亦未闻其天亶夙成。成童未几，焉知儒术为何事？不特此也，是年卫绾免，魏其侯为相，武安侯为太尉，推毂赵绾、王臧，迎鲁申公，欲立明堂。二年，乃以赵绾请毋奏事太皇太后败。夫二年请毋奏事太皇太后，则元年尝奏事太皇太后可知。然则卫绾之奏，虽谓太后可之可，即魏其、武安等之所为，太后亦未尝尼之也。又不特此也，建元五年，立五经博士，诸子传记博士盖自此罢。此实与罢贤良治申、商、韩非、苏、张之言者同其功，其时太后亦未崩也。太后固好黄老言者，而其于儒术，优容之如此，何邪？

《史记·礼书》曰："至秦有天下，悉内六国礼仪，采择其善。至于高祖，叔孙通颇有所增益减损，大抵皆袭秦故，自天子称号，下至佐僚及宫室官名，少所变改。孝文即位，有司议欲定仪礼，孝文好道家之学，以为繁礼饰貌，无益于治，躬化谓何耳，故罢去之。孝景时，御史大夫晁错，明于世务刑名，数干谏孝景曰：诸侯藩辅，臣子一例，古今之制也。今大国专治异政，不禀京师，恐不可传后。孝景用其计，而六国叛逆，以错首名，天子诛错以解难。是后官者，养交安禄而已，莫敢复议。今上即位，招致儒术之士，令共定仪，十余年不就。或言古者太平，万民和喜，瑞应辨至，乃采风俗，定制作。上闻之，制诏御史曰：盖受命而王，各有所由兴。殊路而同归，谓因民而作，追俗为制也。议者咸称太古，百姓何望？汉亦一家之事，典法不传，谓子孙何？化隆者闳博，治浅者褊狭，可不勉与？乃以太初之元，改正朔，易服色，封泰山，定宗庙百官之仪，以为典常，垂之于后云。"此汉自武帝以前制作之大略也。案文帝尝一用公孙臣，并惑于新垣平，拜臣为博士，与诸生草改历服色事；又使博士诸生刺六经中作王制，谋议巡狩封禅事，其所为与武帝何异？或曰：汉人迷信深，此黄龙见成纪为之，然《贾生列传》言："生以为汉兴至孝文二十余年，天下和洽，当改正朔，易服色，法制度，定官名，兴礼乐，乃悉草具其事仪法，色上黄，数用五，为官名，悉更秦之法。"帝虽谦让未皇，然以为生任公卿之位，绛、灌之属短之，乃不用。然则谓帝之用公孙臣、新垣平为惑于黄龙之瑞，其本意以为繁礼饰貌，无益于治者，臆度之辞，非其实也。贾生《陈政事疏》，极言俗流失，政败坏，而大臣特以簿书期会为大故之失，与董生改弦更张之论，如出一辙；而贾山亦劝帝立明堂，造大学。然则制度当正，教化当兴，乃当时论治者之公言，非一二人之私意也。夫欲改制度，兴教化，固非儒家莫能为，此所以卫绾、窦婴、田蚡之所为，后先一揆；窦太后虽好黄、老，而亦不之尼与？侯生、卢生之谤秦始皇而亡去也，始皇怒曰："吾前收天下书不中用者尽去之，悉召文学方术士甚众，欲以兴太平，方士欲练以求奇药。"兴太平指文学言。《叔孙通列传》云："秦时以文学征，待诏博士。"而伏生亦秦博士，则始皇所用，儒生正多。兴太平亦必指改制度兴教化言。始皇虽急法，特以天下初定，反侧未绝，行此以事填压。使其在位岁久，海内无虞，亦未必不能更易治法。然则改制度，兴教化，又一统以后论治者之公言，并不待文、景之世也。然则儒术之兴，乃时势为之，亦犹申、商、韩非、苏秦、张仪之言，见用于战国之世耳。或谓儒家明君臣之义，为雄猜之主所利，故尊崇之以柔天下。夫儒家主尊君抑臣，不主尊君抑民也。苟欲一人为刚，万夫为柔也，用儒家孰若用法家？且亦思汉世劝汉帝谁差天下，求索贤人，禅以帝位，而退自封百里者，谁家之学与？

汉武帝可谓隆儒之主与？曰不可。其初即位时事，乃卫绾、窦婴、田蚡等所为，非其所自为也；其后为五经博士，置弟子，议出公孙弘；此固由武帝能用弘，从其言；然终武帝之世，儒生见任用者，亦惟弘一人而已。张汤、赵禹，法家也，主父偃、朱买臣，纵横之士也，正卫绾之所欲罢也；改正朔，易服色，迟至太初元年，武帝在位既三十七年矣，苟有崇儒之心，何待是？盖其封泰山，意在求神仙；其改正朔，亦惑于公孙卿迎日推策之说耳。《礼书》之訾叔孙通也，曰官名少所变改；贾生欲法制度，亦先定官名，议虽未行，然史称诸律令所更定，及列侯悉就国，皆自贾生发之。其称晁错改制，乃在削适诸侯，而赵绾、王臧，亦欲令列侯就国，除关，举适诸实宗室无节行者；然则汉儒言礼，皆重实政，非徒以饰耳目而已。乃武帝所谓定百官之仪者，则更印章以五字耳（见《封禅书》），今《礼书》序存而书亡，武帝所定之仪，已不可得见，度必琐细无关宏旨，故书亡而其事亦亡，苟其不然，必有能言其略者矣。叔孙通之立朝仪也，征鲁诸生三十余人，有两生不肯行，曰"礼乐，积德百年而后可兴也，今死者未葬，伤者未起"；与《礼书》所载或人之言，如出一辙。礼者，因人情而为之节文，故必采风俗，然后可定制作；至武帝所訾，所谓咸称太古者，则欲大变末俗，以合于其所想望，虽若相反，其不肯苟焉实同；而武帝则徒欲速成而已，虽褊狭有所不恤，此可谓之知礼与？盖其意本徒欲以饰耳目，而非有意于行实政也。《礼乐志》言世祖立明堂辟雍，显宗即位，躬行其礼，威仪既盛美矣，然德化未流洽者，庠序未设之故。立明堂辟雍而不设庠序，即由其所兴起，徒以饰耳目故，其事亦武帝为之，可谓之隆儒之主与？《董仲舒传》云："自武帝初立，魏其、武安侯为相而隆儒矣，及仲舒对策，推明孔氏，抑黜百家，立学校之官，州郡举茂材孝廉，皆自仲舒发之。"而据《本纪》，则初令郡国举孝廉在元光元年十一月，是岁五月，亲策贤良，董仲舒、公孙弘等出焉。举孝廉先于仲舒对策五月，则不得云自仲舒发之。《通鉴》乃系仲舒对策于建元元年。《考异》云："不知在何时，惟建元元年见于《纪》，故著之。"沈钦韩云："仲舒本传，孝景时为博士，武帝即位，举贤良文学，则其对策在建元元年无疑。又建元六年，辽东高庙灾，高园便殿火，《五行志》仲舒对曰云云，本传在废为中大夫时，居家推说其意，对策不得反在元光元年也。"《公孙弘传》："武帝初即位，弘年六十，以贤良征。"《严助传》：武帝善助对，擢助为中大夫。则三人皆同岁。弘后为博士免归，元光五年复征贤良，俱非元光元年事。《董仲舒传》云："武帝即位，举贤良文学之士，前后百数，而仲舒以贤良对策焉。"云前后则非一次，安知其在建元元年？高庙灾，高园便殿火，《志》云"对"，而《传》云仲舒居家推说其意，草稿未上，主父偃窃而奏之，则二者非一事。"推说其意"，不论何时皆可，不必正在灾时。《传》云"先是"，明仲舒乃推说行事，其事非在建元六年也。《公孙弘传》："武帝初即位，招贤良文学士，是时弘年六十，以贤良征为博士，使匈奴，还报，不合意，上怒，以为不能，弘乃移病免归。元光五年，复征贤良文学，菑川国复推上弘，弘谢曰：前已尝西，用不能罢，愿更选。国人固推弘。"《史记·封禅书》言建元窦太后崩，其明年，征文学之士公孙弘等，（《汉书》无此四字，盖钞胥所删。）则《传》元光五年之五字，实为元字之误。《本纪》及《弘》《仲舒传》所载诏策，辞虽异而意则同，其为一诏无疑也。《严助传》云："郡举贤良，对策百余人，武帝善助对，由是独擢助为中大夫。"明诸人之对，皆不如助。然仲舒之对，天子异之，至于三策；弘，太常奏其第居下，天子擢为第一，皆不至不如助，明其非同时举也。然则《传》云举孝廉等事皆自仲舒发之，其辞亦不甚审矣。此亦见汉世之隆儒，出于运会之自然，而非必尽由于谁某也。

汉儒术盛衰（下）

儒术之兴，既因实政，故其学于实用颇切。董仲舒在家，朝廷有大议，使使者及廷尉张汤就其家问之，而仲舒弟子吕步舒，实以《春秋》义治淮南狱，此儒术用诸刑法者也。许商以治《尚书》善为算举治河，此儒术用诸工程者也。王式为昌邑王师，昌邑废，群臣皆下狱，使者责问：师何以无谏书？式对曰：以三百五篇谏，是以无谏书（《汉书·儒林传》）。而龚遂谏王，亦曰：大王诵《诗》三百五篇，人事浃，王道备，王所行，中《诗》一篇何等也？（《昌邑王贺传》）则《诗》又所以格君心之非，且该一切政事矣。盖汉世法律未备，决事多据习俗，本义理，此经义所以可折狱。《禹贡》固徒陈行事，经说则未尝不举山川之势，详疏道之宜及度地居民之法，故明于是者可以治河。韩婴、刘向有作，凡事无不引《诗》三百篇，牢笼天地，囊括古今，无所不备。（见《读诗拙言》，《东塾读书记》称之。）陈兰甫谓《孟子》及《礼记·坊记》《中庸》《表记》《缁衣》《大学》引《诗》，皆外传体。盖《诗》本谣辞，缘情托兴，无所的指；然正以无所的指故，随处可引申触长，于事顾无所不苞焉；此《齐》《韩诗》所以必取《春秋》，采杂说，而亦其所以能浃人事而备王道也，修己治人，资焉无遗憾矣。职是之故，当时之治经者，率重实事而不断断于简策，故其学有用而不烦。《汉书·艺文志》谓古之学者耕且养，三年而通一艺，三十而五经立。穷年不能究其学，累世不能尽其礼，实未足为儒术病也。冯奉世年三十余乃学《春秋》；儿宽带经而锄；朱买臣担束薪，行且诵；并耕且养之证。东方朔上书云："三冬文史足用。"如淳曰：贫子冬日乃得学书。此正古者"十月事讫、教于校室"之遗规也（见《公羊》宣公十五年《解诂》）。夫如是，则其学不得不止于"承其大体，玩经文"而已，安得有"碎义逃难，便辞巧说，破坏形体"之诮哉？碎义逃难、便辞巧说之始，盖欲以矜流俗，立声誉，取利禄，其害实先中于心术，而学术乃受其病也。

今古文之学，相疾如仇雠，人皆病刘歆为始作俑者矣，然非歆之罪也；异端之起，今文师实自召之。夏侯胜非夏侯建为章句小儒，破坏大道；建亦非胜为学疏略，难以应敌。以应敌为务，即所谓逃难也，务于逃难，自不得不有取于碎义矣。建师事胜及欧阳高，左右采获，又从五经诸儒问与《尚书》相出入者，牵引以次章句，具文饰说，即所谓便辞巧说也。此实破坏家法之原。公孙禄劾国师公颠倒五经，毁师法，令学士疑惑（见《王莽传》），特加厉焉而已。《汉志》述当时之弊，"说五字之文，至二三万言"，注引桓谭《新论》，谓秦近君说《尧典》，篇目两字之说至十余万言，但说"曰若稽古"三万言。《儒林传》：秦恭延君，学出小夏侯，增师法至百万言。延君、近君盖一人。《赞》云："自武帝立五经博士，开弟子员，讫于元始，百有余年，传业者寖盛，枝叶蕃滋，一经说至百余万言，大师众至千余人。"刘歆《移太常博士》，言"往者缀学之士，分文析字，烦言碎辞，学者罢老且不能究其一艺"，则如是者必不止小夏侯一家。务博闻而不思阙疑，广征异书，亦固其所。故谓古学家之弊，今学家实启之也。刘歆之訾今学，曰："信口说而背传记，是末师而非往古。"此二语，实为古学致弊之由。盖口说自古相传，虽出末师，渊源有自，积古相传之精义存焉。而传记徒有其书，凭后人之臆见以说之，自不如积古相传之说之精也。然古学之重传记，亦可谓今学家激成之，何者？务博闻而不广考异书，凭臆为说，其可疾，自又甚于多读书而不知其义者也。故曰：古学之弊，今学家实启之也。

道一而已，循诵先儒之说可见，博考异说亦可见也。刘歆之学，略见于《五行》《艺文志》。其是非姑勿论，要不能谓为不博通，而何以后来马、郑诸儒，支离灭裂，其说且有恒人能见其非者？盖为学必先有所见，有所见，则以他人之说证吾说可也，以他人之说订吾说亦可；若本无所见，徒思左右采获，以哗世取宠而已，则于他人之说，且不能解，徒以己意曲说之，支离灭裂，复安可免？此与不考异说而妄以己意曲解者亦等耳。夫熟精义理，而证以身所涉历，与博考书传，藉万事以证明一理，实为为学之两途，今古学实由之，本可相辅而行；乃其后各得其弊如此，则学者多意不在学，而徒志于利禄故也。故曰"人能弘道，非道弘人"。

《后汉书·徐防传》，防上疏曰："臣闻《诗》《书》《礼》《乐》，定自孔子；发明章句，始于子夏。其后诸家分析，各有异说。汉承乱秦，经典废绝，本文略存，或无章句。收拾阙遗，建立明经，博征儒术，开置太学。孔圣既远，微旨将绝，故立博士十有四家，设甲乙之科，以勉劝学者，所以示人好恶，改敝就善者也。伏见太学试博士弟子，皆以意说，不修家法，私相容隐，开生奸路。每有策试，辄兴诤讼，论议纷错，互相是非。孔子称述而不作，又曰吾犹及史之阙文，疾史有所不知而不肯阙也。今不依章句，妄生穿凿，以遵师为非义，意说为得理，轻侮道术，寖以成俗，诚非诏书实选本意。改薄从忠，三世常道，专精务本，儒学所先。臣以为博士及甲乙策试，宜从其家章句，开五十难以试之，解释多者为上第，引文明者为高说；若不依先师，义有相伐，皆正以为非。"东京十四博士，大体皆今学也，此亦破碎之弊今学实自启之之证。

或曰：今学之弊，则既闻命矣，其书之传于后者，皆终始条贯，末系本明，绝无支离破碎之弊，其故何也？曰：此由今学家之说，皆已不传，所传者皆其删繁提要之说故也。章帝建初四年诏，引中元元年诏书，以五经章句烦多，议欲减省；至永平元年，长水校尉儵奏言，先帝大业，当以时施行。于是有白虎观之会，帝亲称制临决，如孝宣石渠故事。其书之传于今者，则《白虎通义》是也。《杨终传》："终言宣帝博征群儒，论定五经于石渠阁。方今天下少事，学者得成其业，而章句之徒，破坏大体；宜如石渠故事，永为后世则。于是诏诸儒于白虎观论考同异焉。"当时之宗旨可知，安得有支离破碎之说存于其间乎？石渠之议，《梁丘易》《大小夏侯尚书》《谷梁春秋》以立；章帝亦令群儒选高才生受《左氏》《谷梁春秋》《古文尚书》《毛诗》。本欲删繁就简，乃更益滋异说，何也？则以异说既兴，不可卒泯，又不可一切正之，不得不广存之也。故曰：古学之分争，今学实自启之也。

章句始自子夏，后人或疑其说。然无足疑也。此章句即口说，不必有书。故防又谓"本文略存，或无章句"也。申公传《诗》，疑者则阙勿传，即防说之证。丁宽作《易说》三万言，训故，举大义而已，后人谓之小章句。大小盖以多少言之，知后来《易》说，亦渐繁滋矣。《三国志·刘表传注》引《英雄记》，言表开立学官，博求儒士，使綦毋闿、宋忠等撰《五经章句》，谓之《后定》。《荀彧传注》引《彧别传》，亦言彧说太祖"集天下大才通儒，考论六经，刊定传记，存古今之学，除其烦重"，足见订定章句，在当时实不容缓。《后汉书·桓荣传》：荣受朱普学章句四十万言，浮辞繁长，多过其实；及荣入授显宗，减为二十三万言；荣子郁复删省，定成十二万言，由是有《桓君大小太常章句》。张霸以樊儵删《严氏春秋》，犹多繁辞，乃减定为二十万言，更名《张氏学》。以删省而更名，则知前此以增益而更名者尤多也。《郑玄传论》曰："经有数家，家有数说，章句多者，或乃百余万言，学徒劳而少功，后生疑而莫正。郑玄括囊大典，网罗众家，删裁繁诬，刊改漏失，自是学者，略知所归。"玄之学所以风行一时，亦以其能删繁就简而已。

王充作《超奇篇》，力言通人贵于儒生。其所谓通人，非徒兼通五经，博综众说而已；必也如《汉志》杂家之学，所谓兼儒墨，合名法者乎？然即一家之学，亦贵博通。《后汉书·宋弘传》："帝尝问弘通博之士，弘荐沛国桓谭，才学洽闻，几及杨雄、刘向父子。"夫杨雄、刘向父子，固皆不姝姝暖暖于一先生之言者也。然学有通博，有杂博。多闻而有以贯之，通博也；支离矛盾，杂博也。《郑玄传》云：袁绍遣使要玄。"绍客多豪俊，并有才说，见玄儒者，未以通人许之，竞设异端，百家互起。玄依方辩对，咸出问表。皆得所未闻，莫不嗟服。"以玄为儒生而轻之，即王充儒生不如通人之说也。如玄者，可以附于通人之列乎？观其书之支离矛盾，而其所谓博者可知矣，盖杂博也。

汉时所谓不守章句者，如谷永（《永传》云：永于经书，泛为疏达，与杜钦、杜邺略等，不能洽浃如刘向父子及杨雄也）、杨雄（《雄传》云：不为章句，训诂通而已，博览无所不见）、班固（《固传》云：所学无常师，不为章句，举大义而已）、王充（《充传》云：好博览而不守章句）等，皆较通博之士也。亦有近于事功者，如马援是也（《援传》云：意不能守章句）。于此，见章句之学，既不免于固陋，又无益于神智，宜乎儒术极盛之时，即其衰替之会也。

论经学今古文之别

有问经学今古文之别者。案《史记·儒林传》云："言《诗》，于鲁则申培公，于齐则辕固生，于燕则韩太傅；言《尚书》，自济南伏生；言《礼》，自鲁高堂生；言《易》，自菑川田生；言《春秋》，于齐、鲁自胡毋生，于赵自董仲舒。"此皆汉初所出，最纯正之今文学也。其后分立十四博士——《诗》鲁、齐、韩，《书》欧阳、大小夏侯，《礼》大小戴，《易》施、孟、梁邱、京，《春秋》严、颜。——案刘歆《让太常博士书》："往者博士：《书》有欧阳，《易》则施、孟；然孝宣皇帝犹复广之，立《谷梁春秋》《梁邱易》《大小夏侯尚书》。"《汉书·儒林传赞》："初《书》惟有欧阳，《礼》后，《易》杨，《春秋》公羊而已。至孝宣世，复立《大小夏侯尚书》，《大小戴礼》，《施》《孟》《梁邱易》，《谷梁春秋》；至元帝世，复立《京氏易》；平帝时，又立《左氏春秋》《毛诗》《逸礼》《古文尚书》。"则《书》之大小夏侯，《礼》之大小戴，《易》之施、孟、梁邱（刘歆云最初即有施、孟，非），《春秋》之谷梁，已非纯正之今文学。云孝宣世所立，亦不足信。近人吴兴崔适所著《史记探原》《春秋复始》，论《谷梁》为古文学，甚详。

欲考见孔子学说之真相者，当以今文家言为主；欲考见王莽、刘歆之政见者，当以古文经为主。欲考见古代之事实者，则今古文皆有价值。其中皆有古代之事实，皆有改制者之理想。吾辈紧要之手段，则在判明其"孰为事实，孰为理想"而已。但虽如此说，毕竟今文之价值，较大于古文。其中有两层理由：一则人之思想，为时代所限，此无可如何之事，孔子与刘歆、王莽虽同为改制托古之人，然孔子早于刘歆、王莽数百年，其思想与古代较接近；由之以推求古代之真事实较容易。二则造假话骗人之事，愈至后世而愈难，故王莽、刘歆，后于孔子数百年，而其所造作之言，反较孔子为荒怪，谶纬之书是也。因骗人难，故不得不索性出于荒怪，使人易于眩惑。——此等怪说，其中虽亦含有几分之神话，为治古史者最可宝贵之材料；然出于有意造作者多，大抵足以迷惑古代事实之真相。

今古文在考古上之价值如此，吾人从事于考古之时，不能不将此二者分别清楚，自无待言。盖今文家说，源出孔子，古文家说，祖述莽、歆。则考见孔子学说之真相者，固不容不剔除莽、歆之言；欲考见莽、歆学说之真相者，亦不容不剔除孔子之语。且古代史实，今日既无忠实从事于记载之书，流传于后，而欲凭孔子、莽、歆改制所托之书，以推求想像也，亦自不容不先将孔子、莽、歆之所托者分清，然后从事于推求想像也。且古代之书，传至今日者，大抵阙佚不完；任考一事，皆系东鳞西爪，有头无尾。夫两种本同之说，经割截及传讹之后，即可见其不同。故任考一事，往往有数种异说，使人无所适从。然苟于今古文家之学说，能深知其源流，则极错杂之说，殆无不可整理之为两组者（即诸子之书，于今古文家言，亦必有一合）。既整理之为两组，乃从而判决其是非，则较胪列多数异说，而从事于判决者大易矣，且误谬必少。此亦治经必要分别今古文之一最大理由也。

尤有进者：则治经不当以分别今古文为已足，更当进而鉴别今文家之书，判定其价值之大小。此实为今后考古者必要之手段。盖吾国经学，凡分三时期：

（一）今文时期：十四博士以前之说是也。十四博士之说，颇疑其已非纯正之今文学。或当对《史记·儒林传》所述八家，分为新今文学派与旧今文学派，但此分别为必要与否，今尚未敢断言。

（二）古文时期：东汉马、郑诸儒之学是，皆崇信古文经，为之作注释者。

（三）新古文时期：此派起于魏、晋以后；其中有大关系者，为王肃一人。盖东汉末造，古文盛而今文衰。其后古文家中，寖至郑玄一人之说，独占势力。盖其时经说太繁杂，派别（家法）太多。繁杂则中人之材，难于遍涉；派别多，乃令人无所适从。郑玄起，乃将前此之所谓家法者，尽行破坏；全用主观的方法，随意采取；亦间用考据的手段，穿凿牵合。于是有此一家之书，而他家之书若可废。昧者不察，且谓玄以一人而奄有诸家之长。（其实以后世之事譬之，玄所用者，乃毫不讲方法，随意纂钞之乡曲陋儒之法也。）而其学说，遂自此而大行矣。盛名之下，必有思起而与之争者。当时与玄反对而今可考见者，亦有数人。但其说多亡，无甚关系。而王肃以晋武帝之外祖故，其说大行。而肃所用之手段，尤为陋劣。盖科学之所研求者为事实，学说之合不合，验诸事实而是非可明。经学家之所研求，则为与孔子之说符合与否。孔子已往之人也，势不能复起而为之判断，故其是非，本为一难解决之问题。肃乃用卑劣之手段，伪造《孔子家语》《孔丛子》《孔安国尚书传》《论语》《孝经》注，以其学说，托诸孔子后人，曰：此孔氏子孙之言，必为信史矣。其实孔子之学，传诸弟子，未闻传诸子孙也。此亦可谓之托古。而王肃之托古，乃专以之与人争名。托古之变幻至此，真匪夷所思矣。

托古改制，愈托而去古愈远，清代诸儒之考古，亦愈考而去古愈远。其初阎、王诸家之攻伪《古文尚书》，则破坏魏、晋以后之新古文，而复于东汉时代之古文学也。自武进庄氏、刘氏，以至最近南海康氏、井研廖氏，则破坏莽、歆所依据之古文经，以求复孔子学说之旧也。今后学者之任务，则在就今文家言，判决其孰为古代之真事实，孰为孔子之所托，如此，则孔子之学说与古代之事实，皆可分明，此则今之学者之任务已。

今文经之不得概执为古代事实，亦不得概以为孔子所造，而有待于鉴别，即就文学上观察，亦可见之。盖言语思想随时代而迁变，后人之思想，决不能尽同于古人；即必不能作为与古人密合之言语，此为确定不移之事实。故鉴别书籍之出于何时代，从文字上观察，实为一极可信之法。但其方法必极微密，且必为科学的，不得为现在文学家之笼统观察用"可以意会而不可以言传"之方法耳。攻击伪《古文尚书》者，所列之证据甚多，而从文字上判决（如"每岁孟春"之每字，非古书所有；"火炎昆冈，玉石俱焚"，为魏、晋后人语等是），亦为其最有力理由之一，且最初之疑点，实由此而入。《今文尚书》中，《尧典》《禹贡》反较《周诰》《殷盘》为平顺易读，此可信为真《虞夏书》乎！《周易》之卦辞爻辞，何等简奥难解；与其他春秋时之文字比较，似一时代之文字乎？此皆足以证明今文书中，有孔子自撰之文字，亦有钞录古书者也。春秋以后人之所撰，与前此之真古书，在考古上，其价值不能同等，无待言已。故有分别之必要也。此分别也，方法有种种，但须着手于考据后，方能言之。

尤有进者，就今文家言中，分别其孰为钞录古书，孰为孔子及孔门后学者所自撰，甚为紧要。而经与传之分别，却不甚紧要。经之中，有钞录古书者，亦有孔子及孔门后学者所自撰之文字。传之中，亦两者俱有之。盖经与传，同为孔门后学者所传，以其所传之经为可信，则其所传之传，亦可信也。以其所传之传为不可信，则其所传之经，亦不可信也。且经与传必合而观之，而其义始完。观吴兴崔氏《春秋复始》卷一《公羊传当正其名曰春秋传》一条可见。又如《孟子·万章》上篇论历史之言，皆为称引《书》说，亦可见此中之关系，盖如是乃可见孟子民贵君轻之义，皆出于孔门，而《尚书》乃为一有价值之书。

余所不解者，为北京大学朱君希祖之说（《北京大学月刊》一卷三号《整理中国最古书籍之方法论》），谓欲判别今古文之是非，必取立敌共许之法。"古书中无明文，今古文家之传说，一概捐除"；"所举证据，须在今文家古文家共信的书中"。因而欲取《易》十二篇、《书》二十九篇、《诗》三百五篇、《礼》十七篇（除《仪礼》中之传与记，《诗书》之序）、《春秋》《论语》《孝经》七书，以为判决今古文家是非之标准。果如所言，则必（一）保证今古文家之传说不可靠，而此七部"惟字义有通假大致是相同的"经，则极可靠。然经在传授源流上，较传为可靠之说，孰为之保证乎？（二）朱君必曰：今古文家所传之经，"惟字义有通假"，此外则"大致相同"，此即其可靠之证据也。盖古文家之学为伪造而非出于孔门，固朱君所不承认也。然试问此七书者，朱君果自能解释乎？抑解释之时，仍有取于前人之传注乎？若云自能解释，则是宋以后凭臆说经之手段也，度朱君必不取。若有待于后人之传注，则于今古文家言，必一有所取矣。凭"任取其一以为解释之经文"，以判决两造之是非，不亦远乎？对于经文，今古文家无异说者，原亦有之。然今古文家言，本非绝对相异，其中同处正多，此等处本无问题，无待解决，若向来相持不决之问题，则彼此必各有经文为据。观许慎之《五经异义》及郑驳可见也。若有如朱君所云简单明了之法，可以解决，前此说经者，岂皆愚骏，无一见及者乎？朱君谓古书当"就各项学术分治；经学之名，亦须捐除"，自为名论，独其所持之方法，则似精密而实粗疏，且其攻击今文家之语，乃专指南海康氏欲尊孔子为教主，暨井研廖氏晚岁荒怪之说言之。此两说在今日，本无人崇信，何劳如此掊击？抑岂得以此两家之说，抹杀一切今文家邪？康氏欲崇孔子为教主，自系有为而言。廖氏晚年荒怪之说，亦诚不足信。然康氏昌言孔子改制托古；廖氏发明今古文之别，在于其所说之制度；此则为经学上之两大发明。有康氏之说，而后古胜于今之观念全破，考究古事，乃一无障碍。有廖氏之说，而后今古文之分野，得以判然分明，亦不容一笔抹杀也。近代崇信古学者，莫如章太炎，何以亦不视尧、舜、禹、汤、文、武、周公为神圣，而有取于孔子托古改制之说邪？清代今文学晚起，今文学家之业，所就未与古文学者之多，事诚有之。然此乃时间问题，不足为今文学者病，更不足为今文学之病也。乃近有一部分学者，几目今文学为空疏荒怪之流，而盛称古文学者为能求是。《东方杂志》近载陈君嘉益《东方文化与吾人之大任》一文，坚瓠君从而评之曰："尝谓吾国经学，本分今文家与古文家两派，今文家志在经世，其失也缘饰而附会；古文家志在求是，其失也碎义而逃难。夫固各有短长，然旧籍真面目之得遗留于今日，则当由古文家尸其功。即以科学方法而论，亦以古文家较为近似。陈君文中，于微言大义、《公羊》三世之说，称引至再，讵其学出于今文家欤？"此言窃不知所谓。志在经世，古人皆然；纯粹求真之主义，近日科学始有之；前此今文家固不知，古文家亦未有也。今文家缘饰附会，证据何在？谶纬之作伪起哀、平，与古文经同时并出之物也，顾不为缘饰附会乎？旧籍之真面目，得以遗留于今，当由古文家尸其功，此言益不能解。岂谓三家之《诗》，伏生之《书》……皆不足信；惟《古文尚书》《毛诗》《逸礼》《左氏春秋》……乃为可信乎？且古文经之大异于今文经者究安在？设无古文家，旧籍之真面目，何由遂晦乎？古文家近于科学方法之处又安在？许慎之《五经异义》，据孤证以决是非；郑玄之遍注群经，破家法而肆穿凿，足以当之乎？陈君此文，多杂引近日报章杂志，及新出之书，本非考古之作，其引证古书，自亦无从严甄真伪，一称《公羊》三世之说，遂以为其学出于今文家，天下有如此之今文学乎？夫以清代之古文学者为能求是，则今文学晚出而益精，恐未容执其中一二学者有为而言之言，一笔抹杀；若谓古代之古文家即能求是，则吾不知其所求何是也。吾为此论，非欲攻击时贤，特以学问上之方法，必真足以求真而后可。

以上皆论两汉时今古文之学。自魏、晋以后，今文学固佚亡殆尽，古文学亦残阙不完；而别有一种魏、晋人之学，与之代兴。其中亦可分两派：（一）如前所述之王肃等。其学原即东汉时之古文学（郑、王皆破家法，杂糅今古，然皆侧重于古），特其凭臆为说，变本加厉，至不惜造作伪书，以求相胜；其所说，更不如马、郑、贾、服等之可信耳。（二）如王辅嗣之注《周易》。多主空谈玄理，而不能如两汉时之朴实说经。世多以此訾之；然魏、晋人学术之程度，确高于两汉人。盖西京儒者，虽有微言大义之存，然罕能贯通，多不过仅守师说；而此师说，又本为残阙不完之说。东京儒者，则所求古文，不过训诂名物之末，其学琐屑而无条理。儒家之学，至此仅有形质而无精神，实不足以餍人心，而魏、晋人之学，乃代之而起。魏、晋人之学，所以异于汉人者，即在于有我。自有思想，故非有形质而无精神。此派学术，确能使古代哲学思想复活，以为迎接佛学之预备。虽由此以求孔门之微言大义，古代之典章文物，皆不如汉人之学之足恃；然魏、晋哲学，在中国学术史上，亦有甚大之价值。今此学之湮晦，亦已甚矣，讲而明之，宁非学者所有事？夫欲使魏、晋哲学复活，则魏、晋人空谈说经之书，其中亦有可宝之材料存焉。且魏、晋时去古究近；古人学说，未曾尽亡；虽曰任情，究有依据。即以魏、晋人之思想，测度古人，亦自较后世所臆测者为近。则即由此以求古，其价值亦自与唐、宋以后之学不同也。

（附论）后世多以魏、晋人之学为道家之学，与儒家无涉，此大误也。吾谓中国古代，自有一种由宗教变化而成之哲学。儒家之哲学，部分在《易》。今文《易》说尽亡；古文家之于《易》，多仅谈术数，而儒家之哲学，遂不可见。然今文《易》说，在魏、晋时，固未亡也。魏、晋人之谈哲学者，皆《老》《易》并重。其言《易》，迥异于东汉人。夫一种思想，不能无所本而突然发生，则其中，必多有今文《易》说存焉。所惜者，魏、晋士大夫又有好言神仙之术者，而当时之神仙家，又借儒、道二家之哲学，以自文饰，且援老子以入神仙家。后世之人，虽亦知道家与神仙家，本非一物，然罕知神仙家本一无所有，其类似道家之说，尽系窃诸儒、道二家者。于是于道家与神仙家之界限，终不能画然分明；至儒家谈哲理之说，则并尽举而奉诸道家与神仙家，不敢自有矣。吾何以知神仙家之本一无所有也？盖天下无论何种哲学，无能承认人可不死者。且苟谈哲学，无论浅深，亦断无贪求不死者。求不死者俗情，谓人可以不死者，天下之至愚也。曾是言哲学者而有之乎？而神仙家谓人可以不死，以求不死为目的，此足以证明其毫无哲学思想矣。然则神仙家果何所有乎？曰：神仙家起于燕、齐之间，观海市之现象，而以为有仙人（故其所谓仙人者，在海外三神山）。又此派之人，颇通医学，于是组成一种"以求不死为目的，以（一）求神仙、（二）炼奇药、（三）御女为达目的之手段之至浅极陋之宗教"。彼其所谓不死者，非谓精神可以不死，乃直谓肉体可以不死。尸解之说，乃其大师既死，情见势绌，临时想出自解免之言耳，非其所固有也。此派自汉武帝以前，专以荧惑君主为事。为所惑者，齐宣、燕昭、秦始皇、汉武帝，皆非昏愚。又《左氏》载齐景公问晏子："古而不死，其乐何如？"古无为不死之说者，有之者惟神仙家，则景公亦为所惑矣。景公亦有为之主也。可见此派自汉武以前，在贵族社会上势力之大。然至汉武时而其伪毕露矣，怪迂阿谀苟合之技无所施矣，则恃其不死之说，有以中贪夫之心；其金石之剂，服之亦有一时之効（如寒食散是也），仍延其残喘于士大夫之间。夫既容与于士大夫之间，则不能不略带哲学的色彩；而《老》《易》之哲学，为当时社会上通行之哲学，遂窃取之以为缘饰附会之资。乃世遂不知其本来一无所有，亦惑矣！然彼之所有，虽尽窃诸儒、道二家，而儒、道二家之哲学，在今日传书不多，必转有存于彼书中者。故《道藏》之书，在今日，亦必有一部分有研究之价值也。《太极图》即其一证也。《太极图》原出道书（后世之所谓道书，即神仙家之书），清儒力致之，然所能证明者，确系取诸道书中，而在儒家，无传授形迹之可征耳；其与《易》说不合处何在，不能得也。夫使其为图，果与《易》之为书了无关系，何以能密合如此，且又可以之演范乎？则其为《易》之旧说，为神仙家所窃，在儒家既亡，而在神仙家书中转存，可以见矣。

东京之季，古学盛而今学微，欧阳、大小夏侯之《书》，施、孟、梁邱之《易》皆亡。《齐诗》在魏已亡。《鲁诗》不过江东。《韩诗》虽存，无传之者。《公》《谷》亦虽存若亡。于是东京十四博士传授之绪尽绝。所余者，惟东汉之古文学与魏、晋人之学之争。其在江左：《周易》则王辅嗣，《尚书》则孔安国，

《左传》则杜元凯，其在河洛：《左传》则服子慎，《尚书》《周易》则郑康成，《诗》则并主于毛公，《礼》则同遵于郑氏（见《北史·儒林传》），是江左两派之势力相等，而河洛则纯为旧派也。然迄于隋，郑之《书》与《易》，服之《左氏》皆微，而王辅嗣、伪孔安国、杜元凯之书代之，唐人所修《十三经注疏》，大体沿隋之旧。其中除《孝经》为明皇御注外，汉人之注与魏、晋人之注，恰如得其半。义疏之学，至唐代而亦衰，无复措心于经学者；习帖经墨义之士，始有事焉，则相率奉官颁之书为定本而已。盖至唐而两派割据之局定矣。而何休之《公羊解诂》，巍然为今文家之硕果，存于其中，后世考今文家言，犹得有所凭借者，独赖此书之存，此外比较的为完整者则《韩诗外传》、伏生《书传》及董子之《繁露》而已。

《十三经注疏》为唐代官纂之书，从古官纂之书无佳者，《正义》荒谬之处，前人已多言之。然材料存焉，仍不可不细读，特其读之须有门径：其（一），有现代之科学思想，（二），知古人学术之源流派别而已。

凡事不知古则无以知今（今、古二字，作前、后解），而各种学问，皆贵实验，非搜集多数之材料，绌其公例，以为立说之基。游谈无根，终必自悔。材料有存于现在，得以身验者，自吾有知识以来，躬所涉历者是已。有身所不逮，必借资于前人之诏诰者，书籍之足贵盖由是也。凡事既不知其前，无以知后，则求学问之材料于书籍，亦宜自最古者始，吾国最古之书，则先秦两汉之书是已。此中经之与子，吾人本平等相看；然求之却宜自经始。因自汉以后，儒学专行，传书既多，注疏尤备；自经求子易，自子求经难，手段上之方便则然也。此不独社会科学然，自然科学亦无不然，陈兰甫谓草木、鸟兽、饮食、衣服、宫室、车马，求三代以前者较易，汉魏而后者反难，因前者治经之人多有注释，后者则记载阙略是也（见《东塾读书记》）。不及检书原文，但称述其意而已。

东汉诸将与儒学

生民之祸，无酷于兵。观秦、汉间之事可知矣。新、汉之际，战争犹酷于秦、汉之间，然后汉诸将，则颇有不嗜杀人者，此不可谓非儒学之功也。光武之遣冯异代邓禹也，敕之曰："诸将非不健斗，然好虏掠。卿本能驭吏士，念自修敕，无为郡县所苦。"岑彭破荆门，长驱武阳，持军整齐，秋毫无犯。陈俊为琅邪太守，专征青徐，检制军吏，不与郡县相干，百姓歌之。铫期自为将，有所降下，未尝虏掠。祭遵制御士心，不越法度，所在吏民，不知有军。李忠与任光同奉世祖，从攻下属县。至苦陉，世祖会诸将，问所得财物，惟忠独无所掠。朱佑将兵多受降，以克定城邑为本，不存首级之功；又禁制士卒，不得虏掠百姓，军人多以此怨之。三数将率之不嗜杀人，于九州颠覆之祸，固亦所补甚微，然此不得不归诸教化之功。冯异者，好读书，通《左氏春秋》《孙子兵法》。祭遵少好经书。朱佑初学长安。岑彭、陈俊、任光史虽不言其学业，然彭王莽时守本县长，俊少为郡吏，任光为乡啬夫，郡县吏，而李忠又以好礼修整称，王莽时为新博属长。汉世吏人亦多儒者，铫期父卒服丧三年，其非不读书尤可知矣。《祭遵传》云："尝为部吏所侵，结客杀之。初，县中以其柔也，既而皆惮焉。"《任光传》云："少忠厚，为乡吏所爱。"其非无行之徒可知。职是故，诸将私行，亦多修饬，如祭遵"为人廉约小心，克己奉公；赏赐辄尽与士卒，家无余财；身衣韦裤布被，夫人裳不加缘"，"临死遗诫：牛车载丧，薄葬洛阳。问以家事，终无所言"。遵从弟肜，"在辽东几三十年，衣无兼副"是也。寇恂不与贾复斗，冯异每所止舍，诸将并坐论功，异常独屏大树下，军中号曰大树将军。此固蔺相如、鲁仲连之所优为，然在彼辈或以天资特高，在儒者则为庸行矣。故知教化之功不可尽诬也。

光武与功臣诸侯燕语，从容言曰："诸卿不遭际会，自度爵禄，何所至乎？"邓禹先对曰："臣少尝学问，可郡文学博士。"（见《马武传》）可知当时诸将，非必以武功自见者。功成之后，尚能敦行修学，居官亦多能抚循人民，兴起教化，非偶然也。（如寇恂为汝南太守，修乡校，教生徒，聘能为《左氏春秋》者，亲受学焉。经明行修，名重朝廷。贾复知光武欲偃干戈，修文德，乃与邓禹并剽甲兵，敦儒学。祭遵为将军，取士皆用儒术，对酒设乐，必雅歌投壶。又建为孔子立后，奏置五经大夫。李忠为丹阳太守，起学校，习礼容，春秋乡饮，选用明经，皆是。光武虽不任功臣，而高密、固始、胶东三侯，尝与公卿参议国家大事，亦见其人非尽武夫也。。

儒　将

论流品者必以儒为尚，如将曰儒将，医曰儒医是也。此由执笔者皆儒生，故自私其类欤？盖不免焉，而亦不尽然也。世所谓儒医者，多不闲于手术（此由儒者多四体不勤故也）。儒医尊而铃医贱，不复能得重精，乃多苟图糊口，不求精进，古专家之技，遂以是而亡，近世平《银海精微》者，谓其术或非今眼科之所知，其一证也。然儒医虽不闲于技，而多好求明理，五运六气等空论，诚不足取；然审证周，用药慎，能推广方书之用，而救铃医卤莽之失者，亦不少焉。医籍俱在，不可诬也。惟将亦然，儒将所长，曰能恤人民，曰能严国纪。以严国纪言之，于大局一时之安危，所关尤巨。鉴观往史，而不免感不绝于余心也。

《后汉书·儒林传》称儒学之效曰："所谈者仁义，所传者圣法也。故人识君臣父子之纲，家知违邪归正之路，自桓、灵之间，君道秕僻，朝纲日陵，国隙屡启，自中知以下，靡不审其崩离，而权强之臣，息其窥盗之谋，豪俊之夫，屈于鄙生之议者，人诵先王言也，下畏逆顺势也。至如张温、皇甫嵩之徒，功定天下之半，声驰四海之表，俯仰顾盼，则天业可移，犹鞠躬昏主之下，狼狈折札之命，散成兵就绳约而无悔心，暨乎剥桡自极，人神数尽，然后群英乘其运，世德终其祚，迹衰敝之所由致，而能多历年所者，斯岂非学之效乎？"斯言也，乍观之，一若阿私所好者，然试设想：何进之所召者，若非董卓而为张温、皇甫嵩，汉末之祸，亦何遽至此？张温、皇甫嵩非能大有为之人，范氏谓其俯仰则天业可移，庸或太过。然如诸葛武侯之在蜀，孰能禁其不自取？犹可曰：国小民寡，大功未就，遽谋篡夺，必无以餍众心，知者不为也。乃如魏武帝，中原大乱，皆身所戡定，虽曰一统之功未竟，然吴、蜀之在当日，亦僻壤耳，功不逮此，而遽自尊者，岂可悉数？魏武而欲自取，其孰能禁之？乃观建安十五年十二月己亥令，殷殷欲以周文、齐桓为法，反复乐毅、蒙恬之行事，至于流涕，其确乎不拔为何如？而世乃妄造荀彧沮其国公九锡之议，谓公为不平，或以忧死，可谓以小人之腹，度君子之心矣。难立而易坏者，莫如纲纪。纲纪，无形可见者也，然可以范围一世之人心，使其莫敢逾越。人心咸轨于正，然后群之内可以相安，群之外莫敢予侮。自辛亥革命以来，武人擅权，裂冠毁冕，内乱不已，外寇乘之，八年征战，虽获幸胜，而萧墙之内，犹不能以一朝居，此仁人志士，所由抚膺扼腕，叹息于张温、皇甫嵩、魏武帝、诸葛武侯之不作者也。历代丧乱之时，阴受儒将之赐而不自知者有二：一在汉、魏之间，一则胜清咸、同之际。今人每訾曾、胡、左、李之伦，翼建夷以覆宗国，此乃未能论世，而欲知人。当是之时，风尘澒洞，九州豺虎，生民之祸，亦已烈矣。设更益之以武夫割据，互相攻伐，中国大局，又将何如？辛亥以后之扰攘，所以辽缓之数十年而后见者，以曾、胡、左、李辈皆读书人，莫敢干犯名义，且急流勇退，大局粗定，即释兵权故也。彼固昧于民族之义矣，然视何者为纲纪，严畏而不敢犯，夫固各以其时。试问今日，有能严民权之义，若昔时天泽之分者乎？然则所谓军人教育者，诚不宜徒骛于战胜攻取之末，而不思其本也。

虽然，儒将之效，则亦有所极矣。以张温、皇甫嵩、魏武帝、诸葛武侯、曾、胡、左、李辈之严畏名义，亦不过能使其豆相煎之祸，辽缓之数十年耳，卒不能消灭之使不作也。是何也？传曰："兵犹火也，不戢将自焚也。"（见《左传》隐公四年）夫曰自焚，则非敌能胜之，而其敢亡实由于自取矣。自取之道奈何？记曰："不诚无物。"（《礼记·中庸》）而兵事则尚狙诈。夫其为狙诈也，岂不曰："吾特以是遂吾之所求。"所以求之者虽诈，而其求之之意，固出于至诚恻怛也。此固非欺人之谈，然习于诈者，终将稍伤其诚，且尚诈则不能无用机巧之人，而机巧之人，其至诚恻怛之心必较薄，故军之乘时特起者，虽以哀矜始，及其久屯聚而不散，则终必稍离其真。魏武帝之后，继之以司马宣王。曾、胡硁硁，左宗棠虽少粗犷，犹不以权谲为体，至李鸿章则异是矣，而其后遂乘之以无所不为之袁世凯，岂不哀哉？握兵者终必至于无所不为，何也？曰：人生而有欲，不敢肆其欲者，以外力钳制之，使不得逞耳。握兵者则孰能钳制之？其力终必日扩，其行即随之而日肆，势也。惟至诚恻怛之士，所欲更有大于此者，乃能自抑其欲而不敢肆，此等人盖不易数觏。抑人心不能无随境而迁，后起者所值之时势，必不如创业者之艰，则其至诚恻怛之心，亦将随之而减，则其欲稍纵而行日肆矣。久之则若堤防之溃决而不可御矣。其事至浅也，其祸至博也，见微知著者，不可以不察也。魏武帝雅性节俭，不好华丽，后宫衣不锦绣，侍御履不二采，此盖其所以能奋起于艰难之中，手戡群雄。然其为司空欲身率其下也，岁发调，必使本县平其资。谯令平曹洪赀财与公家等，而公曰：我家财那得如子廉邪？然则公虽节俭，其下不必皆然，公亦明知之而不能禁也。以是推之，当时文武臣僚，风气可以想见。崔琰、毛玠典选，必崇一概难堪之行，明知其足以长伪而不恤，其亦有所不得已与？然何益矣，曹爽既已侈败，司马宣王务反爽，而其时之侈风乃弥甚，终至滔滔不可复返焉。请举二事以明之。石崇与王恺竞富，晋武帝每助恺，尝以珊瑚树赐恺，高三尺许，枝柯扶疏，无所罕比。恺以示崇。崇便以铁如意碎之。恺既惋惜，又谓崇嫉己宝，声色方厉。崇曰："不足多恨，今还卿。"乃命左右悉取珊瑚树，有三四尺者六七株，条干绝俗，光采曜日，如恺比者甚众，恺恍然自失矣。帝又尝幸王济宅，供馔甚丰，悉贮琉璃器中。琉璃来自西胡，珊瑚出于南海，汉末丧乱，至魏文帝之世，都畿犹树木成林，有待斫伐（见《三国志·王昶传》）；而王、石等乃能多致远物如此，当时文武臣僚财力之雄可想，弗求胡获？无所不为之行，盖有迫之不得不然者矣。积重者难返，善观世变者，所以不欲兵之久屯聚也。

孔壁得书

　　孔壁得书一役，姑勿论其信否，而其辗转传述，互相乖异，已足见汉人附会之一端。案此事见于《汉书》者，为《艺文志》及《楚元王传》《景十三王传》。《艺文志》所著录者：《尚书古文经》四十六卷，《礼古经》五十六卷，《春秋古经》十二篇，《论语》古二十一篇，《孝经古孔氏》一篇。《志》曰："《古文尚书》者，出孔子壁中。武帝末，鲁共王坏孔子宅，欲以广其宫，而得《古文尚书》，及《礼》《记》《论语》《考经》凡数十篇，皆古字也。共王往入其宅，闻鼓琴瑟钟磬之音，于是惧，乃止不坏。孔安国者，孔子后也，悉得其书，以考二十九篇，得多十六篇。安国献之。遭巫蛊事，未列于学官。刘向以中古文校欧阳、大小夏侯三家经文，《酒诰》脱简一，《召诰》脱简二。率简二十五字者，脱亦二十五字；简二十二字者，脱亦二十二字。文字异者七百有余。脱字数十。"又云："《礼古经》者，出于鲁淹中，及孔氏，学七十（当作十七）。篇文相似，多三十九篇。及《明堂阴阳》《王史氏记》。"于《论语》云："出孔子壁中。两《子张》。"于《孝经》云："汉兴，长孙氏、博士江翁、少府后苍、谏大夫翼奉、安昌侯张禹传之，各自名家。经文皆同。惟孔氏壁中古文为异。"（《志》又云："'父母生之，续莫大焉'，'故

995

亲生之膝下'，诸家说不安处，古文字读皆异。"此可见造古文者，以诸家说为不安而改之，亦古文经不足信之一证也。)《楚元王传》刘歆《移太常博士》曰："及鲁共王坏孔子宅，欲以为宫，而得古文于坏壁之中。《逸礼》有三十九，疑当作三十有九。《书》十六篇。天汉之后，孔安国献之，遭巫蛊仓卒之难，未及施行。及《春秋左氏》，丘明所修，皆古文旧书，多者二十余通，臧于秘府，伏而未发。孝成皇帝闵学残文缺，稍离其真，乃陈发秘臧，校理旧文；得此三事，以考学官所传，经或脱简，传或间编。"歆所言《逸礼》及《书》，篇数与《志》合。所异者，无《明堂阴阳》《王史氏记》；歆但言"经或脱简，传或间编"，而《志》明言所脱简数字数而已。《汉志》云《书》"凡百篇"，又云"孔安国悉得其书，以考二十九篇，得多十六篇"；则孔壁之《书》，百篇完具。《礼古经》及《明堂阴阳》《王史氏记》，《汉志》之意，谓出孔壁者几何未能定，见下。今姑不列；而《书》百篇，加《论语》《孝经》，已百二十二篇矣。简策繁重，孔壁安能容之？见下。窃疑《书》有百篇之说，刘歆时尚未有；而《班志》又据后人之说，以改《七略》元文也。脱简、间编，理所可有，然谓简二十五字者，脱亦二十五字，简二十二字者，脱亦二十二字，则为理所必无。果如此，文义岂复可解？此全系古学既兴后，辗转增饰，不顾事理之辞，向、歆皆通人，必不作此不通之论也。知此必非《七略》元文，或并非《班志》元文矣。（不知经有夺文，而即随文为说，汉人亦有之。如《诗序》以《关雎》为《风》始，义实同于三家，下文"是谓四始"之上有夺文。郑答张逸遂以《风》《小雅》《大雅》《颂》为四始，即其一事。然此惟专据书本，而又博而不精者，乃有是弊。今文师学有渊源，必无是也。《史记·儒林传》：儿宽之学出于欧阳生。《汉书》则兼出孔安国。欧阳生子又受业于宽。宽弟子蔺卿，则夏侯胜之师也。然则安国之《书》，欧阳、夏侯亦当闻之。即谓逸十六篇，以无师说不传，岂并脱简脱字，亦不为补足邪？抑安国只考逸《书》，而于不逸者，讫未校雠，直待至刘向邪？）《史记·五宗世家》：共王以孝景前三年徙为鲁王，二十六年卒。其卒，当在武帝元光五年，前于麟止者八年。《世家》言王好治宫室苑囿狗马，接徙为鲁王言之；下又云季年好音，则共王好治宫室，尚非季年事，坏壁得书，当在景帝之世矣。而《史记》于此，一语不及，殊可疑也。《汉书·景十三王传》，叙共王事，略同《史记》。下又历叙其后嗣。既讫，乃曰："恭王初好治宫室，坏孔子旧宅，以广其宫，闻钟磬琴瑟之声，遂不敢复坏，于其壁中得古文经传。"沾缀之迹既显，而又语焉不详；而其辞又与《艺文志》如出一口，恐系后人据《艺文志》作此约略之辞，缀于传末，亦非班氏元文也。何者？使此文为班氏所著，则当云事见《艺文志》，以便读者互考；若非班氏所著，则作此传者，与作《艺文志》者，两不相谋，当纪其详，不容作此约略之辞矣。若谓《传》本详载，班氏以其与《艺文志》复而删之，则并此约略之辞，亦可不著也。故知此非班氏元文也。（后人此等记识之语，阑入古书中者甚多，详见拙撰《章句论》。）

　　《汉书》而外，载得古经事者，又有《说文解字序》及《论衡》。《序》曰："壁中书者，鲁恭王坏孔子宅，而得《礼》《记》《尚书》《春秋》《论语》《孝经》，又北平侯张苍献《春秋左氏传》。"此《礼》《记》及《艺文志》之《礼》《记》二字，皆当分读，《礼》指《礼古经》，《记》指《明堂阴阳》及《王史氏记》也（或本作礼，礼记，而夺一礼字）。然则许说与《艺文志》合。惟《左氏》，刘歆及《艺文志》皆不言所自来，而许谓献自张苍，未知所据耳。《论衡·佚文》曰："孝武皇帝封弟为鲁恭王。恭王坏孔子宅以为宫，得佚《尚书》百篇，《礼》三百，《春秋》三十篇，《论语》二十一篇。闻（疑当作闻）弦歌之声，惧，复封涂。上言武帝。武帝遣吏发取。古经《论语》，此时皆出。经传也，而有闻（疑亦当作闻）弦歌之声，文当兴于汉，喜乐得闻之祥也。当传于汉，寝藏墙壁之中。恭王闻之，圣王感动，弦歌之象。此则古文不当掩，汉俟以为符也。孝成皇帝读《百篇尚书》，博士郎吏莫能晓知。征天下能为《尚书》者，东海张霸通《左氏春秋》，案《百篇序》，以《左氏》训诂造作《百二篇》。具成奏上。成帝出秘《尚书》以考校之，无一字相应者。成帝下霸于吏。吏当霸辜大不谨敬。成帝奇霸之才，赦其辜，亦不灭其经，故《百二尚书》传在民间。"《正说》曰："盖《尚书》本百篇，孔子以授也。遭秦用李斯之议，燔烧五经。济南伏生抱百篇藏于山中。孝景皇帝时，始存《尚书》。伏生已出山中。景帝遣晁错往，从受《尚书》二十余篇。伏生老死，《书》残不竟。晁错传于儿宽。至孝宣皇帝之时，河内女子发老屋，得逸《易》《礼》《尚书》各一篇，奏之。宣帝下示博士。然后《易》《礼》《尚书》各益一篇，而《尚书》二十九篇始定矣。至孝景帝时。鲁恭王坏孔子教授堂以为殿。得《百篇尚书》于墙壁中。武帝使使者取视，莫能读者，遂秘于中，外不得见。至孝成皇帝时，征为古文《尚书》学。东海张霸案百篇之序，空造百两之篇。献之成帝。帝出秘百篇以校之，皆不相应。于是下霸于吏，吏白霸罪当至死。成帝高其才而不诛，亦惜其文而不灭，故百两之篇，传在世间者。传见之人，则谓《尚书》本有百两篇矣。"（此可见《书》有百篇之说所自来）又曰："说《论》（疑夺语字）者皆知说文解语而已，不知《论语》本几何篇……至武帝发取孔子壁中古文，得二十一篇，《齐》《鲁》二，《河间》九篇。三十篇。（此文疑有夺误。《汉志》："《论语》古二十一篇。出孔子壁中。两《子张》。"如淳曰："分《尧曰》篇后子张问何如可以从政以下为篇，名曰《从政》。"《齐》二十二篇。多《问王》知道）。如淳曰："《问王》《知道》皆篇名也。"《鲁》二十篇。如《志》及如淳说，则《古论》篇数多于《鲁论》，而实未尝异；《齐论》则多二篇。则此文"齐鲁二"之"鲁"字当衍，三十篇当作三十二篇。否则《河间》九篇当作《河间》七篇。或"《齐》《鲁》二"之"二"字衍，亦如下文作《齐》《鲁》《河间》九篇。）至昭帝女（此字疑误）读二十一篇。宣帝下太常博士，时尚称书难晓，名之曰传，后更隶写以传诵。初，孔子孙孔安国以教鲁人扶卿，官至荆州刺史，始曰《论语》。今时称《论语》二十篇，又失《齐》《鲁》《河间》九篇。本三十篇，分布亡失，或二十一篇。目或多或少，文赞或是或误。"《案书》曰："《春秋左氏传》者，盖出孔子壁中。孝武皇帝时，鲁共王坏孔子教授堂以为宫，得佚《春秋》三十篇，《左氏传》也。"仲任言《礼》，篇目又增于旧。《书》有百篇，《汉志》未云皆出孔壁，此始凿言之；并言伏生抱百篇藏于山中。刘歆及《汉志》皆云孔安国得书，此云武帝使使取视，遂秘于中，外不得见。《左氏春秋》，刘歆、《汉志》皆不言所自来，《许序》言献自张苍，此并云得自孔壁。荦荦大端，互相违异如此。

孔壁得书，事有极可疑者。《史记·孔子世家》云："孔子葬鲁城北泗上。弟子及鲁人，往从冢而家者，百有余室，因命曰孔里。鲁世世相传，以岁时奉祠孔子冢。而诸儒亦讲礼乡饮大射于孔子冢。孔子冢大一顷，故所居堂，弟子内，后世因庙，藏孔子衣冠琴车书。至于汉，二百余年不绝。高皇帝过鲁，以太牢祠焉。诸侯卿相至，常先谒，然后从政。"史公自言适鲁，观仲尼庙堂车服礼器，诸生以时习礼其家，余祗回留之，不能去云。"《自序》亦云："观孔子之遗风，乡射邹、峄。"《后汉书·鲍永传》：拜鲁郡太守，"孔子阙里无故荆棘自除，从讲堂至于里门。乃会人众，修乡射之礼，请（董宪别帅彭）丰等共会观视，手格杀丰等"。《东平宪王传》："分阴太后器服，特赐苍及琅邪王京书曰：今鲁国孔氏尚有仲尼车舆冠履，明德盛者，光灵远也。"盖圣人之居，声灵赫濯如此。共王即荒淫，安敢遽坏其室？且齐、鲁者，汉时文学之都会也，言文学者必称焉；学问之士，尤多出焉。孔子宅果见坏，必多有及其事者，其文当散见诸处；不当先汉之世，刘歆而外，更无一人齿及也。（《景十三王传》不足信，已见前。《艺文志》本《七略》，《七略》出于歆《移太常博士》，更明系歆语矣。）夫孔子冢大一顷，非宅大一顷也。一顷之地，盖百有余室皆在焉。古之授宅者，二亩半在田，二亩半在邑；在田曰庐，在邑曰里。弟子及鲁人从冢而家者，以孔里为名，盖亦邑居之制。百有余室，仅大一顷，盖室不逮一亩矣。后世地狭人稠，固不得尽如古制也。然孔子故居，及诸儒讲礼乡饮大射之处，占地亦必不能甚广可知。古卿大夫之室，前为寝，后为房；民居则一堂二内（见晁错《论募民徙塞下书》）。《史记》称孔子之居曰故所居堂，弟子内（盖谓孔氏子弟，非受业之弟子也），颇于民居相近，其占地不能甚广又可知。能藏书几何？《史记·儒林传》曰"高皇帝诛项籍，举兵围鲁，鲁中诸儒，尚讲诵，习礼乐，弦歌之音不绝"，则秦亡而儒业即复；《传》又云"汉兴，然后诸儒始得修其经艺，讲习大射乡饮之礼"，尚系辽缓言之。孔鲋为陈王涉博士，死于陈下，而鲋弟子襄，为孝惠皇帝博士。自陈涉之起，至孝惠之立，凡十有六年；至其崩，亦二十有二年耳；为博士官，年不能甚少，鲋之死，襄必已有知识矣，壁中之书，孔氏所藏与？襄等不应不知；非孔氏所藏与？以鲁儒业之盛，中绝之时之暂，与知其事之人，不应无一存者；安待共王发之哉？《史记》云"故所居堂"，而《论衡》言"孔子教授堂"，语亦不合。疑汉世鲁中诸儒，自有讲堂，即《后汉书·鲍永传》所言者，初未必孔子教授之所，而仲任又以意言之也。升堂闻丝竹之声，语已近怪，至谓古文不当掩，而汉俟以为符，则更媚世之谈矣。明孔壁得书之说，与谶纬荒怪之言同时并出也。

刘歆云："天汉之后，孔安国献之。"安国之年，实不能及天汉，前人已有论者。年月舛误，古人时有，原不能据此以定歆说之伪，然歆之无真知灼见，则于此可见矣。至《论衡》之言，则其年代事迹，舛误更甚，更不足据。（近人或以充持论核实而信其说，然持论核实是一事，审于史实又是一事。充持论诚多核实，而说史实则多野言。使其生于今日，可以为哲学家，可以为科学家，不能为史学家也。）

怪迂之谈，托之安国，并不自东晋始。郑玄《书赞》曰："我先师棘子下生安国，亦好此学。卫、贾、马二三君子之业，则雅才好博，既宣之矣。"（《书尧典疏》引）此东汉之古学家，自托于安国也。亦并不自东汉始。《汉书》述《古文尚书》之学始于孔安国，传之都尉朝，以至庸生（《后汉书·儒林传》作庸谭），即刘歆《移太常博士》所谓"鲁国桓公、赵国贯公、胶东庸生之遗学，与此同"者也。庸生之《尚书》，传之胡常；常又传《谷梁春秋》于瑕丘江公；与江公三传弟子尹更始之子咸，同受《左氏》于更始；更始之学，出于贯公之子长卿；长卿之学，传自其父；又受《毛诗》于毛公，传之贾延年，以及徐敖；而敖又授《尚书》于胡常者也。敖之书，传之王璜；璜则受《古文易》于费直。古文授受，辗转皆出此数人，而其世代又多不雠，谓其学有师承，得乎？（《后汉书·儒林传》谓孔僖世传《古文尚书》，亦不足信。）

刘歆所谓鲁国桓公者，盖徐生之弟子。《史记·儒林传》曰："诸学者多言《礼》，而鲁高堂生最。本《礼》，固自孔子时而其经不具。及至秦焚书，书散亡益多。于今独有《士礼》，高堂生能言之；而鲁徐生善为容。孝文帝时，徐生以容为礼官大夫。传子至孙徐延、徐襄。襄，其天姿善为容，不能通《礼经》。延颇能，未善也。襄以容为汉礼官大夫，至广陵内史。延及徐氏弟子公户满意、桓生、单次皆尝为汉礼官大夫。而瑕丘萧奋以《礼》为淮阳太守。是后能言《礼》为容者，由徐氏焉。"桓生盖亦颇能通《礼经》而未善者，故西汉人数经师者不之及。则知《史记·儒林传》所列八家，（言《诗》，于鲁则申培公，于齐则辕固生，于燕则韩太傅。言《尚书》，自济南伏生。言《礼》，自鲁高堂生。言《易》，自菑川田生。言《春秋》，于齐、鲁自胡毋生，于赵自董仲舒。）皆当时第一流学者也。而刘歆乃援彼颇通而未善者以自助，抑何其下乔而入幽乎？

汉初传经，本重大义，至古学出，乃斤斤于文字之间，然其所以自侈者，亦不过谓今经或有讹夺，如所谓文字异者七百有余、脱字数十而已。至东汉，乃有以古书之字，为时人所不识者，如《论衡》谓共王得《百篇尚书》，武帝使使者取视，莫能读者；成帝读《百篇尚书》，博士郎吏，莫能晓知，是也。《尚书·伪孔传序》，谓"科斗书废已久，时人无能知者"，说本于此。

《后汉书·陈宠传》："曾祖父咸，成哀间以律令为尚书。平帝时，王莽辅政，乞骸骨去。及莽篡位，召咸，谢病不肯应。三子参、丰、钦皆在位，乃悉令解官。其后莽复征咸，遂称病笃。于是乃收敛其家律令书文，皆壁藏之。"则壁藏《诗》《书》，汉世确有其事。孔壁得书，伏生壁藏，盖皆因此而附会也。然观其说之诞谩不中情实，而其为附会可知矣。秦焚书之令曰："有敢偶语《诗》《书》弃市，以古非今者族，吏见知不举者与同罪。"其诛甚重，而令下三十日不烧，不过黥为城旦而已。秦法虽酷，行于山东如何，殊不可知。以当时爱尚艺文者之多，岂尽能奉令维谨？官吏亦岂能真按户穷索？《史记·六国表》曰："《诗》《书》所以复见者，多藏人家。"明当时不烧者实不少，此实录也。《汉志》言《诗》遭秦而全者"以其讽诵，不独在竹帛故也"。一似凡在竹帛，无不烧毁者，则想象之谈矣。《汉志》所载书，五百九十六家，万三千二百六十九卷，虽有汉人所撰，要以出于先秦者为多，岂皆有人壁藏之欤？抑皆讽诵，不独在竹帛欤？则知壁藏《诗》《书》，秦汉间虽有其事，而书之存则不尽由此，抑不由此者正多也。而后人附会，一若孔壁得书，于经籍有绝续存亡之关系者，则皆《论衡》所谓语增而已。仲任诘难经生，不遗余力，而于古学家附会传讹之说，初不深思，亦可谓知二五而不知一十矣。

或曰：古人于年月日人地名等，时有错误，至于事之大体，则递相传述，必不容全属子虚，子不既言之乎？（见《太誓后得》条）孔壁得书，果云乌有，刘歆安得造作谰言，以诬博士；而博士亦何不据事以折之乎？不知古人于史实，不甚措意；不独博士闻刘歆之言，不知考校孔壁得书果有其事与否；即刘歆，亦或误采传讹附会之说，而未之深思也。何者？歆而欲立《逸礼》及《古文尚书》，径以其为中秘之藏，主张立之可矣，何必造作谰言，授人以攻击之柄？况于中秘书非歆所独见；书之来历，亦断非歆所独闻；歆即欲造作谰言，曾与校雠者，岂肯皆扶同徇隐？然则孔壁得书，必固有是说，而非歆所造作明矣。然则为是说者，果有真知灼见欤？曰：无之。王仲任，汉世之通人也，而其说史事，纰缪之端，不可胜指。可知学问之事，随世益密，求史事之核实，尚非汉人所知也。当日校雠中秘之士，其才知岂能远踰于仲任？汉世中秘之书，盖或得之于鲁。壁藏《诗》《书》，秦汉间既有此事，鲁国自亦有其人。既有壁藏《诗》《书》之人，自当有坏壁得书之事。鲁共王好治宫室，或亦尝坏人之室以广其宫。至于曾否得书，恐必难于究诘。何则？如前所说，谓共王坏孔壁而得古书，有种种不可信者在也。然市三成虎，岂复可以情理求？一人为附会之辞，后人更弥缝其阙，则初不知为何书者，后可凿言之曰《逸礼》与《书》；初不知为何人者，后可确指之曰鲁共王；初不知为谁氏之宫者，后可故神之曰孔子之宅；初不知其何由人中秘者，后可臆度之曰安国献之；初犹知为臆度，后竟以为事实矣。此非厚诞古人，观于孔壁得书之说之首尾衡决；以及《论衡》述及史事之纰缪百出；固使人不能不作此想也。刘歆殆为是等说所欺欤？南海康氏《新学伪经考》，以一切伪说，悉为刘歆一人所造，不徒证以史实而不合，即衡以情理，亦必不然，宜乎近人之攻之也。然遂以当时之古学家为能实事求是，其欲建立古学，纯出于欲广道术之公心，则恐又不合于事实。果能实事求是，则古学家所立之说，不应多支离灭裂之谈；果尽出于欲广道术之公心，则亦不必与人争立学矣。《汉志》曰："《礼古经》者，出于鲁淹中，及孔氏，学七十篇文相似，多三十九篇。"刘敞曰："学七十篇，当作与十七篇。五十六除十七，正多三十九也。"案七十之当为十七，更无疑义，而学字当为与字，是否则尚有可疑。如敞说，当于"及孔氏"断句，《礼古经》兼出淹中孔氏；作学字，则当于鲁淹中断句，《礼古经》专出淹中矣。《隋书·经籍志》曰："又有古经出于淹中。而河间献王好古爱学，收集余烬，得而献之，合五十六篇。"初未及于孔氏。《释文叙录》引《六艺论》曰："后得孔氏壁中河间献王古文《礼》五十六篇，《记》百三十一篇，《周礼》六篇。"既兼言《记》，亦无以断刘氏之意，谓《礼古经》必兼出孔氏也。此亦汉世所谓古经不必出于孔壁之一证。

清谈（一）

清谈之风，起于魏之正始。世遂以晋人之不事事，归咎于王弼、何晏之徒，其实非也。晏等不徒非不事事之人，且系欲大有为之人，观夏侯玄对司马宣王之问可知。《蒋济传》曰：曹爽专政，丁谧、邓飏等，轻改法度。会有日食之变，诏群臣问其得失。济上疏曰："齐侯问灾，晏婴对以布惠；鲁君问异，臧孙答以缓役。应天塞变，乃实人事。今二贼未灭，将士暴露，已数十年，男女怨旷，百姓贫苦。夫为国法度，惟命世大才，乃能张其纲维，以垂于后，岂中下之吏，所宜改易哉？终无益于治道，适足伤民望，宜使文武之臣，各守其职，率以清平，则和气祥瑞，可感而致也。"《国志》文最简略，爽等之所更张，盖皆无传于后矣。至于山涛、阮籍等，则皆有所为而为之，亦非酣嬉沉醉之徒也。《晋书·戴逵传》：逵著论曰："竹林之为放，有疾而为颦者也；元康之为放，无德而折巾者也。"可谓洞见情实。范宁乃以末流之弊，追议创始之人，谓王弼、何晏，罪深于桀纣，不亦诬乎？

訾议清谈之论，至晋世而后盛，盖其弊实至晋而始著也。三国时皆议清谈者，《魏志·袁涣传》载涣从弟霸之子亮，深疾何晏、邓飏等,著论以讥切之。《传》既不载其论,其说不可得闻。《傅嘏传注》引《傅子》,有讥切何晏、邓飏、夏侯玄之语,则嘏本与晏等不合,为其免官。《管辂传》及《注》引《辂别传》,亦有讥切何晏之语,并谓辂豫知晏、飏之当被祸,则事后附会之辞,弥不足信矣。正始八年何晏治身远小人之奏,卓然儒家礼法之谈。庾亮风格峻整,动由礼节,闺门之内,不肃而成,时人亦拟诸夏侯玄。(见《晋书·亮传》。)疑正始诸公之纵恣,并不如传者所言之甚也。

清谈(二)

《三国·魏志·荀彧传注》引何劭《荀粲传》,粲尝谓傅嘏、夏侯玄曰:"子等在世涂间,功名必胜我,但识劣我耳。"嘏难曰:"能盛功名者,识也。天下孰有本不足而末有余者耶?"粲曰:"功名者,志局之所奖也。然则志局自一物耳,固非识之所独济也。"此说最通。凡诸清谈之徒,特其识解相近,才志自各不同;故其立身途辙,亦各有异。有真不能任事者,若焦和、(见《魏志·臧洪传注》引《九州春秋》。《后汉书·臧洪传》略同。)王澄、谢万之徒是也。有托以避祸者,如阮孚、谢鲲、庾敳之徒是也。有热中权势,无异恒人者,如郭象是也。有处非所宜,以致败绩者,如毕轨是也。(以上皆见《晋书》本传。)《曹爽传注》引《魏略》,谓李胜前后所宰守,未尝不称职;胜出未几,而司马氏之变起。伐蜀骆谷之谋,亦出于胜。(《传》谓邓飏等劝爽伐蜀,又谓飏与爽参军杨伟争于爽前,而伟之言曰:"飏、胜将败国家事，可斩也。"则二人并为主谋，《魏略》之言不诬也。）胜之才，盖足与司马景王、钟会匹敌矣。（《晋书·景帝纪》曰："宣帝之将诛曹爽，深谋秘计，独与帝潜画，文帝弗之知也。将发夕，乃告之。既而使人觇之，帝寝如常，而文帝不能安席。晨会兵司马门，镇静内外，置陈甚整。宣帝曰：此子竟可也。"景帝在诸名士中，可谓最为枭杰矣。）东晋诸主，才略莫优于明帝，而尝论圣人真假之意，王导等不能屈，盖亦清谈之隽。而名臣如桓彝、温峤、庾亮、邵续等，亦咸以清谈著闻。（见《晋书·谢鲲》《羊曼传》。）王忱镇荆州，能裁抑桓玄；王廙能诛戮陶侃将佐；其才盖亦相等，史褒忱而贬虞，则成败之论耳。王敦雅尚清谈；简文帝为会稽王，与孙绰商略诸风流人，绰以桓温与刘惔、王濛濛、谢尚并举；则乱世之奸雄，亦未尝非捉麈尾之人矣。殷仲堪之败，盖所遭直与忱异，非其才之不足以制桓玄也。殷浩能统率三军，北定中原，虽丧败，亦事势为之，其才则雄于谢安矣，而况王导乎？

清谈者不必皆无能之人，反清谈者，亦不必皆有为之士。庾翼轻杜乂、殷浩，谓当束之高阁。其与浩书，深致讥议。然翼之才，岂能优于亮哉？毋丘俭文武兼资，忠义盖世，而荐裴秀于曹爽曰："生而岐嶷，长蹈自然。玄静守真，性入道奥。博问强记，文无不该。"其所称道，全与时人无殊。则知风尚既成，贤者不必能自外；亦不以此而丧其贤。风俗之衰，受其弊者特恒人耳。然庸众者英杰之所资，众人皆莫能自振，贤豪亦无所藉以成其功矣。故风俗之清浊，究为治乱之原，而有唱道率将之责者，不可以不慎也。

学识既无与于才不才，故观其人之风度，亦不能定其贤否；古人戒以貌取人，盖为是也。简文帝少有风仪，善容止，凝尘满席，湛如也。尝与桓温及武陵王晞同载游板桥，温递令鸣鼓吹角，车驰卒奔；晞大恐，求下车，而帝安然无惧色；温由此惮服。初即位，温撰辞欲自陈述，帝对之悲泣，温惧不能言。有司承温旨，奏诛武陵王，帝不许。温固执，至于再三，帝手诏报曰："若晋祚灵长，公便宜奉行前诏；如其大运去矣，请避贤路。"温览之，流汗变色，不敢复言。可谓处变不惊矣。然谢安称为惠帝之流；谢灵运迹其行事，亦以为赧、献之辈。即孝武幼称聪悟，谢安叹其精理不减先帝，亦未见其才略之有余于简文也。王戎之奔郏也，亲接锋刃，谈笑自若；时召亲宾，欢娱永日；亦可谓历险夷而不改其度者，曾何解于覆𫗧之讥哉？

成都王颖，乐广之婿也，与长沙王乂构难。乂以问广，广神色不变，徐答曰："广岂以五男易一女？"又犹以为疑，广竟以忧卒。(《晋书·乐广传》)则知能矫饰于外者，未必能无动于中也。此较告子之不动心，又逊一筹矣。

孙登赠嵇康曰："子才多识寡，难乎免于今之世。"(《魏志·王粲传注》引《魏氏春秋》)何晏以为圣人无喜怒哀乐，钟会等述之，王弼不与同，以为："圣人茂于人者神明也，同于人者五情也。神明茂，故能体冲和以通无；五情同，故不能无哀乐以应物，然则圣人之情，应物而无累于物者也。今以其无累，便谓不复应物，失之多矣。"其《答荀融书》又云："常狭斯人，以为未能以情从理者也，而今乃知自然之不可革。"(何劭《弼传》。亦见《魏志注》。)孙登所谓识，与荀粲不同。粲所谓识，但指知解，登则兼该夫以情从理，故谓嵇康无识，则无以自免也。人能以情从理与否，亦因禀赋而不同，王弼所谓自然之不可革也。东汉之季，能以情从理者，郭泰、申屠蟠是也；其不能者，李固、张俭是也。荀粲谓父彧不如从兄攸。或整轨仪以训物，而攸不治外形，慎密自居而已。(《魏志·彧传注》引《晋阳秋》)邴原能先诣魏祖；在军历署，终不当事；（《魏志》本传《注》引《原别传》）可谓善自韬晦。然其在辽东，犹以清议格物，为公孙度以下所不安，赖管宁密遣之还，（《宁传注》引《傅子》）则知如张阁之不知美好者，非易事矣。（《魏志·邴原传注》）晋文帝欲为武帝求昏于阮籍，籍醉六十日，不得言而止。钟会数以时事问籍，欲因其可否而致之罪，皆以酣醉获免。山涛与尚书和遗交，又与钟会、裴秀并申款昵。二人居势争权，涛平心处中，各得其所，而俱无恨焉。（皆见《晋书》本传）而嵇康以箕踞而锻忤钟会，以非薄汤武忤大将军。（亦见《魏志注》引《魏氏春秋》）康之识，岂不如阮籍、山涛哉？情有所不自禁也。何晏等皆好交游，而丁谧独以忤诸王系狱，（《曹爽传注》引《魏略》）视此矣。然则以情从理，诚非易事也，岂真王弼所谓自然不可革者邪？要非所语于能以学问变化气质者。知自然之不可革也，而不知学问之可以变化气质也，此当时之名士，所以多无以自免也。

　　宽容与忌刻，亦秉诸自然者也。王敦之举兵也，刘隗劝元帝尽除诸王，王导率群从诣阙请罪。直周颉将入，导呼谓颉曰："伯仁，以百口累卿。"颉直入不顾，既见帝，言导忠诚，申救甚至。帝纳其言，颉喜饮酒，致醉而出。导又呼颉，颉不与言，顾左右曰："今年杀诸贼奴，取金印如斗大系肘。"既出，又上表明导，言甚切至。导不知救己，而甚衔之。敦既得志，欲诛颉，以问导，导遂无言。致有"我虽不杀伯仁，伯仁由我而死"之叹，（《晋书·周颉传》）啜其泣矣！嗟何及矣！是导外宽而内忌，颉外率而内宽也。此禀赋之殊也。然一时名士，忌刻者多。故王弼结憾于黎融，（亦见《魏志注》。）羊祜无德于戎、衍，王澄以旧意侮王敦而见杀，羲之以旧恶恨王述而誓墓。（皆见《晋书》本传。）悻悻然小丈夫哉！何其自处之卑，相报之惨也？无他，识解虽超，而情不免于徼利。不枝不求，何用不臧？忮且求，亦何以善其后哉？识足以平揖古贤，而行不免为市井鄙夫之所耻，君子于是齿冷乎当时之所谓名士者矣。

同是清谈之士，有能守礼法者，有不能守礼法者，亦由各率其情而行之而未能变化之以学问也。王澄、胡毋辅之等任放为达，或至裸体。乐广闻而笑之曰："名教中自有乐地，何必乃尔？"和峤居丧，以礼法自持，而王戎母忧，不拘礼制。非必乐广、和峤操持过于王戎、王澄、胡毋辅之等，亦其性本近谨饬耳。能守礼法与否，亦与其人之才不才无涉。庾亮风格峻整，固为名臣；王忱放诞，慕王澄之为人，然其守荆州，亦威风肃然，殊得物和，且能裁抑桓玄也。

王昶名其兄子曰默曰沈，子曰浑曰深，而书以戒之，欲其遵儒者之教，履道家之言；深以惑当时之誉、昧目前之利为戒；可谓知自克矣。然其言曰："如不知足，则失所欲。"又曰："能屈以为申，让以为得，弱以为强，鲜不遂矣。"（《三国·魏志》本传）则其自克，乃正所以徼利而避祸也。志士不忘在沟壑，勇士不忘丧其元，俭德避难，非苟免之谓也；况又情存于徼利乎？此又嵇康之徒所不忍为也。

清谈（三）

清谈之士，以忮败，尤多以求败，以其冒利而不能自克也。《三国志》言：何晏等专政，共分割洛阳、野王典农部桑田数百顷，及坏汤沐地，以为产业，承势窃取官物，因缘求欲州郡。

有司望风，莫敢忤旨。爽饮食车服，拟于乘舆；尚方珍玩，充物其家；妻妾盈后庭，又私取先帝才人等，以为伎乐。擅取太乐乐器，武库禁兵。作窟室，绮疏四周，数与晏等会其中，饮酒作乐。爽等罪状，出于司马氏之口，自不免于失实，然不能尽诬也。《注》引《魏略》，言邓飏好货，丁谧父斐亦好货，毕轨在并州名为骄豪，何晏养于太祖家，服饰拟于太子。然则正始秉政之人，实多骄奢之士，其人皆人望也；司马氏为其所摈，屏息不敢出气者几十年，其才亦非不足取也；而卒以覆灭者，岂不以骄则人恶之，奢则民怨之，故变起于肘腋之间而不之知、莫之援哉？

《晋书·王衍传》：父卒于北平，送故甚厚，为亲识之所借贷，因以舍之数年之间。家资罄尽，出居田园，似诚有高致矣。然石勒之责衍曰：“君名盖四海，身居重任；少壮登朝，至于白首，何得言不豫世事耶？破坏天下，正是君罪。”虽爱衍者，不能为衍辩也。天下破坏，固非一人所能为，然怀禄而不去，何欤？如衍者，岂得云识不能及哉？然则其少日之轻财，正是矫情以干誉耳。矫情者，假之也，而不知其终不可假也。衍睹中国已乱，欲为自全之计，乃以弟澄为荆州，族弟敦为青州，谓曰：“荆州有江、汉之固，青州有负海之险，卿二人在外，而吾留此，足以为三窟矣。”而终不免于排墙之祸，哀哉！

当时知名之士，未尝无俭德之人。如山涛爵同千乘，室无嫔媵；阮修四十不能娶；阮放为吏部郎，不免饥寒；嵇康、向秀，锻以自食，秀又与吕安灌园于山阳是也。然此或为避祸计，或则性本简傲，不与俗谐，乃甘食蔬衣敝耳，非有得于道也。干宝之言曰：“悠悠风尘，皆奔竞之士；列官千百，无让贤之举。”（《愍帝纪论》引）庾峻之言曰：“普天之下，先竞而后让；举世之士，有进而无退。”熊远之言曰：“今逆贼猾夏，暴虐滋甚。

二帝幽殡，梓宫未返。昔齐侯既败，七年不饮酒食肉。况此耻尤大，臣子之责，宜在枕戈，为王前驱。若此志未果者，当上下克俭，恤人养士，彻乐减膳，惟修戎事。陛下忧劳于上，而群官未同戚容于下；每有会同，务在调戏酒食而已。"（均见《晋书》本传。）晏安鸩毒，入其中者鲜能自振，此北方之所以终不可复欤！

《记》曰："君子有诸己而后求诸人，无诸己而后非诸人；所藏乎身不恕，而能喻诸人者，未之有也。"何其言之亲切而有味也？吾尝默察并世中庸之士，亦未尝无为善之心，特其自私之念过深，必先措其身于至安，肥其家使无乏，然后正身以图晚盖。其意若曰："天下大矣，吾一人自私何害？"殊不知人心之感应，捷于影响，自私而望人之不私，自利而责人无欲利，不可得也。此古之欲为善者，所以贵以身先之。而如今人之所为，是后之也，其不得于人，无足怪矣。王述家贫，求试宛陵令，颇受赠遗，而修家具，为州司所检。王导使谓之曰："名父之子，不患无禄。屈临小县，甚不宜尔。"述答曰："足自当止。"时人未之达也。比后屡居州郡，清洁绝伦，禄赐皆散之亲故，宅宇旧物，不革于昔，始为当时所叹。（《晋书》本传）此去贪求无已者一间耳；抑世之贪求无已者，岂不自以为未足，而曰足自当止欤？

清谈之士，固多名利之徒，然亦有受诬不白者。殷浩之废也，史称桓温将以为尚书令，遗书告之。浩欣然许焉。将答书，虑有缪误，开闭者数十，竟达空函，大忤温意，由是遂绝。（《晋书》本传）此厚诬君子之言也。浩纵不肖，何至并矫情镇物而不能？而以温之忌刻，亦岂待达空函而后绝浩邪？谢安、王坦之犹足厄温，而况于浩？温又岂肯用之以自树难乎？

清谈（四）

裴頠《崇有》之论曰："夫总混群本，宗极之道也。方以族异，庶类之品也。

形象著分，有生之体也。化感错综，理迹之原也。夫品而为族，则所禀者偏；偏无自足，故凭乎外资。是以生而可寻，所谓理也。理之所体，所谓有也。有之所须，所谓资也。资有攸合，所谓宜也。择乎厥宜，所谓情也。识智既授，虽出处异业，默语殊涂，所以宝生存宜，其情一也。贤人君子，知欲不可绝，而交物有会。观乎往复，稽中定务。故大建厥极，绥理群生，训物垂范，于是乎在。贱有则必外形，外形则必遗制，遗制则必忽防，忽防则必忘礼。礼制弗存，则无以为政矣。"（《晋书》本传）其说甚辩，然未足以服贵无者之心也。頠之意，乃谓人不能不自爱其生；欲全其生，不能无资乎物；众皆有求，争夺斯起，故不可无礼以为率由之准。而不知贵无者之欲去礼，正以其不足以为率由之准也。奚以知其然也？魏太祖令，谓州人说祢衡受传孔融之论，以为：父母与人无亲，譬若瓴器，寄盛其中；又言若遭饥馑，而父不肖，宁赡活余人。（《三国·魏志·崔琰传注》引《魏氏春秋》。）此等议论，非恒人思虑所及，可知其必出于融，非诬辞也。是融能破世俗所谓父子之义也。《典略》云："融昔在北海，见王室不宁，招合徒众，欲图不轨，（此乃诬辞。融非功名之徒，安得有篡夺之念。）言我大圣之后也，而灭于宋。有天下者，何必卯金刀？"（《魏志·王粲传注》引）是融能破世俗所谓君臣之义也。君臣父子之伦，乃昔专制之世所最不敢訾议者，而融能毅然反之，足征其识解之超矣。魏文帝既受禅，顾谓群臣曰："舜、禹之事，吾知之矣。"（《魏志·文帝纪注》引《魏氏春秋》。）阮籍为晋文帝从事中郎。有司言有子杀母者，籍曰："嘻，杀父乃可，至杀母乎？"（《晋书》本传。《传》又曰："坐者怪其失言。帝曰：杀父，天下之极恶，而以为可乎？籍曰：禽兽知母而不知父，杀父，禽兽之类也；杀母，禽兽之不若。"此权辞以释众议耳，非其本旨也。）则知冲决网罗，为凡谈玄者之所共，而非孔融之所独矣。籍、咸、嵇康、刘伶、谢鲲、胡毋辅之父子，毕卓、王尼、羊曼之伦，所以必蔑弃礼法者，毋亦其视之与方内之士大异，觉其踧然不安，而不可以一日居邪？

王坦之《废庄论》云："夫自足者寡，故理悬于羲、农；徇教者众，故义申于三代。先王知人情之难肆，惧违行以致讼，故陶铸群生，谋之未兆，每摄其契而为节焉。天下之善人少，不善人多，故庄生之利天下也少，害天下也多。"（《晋书》本传）其意略与裴頠同。然亦未思拘守世俗之礼者，未可云能摄其契也。

李充《学箴》云："老子云绝仁弃义，家复孝慈，岂仁义之道绝，然后孝慈乃生哉？盖患乎情仁义者寡，利仁义者众也。道德丧而仁义彰，仁义彰而名利作，礼教之弊，直在兹也。先王以道德之不行，故以仁义化之；行仁义之不笃，故以礼律检之。检之弥繁，而伪亦越广。老、庄是乃明无为之益，塞争欲之门；化之以绝圣弃知，镇之以无名之朴。圣教救其末，老、庄明其本，本末之途殊，而为教一也。人之迷也，其日久矣。见形者众，及道者鲜。不觊千仞之门，而逐适物之迹，逐迹越笃，离本越远，遂使华端与薄俗俱兴，妙绪与淳风并绝。后进惑其如此，将越礼弃学，而希无为之风，见义教之杀，而不观其隆矣。"又曰："世有险夷，运有通圮。损益适时，升降惟理。道不可以一日废，亦不可以一朝拟。礼不可为千载制，亦不可以当年止。非仁无以长物，非义无以齐耻。仁义固不可违，去其害仁义者而已。"（《晋书》本传）其论最为持平也。

　　然当时放诞之士，初非见不及此，乃皆藉以为利耳。戴逵之论曰："儒家尚誉者，本以兴贤也。既失其本，则有色取之行，怀情丧真，以容貌相欺，其弊必至于末伪。道家去名者，欲以笃实也。苟失其本，又有越检之行；情理俱亏，则仰咏兼忘，其弊必至本薄。夫伪薄者，非二本之失，而为弊者，必托二本以自通。夫道有常经，而弊无常情，是以六经有失，二政有弊。苟乖其本，固圣贤所无奈何也。"（《晋书》本传）可谓言之深切著明矣。江惇谓"放达不羁，以肆纵为贵者，非但动违礼法，而亦道之所弃"，（《晋书》本传）其意亦与逵同。夫情有所不安，不能自克，以就当世之绳墨，虽或以是贾祸，其志固可哀矜；至于以是徼名利焉，以是图便安焉，而其心不可问矣。此又刘伶、阮籍之徒之所弃也。

清谈（五）

　　清谈所以求明理也，其后或至于尚气而求胜。如谢朗，病起体羸，于叔父安前，与沙门支遁讲论，遂至相苦。其母王氏再遣信令还。安欲留使竟论。王氏因出云："新妇少遭艰难，一生所寄，惟在此儿。"遂流涕携朗去。谢道韫为王凝之妻。凝之弟献之，尝与宾客谈议，理将屈。道韫遣婢白献之曰："欲为小郎解围。"乃施青绫步障自蔽，申献之前议。皆是也。然此特末流之失，原其朔，则诚有志在明理，从善服义，不计胜负者。《乐广传》云："尤善谈论，每以约言析理，以厌人心。"《阮瞻传》云："遇理而辩，辞不足而旨有余。见司徒王戎，戎问曰：圣人贵名教，老庄明自然，其旨同异？瞻曰：将毋同。戎咨叹良久，即命辟之，时人谓之三语掾。"《王承传》云："言理辩物，但明其指要，而不饰文辞。有识者服其约而能通。"是当时谈者，皆以要言不烦为贵，不贵喋喋利口也。《广传》又云："其所不知，默如也。"《裴頠传》："乐广尝与頠清言，欲以理服之，而頠辞论丰博，广笑而不言。"《王述传》云："性沉静，每坐客驰辩，异端竞起，而述处之恬如也。"则并不贵有言矣。《王衍传》曰："义理有所不安，随即改更，世号口中雌黄。"（以上均各见《晋书》本传。）《三国·魏志·荀彧传注》引何劭《荀粲传》，谓"太和初，到京邑与傅嘏谈。嘏善名理而粲尚玄远，宗致虽同，仓卒时或有格而不相得意。裴徽通彼我之怀，为二家骑驿，顷之，粲与嘏善。"《晋书·张凭传》：诣刘惔，"惔处之下坐，神意不接。凭欲自发而无端，会王濛就惔清言，有所不通，凭于末坐判之，言旨深远，足畅彼我之怀。一坐皆惊，惔延之上坐，清言弥日"。此尤绝无彼我之见，而能获讲习之益者矣。

魏晋法术之学（上）

汉治自永初而后，纵弛极矣。外戚专权，宦竖窃柄，官方不肃，处士横议，盖自朝宁、宫禁、学校之中，无一以国事为念者。一时通达治体之士，若王符、仲长统、崔寔等，咸欲以综核名实之治救之，当时莫能行，然三国开创之君臣，实皆用此以致治。

《魏志》载建安八年五月己酉太祖令曰："《司马法》：将军死绥。故赵括之母，乞不坐括。是古之将者，军破于外，而家受罪于内也。自命将征行，但赏功而不罚罪，非国典也。其令诸将出征，败军者抵罪，失利者免官爵。"《注》引《魏书》载庚申令曰："议者或以军吏虽有功能，德行不足堪任郡国之选，所谓可与适道，未可与权。管仲曰：使贤者食于能则上尊，斗士食于功则卒轻于死，二者设于国则天下治。未闻无能之人，不斗之士，并受禄赏，而可以立功兴国者也。故明君不官无功之臣，不赏不战之士；治平尚德行，有事赏功能。论者之言，一似管窥虎欤！"皆法家之精义也。《荀彧传》载彧论袁、曹成败，及《郭嘉传注》引《傅子》述嘉"绍有十败，公有十胜"之论，大同小异，疑即一说之误传。二者皆谓绍御军宽缓，法令不立，操法令明而赏罚必行。绍任亲戚子弟而好名誉，故多得好言饰外之人；操用人不问远近，赏功无所恡惜，故能得忠正效实之士。绍大臣争权，谗言惑乱；操御下以道，浸润不行。比而观之，亦可见曹公之能任法术矣。

建安十五年令曰："若必廉士而后可用，则齐桓其何以霸世？今天下得无有被褐怀玉而钓于渭滨者乎？又得无盗嫂受金而未遇无知者乎？"十九年令曰："夫有行之士未必能进取，进取之士未必能有行也。陈平岂笃行，苏秦岂守信邪？"二十二年令曰："韩信、陈平负污辱之名，有见笑之耻，卒能成就王业，声著千载。吴起贪将，杀妻自信，散金求官，母死不归，然在魏，秦人不敢东向，在楚则三晋不敢南谋。今天下得无有至德之人放在民间，及果勇不顾，临敌力战；若文俗之吏，高才异质，或堪为将守；负污辱之名，见笑之行，或不仁不孝而有治国用兵之术：其各举所知，勿有所遗。"（《三国志注》引《魏书》。）顾亭林深加贬斥，谓"经术之治，节义之防，光武、明、章数世为之而未足；毁方败常之俗，孟德一人变之而有余"。实则后汉之世，士好立名，凡争名者必假饰于外，其才固未可用，其德亦不足称。董昭太和之疏，乃东京末世之俗，不徒非魏武所造，并非文帝所为也。（《荀彧传注》引《彧别传》，谓其"取士不以一揆，戏志才、郭嘉有负俗之讥，杜畿简傲少誉，皆以智策举之"。有负俗之讥无论矣，即简傲少文，亦不利于合徒党，要乡曲之誉。可见魏武君臣，取才皆不尚虚声也。）

陈寿评魏祖，谓其"揽申、商之法术，该韩、白之奇策，官方授材，各因其器，矫情任算，不念旧恶"。《注》引《魏书》，亦称其"知人善察，难眩以伪"。可见其诛赏皆守法而不任情。乃又引《曹瞒传》，谓其"持法峻刻，诸将有计划胜出己者，随以法诛之，及故人旧怨，亦皆无余"。此可谓能守法欤？《曹瞒传》又谓"其所刑杀，辄对之垂涕嗟痛之，终无所活"。可见其持法之严。此岂任情诛杀者哉？又曰："尝出军，行经麦中，令士卒无败麦，犯者死。而太祖马腾入麦中，敕主簿议罪；主簿对以《春秋》之义，罚不加于尊，太祖曰：制法而自犯之，何以帅下？然孤为军帅，不可自杀，请自刑。因援剑割发以置地。又有幸姬，尝从昼寝，枕之卧，告之曰：须臾觉我。姬见太祖卧安，未即寤。及自觉，棒杀之。尝讨贼，廪谷不足，私谓主者曰：如何？主者曰：可行小斛以足之。太祖曰：善。后军中言太祖欺众，太祖谓主者曰：特当借君死以厌众，不然，事不解。乃斩之，取首题徇曰：行小斛，盗官谷，斩之军门。其酷虐变诈，皆此类也。"夫罚不加于尊，《春秋》之义，非主簿所能伪造也；军帅不可自杀，亦理势之宜，此而可谓之变诈欤？幸姬不受令，或当诛责，何至棒杀？酷虐如此，岂似持法之人？法贵平，不贵酷也。主廪谷者岂一人，而可先许之而后杀之欤？故知野史之言，失实者多矣。

《马谡传》谓谡下狱物故，诸葛亮为之流涕。《注》引《襄阳记》曰："于时十万之众为之垂涕。亮自临祭，待其遗孤若平生。蒋琬后诣汉中，谓亮曰：昔楚杀得臣，然后文公喜可知也。天下未定，而戮智计之士，岂不惜乎？亮流涕曰：孙武所以能制胜于天下者，用法明也。四海分裂，兵交方始，若复废法，何以讨贼？"此与魏武之垂涕嗟痛，终无所活，可以参观。《亮传》谓亮"庶事精练，物理其本"，（《上诸葛氏集表》曰："工械技巧，物究其极。"）而《魏志注》引《魏书》，亦谓太祖"造作宫室，缮治器械，无不为之法则，皆尽其意"，又可见其殊方而一揆。《诸葛氏集》，有《计算》《综核》两篇，《表》曰："其声教遗言，皆经事综物，公诚之心，形于文墨，足以知其人之意理，而有补于当世。"《注》引《袁子》，谓"亮之治蜀，田畴辟，仓廪实，器械利，蓄积饶"。凡能成大业者，未有不勤于细物者也。岂有从容暇豫，而自以为知体者哉？

《季汉辅臣赞注》引《襄阳记》曰："亮尝自校簿书。杨颙谏曰：为治有体，上下不可相侵。今明公躬校簿书，流汗竟日，不亦劳乎？亮谢之。"夫此位分之体，岂亮之所不知？而如是者，危邦之政，固不可以平世之事为例也。

《费诗传》：降人李鸿诣亮曰："间过孟达许，适见王冲从南来，言往者达之去就，明公切齿，欲诛达妻子，赖先主不听耳。达曰：诸葛亮见顾有本末，终不尔也。尽不信冲言。"故知持法平者，虽背违之人犹信之，岂有释法而任情者乎？《魏志》曰：太祖讨袁谭时，"民亡椎冰，令不得降。顷之，亡民有诣门首者，公谓曰："听汝则违令，杀汝则诛首，归深自藏，毋为吏所获。"则执法自有其人，非废法也。

廖立垂泣，李平致死，何施而得斯于人哉？习凿齿曰："夫水至平而邪者取法，镜至明而丑者亡怒，水镜之所以能穷物而无怨者，以其无私也。水镜无私，犹以免谤，况大人君子怀乐生之心，流矜恕之德，法行于不可不用，刑加乎自犯之罪，爵之而非私，诛之而不怒，天下有不服者乎？诸葛亮于是可谓能用刑矣。自秦、汉以来，未之有也。"（《李严传注引》）今案陈寿《上诸葛氏集表》，言"至今梁、益之民，咨述亮者，言犹在耳，虽《甘棠》之咏召公，郑人之歌子产，无以远譬也"。《注》引《袁子》亦曰："行法严而国人悦服，用民尽其力而下不怨。亮死至今数十年，国人歌思，如周人之思召公也。"异口同辞，必非虚语矣。陈寿又曰："刑政虽峻而无怨者，以其用心平而劝戒明也。"夫劝戒在先，而后以刑诛其不顺者于后，则非不教而诛者矣。此习凿齿所谓"怀乐生之心，流矜恕之德"者欤？故知义以断事者，未有不以仁心为其质者也。

张裔之称诸葛曰："赏不遗远，罚不阿近，爵不可以无功取，刑不可以贵势免，此贤愚之所以佥忘其身者也。"（《张裔传》）法不以远近贵贱而异，所谓平也。陈寿之称诸葛氏曰："吏不容奸，人怀自厉，道不拾遗，强不陵弱。"此又其不遗乎远之效也。袁子言亮军之能斗也，曰："蜀人轻脱，亮故坚用之。"两汉之世，民风以蜀为最弱，读司马相如《谕巴蜀檄》可知。而亮能以之为强，其道何由？则"法令明，赏罚信，士卒用命，赴险不顾"而已。谁谓治戎与理民，有二道哉？

《吴志·陆逊传》：上疏陈时事曰："科法严峻，下犯者多。顷年以来，将吏罹罪，虽不慎可责，然天下未一，当图进取，小宜恩贷,以安下情。且世务日兴,良能为先,自非奸秽入身,难忍之过,乞复显用,展其力效。峻法严刑,非帝王之隆业;有罚无恕,非怀远之宏规也。"是吴大帝之用法,颇失之严,不如诸葛之平恕矣。《魏志》:建安九年九月令曰:"河北罹袁氏之难,其令毋出今年租赋。"重豪强兼并之法,百姓喜悦。《注》引《魏书》载曹公令曰:"有国有家者,不患寡而患不均,不患贫而患不安。袁氏之治也,使豪强擅恣,亲戚兼并;下民贫弱,代出租赋,衔鬻家财,不足应命;审配宗族,至乃藏匿罪人,为逋逃主;欲望百姓亲附,甲兵强盛,岂可得邪? 其收田租亩四升,户出绢二匹、绵二斤而已,他不得擅兴发。郡国守相明检察之。无令强民有所隐藏,而弱民兼赋也。"是魏武用法,颇能下逮于民,非徒督责官吏而已。其能国富兵强,岂不以此欤?

《蜀志·吕又传》:"累迁广汉、蜀郡太守。蜀郡一都之会,户口众多,又亮卒之后,士伍亡命,更相重冒,奸巧非一。又到官,为之防禁,开喻劝导,数年之中,漏脱自出者万余口。"以诸葛亮立法之备,用法之严,而身没之后,奸巧遂作。人存政举,人亡政息,岂不然哉?

魏晋法术之学(中)

三国承季汉纵恣之后,督责之术,乃时势所需,非魏武、孔明等一二人故为严峻也。故其时薄有才略之君,皆能留意于此。《魏志·明帝纪注》引《魏书》,称其"料简功能,真伪不得相贸,务绝浮华谮毁之端","性特强识,虽左右小臣官簿性行,名迹所履，及其父兄子弟，一经耳目，终不遗忘。（案此由其留意于督察，非必天性强识也。）含垢藏疾，容受直言。听受吏民士庶上书，一月之中至数十百封，虽文辞鄙陋，犹览省究竟，意无厌倦"。孙盛亦称其"政自己出，而优礼大臣，开容善直，虽犯颜极谏，无所摧戮"。此盖兼听并观之术。《魏书》又称其"特留意于法理"，其操术盖有由来矣。

然明帝非真能用法之人也。法家之术，如鉴空衡平，首贵绝去私意。所恶于私意者，非徒不可以治人，亦且不足以修己。抑修己治人，理无二致；不能修己；而欲袭取于苟朝行法之时，吾知其不可得矣。明帝虽隆法术，而多秕政；临终顾托，又不得其人，卒使"当涂"之运，移于"典午"，有以也哉！观其侈于宫室弋猎，而拒辛毗、杨阜、高堂隆之谏，则知其不能自克矣。《世语》曰："帝与朝士素不接，即位之后，群下想闻风采。居数日，独见侍中刘晔，语尽日。众人侧听。晔既出，问何如？晔曰：秦始皇、汉孝武之俦，才具微不及耳。"（《三国·魏志·明帝纪注》引。）夫秦皇、汉武固亦好任法术，而不能抑其侈欲者也。晔之言，何其婉而彰钦？

不能绝去私意，则易致昵近小人。《魏略》秦朗、孔桂，俱列佞幸。鱼豢怪武皇之慎赏，明皇之持法，而犹有此等人，（《三国·魏志·明帝纪注》）抑知其不足怪也。《杨阜传》："阜又上疏欲省宫人诸不见幸者，乃召御府吏问后宫人数。吏守旧令，对曰：禁密，不得宣露。阜怒，杖吏一百，数之曰：国家不与九卿为密，反与小吏为密乎？"令真不得宣露，阜岂得任怒杖吏？则知吏云不得宣露，非令意也。明帝使吏不得宣露，非能密，实坏法矣。夫其任秦朗，则亦犹是耳。《魏略》曰：明帝授朗内官，为骁骑将军、给事中，每车驾出入，朗常随从。时明帝喜发举，数有以轻微而致大辟者，朗终不能有所谏止，又未尝进一善人，帝亦以是亲爱，每顾问之。(《三国·魏志·明帝纪注》引。)夫安知明帝之所发举，非阴得之若朗辈者乎? 与内官事发举，而加轻罪以重辟，岂法也哉? 即谓不然，而惟顺适意旨者是爱，其可谓善治心乎? 以是临下，欲其如鉴空衡平，其可得乎? 不能治心，安能持法? 故曰明帝非真能用法者也。

《蜀志·先主纪注》引《诸葛亮集》载先主遗诏敕后主曰："可读《汉书》《礼记》，闲暇历观诸子及《六韬》《商君书》，益人意智。闻丞相为写《申》《韩》《管子》《六韬》一通已毕，未送，道亡，可自更求闻达。"则先主亦尚法术矣。盖时势使然，久历艰难者，皆知之也。又可见孔明、魏武之用法，皆时势所需，非徒好尚所在矣。

《诸葛亮传注》引《蜀记》，载郭冲条亮五事。其一曰：亮刑法峻急。法正谏曰："昔高祖入关，约法三章，秦民知德，今君假借威力，跨据一州，初有其国，未垂惠抚；且客主之义，宜相降下，愿缓刑弛禁，以慰其望。"亮答曰："君知其一，未知其二。秦以无道，政苛民怨，匹夫大呼，天下土崩，高祖因之，可以弘济。刘璋暗弱，自焉以来有累世之恩，文法羁縻，互相承奉，德政不举，威刑不肃。蜀土人士，专权自恣，君臣之道，渐以陵替；宠之以位，位极则贱；顺之以恩，恩竭则慢；所以致弊，实由于此。吾今威之以法，法行则知恩；限之以爵，爵加则知荣；荣恩并济，上下有节。为治之要，于斯而著。"诸葛之所以任法，此其自道也。先主之专任之，殆亦以君臣同好，而又同鉴于时势，知非是不足以致治欤? 裴松之难冲曰："法正在刘主前死，今称法正谏，则刘主在也。诸葛职为股肱，事归元首，刘主之世，亮又未领益州，庆赏刑政，不出于己。寻冲所述亮答，专自有其能，有违人臣自处之宜。以亮谦顺之体，殆必不然。"夫安知先主之庆赏刑政，不皆咨于亮而后行乎？且善则归君，过则归己，人方怨咨，安得委其事于君上也？《法正传》谓成都既服，以正为蜀郡太守、扬武将军，外统都畿，内为谋主。一餐之德，睚眦之怨，无不报复。擅杀毁伤己者数人。或谓诸葛亮曰："法正于蜀郡太纵横，将军宜启主公，抑其威福。"此治民虽由法正，而督察群僚，诸葛实参禁密之证。安得谓庆赏刑政，不由于亮乎？然亮以先主雅爱信正，卒未能启而裁之。则知先主虽好《六韬》《商君书》，而持法有不能尽平者矣。此诸葛之所以不可及欤？

《魏志·袁涣传注》引《魏书》曰："谷熟长吕岐善朱渊、袁津，遣使行学还，召用之，与相见，出，署渊师友祭酒，津决疑祭酒。渊等因各归家，不受署。岐大怒，将吏民收渊等，皆杖杀之，议者多非焉。涣教勿劾，主簿孙徽等以为渊等罪不足死；长吏无专杀之义；孔子称唯器与名，不可以假人，谓之师友而加大戮，刑名相伐，不可以训。涣教曰：主簿以不请为罪，此则然矣。谓渊等罪不足死，则非也。夫师友之名，古今有之。然有君之师友，有士大夫之师友。夫君置师友之官者，所以敬其臣也；有罪加于刑焉，国之法也。今不论其罪，而谓之戮师友，斯失之矣。主簿取弟子戮师之名，而加君诛臣之实，非其类也。夫圣哲之治，观时而动，故不必循常，将有权也。闲者世乱，民陵其上，虽务尊君卑臣，犹或未也，而反长世之过，不亦谬乎？遂不劾。"此事与诸葛亮答法正之语，可以参观。

《吴志·张纮传》：临困，授子靖留笺曰："自古有国有家者，咸欲修德政以比隆盛世，至于其治，多不馨香。非无忠臣贤佐，闇于治体也，由主不胜其情，弗能用耳。夫人精惮难而趋易，好同而恶异，与治道相反。《传》曰：从善如登，从恶如崩。言善之难也。人君承奕世之基，据自然之势，操八柄之威，甘易同之欢，无假取于人；而忠臣挟难进之术，吐逆耳之言，其不合也，不亦宜乎？虽则有衅，巧辩缘间。眩于小忠，恋于恩爱，贤愚杂错，长幼失叙，其所由来，情乱之也。故明君悟之，求贤如饥渴，受谏而不厌，抑情损欲，以义割恩，上无偏谬之授，下无希冀之望。宜加三思，含垢藏疾，以成仁覆之大。"其言皆法家精义。又南阳谢景，善刘廙先刑后礼之论，（见《陆逊传》。）则江东亦不乏法术之士矣。

魏晋法术之学（下）

　　正始以后魏政之不纲，则督责之术之不行也。盖有远大之志者，必济之以综核之才；不则举措陵乱，务名而不务实，鲜不未获其利，反受其害者。《魏志·曹爽传》谓何晏、邓飏、李胜、丁谧、毕轨，咸有声名，进趣于时，明帝以其浮华，皆黜之；及爽秉政，乃复进叙，任为腹心。此爽之所以败也。所谓浮华者，《刘廙传》《注》引《廙别传》载廙戒弟伟之辞曰："世之交者，不审择人，务合党众，违先圣人交友之义，非厚己辅仁之谓也。吾观魏讽，不修德行，而专以鸠合为务，华而不实，此直搅世沽名者也。卿其慎之，勿复与通。"华而不实，即浮华之谓，仍是汉末奔竞之习耳。此等专务鸠合之徒，亦非绝无有志之士；然志大而才疏，既不能胜其沽名徼利之私，又不能革其酖毒晏安之习，以是而当大任，其不折足餗者，盖亦鲜矣。《刘劭传》：景初中，受诏作《都官考课》，成七十二条，又作《说略》一篇。劭所为《人物志》，尚存于今，论官人之法极精，明帝令作《都官考课》，可谓得人。而以帝崩，遂不施行，则景初之遗规，爽等有不克负荷者矣。嗟乎！当明帝顾命之年，司马氏权虽已起，谓其有取魏氏而代之之心，未必然也。其所以深谋秘策，必覆爽等而后快者，非徒徼利，盖亦以避祸。而其惕于及祸，则爽等之务立朋党，揽威权，有以激之使然也。乡使明帝之终，得一综核名实之相，以受顾命，崇恫幅，黜浮华，赏罚以功罪，而不以好恶，庶政既肃，人心大和，司马氏虽怀不轨之心，宁敢称兵以逞？抑亦谁与为徒哉？然则浮华之召祸诚烈矣。

司马氏虽覆曹爽而代之，然于浮华之风，则初未能革易。晋代清谈之习，实沿正始之流而扬其波者也。而正始之浮华，则又沿于东汉之奔竞。魏武、明帝，虽欲以综核之治救之，卒不能胜，是知变俗之难也。清季，曾国藩尝作《原才》之篇，慨然于风俗之厚薄，始于一二人心之所乡。其出而任事也，凛坚贞之操，任诚朴之人，亦可谓不为风气所移，而能以转移风气自任者矣。然一传而为李鸿章，已尚权数而疏综核；鸿章所激赏者，袁世凯，岑春煊，则弥任权谲，好大言，不徒不能任用敦朴之人，且颇奖进浮华之士矣。此与魏武、明帝，仅收综核之效于一时，而卒不能绝汉末倾危之俗，事颇相类，君子是以知变俗之难也。

然自泰始以降，知综核名实，为当世之急务者，亦未尝无其人，特莫之能行耳。何曾尝质阮籍曰："今忠贤执政，综核名实，若卿之曹，不可长也。"(《晋书·何曾传》)曾为人不足取，然当泰始宴游之时，即能预烛永嘉丧乱之祸，其深识不可及也。"不闻经国远图，惟说平生常事"，亦何大过，而知难诒厥孙谋？正以惰气乘之，则不复能留心军国。精神之运，既有所不加；名实之间，将有所不察耳。熊远之疏曰："选官用人，不料实德，惟在白望，不求才干，乡举道废，请托交行。有德而无力者退，修望而有助者进；称职以违俗见讥，虚资以从容见贵。是故公正道亏，私途日开；强弱相陵，冤枉不理。遂使世人削方为圆，挠直为曲。不明其黜陟，以审能否，俗未可得而变也。"（《晋书·熊远传》）陈頵与王导书曰："中华所以倾弊，四海所以土崩者，正以取才失所，先白望而后实事，浮竞驱驰，互相贡荐，言重者先显，言轻者后叙，遂相波荡，乃至陵迟。"（《晋书·陈頵传》）然则东晋之不纲，仍由督责之术不行，浮华之风未息耳。王衍诣羊祜陈事，辞甚俊辩，而祜谓败俗伤化必此人。陶侃诸参佐，或以谈戏废事，侃命取其酒器蒲博之具，悉投之江，吏将则加鞭扑。曰："樗蒲者，牧猪奴戏耳。老庄浮华，非先王之法言，不可行也。君子当正其衣冠，摄其威仪，何有乱头养望，自谓宏达邪？"卞壶干实当官，以褒贬为己任。阮孚每谓之曰："卿恒无闲泰，常如含瓦石，不亦劳乎？"壶曰："诸君以道德恢弘，风流相尚，执鄙吝者，非壶而谁？"时贵游子弟，多慕王澄、谢鲲为达。壶厉色于朝曰："悖礼伤教，罪莫斯甚。中朝倾覆，实由于此。"欲奏推之，王导、庾亮不从，乃止。（《晋书·卞壶传》）此任职之吏，不以浮华放达为然者也。王坦之颇尚刑名学，而著《废庄论》；李充幼好刑名之学，而作《学箴》；此学问之士，不以浮华放达为然者也。夫挥麈谈玄，亦何伤于家国。所恶于清谈之士者，正以其外清高而内贪鄙，既不事事，而又恋权势不肯去，求富贵若不及耳。王徽之为桓温参军，蓬首散带，不综府事。又为桓冲骑兵参军，冲问："卿署何曹？"对曰："似是马曹。"又问："管几马？"曰："不知马，何由知数？"又问："马比死多少？"曰："未知生，焉知死？"（《晋书·王徽之传》）此等人能见用于魏武，见容于诸葛乎？而以桓温之枭雄犹容之；王导、庾亮皆良相，而犹尼卞壶之奏推贵游；则知俗之既成，虽贤者不易自拔矣。山涛尝荐阮咸典选，武帝以其耽酒浮虚，遂不用；卞壶为诸名士所少，而明帝深契之；又《阮孚传》，谓元帝用申韩以救世；则两晋之君，亦未尝不知法术之可任。然元帝终不能如孚之徒；阮放侍明帝东宫，常说老庄，不及军国，明帝又雅友爱之；则所谓善善而不能用，恶恶而不能去者矣，此中原所由不复欤！

中国文化东南早于西北说

中国民族之由来，昔人无道及者，此无怪其然也。盖古之人率以其国为天下；又开化较晚之族，其古事，率有邻近之族，为之记载，足资考证，而中国又无之，此民族由来一问题，所以无从发生也。自世界大通，欧人东来，震于中国立国之古，文化之伟，竞思研究其起原，而中国人亦知本国以外，尚有极大之土地，于是中国民族，究为土着，抑自外来，如其土着，本居国内之何所，如自外来，来自国外之何方？此等问题，相继而起矣。

中国人对此问题，既素不措意，则着手之初，不能不以外人之论为凭藉，亦势使然也。荟萃外人之论，加以研究者，前推蒋智由之《中国人种考》，（刊载《新民丛报中》，后上海亦有单行本。）后有何炳松之《中华民族起原新神话》，（见《东方杂志》第二十六卷第二期。）而国人对此之议论，则署见缪凤林《中国民族由来论》。（《史学杂志》第二卷第二三四期）要皆就古史记载，曲加附会，其为不合，无俟深论。近十余年，掘地之业，稍见发达，则又有据之以立说者。夫以中国幅员之广大，民族之错杂，文化之悠久，发掘之业，方在萌芽，遽欲据以立论，似亦未免早计。然窥豹一斑，善用之，未始不可以测其全体。抑书籍所载，虽远较民族起原为晚，然执笔者之所记，本不限于执笔之时，而后一期之情形，亦有足据以推测其前一期者。然则书籍固未可专恃，亦非遂不足用也。

近数年来，对于中国民族由来问题，着有专书者，为曾君松友。书名《中国原始社会之探究》，在商务印书馆《史地小丛书》中。其论颇受瑞典考古学家安特生氏（J.G.Andersson）之影响。案近年发掘成绩，当分人类遗骸及器物两端论之。人类遗骸，最大之发见为北京人。先是民国纪元前九年，德国古生物学家施罗瑟氏（Max Schlosser）曾在北平得一臼齿，臆为原人之遗，为文艳称其事。谓人类元始，或可于中国求之；以此臼齿买自药肆，来历不明，科学家不之重也。民国十至十二年间，澳洲古生物学家兹丹斯基氏（Dr.O.zdansky）在河北房山县周口店得化石，寄交瑞典阿不萨拉（Uppsala）大学韦满教授（Wirnan）。十五年，施氏又得前臼齿及臼齿各一，研究结果，断为人类之遗。是年，瑞典皇太子来华，世界考古学会会长也，北京学术团体开会欢迎，安特生氏即席公布此齿名北京齿（Peking Tooth），而名生是齿者曰北京人（Pekmgman）。明年，步林博士（Dr.B.B.Bohlin）又得下臼齿一，协和医学院解剖学教授步达生博士（Dr.Davidson Black）加以研究，亦断为人齿，而名生是齿者曰北京种中国猿人（Sinanthropus Pekinensiso）。是岁，北平地质调查所续行发掘。明年，杨君锺健、裴君文中又得数齿，及不完之牙牀二，及数头骨。又明年，裴君又得头骨一，及齿十余。于是所谓北京人者，遂为科学家所共仞而无疑义矣。（以上据缪凤林《中国民族由来论》。）然是否中国人之祖，羌无左证也。故言中国人之遗骸者，不得不求之于仰韶村及沙锅屯。仰韶村，地属河南渑池县，沙锅屯，地属辽宁锦县，与河南安阳之小屯，山东历城之城子崖，山西之夏县，察哈尔之万泉，暨甘肃之临夏（导河）、宁定、民勤（镇番），青海之贵德及青海沿岸，同为近来发掘事业之最著名者，（略见卫聚贤《中国考古小史》中。商务印书馆本。）仰韶、甘、青，皆得陶器甚多。安特生氏以其与安诺（Anau，在俄属土耳其斯坦阿思嘉巴 Askabad 附近）、苏萨（Susa，波斯旧都，在西南境，近海）陶器相似，断言中国民族，来自新疆，曾氏益畅其说，谓古代中亚，气候温暖，宜于生存，后直冰期，为冰所掩没，居人乃向外移，西南行者，经小亚细亚入非洲，西行者入欧洲，东北行者入外蒙古西伯利亚及美洲，南行者入印度及南洋群岛，东南行者入中国台湾及日本。冰期既逝，中亚气候渐复其旧，远出者或复归，或遂散播，此为旧石器之高期；久之，还归者复四出，或向北欧，或由里海至两河间，或入非洲，或走蒙古西伯利亚、北美。其走巴勒哈什湖、伊犁河畔者，则中国民族也。此时西北山岭，气候宜人，草木畅茂，禽兽繁殖，人以田猎为业。追入塔里木河流域而知渔，时当新石器之初期，及其中期，乃达甘、青、宁夏之境，至末期，则向绥远、陕西，东至山西、河南，西南入川边，此时渐事农牧，其文化中心在甘肃。及石铜兼用之世，则进入湖北、安徽、山东，而其文化中心在河南，故在甘、青境所发掘者，可分为新石器及紫铜器两期，仰韶村、沙锅屯略同，而小屯、殷墟，则入于铜器时期也。曾君谓中国有无始石器时代未明。旧石器，西北及外蒙，皆有发见，然与中国民族无涉。言中国民族者，当自新石器时代为始。案安特生氏，初以仰韶彩陶，与欧洲新石器时代彩陶相似，与安诺彩陶尤酷似，而疑两者同出一原，质之德国考古学家施米特氏（H.Schmidt）（尝在安诺研究者），施氏不以为然。顾安特生氏不舍所见，及其考古甘肃，又谓其陶器益似安诺、苏萨，因此断言中国民族，当新石器时代，居于新疆，深受西方文化影响。及其进于农耕，文明遂大发达，久之，乃道南北两山间，而入黄河之谷焉。此曾氏之论所本也。顾安氏之见，颇有不以为然者，缪凤林氏、金兆梓氏皆然。金氏所著论，（曰《中国人种及文化由来》。见《东方杂志》二十六卷二十四号。）其说曰斯坦因（Sir Aurel stein）考古新疆，得汉、唐时物甚多，而汉以前中国古物，绝无所有，以此断中国民族西来之谬。且谓自汉以前，中国与西域无交通。又彩陶之术，起自巴比仑，据西方史家考索，巴比仑彩陶遗址，约在西历纪元前三千五百年，在小亚细亚者，则在二千五百年至二千年之间，在希腊者，在二千年至一千年之间，然则自巴比仑传至小亚细亚及希腊，为时逾一千至三千年，中国河南、甘肃皆无铜器，度其为时，必在西历纪元前二千五百年以上，何以其传播反速？抑安诺、苏萨皆有铜器，范金之术，何以不与彩陶之技并传乎？夫文化苟自西来，则必愈东而愈薄，安特生氏固云，甘肃陶器，彩绘图案，皆胜河南，然又云，陶质之薄而坚，及其设色琢磨，皆在河南之下，因此不敢断两者之相同，而谓河南之陶，别为一系，然则必谓其技来自西方，不已诬乎。抑且中国文化，果受西方影响甚深，则种族之间，亦必有关系，何以仰韶、沙锅屯之人骨，据步达生氏之研究，又谓其与今日之华北人相同乎？此皆金、缪二氏之言，不能谓其无理者也。日本滨田耕作云，安特生云，原中国人在新石器时代，自土耳其斯坦入中国西北境，经甘肃至河南。珂罗掘伦

（Bernhard Karlgren）瑞典言语学家。则谓中国民族，久已先入中国，两者当以珂氏说为善。此文化实至新石器末期，乃与西方人同时侵入，然不久即为土着所同化。又安特生氏谓彩陶文化，在西元前三千年左右，亦太早，其末期实当在周末也。见所着《东亚文化之黎明》，（汪馥泉译，黎明书局本。）

近来美国人类学家多谓三百万年以前，北极一带，气候甚暖，哺乳动物，皆生于是。其后气候稍变，动物亦南迁，此时中亚之地，尚属低平，为半热带森林所掩蔽。其时已有猿类，大抵栖息林中，后须弥山今译喜玛拉雅隆起，中亚气候又变，林木渐稀，于是猿类仍依榛莽，人类遂入平地，人猿之分，实由于此。夫动物既由北而南，则原人当奠居中亚之先，或亦先至蒙古；迩来美国亚洲探险队，三至蒙古，谓世界大动物，皆原于是，遂有疑中国人来自蒙古者焉。此说陆君懋德主之。见所着著《中国文化史》，刊载于《学衡杂志》第四十一期。然在蒙古，虽有极古时代之器物，且各时代器物皆有，而人类遗骸，迄无所得。而北京人年代之古，实足与爪哇猿人相当。爪哇猿人。〔Pithecanthronpus 为民国纪元前二十一、二十年间，荷兰军医杜波瓦（Fugen Dubois）在爪哇中部突林尼 Trinil 地方所发见，考其骨骼，已能直立，然尚未能语言，盖介于人与猿之间，故名之曰猿人焉。其时代，当在洪积世初期，距今约百万年。〕又有所谓皮尔当猿人（Piltdownman or Eoanthropus），以发见于英苏塞（Sussex）之皮尔当地方得名，则其时代较晚。北京猿人，介于两者之间，距今约七十万年，（见曾松友《中国原始社会之探究》。）贝此说亦未可遽定也。（亦缪君说。）滨田耕作云：一八八六年以来，萨文珂甫氏（Savenkov）德倍伊氏（DeBay）即在叶尼塞河上流，发见类于欧洲自摩斯梯期（Mousterian）至奥利纳克期（Aurignaocian）

之旧石器。纳尔逊氏（NilsC. ne Ison）亦于戈壁中发见摩斯梯期石器及类于亚休尔期（Acheulean）石器之物。然是否汉族之祖，亦难断言。

　　中国民族元始果自何来，目下固尚难断定，惟就现在所知言之，则予颇赞成卫君聚贤有史以前由南而北之说。（见卫君《吴越史地研究会成立记》。其实文化之由南而北，尚不限于有史以前，观下文可知。）盖人类开化，必于气候温暖、物产饶足之区。西洋文化，埃及最早，次之者为巴比仑，继乃传入波斯，又继之以叙利亚、希腊、迦太基，则其明证。故谓中国文化，西北山岭之区反早于东南江海之会，无是理也。此事就有史以前及有史以后之遗迹求之，其消息皆可征窥焉。日本滨田耕作云：当西暦纪元前数世纪至后一世纪之间，所谓斯基脱（Scythians）文化者方盛于西方。（斯基脱文化，亦称斯基脱西伯利亚文化，其北为高加索山及黑海北之草原，属青铜器时代。前乎此者，有新石器时代，其彩陶与甘、青所发见者颇相似。后伊兰文化北来，成希腊人所谓基姆梅利人时代。Cimmerians 又后乃成斯基脱 Scythians 时代。西元前二世纪，萨尔马的人 Sarmatians 据其地，亦斯基脱人同族也。斯基脱艺术于绘画动物殊长。）或谓商、周铜器中所绘龙蛇饕餮，与此同原于伊兰，其说殊不足据。而大洋洲所刻木器，转与中国所画动物相类，此实中国艺术独自发达者也。又山东、辽宁石器中，有所谓有孔石斧者，陕西亦有之。而朝鲜、日本及太平洋沿岸，亦有有孔石厨刀。又中国所独有之鬲，亦见于辽东。仰韶鬲甚多，而甘、青前三期无鬲，鼎亦少。至第四期乃有鬲，五六期则多矣。足征制鬲之法，自东南而西北也。民国十八年，貔子窝碧流河滨得彩陶，与安特生所见絶不同，亦为石器时代遗迹。滨田耕作谓此时代可上推至西元前数千年云。此等石器，亦见于朝鲜平安南道。可见滨海之区，自有其文化也。（以上据《东亚文化之黎明》。）不特此也。民国十九年，南京古物保存所在栖霞山西北甘夏镇发掘，得石器及陶片；其后二十四年，在武进之奄城，金山之戚家墩；二十五年，在吴县石湖旁两古城，卫氏称为吴城越城。平湖之乍浦，海盐之澉浦，杭县之古荡及绍兴；均得有陶片。杭县及绍兴、余杭、吴兴等县，又有新石器时代之石器。（古荡尤多。）此项陶片，文理皆成几何形，与河域所见绝异，转与貔子窝香港所得相类。河域陶器，皆为条文及席文，绝不如此几何形之美，此有史以前，中国文化，南高于北之铁证。抑此项陶片，河域不见，惟安阳之殷墟独有之。殷墟人像，又有文身者。河南各发掘之所，皆无铜器，殷墟独有。此又可见殷墟之文化，受诸东南，实有史以前及有史之初期，文化自东南而西北之铁证也。（以上据卫聚贤《中国考古小史》、《吴越史地研究会成立记》及其在杭县之讲演。）案冶金之徘丁，古代本南优于北，蚩尤尸造兵之名，九黎之酋长也。春秋时，郑伯朝于楚，楚子赐之金，既而悔之，与之盟，曰：无以铸兵。《汉书·地理志》言吴越之士，轻死好用剑。干将莫邪等有名之兵器，皆出南方，北方则有寓兵于农之策。寓兵于农者，以农器代兵器，见《六韬·农器篇》，盖缘兵器难得之故。大抵河域之人，长于用铁，江域之人，长于用铜。古以铜为兵器，铁为农器。江域之人，所以长于用铜者，自缘其文化早开之故。河域之人之长于用铁，则以江域地肥，火耕水耨，河域较瘠，非深耕易耨不可也。河域开化，晚于江域，而后来转凌驾其上，疑其原因正在于此。

　　以上所言，皆有史以前事。而史籍所记，亦有足征者。近世史家，论古代文化者，率以为北优于南。惟蒙君文通撰《古史甄微》，颇知东南文化之悠久，今约举其说，并参以鄙见，以见有史之初期，固与史前时代发掘所得之结果，足相印证焉。案古代帝皇，最早者为盘古，此人人所知，其实盘古即《后汉书·南蛮传》中之槃瓠，乃苗族先祖，而《三五历》等所传天地开辟，盘古生其中，及其死又以一身化为万有之说，则印度人称梵天之辞，吾族袭取之，而附会于盘古者。此事甚长，当别论。故盘古并非汉族古史中人物，据之殊不足考汉族之古初。次于盘古者为三皇，三皇之义，取于天地人。儒家雅言，实为燧人、伏羲、神农，予别有考。纬侯有人皇出防谷分九河之说，足征其在东方。此人皇，注家以为燧人，当有所本。与燧人并称者为有巢氏，治石楼山，在琅邪南，见《遁甲开山记》，说亦当有所据。伏羲之后，为任、宿、须句、颛臾，皆在今山东。而神农氏之都在鲁，则明见《左氏》，更无足疑矣。黄帝与蚩尤战于涿鹿之野，涿鹿，或说在上谷，或说在涿郡，疑皆以后世地名言之，若论古据，则《世本》在彭城之说，似可存参。其后尧作游成阳，舜渔雷泽，孟子言舜生于诸冯，迁于负夏，卒于鸣条，为东夷之人。而今浙江之地，舜之传说故迹尤多，虽不审谛，附会亦必有其由。窃疑古者文明之地，本在东南，尧遭洪水之灾，乃稍徙而西北，故尧舜皆都晋阳，禹亦因之。其后虽失冀方，夏都仍在阳城也。《汉书·郊祀志》云：三代之居，皆在河洛之间，故嵩高为中岳，而四岳各如其方。然则以阳城为天下之中，乃自夏以来，前此天下之中，实为泰岱。故《尔雅·释地》，有中有岱岳之说。又云，距齐州以南戴日为丹穴，北戴斗极为空同，东至日所出为大平，西至日所入为大蒙。齐固有中训。齐州，盖即《禹贡》之青州，在九州中实位东北。然《尧典》有肇十有二州之文，十有二州者，北有幽并，东北有营，假使西方不如《禹贡》之恢廓，则青州固天下之中也。古之王者，因名山以升中于天，升中于天而凤皇降，龟龙假，符瑞见则臻乎大山。仲尼夷吾之所知者，七十有二家，其不得而数者万数也。人死者魂神必归于岱山。（见《后汉书·乌桓传》。）然则泰山者，万物之所以成始而成终也，非古文化之中心，而能有是乎。且中国古俗，如食之主于植物也，衣之有卉服黄衣黄冠及其制之宽博也，货币之广用贝也，皆足征其起于东南江海之会焉。故曰，中国文化，始于东南也。

神　道

神仙家

　　天下事无可全诳人者。《史记·封禅书》言："秦文公获若石，于陈仓北阪城祠之。其神或岁不至，或岁数来，来也常以夜，光辉若流星，从东南来集于祠城，则若雄鸡，其声殷云，野鸡夜雊。"而刘向言："陈宝祠，自秦文公至今，七百余岁矣。汉兴，世世常来，光色赤黄，长四五丈，直祠而息，音声砰隐，野鸡皆雊。每见雍，太祝祠以太牢，遣候者乘一乘传驰诣行在所，以为福祥。高祖时五来，文帝二十六来，武帝七十五来，宣帝二十五来，初元元年以来，亦二十来。"（《汉书·郊祀志》）此自然之象，众目共睹，非可虚诳。然则汉武帝以正月上辛用事甘泉圜丘，使童男女七十人俱歌，昏祠至明，夜常有神光如流星止集于祠坛，天子自竹宫而望拜，百官侍祠者数百人，皆肃然动心焉（《汉书·礼乐志》）。此亦非可虚诳。故知迷信之事，睹其事而不知其理者多矣，谓其绝无依据，则必不然。知此则可与论神仙家之原起焉。

　　《左氏》昭公二十年载齐景公问晏子之辞曰："古而无死，其乐何如？"古无为不死之说者，景公为神仙家所惑，盖又在威、昭、燕昭之前矣。《汉书·天文志》，望气之术，有察海旁蜃气者；又云："云气各象其山川人民所聚积。"盖后亦知倒景之理，然其初则不之知，诚以为空虚之中有人焉。诚以为人可乘云气而遨游。《楚辞》中所表见者，皆此思想也。夫如是故方士必起于燕齐之间，而三神山必在海中也。

图谶（一）

张衡言夏侯胜、眭孟之徒，以道术立名，其所述著，无谶一言。刘向父子领校秘书，阅定九流，亦无谶录。成、哀之后，乃始闻之。《后汉书》本传。后人因以为谶始西京之末，非也。谶纬相附，始于西京之末，若徒论谶，则其所由来者旧矣。《说文·言部》：“谶，验也。有征验之书。”《竹部》：“籤，验也。”二字音义皆同，即今所谓豫言也。《史记·赵世家》叙秦缪公梦之帝所事，曰：“秦谶于是出矣。”《扁鹊列传》作“策”。《屈原贾生列传》：贾生赋服鸟曰：“发书占之兮，策言其度。”《汉书》作“谶”。作“谶”者盖是，此正所谓豫言也。《淮南工书·说山》曰：“六畜生多耳目者不祥，谶书著之。”《汉书·王莽传》：莽在平帝时，“征天下通一艺教授十一人以上，及有逸《礼》，古《书》《毛诗》《周官》《尔雅》、天文、图谶、钟律、月令、兵法、《史篇》文字，通知其意者，皆诣公车。”史言其“网罗天下异能之士，至者前后千数”，足见民间固有其书，又有通其学者。今俗所谓求签，实即求谶，乃古之遗言也。特世莫知签谶同字，遂昧其本义尔。

图谶（二）

然则所谓谶者，亦家人言耳，无与于国家兴亡之大也。有国有家者，偶或以此自神，则亦如闾里之小知者之所为，所言者特一姓之事，未有谓能知历代兴亡，帝王统绪者。其有之，则自西京之末始也。

《吕览·观表》曰："事与国皆有征。圣人上知千岁，下知千岁，非意之也，盖有自云也。绿图幡薄，从此生矣。"绿图八字，适在篇末，究为《吕览》原文，抑出后人沾缀，未可定。即谓为原文，亦谓能通乎其道，若孔子言殷因于夏，周因于殷，礼所损益可知，其或继周者虽百世可知耳，固不谓能知国家兴替。《淮南·俶真训》曰："洛出丹书，河出绿图，故许由、方回、善卷、披衣，得达其道。"亦仅言遭遇盛世，故大道昌明，不谓其道出自图书也。《人间训》曰："秦王挟录图，见其传曰：亡秦者胡也。"作录不作绿。《史记·秦始皇本纪》卢生奏录图书同。绿图、录图，未必是一。亡秦者胡，亦传录图者之言，非录图之文也。乃《论衡·实知》，以"亡秦者胡"为河图之文；郑玄以为"《河图》《洛书》，龟龙衔负而出。如《中候》所说：龙马衔甲，赤文绿色，甲似龟背，裹广九尺，上有列宿斗正之度，帝王录纪兴亡之数"；(《论语·子罕·凤鸟不至章疏》引)则始以图书为自有所云矣，此则新莽等之所为也。

《王莽传》："长平馆西岸崩，邕泾水不流，毁而北行。遣大司空王邑行视，还奏状，群臣上寿，以为《河图》所谓以土填水，匈奴灭亡之祥也。"此为征引《河图》之文之始，至后汉而变本加厉矣。《隋书·经籍志》曰："《河图》九篇，《洛书》六篇，云自黄帝至周文王所受本文。又别有三十篇，云自初起至于孔子九圣之所增演，以广其意。又有《七经纬》三十六篇，并云孔子所作，并前合为八十一篇。"案郑注《易·大传》"河出图，洛出书"曰："河以通乾出天苞，洛以流坤吐地符。河龙图发，洛龟书感。《河图》有九篇，《洛书》有六篇。"(《正义》引)《后汉书·张衡传注》引《衡集》上事曰："《河洛》五九，《六艺》

四九，谓八十一篇也。"即《隋志》之说也。《续汉书·祭祀志》载光武封禅刻石文曰："皇帝惟慎《河图》《洛书》正文……秦相李斯燔《诗》《书》，乐崩礼坏。建武元年以前，文书散亡，旧典不具，不能明经文，以章句细微相况。八十一篇，明者为验。又其十卷，皆不昭晰。子贡欲去告朔之饩羊，子曰：赐也，尔爱其羊，我爱其礼。后有圣人正失误。"是八十一篇之说，实后汉初所造。《后汉书·尹敏传》：光武令校图谶，蠲去崔发所为王莽著录次比。《儒林传》：薛汉，建武初为博士，受诏校定图谶。盖光武之所欲去者，即其所谓十卷皆不昭晰者也。张衡曰：王莽篡位，汉世大祸，八十篇何为不戒？又云：《河洛·六艺》，篇录已定，后人皮傅，无所容篡；桓谭言：今诸巧慧小才伎数之人，增益图书，矫称谶记（《后汉书》本传）；王充曰：神怪之言，皆在谶记，所表皆效。孔子条畅增益，以表神怪。或后人诈记，以明效验，（《论衡·实知》篇。又《雷虚》篇曰："图出于河，书出于洛，《河图》《洛书》，天地所为，人读知之。"其《自然》篇，亦极论图书自成之理。）皆不敢径以八十一篇为伪，以其为后汉初所敕定也。然则谶记出自图书之说，实王莽造之，而光武成之也，亦可谓矫诬矣。（《说文》曰："河洛所出书曰谶。"亦东汉人之言。）

　　《王莽传》言卜者王况为莽魏成大尹李焉造作谶书十余万言。况谓焉曰："君姓李，李音征，征，火也，当为汉辅。"而《后汉书·李通传》，谓通父守，初事刘歆，好星历谶记。通素闻守说谶云：刘氏复兴，李氏为辅。《光武纪》谓通等以是说光武，光武乃与定谋。《窦融传》：隗嚣使辩士张玄游说河西。融等召豪杰及诸太守计议。其中智者皆曰："汉承尧运，历数延长，今皇帝姓号，见于图书。自前世博物道术之士谷子云、夏贺良等，建明汉有再受命之符，言之久矣。故刘子骏改易名字，冀应其占。

及莽末，道士西门君惠言刘秀当为天子，遂谋立子骏。事觉，被杀。出谓百姓观者曰：刘秀真汝主也。皆近事暴著，智者所共见也。"而《邓晨传》曰："王莽末，光武尝与兄伯升及晨俱之宛，与穰人蔡少公等宴语。少公颇学图谶，言刘秀当为天子。或曰：是国师公刘秀乎？光武戏曰：何用知非仆邪？"强华所奉《赤伏符》亦曰："刘秀发兵捕不道，四夷云集龙斗野，四七之际火为主。"（见《光武纪》。《续汉书·祭祀志》载光武祭告天地文则曰："刘秀发兵捕不道，卯金修德为天子。"）莽末之谶，悉若为汉所造，有是理乎？《公孙述传》言："述亦好为符命、鬼神、瑞应之事，妄引谶记。"然又曰："述梦有人语之曰：八厶子系，十二为期。觉，谓其妻曰：虽贵而祚短，若何？"使此言真出于述，安得漏泄于外？然则莽末之谶，究出于谁，亦殊难言之矣。刘扬造作谶记曰："赤九之后，瘿扬为主。"（《后汉书·耿纯传》）新城山贼张满既执，叹曰："谶文误我。"（《后汉书·祭遵传》）然则是时信谶者极多，此后汉君臣，所以相与造作。徒事造作，犹恐不足以自神，乃皆托之于敌也。光武以谶文用孙咸、王梁（见《后汉书·王梁》及《景丹传》），又谓二十八将，上应二十八宿（见《朱佑》等《传赞》。《冯异传》载永初六年诏曰："元功二十八将……谶记有征。"），成败虽殊，其智，则亦刘扬、张满之智而已矣。

图谶（三）

《续汉书·祭祀志》："建武三十年，二月，群臣上言：即位三十年，宜封禅泰山。诏书曰：即位三十年，百姓怨气满腹，吾谁欺，欺天乎？曾谓泰山不如林放，何事污七十二代之编录？桓公欲封，管仲非之。若郡县远遣吏上寿，盛称虚美，必髡，兼令屯田。"从此群臣不敢复言，善矣。然又云："三十二年，正月，上斋，夜读《河图会昌符》，曰：赤刘之九，会命岱宗。不慎克用，何益于承？诚善用之，奸伪不萌。感此文，乃诏梁松等复案索《河》《洛》谶文言九世封禅事者。松等列奏，乃许焉。"岂至此顿忘"百姓怨气满腹"之言乎？《河》《洛》谶文，果谁所造，岂有躬造之而躬自信之者哉？然则光武之东封，亦欲藉是以镇压东方，并以眩耀愚俗耳。《后汉书·张纯传》言南单于、乌桓降后，纯案七经谶，请立辟雍，及封泰山，遂起明堂、灵台、辟雍，宣布图谶于天下，盖亦以眩耀愚俗也。《本纪》建武十七年《注》引《东观记》曰"上以日食避正殿，读图谶多，御坐庑下浅露，中风发疾"，吾谁欺？欺天乎？

　　《后汉书·桓谭传》言光武信谶，多以决定嫌疑。谭上疏，请屏群小之曲说，述五经之正义。帝省奏不说。其后有诏会议灵台所处，帝谓谭曰：吾欲谶决之，何如？谭复极言谶之非经。帝大怒曰桓谭非圣无法，将下斩之。谭叩头流血，良久乃得解。《郑兴传》曰："帝尝问兴郊祀事。曰：吾欲以谶断之，何如？兴对曰：臣不为谶。帝怒曰：卿之不为谶，非之邪？兴惶恐曰：臣于书，有所未学，而无所非也。帝意乃解。兴数言政事，依经守义，文章温雅，然以不善谶故，不能任。"光武之信谶，似诚笃矣。然《儒林传》：尹敏言谶书非圣人所作，帝不纳。敏因其阙文增之曰：君无口，为汉辅。帝见而怪之，召敏问其故。敏对曰：臣见前人增损图书，敢不自量，窃幸万一。帝深非之。虽亦以此沉滞，然竟不罪。与其所以遇桓谭者，宽严迥不侔矣。然则帝之于谭，亦本恶其质直，而借事以摧挫之耳。郑兴、尹敏之不大用，亦未必以其不信谶也。夫上以诚求，则下以诚应；不诚，未有能以诚报之者也。《郅恽传》言恽上书王莽，据图录，言汉历久长，劝莽更就臣位。莽大怒，而以恽据经谶，难即害之，系狱须冬，会赦得出。夫莽自遣赵并验治符命以来，甄寻、王奇、刘棻等且纷纷遭难矣，而何有于恽？《杨厚传》言厚祖父春卿"善图谶学，为公孙述将。汉兵平蜀，春卿自杀，临命，戒子统曰：吾绨袭中有先祖所传秘记，为汉家用，尔其修之。"既知秘记之为汉，何以复为述将？既自杀以徇述矣，又戒其子为汉，天下有是理乎？杨厚为后汉言图谶之大宗，（《后汉书·儒林传》言任安从厚学图谶。《方术传》："董扶少游太学，与乡人任安齐名，俱事同郡杨厚学图谶。"《三国蜀志二牧传注》引陈寿《益部耆旧传》曰："董扶事杨厚，究极图谶。"《周群传》曰："少学术于杨厚，名亚董扶、任安。"杜微、杜琼，皆受学于安。《季汉辅臣赞》曰："何彦英事安，与杜琼同师，援引图谶，劝先帝即尊位。"）而其诈诬如此，以术驭天下者，其所得果如何哉？

图谶（四）

谶，自古所有也；谶纬相附，则王莽之所为也。《申鉴·俗嫌》曰："世称纬书，仲尼之作也，臣悦叔父故司空爽辩之，盖发其伪也。有起于中兴之前，终、张之徒之作乎？或曰：杂。曰：以己杂仲尼乎？以仲尼杂己乎？若彼者，以仲尼杂己而已。然则可谓八十一篇非仲尼之作矣。或曰：燔诸？曰：仲尼之作则否，有取焉，曷其燔。"谶虽妖妄，纬则多存经说，后人卒不忍弃者以此。苟悦之言，早尽之矣。谶纬相符，诚足乱经，亦由欲以所行托之于古。以己所行托之于古，则亦欲有所为耳。其愚而诞可笑，其苦心仍可谅也。后世之造谶者，犹有之乎？若光武即徒为身谋而已，与张满辈何异？然自此，谶遂为作乱者之所资，视为禁物矣。（《后汉书·窦融传》，融上书言臣融有子年十五，朝夕教道以经艺，不令得观天文谶记。《三国·魏志·常林传注》引《魏略》云：吉茂，建安二十二年，坐其宗人吉本等起事被收。先是科禁内学及兵书，而茂皆有，匿不送官。及其被收，不知当坐本等，顾谓其左右曰：我坐书也。）

图谶（五）

谶之原安在？曰：在社会之迷信。张衡曰："永元中，清河宋景遂以历纪推言水灾，而伪称洞视玉版。或者至于弃家业，入山林。"（《后汉书·张衡传》）可见时人信谶之深。《后汉书·翟酺传》："尚书有缺，诏将大夫六百石以上试对政事、天文、道术，以高第者补之。酺自恃能高，而忌故太史令孙懿，恐其先用，乃往候懿。既坐，言无所及，惟涕泣流连。懿怪而问之，酺曰：图书有汉贼孙登，将以才智，为中官所害；观君表相，似当应之；酺受恩接，凄怆君之祸耳。懿忧惧，移病不试。由是酺对第一，拜尚书。"懿非愚夫，而亦为酺所慑者，人之心力，有以相熏，众所共信之事，虽坚强明智者，或亦不免为其所移。三至之谗，正同此理，固非酺之能诳懿也。《论衡·实知》曰："儒者论圣人，以为前知千岁，后知万世，有独见之明，独听之聪。

事来则名，不学自知，不问自晓，故称圣则神矣，若蓍龟之知吉凶。"此又谶之所以托诸仲尼欤？

图谶（六）

谶为王莽所造，固也；然世或以刘歆为王莽之党，因以为谶出于歆，则诬。张衡谓刘向父子领校秘书，阅定九流，亦无谶录（《后汉书·张衡传》），足以明之矣。《汉书·五行志》曰："刘歆以为虙牺氏继天而王，受《河图》，则而画之，八卦是也。禹治洪水，赐《洛书》，法而陈之，《洪范》是也。初一曰五行云云六十五字，皆《洛书》本文。"歆之所谓《河图》《洛书》者如此，安有所谓"列宿斗正之度，帝王录纪兴亡之数"者乎？李守初事刘歆，未知信否。即以为信，亦不能决守所说谶为歆所造。《苏竟传》曰：王莽时，与刘歆等共典校书。延岑护军邓仲况拥兵据南阳阴县为寇，而刘歆兄子龚为其谋主。竟时在南阳，与龚书晓之曰："走昔以摩研编削之才，与国师公从事出入，校定秘书。"亦仅言歆曾从事校书，不谓下文"孔丘秘经，为汉赤制"等语为歆所造也。《莽传》言：甄丰、刘歆、王舜为莽腹心，倡导在位，褒扬功德；安汉、宰衡之号，及封莽母、两子、兄子，皆丰等所共谋，而丰、舜、歆亦受其赐，并富贵矣，非复欲令莽居摄也。居摄之萌，出于泉陵侯刘庆、前辉光谢嚣、长安令田终术。莽羽翼已成，意欲称摄；丰等承顺其意，辄复封舜、歆两子及丰孙。丰等爵位已盛，心意既满，又实畏汉宗室、天下豪杰；而疏远欲进者，并作符命，莽遂据以即真，舜、歆内惧而已。其后争为符命封侯，其不为者，相戏曰：独无天帝除书乎？司命陈崇白莽曰：此开奸臣作福之路，而乱天命，宜绝其原。莽亦厌之。遂使尚书大夫赵并验治，非五威将帅所班，皆下狱。而丰子寻作符命，言新室当分陕，立二伯，以丰为右伯，莽即从之。丰未行，寻复作符命，言黄皇室主为寻之妻，莽因是发怒，收捕寻。寻亡，丰自杀。寻随方士入华山，岁余，捕得，辞连歆子棻、棻弟泳、大司空邑弟奇，及歆门人丁隆等，牵引公卿党亲列侯以下，死者数百人（均见《王莽传》）。莽之篡汉，意盖欲有所为，歆等之辅之亦以此。既欲大有所为，势非至于即真不止；谓歆等既已富贵，遂不欲莽即真，此浅之乎测丈夫之言也。然以此证歆等之不为谶，则可信矣。张衡言圣人明审律历，以定吉凶，重之以卜筮，杂之以九宫……或观星辰逆顺，寒燠所由，或察龟策之占，巫觋之言，其所因者，非一术也。”又言：“律历、卦候、九宫、风角，数有征效，世莫肯学，而竞称不占之书。”（《后汉书·张衡传》）足见谶皆不学无术者所为，使刘歆等为之，有如是其陋者邪？

成、哀以后所谓谶者，大体有二：一附会字形，如王莽以钱文有金刀，改为货泉，或以货泉为白水真人，是也。一曲解文义，如张邯称说符命，谓《易》言“服戎于莽，升其高陵，三岁不兴”，莽，皇帝之名；升谓刘伯升；高陵谓高陵侯子翟义；言刘升、翟义为伏戎之兵于新皇帝之世，犹殄灭不兴，是也。刘歆乃好古文者。古文条例，是为六书。谶之附会字形者，莫不与六书相背，歆安得信之？范增述南公之言曰：“楚虽三户，亡秦必楚。”语意本明。苏林、臣瓒，亦皆随语气释之。乃服虔以三户为津名，孟康谓“南公知秦亡必于三户，故出此言。后项羽果渡三户津破章邯军，降章邯，秦遂亡”。然则“虽”字何解？岂不可发一大噱？曾是刘歆等而为此邪？谶文之体，盖放古之谣辞为之。《史记·三代世表》褚先生述方士考功之言曰："《黄帝终始传》曰：汉兴百有余年，有人不短不长，出白燕之乡，持天下之政，时有婴儿主，却行车。"即其体。足征谶不始于成、哀，特成、哀后始盛耳。此犹今日之新诗，为人之所能为，亦足征其为家人言也。（"亡秦者胡"等语，乃约举谶意，非谶本文。）

图谶（七）

谶非刘歆等所为，固矣。好古学者，又以是为今文师咎，则其说益诬。为是说者，乃以纬多用今文说，而谶文荒怪。今文师好言阴阳灾异，亦或邻于荒怪耳。不知纬之所以用今文说者，乃以成、哀之际，古文初兴，说尚未出；至于阴阳灾异，则与谶绝非一物。《汉书》总叙推言阴阳灾异者曰：孝武时有董仲舒、夏侯始昌，昭、宣则眭孟、夏侯胜，元、成则京房、翼奉、刘向、谷永，哀、平则李寻、田终术（《眭》《两夏侯》《京》《翼》《李传》）。今其言具存，曷尝有如谶之矫诬者邪？尹敏建武二年，亦上疏陈《洪范》消灾之术，亦得以敏为信谶者邪？

《隋书·经籍志》曰："汉时，诏东平王苍正五经章句，皆命从谶。俗儒趋时，益为其学，篇卷第目，转加增广。言五经者，皆凭谶为说。惟孔安国、毛公、王璜、贾逵之徒独非之，相承以为妖妄，乱中庸之典。故因汉鲁恭王、河间献王所得古文，参而考之，以成其义，谓之古学。当世之儒，又非毁之，竟不得行。"此所谓孔安国者，即《尚书》之《伪孔传》，可以勿论。

《毛诗》究出何人,不可知。若如《汉志》之说,谓河间献王好之,则其时谶尚未兴,何缘以为妖妄?云因恭王、献王所得,参而考之,以成其义,明古文之说,皆出臆造,非有师承也。然贾逵明引谶文,争立《左氏》,亦得谓之非谶者邪?今文师信谶者诚不乏,然如郑玄,名为兼通今古文,而实偏于古,今其经注引谶者即极多,安得专咎今文师乎?以纬书多用今文说而咎今文,则《毛传》皇天、昊天、旻天之义,亦见《尚书帝命验》,又得以《毛传》为妖妄邪?

论汉人行序之说

《后汉书·皇甫嵩传》,谓张角讹言"苍天已死,黄天当立"。案以相生之序言之,当云赤天已死;以相胜之序言之,当云白天已死。以黄代苍,五行家无此说也。疑角本云赤天已死,当时奏报者讳之,乃改为苍天。(《灵帝纪》云:角自称黄天。其部师三十六万皆着黄巾。《续汉书·五行志注》引《物理论》曰:黄巾被服纯黄,不将尺兵,肩长衣,翔行舒步,所至郡县无不从。)

五德终始,说出邹子。其遗文不可得见。惟《文选》沈休文《齐故安陆昭王碑》李善注引《邹子》曰:五德从所不胜,虞土、夏木、殷金、周火。左思《魏都赋》注引《七略》,亦曰邹子终始五德,从所不胜,土德为始,木德继之,金德次之,火德次之,水德次之。其说当有所本。《吕览·应同》,以黄帝为土德,禹为木德,汤为金德,文王为火德。《淮南·齐俗》,言有虞氏祀中溜,服尚黄;夏后氏祀户,服尚青;殷人祀门,服尚白;

周人祀灶，服尚赤。《史记·封禅书》曰："秦始皇既并天下而帝，或曰：黄帝得土德，黄龙地螾见；夏得木德，青龙止于郊，草木畅茂；殷得金德，银自山溢；周得火德，有赤乌之符。今秦变周，水德之时。昔秦文公出猎，获黑龙，此其水德之瑞。"皆邹子之说也。其后贾谊、公孙臣、儿宽、司马迁皆仍之。至刘向父子乃一变，见下，而王莽行焉，光武因之。自此以后，公孙述引《援神契》曰：西太守，乙卯金。谓西方太守而乙绝卯金也。五德之运，黄承赤而白继黄，金据西方为白德，而代王氏，得其正序（《后汉书·公孙述传》）。李云忧国将危，心不能忍，乃露布上书，移副三府，曰：高祖受命，至今三百六十四岁，君期一周，当有黄精代见，姓陈、项、虞、田、许氏，不可令此人居太尉、太傅典兵之官（《李云传》）。耿包密白袁绍曰：赤德衰尽，袁为黄胤，宜顺天意（《袁绍传》）。袁术以袁氏出陈，为舜后，以黄代赤，德运之次，遂有僭逆之谋（《袁术传》）。熹平末，黄龙见谯，桥玄问单飏：此何祥也？飏曰：其国当有王者兴，不及五十年，龙当复见，此其应也。魏郡人殷登密记之。至建安二十五年春，黄龙复见谯，其冬，魏受禅（见《后汉书·方术·单飏传》。案亦见《三国·魏文帝纪》）。皆相生之说也。即草泽之夫，亦以是为号召，桓帝建和二年，长平陈景自号"黄帝子"是也（《桓帝纪》。此从监本。宋本黄作皇。案皇、黄古通）。后汉之世，学士论行序，仍主相胜之说者，惟一王充（见《论衡·验符》篇）；草泽举兵，仍以旧说号召者，惟冲帝永嘉元年，历阳贼华孟自称"黑帝"耳（见《本纪》，亦见《滕抚传》）。然则后汉之世，相生之说，远胜于相胜。光武政事多反王莽，惟行序之说仍之者，亦取其为众所共喻也。故知张角"苍天已死"之苍，必本作赤而为汉人所改也。

易相胜为相生，说虽成于刘向，而实始于甘忠可。王莽称假皇帝之奏，引哀帝建平二年改元易号之事，曰"案其本事，甘忠可、夏贺良谶书臧兰台"（《汉书·王莽传》），而其增益漏刻，亦与贺良等同，其证也。哀帝号陈圣刘太平皇帝，陈即田，田即土，盖谓帝虽姓刘，所行者实土德耳。刘向父子绝忠可、贺良之说，而其行序之说，顾与之同，亦可见忠可、贺良之说，非无足取矣。案《史记·封禅书》曰"秦襄公既侯，居西垂，自以主少昊之神，作西畤，祠白帝"，其后"栎阳雨金，秦献公自以为得金瑞，故作畦畤栎阳，而祀白帝"；此乃附会之辞。汉高祖二年，"东击项籍而还入关，问故秦时上帝祠何帝也？对曰：四帝，有白、青、黄、赤帝之祠。高祖曰：吾闻天有五帝，而有四，何也？莫知其说。于是高祖曰：吾知之矣，乃待我而具五也。乃立黑帝祠，命曰北畤。"高帝时尚莫知祠不具五之说，而谓秦当襄献时，已自以为金运，其说宁可信乎？《封禅书》又曰："自齐威宣之时，驺子之徒论著终始五德之运，及秦帝而齐人奏之，故始皇采用之。"则五德终始之说，实来自东方；秦自吕不韦集宾客著书以前，固当无所知也。忠可齐人，然则五德相生相胜之说，皆起于东方矣。

《史记·孟荀列传》言邹衍，"深观阴阳消息，而作怪迂之变，《终始》《大圣》之篇十余万言。其语闳大不经，必先验小物，推而大之，至于无垠。先序今以上至黄帝，学者所共术，大并世盛衰，因载其机祥度制，推而远之，至天地未生，窈冥不可考而原也。"《吕览》言五德始于黄帝，实为说出邹子之征。以此推之，则颛顼木，帝喾金，尧火，而虞为土德，中阙水德。岂邹子之说，五帝同德，至夏乃以木代土邪？或曰：《汉书·律历志》曰："祭典曰：共工氏伯九域。言虽有水德，在火木之间，非其序也。任知刑以强，故伯而不王。秦以水德，在周汉木火之间。周人迁其行序，故《易》不载。"然《周书·史记》言共工自贤，唐氏亡之。《淮南·本经》曰："共工振滔洪水以薄空桑。舜乃使禹疏三江五湖，辟伊阙，道廛涧。"《荀子·议兵》曰："禹伐共工。"（《战国·秦策》载苏秦之言同）《成相》曰："禹有功，抑下鸿，辟除民害逐共工。"禹治水在舜摄政时，此即《书》所谓舜流共工于幽州，亦即《周书》所谓唐氏亡之之也。然则唐虞之间，实有一共工其人。《管子·揆度》曰："共工之王，水处十之七，陆处十之三，乘天势以隘制天下。"知以共工为伯而不王，说实始于向、歆。《汉志》所引祭典，今见《礼记·祭法》《国语·鲁语》，盖皆向、歆之说既出后改定之文，非古文如此也。此说亦可通。若如此说，则古帝王相承之序，与《大戴记·五帝德》及《史记·五帝本纪》不合。予因之有疑焉。《太史公自序》曰："卒述陶唐以来，至于麟止，自黄帝始。"既曰陶唐以来，又曰自黄帝始，未免自相矛盾。《五帝本纪赞》文义支离，其经后人窜改，殆无疑义，然其中当颇有元文。《赞》曰："学者多称五帝，尚矣。然《尚书》独载尧以来；而百家言黄帝，其文不雅驯，荐绅先生难言之。孔子所传《宰予问五帝德》及《帝系姓》，儒者或不传。"此数语当系史迁元文。疑迁书本纪第一篇不称五帝，始自陶唐，后人以《五帝德》之文附益之，乃并其名而易之也。抑《大戴记》无传授，先儒多不之信，又安知非向、歆之说既行后，或人加以窜易者邪？王莽下书曰："夫三皇象春，五帝象夏，三王象秋，五伯象冬。皇王，德运也；伯者，继空续乏以成历数，故其道驳。"（《王莽传》）此说尚未摈霸者使不得列于行序，然已启其端。更进一步，即可替共工而以舜承尧，闰嬴秦而以汉继周矣。可见向、歆之说，亦自甘忠可、夏贺良以来，逐渐增改而成者也。《汉书·艺文志·诸子略·阴阳家》，有《邹子终始》五十六篇，当即《史记》所谓《终始》之篇。其《大圣》篇则不可知矣。《史记·孝文本纪》言公孙臣上书，陈终始五德事。《汉书·律历志》言丞相属宝、长安单安国、甘陵栒育治《终始》，盖皆治邹子之学者。褚先生补《三代世表》曰："《黄帝终始传》曰：汉兴百有余年，有人不短不长，出白燕之乡，持天下之政。时有婴儿主，却行车。臣为郎时，与方士考功会旗亭下，为臣言。"方士说虽怪妄，亦附会邹子之书，知邹子之学在西京流布甚广也。

《汉书·郊祀志赞》曰："汉兴之初，庶事草创，惟一叔孙生略定朝廷之仪。若乃正朔、服色、郊望之事，数世犹未章焉。至于孝文，始以夏郊。而张苍据水德，公孙臣、贾谊更以为土德，卒不能明。孝武之世，文章为盛。太初改制，而儿宽、司马迁等，犹从臣、谊之言，服色数度，遂顺黄德。彼以五德之传从所不胜，秦在水德，故谓汉据土而克之。刘向父子以为帝出于震，故包羲氏始受木德，其后以母传子，终而复始，自神农、黄帝下历唐、虞、三代，而汉得火焉。故高祖始起，神母夜号，着赤帝之符，旗章遂赤，自得天统矣。昔共工氏以水德间于木火，与秦同运，非其次序，故皆不永。"《高帝纪赞》曰："刘向云战国时刘氏自秦获于魏。秦灭魏，迁大梁，都于丰。故周市说雍齿曰：丰，故梁徙也。是以颂高祖云：汉帝本系，出自唐帝。降及于周，在秦作刘。涉魏而东，遂为丰公。"此可见以共工与秦为不当行序，汉为火德，系出唐尧，说实成于向、歆。《眭弘传》弘谓"汉家尧后"，疑其文出后人，非弘本语。

《史记·高祖本纪》：高祖夜经丰西泽中，拔剑击斩蛇。"后人来至蛇所，有一老妪夜哭。人问何哭？妪曰：人杀吾子，故哭之。人曰：妪子何为见杀？妪曰：吾子，白帝子也，化为蛇，当道，今为赤帝子斩之，故哭。"又云：高祖立为沛公，"祠黄帝，祭蚩尤于沛庭，而衅鼓。旗帜皆赤，由所杀蛇白帝子，杀者赤帝子，故上赤。"此中"由所杀蛇白帝子"以下十五字，决为后人增窜。其余为史公元文与否未敢定。然即有此说，亦系寻常讹言，未必与行序有关也。应劭说此，谓秦祠白帝为金德，而汉以火德灭之，于行序之说可通。《索隐》引《春秋合诚图》曰："水神哭，子襄败。""宋均以为高祖斩白蛇而神母哭，则此母水精也。"则以秦为水德。闻水克火，不闻火克水，于理为不可通矣。刘向父子于此未能弥缝，亦一阙失也。

《高祖纪》又曰："其先刘媪尝息大泽之陂，梦与神遇。是时雷电晦冥，太公往视，则见交龙于其上。"但云交龙而已，不言为何色。夏贺良言赤精子之谶。应劭曰高祖感赤龙而生，自谓赤帝之精，贺良等因是作此谶文，始以龙为赤色，与行序有关，此亦后来所增益也。然亦可见向、歆之说，实与贺良等同。

禁巫祠道中

《汉书·武帝纪》："天汉二年，秋，止禁巫祠道中者。"《注》：文颖曰："始汉家于道中祠，排祸咎，移之于行人百姓，以其不经，今止之也。"师古曰："文说非也。秘祝移过，文帝久已除之。今此总禁百姓巫觋于道中祠祭者耳。"案汉家若无此事，文颖岂得妄说？则师古之言非也。此与秘祝移过，并非一事。秘祝移过，盖如荧惑守心，而子韦欲移诸相，移诸民，移诸岁；赤云夹日飞，而周太史谓可移诸将相之类。使宋景、楚昭听之，官司必有职其事者，非行诸道中者也。礼以正俗，然人心未变，则有仍弃礼而徇俗者。《王嘉传》：嘉奏封事言："董贤母病，长安厨给祠具，道中过者皆饮食。"如淳曰："祷于道中，故行人皆得饮食。"此即所谓巫祠道中者。宰相行之，安保皇室之不出此乎？《潜夫论·巫列》篇曰："人有爵位，鬼神有尊卑。巫觋之语，小人所畏；及民间缮治，微蔑小禁；本非天王所当惮。旧时京师，不防动功，造禁以来，吉祥应瑞，子孙昌炽，不能过前。且以君畏臣，以上需下，则必示弱而取陵，殆非致福之招也。"然则汉世祠祭禁忌，同于民间习俗者多矣，又安必巫祠道中之独不然乎？故知文颖之言，必有所据也。

黄老君

道家之学，与神仙家之言，相去亦远矣，而后世并为一谈，何也？曰：道家之学，托诸黄帝，而老子传之，世遂以黄、老并称，方士崇奉黄帝，耳熟黄、老之名，遂自附于老子耳。

曷言乎道家之学，托诸黄帝，而老子传之也？案《老子书》辞义最古；全书皆三四言韵语，一也（间有散句，乃后来所加）。书中但有牝牡雌雄字，无男女字，称名特异，二也。全书之义，女权皆优于男权，三也。此必非东周后人所能为，盖自古相传之辞，至《老子》乃著之竹帛者耳。其辞出于谁某不可知，然必托之黄帝，故汉人恒以黄、老并称。今《列子书·天瑞》篇引《黄帝书》二条，黄帝之言一条，《力命》篇亦引《黄帝书》一条。

《天瑞》篇所引，有一条与《老子书》同，其余亦极相类。《列子》虽伪物，亦多采摭古籍而成，非尽伪造也。故知道家言必自古即托之黄帝者也。

曷言乎方士耳熟黄、老之名，遂自附于老子也？《三国志·张鲁传注》引《典略》，谓张修使人为奸令祭酒，主以《老子》五千文，使都习。夫张修之道与老子何涉？此诚令人大惑不解者也。读《后汉书》之《桓帝纪》，乃恍然矣。《纪》云：延熹八年正月，遣中常侍左悺之苦县祠老子。十一月，使中常侍管霸之苦县祠老子。九年七月，祠黄、老于濯龙宫。《论》曰：前史称桓帝好音乐，善鼓琴，饰芳林而考濯龙之宫，设华盖以祠浮屠、老子，斯将所谓听于神者乎？（注：前史，谓《东观记》也）《襄楷传》：楷上疏曰：闻宫中立黄、老、浮屠之祠。此道清虚，贵尚无为；好生恶杀，省欲去奢。今陛下嗜欲不去，杀罚过理，既乖其道，岂获其祚哉？或言老子入夷狄为浮屠；浮屠不三宿桑下，不欲久生恩爱，精之至也；天神遗以好女，浮屠曰：此但革囊盛血，遂不盼之。其守一如此，乃能成道。今陛下淫女艳妇，极天下之丽；甘肥饮美，单天下之味；奈何欲如黄、老乎？又《楚王英传》：晚节更喜黄、老学，为浮屠斋戒祭祀。永平八年，诏令天下死罪皆入缣赎。英遣郎中令奉黄缣白纨各三十匹诣国相，国相以闻。诏报曰：楚王诵黄、老之微言，尚浮屠之仁慈。洁斋三月，与神为誓。何嫌何疑，当有悔吝？其还赎，以助伊蒲塞、桑门之盛馔。然则是时，黄、老、浮屠，轇葛不清旧矣。然《续汉书·祭祀志》曰："桓帝即位十八年，好神仙事。延熹八年，初使中常侍之陈国苦县祠老子。九年，亲祠老子于濯龙。文罽为坛饰，淳金釦器，华盖之坐，用郊天乐也。"此与《后汉书》所纪同，而濯龙之祠，《纪》言黄、老，《志》但言老子，则除苦县为老子乡里，故特祠之之外，(《三国·魏志·仓慈传注》曰："案《孔氏谱》：孔乂字元隽，孔子之后。曾祖畴，字元矩，陈相。汉桓帝立老子庙于苦县之赖乡，画孔子像于壁；畴为陈相，立孔子碑于像前，今见存。"疑老子庙成于延熹八年，故特祠之也。)其余皆当兼祠黄、老。八年一年之中，而遣祠老子者再，则其祠黄帝必甚数，必不止九年一祭。史特记九年之祭者，以其礼独隆耳。《东观记》考濯龙与祠老子对举，则濯龙之祠，所重当在黄帝。其因黄帝而牵及老子之迹，犹隐然可见也。(《三国·魏志·武帝纪》：建安二十五年，王崩于洛阳。《注》引《世语》曰：太祖自汉中至洛阳，起建始殿，伐濯龙祠而树血出。《曹瞒传》曰：王使工苏越徙美梨。掘之，根伤，尽出血。越白状，王躬自视而恶之，以为不祥，还，遂寝疾。则濯龙实为妖妄之府，至汉末，犹有此等妖言也。)黄帝无书，而老子有五千文，故张修使其下习之耳。其取五千文，盖特取其为老子之书，而非取其书中之义。抑其所取者，亦方士神巫之所谓老子，非道术之士之所谓老子也。《后汉书·逸民传》曰：矫慎，少学黄、老，隐遁山谷，仰慕松、乔道引之术。汝南吴苍遗书曰：盖闻黄、老之言，乘虚入冥，藏身远遁。亦有理国养人，施于为政。至如登山绝迹，神不著其证，人不观其验。吾欲先生，从其可者，于意何如？此道术之士，隐遁之流，神仙之家，并自托于老子之证。(仲长统《卜居论》曰："安神闺房，思老氏之玄虚；呼吸精和，求至人之仿佛。"亦以老子与神仙家并称。)汉世方士，虽多以飞升遐举为言，然其道实杂而多端。言登山绝迹者可以自托于老子，固不能禁祠祭巫鬼者不之托。抑言他道者可自黄帝而及老子，又不能禁祠祭巫鬼者不因此而及彼也。此黄、老所由以道术之名，一变而为神巫方士之祖也。

《后汉书·陈愍王宠传》：景平二年，国相师迁，追奏前相魏愔，与宠共祭天神，希冀非幸，罪至不道。槛车传送愔、迁诣北寺诏狱。愔辞，与王共祭黄老君，求长生福而已，无他冀幸。刘攽《刊误》曰：黄老君不成文，当云黄帝、老君。《刊误补遗》曰：《真诰》云：大洞之道，至精至妙，是守素真人之经。昔中央黄老君秘此经，世不知也。则道家又自有黄老君。《真诰》未必可信，中央黄老君似指天神言之，正合迁之所奏。然迁以诬告获罪，足征愔与愍王所祭，实非《真诰》所云。云求长生福，所祀者盖亦方士所谓黄、老也。黄老君固不成文，增一帝字，黄帝二字，则成文矣，老君何人乎？盖方士之谫陋者，初不问黄、老为谁，贸然于其下加一君字耳。史言黄、老道者甚多，乍观之固似成文，然果以黄为黄帝，老为老子，其道又岂可奉祀者邪？

《后汉书·循吏传》云：延熹中，桓帝事黄、老道，悉毁诸房祀。惟特诏密县存故太傅卓茂庙，洛阳留王涣祠焉。又《栾巴传》云：好道。再迁豫章太守。郡土多山川鬼怪，小人尝破资产以祈祷。巴素有道术，能役鬼神。乃悉毁诸房祀，翦理奸诬。于是妖异自消。百姓始颇为惧，终皆安之。《三国·魏志·武帝纪注》引《魏书》，言太祖击黄巾时，黄巾移之书曰：昔在济南，毁坏神坛，其道乃与中黄大乙同，似若知道，今更迷惑。《后汉书·皇甫嵩传》言张角奉事黄、老道，则角与桓帝，所事正同，即栾巴之所好，恐亦不外乎此也。《三国志·张鲁传》言鲁以鬼道教民，大都与黄巾相似。鲁之治，颇留意于人民生计，岂倡此道者以淫祀无福，妄耗民财，思有以革除之，乃为是以毒攻毒之计与？然桓帝则必非能知此义者也。

观于桓帝、栾巴、楚王、陈王、张角、张鲁等所奉，而后汉之世所谓黄、老者可知已。然窃疑其犹不始此。《史记·儒林传》曰：孝景不任儒者，而窦太后又好黄、老之术，故诸博士具官待问，未有进者。《魏其武安侯列传》言：太后好黄、老之言，而魏其、武安、赵绾、王臧等务隆推儒术，贬道家言，是以窦太后滋不说魏其等。窦太后多与政事，助梁王以谋继嗣，绝非知足知止之人。《儒林传》又曰："窦太后好《老子书》，召辕固生问《老子书》。固曰：此是家人言耳。太后怒曰：安得司空城旦书乎？乃使固入圈刺豕。景帝知太后怒而固直言无罪，乃假固利兵；下圈刺豕，正中其心，一刺，豕应手而倒。太后默然，无以复罪，罢之。"太后所问，果为今《老子书》，固虽不好道，岂得目为家人言？疑太后所问《老子书》，亦有巫鬼之辞，羼杂其中矣。怒而使之刺豕，理亦殊不可解。岂其所谓家人言者，有刺豕之戒，而固不之信，乃以是困之与？然则《老子书》之为人所附会也旧矣。

《后汉书·独行传》云："向诩，性卓诡不伦。恒读《老子》，状如学道；又似狂生，好被发着绛绡头。征拜侍中。会张角作乱，诩上便宜，颇讥刺左右，不欲国家兴兵；但遣将于河上北向读《孝经》，贼自当消灭。中常侍张让谮诩：不欲令国家命将出师，疑与角同心，欲为内应。收送黄门北寺狱，杀之。"案《三国·吴志·孙策传注》引《江表传》，言策欲杀于吉，诸将连名陈乞。策曰："昔南阳张津为交州刺史，舍前圣典训，废汉家法律，尝着绛帕头，鼓琴烧香，读邪俗道书，云以助化，卒为南夷所杀。此甚无益，诸君但未悟耳。"《注》考桓王前亡，张津后死，谓策以此晓譬诸将，自不可信。然特托之于策为诬，述张津事必非虚语。诩好着绛绡头，津则着绛帕头；诩欲读《孝经》以灭贼，津则读道书以助化，其所为亦颇相类。抑张角讹言苍天已死，黄天当立，无论从相生相胜之说，黄皆不得代苍，盖本言赤天已死，汉人奏报讳之，乃改赤为苍。《灵帝纪》曰："巨鹿人张角自称黄天，其部师三十六万，皆着黄巾。"《续汉书·五行志注》引《物理论》曰："黄巾被服纯黄，不将尺兵，肩长衣，翔行舒步，所至郡县无不从。"夫其着黄巾者，以黄天既立也。然则向诩着绛绡头，张津着绛帕头者，汉行犹未改也。角之起也，杀人以祠天（亦见《皇甫嵩传》），此东夷用人之旧，而被发亦东夷之俗。然则张让疑向诩与角同心，不为无因。谓其欲为角内应固诬，而诩所好之道，是否即张角所事之黄、老道，则殊难断其不然矣。又《三国·魏志·管宁传注》引《魏略》曰："寒贫者，本姓石，字德林，安定人也。建安初，客三辅。是时长安有宿儒栾文博者，门徒数千，德林亦就学，始精《诗》《书》。后好内事，于众辈中最玄默。至十六年，关中乱，南入汉中。不治产业，不畜妻孥，常读《老子》五千文及诸内书，昼夜吟咏。"此人所信何道，亦殊可疑，而与向诩皆常读《老子》，此又老子为邪教牵引之一证矣。

《论衡·道虚》篇曰："世或以老子之道，为可以度世。恬淡无欲，养精爱气。夫人以精神为寿命，精神不伤，则寿命长而不死。老子行之，蹻百，度世为真人矣。"此亦神仙家附会老子之一证。

读《汉书》札记（一）

天下事无可全欺人者。人之必死，众目所共见也。以不死诳人，其术拙矣。然时人信之甚笃，盖亦有由。淫祀之废也，成帝以问刘向。向言："陈宝祠自秦文公至今七百余岁矣，汉兴世世常来。光色赤黄，长四五丈，直祠而息，音声砰隐，野鸡皆雏。每见雍太祝祠以太牢，遣候者乘乘传驰诣行在所，以为福祥。高祖时五来，文帝二十六来，武帝七十五来，宣帝二十五来，初元元年以来亦二十来。"此众目昭见之事，非可虚诳。盖自然之象，为浅知者所不能解，乃附会为神怪。其说诬，其象则不虚也。神仙之说，盖因海上蜃气而起，故有登遐倒景诸说，而其所谓三神山者，必在海中，而方士亦必起于燕、齐耳。

《史记·封禅书》曰："三神山者，其传在勃海中，去人不远。患且至，则船风引而去。盖尝有至者，诸仙人及不死之药皆在焉。其物禽兽尽白，而黄金银为宫阙。未至，望之如云。及到，三神山反居水下。临之，风辄引去，终莫能至云。"《汉书·郊祀志》：谷永述当时言神仙者之说，谓能"遒（同遥）。兴轻遐举，登遐倒景，览观县圃，浮游蓬莱"。司马相如《大人赋》曰："世有大人兮，在于中州。宅弥万里兮，曾不足以少留。悲世俗之迫隘兮，揭轻举而远游。垂绛幡之素蜺兮，载云气而上浮。"皆可见神仙之说初兴，由蜃气附会之迹。

神仙家之说，不外四端：一曰求神仙，二曰练奇药，三曰导引，四曰御女。练药，导引，御女，皆与医药相关。《汉志》神仙家，与医经，经方，房中同列方技，盖由于此。然奇药不必自练，亦可求之于神仙。《史记·封禅书》：三神山尝有至者，诸仙人及不死之药皆在焉；又谓始皇"南至湘山，遂登会稽，并海上，冀遇海中三神山之奇药"是也。《史记·淮南王传》：伍被言：秦使徐福入海。"还为伪辞曰：臣见海中大神，言曰：汝西王之使邪？臣答曰：然。汝何求？曰：愿请延年益寿药。神曰：汝秦王之礼薄，得观而不得取。"尤显而可见。此与自行练药者，盖各为一派。

服食与练药，又有不同。练药必有待于练，服食则自然之物也。《后汉书注》引《汉武内传》，谓封君达初服黄连五十余年，邵侩多食茯苓，魏武能饵野葛是也。《华佗传》云："樊阿从佗求方可服食益于人者，佗授以漆叶青黏散。"《注》引《佗别传》曰："本出于迷入山者，见仙人服之，以告佗。"此神仙家言与医家相出入者。

导引之术，亦由来甚久。《庄子》已有熊经鸟申之言。《汉书·王吉传》吉谏昌邑王游猎曰："休则俯仰屈申以利形，进退步趋以实下，吸新吐故以练臧，专意积精以适神，于以养生，岂不长哉！"王褒《圣主得贤臣颂》曰："何必偃仰屈信若彭祖，呴嘘呼吸如乔松。"崔实《政论》曰："夫熊经鸟伸，虽延历之术，非伤寒之理；呼吸吐纳，虽度纪之道，非续骨之膏。"仲长统《卜居论》曰："呼吸精和，求至人之方佛。"皆导引之术也。《华佗传》："佗语吴普曰：古之仙者为导引之事，熊经鸱顾，引挽要体，动诸关节，以求难老。吾有一术，名五禽之戏：一曰虎，二曰鹿，三曰熊，四曰援，五曰鸟，亦以除疾，兼利蹄足，以当导引。"则导引又医家及神仙家之所共也。

《后汉书》言普行五禽之法，年九十余，耳目聪明，齿牙完坚，此行规则运动之效，首见于史者。注引《佗别传》曰："普从佗学，微得其方。魏明帝呼之，使为禽戏，普以年老，手足不能相及，粗以其法语诸医。普今年将九十，耳不聋，目不冥，牙齿完坚，饮食无损。"云手足不能相及，盖其戏即今所传《八段锦》中所谓"两手攀足固肾要"者。《后书注》曰："熊经，若熊之攀枝自悬也。鸱顾，身不动而回顾也。"云若攀枝自悬，则未必真有物可攀，亦不必其真自悬。窃疑《八段锦》中所谓"两手托天理三焦"，即古所谓熊经者。身不动而回顾，其为

《八段锦》中之"五劳七伤望后瞧",无疑义矣。《后汉书》又云:"冷寿光行容成公御妇人法,常屈颈鹔息,须发尽白,而色理如三四十时。王真年且百岁,视之面有光泽,似未五十者。自云:周流登五岳名山;悉能行胎息、胎食之方。漱舌下泉咽之。不绝房室。(注引《汉武内传》:"王真习闭气而吞之,名曰胎息。习漱舌下泉而咽之,名曰胎食。真行之,断谷二百余日,肉色光美,力并数人。"又引《抱朴子》曰:"胎息者,能不以鼻口嘘噏,如在胎之中。")孟节能含枣核不食,可至五年十年。又能结气不息,状若死人,可至百日半年。"胎食、胎息,即今所谓吞津及河车般运之术。静之至,自可不食较久。二百余日或有之,云五年十年,则欺人之谈也。不息若死,亦其息至微耳。魏文帝《典论》曰:"甘陵甘始,名善行气,老而少容。始来,众人无不鸱视狼顾,呼吸吐纳。军祭酒弘农董芬,为之过差,气闭不通,良久乃苏。"盖导引宜顺自然,又必行之有序,而与日常起居动作,亦无不有关系。山林枯槁之士,与夫专以此为事者,其所行,固非寻常之人所能效耳。

房中,神仙,《汉志》各为一家,其后御女,亦为神仙中之一派。盖房中本医家支流,神仙亦与医家关系甚密耳。《后汉书·方术传》言甘始、东郭延年、封君达三人,率能行容成御妇人术。又冷寿光,亦行容成御妇人法。魏文帝《典论》谓:"庐江左慈,知补导之术。慈到,众人竞受其术。至寺人严峻,往从问受。奄竖真无事于斯,人之逐声,乃至于是。"此并《汉志》所谓房中之传。《史记·张丞相列传》言:"妻妾以百数,尝孕者不复幸。"盖亦其术。此尚与神仙无涉。《汉书·王莽传》:莽以郎阳成修言,黄帝以百二十女致神仙,因备和嫔、美御,与方士验方术,纵淫乐。则房中、神仙合为一家矣。

读《汉书》札记（二）

　　道家之说，与方士本不相干。然张修、于吉等，不惟窃其言，抑且窃其书以立教，一若奉为先圣先师，而自视为其支流余裔者。（案张修使人为奸令祭酒，祭酒主以《老子》五千文使都习，见《三国志·张鲁传》注引《典略》，于吉有《太平清领经》，见《后汉书·襄楷传》注引《太平经·帝王》篇，有"元气有三名：太阳、太阴、中和"；"人有三名：父、母、子"之语。盖窃老子"一生二，二生三，三生万物"，"负阴而抱阳，冲气以为和"之说者也。）何哉？予谓方士之取老子，非取其言，而取其人；其所以取其人，则因道家之学，以黄、老并称；神仙家亦奉黄帝。黄、老连称，既为世所习熟，则因黄帝而附会老子，于事为甚便耳。

　　《后汉书·襄楷传》：楷上书言：闻宫中立黄、老、浮屠之祠。《桓帝纪》延熹九年，七月，庚午，祠黄、老于濯龙宫，盖即楷所斥。先是八年，正月，遣中常侍左馆之苦县祠老子。十一月，使中常侍管霸之苦县祠老子，所以但祠老子者，以之苦县之故，一岁中遣祠老子至再。则祠黄、老之事，史不及书者多矣。《续书·祭祀志》："桓帝即位十八年，好神仙事。延熹八年，初使中常侍之陈国苦县祠老子。九年，亲祠老子于濯龙。文罽为坛，饰淳金釦器，设华盖之坐，用郊天乐也。"此与《后书》帝纪所言同事。而九年之祠，纪言黄老，志但言老子。《纪》又曰："前史称桓帝好音乐，善鼓笙。饰芳林而考濯龙之宫，设华盖以祠浮图、老子，斯将所谓听于神乎！"注："前史谓《东观记》也。"以考濯龙与祠老子对言，则濯龙之祠，所重盖在黄帝。黄帝无书，而老子有五千文在。治符咒治病者且取之，而后此之以哲理缘饰其教者，不必论矣。《典略》言张修之法略与张角同，而《后汉书·皇甫嵩传》言张角奉祀黄、老道，此张修之使人都习《老子》，为由黄帝而及之铁证也。楷之疏曰："闻宫中立黄、老、浮屠之祠。此道清虚，贵尚无为；好生恶杀，省欲去奢。今陛下嗜欲不去，杀罚过理。既乖其道，岂获其作哉！或言老子入夷狄为浮屠。浮屠不三宿桑下，不欲久生恩爱，精之至也。天神遗以好女，浮屠曰：此但革囊盛血。遂不眄之。其守一如此，乃能成道。今陛下淫女艳妇，极天下之丽；甘肥饮美，单天下之味；奈何欲如黄、老乎？"此所谓老子之道，全与道家不合，盖方士所附会也。《楚王英传》晚节更喜黄、老，学为浮屠斋戒祭祀。永平八年，诏令天下死罪皆入缣赎。英遣郎中令奉黄缣白纨三十匹诣国相……国相以闻。诏报曰：楚王诵黄老之微言，尚浮屠之仁慈，洁斋三月，与神为誓。何嫌何疑，当有悔吝？其还赎，以助伊蒲塞桑门之盛馔。"此所谓黄老学者，亦非九流之道家，乃方士所附会也。然则黄老、神仙、浮屠三者，其轇葛不清旧矣，而桓帝亦沿前人之波而逐其流耳。

又不独淫昏之君主藩辅然也，枯槁之士亦有之。《后汉书·逸民传》：矫慎，少好黄老，隐遁山谷，因穴为室，仰慕松、乔导引之术。汝南吴苍遗书曰："盖闻黄、老之言，乘虚入冥，藏身远遁；亦有理国养人，施于为政。至如登山绝迹，神不着其证，人不睹其验。吾欲先生从其可者，于意何如？"此风以治道家之黄、老，绝神仙家所托之黄、老也。仲长统《卜居论》曰："安神闺房，思老氏之玄虚。呼吸精和，求至人之仿佛。"亦以道家与神仙家之言并称。

又《陈愍王宠传》："熹平二年，国相师迁追奏前相魏愔与宠共祭天神，希冀非幸，罪至不道……槛车传送愔、迁诣北寺诏狱。使中常侍王酺与尚书令、侍御史杂考。憕辞与王共祭黄老君，求长生福而已，无它冀幸。"刘攽《刊误》曰："黄老君不成文，当云黄帝老君。"《刊误补遗》曰《真诰》云：大洞之道，至精至妙，是守素真人之经。昔中央黄老君秘此经，世不知也。则道家又自有黄老君。"案言中央黄老君，似指天神中之黄帝，则正实师迁所奏。而当时迁以诬告其王诛死，足见《后汉书》所云，非《真诰》所载，贡父之说，为不误也（或《后汉书》衍君字）。

于吉神书

《后汉书·襄楷传》：延熹九年，楷自家诣阙上疏，有云："臣前上琅邪宫崇受于吉神书，不合明听。"十余日，复上书曰："前者宫崇所献神书，专以奉天地、顺五行为本，亦有兴国广嗣之术；其文易晓，参同经典；而顺帝不行，故国胤不兴；孝冲、孝质，频世短祚。"《传》曰："初顺帝时，琅邪宫崇诣阙上其师于吉于曲阳泉水上所得神书百七十卷，皆缥白素朱介，青首朱目，号《太平清领书》。其言以阴阳五行为宗，而多巫觋杂语。有司奏崇所上妖妄不经。乃收藏之，后张角颇有其书焉。"此文颇相矛盾。楷前疏明言自上，何后疏又云宫崇献神书而顺帝不行邪？疏云其文参同经典，而传谓其多巫觋杂语，亦又不雠。楷前疏臣前上云云十六字，语意未完，且与上下文皆不衔接；后疏，前者宫崇云云五十二字，尽删之，于文义亦无所阙；盖作史者于成文每多删并，当时必有伪为楷文，称扬于吉神书者，范氏不察，误合之于楷疏也。

于吉为孙策所杀，见《三国·吴志·策传注》引《江表传》。（《后汉书·楷传注》亦引之，而其文不全。）《注》又引《志林》曰："初顺帝时，琅邪宫崇诣阙上师于吉所得神书于曲阳泉水上，白素朱界，号《太平青领道》，凡百余卷。顺帝至建安中，五六十岁，于吉是时近已百年，年在耄悼，礼不加刑。又天子巡狩，问百年者，就而见之。敬齿以亲爱，圣王之至教也。吉罪不及死，而暴加酷刑，是乃谬诛，非所以为美也。"记于吉书与《后汉书》略同，而卷数互异，似是书卷帙，后来又有增加。自称百岁，乃方士诬罔之辞，吉安能授宫崇于五六十岁之前，又惑吴人于五六十岁之后？古书卷帙率少；又缣帛价贵，无论其为百余卷抑百七十卷，皆不易造作。然则谓吉以是书授崇，崇以是书上顺帝，恐皆子虚乌有之谈也。《后汉书注》曰："神书即今道家《太平经》也；其经以甲乙丙丁戊己庚辛壬癸为部，每部一十七卷。"恐即造作是书者，妄托之于宫崇、于吉，并附会之于襄楷耳。于吉之死，《三国志注》又引《搜神记》，与《江表传》大相径庭。又《江表传》记策语谓："昔南阳张津为交州刺史，舍前圣典训，废汉家法律，常着绛帕头，鼓琴烧香，读邪俗道书，云以助化，卒为南夷所杀。"而《志林》推考桓王前亡，张津后死。裴氏案太康八年广州大中正王范上《交广二州春秋》，亦谓建安六年，张津犹为交州牧（孙策死于建安五年）。足见此等记载之不足凭矣。范氏书杂采之，又安可信邪？

襄楷事迹，亦见《三国·魏志·武帝纪注》引《九州春秋》。云陈蕃子逸与术士平原襄楷会于冀州刺史王芬坐，楷曰：天文不利宦者，黄门、常侍当族灭矣。逸喜。芬曰：若然者，芬愿驱除。于是与许攸等结谋。欲因灵帝北巡行废立。据其所记，则楷仍《后汉书》所称善天文阴阳之术者耳。楷两疏皆端人正士之言，陈蕃举其方正，乡里宗之，中平中，与荀爽、郑玄俱以博士征，岂信于吉神书者邪？

《楷传》言："书上，即召诣尚书问状。楷曰：臣闻古者本无宦官。武帝末，春秋高，数游后宫，始置之耳，后稍见任。至于顺帝，遂益繁炽。今陛下爵之，十倍于前。至今无继嗣者，岂独好之而使之然乎？尚书上其对，诏下有司处正。尚书承旨奏曰：宦者之官，非近世所置，汉初张泽为大谒者，佐绛侯诛诸吕；孝文使赵谈参乘，而子孙昌盛；楷不正辞理，指陈要务，而析言破律，违背经艺，假借星宿，伪托神灵，造合私意，诬上罔事，请下司隶，正楷罪法，收送洛阳狱。帝以楷言虽激切，然皆天文恒象之数，故不诛。犹司寇论刑。"案《汉书·成帝纪》：建始四年，春，罢中书宦官。《注》引臣瓒曰："汉初中人有中谒者令，孝武加中谒者令为中书谒者令，置仆射。宣帝时，任中书官弘恭为令，石显为仆射。元帝即位数年，恭死，显代为中书令，专权用事。至成帝，乃罢其官。"《百官公卿表》记成帝建始四年更名中书谒者令为中谒者令，而不记武帝加中谒者令为中书谒者令之事，然《萧望之传》言，望之以为中书政本，宜以贤明之选，自武帝游宴后庭，故用宦者，非国旧制，则瓒言确有所据。武帝所用，乃中书宦官，而非宦官始自武帝。宦官实自古所有，楷不应并此不知。且宫崇之书，顺帝时有司既奏其妖妄不经矣，楷果尝上其书，岂得云所言皆天文恒象之数邪？《楷传》之不足信，愈可见矣。

太平道、五斗米道

　　《三国·魏志·张鲁传》："祖父陵，客蜀，学道鹄鸣山中，造作道书以惑百姓。从受道者出五斗米，故世号米贼。陵死，子衡行其道。衡死，鲁复行之。益州牧刘焉以鲁为督义司马，与别部司马张修将兵击汉中太守苏固，鲁遂袭修杀之，夺其众。（《后汉书·刘焉传》曰："与别部司马张修将兵掩杀汉中太守苏固，断绝斜谷，杀使者。鲁既得汉中，遂复杀张修而并其众。"案《灵帝纪》：中平元年，"秋七月，巴郡妖巫张修反，寇郡县"。《注》引刘艾《纪》曰："时巴郡巫人张修疗病，愈者雇以五斗米，号为五斗米师。"则修先尝反叛，后乃降于焉。）焉死，子璋代立，以鲁不顺，尽杀鲁母家室。鲁遂据汉中，以鬼道教民，自号师君。其来学道者，初皆名鬼卒。受本道已信，号祭酒。各领部众，多者为治头大祭酒。皆教以诚信，不欺诈，有病，自首其过。大都与黄巾相似。诸祭酒皆作义舍，如今之亭传。又置义米肉，县于义舍，行路者量腹取足；若过多，鬼道辄病之。犯法者，三原，然后乃行刑。不置长吏，皆以祭酒为治，民夷便乐之。雄据巴、汉垂三十年。"《注》引《典略》曰："熹平中，妖贼大起，三辅有骆曜。光和中，东方有张角，汉中有张修。骆曜教民缅匿法，角为太平道，修为五斗米道。太平道者，师持九节杖为符祝，教病人叩头思过，因以符水饮之；得病或日浅而愈者，则云此人信道；其或不愈，则为不信道。修法略与角同，加施静室，使病者处其中思过。又使人为奸令祭酒，祭酒主以《老子》五千文，使都习（号为《后汉书注》引无此字），奸令。为鬼吏，主为病者请祷。请祷之法，书病人姓名，说服罪之意。作书三通：其一上之天，着山上；其一埋之地；其一沉之水；谓之三官手书。使病者家出米五斗，以为常，故号曰五斗米师。实无益于治病，但为淫妄，然小人昏愚，竞共事之。后角被诛，修亦亡。及鲁在汉中，因其民信行修业，遂增饰之。教使作义舍，以米肉置其中以止行人；又教使自隐，有小过者，当治道百步，则罪除；又依月令，春夏禁杀，又禁酒。流移寄在其地者，不敢不奉。"（《后汉书·刘焉传》及《注》引《典略》均略同）裴松之云："张修应是张衡，非《典略》之失，则传写之误。"案此言误也。鲁之教既云因修而增饰之，安得又云受诸父祖？修之事迹，信而有征。陵、衡若父子相传，其道不为不久，何以《典论》数"妖贼"不之及？且陵、衡之道，果行之何地乎？行之汉中欤，何以汉中人但知有修？行之蜀中欤，何以蜀中转不闻有是法也？疑鲁增饰修法，讳所自出，自谓受诸父祖，传者误信之，承祚亦误采之耳。《蜀志·二牧传》《后汉书·刘焉传》均云鲁母挟鬼道，出入焉家，不云其父。疑鲁之左道，幼即受诸其母，故能增饰修法也。

鲁，沛国丰人，则是东方人也，何以陵学道于蜀？此亦可疑之一端。或曰：流移访道，事所恒有。《三国志》谓鲁之道大都与黄巾相似，正足征其原出东方，谓其传自父祖，或不诬也。然鲁之道，实与角并不相似；角言苍天已死，黄天当立（《后汉书·皇甫嵩传》）。自称"黄天泰平"（《三国志·孙坚传》）。苍天疑当作赤天，汉人讳而改之。然则角所依托者，实当时五德终始之说，而修则于天之外兼事地、水，可谓绝不相蒙。《后汉书·皇甫嵩传》云：角遣弟子八人，使于四方，以善道教化天下（《孙坚传》云：托有神灵，遣八使以善道教化天下）。青、徐、幽、冀、荆、扬、兖、豫八州之人，莫不毕应。遂置三十六方，方犹将军号也，大方万余人，小者六七千，各立渠帅。及其事露，则驰敕诸方，一时俱起。《杨震传》言：角等执左道，称大贤，以诳耀百姓，天下襁负归之。震孙赐，时在司徒，召掾刘陶告曰：张角等遭赦不悔，而稍益滋蔓；今若下州郡捕讨，恐更骚扰，速成其患。且欲切敕刺史二千石：简别流人，各护归本郡，以孤弱其党，然后诛其渠帅，可不劳而定，何如？陶对曰：此孙子所谓不战而屈人之兵，庙胜之术也。赐遂上书言之，会去位，事留中。后帝徙南宫，阅录故事，得赐所上张角奏，及前侍讲注籍，乃感悟，下诏封赐临晋侯，邑千五百户。《抱朴子·道意》篇言：张角、柳根、王歆、李申之徒，钱帛山积，富踰王公，纵肆奢淫，侈服玉食，伎妾盈室，管弦成列，刺客死士，为其致用，威倾邦君，势陵有司，亡命逋逃，用为窟薮。然则角乃汉时所谓豪桀大猾之流，专以诳诱流移为事。而鲁则修其政教，颇有与民相保之规。《典略》云：流移在其地者，不敢不奉，明其道本行诸土著。鲁之败也，左右欲悉烧宝货仓库，鲁曰：本欲归命国家，而意未达。今之走，避锐锋，非有恶意。宝货仓库，国家之有。遂封藏而去。其本无觊觎非分之心审矣，安得与角之欲代汉而兴者同日语邪？符咒治病，左道所同，以是而谓修之法与角相类，亦见卵而求时夜者流也。或曰：角奉黄、老道，而鲁使人习《老子》五千文，此亦其相类之一端也。然黄、老道为时人信奉已久，故角与鲁皆从而依附之，亦不足为其相类之证也。别见《黄老君》条。

江左阴阳术数之学式微

《南史·宋本纪》：明帝泰始六年，立总明观，征学士以充之，置东观祭酒访举各一人，举士二十人，分为儒、道、文、史、阴阳五部学，言阴阳者遂无其人。《刘瓛传》瓛讲《月令》毕，谓学生严植之曰："江左以来，阴阳律数之学废矣，吾今讲此，曾不得其仿佛。"盖自正始以后，俗尚玄谈，皆重理而轻数也。《吴明彻传》云："明彻亦微涉书史经传，就汝南周弘正学天文、孤虚、遁甲，略通其术，颇以英雄自许，武帝亦深奇之。"此则术数之家，欲藉其术以应用者，非儒者明理之学也。

读《抱朴子》（上）

明明诞妄之事而人信之者，以其中杂有真事也；始而真伪参半，继而伪稍胜真，又继而伪为人所共信矣。《抱朴子·内篇·论仙》谓："魏文帝穷览洽闻，自谓于物无所不经，谓天下无切玉之刀，火浣之布，及著《典论》，尝据言此事；未期，二物毕至，乃叹息，遽毁斯论。"又云："陈思王著《释疑论》云：初谓道术，直呼愚民诈伪……及见武皇帝试左慈等，令断谷近一月，而颜色不减，气力自若，常云可五十年不食；正尔，复何疑哉？又令甘始以药含生鱼，而煮之于沸脂中。其无药者，熟而可食，其衔药者，游戏终日，如在水中也；又以药粉桑以饲蚕，蚕乃到十月不老；又以住年药食鸡雏及新生犬子，皆止不复长；

（《金丹》篇云："王君丹法，巴沙及汞内鸡子中，漆合之，令鸡伏之，三枚，以王相日服之，住年不老。小儿不可服，不复长矣。与新生鸡犬服之，皆不复大，鸟兽亦皆如此验。"盖神仙家以不长与不老同理。）又以还白药食白犬，百日，毛尽黑。乃知天下之事，不可尽知，而以臆断之，不可任也。"切玉之刀，火浣之布，在今日已无足异；断谷数十日，理自可能；蚕不老，鸡不长，白犬毛黑，亦非必不可致；惟衔药之鱼，煮之沸脂中，游戏终日，则于理必不可解耳。案《三国志·华佗传注》引东阿王《辨道论》云："世有方士，吾王悉所招致，甘陵有甘始，庐江有左慈，阳城有郗俭。始能行气导引，慈晓房中之术，俭善辟谷，悉号三百岁。卒所以集之于魏国者，诚恐斯人之徒，接奸宄以欺众，行妖恶以惑民，岂复欲观神仙于瀛洲，求安期于海岛，释金辂而履云舆，弃六骥而美飞龙哉？自家王与太子及余兄弟咸以为调笑，不信之矣。然始等知上遇之有恒，奉不过于员吏，赏不加于无功，海岛难得而游，六黻难得而佩，终不敢进虚诞之言，出非常之语……甘始者，老而有少容，自诸术士咸共归之。然始辞繁寡实，颇有怪言。余常辟左右，独与之谈，问其所行，温颜以诱之，美辞以导之，始语余：吾本师姓韩字世雄，尝与师于南海作金，前后数四，投数万斤金于海。又言：诸梁时，西域胡来献香罽、腰带、割玉刀，时悔不取也。又言：车师之西国，儿生，擘背出脾，欲其食少而弩行也。又言：取鲤鱼五寸一双，合其一煮药，俱投沸膏中，有药者奋尾鼓鳃，游行沉浮，有若处渊，其一者已熟而可啖。余时问：言率可试不？言：是药去此逾万里，当出塞；始不自行不能得也。言不尽于此，颇难悉载，故粗举其巨怪者。始若遭秦始皇、汉武帝，则复为徐市、栾大之徒也。"然则始乃方士中之诞谩者，衔药煮鱼，陈思王安得谓武皇帝曾为试之乎？则此篇殆为妄人所造矣。然其余语，固非尽伪，此所谓真伪夹杂者也。

断谷，闻今印度人犹有能之。西人某尝严密试之，闭之密室中，封禁甚严，度无能私递饮食者，月余启视，其人康健如恒也。（《杂应篇》云吴景帝尝锁闭道士石春，令人备守之年余，与此事颇相类。）此理今日尚不能尽明；然观病者能经久不食，则知人之生理，苟异恒时，自无所谓一日不再食则饥，更无所谓七日不食则死也。《道意》篇言李宽吞气断谷，可得百日以还，亦不堪久，最为近情，度左慈亦不过如此耳。《杂应》篇云："问诸曾断谷积久者云：差少病痛，胜于食谷时；其服术及饵黄精及禹余粮，久令人多气力，堪负担远行，身轻不困；其服诸石药，一服守之十年五年者，及吞气服符饮神水辈，但为不饥耳，体力不任劳也。"此说亦非虚诳。亡友长沙丁冕英尝日食九橘，但饮水，不复食，如是者七日，精神作事皆如恒，惟行动无力，偶与物相撞则仆，乃复食。此皆服石药吞气服符饮神水之类也。北伐军之攻武昌也，有药肆学徒为肆中取何首乌，中途流弹大至，不能返肆，乃负之抵家。家仅有老父，病瘫痪，不能起坐者久矣；父子相守历月余，粮绝，乃蒸何首乌而食之，四旬余，其父竟起。此岂所谓断谷而少病痛、服术饵黄精等令人多气力身轻者邪？因悟古书所谓久服轻身延年者，必须当作饭吃，若如今人以为药饵而服之，他食什佰于此，无效也。

承君仰贤，尝戒人少食，曰人有吃死者，无饿死者。《抱朴子》云："余数见断谷人三年二年者，多皆身轻色好，堪风寒暑湿，大都无肥者耳。"不肥正更为美，未见其弊也。又云："问诸为之者，绝谷。无不初时少气力，后复稍健，月胜一月，岁胜一岁。但用符水及单服气者，皆四十日中疲瘦，过此乃健耳。郑君云：本性饮酒不多，昔在铜山中，绝谷二年许，饮酒数斗不醉。以此推之，是为不食更令人耐毒，耐毒则是难病之候也。"（皆见《杂应》篇。）皆可为世之迷信多食者作棒喝。

魏文帝《典论》，信有其书矣。而《论仙》篇又曰："董仲舒所撰《李少君家录》云：少君有不死之方，而家贫无以市药物，故出于汉，以假途求其财，道成而去。"又引刘向《列仙传》，为有仙人之证。夫仲舒及向，岂作此等书者邪？道家好附会道术之士，盖其言阴阳五行等，有相类者也。然道术之士之言阴阳五行，岂方士之谓哉？然其相依附则已久矣。《史记·封禅书》云：驺衍以阴阳主运，显于诸侯，而燕、齐海上之方士，传其术不能通。盖二者之相淆久矣。《仙药》篇云："汉成帝时，猎者于终南山中见一人，无衣服，身生黑毛；猎人见之，欲逐取之，而其人踰坑越谷，有如飞腾，不可逮及，乃密伺候其所在，合围得之，乃是妇人；问之，言我本是秦之宫人也，闻关东贼至，秦王出降，宫室烧燔，惊走入山，饥无所食，垂饿死，有一老翁教我食松叶松实，当时苦涩，后稍便之，遂使不饥不渴，冬不寒，夏不热……乃将归，以谷食之，初闻谷臭呕吐，累日乃安，如是二年许，身毛乃脱落，转老而死。""南阳文氏说其先祖，汉末大乱，逃出山中，饥困欲死，有一人教之食术，遂不能饥；数十年乃来还乡里，颜色更少，气力胜故；自说在山中时，身轻欲跳，登高履险，历日不极，行冰雪中，了不知寒。"此两事自有傅会，非尽实，然不熟食，身轻而体生毛，确非虚语。向见野史中载如此事，犹未之信；丁未春夏间，见上海《时报》译某西报云，瑞典有人流落入山亦如此，当非虚诬也。当时曾将报留存，惜一九三七年故乡沦陷，屋庐毁坏，书物都尽，今已不可复得矣。

读《抱朴子》（中）

《道意》篇言信巫之弊，至于幸而误活，财产穷罄，遂复饥寒而死，或乃起为穿窬剽劫，丧身锋镝，陷刑丑恶，其没者无复凶器，尸朽虫流，其祸至于如此，宜其欲重淫祀之刑，致之大辟也。又谓张角、柳根、王歆、李甲之徒，钱帛山积，富逾王公，纵肆奢淫，侈服玉食，妓妾盈室，管弦成列，刺客死士，为其致用，威倾邦君，势陵有司，亡命逋逃，因为窟薮，此其所以能称兵以叛与？然张角奉黄老道，而黄老道禁诸房祀，（见《黄老君》条。）岂亦知霸有天下者陈兵以守，而顾禁人之执兵与？

少时读此篇之李宽及《袪惑》篇古强、蔡诞、项曼都、白和之事而大笑之。稚川云"宽弟子转相授受，布满江表"，即强及诞之言，亦有信者，予颇疑其为诞而不信也。及今思之，则寻常人之所信者，原不过如此。李少君言汉武帝铜器，齐桓公十年陈于柏寝，非古强云亲见尧、舜、禹、汤且识孔子、秦始皇、项羽、汉高祖与？稚川言强"敢为虚言，言之不怍"，非即栾大之敢为大言，处之不疑与？少君言"臣常游海上，见安期生"，栾大亦曰"臣常往来海中，见安期、羡门之属"，非诞所谓身事老君，曼都所谓曾游天上者与？公孙卿言"黄帝郊雍上帝，鬼臾区死葬雍；其后黄帝接万灵明廷，明廷者，甘泉也。所谓寒门者，谷口也"，明明无稽之谈，而言之凿凿可指，与蔡诞之言昆仑五城十二楼、五河出其四隅、弱水绕之何异？而其言鼎湖之事，与项曼都谓仙人来迎、共乘龙而升天，又何似也！然汉武则固信之矣。不特此也，昆仑五城十二楼诸说，不又明著之道家之书与？

则知道士之明知能著书者，举不过文成、五利、公孙卿、李宽、古强、蔡诞、项曼都之伦也。白和，道士有博涉众事、洽练术数者，以诸疑难咨问，皆为寻声论释，无滞碍，盖在此曹中已罕觏矣。前数年有作平话描写剑仙者，童子闻之，或背家而入山，世人群笑其愚；然观古者帝王士大夫皆轻信如此，且寻声附和者甚众，又曷怪此十余龄之童子也。然所恶于利口之士者则有之矣。公孙卿曰："黄帝且战且学仙，患百姓非其道，乃断斩非鬼神者。"是知武帝之好战乐刑杀而逢之也；非鬼神者皆断斩，则无虑人之非己矣。封而旱，则曰"黄帝时封则天旱，干封三年"；柏梁台灾，则曰"黄帝就青灵台，十二日烧，黄帝乃治明庭"。乌乎，何其善于文君之过、逢君之恶如此也！故小人非徒求己身富贵苟容也，毒必被于天下。

　　方士虽善诳，亦必略有言之成理之说，盖所以应付明理之人也。如曰世间何以不见仙人，则云仙人殊趣异路，行尸之人安得见之？假令游戏或经人间，匿真隐异，外同凡庸，比肩接武，孰有能觉乎？英儒伟器，犹不乐见浅薄之人，况彼神仙，何为汲汲使人知之？（《论仙》篇）又曰：或问老氏、彭祖，悉仕于世，中世以来，为道之士，莫不飘然绝迹幽隐，何也？则曰：曩古纯朴，巧伪未萌，信道者勤而学之，不信者默然而已；末俗偷薄，好为讪毁，谓真正为妖讹，以神仙为诞妄，或曰惑众，或曰乱群。（《明本》篇。）然则神仙之不在人间，乃有所不得已也。此皆所谓弥近理而大乱真者也，然非此固无释明理者之难也。

读《抱朴子》(下)

《金丹》篇曰:"余考览养性之书,鸠集久视之方,篇卷以千计矣,莫不以还丹金液为大要。"然则爱尚金丹,非稚川一人之私言,而古来方士之公言也。所以然者,金石质坚,信人服之,则质可坚如金石,盖其最初之思想如此。《对俗》篇曰:"金玉在于九窍,则死人为之不朽;盐卤沾于肌髓,则脯腊为之不烂;况以宜身益命之物纳之于己乎?"《至理》篇曰:"泥壤易消者也,而陶之为瓦,则与二仪齐其久;柞柳速朽者也,而燔之为炭,则可亿载而不败。"皆可见其思想之迹。《对俗》篇又曰:神仙方书,试其小者,莫不效焉,举方诸求水、阳燧引火为证。此其所以取信于人者,然彼亦未尝不因此而坚其自信也。汉武之信乐大也,使验小方斗棋,棋自相触击,《索隐》引顾氏案《万毕术》云:"取鸡血杂磨针铁,捣和磁石棋头置局上,自相抵击也。"知方士于物理颇有所知也。而其诛也,亦以方尽多不雠。(文成之诛,亦以方益衰,神不至。)

石不如金之坚,故方士之所信者,珠玉次于金银,至于草木,则谓仅可延年而已。(不免于死。)信金石草木之初说盖如此。至并谓金丹可以起死人,隐形,先知,通宿命,厌百鬼,疾病不侵,所求皆至,则增益之辞也。且如房中,其初当亦谓能生,然流俗之言,亦谓能尽其道者,可以移灾解罪,转祸为福,居官高迁,商贾倍利,(《微旨》篇)犹此。

方士盖亦有真信金丹可致不死,草木可以延年者。盖服金石之剂,不必无强壮之效,而草木可以延年,亦实事也。大抵方士惟诳惑人主鼓动百姓者为可诛,其余则其愚可哀,然不能谓其以欺诳为志也。彼亦有其论理，如《塞难》篇言人非天地所造，天地亦为一物，而当俯从物理，见解颇高；神仙由于禀赋，即其信不信亦由此，（见《塞难》篇，亦见《辨问》。）亦颇能自圆其说，然以人之生为各有所直之星宿则缪矣。此由方士之说，多与古迷信之谈夹杂，故其自行推理处虽高，卒不能脱迷信之迹也。

以人之生为各有所直之星宿者，盖自古相传之说，故《洪范》谓王省惟岁卿士惟月，师尹惟日，庶民惟星也。道家之说，存古宗教之说颇多，如《对俗》篇言司命，《微旨》篇言司过及三尸，皆古迷信时之遗迹。言三尸欲人早死，此尸乃得作鬼，放纵游行，尤野蛮时代魂魄为二之普通思想。（《地真》篇云："守玄一，并思其身分为三人，三人已见，又转益之可至数十人，皆如己身。"此所谓分形之道。一人可分为三，与三尸之思想同，盖古以三为多数也。守一之道，亦见其以魂魄分为二，此固最素朴之思想也。又述师言，谓金水分形，则自见其三魂七魄，三魂盖即三尸。）

《金丹》篇云："九丹诚为仙药之上法，然合作之所用杂药甚多，若四方清通，市之可具，若九域分隔，则物不可得也。"此与甘始妄言仙药，及请之，则云药去此踰万里，当出塞，始不自行难得同。然始为自解免之言，而道士之信远方有药者，则不必尽虚也，故稚川亦思为句漏令求丹砂也。

秦、汉方士，世皆目为神仙家，其实非也。方士之道，杂而多端，而神仙仅其一术耳。

神仙家之术，盖原起于燕、齐之间，其地时有海市，古人睹其象而不知其理，则以为人可遥兴遐举，载云气而上浮矣。匡衡等之废淫祀也，成帝以问刘向，向言："甘泉、汾阴及雍五畤始立，皆有神祇感应，然后营之，非苟而已也。武、宣之世，奉此三神，礼敬敕备，神光尤著。祖宗所立神祇旧位，诚未易动。及陈宝祠，自秦文公至今，七百余岁矣，汉兴，世世常来，光色赤黄，长四五丈，直祠而息，音声砰隐，野鸡皆雊。每见雍太祝祠以太牢，遣候者乘一乘传驰诣行在所，以为福祥。高祖时五来，文帝二十六来，武帝七十五来，宣帝二十五来，初元元年以来，亦二十来。"（《汉书·郊祀志》）此皆众目昭见之事，非可虚诳。野蛮之迷信，所言之理虽误，所见之象则真，是以众心皈仰，不可移易。

因目观海市蜃楼，而谓人可遥兴遐举也，则以为人可不死。求不死之方，最初似偏于服食。服食有使人老寿者。《三国志·华佗传》：樊阿从佗求可服食益于人者，佗授以漆叶青黏散，言久服去三虫，利五脏，轻体，使人头不白。阿从其言，寿百余岁。《注》引《佗别传》曰："本出于迷入山者，见仙人服之，以告佗。佗以为佳，辄语阿，阿又秘之。近者人见阿之寿而气力强盛，怪之，遂责阿所服，因醉乱误道之。法一施，人多服者，皆有大验。"此理所可有。魏武啖野葛，《纪注》引《修物志》。郗俭饵茯苓，《华佗传注》引《典论》。皆其类也。

古人又以导引求老寿。《史记·留侯世家》言良"性多病，即道引不食谷"；又言其"学辟谷，道引轻身"。《后汉书·方术传注》引《汉武内传》，谓王真"习闭气而吞之，名曰胎息；习嗽舌下泉而咽之，名曰胎食。真行之，断谷二百余日，肉色光美，力并数人"。未言其谷食外不食他物。《三国志·华佗传注》引东阿王《辩道论》，谓："余尝试郗俭绝谷百日，躬与之寝处，行步起居自若也。夫人不食七日则死，而俭乃如是。"则似全然不食者。其说殊诞谩不可信。陈思王岂能躬与郗俭寝处至百余日邪？隆古之世，人本不专食谷，及后农业既兴，乃专以谷为食。然谷食之兴，亦因栽培之便，谓其最足养人，其实并无此理。世尽有食物，其养生转逾于谷者。《后汉书·西南夷传》谓"莋都夷土出长年神药，仙人山图所居焉"，盖亦以食他物养生而附会之也。然此止足养身，至多益寿，必不可以不死。(《三国·魏志·王粲传注》引嵇康兄喜所为《康传》言：嵇康"性好服食，尝采御上药。以为神仙者，禀之自然，非积学所致。至于道养得理，以尽性命，若安期、彭祖之伦，可以善求而得"，其证也。) 方士之伦，乃别求所谓金石之剂。

金石质坚，古人误谓饵金石，则其体亦能如金石，于是可以不死，《抱朴子》中，全是此论。金石相较，金为愈坚，故方士尤贵焉。玉亦石类，珠又玉类，故古人又欲餐珠玉者。汉武听李少君说，化丹沙诸药剂为黄金；(《史记·封禅书》) 桓谭言光武穷折方士黄白之术；(《后汉书》本传) 汉武欲得云表之露以餐玉屑，故立仙掌以承高露；(《三国·魏志·卫觊传》)《盐铁论·散不足》篇谓方士言"仙人食金饮珠，然后寿与天地相保"是也。求之不得，则疑其在于海外。《史记·封禅书》曰："三神山尝有至者，诸仙人及不死之药皆在焉。"又曰："始皇南至湘山，遂登会稽，并海上，冀遇海中三神山之奇药。"又《淮南王传》载伍被言：秦"使徐福入海求神异物，还为伪辞曰：臣见海中大神言曰：女西王之使邪？臣答曰：然。汝何求？曰：愿请延年益寿药。神曰：汝秦王之礼薄，得观而不得取"。《封禅书》乐大言："臣常往来海中，见安期、羡门之属，顾以臣为贱，不信臣。又以为康王诸侯耳，不足与方。"然则初欲求仙人，亦特欲求其药耳，如后世所谓遇仙人即能接引飞升，古无是说也。(神仙家之死，黄诚谓肉体可以上升，公孙卿谓黄帝采首山铜，铸鼎于荆山下，鼎既成，有龙垂胡髯下迎黄帝，黄帝上骑，群臣后宫从上者七十余人是也。其时又有尸解之说，《三国志·华佗传注》

引《典论》："王和平死，弟子夏荣言其尸解。"《封禅书》："李少君病死，天子以为化去不死。"即尸解之说。）

人锻炼则体强，不锻炼则体弱，此乃习见之理。故其后亦有欲以是求长年者。《庄子》已有熊经鸟伸之言。《汉书·王吉传》，吉谏昌邑王好猎曰："休则俯仰屈申以利形，进退步趋以实下，吸新吐故以练臧，专意积精以通神。"王褒《圣主得贤臣颂》曰："何必偃仰屈伸若彭祖，呴嘘呼吸如乔、松。"崔寔《政论》曰："夫熊经鸟伸虽延历之术，非伤寒之理；呼吸吐纳虽度纪之道，非续骨之膏。"仲长统《卜居论》曰："安神闺房、思老氏之玄虚；呼吸精和，求至人之仿佛。"是也。《三国志·华佗传》，佗语（吴）普曰："古之仙者，为道引之事，熊颈《后汉书》作经。鸱顾，引輓腰体，动诸关节，以求难老。吾有一术，名五禽之戏，一曰虎，二曰鹿，三曰熊，四曰援，五曰鸟，亦以除疾，并利蹄足，以当道引。"《志》称佗"晓养性之术，时人以为年且百岁而貌有壮容"。殿本《考证》云：《册府》"以为"下有"仙"字，盖是。《佗传注》引《典论》谓"甘始善行气，老有少容"。《后汉书·方术传》言："王真年且百岁，视之面有光泽似未五十者，自云周流登五岳名山，悉能行胎息胎食之方。"至此神仙家与养身家之术混而不分矣。《后汉书·佗传注》云："熊经，若熊之攀枝自悬也，鸱顾，身不动而回顾也。"又引《佗别传》曰："吴普从佗学，微得其方。魏明帝呼之使为禽戏，普以年老，手足不能相及，粗以其法语诸医。"《典论》曰："后（甘）始来，众人无不鸱视狼顾，呼吸吐纳。军谋祭酒弘农董芬为之过差，气闭不通，良久乃苏。"习养生术者多贵乎清静，故王吉言专意积精，仲长统言安神闺房，《后汉书·文苑传》言苏顺好养生术，隐处求道，晚乃仕。所行者盖即其术。

房中之术，《汉志》与神仙本各为一家，然其后遂合为一。《史记·张丞相列传》言"妻妾以百数，尝孕者不复幸"，此似犹能贵养生。《汉书·王莽传》言"郎阳成修献符命言，继立民母"；又曰"黄帝以百二十女致神仙"；又言"莽日与方士涿郡昭君于后宫考验方术，纵淫乐焉"；则房中、神仙并为一术矣。其后则左慈、（《三国志注》引《典论》。）冷寿光、甘始、东郭延年、封君达等行其术，（并见《后汉书·方术传注》引《列仙传》曰："御妇人之术，谓握固不泻，还精补脑也。"）

以上所言，皆可云是神仙家之事，其人有形状可见，其药有形质可求，导引锻炼，深为切实，其术原非迷信也。卢生辟恶鬼之说，（《秦始皇本纪》）李少君祠灶之方，（《封禅书》）只可谓之巫术耳。

金　人

言佛教入中国者，多据《魏书·释老志》。《志》云："汉武元狩中，遣霍去病讨匈奴。昆邪王杀休屠王，将其众五万来降，获其金人，帝以为大神，列于甘泉宫。金人率长丈余，不祭祀，但烧香礼拜而已。此则佛道流通之渐也。"案《汉书·霍去病传》，武帝称其功曰："收休屠祭天金人。"如淳注曰："祭天以金人为主也。"盖本《金日磾传赞》"本以休屠作金人为祭天主，故因赐姓金氏"之文。皆曰祭天，不云礼佛。《梁书·扶南传》云："俗事天神。天神以铜为像，二面者四手，四面者八手，手各有所持，或小儿，或鸟兽，或日月。"此文或本旧闻，不出梁世。然修《梁书》时，佛教盛行久矣，天神果即佛像，姚思廉不容不知。且《汉书·地理志》，左冯翊云阳，有休屠金人及径路神祠三所，（《郊祀志》：云阳有径路神祠，祭休屠王也。）则休屠金人，实自有祠，未尝列于甘泉也。颜师古以金人为佛像，误矣。

《释老志》又云："哀帝元寿元年，博士弟子秦景宪受大月氏王使伊存口授浮屠经，中土闻之，未之信也。后孝明帝夜梦金人，顶有白光，飞行殿庭，乃访群臣，傅毅始以佛对。帝遣郎中蔡愔、博士弟子秦景等使于天竺，写浮屠遗范。愔仍与沙门摄摩腾、竺法兰东还洛阳。中国有沙门及跪拜之法，自此始也。愔又得佛经四十二章，乃释迦立像。明帝令画工图佛像，置清凉台及显节陵上，经缄于兰台石室。愔之还也，以白马负经而至，汉因立白马寺于洛城雍关西。摩腾、法兰咸卒于此寺。"此说似因后来之佛像而附会。《后汉书·楚王英传注》引袁宏《汉纪》云："佛长丈六尺，黄金色，顶中佩日月光，变化无方，无所不入，而大济群生。初，明帝梦见金人，身大，顶有日月光，以问群臣。或曰：西方有神，其名曰佛，陛下所梦，得毋是乎？于是遣使天竺，问其道术，而图其形像焉。"《晋书·恭帝纪》言，帝"深信浮屠道，造丈六金像，亲于瓦官寺迎之，步从十许里"。《魏书·胡叟传》言："蜀沙门法成，鸠率僧旅，几于千人，（《北史》作数千人。）铸丈六金像。"然则当时铸像，殆有定制，皆长丈六。《崔挺传》言："光州故吏闻凶问，莫不悲感，共铸八尺铜像，于城东广因寺起八关斋，追奉冥福。"盖减其长之半。《释老志》言，魏先于恒农荆山造珉玉丈六像一，永平三年冬，迎置于洛滨之报德寺，世宗躬亲致敬。虽易金以玉，而其长无改。《灵征志》："太和十九年六月，徐州表言，丈八铜像，汗流于地。"丈八疑丈六之讹也。然则袁宏云佛长丈六尺，明因佛像而为之辞矣。对明帝之问者，宏不言其姓名，而《魏志》言为傅毅；宏但云遣使图佛形像，明时未有铸像。《魏志》云"帝令画工图像"，说亦相同，而又云蔡愔曾得立像，明其杂采众说，愈后起者，附会愈多。楚王英，明帝之兄，《传》已言其为浮屠斋戒祭祀，则佛教之行于中国旧矣，何待明帝遣使求之？金人入梦之说，殊不足信也。

　　佛像可考最早者，为汉末笮融所造，见《三国·吴志·刘繇传》，云融"大起浮图祠，以铜为人，黄金涂身，衣以锦采，垂铜盘九重，下为重楼阁道，可容三千余人"。其制之崇宏如此，其像亦必不减丈六矣。民间所造则较小。《魏书·灵征志》云："永安三年二月，京师民家有二铜像，各长尺余，一颐下生白豪四，一颊旁生黑毛一。"是也。《北齐书·循吏·苏琼传》言："徐州城中五级寺，被盗铜像一百躯。"像数既多，其制亦当较小也。

　　当时造像，所费殊巨。魏高宗为太祖以下五帝铸释迦立像五，各长一丈六尺，都用赤金二万五千斤，显祖于天官寺造释迦立像，高四十三尺，用赤金十万斤，黄金六百斤，皆见《魏书·释老志》。此固北朝所为，然时郡县及民间，造金像者亦不少。《宋书·文九王传》言拓跋焘围悬瓠，毁佛浮图，取金像以为大钩，施之冲车端；《北齐书·王则传》言其性贪婪，除洛州刺史，旧京诸像，毁以铸钱，于时世号河阳钱，皆出其家，其用铜之多可知。《宋书·夷蛮传》，元嘉十二年，丹阳尹萧摩之，奏请欲铸铜像者，皆诣台自闻，须准报然后就功。《魏书·释老志》载太武废佛之诏曰："敢有事胡神及造形像泥人、铜人者，门诛！"足见民间造像，用铜亦不少也。士蔿对筑蒲屈之让也，曰："三年将寻师焉，焉用慎！"齐明帝以故宅起湘宫寺，穷极奢侈，巢尚之罢郡还见，帝曰："卿至湘宫寺未？我起此寺，是大功德。"虞愿在侧曰："陛下起此寺，皆是百姓卖儿贴妇钱，佛若有知，当悲哭哀愍。罪高佛图，有何功德？"（《齐书·良政传》）敛百姓卖儿贴妇之钱，穷极奢侈，以为有裨教化，其愚已不可及，况藉敌以为冲车乎？隋文帝禁毁坏偷盗佛及天尊像者，以恶逆不道论。（事在开皇二十年。《隋书·高祖纪》载诏曰："敢有毁坏偷盗佛及天尊像、岳镇海渎神形者，以不道论。沙门坏佛像，道士坏天尊者，以恶逆论。"又《刑法志》云："诏沙门、道士坏佛像天尊，百姓坏岳渎神像，皆以恶逆论。"）张释之霸陵之对曰："使其中有可欲，虽锢南山犹有隙；使其中无可欲，虽无石椁，又何戚焉？"然则佛像而不以金为之，又谁则毁坏偷盗之也？而周世宗可谓倜乎远矣。彼王则之所为，亦恶其自图财利耳。若徒铸之为钱，则犹有利于化居，固愈于锢金于寺也。

《南史·林邑传》云，宋文帝使檀和之克其国，销其金人，得黄金数十万斤。此语《宋书》无之，而见于《梁书》，明传之者语增，非实录。魏造佛像，用赤金十万斤，黄金六百斤；涂金之法，南北不能大殊，然则宋所得黄金若为三十万斤，其所销金人之铜，当得五千万斤矣，有是理乎？然林邑金人必较中国为多，则可信矣。

造像亦有用银者。《南史·梁本纪》，武帝大同元年四月壬戌，"幸同泰寺，铸十方银像"，是也。三年五月癸未，"幸同泰寺，铸十方金铜像"，则又以金铜为之。此所铸者必多，其像当亦不大。

玉像南朝亦有之。《齐书·武帝纪》，大渐诏曰："显阳殿玉像诸佛及供养，具如别牒。"又《魏书·释老志》，高宗践极之年，诏有司为石像，令如帝身，则反不逮其所为珉玉像之大，其实珉玉亦石也。

金人入梦之说，既不足信，则汉立白马寺之说，亦属子虚矣。《北齐书·韩贤传》云："昔汉明帝时，西域以白马负佛经送洛，因立白马寺，其经函传在此寺，形制淳朴，世以为古物，历代藏宝。贤无故斫破之，未几而死，论者或谓贤因此致祸。"又不云经缄于兰台石室，足见其皆属附会之辞也。

轮　回

《晋书·挚虞传》："虞尝以死生有命，富贵在天，天之所佑者义也，人之所助者信也，履信思顺，所以延福，违此而行，所以速祸；然道长世短，祸福舛错，怵迫之徒，不知所守，荡而积愤，或迷或放。故作《思游赋》。""道长世短"四字最精，此佛家之所以说轮回，而亦其所以能行于中国也。《羊祜传》云："祜年五岁时，令乳母取所弄金环。乳母曰：汝先无此物。祜即诣邻人李氏东垣桑树中探得之。主人惊曰：此吾亡儿所失物也，云何持去？乳母具言之，李氏悲惋。时人异之，谓李氏子则祜之前身也。"祜之时，佛教之行未久耳，然轮回之说，已深入人心如此矣。晋南北朝之世，史言轮回之事尚不乏：如《晋书·艺术传》言鲍靓为曲阳李家儿托生，《南史·梁元帝纪》言帝乃眇目僧托生，《北史·李崇传》言李庶托生为刘氏女是也。慧琳《均善论》，设为黑学道士之说，病周孔为教，正及一世，积善不过子孙之庆，累恶不过余殃之罚，报效止于荣禄，诛责极于穷贱。（《宋书·夷蛮传》）亦挚虞之意也。

欲说轮回，则必有轮回之体；无我轮回，虽言者谆谆，终不使人共信也。然则必主神不灭矣。范缜《神灭论》曰："问曰：
知此神灭，有何利用邪？答曰：浮屠害政，桑门蠹俗，风惊雾
起，驰荡不休，吾哀其弊，思拯其溺。夫竭财以赴僧，破产以趋
佛，而不恤亲戚，不怜穷匮者何？良由厚我之情深，济物之意
浅。是以圭撮涉于贫友，吝情动于颜色，千钟委于富僧，欢意畅
于容发，岂不以僧有多稌之期，友无遗秉之报，务施阙于周急，
归德必于在己。又惑以茫昧之言，惧以阿鼻之苦，诱以虚诞之
辞，欣以兜率之乐，故舍逢掖，袭横衣，废俎豆，列瓶钵，家家
弃其亲爱，人人绝其嗣续。致使兵挫于行间，吏空于官府，粟罄
于惰游，货殚于泥木。所以奸宄弗胜，颂声尚拥，惟此之故，其
流莫已，其病无限。若陶甄禀于自然，森罗均于独化，忽焉自
有，恍尔而无，来也不御，去也不追，乘夫天理，各安其性。小
人甘其垄亩，君子保其恬素，耕而食，食不可穷也，蚕而衣，衣
不可尽也，下有余以奉其上，上无为以待其下，可以全生，可以
匡国，可以霸君，用此道也。"其辞辩矣。然济物情深，厚我意
浅，恐非夫人之所能。彼无为之世，所以上下安和者，非其时
之人情，异于有为之世，其物我之利害固同也。老子曰："民之
饥，以其上食税之多。民之轻死，以其奉生之厚。"有多食税者
以歆之，而奉生咸欲其厚，而民不得不轻死矣。而欲使小人甘其
垄亩，君子保其恬素，得乎？此弊也，岂轮回之说致之哉？抑俗
之既敝，而轮回之说，乃乘之而起也！

　　《缜传》云："缜在齐世，尝侍竟陵王子良。子良精信释教，
而缜盛称无佛。子良问曰：君不信因果，世间何得有富贵，何得
有贱贫？缜答曰：人之生，譬如一树花，同发一枝，俱开一蒂，
随风而堕，自有拂帘幌、坠于茵席之上，自有关篱墙、落于粪溷
之侧。坠茵席者，殿下是也；落粪溷者，下官是也。贵贱虽复

殊途，因果竟在何处？子良不能屈，深怪之。”夫坠茵席，落粪溷，得不有其所由然欤？其所由然，非即因果欤？此理非缜所不达，而其言云尔，则子良所谓因果，实乃流俗果报之说，非真因果之理也。《宋书·文五王传》：“太宗常指左右人谓王景文曰：休范人才不及此，以我弟故，生便富贵。释氏愿生王家，良有以也。”愿生王家，此子良等之志也。隋越王侗之将死也，焚香礼佛，呪曰：“从今以去，愿不生帝王尊贵之家。”（《隋书·炀三子传》）哀哉！如宋太宗、齐竟陵王之类，不知临命之时亦自悔其所愿不乎？楚灵王曰：“予杀人子多矣，能无及此乎？”（《左氏》昭公十三年）不生帝王尊贵之家，或早为帝王尊贵者所戕贼矣。贵者果不贼人也，人恶得而贼之？孟子曰：“杀人之父者，人亦杀其父；杀人之兄者，人亦杀其兄。然则非自杀之也一间耳。”（《尽心》下）哀哉！然得谓无因果之理乎？

《梁书·刘歊传》：歊著《革终论》曰：“季札云：骨肉归于土，魂气无不之。庄周云：生为徭役，死为休息。寻此二说，如或相反。何者？气无不之，神有也；死为休息，神无也。原宪云：夏后氏用明器，示民无知也；殷人用祭器，示民有知也；周人兼用之，示民疑也。若稽诸内教，判乎释部，则诸子之言可寻，三代之礼无越。何者？神为生本，形为生具，死者神离此具，而即非彼具也。即非，疑当作非即。虽死者不可复反，而精灵递变，未尝灭绝。”此主神不灭之说者也。然又曰“神已去此，馆何用存？神已适彼，祭何所祭？”因“欲翦截烦厚，务存俭易”。则主神不灭之说者，亦不必遂为贪求之行矣。

《晋书·王湛传》：湛曾孙坦之，“初与沙门竺法师甚厚，每共论幽明报应，便要先死者当报其事。后经年，师忽来，云贫道已死，罪福皆不虚，惟当勤修道德，以升济神明耳。言讫不见。坦之寻亦卒。"此事之为虚构，自不待言。然就造作此说者之心而观之，却可见人无不斤斤于死后之苦乐，此轮回之说所以乘其机而中之也。然死后报应，究为将信将疑之事，故人又无不恋恋于生。《隋书·儒林传》言辛彦之崇信佛道，迁潞州刺史，于城内立浮图二所，并十五层。开皇十一年，州人张元暴死，数日乃苏，云游天上，见新构一堂，制极崇丽。元问其故，人云，潞州刺史辛彦之有功德，造此堂以待之，彦之闻而不悦，其年卒官。闻生天上而犹不悦，可见百虚不敌一实，此迷信之力所以终有所穷也。

《晋书·刘聪载记》："聪子约死，一指犹暖，遂不殡殓。及苏，言见（刘）元海于不周山，经五日，遂复从至昆仑山，三日而复返于不周，见诸王公卿将相死者悉在，宫室甚壮丽，号曰蒙珠离国。元海谓约曰：东北有遮须夷国，无主久，待汝父为之。汝父后三年当来，来后国中大乱，相杀害，吾家死亡略尽，但可永明辈十数人在耳。汝且还，后年当来，见汝不久。约拜辞而归，道过一国，曰猗尼渠余国，引约入宫，与约皮囊一枚，曰：为吾遗汉皇帝。约辞而归，谓约曰：刘郎后年来，必见过，当以小女相妻。约归，置皮囊于机上。俄而苏，使左右机上取皮囊，开之，有一方白玉，题文曰：猗尼渠余国天王敬信遮须夷国天王，岁在摄提，当相见也。驰使呈聪，聪曰：若审如此，吾不惧死也。"又云：聪将死，时约已死，至是昼见，聪甚恶之，谓粲曰："吾寝疾惙顿，怪异特甚，往以约之言为妖，比累日见之，此儿必来迎吾也。何图人死定有神灵！如是，吾不悲死也。"约之诳聪，与是豆浑地万之诳丑奴颇相似，事见《魏书·蠕蠕传》。野蛮之人，率多欲而轻信，其受欺固无足怪。曰审如是，吾不惧死，然见约而又恶之，亦辛彦之之心也。此说主升天而不主轮回，不周、昆仑等，亦全系中国旧名，可见其与佛教无涉。而其眷眷于死后之苦乐如此，可见人之所欲，古今中外皆同，佛教特乘其机而诱之耳。

成佛、生天，皆不易冀，求免堕落，暂时自以能得人身为佳，故信佛者于是尤倦倦焉。晋恭帝之将死也，兵人进药，帝不肯饮，曰："佛教自杀者不得复人身。"乃以被掩杀之。（《宋书·褚叔度传》）宋彭城王义康之死亦然。卢潜为北齐扬州道行台尚书，寿阳陷，及左丞李骃騄賒等皆没。骃騄将逃归，并要潜，潜曰："我此头面，何可逛人？吾少时相者云没在吴越地，死生已定，弟其行也。"既而叹曰："寿阳陷，吾以颈血溅城而死，佛教不听自杀，故茌苒偷生，今可死矣！"于是闭气而绝。（《北史·卢潜传》）观此，知佛教戒自杀之说，遍行于当时也。

奉佛以蕲再得人身，若能无死，岂不更善？俗有诵《高王经》则兵火不能侵之说，其所由来者旧矣。《晋书·苻丕载记》云："徐义为慕容永所获，械埋其足，将杀之。义诵《观世音经》，至夜中，土开械脱，于重禁之中若有人导之者，遂奔杨佺期。"《宋书·王玄谟传》言，玄谟围滑台，拓跋焘军至，奔退。萧斌将斩之，沈庆之固谏乃止。玄谟始将见杀，梦人告曰："诵《观音经》千遍则免。"既觉，诵之将千遍，明日将刑，诵之不辍，忽传呼停刑。《魏书·卢景裕传》："河间邢摩纳与景裕从兄仲礼据乡作逆，逼其同反，以应元宝炬。齐献武王命都督贺拔仁讨平之。景裕之败也，系晋阳狱，至心诵经，枷锁自脱。是时又有人负罪当死，梦沙门教诵经，觉时，如所梦默诵千遍，临刑刀折，主者以闻，赦之。此经遂行于世，号曰《高王观世音》。"《南史·刘霁传》："母明氏寝疾，霁年已五十，衣不解带者七旬，诵《观世音经》数万遍；夜中感梦，见一僧谓曰：夫人算尽，君精诚笃志，当相为申延。后六十余日乃亡。"皆今俗说所本也。《晋书·周浚传》言子嵩为王敦所害，临刑犹于市诵经；《王恭传》亦云临刑犹诵佛经。《齐书·王奂传》："奂司马黄瑶起、宁蛮长史裴叔业于城内起兵攻奂，奂闻兵入，还内礼佛，未及起，军人遂斩之。"造次必于是，颠沛必于是，岂其临命犹冀以是获免邪？《梁书·儒林传》：皇侃"性至孝，常日限诵《孝经》二十遍，以拟《观世音经》。贪欲之深，真可发一噱。《周书·萧詧传》："甄玄成以江陵甲兵殷盛，遂怀贰心，密书与梁元帝，申其诚款。有得其书者，进之于詧。詧深信佛法，常愿不杀诵《法华经》人。玄成素诵《法华经》，遂以此获免。"以人之贪，我得所欲，其事可谓甚奇。然萧詧枭獍也，徼福缘于枭獍，庸可必乎？

沙门与政（上）

后世之为僧者，类多遗落世事，有托而逃，佛法初入中国时则不然。《宋书·武三王传》言庐陵王义真，与谢灵运、颜延之、慧琳道人周旋异常，云得志之日以灵运、延之为宰相，慧琳为西豫州都督。慧琳事见《夷蛮传》，云其兼外内之学，元嘉中，遂参权要，朝廷大事，皆与议焉。而其时彭城王义康谋叛，参与其事者，亦有法略道人及法静尼。始安王休仁之死也，明帝与诸大臣及方镇诏，谓"前者积日失适，休仁使昙度道人及劳彦远屡求启，阚觇吾起居"。（《宋书·文九王传》）休仁之死，固不以罪，此语则未必尽诬。《齐书·倖臣传》云："宋世道人杨法持，与太祖有旧，元徽末，宣传密谋，升明中，以为僧正。建元初，罢道，为宁朔将军，封州陵县男，三百户。"则革易之际，道人亦有参与其事者矣。

　　僧人多与政事，故其罢道极易，法略即罢道为臧质宁远参军者也。（本姓孙，及是改名景玄。）陈遂兴侯详，少出家为沙门，武帝讨侯景，召令还俗，配以兵马。（《陈书·陈详传》）是能戎事者亦或出家也。《南史·陆厥传》云："时有王斌者，不知何许人，着《四声论》，行于时。斌初为道人，博涉经籍，雅有才辩，善属文。后还俗，以诗乐自乐，人莫能名之。"此文学之士之出家者也。《北齐书·神武帝纪》：神武疾病，谓世子曰："潘相乐本作道人，心和厚，汝兄弟当得其力。"《魏书·酷吏传》："李洪之少为沙门，晚乃还俗。"此等人，皆非遗世者也。

　　慧琳，《宋书》谓其宾客辐凑，门车常有数十两，四方赠赂相系，势倾一时，亦未尝不可如杨法持入诸佞倖传也。晋世君相并信佛法者，莫如孝武帝及会稽王道子，而许荣上书，病其僧尼乳母，竞进亲党；闻人奭亦云尼蚶属类，倾动乱时，是其乱政殊甚。时范宁请黜王国宝，国宝使陈郡袁悦之因尼妙音，致书太子母陈淑媛，说国宝忠谨，宜见亲信，（以上均见《晋书·简文三子传》。）则非徒干乱朝权，并有交通宫禁者矣。《魏书·释老志》：道登之死，孝文以师丧之，似其人必有清操；然《酷吏传》言登尝过高遵，遵以登荷宠于高祖，多奉以货，深托仗之；及遵见诉，诏廷尉少卿穷鞫，登屡因言次申启救遵，则亦非谢绝赇谒者。《酷吏传》又言：张赦提克己厉约，本有清称，后乃纵妻段氏，多有受纳，令僧尼因事通请，遂至贪虐流闻，卒以此败。则郡县之朝，亦有为所干乱者。《齐书·江谧传》言谧出为长沙内史，行湘州事，政治苛刻；僧遵道人与谧情款，随谧莅郡，犯小事，饿系郡狱，裂三衣食之，既尽而死。谧固酷，僧遵或亦有以取之也。

《北齐书·神武帝纪》言神武自发晋阳，至克潼关，凡四十启，魏帝皆不答。还洛阳，遣僧道荣奉表关中，又不答。乃集百僚四门耆老议所推立。四门，《北史》作沙门，立君而谋及沙门，似乎不近情理。然《梁书·王僧孺传》言：僧孺出为南海太守，"视事期月，有诏征还，郡民道俗六百人诣阙请留，不许"。郡守之去留，道人既可参与，又何不可与于立君之议邪？《北齐书·文宣帝纪》：天保元年八月庚寅诏曰："朕以虚寡，嗣弘王业，思所以赞扬盛绩，播之万古，虽史官执笔，有闻无坠，犹恐绪言遗美，时或未书；在位王公文武大小，降及民庶，爰至僧徒，或亲奉音旨，或承传旁说，凡可载之文籍，悉宜条录封上。"可见神武谋及沙门时甚多。本纪之文，自当以《北史》为是也。

使沙门参与机要者，非独高欢也，五胡之主时有之。《晋书·石季龙载记》："沙门吴进，言于季龙曰：胡运将衰，晋当复兴，宜苦役晋人，以压其气。季龙于是使尚书张群发近郡男女十六万，车十万乘，运土筑华林苑及长墙于邺北，广长数十里。"《姚襄载记》言襄率众西行，苻生遣苻坚、邓羌等要之。襄将战，沙门智通固谏，襄曰：吾计决矣。战于三原，为坚所杀。《慕容垂载记》：参合之役，"有大风黑气，状若堤防，或高或下，临覆军上。沙门支昙猛言于慕容宝曰：风气暴迅，魏军将至之候，宜遣兵御之。宝笑而不纳。昙猛固以为言，乃遣慕容麟率骑三万为后殿，以御非常。麟以昙猛言为虚，纵骑游猎，俄而黄雾四塞，日月晦冥，是夜魏师大至，三军奔溃。"《慕容德载记》言潘聪劝德据广固，"德犹豫未决。沙门朗公素知占候，德因访其所适。朗曰：敬览三策，（时张华劝德据彭城，慕容钟等劝攻滑台。）潘尚书之议，可谓兴邦之术矣。今岁初，长星起于奎、娄，遂扫虚、危，而虚、危，齐之分野，除旧布新之象。宜先定旧鲁，巡抚琅邪，待秋风戒节，然后北转临齐，天之道也。德大悦。"《魏书·沮渠蒙逊传》："罽宾沙门曰昙无谶，东入鄯善，自云能使鬼治病，令妇人多子。与鄯善王妹曼头陁林私通，发觉，亡奔凉州。蒙逊宠之，号曰圣人。昙无谶以男女交接之术教授妇人，蒙逊诸女、子妇，皆往受法。世祖闻诸行人言昙无谶之术，乃召昙无谶。蒙逊不遣，遂发露其事，拷讯杀之。"其说殊不足信。《释老志》云昙摩谶"晓术数禁呪，历言他国安危，多所中验，蒙逊每以国事咨之；神𪠟中，帝命蒙逊送谶诣京师，惜而不遣，既而惧魏威责，遂使人杀谶"，当是实情。盖谶既与闻国事，遣之则虑其漏泄，不遣又虑魏求之无已，故径杀之，以免交涉之棘手也。此皆五胡之主，多使沙门参与机要之征也。

元魏诸主，自孝文而后，多好与沙门讲论。神武之使道荣奉表，盖亦以其素蒙接待也。李暠遣舍人黄始、梁兴间行归表于晋，未报，复遣沙门法泉，间行通表。（《北史·序传》）盖以其易避稽察。梁豫章王综谋叛，亦求得北来道人释法鸾，使通问于萧宝寅。

罢道者不必皆参与机要之徒也，寻常人出入于道俗之间者亦多。高允少孤，年十余，奉祖父丧还本郡，推财与二弟而为沙门，未久而罢。其为沙门，盖亦如刘孝标居贫不自立，母子并为尼僧，（事见《南史》本传，亦见《魏书·刘休宾传》。）乃一时之计，非其素志也。魏河南王曜之曾孙和为沙门，舍其子显，以爵让其次弟鉴，鉴固辞。诏许銮身终之后，令显袭爵，鉴乃受之。鉴出为齐州刺史。高祖崩后，和罢沙门还俗，弃其妻子，纳一寡妇曹氏为妻。曹氏年齿已长，携男女五人，随鉴至历城，干乱政事。和与曹及五子，七处受纳，鉴皆顺其意，言无不从，于是狱以贿成，取受狼籍，齐人苦之，鉴治名大损。鉴薨之后，和复与鉴子伯宗竞求承袭，时和子早终。（事见《魏书·道武七王列传》。）前后若两人，皆由其出家之时，本未断名利之念也。此等可见当时之人，出家还俗，皆极轻易。

有所规避而出家者，自亦有之。《齐书·倖臣传》言宋孝武末年，鞭罚过度，校猎江右，选白衣左右百八十人，皆面首富室，从至南州，得鞭者过半，茹法亮忧惧，因缘启出家，得为道人。《梁书·文学传》：伏挺除南台治书，因事纳贿，当被推劾，挺惧罪，变服为道人，久之藏匿，后遇赦，乃出大心寺。会邵陵王纶为江州，携挺之镇，王好文义，深被恩礼，挺自此还俗。（《南史》云：挺不堪蔬素，自此还俗。）《张缵传》：缵为杜岸所执，送诸岳阳王詧，始被囚絷，寻又逼缵剃发为道人。（《南史》云：嫌惧不免，请为沙门。）《南史·刘虬传》：子之遴，"侯景初以萧正德为帝，之遴时落景所，将使授玺绂，之遴豫知，仍剃发披法服，乃免"。此等出家，皆非素志，故其还俗更易，其徒屏居佛寺而不出家者，更无论矣。如《北齐书·魏兰根传》言高乾死，兰根惧，去宅，居于寺。《高德政传》言文宣时，德政甚惧，称疾屏居佛寺，兼学坐禅是也。要之当时僧俗甚近，故僧人之与俗事者亦多也。

沙门与政（下）

沙门之多与政事也，以其时之王公大人，迷信甚深故也。沙门事迹，见于《晋书·艺术传》者，有佛图澄、鸠摩罗什、僧涉、昙霍，所传皆怪异之谈。《北史·艺术传》之灵远、惠丰，《魏书·释老志》之惠始，亦其类也。南朝所盛称者，莫如释宝志。《梁书·何敬容传》载其先知敬容败于河东王；《南史·梁武帝纪》载其先知国泰寺之灾；《贼臣传》载其先知侯景起自汝阴，败于三湘；甚至《隋书·律历志》云开皇官尺，或传梁时有志公道人作此尺，寄入周朝，云与多须老翁，周太祖及隋高祖各自以为谓己，实当时流俗传最广者也。志之事迹，见于《南史·隐逸传》，云有人于宋泰始中见之，出入钟山，往来都邑，年已五六十矣。此乃无征不信之谈。其可征信者，齐武帝忿其惑众，收付建康狱，而其死在梁武帝之天监十三年。自齐武帝元年至天监十三年，凡三十二年；自其末年起计，则二十二年耳。志之入狱，即在齐武帝元年，其时年已六十，至其死时，亦不过九十有二，此固人寿所可有，无足异也。然则其为流俗所盛传，特以其敢于惑众耳，乃梁武帝亦敬事之，可见时人之易惑矣。

　　流俗所重，莫如先知，故沙门之见附会，多在于此。《晋书·五行志》云："石季龙在邺，有一马，尾有烧状，入其中阳门，出显阳门，东宫皆不得入，走向东北，俄尔不见，佛图澄叹曰：灾其及矣！逾年而季龙死，其国遂灭。"亦见《澄传》。《姚兴载记》云：兴死之岁，"正旦朝群臣于太极前殿，沙门贺僧，恸泣不能自胜，众咸怪焉。贺僧者，莫知其所从来，言事皆有效验，兴甚神礼之常与隐士数人，预于燕会"。《南史·贼臣传》云："有僧通道人者，意性若狂，饮酒啖肉，不异凡等，世间游行，已数十载，姓名乡里，人莫能知，初言隐伏，久乃方验，人并呼为阇黎，侯景甚信敬之。景尝于后堂与其徒共射，时僧通在坐，夺景弓射景阳山，大呼云，得奴已。景后又燕集其党，又召僧通，僧通取肉温盐以进景，问曰：好不？景答所恨太咸。僧通曰：不咸则烂。及景死，王僧辩截其二手送齐文宣，传首江陵，果以盐五斗置腹中，送于建康，暴之于市，百姓争取屠脍，羹食皆尽。"此等皆以能先知而见称为神圣者也。职是故，遂有托于是以惑世者，周太祖、隋高祖各自谓志公所称多须老翁，即是也。《宋书·符瑞志》云："武帝尝行至下邳，遇一沙门，沙门曰：江表寻当丧乱，拯之必君也。"又云："冀州有沙门法称，将死，语其弟子普严曰：嵩皇神告我云：江东有刘将军，是汉家苗裔，当受天命，吾以三十二璧、镇金一饼与将军为信。三十二璧者，刘氏卜世之数也。普严以告同学法义，法义以（义熙）十三年七月，于嵩高庙石坛下得玉璧三十二枚，黄金一饼，后二年而受晋禅。史臣谨按：法称所云玉璧三十二枚，宋氏卜世之数者，盖卜年之数也。三十二者，二三十，则六十矣。宋氏受命，至于禅齐，凡六十年云。"《齐书·祥瑞志》云：永明二年十一月，"虏国民齐祥归，入灵丘关，闻殷然有声，仰视之，见山侧有紫气如云，众鸟回翔其间。祥往气所，获玺，方寸四分，兽纽，文曰坤维圣帝永昌，送与虏太后师道人惠度，欲献虏主。惠度睹其文，窃谓当今衣冠正朔，在于齐国，遂附道人惠藏送京师，因羽林监崔士亮献之。三年七月，始兴郡民龚玄宣云：去年二月，忽有一道人乞食，因探怀中出篆书真经一卷，六纸，又表北极一纸，又移付罗汉居士一纸，云从兜率天宫下，使送上天子。因失道人所在。"《南史·宋武帝纪》云："尝游京口竹林寺，独卧讲堂前，上有五色龙章，众僧见之，惊以白帝，帝独喜，曰：上人无妄言。"《梁武帝纪》云："有沙门自称僧恽，谓帝曰：君项有伏龙，非人臣也。复求，莫知所之。"《宋书·颜竣传》云："沙门释僧含，粗有学义，谓竣曰：贫道粗见谶记，当有真人应符，名称次第，属在殿下。"（案竣仕世祖。）《南史·王僧辩传》

云："天监中沙门释宝志为谶云：太岁龙，将无理，萧经霜，草应死，余人散，十八子。时言萧氏当灭，李氏代兴。及湘州贼陆纳等攻破衡州刺史丁道贵，而李洪雅又自零陵称助讨纳，寻而洪雅降纳，纳以为应符，于是共议尊事为主。"《北史·艺术传》云："有沙门灵远者，不知何许人，有道术。尝言尔朱荣成败，豫知其时。又言代魏者齐，葛荣闻之，故自号齐。及齐神武至信都，灵远与渤海李嵩来谒。神武待灵远以殊礼，问其天文人事，对曰：齐当兴，东海出天子，今王据渤海，是齐地，又太白与月并，宜速用兵，迟则不吉。灵远后罢道，姓荆，字次德。求之，不知所在。"此等事之为矫诬，至易见也，而沈约犹据其辞而曲为之说，时人之迷罔，亦可见矣。

谶之最早见者，如《史记·赵世家》所谓秦谶，似系记事之作，而非歌谣之类，故《扁鹊列传》亦载其事，而作秦策。后汉君臣竞事造作，乃皆成韵语，如歌谣然，盖取其易于流播也。谣辞至后来，亦可伪造，史家明言之者，如《宋书·王景文传》谓明帝忌景文及张永，乃自为谣言曰"一士不可亲，弓长射杀人"，是也。当时沙门，亦有为是者。《宋书·五行志》云："司马元显时，民谣诗云：当有十一口，当为兵所伤，木亘当北度，走入浩浩乡。又云：金刀既以刻，娓娓金城中。此诗云襄阳道人竺昙林所作。"《志》又云："孟颛释之曰：十一口者，玄字象也，木亘，桓也，桓氏当悉走入关、洛，故云浩浩乡也。金刀，刘也，倡义诸公，皆多姓刘，娓娓，美盛貌也。"《北齐书·窦泰传》云："泰将发邺，邺有惠化尼，谣云：窦行台，去不回。"此等亦因流俗之好求先知，而为是妄诞也。

然溺于迷信，特其时沙门见信敬之一端；其又一端，则亦以是时沙门多有学艺也。周朗痛陈佛教之弊，谓其假医术，托卜数，(《宋书·周朗传》)足见其流衍民间，实以二者为凭借。而其在庙堂亦然。《魏书·术艺传》：李修"父亮，少学医术。又就沙门僧坦研习众方，略尽其术"；"崔彧少尝诣青州，逢隐逸沙门，教以《素问》九卷及《甲乙》，遂善医术"。足征沙门医学，确有渊源。贺琛为宣城王长史，侯景陷城，被创未死，贼舆送庄严寺疗之，(《梁书·贺琛传》)寺中诸僧，必有娴于医术者矣。《魏书·孝文五王传》："有沙门惠怜者，自云呪水饮人，能差诸病，病人就之者，日有千数，灵太后诏给衣食，事力优重，使于城西之南，治疗百姓病，清河王怿表谏。"《北史·李先传》：曾孙义徽，"太和中补清河王怿府记室，性好老庄，甚嗤释教。灵太后临朝，属有沙门惠怜，以呪水饮人，云能愈疾，百姓奔凑，日以千数。义徽白怿，称其妖妄，因令义徽草奏以谏，太后纳其言。"呪水治病，固属诬罔，然安知其不有医术佐之；议之者出于好老庄而嗤释教之人，其言亦未必可信也。《魏书·景穆十二王传》：有沙门为小新成孙诞采药。《孝文五王传》：汝南王悦，好读佛经，而"有崔延夏者，以左道与悦游，合服仙药松术之属，时轻与出采芝"。似神仙家服食之术，亦为沙门所知，盖以其与医术相出入也。《宋书·沈攸之传》："攸之将发江陵，使沙门释僧桀筮之。"《魏书·山伟传》："伟与仪曹郎袁升、屯田郎李延孝、外兵郎李奂、三公郎王延业方驾而行，伟少居后。路逢一尼，望之叹曰：此辈缘业，同日而死。谓伟曰：君方近天子，当作好官。而升等四人，皆于河阴遇害，果如其言。"《术艺·王显传》云："世宗夜崩。显既蒙任遇，兼为法官，恃势使威，为时所疾。朝宰托以侍疗无效，执之禁中，诏削爵位。临执呼冤，直阁以刀镮撞其腋下，伤中吐血，至右卫府，一宿死。始显布衣为诸生，有沙门相显后当富贵，戒其勿为吏官，吏官必败。由是世宗时或欲令其遂摄吏部，每殷勤避之。及世宗崩，肃宗夜即位，受玺册，于仪须兼太尉及吏部，仓卒百官不具，以显兼吏部行事矣。"《北史·艺术传》云："魏正始前，有沙门学相，游怀朔，举目见人，皆有富贵之表，以为必无此理，燔其书，而后皆如言，乃知相法不虚也。"此皆沙门娴于医卜，兼及相术之征也。然其学初不止此。《南史·隐逸传》言关康之尝就沙门支僧纳学算，（《宋书》无"算"字，盖夺。）妙尽其能。魏《正光历》，总合九家，雍州沙门统道融居其一。见《魏书·律历志》。《术艺传》："殷绍上《四序堪舆》，表曰：臣以姚氏之世，行学伊川，时遇游遁大儒成公兴，从求九章要术。兴时将臣南到阳翟九崖岩沙门释昙影间，兴即北还，臣独留住，依止影所，求请九章。影复将臣向长广东山，见道人法穆，法穆时共影为臣开述九章数家杂要，披释章次意况大旨。又演隐审五藏六府心髓血脉，商功大算，端部变化，玄象，土圭，《周髀》，练精锐思，蕴习四年，从穆所闻，粗皆仿佛，穆等仁矜，特垂忧闵，复以先师和公所注黄帝《四序经》文三十六卷，合有三百二十四章，专说天地阴阳之本。以此等文，传授于臣。"此等皆绝业，而当时之沙门能传之，可谓难矣。《辛绍先传》：子穆，"初随父在下邳，与彭城陈敬文友善。敬文弟敬武，少为沙门，从师远学，经久不返。敬文病，临卒，以杂绫二十匹托穆与敬武，久访不得，经二十余年，始于洛阳见敬武，以物还之，封题如故，世称其廉信。"敬武之久学不返，或非徒习经论、参禅定也。

　　《宋书·文九王传》言拓拔焘围悬瓠，毁佛浮图，取金像以为大钩，施之冲车端，以牵楼堞，城内有一沙门，颇有机思，辄设奇以应之。此沙门或曾习兵家言。支昙猛说慕容宝备魏师，亦似知望气之术。

晋南北朝，沙门多能通知玄学无论矣，此外所该涉者尚广。今据《隋书·经籍志》观之，则有《古今乐录》十二卷，陈沙门智匠撰；（经部乐）此乐学也。《韵英》三卷，释静洪撰；《杂体书》九卷，释正度撰；经部小学。此小学及书法之学也。《四海百川水源记》一卷，释道安撰；史部地。此地理之学也。《婆罗门天文经》二十一卷，《婆罗门竭伽仙人天文说》三十卷，《婆罗门天文》一卷，《摩登伽经说星图》一卷，（子部天文）《婆罗门算法》三卷，《婆罗门阴阳算历》一卷，《婆罗门算经》三卷，（子部历数）此天文历数之学也。《阳遁甲》九卷，释智海撰，（子部五行）此数术之学也。《寒食散对疗》一卷，释道洪撰；《解寒食散方》二卷，释智斌撰；《释慧义寒食解杂论》七卷，《解散方》一卷，《释僧深药方》三十卷，（以上三书皆亡。）《摩诃出胡国方》十卷，摩诃胡沙门撰；《诸药异名》八卷，沙门行矩撰；（原注：本十卷，今阙。）《单复要验方》二卷，释莫满撰；《释道洪方》一卷，《释僧匡针灸经》一卷，《龙树菩萨药方》四卷，《西域诸仙所说药方》二十三卷，（原注：目一卷，本二十五卷。）《香山仙人药方》十卷，《西录波罗仙人方》三卷，《西域名医所集要方》四卷，（原注：本十二卷。）《婆罗门诸仙药方》二十卷，《婆罗门药方》五卷，《耆婆所述仙人命论方》二卷，（原注：目一卷，本三卷。）《乾陀利治鬼方》十卷，《新录乾陀利治鬼方》四卷，（原注：本五卷，阙。）《龙树菩萨和香法》二卷，（子部药方）此医学也。《楚辞音》一卷，释道骞撰，（集部《楚辞》）序云：隋时有释道骞，善读之，能为楚声，音韵清切，至今传《楚辞》者皆祖骞公之音，此文学亦声韵之学也。或中国有而沙门通之，或印土之学由沙门传入；其盛，盖不减近世基督教士之传播西学矣，曷怪好用其人者之多也。

梁武帝废郊庙牲牷

　　梁武信佛，卒召台城之祸，读史者皆深讥之，其实不然。梁武受祸，自由刑政之不修，于信佛乎何与？其以面代郊庙牲牷，议者以为宗庙遂不血食，（《南史·梁本纪》天监十六年及《隋书·礼仪志》。又《梁书·文学传》言："时七庙缋荐，已用蔬果，而二郊农社，犹有牺牲。〔刘〕勰表言二郊宜与七庙同改，诏付尚书议，依勰所陈。"）则尤拘墟之见矣。

　　南北朝时，帝王之主张去杀者，实非梁武一人。《齐书·王奂传》云：永明六年，奂欲请车驾幸府。上晚信佛法，御膳不宰牲，使王晏谓奂曰："吾前去年为断杀事，不复幸诣大臣已判，无容欸尔也。"又《武帝本纪》载帝大渐之诏曰："东邻杀牛，不如西家杓祭。我灵上慎勿以牲为祭，惟设饼、茶饮、干饭、酒脯而已。"是武帝虽未绝肉，已不杀牲。又《豫章王嶷传》：嶷临终召子子廉、子恪命之曰："三日施灵，惟香火、盘水、干饭、酒脯、槟榔而已。朔望菜食一盘，加以甘果，此外悉省。葬后除灵，可施吾常所乘舁扇缴。朔望时节，席地香火、盘水、酒脯、干饭、槟榔便足。"此亦与齐武同，犹曰施之于己也。乃《魏书·礼志》曰："显祖深愍生命，乃诏曰：其命有司，非郊天地、宗庙、社稷之祀，皆无用牲。于是群祀悉用酒脯。"《北齐书·文宣帝纪》天保八年八月庚辰，诏丘、郊、禘、祫、时祀，皆仰市取少牢，不得剖割。农社先蚕，酒肉而已；雩、禖、风、雨、司民、司禄、灵星、杂祀，果饼酒脯。"此其去梁武弥近矣。《齐书·张冲传》：冲父柬卒，遗命曰："祭我必以乡土所产，无用牲物。"《魏书·崔挺传》："挺子孝直顾命诸子，祭勿杀生，其子皆遵行之。"《颜氏家训·终制篇》云:"灵筵勿设枕几,朔望祥禫,惟下白粥清水干枣,不得有酒肉饼果之祭。亲友来馈酹者,一皆拒之。"又云:"四时祭祀,周孔所教,欲人勿死其亲,不忘孝道也。求诸内典,则无益焉。杀生为之,翻增罪累。"

欲薄祭祀,自必先绝口腹之欲。梁武帝无论矣,(《梁书·贺琛传》言琛启陈事条,高祖大怒,召主书于前,口授敕责琛。有云:"昔之牲牢,久不宰杀。朝中会同,菜蔬而已。")虽北主亦有能行之者。《北齐书·文宣纪》:天保七年五月,"帝以肉为断慈,遂不复食",是也。士夫有以信佛而疏食者,(如《齐书·高逸传》言:刘虬精信释氏,礼佛长斋。《梁书·裴子野传》言其末年深信释氏,持其教戒,终身饭麦食蔬。《梁书·到溉传》言其初与弟洽常共居一斋,洽卒后,便舍为寺,因断腥膻,终身蔬食。《文学传》言:刘杳睹释氏经教,常行慈忍。自居母忧,便长断腥膻,持斋蔬食。任孝恭少从萧寺云法师读经论,明佛理,后乃蔬食持戒,信受甚笃。《陈书·徐陵传》言其第三弟孝克蔬食长斋,持菩萨戒。《北齐书·卢潜传》言其自扬州刺史征为五兵尚书,扬州吏民以潜戒断酒肉,笃行释氏,大设僧会,以香华缘道送之。《齐书·张融传》言:融兼掌正厨,见宰杀,回车径去,自表解职。知时奉佛者,于杀戒甚虔。间有以不堪蔬素而还俗者:如《南史·儒林传》之伏挺,则其出家亦本以避罪,非以信佛也。又袁粲孝建元年文帝讳日,群臣并于中与寺八关斋中,食竟,粲别与黄门郎张淹更进鱼肉,为尚书令何尚之所白免官。则其人本不信佛。)亦有不尽由于信佛者,信佛者持戒自尤严。《陈书·王固传》云:固"崇信佛法,及丁所生母忧,遂终身蔬食。尝聘于西魏,因宴飨之际,请停杀一羊,羊于固前跪拜。又宴于昆明池,魏人以为南人嗜鱼,大设罟网,固以佛法咒之,遂一鳞不获"。似乎周旋坛站之间,仍守疏食之旧不变。《齐书·周颙传》："何胤言断食生，犹欲食白鱼、脯、糖蟹，以为非见生物。疑食蚶蛎，使学生议之。学生钟岏曰：鲌之就脯，骤于屈伸，蟹之将糖，躁扰弥甚。仁人用意，深怀如怛。至于车螯蚶蛎，眉目内阙，惭浑沌之奇；矿壳外缄，非金人之慎。不悴不荣，曾草木之不若；无声无臭，与瓦砾其何算。故宜长充庖厨永为口实。竟陵王子良见岏议大怒。"其持戒可谓严矣。然沙门反有不能守戒者。《宋书·谢弘微传》云：兄曜卒，"弘微蔬食积时，服虽除，犹不啖鱼肉。释慧琳诣弘微，弘微与之共食，犹独蔬素。慧琳曰：檀越素既多疾，顷者肌色微损。若以无益伤生，岂所望于得理。"是沙门反劝人肉食也。犹曰劝人，抑慧琳本佞幸之流也。梁武帝大弘释典，将以易俗，乃郭祖深上封事极言其事之弊，有云"僧尼皆令蔬食"。（《南史·循吏列传》）则寻常僧尼亦有肉食者矣，岂不异哉？

梁武帝敕太医不得以生类为药；公家织官纹锦饰，并断仙人鸟兽之形，以为亵衣裁翦，有乖仁恕。（《南史本纪》天监十六年三月。）然北主亦有能行之者。

《魏书·释老志》载高祖延兴二年诏曰："内外之人，兴建福业，造立图寺，务存高广，伤杀昆虫含生之类。欲建为福之因，未知伤生之业。自今一切断之。"此诏虽在高祖之时，实出显祖之意。《志》又言：三年十二月，显祖因田鹰获鸳鸯一，其偶悲鸣，上下不去。帝乃恻然。于是下诏禁断鸷鸟，不得育焉。《本纪》世宗永平二年五月辛丑，以旱故禁断屠杀；十一月诏禁屠杀含孕，以为永制。《北齐书·文宣帝纪》：天保八年四月庚午诏诸取虾蟹蚬蛤之类，悉令停断，唯听捕鱼。乙酉诏公私鹰鹞，俱亦禁绝。九年二月己丑，诏限以仲冬一月燎野，不得他时行火，损昆虫草木。《武成帝纪》：元年正月，诏断屠杀，以顺春令。《后主纪》：天统五年二月乙丑，诏禁网捕鹰鹞及畜养笼放之物。《上洛王思宗传》云：子元海，好乱乐祸，然诈仁慈，不饮酒啖肉。文宣天保末年，敬信内法，乃至宗庙不血食，皆元海所谋。及为右仆射，又说后主禁屠宰，断酤酒，然本心非清，故终至覆败。案元海尝劝武成奉济南，此未为非义。其后与祖珽共执朝政，依违陆太姬间，盖亦事不得已耳，然谓其好乱乐祸则过矣。《周书·武帝纪》：保定二年四月，亦以旱故禁屠宰。《隋书·礼仪志》：祈雨初请后二旬不雨者，即徙市禁屠。州郡尉祈雨，亦徙市断屠如京师。盖自此遂为故事矣。

《宋书·谢灵运传》言："（会稽）太守孟顗事佛精恳，而为灵运所轻。会稽东郭有回踵湖，灵运求决以为田，太祖令州郡履行。此湖去郭近，水物所出，百姓惜之。顗坚执不与。灵运既不得回踵，又求始宁岯崲湖为田，顗又固执。灵运谓顗非存利民，正虑决湖多害生命，言论毁伤之，与顗遂构仇隙。"灵运固狂悖，然其度顗意或未必尽诬。齐武帝将射雉，竟陵王子良上书谏。（见《齐书》）

本传。王绩亦称疾不从。见《齐书·王奂传》。《魏书·陆俟传》："俟玄孙子彰崇好道术，曾婴重疾，药中须桑螵蛸，子彰不忍害物，遂不服焉。"此与梁武帝禁以生类为药用意符同矣。《齐书·高逸传》："始兴人卢度亦有道术，少随张永北征，永败，虏追急，阻淮水不得过。度心誓曰：若得免死，从今不复杀生。须臾见两楯流来，接之得过。"此等戒杀之念，原不过徼利之心，然有以蕲报而然者，亦有不出于此者。闻以仁为治，不闻以杀为治，梁武帝、齐文宣可议之处则甚多矣，于其戒杀竟何与哉？

僧徒为乱

　　宗教为治世之资乎？抑为作乱者之所藉乎？曰无定也。无论何教，皆可用以治民，亦可藉以犯上。道教自寇谦之而后，庙堂之上亦尊礼之，与儒、释并列矣。谓其非原出于张角、张鲁、孙恩之俦，不可得也。基督教在欧洲，几欲藉以驾驭帝王成统一之业；其在中国，太平天国起事之时，谓其非张角、张鲁、孙恩之流，不可得也。佛教最称柔和矣，然自传入中国以来，假以谋乱者，亦迄不绝；以其所成就，不如张角、张鲁、孙恩、太平天国等之大，读史者遂多忽略焉；然其性质实无以异，不可不一指出之也。

　　佛教流通，世皆信《魏书·释老志》之说，谓其以汉明帝之世来自西域，首至洛阳，非也。楚王英者，明帝之兄，而据《后汉书》本传，永平八年诏令天下死罪皆入缣赎，英遣郎中令奉黄缣白纨三十匹诣国相，国相以闻，诏报之，已有"楚王诵黄、老之微言，尚浮屠之仁慈"之语矣。然则佛教流通，南方殆先于北。大作佛事最早可考者，为汉末之笮融，事见《三国志·刘繇传》，亦见《后汉书·陶谦传》。《传》言融丹阳人，初聚众数百，往依徐州牧陶谦。谦使督广陵、彭城运漕，遂放纵擅杀，坐断三郡委输以自入。乃大起浮图祠，以铜为人，黄金涂身，衣以锦采，垂铜盘九重，下为重楼阁道，可容三千余人，悉课读佛经令界内及旁郡人有好佛者听受道，复其他役以招致之，由此远近前后至者五千余人户。每浴佛，多设酒饭，布席于路，经数十里，民人来观及就食且万人，费以巨亿计。曹公攻陶谦，徐土骚动，融将男女万口，马三千匹，走广陵，广陵太守赵昱待以宾礼。先是，彭城相薛礼为陶谦所逼，屯秣陵。融利广陵之众，因酒醑杀昱，放兵大略，因载而去，过杀礼。刘繇为孙策所破，奔丹徒，泝江南保豫章，驻彭泽。笮融先至，杀太守朱皓，入居郡中。繇进讨融，为融所破，更复招合属县，攻破融。融败走入山，为民所杀。其人实乱徒也。《隋书·经籍志》论《佛经》云："汉末太守竺融亦崇佛法。"竺笮同音，佛徒以释为姓，始于道安，先此皆从所受学。（《困学纪闻》二十引石林叶氏《避暑录话》。）而僧人来自异域者，率以其国名为姓，如月支人姓支，安息人姓安是也。天竺人则姓竺，竺融疑从天竺人受学，因从其姓者；此说若然，则融，中国人出家之甚早者矣。《三国·吴志·孙琳传》言其"坏浮屠祠，斩道人"。其详不可得闻。今案《梁书·海南诸国传》述高祖改造阿育王寺塔，出旧塔下舍利及佛爪发事云："阿育王即铁轮王，王阎浮提，一天下，佛灭度后，一日一夜役鬼神造八万四千塔，此即其一也。吴时有尼居其地，为小精舍，孙琳寻毁除之，塔亦同泯。吴平后，诸道人复于旧处建立焉。晋中宗初渡江，更修饰之。至简文咸安中，使沙门安法师程造小塔，未及成而亡。弟子僧显继而修立。至孝武太元九年，上金相轮及承露。其后西河离石县有胡人刘萨何遇疾暴亡，而心下犹暖，其家未敢便殡，经十日更苏，说云：有两吏见录，向西北行，不测远近，至十八地狱，随报重轻，受诸楚毒；见观世音语云：汝缘未尽，若得活，可作沙门，洛下、齐城、丹阳、会稽并有阿育王塔，可往礼拜；若寿终，则不堕地狱。语竟，如堕高岩，忽然醒寤。因此出家，名慧达，游行礼塔，次至丹阳，未知塔处。乃登越城四望，见长干里有异气色，因就礼拜，果是育王塔所。屡放光明，由是定知必有舍利，乃集众就掘之，入一丈，得三石碑，并长六尺，中一碑有铁函，函中有银函，函中又有金函，盛三舍利及爪发各一枚，发长数尺。即迁舍利近北，对简文所造塔西，造一层塔。十六年，又使沙门僧尚伽为三层，即高祖所开者也。初穿土四尺，得龙窟及昔人所舍金银镮钏钗镊等诸杂宝物。可深九尺许，方至石磉，磉下有石函，函内有铁壶，以盛银坩，坩内有金镂罂，盛三舍利，如粟粒大，圆正光洁。函内又有琉璃椀，内得四舍利及发爪，爪有四枚，并沉香色。"说虽怪迁，然穿土所得诸物，不容妄言；则其追溯前代寺塔，亦必非虚语。然江东之有佛教旧矣，孙琳何故毁灭之？观于笮融之事，而知当时僧众，未必皆和柔自守之徒，琳或亦有所不得已也。然则佛教初入中国时，已有藉以谋乱者矣。

魏、晋以后，佛教之流通愈盛，其徒之反侧亦滋多。宋文帝元嘉九年，益州刺史刘道济绥抚失和，有司马飞龙者，自称晋之宗室，晋末走仇池，遂入绵竹，攻阴平，道济遣军击斩之。而五城人帛氏奴等复为乱，以道人程道养诈称飞龙。史虽云出于劫持，然其后道养亦迄未自拔，乱事绵延至十四年乃定焉。（见《宋书·刘粹传》。）二十八年又有亡命司马顺利，诈称晋室近属，自号齐王，聚众据梁邹城；又有沙门自称司马百年，号安定王，以应顺则。（见《宋书·萧思话传》。）孝武帝大明二年，先是，南彭城蕃县人高阇、沙门释昙标、道方等共相诳惑，与秣陵民蓝宏期（《南史》作宕期。）等谋为乱。又要结殿中将军苗允、员外散骑侍郎严欣之、司空参军阚千纂、太宰府将程农、王恬等谋，克八月一日夜起兵，攻宫门，晨掩太宰江夏王义恭，分兵袭杀诸大臣，以阇为天子。事发觉，凡党与死者数十人。（见《宋书·王僧达传》。亦见《夷蛮传》，云高阇为羌人。）观文武官员与谋者之多，而知其诳惑，史之所传，庸或得实。然孝武因此以陷王僧达，则其事必与士夫多所牵连可知矣。齐武帝永明十一年，有建康莲华寺道人释法智与徐州民周盘龙等作乱，（《齐书·王玄载传》）梁武帝时有沙门僧强自称为帝，攻陷北徐州。（《梁书·陈庆之传》）此皆南朝之反侧者也。北方则尤甚。《晋书·石季龙载记》云：有安定人侯子光，弱冠美姿仪，自称佛太子，从大秦国来，当王小秦国，易姓名为李子杨。游于鄠县爰赤眉家，赤眉信敬之，妻以二女，转相扇惑。京兆樊经、竺龙、（此人或亦佛徒，故姓竺。）严谌、谢乐子等聚众数千人于杜南山，子杨称大黄帝，建元曰龙兴。其见于《魏书》者：太祖天兴五年，有沙门张翘，自号无上王，与丁零鲜于次保聚党常山之行唐。高祖延兴三年十二月，有沙门慧隐谋反。太和五年二月，又有沙门法秀谋反，（以上皆见《本纪》。法秀事亦见《天象志》《灵征志》。）此役与大乘之乱，皆震动一时，与其谋者，有崔道固兄子僧佑及州秀才平雅。僧佑见《魏书·崔玄伯传》。（雅，季之父，见《阉官传》。）《苟颓传》云："大驾行幸三川，颓留守京师，沙门法秀谋反，颓率禁卫收掩，毕获，内外晏然。驾还饮至，文明太后曰：当尔之日，卿若持疑不即收捕，处分失所，则事成不测矣。"《恩俸·王叡传》云："法秀谋逆事发，多所牵引。叡曰：与其杀不辜，宁赦有罪，宜枭斩首恶，余从疑赦。高祖从之，得免者千余人。"（叡弟亮以告法秀反，赐爵永宁侯。）此役似中国之士大夫谋欲覆魏，事未及发，而魏主归后，又株连颇广也。十四年有沙门司马惠御，自言圣王，谋破平原郡。世宗永平二年，有径州沙门刘惠汪聚众反。三年二月，有秦州沙门刘光秀谋反。延昌三年十一月，有幽州沙门刘僧绍聚众反，自号净居国明法王。（皆见《本纪》。光秀事亦见《灵征志》。僧绍事亦见《天象志》。）至四年六月而大乘之祸作。《肃宗本纪》云：沙门法庆聚众反于冀州，自称大乘。九月甲寅，元遥破斩之，及渠帅百余人，传首京师。熙平二年正月，余贼复相聚结，攻瀛州，刺史宇文福讨平之。(《本纪》)此事散见元遥及崔玄伯、宇文福、高允、萧宝夤、张彝、裴叔业、李叔虎、《酷吏》谷楷、《阉官》封津及《北齐书》封隆之等传。《元遥传》云："冀州沙门法庆既为妖幻，遂说渤海人李归伯。归伯合家从之，招率乡人，推法庆为主。法庆以归伯为十住菩萨、平魔军司、定汉王，自号大乘。杀一人者为一住菩萨，杀十人者为十住菩萨。又合狂药，令人服之，父子兄弟不相知识，惟以杀害为事，于是聚众杀阜城令，破渤海郡，杀害吏人。刺史萧宝夤遣兼长史崔伯骧讨之，败于煮枣城，伯骧战殁。凶众遂盛，所在屠灭寺舍，斩戮僧尼，焚烧经像，云新佛出世，除去旧魔。诏以遥为使持节、都督北征诸军事，帅步骑十万以讨之。法庆相率攻遥，遥并击破之。遥遣辅国将军张虬等率骑追掩，讨破，擒法庆并其妻尼惠晖等斩之，(《北史》作斩法庆。)传首京师。后擒归伯，戮于都市。"《北齐书·封隆之传》言法庆之众，为五万余。《魏书·谷楷传》曰："沙门法庆反于冀州，虽大军讨破，而妖帅尚未枭除，诏楷诣冀州追捕，皆擒获之。"此盖法庆以外之小帅。《封津传》云："大乘贼起，诏津慰劳，津世不居桑梓，故不为州里所归。"《高允传》：允孙绰，"大乘贼起于冀州，元遥讨之，诏绰兼散骑常侍，持节，以白虎幡军前招慰。绰著信州里，降者相寻。"此则攻剿之外，别事招抚者也。《张彝传》言："大乘贼起于冀、瀛之间，遣都督元遥讨平之，多所杀戮，积尸数万。(彝子)始均以郎中为行台，忿军士重以首级为功，乃令检集人首数千，一时焚爇，至于灰烬，用息侥幸。"可见魏帅军纪之坏。法庆何故专以杀戮为务，甚至残及僧尼，殊不可解。归伯者，叔虎之从兄弟，叔虎弟台户亦同法庆反，叔宝则以连坐死于洛阳狱。(见《魏书·李叔虎传》。)

士大夫之与其事者亦不少也。《源贺传》：贺出为冀州刺史，"武邑郡奸人石华告沙门道可与贺谋反，高宗谓群臣曰：朕为卿等保之。乃精加讯检，华果引诬。"《逸士传》：冯亮为中山王英所获，至洛，隐居嵩高，与僧徒礼诵为业。会逆人王敞事发，连山中沙门，亮被执赴尚书省十余日，诏特免雪，亮不敢还山，遂寓居景明寺。后乃复还山室。此二事虽不知僧人之果与谋与否，然其易于牵连，则亦甚矣。《北齐书·皮景和传》："陈将吴明彻寇淮南，令景和率众拒之；有阳平人郑子饶诈依佛道；设斋会，用米面不多，供赡甚广。密从地藏渐出饼饭，愚人以为神力，见信于魏、卫之间。将为逆乱，谋泄，掩讨，漏逸，乃潜渡河，聚众数千，自号长乐王。已破乘氏县，又欲袭西兖州城。景和自南兖州遣骑数百击破之，斩首二千余级，生擒子饶，送京师烹之。"此则利用佛教斋会供赡穷民，以聚众者。《魏书·卢玄传》：子渊，"高祖议伐萧赜。渊表曰：臣闻流言：关右之民，自比年以来竞设斋会，假称豪贵，以相扇惑，显然于众坐之中以谤朝廷，无上之心，莫此为甚。愚谓宜速惩绝，戮其魁帅。不尔，惧成黄巾、赤眉之祸。"渊虽云尔，实则豪贵参与其事者正多，不必出于假托，观法秀、法庆之事可知。郑子饶能为地道，多出饼饭以赡人，亦必豪桀之流也。显然腾谤于众坐之间，至引为南伐之后患，其中或有华夏有心之士志存覆魏者矣。

《宋书·文五王传》：竟陵王诞迁镇赓陵，"大明二年，发民筑治广陵城。诞循行，有人干舆扬声大骂曰：大兵寻至，何以辛苦百姓！诞执之，问其本末，答曰：姓夷名孙，家在海陵，天公去年与道佛共议，欲除此间民人；道佛苦谏得止。大祸将至，何不立六慎门？诞问六慎门云何？答曰：古时有言，祸不入六慎门。诞以其言狂悖，杀之。"此人非有心恙，则亦必能假道佛以惑众者也。

《魏书·释老志》：高宗复佛法时下诏曰："欲为沙门，不问长幼，出于良家，性行素笃，无诸嫌秽，乡里所明者，听其出家。"有是限制，足见是时入道，豪猾者多也。《宋书·垣护之传》：其伯父之子阆，元嘉中为员外散骑侍郎。母墓为东阿寺道人昙洛等所发，阆与弟殿中将军阂共杀昙洛等五人，诣官归罪，见原。《北齐书·阳州公永乐传》：弟长弼，小名阿伽，性粗武，出入城市，好殴击行路，时人皆呼为阿伽郎君。时有天恩道人，至凶暴，横行闾肆，后入长弼党，专以斗为事。文宣并收掩付狱，天恩党十余人皆弃市，长弼鞭一百。此两事，并足见僧众中凶人之多。《周书·齐炀王宪传》：齐任城王湝、广宁王孝珩等据守信都，高祖复诏宪讨之。大开赏募，多出金帛，沙门求为战士者亦数千人。其人可应募为兵，无怪其易于为乱矣。

《魏书·释老志》：高祖延兴二年四月诏曰：比丘不在寺舍，游涉村落，交通奸猾，经历年岁，令民间五五相保，不得容止。无籍之僧，精加隐括，有者送付州镇，其在畿郡，送付本曹。若为三宝巡民教化者，在外赍州镇维那文移，在台者赍都维那等印牒，然后听行，违者加罪。（《本纪》云："诏沙门不得去寺浮游民间，行者仰以公文。"）观此知当时僧众亦有如基督教士巡游劝化者，而奸猾乃因之以行矣。世宗永平二年冬，沙门统惠深上言："与经律法师，群议立制：或有不安寺舍，游止民间，乱道生过，皆由此等，若有犯者，脱服还民。"仍与延兴之诏同意。

僧众游涉，究较平民为自由，观当时遭难者，或变形为沙门，或由沙门加以隐匿可知。《晋书·祖约传》：祖逖有胡奴曰王安，待之甚厚，及在雍丘，告之曰：石勒是尔种类，吾亦不在尔一人，乃厚资遣之，遂为勒将。祖氏之诛也，安多将从人于市观省，潜取逖庶子道重藏之为沙门，时年十岁，石氏灭后，来归。《宋书·邓琬传》：子勋之败，郢州行事张沈、伪竟陵太守丘景先闻败，变形为沙门逃走，追禽伏诛。《梁书·陈庆之传》：洛阳陷，庆之马步数千，结陈东返，尔朱荣亲自来追，直嵩高山水洪溢，军人死散，庆之乃落发为沙门，间行至豫州。《陈书·王质传》：侯景军至京师，质不战而溃，乃薙发为桑门，潜匿人间。《南史·宋宗室诸王传》言长沙王道怜之孙彦节谋攻齐高帝被杀，子俣与弟䡄剃发被法服向京口，于客舍为人识，执于建康狱，尽杀之。又《齐武帝诸子传》言竟陵王子良子昭胄，王敬则事起，明帝召诸王侯入宫；及陈显达起事，王侯复入宫，昭胄惩往时之惧，与弟永新侯昭颖逃奔江西，变形为道人。《魏书·房法寿传》言法寿从弟崇吉南奔，夫妇异路，剃发为沙门，改名僧达，投其族叔法延，住岁余，清河张略之，亦豪侠士也，崇吉遗其金帛，得以自遣；妻从幽州南出，亦得相会。《萧宝夤传》言兄宝卷子赞，本名综，为齐州刺史，尔朱兆入洛，为城民赵洛周所逐，为沙门，潜诣长白山，未几，趣白鹿山，至阳平遇病而卒。《裴叔业传》言长兄子彦先，正始中转渤海相；属元愉作逆，征兵郡县，彦先不从，为愉拘执，踰狱得免，仍为沙门，潜行至洛。此皆身为沙门以求免者也。《宋书·王华传》：父廞，举兵以讨王恭为名，恭遣刘牢之击廞，廞败走，不知所在。长子泰为恭所杀，华时年十二，《南史》作十三。在军中与廞相失，随沙门释昙永（《南史》作昙冰）。逃窜。《南史·袁昂传》：雍州刺史颛之子也。颛败，藏于沙门。沙门将以出关，关吏疑非常人，沙门杖而语之，遂免。又《梁宗室传》：临川王宏，宣武之难，兄弟皆被收。道人释惠思藏宏。及武帝师下，宏至新林奉迎。又邵陵王纶，元帝闻其盛，乃遣王僧辩师舟师一万以逼纶。纶将刘龙武等降僧辩，纶遂与子踬等十余人轻舟走武昌。沙门法磬与纶有旧，藏之岩石之下。又《王僧辩传》言甥徐嗣先，荆州灭亡，为比丘慧暹藏得脱。《魏书·司马楚之传》：刘裕诛夷司马戚属，叔父宣期、兄贞之并为所杀，楚之乃亡，匿诸沙门中，济江自历阳西人义阳竟陵蛮中。又《王慧龙传》：自云司马德宗尚书仆射愉之孙。刘裕微时，愉不为礼，及得志，愉合家见诛。慧龙年十四，为沙门僧彬所匿，百余日，将慧龙过江。此皆藉沙门之隐藏以获免者也。沙门中虽多豪猾，究为方外之人，故其或行或居，稽察者究较宽弛矣。

畜　蛊

畜蛊之俗，近世谓西南有之。《隋书·地理志》曰："新安、永嘉、建安、遂安、鄱阳、九江、临川、庐陵、南康、宜春，此数郡往往畜蛊，而宜春偏甚。其法：以五月五日，聚百种虫，大者至蛇，小者至虱，合置器中，令自相啖，余一种存者留之，蛇则曰蛇蛊，虱则曰虱蛊，行以杀人。因食入人腹内，食人五藏，死则其产移入蛊主之家，三年不杀他人，则畜者自钟其弊。累世子孙，相传不绝，亦有随女子嫁焉。干宝谓之为鬼，其实非也。自侯景乱后，蛊家多绝，既无主人，故飞游道路之中则殒焉。"余少时闻人之言蛊者，大同小异，可见近世西南诸族，在六代时，尚盛于东南也。

淫祀之盛

《宋书·礼志》四："刘禅景耀六年，诏为丞相诸葛亮立庙于沔阳。先是所居各请立庙，不许，百姓遂私祭之，而言事者或以为可立于京师，乃从人意，皆不纳。步兵校尉习隆、中书侍郎向允等言于禅曰：昔周人怀邵伯之美，甘棠为之不伐；越王思范蠡之功，铸金以存其象。自汉兴以来，小善小德，而图形立庙者多矣；况亮德范遐迩，勋盖季世，王室之不坏，实斯人是赖。而烝尝止于私门，庙象阙而莫立，百姓巷祭，戎夷野祀，非所以存德念功，述追在昔也。今若尽从人心，则渎而无典，建之京师，又逼宗庙，此圣怀所以惟疑也。愚以为宜因近其墓，立之于沔阳，使属所以时赐祭。凡其故臣欲奉祠者，皆限至庙。断其私祀，以崇正礼。于是从之。"诸葛亮诚贤相，民乃竞私祭之，且及戎夷，亦为野祀乎？《志》又曰："汉时城阳国人以刘章有功于汉，为之立祠，青州诸郡，转相放效，济南尤盛。至魏武帝为济南相，皆毁绝之。及秉大政，普加除翦，世之淫祀遂绝。"刘章有功于汉，青州何与焉？而城阳祠之，诸郡且放效之乎？若曰栋折榱崩，侨将厌焉，忠孝之节，天下之所同美也，以是报德，且以厉后之人，魏武又何得目为淫祀乎？不特此也。《孔季恭传》云："出为吴兴太守，加冠军。先是吴兴频丧太守，云项羽神为卞山王，居郡听事，二千石至，常避之，季恭居听事，竟无害也。"《齐书·李安民传》云：为吴兴太守，卒官。吴兴有项羽神，护郡听事，太守不得上。太守到郡，必祀以轭下牛。安民奉佛法，不与神牛，着屐上听事，又于听上八关斋。（《太平御览》六五四、八八二引此文，"八关斋"上并有"设"字。）俄而牛死，葬庙侧，今呼为李公牛冢。及安民卒，世以神为祟。"《萧惠基传》云："弟惠休，徙吴兴太守，征为右仆射。吴兴郡项羽神旧酷烈，世人云：惠休事神谨，故得美迁。"《梁书·萧琛传》云："迁吴兴太守。郡有项羽庙，土民名为愤王，甚有灵验，遂于郡听事安施床幕为神座，公私请祷，前后二千石皆于听拜祀，而避居他室。琛至，徙神遗庙，处之不疑。又禁杀牛解祀，以脯代肉。"合此数事观之，吴兴之奉项羽，可谓至虔，羽何功德于吴兴乎？犹得曰羽初避地江东，江东故楚地，民以其有功于楚而怀之也。乃如董卓，逆乱之贼也，度无怀思之崇敬之者；而《北史·魏兰根传》：谓其母忧，将葬常山。"郡境先有董卓祠，祠有柏树，兰根以卓凶逆，不应遗祠至今，乃启刺史，请伐为椁。左右人言有灵，兰根了无疑惧。"是董卓亦受人崇祀数百年也。石虎尤异族淫暴之主也，而《北史·景穆十二王传》云：南安王桢为相州刺史，"以旱祈雨于群神。邺城有石季龙庙，人奉祀之。桢告神像云：三日不雨，当以鞭罚。请雨不验，遂鞭像一百。是月疽发背薨。"为此言者，盖亦信季龙之能为厉也。何民之不论善恶，不别内外，不计其有功德及己与否，而好淫祀至于如此也？善乎周朗之言之也。宋世祖之即位也，普责百官谠言，朗上书曰："凡鬼道惑众，妖巫破俗，触木而言怪者不可数，寓采而称神者非可算，其原本是乱男女，合饮食，因之而祈祝，从之而以报请，是乱不除，为害未息。凡一苑始立，一神初兴，淫风辄以之而甚。今修堤以北，置园百里，峻山以右，居灵十房，糜财败俗，其可称限？"可谓言之深切著明矣。

《齐书·周山图传》云：义乡县长风庙神姓邓，先经为县令，死遂发灵。山图启乞加神位辅国将军，（上世祖。）答曰："足狗肉便了事，何用阶级为？"县令死而发灵，亦习隆等所云小善小德图形立庙之类也。加之阶级，则又将屠牛刲羊，烦费不赀矣。是以世祖不之许也。《武十七王传》："竟陵王子良为会稽太守。夏禹庙盛有祷祀，子良曰：禹泣辠表仁，菲食旌约，服玩果粽，足以致诚。使岁献扇簟而已。"《隋书·高劢传》："拜楚州刺史。先是城北有伍子胥庙，其俗敬鬼，祈祷者必以牛酒，至破产业。劢叹曰：子胥贤者，岂宜损百姓乎？乃告谕所部，自此遂止，百姓赖之。"诚无所费于民，以虚文崇祀之亦何害？然无所费，则其祠亦将不禁而自绝矣。何也？无所利焉，则莫为之倡率，而欲祷祝报请者，亦将无所景从也。

自宋、齐之世，孔季恭、李安民即不信项羽神，然至梁世而其妖妄仍不息，则以季恭、安民仅逐出之于听事，而未能径废其庙也。然即废之，亦未必能遂绝之。《梁书·王神念传》云："出为青、冀二州刺史。神念性刚正，所更州郡，必禁止淫祠。青、冀州东北有石鹿山临海，先有神庙，妖巫欺惑百姓，远近祈祷，糜费极多。及神念至，便令毁撤，风俗遂改。"而《南史·阴子春传》云："子春仕历位朐山戍主、东莞太守。时青州石鹿山临海，先有神庙，刺史王神念以百姓祈祷糜费，毁神影，坏屋舍。当坐栋上有一大蛇长丈余，役夫打扑，不禽，得入海水。尔夜，子春梦见人通名诣子春云：有人见苦，破坏宅舍，既无所托，钦君厚德，欲憩此境。子春心密记之。经二日而知之，甚惊，以为前所梦神，因办牲醑请召，安置一处。数日，复梦一朱衣相闻，辞谢云：得君厚惠，当以一州相报。子春心喜，供事弥勤。经月余，魏欲袭朐山，间谍前知，子春设伏摧破之，诏授南青州刺史，镇朐山。"此事不知子春故信此神，闻神念之废之而己立之；抑有信此神者，闻神念之废之，而说子春立之也？然此神也，则废于此而立于彼矣。又不仅此也，《周书·于翼传》云：

"出为安州总管。时属大旱，溃水绝流。旧俗，每逢亢阳，祷白兆山祈雨。高祖先禁淫祀，山庙已除，翼遣主簿祭之，即日澍雨沾洽，岁遂有年。民庶感之，聚会歌舞，颂翼之德。"其时则有废之，又有举之者矣。然所云聚会歌舞者，又安知不为乱男女、合饮食来邪？

阴子春、于翼之事，其小焉者也。魏武帝之废淫祀也，文帝、明帝皆能继其志。文帝黄初五年诏曰："自今，其敢设非祀之祭，巫祝之言，皆以执左道论，著于令典。"明帝青龙元年，又诏："郡国山川不在祀典者勿祠。"晋武帝泰始元年诏："末代信道不笃，僭礼渎神，纵欲祈请，曾不敬而远之。徒偷以求幸，妖妄相扇，舍正为邪，故魏朝疾之。其按旧礼，具为之制，使功著于人者，必有其报，而妖淫之鬼，不乱其间。"犹此志也。然穆帝升平中，何琦论修五岳祠谓："今非典之祠，可谓非一。考其正名，则淫昏之鬼；推其糜费，则四人之蠹。可俱依法令，先去其甚，俾邪正不渎。不见省。"而武帝之志荒矣。（以上亦皆据《宋书·礼志》。）《宋书·武帝纪》：永初二年四月诏曰："淫祠惑民废财，前典所绝，可并下在所，除诸房庙，其先贤及以勋德立祠者，不在此例。"此《礼志》所谓"普禁淫祀"者，盖至此而又一整顿也。《志》云："由是蒋子文祠以下，普皆毁绝。"然又云："孝武孝建初，更修起蒋山祠，所在山川，渐皆修复。明帝立九州庙于鸡笼山，大聚群神。"则其废之也，亦不旋踵而即复，且加厉焉。所谓蒋子文者，其行事无可考。《齐书·崔祖思传》云："州辟主簿，与刺史刘怀珍于尧庙祀神，庙有苏侯像。怀珍曰：尧圣人，而与杂神为列，欲去之，何如？祖思曰：苏峻今日可谓四凶之五也。怀珍遂令除诸杂神。"祖思，清河东武城人，清河齐世属冀州。《南史·祖思传》则云："年十八，为都昌令，随青州刺史垣护之入尧庙，庙有苏侯神偶坐。护之曰：唐尧圣人，而与苏侯神共坐，今欲正之，何如？祖思曰：使君若清荡此坐，则是唐尧重去四凶，由是诸杂神并除。"不云苏侯为苏峻。论者或以苏峻凶逆，不当见祀，谓《南史》为可信，然则董卓、石虎又何以见祀邪？若谓苏侯当在建康，不当在青、冀，则《南史·张冲传》言："东昏遣薛元嗣、暨荣伯领兵及粮运送冲，使拒西师。冲病卒，元嗣、荣伯与冲子孜及长史江夏程茂固守，处围城之中，无他经略，惟迎蒋子文及苏侯神，日禺中于州厅上祀以求福，铃铎声昼夜不止。又使子文导从登牌巡行，旦日辄复如之，识者知其将亡。"苏侯可迎入郢城，独不可至青、冀邪？以此推之，蒋侯亦必非正神。不然，宋武诏明言先贤及以勋德立祠者不在除例，何以其祠在当时亦见毁绝耶？

凡人当祸福无定之际，则皇惑无主。《宋书·礼志》四云："蒋侯，宋代稍加爵位，至相国、大都督、中外诸军事，加殊礼，钟山王。苏侯，骠骑大将军。"今案宋世信此二神者，莫如元凶及太宗。《文九王传》云："劝迎蒋侯神于宫内，疏世祖年讳，厌祝祈请。"又云："始安王休仁都督征讨诸军事。初行，与苏侯神结为兄弟，以求神助。及事平，太宗与休仁书曰：此段殊得苏侯兄弟力。"（《南史》云："明帝初与苏侯神结为兄弟。"书辞则曰："此段殊得苏兄神力。"）皆在军旅成败之际也。自此而上溯之，《晋书·简文三子传》云："孙恩至京口，道子无他谋略，惟日祷蒋侯庙，为厌胜之术。"又《苻坚载记》云："坚与苻融登城而望王师，见部陈齐整，将士精锐，又北望八公山上，草木皆类人形，顾谓融曰：此亦劲敌也，何谓少乎？怃然有惧色。初，朝廷闻坚入寇，会稽王道子以威仪鼓吹，求助于钟山之神，奉以相国之号。及坚之见草木状人，若有力焉。"由此而下，暨之

《齐书·东昏侯纪》云："崔慧景事时，拜蒋子文神为假黄钺、使持节、相国、太宰、大将军、录尚书、扬州牧、钟山王，至是（义师至近郊）又尊为皇帝，迎神像及诸庙杂神，皆入后堂，使所亲巫朱光尚祷祀祈福。（《南史·齐东昏侯纪》云："又偏信蒋侯神，迎来入宫，昼夜祈祷。左右朱光尚诈云见神，动辄咨启，并云降福。始安之平，遂加位相国，末又号为灵帝，车服羽仪，一依王者。"）又虚设铠马斋仗千人，皆张弓拔白，出东掖门，称蒋王出荡。"亦皆在军事急迫之际也。《南史·曹景宗传》云：天监六年，"先是旱甚，诏祈蒋帝神求雨，十旬不降。帝怒，命载荻，欲焚蒋庙并神影。尔日开朗，欲起火，当神上忽有云如繖，倏忽骤雨如泻。台中宫殿，皆自振动。帝惧，驰诏追停，少时还静。自此帝畏信遂深。自践阼以来，未尝躬自到庙，于是备法驾将朝臣修谒。是时，魏军攻围钟离，蒋帝神报敕必许扶助，既而无雨水长，遂挫敌人，亦神之力焉。凯旋之后，庙中人马脚尽有泥湿，当时并目睹焉。"此盖大敌当前，借此以激士气，其灵异之迹，则传者之所增饰也。《陈书·高祖纪》，帝以十月乙亥，即皇帝位于南郊，丙子即幸钟山，祀蒋帝庙；三年闰四月，久不雨，又幸钟山，祭蒋帝庙。亦梁武之志矣。（《南史·陈高祖纪》：永定二年正月，又尝遣中书舍人韦鼎策吴兴楚王神为帝。）《南史·毛修之传》云："修之不信鬼神，所至必焚房庙。时蒋山庙中有好牛马，并夺取之。"当清平无事之时，虽凡人亦不易惑以淫昏之鬼矣。固知巫觋之流，莫非有所利而为之者也。

然凡民亦非可以徒诳也，周朗论淫祀又曰："针药之术，世寡复修；诊脉之技，人鲜能达；民因是益征于鬼，遂弃于医。"凡民当疾病生死不决之时，亦犹之王公贵人当军事成败未决之日耳，固易乘危而胁取其财帛矣。

巫能视鬼

古人信巫能视鬼。夏父弗忌谓"吾见新鬼大，故鬼小"是也。(《左氏》文公二年)《史记·魏其武安侯列传》："武安侯病，专呼服谢罪。使巫视鬼者视之，见魏其、灌夫共守欲杀之。"《后汉书·孝明八王传》：梁节王畅乳母王礼等自言能见鬼神事。《三国·吴志·孙休朱夫人传注》引《搜神记》曰："孙峻杀朱主，埋于石子冈。归命即位，将欲改葬之。冢墓相亚，不可识别，而宫人颇识主亡时所着衣服，乃使两巫各住一处，以伺其灵，使察鉴之，不得相近。久时，二人俱白：见一女人，年可三十余，上着青锦束头，紫白袷裳，丹绨丝履，从石子冈上。半冈，而以手抑膝长太息，小住须臾。进一冢上，便住，徘徊良久，奄然不见。二人之言，不谋而同。于是开冢，衣服如之。"《孙和传》：孙晧遣守丞相孟仁等以灵舆法驾，东迎神于明陵。《注》引《吴书》曰："比仁还，中使手诏，日夜相继，奉问神灵起居动止。巫觋言见和被服颜色如平生日。"吴范等传《注》引《抱朴子》曰："吴景帝有疾，求觋视者，得一人。景帝欲试之，乃杀鹅而埋于苑中，筑一屋，施床几，以妇人屐履服物着其上，乃使觋视之。告曰：若能说此冢中鬼妇人形状者，当加赏，而即信矣。竟日尽夕无言，帝推问之急，乃曰：实不见有鬼，但见一头白鹅立墓上，所以不即白之，疑是鬼神变化作此相，当候其真形而定。无复移易，不知何故，不敢不以实上闻。景帝乃厚赐之。"据此三事，知汉世巫鬼之习犹盛也。

《论衡·论死》篇曰："夫为鬼者，人谓死者之精神。如审鬼者死人之精神，则人见之宜徒见裸袒之形，无为见衣带被服也。"其辩驳可谓隽快，然此非流俗所知。流俗云见鬼，恒云见其衣带被服，故有葬之俗焉。王充谓被服无精神，然人以焚烧之，则其物化而为气，亦鬼神之伦矣。《三国·魏志·乌丸传注》引《魏书》，言乌丸之葬，"取亡者所乘马、衣物、生时服饰，皆烧以送之"，由此也。中国古无烧送之俗，岂明器初起时，谓死者诚能用之邪？则其知识反出乌丸下矣。后世衣物等亦率皆烧送，可见人心之渐变也。《魏志·文德郭皇后传注》引《魏略》曰："甄后临没，以（明）帝属李夫人。及太后崩，夫人乃说甄后见谮之祸，不获大敛，被发覆面，帝哀恨流涕，令殡葬太后，皆如甄后故事。"又引《汉晋春秋》曰："初，甄后之诛，由郭后之宠，及殡，令被发覆面，以糠塞口，遂立郭后，使养明帝。帝知之，心常怀忿。遂逼杀之。敕殡者使如甄后故事。"《袁绍传注》引《典论》曰："（绍妻）刘氏性酷妒，绍死，僵尸未殡，宠姜五人，刘尽杀之。以为死者有知，当复见绍于地下，乃髡头墨面以毁其形。"案子西以袂掩面而死。（《左氏》哀公十六年）《吴越春秋·夫差内传》曰："吴王临欲伏剑，顾谓左右曰：使死者有知，吾羞前君地下，不忍睹忠臣伍子胥及公孙圣。使其无知，吾负于生。死必连綦组以罩吾目。恐其不蔽，愿复重罗绣三幅，以为掩明。"亦此意也。《汉书·景十三王传》：广川王去爱姬阳成昭信杀幸姬王昭平、王地余。后昭信病，梦见昭平等，以状告去。去曰：虏乃复见畏我，独可燔烧耳。掘出尸，皆烧为灰。后昭信立为后，复谮幸姬陶望卿，望卿投井死；昭信出之，椓杙其阴中，割其鼻唇，断其舌。谓去曰：前杀昭平，反来畏我，今欲靡烂望卿，使不能神。与去共支解，置大镬中，取桃灰毒药并煮之，连日夜靡尽。亦皆谓毁其形则不能神也。

其　他

古但以干支纪日

《春在堂随笔》载清咸丰二年，余姚客星山出土之三老碑云：三老讳通，字少父，庚午忌日，祖母失讳，字宗君，癸未忌日。掾讳忽，字子仪，建武十七年，岁在辛丑四月五日辛卯忌日。母讳捐，字□（此字俞氏释文阙，碑为周清泉世熊所藏，俞氏后得其释文作谒）君。建武廿八年岁在壬子五月十日甲戌忌日。曲园云：三老生一子而有九孙，此碑乃其第七孙名邯者所立，以识祖父名字，且存忌日。然祖及祖母忌日，有日而无年月，亦疏略矣。余始讥其疏略，既而思之，其于父母，既备载月日，何于祖父祖母遂疏略如此，此必有故也。窃疑古人以干支纪日，不以初一初二纪日。其家相传，三老于庚午日死，祖母于癸未日死，相传既久，忘其年月，民间不知历术，安能推知其为某年某月某日乎？于是子孙遇庚午癸未日，则以为忌日。盖古人忌日之制，本是如此。试以子卯疾日证之，子卯有二说，郑司农以为五行子卯相刑，此不必问其何日也。而贾逵云：桀以乙卯日死，纣以甲子日亡，则有日无月，似不可通，乃郑康成、何劭公等翕然宗之无异辞者，盖援忌日之例，止论干支，不问为某月第几日。如纣以甲子亡，以三统术推之，为武王十一年二月五日，至次年二月五日，乃上年纣亡之日，在今人必以此为疾日矣。古人不然，二月五日不值甲子，即非疾日，而凡遇甲子，即是疾日。一年有六甲子，是有六疾日也。疾日忌日，其例并同。今人但以父母亡日为忌日，非古矣。案后说是也，太阳年非古人所知，据天象以纪时，初所知者，则月之晦朔耳。月之运行二十九日余而一周，此又非古人所知，乃以为三十。然其不合，不久即见，乃又舍月之晦朔，而径以三十日为纪时之一节，倍之而为六十日，遂有干支纪时之法。夫以六十日为一节，则可得六节有奇，古书记人年寿多长，岂其所谓若干岁者，或有若干甲子之传讹欤？

生 日

生日称庆，古无有也。《隋书·高祖纪》，仁寿三年四月癸卯诏曰："哀哀父母，生我劬劳。欲报之德，昊天罔极。但风树不静，严敬莫追，霜露既降，感思空切。六月十三日是朕生日，宜令海内为武元皇帝、元明皇后断屠。"是为帝王诏旨自言生日之始，然尚出于追念劬劳之意，未曾令人称庆也。《旧唐书·玄宗纪》，开元十七年："八月癸亥，上以降诞日，燕百寮于花萼楼下。百寮表请以每年八月五日为千秋节，王公已下献镜及承露囊，天下诸州咸令燕乐，休暇三日，仍编为令。从之。"则群以宴乐为务，绝无感怆之意矣。《新唐书·礼乐志》述其事，谓其"君臣共为荒乐，当时流俗多传其事以为盛。其后巨盗起，陷两京，自此天下用兵不息，而离宫苑囿，遂以荒堙。独其余声遗曲传人间，闻者为之悲凉感动"，岂不哀哉！然自肃宗已后，皆以生日为节，惟德宗不立节，然王虔休犹作《继天诞圣乐》以进，固知其端一开，其流不易塞也。（《旧唐书·职官志》礼部，"凡千秋节御楼设九部之乐，百官袴褶陪位"。）《礼乐志》又曰："帝幸骊山，杨贵妃生日，命小部张乐长生殿，因奏新曲，未有名，会南方进荔枝，因名曰《荔枝香》。"《旧唐书·睿宗诸子传》："（玄宗）每年至宪生日，必幸其宅，移时宴乐。"则相与为荒嬉者，又不独一千秋节矣。

《旧唐书·韦绶传》："穆宗即位，以师友之恩，召为尚书右丞兼集贤院学士。绶以七月六日是穆宗载诞节，请以是日百官诣光顺门贺太后，然后上皇帝寿。时政道颇僻，敕出，人不敢议。久之，宰相奏古无生日称贺之仪，其事终寝。"《新唐书·唐临传》：孙绍，中宗时为太常博士。"四时及列帝诞日，遣使者诣陵如事生，绍以为非礼，引正谊固争。"是生日唐时人固皆知其非礼也，特莫能诤耳。夫古无是礼者，何也？古无历日，安知生日。臧荣绪以宣尼庚子生，是日陈五经而拜之，失尊圣之道矣。然宣尼庚子生，犹有书传可据也。武宗初即位，即以二月十五日为玄元皇帝降生日，立为降圣节，则矫诬甚矣。

所恶于生日称庆者，何也？曰：为其多费也。《旧唐书·文宗纪》："开成二年九月（史无九月字，然八月壬辰朔，其月不得有甲申）甲申诏曰：庆成节朕之生辰，天下锡宴，庶同欢泰。不欲屠宰，用表好生，非是信尚空门，将希无妄之福。恐中外臣庶，不谕朕怀，广置斋筵，大集僧众，非独凋耗物力，兼恐致惑生灵。自今宴会蔬食，任陈脯醢，永为常例。"观此，知广置斋筵，费转大于陈脯醢者也。"又敕：庆成节，宜令京兆尹准上巳、重阳例，于曲江会文武百寮，延英奉觞宜权停。"盖自甘露变后，帝居常忽忽不怿，（见《新唐书·李训传》。）故有此敕。然曲江之会，自此又成故事矣。（《纪》于是年及三年四年皆书之。）《新唐书·赵隐传》：隐以咸通末辅政，"懿宗诞日宴慈恩寺，隐侍母以安舆临观"。可见燕集之盛。《旧唐书·哀帝纪》：帝以八月丙午即位，"甲寅，中书奏：皇帝九月三日降诞，请以其日为乾和节。从之。丁巳，敕：乾和节方在哀疚，其内道场宜停。庚申，敕：乾和节文武百寮诸军诸使诸道进奏官准故事于寺观设斋，不得宰杀，只许酒果脯醢。辛酉，敕：三月二十三日嘉会节。伏以大行皇帝仙驾上升，灵山将卜，神既游于天际，节宜辍于人间。准故事，嘉会节宜停"。是时唐已朝不保夕，而旬日之间，因此降敕者四焉，岂不哀哉！梁太祖生日曰大明节，开平二年，百官设斋于相国寺。三年，帝御文明殿，设斋僧道，召宰臣、翰林学士预之。后唐明宗生日曰应圣节，百寮于敬爱寺设斋。晋高祖生日曰天和节，宴近臣于广政殿。周太祖生日曰永寿节，广顺二年七月丙辰，诏内外臣寮，每遇永寿节旧设斋供，今后中书门下与文武百官共设一斋，侍卫亲军都指挥使已下共设一斋，枢密使内诸司使已下共设一斋，其余前任职员及诸司职掌更不得开设道场及设斋。皆见《旧五代史·本纪》，饮食若流，万舞翼翼，谓之何哉？

休假例为三日，自唐至五代无变。（《旧五代史·梁太祖纪》：开平元年五月"辛巳，有司奏以降诞之日为大明节，休假前后各一日"。《末帝纪》：乾化三年三月，"文武百官上言，请以九月十二日帝降诞日为明圣节，休假三日，从之"。《唐明宗纪》：天成元年六月，"中书奏请以九月九日皇帝降诞日为应圣节，休假三日，从之"。）降圣节本休假一日，（《旧唐书·武宗纪》）《薛史·后唐·明宗纪》：天成三年正月，中书上言："旧制遇二月十五日为圣祖降圣节，应休假三日，准会昌元年二月敕休假一日，请准近敕。从之。"则未尝有三日之制也。《末帝纪》：清泰二年正月乙巳，"中书门下奏：遇千春节，凡刑狱公事奏覆，候次月施行。今后请重系者即候次月，轻系者即节前奏覆决遣。从之"。《晋高祖纪》：天福六年"二月辛卯诏天下郡县，不得以天和节禁屠宰，辄滞刑狱"。则其废事，又有出于休假之外者矣。

《旧唐书·崔日用传》：玄宗拜日用吏部尚书，"日用尝采

《毛诗·大雅、小雅》二十篇及司马相如《封禅书》，因上生日表上之，以申规讽，并述告成之事。"《韦执谊传》："德宗载诞日，皇太子献佛像。"生日进献，其初盖不过如此而已。乃后遂有大相径庭者。《新唐书·常衮传》言：代宗时，"天子诞日，诸道争以侈丽奉献，不则为老子、浮屠解祷事。衮以为：汉文帝还千里马不用，晋武帝焚雉头裘，宋高祖碎琥珀枕，是三主者，非有聪明大圣以致治安，谨身率下而已。今诸道馈献，皆淫侈不急，而节度使、刺史非能男耕而女织者，类出于民，是敛怨以媚上也，请皆还之"。然《食货志》言：帝生日、端午，于四方贡献至数千万者，加以恩泽。则岂徒不能还之而已！《旧唐书·齐映传》：映以贞元二年拜平章事，三年正月贬夔州，又转衡州，七年授桂管观察使，又改洪州刺史、江西观察使。"映常以顷为相辅，无大过而罢，冀其复入用，乃接敛贡奉，及大为金银器以希旨。先是，银瓶高者五尺余，李兼为江西观察使，乃进六尺者，至是，因帝诞日、端午，映为瓶高八尺者以献。"《卢征传》："贞元八年春同州刺史阙，特诏用征，数岁转华州刺史。征冀复入用，深结托中贵，厚遗之。故事：同、华以近地人贫，每正、至、端午、降诞，所献甚薄；征遂竭其财赋，每有所进献，辄加常数，人不堪命。"盖踵事增华，遂成风气矣。《新唐书·郑珣瑜传》："为河南尹，未入境，会德宗生日，尹当献马，吏欲前取印白珣瑜视事，且纳赞；珣瑜徐曰：未到官而遽事献礼欤？不听。"盖吏之务求自媚如此。《旧五代史·梁太祖纪》：开平元年大明节，内外臣寮各以奇货良马上寿；二年，诸道节度、刺史各进献鞍马、银器、绫帛以祝寿；三年，诸道节度、刺史及内外诸司使咸有进献。此岂能男耕女织欤？又《袁象先传》云："梁祖领四镇，统兵十万，威震天下。关东藩守，皆其将吏，方面补授，由其保荐，四方舆金辇璧，骏奔结辙，纳赂于其庭，如是者十余年，浸成风俗。藩侯牧守，下逮群吏，罕有廉白者，率皆接敛剥下，以事权门。"观此而梁祖之生辰所取于其下者可知矣。又《唐明宗纪》：即位后，诏"天下节度、防御使，除正、至、端午、降诞四节量事进奉，达情而已，自于州府圆融，不得科敛百姓。其刺史虽遇四节，不在贡奉"。又《晋高祖纪》：天福六年正月戊辰诏："应诸州无属州钱处，今后冬至、寒食、端午、天和节及诸色谢贺，不得进贡。"观此，知当时诸州之于各节进奉，实有力不能胜之苦也。然又《汉隐帝纪》：乾祐三年三月，"邺都留守高行周、兖州符彦卿、郓州慕容彦超、西京留守白文珂、镇州武行德、安州杨信、潞州常思、府州折从阮皆自镇来朝，嘉庆节故也"。则诸州镇于贡奉之外，又有身自来朝者矣。仆仆道途，又增馆驿之费，在朝廷亦更增宴犒之费而已。又《唐明宗纪》：天成二年九月"伪吴杨溥遣使以应圣节贡献"，则邻国亦有来者，可见其时之人视生日之重矣。

《旧唐书·李德裕传》云："元和已来，累敕天下州府，不得私度僧尼。徐州节度使王智兴聚货无厌，以敬宗诞月，请于泗州置僧坛，度人资福，以邀厚利。江、淮之民，皆群党渡淮。德裕奏论曰：王智兴于所属泗州置僧尼戒坛，自去冬于江淮已南，所在悬榜招置。江淮自元和二年后，不敢私度；自闻泗州有坛，户有三丁，必令一丁落发，意在规避王徭，影庇资产。自正月已来，落发者无算。臣今于蒜山渡点其过者，一日一百余人。勘问惟十四人是旧日沙弥，余是苏、常百姓，亦无本州文凭，寻已勒还本贯。访闻泗州置坛次第，凡僧徒到者，人纳二缗，给牒即回，别无法事。若不特行禁止，比到诞节，计江、淮以南，失却六十万丁壮。"此藩镇借进奉之名，以图自利之实最显者也。

失却丁壮，为官家所深惧。然《薛史·梁末帝纪》：龙德元年，"三月丁亥朔，礼部员外郎李枢上言：请禁天下私度僧尼及不许妄求师号紫衣。如愿出家受戒者，皆须赴阙比试艺业施行。愿归俗者，一听自便。诏曰：两都左右街赐紫衣及师号僧，委功德使具名闻奏。今后有阙，方得奏荐；仍须道行精至，夏腊高深，方得补填。每遇明圣节，两街各许官坛度七人，诸道如要度僧，亦仰就京官坛，仍令礼部给牒。今后只两街置僧录，道录、僧正并废"。此诏限制颇严，然明圣节仍许度七人者，盖终牵于福报之说也。又《唐庄宗纪》：同光二年十月甲戌，"河南尹张全义上言：万寿节日，请于嵩山开瑠璃戒坛度僧百人。从之"。庄宗乱政不足论。又《唐末帝纪》：清泰二年三月辛亥，"功德使奏：每年诞节，诸州府奏荐僧道，其僧尼欲立讲论科、讲经科、表白科、文章应制科、持念科、禅科、声赞科，道士欲立经法科、讲论科、文章应制科、表白科、声赞科、焚修科，以试其能否。从之"。唐世每逢诞节，恒有会三教讲论之举，（见《旧唐书·李泌、韦渠牟、白居易》《新唐书·徐岱传》。《梁太祖纪》：开平元年宣旨罢之。然《明宗纪》：天成元年召缁黄之众于中兴殿讲论，从近例也。则其后又复矣。）州府盖因之，而有奏荐之举邪？

《薛史·晋高祖纪》：天福四年二月庚子，"以天和节宴群官于广政殿，赐物有差。"是逢诞节，上于其下，亦有所赐也。（《通鉴》后汉隐帝乾祐三年："隐帝遣供奉官押班阳曲张永德赐昭义节度使常思生辰物。"胡三省《注》曰："生辰物，谓圣节回赐。"）《旧唐书·太宗纪》：贞观二年"六月庚寅皇子治生，宴五品已上，赐帛有差，仍赐天下是日生者粟"，更为无名之滥赐矣。《高宗纪》：龙朔二年"六月己未朔，皇子旭轮生"，"七月丁亥朔，以东宫诞育满月，大赦天下，赐酺三日"。案此时旭轮非东宫，《新唐书·纪》书以"子旭轮生满月，大赦，赐酺三日"是也。又永淳元年"二月癸未，以太子诞皇孙满月，大赦，改开耀二年为永淳元年，大酺三日"。则生子满月相庆，唐时亦已有之，赐酺亦为滥恩，大赦更成乱政矣。

《薛史·晋少帝纪》：天福七年七月，"遣中使就中书赐宰臣冯道生辰器币，道以幼属乱离，早丧父母，不记生日，坚让不受"。岂真不记生日哉？无亦不欲受无名之赐，而为此逊辞以谢邪？冯道犹如此，而世之遇生辰俨然受馈者可耻矣。

《通鉴》后汉隐帝乾祐三年二月："朝廷欲移易藩镇，因其请赴嘉庆节上寿，许之。"《注》："《五代会要》：帝以三月九日为嘉庆节。"洪迈《随笔》曰："唐穆宗即位之初年，诏曰：七月六日是朕载诞之辰，其日，百寮、命妇宜于光顺门进名参贺，朕于门内与百寮相见。明日，又敕受贺仪宜停。先是，左丞韦绶奏行之，宰臣以为古无降诞受贺之礼，奏罢之。然次年复行贺礼。诞节之制，始于明皇，今天下宴集，休假三日。受贺之事，盖自长庆至今用之也。"

古人不重生日

《礼记·内则》记子生之礼曰："三月之末，择日，妻以子见于父。父执子之右手，咳而名之。夫告宰名。宰辩告诸男名。书曰：某年某月某日某生，而藏之。宰告闾史。闾史书为二，其一藏诸闾府，其一献诸州史。州史献诸州伯。州伯命藏诸州府。"此古言记人生日之始。《春秋》桓公六年，书"九月丁卯，子同生"，亦是物也。然《左氏》昭公二十九年曰："公衍、公为之生也，其母偕出。公衍先生。公为之母曰：相与偕出，请相与偕告。三日，公为生，其母先以告。公为为兄。"是古人于子之生，徒据其入告之先后，以定其长幼，而不复究其生于何日，又何其疏也？邃古之时，候草木荣落以纪岁时，视月之盈缺而知晦朔，既未定四时而成岁，又无纪年之法，自无所谓某年某月某日。绛县人之自言其年也，曰："臣小人也，不知纪年。臣生之岁，正月甲子朔，四百有四十五甲子矣。"（《左氏》襄公三十年）不言年，亦不言月，而徒以所积甲子计，盖古之遗俗，非故为是以惑人也。率是俗者，又安能知人生于某年某月某日乎？《内则》之所记，《春秋》之所书，盖后来之事，亦惟贵族能行之，古人不重生日，盖由此也。

《史记·孟尝君列传》曰："初，田婴有子四十余人，其贱妾有子名文。文以五月五日生。婴告其母曰：勿举也。其母窃举生之。及长，其母因兄弟而见其子文于田婴。"是古贵族之家，妾媵窃举一子，至于既长，而其君犹不能知，其隔绝可谓已甚，无怪庶孽之生，不能确知其日矣。案《内则》云："妻将生子，及月辰，居侧室，夫使人日再问之。作而自问之。妻不敢见，使姆衣服而对。至于子生，夫复使人日再问之。夫齐，则不入侧室之门。三月之末，妻以子见于父，妻遂適寝。"妾亦生子三月，然后入御。"庶人无侧室者，及月辰，夫出居群室。"盖古者妇人产乳，与其夫隔绝颇严，故其夫不易知其子之生日。贵族之家，妾媵众多，虚伪尤甚，自更易蒙蔽矣。

《章实斋文集·节钞王凤文云龙记略》有云："不知岁月，耕种皆视花鸟。梅花岁一开，以纪年。野藿花十二年一开，以纪星次。竹花六十年一开，以纪甲子。名杜鹃花为催工，开则宜耕。

摆夷兴自阿苗,计其世,当东周之末。十一月梅开贺新年,疑周正也。及明初,段保为长,始教人识字。如借贷书契,必曰:限至某花开时,或曰:限至某鸟鸣时,其旧俗也。"如此等人,能确言某事在某年某月某日乎?游历家言:印第安人不知以年计人之长幼。有所谓级友者,视为长幼同,不过约计而已。《礼记·曲礼》曰:"问天子之年,对曰:闻之始服衣若干尺矣。问国君之年,长,曰:能从宗庙社稷之事矣;幼,曰:未能从宗庙社稷之事也。问大夫之子,长,曰:能御矣;幼,曰:未能御也。问士之子,长,曰:能典谒矣;幼,曰:未能典谒也。问庶人之子,长,曰:能负薪矣;幼,曰:未能负薪也。"此等辞令,后世言礼之家,必以为不敢斥言,故依违以对,其实正是古者不知纪年之遗俗。《论语》言"可以托六尺之孤"(《泰伯》),而《周官》乡大夫之职,言"国中自七尺以及六十,野自六尺以及六十有五皆征之";计庶民之长幼,与国君之子同辞,即其诚证。《史记·秦始皇本纪》:十六年,"南阳假守腾,初令男子书年",前此之不书年,亦率旧俗,而非政令之宽严有异也。

古人周岁增年

钱大昕《十驾斋养新录·绛县人七十三年》条云:"绛县人生于文公十一年,至襄公三十年,当为七十四年,而《传》称七十三年者,古人以周一岁为一年,绛县人生正月甲子朔,于周正为三月,至是年周正二月癸未,尚未及夏正月朔故也。仲尼生于襄廿一年,至哀十六年卒,亦是七十四年,而贾逵《注》

云七十三年，正以未周岁故，与绛县人记年一例。《史记·仓公传》：臣意年尽三年，年三十九岁也，盖仓公生于冬末。"又《孔子生年月日》条云："《史记》谓（孔子）生于襄廿二年，年七十三，则以相距之岁计之。"近钱穆撰《孔子卒年考》云："狄子奇云：周岁增年之说，似未可泥。鲁襄公生于成公十六年，至九年为十二岁，是不以周岁增年也。绛县老人生于鲁文公十一年，至襄公三十年，计当七十四岁，而师旷止云七十三年，是以周岁增年也。狄氏论鲁襄，确矣。至绛县老人，师旷曰：鲁叔仲惠伯会郤成子于承匡之岁也，七十三年矣。谓是岁距前七十三年，非谓老人七十三岁。《春秋》昭二十四年，仲孙貜卒，服虔引贾逵云：是岁孟僖子卒，属其子使事仲尼，仲尼时年三十五。以周岁增年计，自鲁襄二十一年至此，仅得三十四，则贾氏亦以相距之岁计。窃疑贾逵以《公》《谷》载孔子生而《左氏》无之，故据《公》《谷》为说；而云年七十三，则本之《史记》，未曾细核。《左》昭二十年《疏》：服虔云：孔子是时四十一。四乃三字之误，则服虔亦自以相距之岁计。狄氏又谓《孔子世家索隐》云：孔子以鲁襄二十一年生，至哀十六年为七十三，若襄公二十二年生，则孔子年七十二，是以周岁增年也。然《索隐》之说，远在贾后，安知其不误据贾？乌从据《索隐》而逆定贾氏以周岁增年？又恶从据贾氏而逆定古人以周岁增年哉？"愚案：以周岁增年，或以相距之岁计，古人盖自有此两法，错杂用之，至劳后人之推校也。晋史之与绛县人疑年也，绛县人曰："臣小人也，不知纪年。臣生之岁，正月甲子朔，四百有四十五甲子矣，其季于今，三之一也。"非故为是难晓之语以惑人，盖当历法未明时，从候草木之荣枯以纪岁，斯时之人，盖不知某年以某日始，以某日终，而以甲子纪日之法，则已知之，故于人之生，不能纪其岁，而徒累其日以为计。此自太古时事，春秋时非复如此，然习俗每沿之甚久，故绛县人犹不知纪年也。吏不知而问诸朝，则以是时朝市中人，已习用纪年之法，不复能据日数以推知其年之故。士文伯曰"然则二万六千六百有六旬"，此语不必牵涉历法，但以六十因四百四十五，得二万七千，其最后一甲子，尚仅历三之一，减去四十日，则为二万六千六百六十日矣。史赵曰"亥有二首六身"，亥疑传写之误。故书当系一算式：二首即二万，六身即六千；下二如身，谓其下二位亦为六，犹今作二六六六耳。《左氏》之记是事，盖以见乡僻之人，犹有率古俗而与朝市中人不相中者。然此俗实非仅春秋时，至汉世犹有之。仓公言三十九岁，必尽三年，是其证。汉光武起兵时年二十八，崩年当六十三，而《纪》云六十二，二若非三之误，则亦犹沿古俗也。此法计算殊为不便，故历法通行后稍弃之，皆以相距之年计矣。

古人计数之法，有并本与除本之不同，亦足使后人疑不得实。《诗·天作笺》云："居之一年成邑，二年成都，三年五倍其初。"《疏》云："郑注《禹贡》，以为尧之时土广五千里，禹弼成五服，土广万里。王肃难郑云：禹之时土广三倍于尧。计万里为方五千里者四，而肃谓三倍，则除本而三。此云五倍，盖亦除本而五，并本为六也。"案《礼记·曲礼》："生与来日，死与往日。"《注》："与，犹数也。生数来日，谓成服杖以死明日数也。死数往日，谓殡敛以死日数也。"（《仪礼·士丧礼》"三日成服"《注》引《曲礼》"生与来日"，《疏》云："《丧大记》云三日不食，谓通死日不数成服日，故云三日不食。《孝经》三日而食者，是除死日数，故云三日而食也。"）与来日即除本计，与往日即并本计也。古上溯高祖下逮玄孙为九世，是并本计。然《檀弓》"叔孙武叔之母死",《注》云"武叔,公子牙之六世孙",《疏》引《世本》云"桓公生僖叔牙,牙生戴伯兹,兹生庄叔得臣,臣生穆叔豹,豹生昭子婼,婼生成子不敢,敢生武叔州仇",则亦除本计矣。《史记》谓孔子生于襄公二十二年,而与贾逵据《公羊》生于襄公二十一年者,同云年七十三,疑亦并本、除本,计法不同也。

《左氏》昭公元年,祁午谓赵文子曰:"子相晋国,以为盟主,于今七年矣。"《注》云:"襄二十五年始为政,以春言,故云七年。"《疏》云:"殷周虽改正朔,常以夏正为言,此春正月,故为七年,年末医和则云八年。"案此但援今人所谓足七年之例释之可耳,亦不必牵涉历法。

神嗜饮食

古人最嗜饮食,故遂以己之心度于神。《左氏》一书,所载当时士大夫务民之义之论,可谓多矣。然随侯曰:"吾牲牷肥腯,粢盛丰备,何则不信?"(桓公六年)虞公曰:"吾享祀丰洁,神必据我。"(僖公五年)犹可见习俗之相沿焉。赵婴之放于齐也,"梦天使谓己:祭余,余福女。使问诸士贞伯,贞伯曰:不识也。既而告其人曰:神福仁而祸淫,淫而无罚,福也。祭其得亡乎?祭之之明日而亡。"(成公五年)是虽持福仁祸淫之论者,亦未尝谓祭不可以获福也。《墨子》言《天志》,言《明鬼》,亦持福仁祸淫之论者也。然《天志下》云:"楚王食于楚四竟之内,故爱楚之人;越王食于越,故爱越之人;今天兼天下而食焉,我以此知其兼爱天下之人也。"亦不觉露出祭可获福之旧见解矣。
《明鬼下》曰："昔者宋文君鲍之时，有臣曰祏观辜，固尝从事
于厉。祩子杖揖出，与言曰：观辜，是何挂璧之不满度量，酒
醴粢盛之不淨洁也，牺牲之不全肥，春秋冬夏选失时，岂女为
之与？意鲍为之与？观辜曰：鲍幼弱，在荷襁之中，鲍何与识
焉，官臣观辜特为之。祩子举揖而槀之，殪之坛上。"则更明目
张胆，以饮食罪过生人矣。墨子此说，自言出于宋之《春秋》，
可见当时流俗，持此等见解者之多也。

观于祏观辜之事，则知《史记·鲁世家》谓成王少时病，周
公揃其爪，沉之河，以祝于神，曰"王少未有识，奸神命者乃旦
也"，不足怪矣。《金縢》册祝之辞，曰"尔之许我，我其以璧与
珪，归俟尔命；不许我，我乃屏璧与珪"，俨然有要挟之意。亦以
人固薪神佑，神亦恃人以饮食之也。不孝有三，无后为大，即由
于此。而微子以殷民攘窃神祇之牺铨牲用为大罪，更不足怪矣。

《楚茨》一诗，皆言古人祭祀之事，而曰："神嗜饮食，卜
尔百福。"又曰："神嗜饮食，使君寿考。"此真古人之见解与？
《左氏》诸书所载务民之义之论，乃当时先知先觉者之见解，而
非其时人人之见解也。

饮食进化之序

野蛮之人，多好肉食，然后卒改食植物者，实由人民众多，
禽兽不足之故。《礼运》曰：昔者先王未有火化，食草木之实，
鸟兽之肉，饮其血，茹其毛。疏曰："虽食鸟兽之肉，若不能饱

者，则茹食其毛，以助饱也。若汉时苏武，以雪杂羊毛而食之，是其类也。"茹毛饮血四字，读书者往往随意读过，不加细想，一经研究，实有饮食进化之理存焉。

《诗·豳风》："九月筑场圃。"笺云："耕治之以种菜茹。"疏曰："茹者，咀嚼之名。以为菜之别称，故书传谓菜如茹。"案：毛言茹，菜亦言茹，则古人之食菜，乃所以代茹毛也。《墨子·辞过》曰："古之民未知为饮食时，素食而分处。故圣人作诲，男耕稼树艺，以为民食。其为食也，足以增气充虚，强体适腹而已矣。"孙氏间诂曰："素食，谓食草木。《管子·七臣七主》曰：'果蓏素食当十石。'素，疏之叚字。《淮南子·主术训》云：夏取果蓏，秋畜疏食。疏，俗作蔬。《月令》：取疏食。郑注云：'草木之实为疏食。'《礼运》说上古，云：'未有火化，食草木之实。'即此素食也。"愚案《周官·太宰》"九职"："八曰臣妾，聚敛疏材。"注："疏材，百草根实可食者。"委人："掌敛野之赋……凡疏材木材，凡畜聚之物。"《管子》谓"万家以下，则就山泽"（《八观》）。可见疏食之利之溥矣。疏，本训草木之实，草木之实，较之谷食为粗，故引申为粗疏。凡谷之不精者，亦以疏食称之。《杂记》："孔子曰：吾食于少施氏而饱，少施氏食我以礼。吾祭，作而辞曰：'疏食不足祭也。'吾飧，作而辞曰：'疏食也，不足以伤吾子。'"疏曰"疏粗之食，不可强饱。以致伤害"是也。《吕览·审时》曰："得时之稼，其臭香，其味甘，其气章。百日食之，耳目聪明，心意睿智，四卫变强。"注："四卫，四枝也。""凶气不入，身无苛殃。黄帝曰：'四时之不正也，正五谷而已矣。'"谷食精者之胜粗，犹其粗者之胜疏食，亦犹疏食之胜鸟兽之毛也，此饮食进化之由也。

古代贵族饮食之侈

古代贵族平民，生活程度，相去颇远。今先就饮食一端论之。《左传》庄公十年："齐师伐我，公将战。曹刿请见。其乡人曰：肉食者谋之，又何间焉？"（杜《注》曰："肉食，在位者。"《正义》曰："昭四年《传》说颁冰之法，云：食肉之禄，冰皆与焉。大夫命妇，丧浴用冰。盖位为大夫，乃得食肉也。"《诗》："牧人乃梦，众维鱼矣。""大人占之，众维鱼矣，实维丰年。"《笺》曰："鱼者，庶人之所以养也。今人众相与捕鱼，则是岁熟相供养之祥。"故《孟子》以"不违农时，五谷不可胜食"，"数罟不入污池，鱼鳖不可胜食"并言也。）《王制》言"六十非肉不饱"，《孟子》言"七十可以食肉"。然孔子告子路："啜菽饮水，尽其欢，斯之谓养。"则亦非贫者所能必得矣。平民与士大夫之食，礼之所定，相去如此。然论其实，则尚有不止此者。

《墨子·辞过》曰："古之民，未知为饮食时，素食而分处。故圣人作，诲男耕稼树艺，以为民食。其为食也，足以增气充虚，强体适腹而已矣。故其用财节，其自养俭，民富国治。今则不然，厚敛于百姓，以为美食刍豢，蒸炙鱼鳖。大国累百器，小国累十器，前方丈（《孟子·尽心》："食前方丈。"赵注："极五味之馔，食列于前，方一丈。"），目不能遍视，手不能遍操，口不能遍味。冬则冻冰，夏则饰饐。人君为饮食如此，故左右象之，是以富贵者奢侈，孤寡者冻馁，虽欲无乱，不可得也。"

今案人君之食，《周官》膳夫举其凡，曰："凡王之馈：食用六谷，膳用六牲，饮用六清，羞用百有二十品，珍用八物，酱用百有二十瓮。"食医职云："掌和王之六食、六饮、六膳、百羞、百酱、八珍之齐。"

六谷者：稌、黍、稷、粱、麦、苽，皆嘉谷也。（《内则》："饭：黍、稷、稻、粱、白黍、黄粱、稰穛。"下言白黍，则上谓黄黍。下言黄粱，则上谓白粱也。孰获曰稰，生获曰穛。《正义》曰："《玉藻》：诸侯朔食四簋：黍、稷、稻、粱。此则据诸侯，其天子则加以麦、苽为六。"）

六牲者：马、牛、羊、犬、豕、鸡。

六清者：水、浆、醴、凉、医、酏。（郑《注》：据浆人也，酒正无水、凉二物。郑云："无厚薄之齐，故酒正不辨矣。"）《内则》："饮：重醴、稻醴清糟、黍醴清糟、粱醴清糟，或以酏为醴、黍酏、浆、水、醷、滥。"（疏："稻、粱、黍之醴，各有清糟，皆相配重设，故曰重醴。"《周官》：浆人共王之六饮无糟，而共后夫人致饮于宾客有之。盖亦该于醴中也。"或以酏为醴"《注》云："酿粥为醴。"即《周官》之医。"黍酏"，即《周官》之酏。"浆"，即《周官》之浆。"水"，即《周官》之水，"滥"《注》云："以诸和水也，以《周礼》六饮校之，则滥，凉也。"《疏》云："浆人《注》凉，今寒粥，若糗饭杂水也。则此以诸和水，谓以诸若糗饭之属和水也。诸者，众杂之辞。"《释文》曰："干桃干梅皆曰诸。"疑《释文》是也。酏为《周官》所无，司农以为即医，郑《注》曰梅浆。）

羞即庶羞，出于牲及禽兽，以备滋味。（郑《注》云："《公食大夫礼》《内则》：下大夫十六，上大夫二十，其物数备焉。天子诸侯，有其数，而物未得尽闻。"《疏》云："此经云百有二十者，是天子有其数。掌客云上公食四十，侯伯三十二，子男二十四，是诸侯有其数也。"）今案《内则》云："膳、膷（臐牛）、臐（臐羊）、膮（臐豕）、醢（郑云：衍字）、牛炙醢（熊氏云：豕、牛、羊之

下，即其肉之醢）、牛截醢、牛胲、羊炙、羊截醢、豕炙醢、豕
截、芥酱、鱼胲、雉、兔、鹑、鷃。"（《公食大夫礼》：作驾）自
鱼胲以上十六豆，为下大夫之礼。雉、兔、鹑、鷃，则上大夫所
加，此公食大夫所设也。《内则》又云："牛修一，鹿脯二，田豕
脯三，麇脯四，麠脯五，麋六，鹿七，田豕八，麇九，皆有轩，
雉十，兔十一，皆有笔，爵十二，鷃十三，蜩（蝉也）十四，
范（蜂也）十五，芝栭十六（庾蔚曰：无华叶而生者曰芝栭），
菱十七，想十八，枣十九，栗二十，榛二十一，柿二十二，瓜
二十三，桃二十四，李二十五，梅二十六，杏二十七，楂（梨之
不臧者）二十八，梨二十九，姜三十，桂三十一。"（郑云：三十一
物，皆人君食燕所加也）《内则》又云：食：（《注》："目，人君
燕食所用也。"）皇氏云：蜗一，苽食二，雉羹三，麦食四，脯
羹五，雉羹六，析稌（细析稻米为饭）七，犬羹八，兔羹九，和
糁不蓼（《注》："凡羹齐宜，五味之和，米屑之糁，蓼则不矣。"
《疏》："此等之羹，宜以五味调和，米屑为糁，不须加蓼。"），
濡豚十，包苦实蓼（《注》："凡濡，谓烹之，以汁和也。苦，苦荼
也，以包豚，杀其气。"），濡鸡十一，醢酱实蓼，濡鱼十二，卵
酱实蓼（《注》："卵读为鲲，鲲，鱼子。"），濡鳖十三，醢酱实
蓼，腶修十四，蚳醢十五（《注》："蚳，蚁蜉子也。"《释文》：
"蚳，蚁子也。"），脯羹重出，兔醢十六，麋肤十七，鱼醢十八，
鱼胲十九，芥酱二十，麋腥二十一（腥，生肉，上麋层谓熟也），
醢二十二，酱二十三，桃诸二十四，梅诸二十五，卵盐二十六
（大盐。郑云："二十六物，似皆人君燕所食也。《疏》云：按《周
礼·掌客》云：诸侯相食，皆鼎簋十有二，其正馔与此不同。其食
臣下，则《公食大夫礼》，具有其文，与此又异，故疑是人君燕食
也。"）。《周官》百有二十品，虽不得尽闻，亦可以见其概矣。

珍，郑《注》云："淳熬，淳母，炮豚，泡群，捣珍，渍，熬，肝膋。"（亦见《内则》）

酱，郑云："醯醢。"即醢人职云："王举则共醢六十瓮。以五齐、七醢、七菹、三臡实之"，醢人云"王举则共齐、菹、醢物六十瓮"者也。五齐者：昌本（昌蒲根，切之四寸为菹）、脾析（牛百叶）、蠯（大蛤）、豚拍（郑大夫、杜子春皆以拍为膊，谓胁也；或曰：豚，拍，肩也）、深蒲（郑司农云：薄蒻入水深，故曰深蒲。或曰：桑耳）。七醢：醢、蠃（蜯蝓）、蠯（小蛤）、蚳（蛾子）、鱼、兔、雁。七菹：韭、菁、茆（凫葵）、葵、芹、菭、笋。三臡：麋、鹿、麇。"凡醯酱所和，细切为齑，全物若牒为菹。菜肉通。""作醢及臡者，必先膊干其肉，乃后莝之，杂以粱曲及盐，渍以美酒，涂置甀中百日，则成矣。"此与八珍，作之皆极费时者也。

王日一举，（《注》：以朝食。燕食奉朝之余膳。燕食，谓日中及夕食也，《注》又云：后与王同庖。《疏》云："不言世子，则世子与王别牲。"）鼎十有二物，皆有俎。（《疏》云："赵商问：王日一举，鼎十有二，是为三牲备焉。商案《玉藻》：天子日食少牢，朔月太牢，礼数不同，请闻其说。郑答云：《礼记》后人所集，据时而言，或以诸侯同天子，或以天子与诸侯等。礼数不同，难以据也。王制之法，与礼违者多，当以经为正。"案《周官》六国时书，《玉藻》所述盖较古，愈近愈侈也。）

齐则日三举。有事而饮酒，谓之稍事，此康成说。（司农以为非日中大举时而间食。）设荐脯醢。其内羞，则醢人所供四笾之实，醢人所供四豆之食也。朝事之笾八：曰麷（熬麦也）、曰蕡（麻子也）、曰白（熬稻米也）、曰黑（熬黍米也）、曰形盐（司农曰：筑盐为虎形。康成曰：盐之似虎者）、曰膴（牒生鱼肉为大脔）、曰鲍、曰鱐（干鱼也）。馈食之笾：曰枣、曰栗、曰桃、曰干藤、曰榛实（干藤即干梅，《疏》云：当别有干桃。湿梅、枣亦宜有干者，凡八也）。加笾，以菱、芡、栗、脯四物为八笾（司农云：栗当为修，司农之意以栗与馈食之笾同也）。羞笾二：曰糗饵、曰粉餈（见《内则》）。朝事之豆八：曰韭菹、曰醓醢、曰昌本、曰麋臡，曰菁菹、曰鹿臡、曰茆菹、曰麋臡。馈食豆八：曰葵菹、曰蠃醢、曰脾析，曰蠯醢、曰蜃、曰蚳醢、曰豚拍、曰鱼醢。加豆之实八：曰芹菹、曰兔醢、曰深蒲、曰醓醢、曰箈菹、曰雁醢、曰笋菹、曰鱼醢。羞豆之实二：曰酏食、曰糁（亦见《内则》）。

"列之方丈，目不能遍视，手不能遍操，口不能遍味。冬则冻冰，夏则饰馂"，信矣。

案《王制》曰："羹食，自诸侯以下，至于庶人，无等。"（《注》曰："羹食，食之主也，庶羞乃异耳。"《疏》曰："此谓每日常食。"）《左传》隐公元年：颍考叔有献于公，公赐之食，食舍肉。公问之，对曰："小人有母，皆尝小人之食矣，未尝君之羹，请以遗之。"（杜《注》曰："宋华元杀羊为羹享士，盖古赐贱官之常。"《疏》曰："《礼》公食大夫，及《曲礼》所记大夫士与客燕食，皆有牲体殽胾，非徒设羹而已。此与华元享士，惟言有羹，故疑是赐贱官之常。"）愚案孔子称颜回"一箪食，一瓢饮"，其自述则曰："饭疏食，饮水。"《乡党》记孔子之行，则曰："虽疏食菜羹，必祭。"《孟子》言："箪食豆羹，得之则生，弗得则死。"《檀弓》言："黔敖左奉食，右执饮。"墨子称尧，"黍稷不二，羹胾不重，饭于土塯，啜于土形。"《节用中》。《韩非子·十过》："尧饭于土簋，饮于土铏。"《史记·李斯传》："二世曰：尧饭土瓯，啜土铏。"《韩诗外传》："舜饭乎土簋，啜乎土型。"

《史记·自序》：墨家亦尚尧、舜道，言其德行曰："食土簋，啜土刑，粝粱之食，藜藿之羹。"凡古人之言食，无不以羹食并举者，元凯之言，虽臆度，固事实也。《曲礼》曰："凡进食之礼：左肴右胾，食居人之左，羹居人之右。脍炙处外，醯酱处内。葱渫处末，酒浆处右。以脯修置者，左朐右末。"《管子·弟子职》曰："凡彼置食：鸟兽鱼鳖，必先菜羹。羹胾中列，胾在酱前。其设要方。饭是为卒，左酒右酱。"《曲礼》所加，不过肴胾、脍炙、醯酱、葱渫、酒浆。《弟子职》所加不过酒、酱及肉。一为大夫、士与宾客燕食之礼，一为养老之礼矣。食以羹食为主，信不诬也。《弟子职》谓："凡彼置食，其设要方。"盖古人设食之礼如所云，设之方不数尺耳。而当时之王公大人，设食至于方丈，其侈固可见矣。《内则》又曰："大夫，燕食，有脍无脯，有脯无脍，士不贰羹胾。"（《疏》曰："谓士燕食也。若朝夕常食则下云：羹食，自诸侯以下，至于庶人，无等。"）

饮食愈后则愈侈。墨子用夏政，孔子言"禹菲饮食"，而墨子亦病时人之侈于食，可见夏时之俭。《内则》曰："大夫无秩膳。大夫七十而有阁。天子之阁，左达五，右达五。公侯伯于房中五。大夫于阁三。士于坫一。"（《注》曰："秩，常也。""五十始命，未甚老"，故必七十而后有秩膳也。"阁，以板为之，度食物。"五者："三牲之肉及鱼腊。"）此则较常人少侈耳，尚未至食前方丈也。

古代外交之礼，亦可见其饮食之侈。据《聘礼》，客始至，则设飧。饪谓孰。一牢，在西，鼎九（牛、羊、豕、鱼腊、肠、胃、肤、鲜鱼、鲜腊、肤，豕肉也），羞鼎三（膷、臐、膮，即陪鼎），腥，一牢，在东，鼎七（无鲜鱼、鲜腊），此中庭之馔也。其堂上之馔八：八豆（醓醢、昌本、麋臡、菁菹、鹿臡、葵

菹、蜗醢、韭菹）、八簋（黍、稷）。六铏（牛、羊、豕）、两簠
（粱、稻）、八壶（稻酒、粱酒）。西夹六：六豆，六簋，四铏，
两簠，六壶（六豆无葵菹、蜗醢，余实与前同）。门外，米禾皆
二十车，薪刍倍禾。上介，饪，一牢，在西，鼎七，羞鼎三，
堂上之馔六，西夹无。门外，米禾皆十车，薪刍倍禾。众介，
皆少牢，鼎五（羊、豕、肠、胃、鱼腊）。堂上之馔：四豆，四
簋，两铏，四壶，无簠。既见而归饔饩（牲：杀曰饔，生曰饩，
《周官·司仪注》："小礼曰飧，大礼曰饔饩。"）。则五牢，饪，
一牢，鼎九，腥，二牢，鼎七。堂上：八豆，八簋，六铏，两
簠，八壶。西夹：六豆六簋，四铏，两簠，六壶。馔于东方，亦
如之。东夹室。醯醢百瓮，瓮受斗二升。饩二牢，米百筥（黍、
粱、稻、稷）。门外，米三十车，车秉有五籔，凡二十四斛。禾
三十车，车三秅，凡千二百秉。薪刍倍禾。上介三牢，饪、一
牢，鼎七，羞鼎三，腥一牢，鼎七。堂上之馔六，西夹亦如之。
筥及瓮如上宾。饩，一牢。门外米禾视死牢。牢十车。薪刍倍
木。士介四人，皆饩大牢，米百筥。夫人归礼。堂上笾豆六，脯
醢。筥黍清皆两壶（稻、黍、粱、酒，皆有清白，筥言白清指粱，
各举一也）。大夫饩宾，大牢，米八筐。黍粱各二，稷四。筐，
五斛。上介亦如之。众介，皆少牢，米六筐。公于宾，一食再
飧，燕与羞雁鹜之属（俶献始献四时新物，《聘义》所谓时赐，无
常数）。上介，一食一飧。大夫于宾，一飧一食。上介，若食若
飧。既致饔，旬而稍（谓廪食也。行聘礼一旬之后，或逢凶变，或
主人留之，不得时反，即有稍礼）。宰夫始归乘禽，雁鹜之属，
日如其饔饩之数。士，中日则二双。《周官·掌客》：王合诸侯
而飧礼，公、侯、伯、子、男尽在，兼享之则具十有二牢，庶具
百物备。王巡守殷国，国君膳以牲犊。令百官，百牲皆具。从

者：三公视上公，卿视侯伯，大夫视子男，士视诸侯之卿，庶子视大夫。凡诸侯之礼，诸侯自相待，天子待诸侯亦同。上公五积，侯伯四，子男三，皆视殄牵，谓所共如殄，而牵牲以往，不杀也。一积视一殄，殄五牢，五积则二十五牢。又云视殄，则有刍薪禾米等。三问皆修，侯伯再，子男一。群介、行人、宰、史，皆有牢。殄五牢，侯伯四，子男三。食四十（庶羞器），侯伯三十二，子男二十四。簠十（稻粱器），侯伯八，子男六。豆四十（菹醢器），侯伯三十二，子男二十四。铏四十有二（羹器，郑云：宜为三十八），侯伯二十八，子男十八。壶四十（酒器），侯伯三十二，子男二十四。鼎（牲器）、簋（黍稷器）十有二，侯伯子男同。牲三十有六（郑云：牲当为腥），侯伯二十七，子男十八。饔饩：九牢，侯伯七，子男五，其死牢如殄之陈。牵四牢，侯伯三，子男二。米百有二十筥，侯伯百，子男八十。醯酱百有二十瓮，侯伯百，子男八十。车米视牲牢，牢十车，车秉有五薮，侯伯三十车，子男二十。车禾视死牢，牢十车，车三秅，侯伯四十车，子男三十。刍薪倍禾。乘禽日九十双，侯伯七十，子男五十。殷膳（中膳）。致太牢，以及归，三飨，三食、三燕，侯伯再，子男一。凡介、行人、宰、史，皆有殄饔饩，以其爵等，为之牢礼之陈数。惟上介有禽献。夫人致礼。八壶、八豆、八簠，侯伯同，子男六。膳大牢，致飧大牢，子男不飧。食大牢，卿皆见以羔。膳大牢，侯伯特牛。侯伯子男，各有差等。卿大夫士，不从君而来聘者，如其介之礼待之。大行人：上公之礼，礼九牢，（《注》："礼，大礼，饔饩也，三牲备为一牢。"）侯伯七，子男五。三享，王礼，再裸（《注》再饮公也）。侯伯子男同。而酢（《注》报饮王也），子男不酢。飧礼九献，侯伯七，子男五。食礼九举（司农云：举，举乐也。后郑曰：举牲体九饭也。

《疏》云：此经食礼九举与飨礼九献相连，故以为举牲体，其实举中，可以兼乐）。侯伯七，子男五。出入五积（《注》：谓馈之刍米也），侯伯四，子男三（《疏》云：在路供宾，来去皆五积）。三问，三劳（《注》问，问不差也。劳，苦倦之也。皆有礼，以币致之）。侯伯再，子男一。侯伯子男，亦各有差等。盖其一食之费，足当平民终岁之饱矣。《聘义》曰："古之用财者，不能均如此。然而用财如此其厚者，言尽之于礼也。尽之于礼，则内君臣不相陵，而外不相侵。故天子制之，而诸侯务焉耳。"此固然。然其时王公大人之食用，与平民相去之远，则可见矣。

《玉藻》：天子"皮弁，以日视朝，遂以食，日中而馂（《注》：馂，朝食之余也）。奏而食（《注》：奏，奏乐也）。日少牢，朔月大牢。五饮：上水、浆、酒、醴、酏"。诸侯"朝服，以日视朝于内朝……退适路寝听政。使人视大夫，大夫退，然后适小寝。释服。又朝服以食，特牲三俎，祭肺。（《注》：食必复朝服，所以敬养身也。三俎：豕、鱼、腊。）夕深衣，祭牢肉（《注》：祭牢肉，异于始杀也。天子言日中，诸侯言夕，天子言馂，诸侯言祭牢肉，互相挟）。朔月少牢五俎、四簋（《注》：五俎，加羊与其肠胃也。朔月四簋，则日食粱稻各一簋而已）。子卯，稷食菜羹（《注》：忌日贬也）。夫人与君同庖（《注》：不特杀也。《疏》：举诸侯，天子可知）。君无故不杀牛，大夫无故不杀羊，士无故不杀犬豕。（《注》：故，谓祭祀之属。《疏》：言祭祀之属者，若待宾客飨食，亦在其中。案此三语，亦见《王制》。又曰：无故不食珍，庶羞不逾牲。）君子远庖厨，凡有血气之类，弗身践也"（《注》：践当为翦，翦犹杀也）。所言与《周官》大同小异。如《周官》天子日食大牢，则无故得杀牛矣。

《玉藻》又曰："年不顺成，则天子素服，乘素车，食无乐。"又言诸侯之礼曰:"至于八月不雨,君不举。年不顺成,君衣布搢本,关梁不租,山泽列而不赋,土功不兴,大夫不得造车马。"《王制》曰:"以三十年之通,虽有凶旱水溢,民无菜色,然后天子食,日举,以乐。"《曲礼》曰:"岁凶,年谷不登,君膳不祭肺,马不食谷,驰道不除,祭事不悬,大夫不食粱,士饮酒不乐。"此盖隆古共产社会,同甘共苦之遗制。三代制礼,犹有存者,特不能尽守耳。后世去古愈远,遗意寖沦。"朱门饱粱肉,路有冻死骨",视为固然,曾无愧恻。不惟大同之世之人,所梦想不到;即视三代守礼之贵族,亦有愧色矣。

汉世食客之多

《后汉书·吴汉传》:家贫,给事县为亭长。王莽末,以宾客犯法亡命。一亭长而犹有宾客,可见汉时寄食者之多。

所谓宾客者,不能自食,常从人寄食之谓也。韩信数从其下乡南昌亭长寄食。数月。亭长妻患之,乃晨炊蓐食。食时,信往,不为具食。信亦知其意,怒,竟绝去。使亭长妻而不晨炊蓐食,信不怒而绝去,南昌亭长,亦一吴汉也。楼护有故人吕公,无子归护。护身与吕公、妻与吕妪同食。及护家居,妻子颇厌吕公。护闻之,流涕,责其妻子曰:"吕公以故旧穷老,托身于我,义所当奉。"遂养吕公终身。使楼护而听其妻子,则亦一南昌亭长也。灌夫食客日数十百人。郑太知天下将乱,阴交结豪杰,有田四百顷,而食常不足。戴良曾祖父遵,食客常三四百人。知寄食于人之事,汉世甚多。

宦南方者之食

古称不宝远物，斯言似易而实难；盖见纷华靡丽而不说者，惟味道之腴者能然，固非所语于人人也。儒家之贵恭俭至矣，然其称孝，曰"以天下养"（《孟子·万章》上）。所谓以天下养者，则三牲鱼腊，极四海九州之美味而已，非宝远物而何？

西域、南海，皆异物之所自来也，而贸迁往来，水便于陆，故南琛之至尤早。《史记·货殖列传》言番禺为珠玑、犀、玳瑁、果、布之凑，此语必非指汉时，可见陆梁之地未开，蛮夷贾船，已有来至交、广者矣。赵佗以翠鸟、紫贝、生翠、孔雀遗汉朝，越繇王闽侯亦以荃、葛、珠玑、犀角、羽翠遗江都王建，其宝爱之情可想。职是故，宦于南方者，遂多贪墨之徒。湘成侯益昌，坐为九真太守盗使人出卖犀、奴婢，臧百万以上，不道，诛（《汉书·景武昭宣元成功臣表》）；张恢为交阯太守，坐臧千金，征还伏法（《后汉书·钟离意传》），皆是物矣。《后汉书·循吏传》：孟尝，"迁合浦太守。郡不产谷实，而海出珠宝，与交阯比境，常通商贩，贸粜粮食。先时宰守并多贪秽，诡人采求，不知纪极，珠遂渐徙于交阯郡界。于是行旅不至，人物无资，贫者死饿于道"。《贾琮传》云："旧交阯土多珍产，明玑、翠羽、犀、象、玳瑁、异香、美木之属，莫不自出。前后刺史率多无清行，上承权贵，下积私赂，财计盈给，辄复求见迁代，故吏民怨叛。中平元年，交阯屯兵反，执刺史及合浦太守，自称柱天将军。灵帝特敕三府精选能吏，有司举琮为交阯刺史。琮到部，讯其反状，咸言赋敛过重，百姓莫不空单，京师遥远，告冤无所，民不聊生自活，故聚为盗贼。"其阇无天日，可见一斑。珠崖、儋耳二郡，率数岁一反（《后汉书·南蛮传》），盖有由也。《马援传》云：“初，援在交趾，常饵薏苡实，用能轻身省欲，以胜瘴气。南方薏苡实大，援欲以为种，军还，载之一车，时人以为南土珍怪，权贵皆望。援时方有宠，故莫以闻。及卒后，有上书谮之者，以为前所载还，皆明珠文犀。”《吴祐传》：“父恢为南海太守，祐年十二，随从到官。恢欲杀青简以写经书，祐谏曰：今大人逾越五岭，远在海滨，其俗诚陋，然旧多珍怪，上为国家所疑，下为权戚所望。此书若成，则载之兼两。昔马援以薏苡兴谤，王阳以衣囊徼名，嫌疑之间，诚先贤所慎也。恢乃止。”观此二事，可见权贵之涎于南产。《三国·吴志·孙权传》建安二十五年《注》引《江表传》云：“是岁，魏文帝遣使求雀头香、大贝、明珠、象牙、犀角、玳瑁、孔雀、翡翠、斗鸭、长鸣鸡。群臣奏曰：荆、扬二州，贡有常典，魏所求珍玩之物，非礼也，宜勿与。权曰：彼在谅闇之中，而所求若此，宁可与言礼哉？皆具以与之。”盖其求之之切如此。晋武帝幸王济宅，供馔悉贮琉璃器中（《晋书·王济传》）。时石崇与王恺、羊琇之徒，以奢靡相尚。武帝每助恺，尝以珊瑚树赐之，高三尺许，枝柯扶疏，世所罕比。恺以示崇，崇便以铁如意击之，应手而碎。恺既惋惜，又以为嫉己之宝，声色方厉。崇曰：不足多恨，今还卿。乃命左右悉取珊瑚树，有高三四尺者六七株，条干绝俗，光采耀目，如恺比者甚众（《晋书·石崇传》）。琉璃、珊瑚，非来自西域，则必出于南海。合魏文帝之事观之，知当时勋戚之家，能致南琛者，亦必不少也。

交、广而外，益州亦为异物所自来。张骞在大夏，见邛竹杖，蜀布，问曰：安得此？大夏国人曰：吾贾人往市之身毒。其后武帝使骞发间使以求大厦，其北方闭氏、筰，南方闭嶲、昆明，终莫得通，然闻其西可千余里，有乘象国，名曰滇越，而蜀贾间出物者或至焉（《汉书·张骞传》）。此自今缅甸通云南之道，邛竹杖、蜀布，盖即由是而入身毒。哀牢至荒陋，而《传》述其物产，乃有光珠、琥珀、水精、瑠璃、轲虫、蚌珠、孔雀、翡翠、犀、象，又有梧桐木华，绩以为布，皆海外之珍也。葛亮南征，军资所出，国以富饶，其所取资，盖不仅蛮中土物矣。《后汉书·朱晖传》载张林上言，欲因交阯、益州上计吏往来市珍宝，收采其利。武帝时所谓均输者也。其视之，如宋人之视香药宝货矣。

饮食侈靡之祸

公元三一二、三一六年，洛阳、长安相继沦陷。自此政府偏安于南方者二百七十三年。其间北方非无可乘之机，然终不克奏恢复之烈者，士大夫阶级之腐败，其大原因也。士大夫阶级之腐败，事有多端，奢侈其大焉者也。奢侈之事，亦有多端，饮食其大焉者也。贺琛之告梁武帝也，曰："今天下宰守，所以皆尚贪残，罕有廉白者，风俗侈靡，使之然也。淫奢之弊，其事多端，粗举二条，言其尤者。今之燕喜，相竞夸豪。积果如山岳，列肴同绮绣。露台之产，不周一燕之资。而宾主之间，裁取满腹，未及下堂，已同臭腐。又歌姬舞女，本有品制。今虽庶贱，皆盛姬妾。务在贪污，争饰罗绮。故为吏牧民者，竞为剥削。虽致赀巨亿，罢归之日，不支数年。乃更追恨向所取之少，如复传翼，增其搏噬，一何悖哉？"案前世士夫，多畜声伎，燕客则使之奏技以娱宾，而欲延客赏其伎乐者，亦必盛为饮食以饷之。贺琛所言，二事实一事也。五侯之鲭，著称洛下，何曾之谱，流衍江东，五胡之祸，盖与饮食若流终始？岂不哀者？

原　酒

《史记》谓纣以酒为池。《正义》引《六韬》，云："纣为酒池，回船糟丘而牛饮者，三千余人为辈。"此其池当大几何，其酒当得几许，不问而知其诞谩矣。然其说亦有所本。《礼运》述太古之俗，"污尊而抔饮"（郑《注》云：污尊，凿地为尊也；抔饮，手掬之也）。《周官》萍氏："掌国之水禁，几酒（《注》：苛察沽买过多及非时者）谨酒（《注》：使民节用酒也）禁川游者。"夫凿地而饮，则所饮者水也。几酒、谨酒与掌水禁同官，尤邃初酒与水无别之明证。盖大上仅饮水，后乃易之以酒也。何以知其然也？古之饮者必以群。《酒诰》曰："群饮，女勿佚，尽执拘以归于周，予其杀。"夫当酒禁甚严之世，宁不可杜门独酌，以远罪戾，而必群饮以遭执杀之刑哉？则习之不可骤改也。《礼器》："周礼其犹醵与。"（《注》：王居明堂之礼，仲秋乃命国酿。）《周官》酒正："掌酒之政令，以式法授酒材，凡为公酒者亦如之。"（《注》谓乡射饮酒，酒正授以式法及酒材，使自酿之。）族师："春秋祭酿。"（《注》谓：族长无饮酒之礼，因祭酺，而与其民以长幼相献酬焉。《疏》曰：知因祭酺有饮酒之礼者，郑据《礼器》《明堂礼》，皆有酿法。）然则酿之由来尚矣。盖部落共产之世，合食之遗俗也。夫当部落共产之世，其尚不能造酒，而惟饮水也审矣。斯时之聚食，盖或就水边，或则凿地取水。至后世犹袭其风，群饮者必在水边。其初凿地取水，后虽易以酒，亦或凿地盛之。故几酒与掌水禁同官，而纣亦作大池，以示其侈也。云牛饮者三千人为辈，固《论衡》所谓语增之流；然其说固有所本，非尽子虚也。《易·序卦》言"饮食必有讼"，盖由群饮沉湎，以致争斗，非争食也。汉世赐民牛酒，盖实授以酒，古给公酒之遗。其赐民酺，则听其合钱聚饮，古所谓醵也。

或曰：焉知酒之兴，必后于部落共产之世乎？曰：有征焉。《礼运》言"污尊抔饮"与"燔黍捭豚""蒉桴土鼓"并举。又曰：昔者先王未有火化，食鸟兽之肉，饮其血，茹其毛。后圣有作，然后修火之利。以炮，以燔，以亨，以炙，为醴酪。（《疏》曰："未有火化，据伏羲以前。以燔捭豚，即是有火。燔黍捭豚，污尊抔饮，指神农，以《明堂位》云，土鼓苇籥，伊耆氏之乐。《郊特牲》曰：伊耆氏始为蜡，焉说以伊耆氏为神农。今此云蒉桴土鼓，故知谓神农也。"《士昏礼疏》云：污尊抔饮，谓神农时，虽有黍稷，未有酒醴。后圣有作，以为醴酪，据黄帝以后。案《礼运》言"污尊抔饮"与"以为醴酪"对举，此疏是。《礼运·疏》谓：污尊，乃凿池污下而盛酒，恐非。然亦可证后来有凿池盛酒之事。然则酒醴之作，盖在黄帝以后也。）凡酒，稻为上，黍次之，粟次之（《聘礼注》）。五齐三酒，俱用秫、稻、曲、蘖、鬯酒用黑黍（《周官》酒正《疏》）。皆有资于农产。神农时，农事初兴，农产未盛，未必能以之为酒。谓酒起黄帝以后，近于实也。

《战国策》曰：仪狄作酒，禹饮而甘之。遂疏仪狄而绝旨酒，曰：后世必有以酒亡其国者，则夏时酒尚不甚通行。《明堂位》曰："夏后氏尚明水，殷尚醴，周尚酒。"（《注》：此皆其时之用耳，言尚非。）案《礼器《郊特牲》，皆言"玄酒之尚"，《郊特牲》作"玄酒明水之尚"。(《士昏礼疏》曰:"相对,玄酒与明水别。通而言之,明水亦名玄酒。")《玉藻》曰:"凡尊,必尚玄酒。惟君面尊,惟飨野人皆酒。"《注》蜡饮不备礼。(《疏》:飨野人,谓蜡祭时也。野人贱,不得比士,又无德,又可饱食,则宜贪味,故惟酒而无水也。)案如予说,玄酒所以和酒而饮。飨野人之酒盖不多,故无待于和也。见下。则古祭祀饮食,皆尚玄酒。《士昏礼》:酌玄酒。三属于尊。(《疏》云:"明水,若生人相礼,不忘本,亦得用。"康成所知者,作记者无由不知。则所谓尚者,正即康成所谓用耳。《疏》云:《仪礼》设酒尚玄酒,是周家亦尚明水也。)《礼运》云:澄酒在下,则周世不尚酒。

《周官》酒正,有五齐、三酒、四饮。五齐者:泛齐、醴齐、盎齐、缇齐、沈齐。(《注》云:自醴以上尤浊,盎以下差清。)三酒者:一曰事酒(《注》云:即今醳酒。《疏》云:冬酿春成)。二曰昔酒(《注》云:今之酋久白酒,所谓旧醳。《疏》云:久酿乃熟,故以昔酒为名。对事酒为清,对清酒为白),三曰清酒(《注》:今中山冬酿接夏而成。《疏》云:此酒更久于昔,故以清为号)。四饮者:一曰清(即浆人醴清),二曰医(即《内则》所谓或以酏为醴,谓酿粥为醴)。三曰浆,四曰酏。郑曰:"五齐之中,醴恬,与酒味异。"(《疏》曰:"恬于余齐,与酒味稍殊,故取入六饮。其余四齐,味皆似酒。")盖四饮最薄,五齐次之,三酒最厚(《疏》云:五齐对三酒。酒与齐异,通而言之,五齐亦曰酒)。四饮去水最近。五齐醴以上近水,盎以下近酒。而古人以五齐祭,三酒饮(《周官·酒正》《疏》:"五齐味薄,所以祭;三酒味厚,人所饮。")。其陈之也:则玄酒为上,醴酒次之,三酒在下。《礼运》:"玄酒在室,醴酸在户,粢醍在堂,沈酒在下。"《坊记》:"醴酒在室,醍酸在堂,澄酒在下。"醴即醴齐,酸即盎齐,粢醍即缇齐,澄即沈齐，酒即三酒。《玉藻》："五饮：上水，浆、酒、醴、酏。"
（《注》："上水，水为上，余其次之。"）可见酒味之日趋于厚矣。

知酒味之日趋于厚，则知古人初饮酒时，其酒实去水无几。
酒之厚者，或和水而饮之，未可知也。《周官》浆人六饮有凉。
司农曰："凉，以水和酒也。"康成不从，未知何故。《疏》谓
"和水非人所饮"，则以后世事度古人矣。果古无和水而饮者，
司农岂得亿为之说耶？

案古人饮酒之器：《韩诗》说："一升曰爵，二升曰觚，三升
曰觯，四升曰角，五升曰散。觥亦五升。"《古周礼》说："爵一
升，觚三升。献以爵而酬以觚，一献而三酬，则一豆矣。"亦见
《考工记·梓人》。《毛诗》说："金罍大一石，觥大七升。"（许
慎云："一献三酬当一豆。若觚二升，不满一豆。觥罚有过。一饮
而尽七升过多。"郑驳之云："觯字角旁龙，汝、颍之间师读所作。
今礼角旁单。古书或作角旁氏，角旁氏，则与觚字相近。学者多闻
觚，寡闻抵。写此书乱之而作觚耳。又南郡太守马季长说：一献而
三酬则一豆。豆当为斗，与一爵三觯相应。"）《礼器》："宗庙之
祭，贵者献以爵，贱者献以散，尊者举觯，卑者举角。五献之
尊。门外缶，门内壶。君尊瓦甒。"（郑《注》爵、散、觯、角与
《诗》同。《注》又曰："壶大一石，瓦甒五斗，缶大小未闻也。"
《正义》："壶大一石，瓦甒五斗者，《汉礼器制度》文。此瓦甒即燕
礼公尊瓦大也。《礼图》：瓦大受五斗，口径尺，颈高二寸；径尺，
大中身锐，下平。瓦甒与瓦大同，以小为贵，近者小则远者大。缶
在门外，则大于壶矣。"）《周官》《疏》引《汉礼器制度》亦云：
"觚大二升，觯大三升。"《诗·疏》引《礼图》："罍大一斛，觥
大七升。"古十斗为斛，即汉所谓一石。然则古酒器大小，惟觥
未能定；缶不可知；自爵至罍，《韩诗》《毛诗》《周礼》《礼图》

《礼器制度》略同。《论语》："觚不觚。"马曰："一升曰爵，二升曰觚。"亦同。据器之大小，可以考古人饮酒之多寡矣。《韩诗》说诸爵名之义曰："觚，寡也，饮当寡少。觯，适也，饮当自适也。角，觸也，不能自适，觸罪过也。散，讪也，饮不能自节，为人所谤讪也。"又曰："觚、觯、角、散，总名曰爵。其实曰觞，觞者饷也。觥亦五升，所以罚不敬。觥、廓也，所以著明之貌。君子有过，廓然明著。非所以饷，不得名觞。"《玉藻》曰："君子之饮酒也，受一爵而色酒如也，二爵而言言斯，三爵而油油以退。"然则古人饮酒，不过三爵。过三爵，则不能自持矣。古权量于今不逮三之一，其饮酒之多寡，略与今人等也。乃《考工记》曰："食一豆肉，饮一豆酒，中人之食。"淳于髡之说齐王曰："臣饮一斗亦醉，一石亦醉。"虽讽谏之辞，不必尽实，亦不容大远于情。知必有和水饮之之法，故能如是也。

《射义》曰："酒者，所以养老也，所以养病也，求中以辞爵者，辞，养也。"孟子谓曾子养曾皙，曾元养曾子，必有酒肉。《曲礼》曰："五十不致毁，六十不毁，七十惟衰麻在身，饮酒食肉处于内。"《周官》酒正："凡飨士庶子，飨耆老孤子，皆共其酒，无酌数。"（《注》："要以醉为度。"）"凡有秩酒者，以书契受之。"（《注》："所秩者，谓老臣。"《王制》曰："九十日有秩。"）此所谓所以养老也。《曲礼》又曰："居丧之礼：头有创则沐，身有疡则浴，有疾则饮食肉。"《檀弓》曰："曾子曰：丧有疾，食肉饮酒，必有草木之滋焉，以为姜桂之谓也。"《周官·疾医》："以五味、五谷、五药养其病。"《疡医》亦曰："以五味节之。"（《注》：五味：醯、酒、饴、蜜、姜、盐之属）《酒正》："辨四饮之物，二曰医。"（《注》："医，《内则》所谓或以酏为醴，凡醴浊，酿酏为之，则少清矣。"）医字从殹从酉，疑正指其以酒为养。此所谓所以养病也。酒者，兴奋之剂，古人以为可以养神。《郊特牲》曰："凡饮，养阳气也。"又曰："凡食，养阴气也。"（《疏》曰："饮是清虚，食是体质。"）《周官·酒正·注》曰："王致酒，后致饮，夫妇之义。"饮较酒兴奋之用少也。射与角抵等事，其初不必如后来之有礼，败者或致创夷，故宜以是饮之。《投壶》曰："当饮者皆跪。奉觞曰赐灌，胜者跪曰敬养。"此所谓所以辞养也。夫以酒养人，厚薄必适如其量。不然，是困之已。人之饮酒，多寡不同。而相酬之爵，大小若一，明亦必和水饮之，而后其礼可行也。

以酒为养生之物，则宜有以胜争饮者，古盖亦有此俗。《战国策》陈轸曰：有遗其舍人一卮酒。舍人相谓曰：数人饮此不足，请遂画地为蛇，蛇先成者独饮之。此以胜争饮者也。礼戒争而教让，故以饮败者为常耳。又酒以为养，而又以为罚不敬之具者，所以愧耻之也。此亦可见古人之贵礼而贱财，厚厉人之节，而重加之以罚矣。此文成后，读《观堂集林》卷三，有《说盉》一篇，明玄酒所以和酒，古人之酒，皆和水而饮，足与鄙说相发明。惟多引骨甲文，不佞甚不信之耳。

疏食（上）

茹毛饮血，此皆以为形容野蛮人之词耳，其实不然，此四字见《礼记·礼运》。《正义》云："虽食鸟兽之肉，若不能饱者，则茹食其毛以助饱，若汉时苏武以雪杂羊毛而食之，是其类也。"古人恒苦饥荒，苏武之穷乏，于古必数见不鲜，足见其非形容之词。《诗·豳风》："九月筑场圃。"《笺》云："耕治之以种菜茹。"《正义》云："茹者咀嚼之名，以为菜之别称，故书传谓菜为茹。"案毛言茹，菜亦言茹，则古人之食菜，与茹毛同。肉不能饱而茹毛，草木之实不能饱而茹菜，其致一也。然茹植物之始，非必皆后世老圃之所植也，盖草根树皮，无弗食焉，其去后世饥荒时之所食，亦无几耳。《礼记·月令》：仲冬之月，山林薮泽，有能取蔬食，田猎禽兽者，野虞教道之；其有相侵夺者，罪之不赦。《周官》大宰九职："八曰臣妾，聚敛疏材。"委人："掌敛野之赋，凡疏材、木材、凡畜聚之物。"《管子·七臣七主》曰：果蓏素食当十石。《八观》曰：万家以下，则就山泽；万家以上，则去山泽。皆可见其养人之广。若后世，则惟饥荒之时食之，见诸救荒本草中耳。

《淮南·主术》曰：夏取果蓏，秋畜疏食。则果蓏与疏食不同；果蓏者草木之实也，疏食其根茎也。《礼记》郑《注》曰：草木之实为疏食。《周官》郑《注》曰：疏材，根实可食者。混二者为一，恐非。

疏食较谷食为粗，谷之粗者，亦较其精者为粗，故后亦称谷之粗者为疏食。《礼记·杂记》："吾祭，作而辞曰：疏食不足祭也。吾餐，作而辞曰：疏食也，不足以伤吾子。"《正义》曰："疏粗之食，不可强饱，以致伤害。"是也。今者谷之精者，不足养人，人人知之矣。予谓更推之，则专食粗谷，或者不如兼食各种植物。古《本草》有所谓久服轻身延年者，今人试之，或无其效，则以古说为不可信。然古人所谓久服者，恐非如今人以之为药物，乃以之为饔飧也。国民军围武昌，某药肆学徒，为其肆送何首乌，中途炮火大作，流弹纷至，不能至肆，姑归家止焉，已而其肆闭。此学徒家惟老父一人，久瘫痪卧床弗能动矣。父子二人，闭门坐守。粮绝，遂以何首乌当饭。一月许，其父竟愈。此事见上海某报，予曾录存之，今亦在游击区中，弗能道其详，然其大致固犹能记忆也。此人瘫痪之获愈，不知果由以何首乌代饭否？然《本草》中所云常服之品，若以之代饭，必有效验可见，则理有可信也。神农为古农业之称，本非指人，如《月令》云：毋发令而待，以妨神农之事是也。所谓《神农本草经》者，非谓炎帝神农氏所作之本草经，乃谓农家原本草木性味之书耳。古农家所以能知百草之性者，亦以其所食不专于谷物也。

疏食（下）

疏食足济民食，汉世犹知之。《后汉书·和帝纪》：永元五年九月壬午，令郡县劝民蓄疏食，以助五谷。其官有陂池，令得采取，勿收假税二岁。十一年二月，遣使循行郡国，禀贷被灾害不能自存者，令得渔采山林池泽，不收假税。十二年二月，诏贷被灾诸郡民种粮，赐下贫鳏寡孤独不能自存者及郡国流民，听入陂池渔采，以助疏食。十五年六月，诏令百姓鳏寡渔采陂池，勿收假税二岁。《安帝纪》：永初三年七月庚子，诏长吏案行在所，皆令种宿麦疏食，务尽地力。其贫者给种饷。案《刘玄传》言：王莽末，南方饥谨，人庶群入野泽，掘凫茈而食之，此即所谓疏食也。《汉书·王莽传》：天凤五年，以大司马司允费兴为荆州牧。见，问到部方略。兴对曰：荆扬之民，率依阻山泽，以渔采为业。间者国张六管，税山泽，妨夺民之利；连年久旱，百姓饥穷，故为盗贼。莽怒，免兴官。然至地皇三年，卒开山泽之防，诸能采取山泽之物而顺月令者恣听之，勿令出税，可见疏食关系之大。《刘玄传》言：入野泽掘凫茈者，更相侵夺，王匡、王凤为平理诤讼，遂推为渠帅。此所谓饮食必有讼，而能平理诤讼者，为众所推，亦即所谓争而不已，必就其能断曲直者而听命焉者也。元魏尝罢河东盐池之税矣，富强者专擅其用，贫弱者不得资益。延兴初，复立监司，量其贵贱，节其赋入，公私兼利。世宗即位，复罢其禁。豪贵之家，复乘势占夺。近池之民，又辄障吝。强弱相陵，闻于远近。神龟初，卒复置监官。然则设官管理，本非徒计利人，亦所以抑豪强而公美利也。而惜乎主管榷者，贤者徒知利国，不肖者且躬肆侵渔也。

《汉书·地理志》言：江南以渔猎山伐为业，果蓏蠃蛤，食物常足，故呰窳偷生而亡积聚。饮食还给，不忧冻饿，亦无千金之家。夫其无积聚而不忧冻饿，正以山泽之利，不与五谷俱荒故也。莽以峻切之政齐之，其致乱宜矣。然龚遂为渤海太守，秋冬课收敛，益畜果实菱芡，劳来循行，郡中皆有畜积，则北方亦未尝无疏食之利也。《后汉书·江革传》云：负母逃难，常采拾以为养。《独行传》：范冉遭党人禁锢，遂推鹿车，载妻子，捃拾自资。《注》引《袁山松书》曰冉去官，尝使儿捃拾麦，得五斛，此即收敛所余，龚遂所以欲课民收敛也。《诗》曰：彼有遗秉，此有不敛穧，龙子言乐岁粒米狼戾，小民无远虑，固不得不有贤长官教督之。或曰：一举而尽敛之，寡妇之利安在？曰：礼义生于富足，孟子曰：民非水火不生活，昏暮叩人之门户，求水火，无勿与者，至足矣。圣人治天下，使有菽粟如水火，而民焉有不仁者乎？岂尚虑寡妇之无以为养耶？

昧于义者，率言人生而自私，故行私产之制，则地无遗利，其实行私产之制，则遗利多而狼戾亦愈甚。何者？力非为己，则不出于身，货不藏于己，即任其弃于地也。《汉书·货殖传》言贫者含粟饮水，富者犬马余肉粟。犬马而余肉粟，岂非狼戾之甚者邪？

《后汉书·桓帝纪》：永兴二年六月，诏司隶校尉部刺史曰：蝗灾为害，水变仍至，五谷不登，人无宿储。其令所伤郡国种芜菁，以助人食。此亦疏食助谷食，惟仍有待于种耳。古之种谷者不得种一谷，以防灾害也。（见《公羊》宣公十五年《解诂》。）然灾害有凡谷者皆不能种，而疏食犹可种者。又有地本不宜于谷，而犹可种疏者。夫谷食较之疏食，谷食则美矣。然既知谷食，而遂尽废疏食，则亦无是理。种谷者徒知种谷，谷不可种，遂束手待毙，亦未尽重民食之道也。

王莽末，大卜旱蝗，黄金一斤，易粟一斛。建武之初，野谷旅生，麻未尤盛，人收其利。（《后汉书·光武纪》建武二年）此遭大乱之后，田亩荒废，悉变为平时之山泽也。冯异之入关，黄金一斤，易豆五升，道路断隔，委输不至，军士悉以果实为粮。（《后汉书》本传）献帝之幸安邑，亦以枣栗为粮。（《后汉书·伏皇后纪》）《三国志·魏武帝纪注》引《魏书》，言自遭荒乱，率乏粮谷。袁绍之在河北，军人仰食桑椹，袁术在江淮，取给蒲蠃（建安元年）果实而足食三军之师，虽曰不得饱；其利之厚，则可见矣。讲求农业者，安得不推广之于谷食之外邪？

《史记·陈丞相世家》曰：平为人长，美色。人或谓曰：贫，何食而肥若是？其嫂嫉平之不视家生产，曰：亦食糠核耳。其实糠核之养人，未必遽逊于谷物也。《汉书·食货志》言王莽分遣大夫谒者教民煮木为酪，酪不可食，重为烦扰。（《莽传》云：分教民煮草木为酪，酪不可食，重为烦费。）夫至于遣使设教，则必固有其法审矣。大夫谒者教或不善；木可为酪，则必不诬也。

肉食与素食

古惟贵者、老者乃得食肉，庶人之食，鱼鳖而已。汉世犹有其风。《汉书·王吉传》云：自吉至崇，世名清廉，禄位弥隆，皆好车马衣服，其自奉养，极为鲜明，而无金银锦绣之物，及迁徙去处，所载不过囊衣，不畜积余财，去位家居，亦布衣疏食，天下服其廉而怪其奢。故俗传王氏能作黄金。盖汉世居官者，多好畜积余财，藏金银锦绣，王氏一不事此，而惟以之自奉养，则固可使人怪其奢，何待能作黄金，彼岂不能预为他日计，而必一去位即布衣疏食，盖以为制度宜然也。《后汉书·崔骃传》云：子瑗，爱士好宾客，盛修肴膳，单极滋味，居常疏食菜羹而已，亦非力不能自奉，以为礼则然也。《三国·蜀志·费祎传注》引《祎别传》曰：祎雅性俭素，家不积财，儿子皆令布衣素食，出入不从车骑，无异凡人。可见凡人皆布衣素食。其居官而仍素食者，则为俭德。《后汉书·孔奋传》：守姑臧长，时天下扰乱，惟河西独安，而姑臧称为富邑，通货羌胡，市日四合，每居县者，不盈数月，辄至丰积，奋在职四年，财产无所增，事母孝谨，虽为俭约，奉养极求珍膳，躬率妻子，同甘菜茹。《杨震传》：举茂才，四迁荆州刺史，东莱太守，后转涿郡太守，性公廉，不受私谒，子孙常蔬食步行。《党锢传》：羊陟拜河南尹，计日受奉，常食干饭茹菜。《三国·吴志·是仪传》：孙权幸仪舍，求视蔬饭，亲尝之，对之叹息，即增奉赐，益田宅。及费祎皆其选也。

孔奋躬率妻子，同甘菜茹，而事母极求珍膳，所以养老也。闵仲叔客居安邑，老病，家贫不能得肉，日买猪肝一片，屠者或不肯与，安邑令闻，敕吏常给焉。仲叔怪而问之，知，乃叹曰：

闵仲叔岂以口腹累安邑邪？遂去。（《后汉书·周燮等传》）其未去时，岂不能素食，亦以为养老之礼则然也。《郭泰传》：茅容年四十余，耕于野，时与等辈避雨树下，众皆夷踞相对，容独危坐愈恭，林宗行见之，而奇其异，遂与共言，因请寓宿。旦日，容杀鸡为馔，林宗谓为已设，既而以共其母，自以草蔬与客同饭。林宗起拜之曰：卿贤乎哉！因劝令学，率以成德，亦养老之礼，犹存于野者也。

茅容以草蔬与客同饭，盖田家待客，本不过尔。故丈人为子路杀鸡为黍，《论语》亦特记之矣。然即贵人待客，于礼亦不甚奢。张禹成就弟子尤著者，彭宣、戴崇。宣为人恭俭有法度，而崇恺弟多知，禹心亲爱崇，敬宣而疏之，崇每候禹，常责师宜置酒设乐，与弟子相娱，禹将崇入后堂饮食，妇女相对，优人管弦铿锵，极乐，昏夜乃罢。而宣之来也，禹见之于便坐，讲论经义，日宴赐食，不过一肉，卮酒相对，宣未尝得至后堂，及两人皆闻知，各自得也。（《汉书》本传）禹之待戴崇，特奢淫之为，其待彭宣则礼也。《三国·吴志·步骘传》：世乱，避难江东，单身穷困，与广陵卫旌，同年相善，俱以种瓜自给。会稽焦征羌，郡之豪族，人客放纵，骘与旌求食其地，惧为所侵，乃共修刺奉瓜以献，征羌作食，身享大案，殽膳重沓，以小盘饭与骘、旌，惟菜茹而已。旌不能食，骘极饭致饱，乃辞出。旌怒骘曰：何能忍此？骘曰：吾等贫贱，是以主人以贫贱遇之，固其宜也，当何所耻。以贫贱遇人，食以菜茹，则知贫贱者食人，亦不过如是也。征羌之失，在其身享大案，殽膳重沓。若以一肉卮酒，与客相对，或如茅容，以草蔬与客同饭，亦不为失。何则？汉和熹邓后，朝夕一肉饭，而张禹亦以一肉赐彭宣，知食不重肉，贵人常奉则然，所以待客者，亦不过身所常御，征羌以是待客，又孰得而非之哉？《三国·魏志·武宣卞皇后传注》引《魏书》曰：帝为太后弟秉起第，第成，太后幸第，请诸家外亲设，厨无异膳，太后左右，菜食、粟饭，无鱼肉。此亦以常礼待客，又可见在平时，虽贵人左右，亦不肉食也。

《汉书·货殖传》：任公家约，非田畜所生不衣食，公事不毕，则不得饮酒食肉，此古田家礼本如是。任氏特家富而不改其故耳。《盐铁论·散不足篇》曰：古者燔黍食稗，而捭豚以相飨，其后乡人饮酒，老者重豆，少者立食，一酱一肉，旅饮而已。及其后宾婚相召，则豆羹白饭，綦脍熟肉，今民间酒食，殽旅重叠，燔炙满案。又曰：古者庶人粝食藜藿，非乡饮酒、媵腊、祭祀无酒肉。故诸侯无故不杀牛羊，士大夫无故不杀犬豕。今闾巷县佰，阡陌屠沽，无故烹杀，相聚野外，负粟而往，挈肉而归。又曰：古者不粥饪，不市食。及其后则有屠沽沽酒，市脯鱼盐而已。今熟食编列，殽施成市。似乎汉人之食，奢侈异常矣。然《论衡》，谓海内屠肆，六畜死者，日数千头，不过今日一大市耳。知《盐铁论》之言，有过其实也。闵仲叔日买猪肝一片，屠者或不肯与，夫以仲叔之廉，岂其赊贷不还，所以不肯与者，盖以宰杀无多，欲留以待他人之求也。浊氏以胃脯而连骑，（《汉书·货殖传》）则凡小业皆可致富。亦不能以是而言汉世粥饪之盛也。要而言之，汉世之饮食，犹远较今世为俭。

无屠沽则食必特杀，因家常畜，惟有鸡豚，《盐铁论》言：一豕之肉，得中年之收。（亦见《散不足篇》）故多杀鸡。《三国·魏志·典韦传》：襄邑刘氏，与睢阳李永为仇，韦为报之，永故富春长，备卫甚谨，韦乘车载鸡酒，伪为候者，门开，怀匕首入，杀永，并杀其妻。可见相问遗者亦如是，使是处皆有屠肆，适市求之，岂不较杀鸡更便，此亦可见汉世屠肆之不甚多也。

冰　鉴

今人入夏率以冰藏食物，此古人久有之。《周官》天官有凌人，掌冰。正岁十有二月，令斩冰，春始治鉴，凡内外饔之膳羞鉴焉，凡酒浆之酒醴亦如之，祭祀共冰鉴，宾客共冰。《注》曰：鉴如甄，大口，以盛冰，置食物于中，以御温气。《疏》曰：汉时名为甄，即今之瓮是也。此即今之冰箱也。

然其取之甚虐。《豳风》曰：二之日，凿冰冲冲。三之日，纳于凌阴。《左传》昭公四年：申丰曰：古者日在北陆而藏冰，西陆朝觌而出之。其藏之也，深山穷谷，固阴冱寒，于是乎取之。其出之也，朝之禄位，宾食丧祭，于是乎用之。食肉之禄，冰皆与焉。大夫命妇，丧浴用冰。祭寒而藏之，献羔而启之，公始用之，火出而毕赋，自命夫命妇，至于老疾，无不受冰。山人取之，县人传之，舆人纳之，隶人藏之。今藏川池之冰，弃而不用云云。然则古之取冰，必竭民力以求之深山穷谷，又必穷其力以传之、纳之、藏之。至春秋时，乃徒取之于川池。此世运之渐进，虐政之渐减，民困之稍抒；而申丰反以为致雹之由，而称《七月》之卒章为藏冰之道，亦可谓值矣。

用冰之始，盖当渔猎之世，藏生物于深山穷谷固阴冱寒之地，则不变坏。故其后虽不居山谷，犹劳民力以致之。因此并推之人体，故凌人大丧共夷槃冰，命夫命妇丧浴用冰也。然孔子不云乎：桓司马自为石椁，三年而不成，若是其靡也，死不如速朽之为愈也。然则竭民力以取冰，而传之、而纳之、而藏之，亦不如速朽之为愈矣；况乎为冰鉴以纵口腹之欲乎？

衣服之法

《大戴记》曰："端衣玄裳，冕而乘路者，志不在乎食荤；斩衰菅屦，杖而歠粥者，志不在于饮食。"（《哀公问五义》）此言服其服可以作其志也，文生情者也。《小戴记》曰："君子衰绖则有哀色，端冕则有敬色，甲胄则有不可辱之色。"（《表记》）此其有其德斯可以称其服也，情生文者也。情生文必积而致，文生情当勉而为，故衣服不可以无法。

衣服之法如之何？曰：不离其本而已矣。《墨子》曰："圣人之为衣服，适身体和肌肤而足矣。非荣耳目而观愚民也。当是之时，坚车良马，不知贵也，刻镂文采，不知喜也……故民衣食之财，家足以待水旱凶饥者何也，得其所以自养之情，而不惑于外也。是以其民俭而易治，其君用财节而易赡也……当今之主……其为衣服，非为身体，皆为观好，是以其民淫僻而难治，其君奢侈而难谏也。"（《辞过》）得其自养之情而不惑于外，此养生之精义也。故九流之论，无不相通者。

蚩尤作兵

《吕览·荡兵》曰："人曰蚩尤作兵，蚩尤非作兵也，利其械矣。未有蚩尤之时，民固剥林木以战矣。"是自古相传，以蚩尤为作兵之人也（《路史》引《世本》云："蚩尤作五兵。"）。汉高祖之起兵也，祠黄帝，祭蚩尤于沛廷。《汉书·高帝纪》。马援兄子严将北军、羽林卫护南单于，敕过武库，祭蚩尤（《后汉书·援传》）。盖相传之旧典也。（"祠兵"见《春秋》庄公八年，《左》《谷》皆作"治兵"。《公羊》曰："出日祠兵，入日振旅，其礼一也，皆习战也。"《公羊解诂》曰："祠兵，壮者在前，难在前；振旅，壮者在后，复长幼，且卫后也。"《谷梁》曰："出日治兵，习战也。入日振旅，习战也。"《尔雅·释天》曰："出为治兵，尚威武也；入为振旅，反尊卑也。"其义实同。然此皆以后来军旅之礼言之，非其朔也。《解诂》又曰："兵不徒使，故将出兵，必祠于近郊，陈兵习战，杀牲飨士卒。"此盖其礼之朔。犹明、清初用火炮时，以为有神，封为红衣大将军而祀之云尔。《周官·春官》肆师："凡四时之大甸猎，祭表貉则为位。"《注》："貉，师祭也。貉读为卜百之百。于所立表之处为师祭，造军法者，祷气势之增倍也。其神盖蚩尤，或曰黄帝。"此其礼之朔也。）所以兼祠黄帝者，蚩尤为黄帝所灭，其后或服属黄帝；又蚩尤故盛强，黄帝亦或席其旧名，以劫制天下，故其事迹颇相混。《管子·地数》曰："黄帝问于伯高曰：吾欲陶天下而以为一家，为之有道乎？伯高对曰：山之见其荣者，君谨封而祭之，距封十里而为一坛。是则使乘者下行，行者趋。若犯令者，罪死不赦。然则与折取之远矣。修教十年，而葛卢之山发而出水，金从之。蚩尤受而制之，以为剑铠矛戟。是岁，相兼者诸侯九。雍狐之山发而出水，金从之。蚩尤受而制之，以为雍狐之戟、芮戈。是岁，相兼者诸侯十二。"又《五行》篇言："黄帝得六相而天地治，神明至，蚩尤明乎天道，故使为当时。"《御览·皇王部》引《龙鱼河图》曰："黄帝摄政，前有蚩尤，兄弟八十一人，并兽身人语，铜头铁额，食沙石子；造立兵杖刀戟大弩，威振天下。黄帝仁义，不能禁止蚩尤，遂不敌，乃仰天而叹。天遣玄女，下授黄帝兵信神符，制伏蚩尤，以制八方。蚩尤殁后，天下复扰乱不宁。黄帝遂画蚩尤形像，以威天下。天下咸谓蚩尤不死，八方万邦，皆为殄伏。"传说虽不足据，亦必略有所本也。

《易·系辞传》述黄帝、尧、舜之事曰："弦木为弧，剡木为矢。弧矢之利，以威天下。"则北方之兵，用木而已，所谓"剥林木以战"也。（《礼记·内则》言国君世子生三日，射人以桑弧蓬矢六，射天地四方。《注》："桑弧蓬矢，本大古也。"亦古以木为兵之一证。）南方则不然，《左氏》僖公十八年："郑伯始朝于楚，楚子赐之金，既而悔之，与之盟，曰：无以铸兵。故以铸三钟。"《荀子》言楚人"宛巨铁铊，惨如蜂虿"（《议兵》）。《汉书·地理志》言吴越之士，轻死好用剑。其以金为兵久矣。周穆王及管子皆有赎刑之制（见《赎刑》条）。盖皆以兵不给用而然。古有寓兵于农之说，后人多误谓以农夫为战士，其实古无称执兵之人为兵者。寓兵于农，乃谓以农器为兵器，《六韬·农器》篇所述是其事。《管子》言"美金以铸戈剑矛戟"，谓以铜为兵；"恶金以铸斤斧钼夷锯欘"，谓以铁为农器也。《小匡》。则北方颇乏铜矣。故楚子矜重之也。（《周官·秋官》职金："掌受士之金罚货罚，人于司兵。"《周官》战国时书，则战国时犹有此制。）

《水经·资水注》："茱萸江东径益阳县北，又谓之资水。水南十里，有井数百口，浅者四五尺，或三五丈，深者亦不测其深。古老相传，昔人以杖撞地，辄便成井。或云古人采金沙处，莫详其实也。"（《续汉书·郡国志》武陵郡益阳《注》引《荆州记》曰：益阳"县南十里有平冈，冈有金井数百，浅者四五尺，深者不测。俗传云：有金人以杖撞地，辄成井。"）又云："承水出邵陵县界邪姜山，东北流，至重安县，径舜庙下，又东合略塘。相传云：此塘中有铜神，今犹时闻铜声于水，水辄变绿，作铜腥，鱼为之死。"又《渐江水注》："石帆山西连会稽，东带若邪溪，《吴越春秋》所谓欧冶涸以成五剑。溪水下注太湖，湖水自东亦注江通海。东有铜牛山，其间有炭渎。"皆南方铜矿夙开之证。

《吴越春秋》与《越绝书》为一家言。《越绝外传》有《记宝剑》之篇，载薛烛论巨阙之辞曰："宝剑者，金锡和铜而不离。今巨阙已离矣，非宝剑也。"其论纯钧曰："当造此剑之时，赤堇之山破而出锡，若邪之溪涸而出铜。"(《山海经·中山经注》引此。又云："汲郡冢中，得铜剑一枝，长三尺五寸，乃今所名为干将剑。汲郡亦皆非铁也，明古者通以锡杂铜为兵器也。")金锡和铜，此今人所谓青铜器也（卫聚贤云："今江苏之无锡县，旧说周、秦间本产锡。语云：有锡争，无锡平。汉乃以无锡名县。古南方之锡，盖取于是。"予案卫说是也，无盖发语词，以为有无之无，乃后人附会。《周官·秋官》职金："入其金锡于兵器之府。"则北方制兵亦用青铜）。《外传》又言：楚王令风胡子之吴，使干将作铁剑三：一曰龙渊，二曰泰阿，三曰工布。晋、郑闻而求之，不得。兴师围楚，三年不解。楚王引泰阿之剑，登城而麾之。三军破败，士卒迷惑，流血千里。楚王大说，曰："此剑威邪？寡人力邪？"风胡子对曰："剑之威也，因大王之神。"楚王曰："夫剑，铁耳，固能有精神若此乎？"风胡子对曰："时各有使然。轩辕、神农、赫胥之时，以石为兵，断树木，为宫室，死而龙藏（龙同垅。言以剑殉葬）。夫神，圣主使然。至黄帝之时，以玉为兵，以伐树木，为宫室，凿地。夫玉亦神物也，又遇圣主使然。死而龙藏。禹穴之时，以铜为兵，以凿伊阙，通龙门，决江导河，东注于东海，天下通平，治为宫室，岂非圣主之力哉？当此之时，作铁兵，威服三军，天下闻之，莫敢不服。此亦铁兵之神，大王有圣德。"玉亦石也，肃慎氏桔矢石砮，是兼用木石为兵，盖古北方多如此。

《吴越春秋·阖闾内传》云：阖闾使干净作名剑二。干将采五山之铁精，六合之金英，候天伺地，阴阳同光，百神临观，天气下降，而金铁之精不销。干将不知其由。莫邪曰："夫神物之化，须人而成。今夫子作剑，得无得其人而后成乎？"干将曰："昔吾师作冶，金铁之类不销，夫妻俱入冶炉中，然后成物。至今后世即山作冶，麻绖葌服，然后敢铸金于山。今吾作剑不变化者，其若斯邪？"莫邪曰："师知烁身以成物，吾何难哉？"于是干将妻乃断发翦爪，投于炉中。使童女童男三百人，鼓橐装炭，金铁乃濡，遂以成剑。阳曰干将，阴曰莫邪。干将匿其阳，出其阴而献之。阖闾既宝莫邪，复命于国中作金钩。令曰：能为善钩者，赏之百金。吴作钩者甚众，而有贪王之重赏也，杀其二子，以血衅金，遂成二钩，献于阖闾，诣宫门而求赏。王曰："为钩者众，而子独求赏，何以异于众夫子之钩乎？"作钩者曰："吾之作钩也，贪而杀二子，衅成二钩。"王乃举众钩以示之："何者是也？"王钩甚多，形体相类，不知其所在。于是钩师向钩而呼二子之名："吴鸿、扈稽，我在于此，王不知汝之神也。"声绝于口，两钩俱飞，着父之胸。吴王大惊，曰："嗟乎，寡人诚负于子，乃赏百金。"观此，知当时造钩专用铜，造剑则已用铁矣。神物须人而成，此物成之所以必衅也。

伪《古文尚书·说命》曰："惟甲胄起戎。"伪《传》云："甲，铠；胄，兜鍪也。"《疏》曰："经传之文，无铠与兜鍪，盖秦、汉以来，始有此名。《传》以今晓古也。古之甲胄皆用犀兕，未有用铁者。而鍪、铠之字皆从金，盖后世始用铁耳。"《费誓疏》云：经典皆言甲胄，秦世以来，始有铠、兜鍪之文。古之作甲用皮，秦、汉以来用铁。铠、鍪二字皆从金，盖用铁为之，而因以作名也。《周官·夏官》司甲注：甲，今之铠也。《疏》：古用皮谓之甲，今用金谓之铠，从金为字也。此亦见铁之为用日广。

《战国策·赵策》：襄子至晋阳，召张孟谈曰："吾铜少，若何？"张孟谈曰："臣闻董子之治晋阳也，公宫之室，皆以炼铜为柱质，请发而用之，则有余铜矣。"此可见战国之时，犹以铜为兵。然朱亥袖四十斤铁椎椎杀晋鄙（《史记·信陵君列传》），而张良得力士，为铁椎，重百二十斤，以狙击秦皇帝于博浪沙中（《留侯世家》），则以铁为兵者，亦不乏矣。《范雎蔡泽列传》：秦昭王曰："吾闻楚之铁剑利而倡优拙。"楚犹如此，他国更可无论也。

苏秦之说韩宣王也，曰："天下之强弓劲弩，皆从韩出。豁子、少府时力、距来者，皆射六百步之外。韩卒超足而射，百发不暇止，远者括蔽洞胸，近者镝掩心。韩卒之剑戟，皆出于冥山、棠溪、墨阳、合赙、邓师、宛冯、龙渊、太阿，皆陆断牛马，水截鹄雁。当敌则斩坚甲铁幕，革抉吮芮，无不毕具。以韩卒之勇，被坚甲，蹑劲弩，带利剑，一人当百，不足言也。"（《史记》本传）《盐铁论·论勇》篇云："世言强楚劲郑，有犀兕之甲，棠溪之铤也。"又曰："楚、郑之棠溪、墨阳，非不利也；犀胄、兕甲，非不坚也。"夫韩即郑，而郑则古祝融之虚也。然则北方军械之精，亦仍由蚩尤之族传之矣。

贾谊说汉文，收铜勿令布，而曰以作兵器，则前汉之兵，尚多以铜为之。然《后汉书·鲜卑传》载蔡邕之言曰："关塞不严，禁网多漏，精金良铁，皆为贼有，兵利马疾，过于匈奴。"则后汉之兵，已兼用铜铁矣。三国崔鉴冶铜为农器，则农器亦有以铜为之者。古专用为兵，而后世兼以为他器，此铜之所由日贵欤？

六国之兵

荀子论六国之兵曰："齐人隆技击。其技也，得一首者，则赐赎锱金，无本赏矣。是事小敌毳，则偷可用也；事大敌坚，则涣焉离耳。是亡国之兵也。兵莫弱是矣，是其去赁市佣而战之几矣。魏氏之武卒，以度取之；衣三属之甲，操十二石之弩，负服矢五十个，置戈其上，冠胄带剑，赢三日之粮，日中而趋百里。中试则复其户，利其田宅。是数年而衰，而未可夺也；改造则不易周也；是故地虽大，其税必寡。是危国之兵也。秦人：其生民也狭隘，其使民也酷烈；劫之以势，隐之以隘，忸之以庆赏，鳍之以刑罚，使天下之民所以要利于上者，非斗无由也。隘而用之，得而后功之；功赏相长也，五甲首而隶五家。是最为众强长久，多地以正，故四世有胜，非幸也，数也。"（《议兵》）案鲁仲连言："秦者，弃礼义而上首功之国也。"《集解》引谯周曰："秦用卫鞅计，制爵二十等，以战获首级者计而受爵。是以秦人每战胜，老弱妇人皆死，计功赏至万数。天下谓之上首功之国。"（《史记·鲁仲连列传》）《商君书·境内篇》云："人得一首则复。得三十三首以上，盈论，百将屯长，赐爵一级。""有爵者乞无爵者以为庶子，级乞一人。""爵五大夫，皆有赐邑三百家，有赐税三百家。""能得甲首一者，赏爵一级，益田一顷，益宅九亩，除庶子一人。"即谯周之所云也。其所为与齐何以异？而计功赏至万余，田宅安得给，而国安得不患贫哉？然而异于齐、魏者，齐赐赎锱金而止，无本赏，本赏盖指田宅。则农民不劝，惟市井轻侠之人应之，故荀子讥其赁市佣而战之也。魏能拔其民之壮者以为兵，而不能使其民自厉于战，故其兵之强者，远不如秦之多。夫使举国之民皆习于战，则不待改造而周；而驱一国之民皆归之于南亩，则又不虑其税之寡。故秦之兼天下，农战为之也。

张仪说韩王曰："山东之士，被甲蒙胄以会战，秦人捐甲徒裼以趋敌，左挈人头，右挟生虏。夫秦卒与山东之卒，犹孟贲之与怯夫。"其说魏王曰："楚虽有富大之名而实空虚；其卒虽多，然而轻走易北，不能坚战。悉梁之兵南面而伐楚，胜之必矣。"孙子谓田忌曰："彼三晋之兵，素悍勇而轻齐，齐号为怯。"（皆见《史记》本传）是秦兵最强，三晋次之，齐、楚最弱。《汉书·地理志》论各地方风气去战国时不远，其强弱与之相应。似兵之强弱，实与风土有关，不尽击于政治之得失。然当桓公、庄王之时，齐、楚之兵，曷尝不方行天下，强不可圉哉？五方风气之不同，虽圣人不能使之齐一，然怚之以庆赏，鳝之以刑罚，而谓不能造数万精强之众，岂理也哉？管子之作内政寄军令也，曰："使卒伍之人，人与人相保，家与家相爱；少相居，长相游；祭祀相福，死丧相恤，祸福相忧，居处相乐，行作相和，哭泣相哀。夜战其声相闻，足以无乱；昼战其目相见，足以相识；欢欣足以相死。"（《小匡》）此岂徒恃刑罚庆赏而用之乎？乃其后至于赁市佣而战之，此岂风气之罪也哉？

《淮南子》言七国之用兵也，曰："攻城滥杀，覆高危安。掘坟墓，扬人骸。大冲车，高重京。除战道，便死路。犯严敌，残不义。百往一反，名声苟盛也。是故质壮轻足者，为甲卒千里之外，家老羸弱凄怆于内。厮徒马圉，輈车奉饷，道路辽远，霜雪亟集，短褐不完，人羸车弊，泥涂至膝，相携于道，奋首于路，身枕格而死。所谓兼国有地者，伏尸数十万，破车以千百数，伤弓弩矛戟矢石之创者，扶举于路。故世至于枕人头，食人

1175

肉，菹人肝，饮人血，甘之刍豢。"（《览冥》）盖其虐用其民如此。而又重之以首功之法，虐及于老弱妇人。嗟乎！战国之世，生民尚安有孑遗哉？

女子从军

　　后世女子罕从征战，偶有其事，人遂诧为异闻；若返之于古，则初无足异也。《商君书·兵守》篇曰："壮男为一军，壮女为一军，男女之老弱者为一军，此之谓三军也。壮男之军，使盛食厉兵，陈而待敌。壮女之军，使盛食负垒，陈而待令；客至而作土以为险阻，及耕格阱，发梁撤屋，给从从之，不洽而燆之（朱师辙《解诂》曰："当作给徒徒之，不给而燆之。"），使客无得以助攻备。老弱之军，使牧牛马羊彘，草水之可食者，收而食之，以获其壮男女之食。"《墨子·备城门》篇曰："守法：五十步丈夫十人，丁女二十人，老小十人。"又曰："广五百步之队（案同术），丈夫千人，丁女子二千人，老小千人。"又曰："诸作穴者五十人，男女相半。"盖兵亦役之一，古役固男女皆与也。《周官·地官》小司徒："上地家七人，可任也者家三人。中地家六人，可任也者二家五人。下地家五人，可任也者家二人。"《注》曰："可任，谓丁强任力役之事者。出老者一人，其余男女强弱相半其大数。"则女子从役，汉人犹知其义矣。《商君书·竟内》篇，皆言稽众寡以备师役之事，而曰"四竟之内，丈夫女子，皆有名于上，生者著，死者削"，亦以此也。

　　《史记·田单列传》谓单"身操版插，与士卒分功，妻妾编于行伍之间。令甲卒皆伏，使老弱女子乘城"。《平原君列传》：李谈说以"令夫人以下，编于士卒之间，分功而作"。而武安君言赵不可伐，亦曰："至于平原君之属，皆令妻妾补缝于行伍之间。"（《战国·中山策》）知墨子、商君皆非冯亿之谈也。楚之围汉王荥阳也，汉王夜出女子荥阳东门被甲二千人（《史记·项羽本纪》），知其时之女子，犹可调发。《左氏》哀公元年：楚子围蔡，"蔡人男女以辨"。《注》曰："辨，别也。男女各别，系纍而出降。"襄公二十五年：齐人"男女以班"，班即辨也。陈侯"使其众男女别而累，以待于朝"，别亦即班也。出降必异男女，以其平时本各为军也。《周书·大武》曰："三敛，一男女比。"盖亦谓各为一军矣。

《商君书》曰："慎使三军无相过。壮男过壮女之军，则男贵女而奸民有从谋，而国亡。喜与其恐有蚤闻（案此句有讹），勇民不战。壮男壮女过老弱之军，则老使壮悲，弱使强怜；悲怜在心，则使勇民更虑，而怯民不战。故曰：慎使三军无相过，此盛力之道。"（《兵守》篇）案古之为军者，使壮男壮女各为军，而男女之老弱者各为一军，则其视丁壮老弱之差，甚于男女之异也。野蛮人之分党，固多以其年齿。然则三军之法，由来旧矣。

《书·费誓》曰："马牛其风，臣妾逋逃，勿敢越逐。"《疏》曰："古人或以妇女从军，故云臣妾逋逃也。"则厮徒中亦有妇女矣。

《三国·魏志·武帝纪》：兴平二年，吕布"从东缗与陈宫将万余人来战，时太祖兵少，设伏，纵奇兵击，大破之"。《注》引《魏书》曰："于是兵皆出取麦，在者不能千人，屯营不固。太祖乃命妇人守啤，悉兵拒之。"则女子从军，汉末犹有之也。又《蜀志·杨洪传》："先主争汉中，急书发兵，诸葛亮以问洪，洪曰：汉中，益州咽喉，存亡之机会，若无汉中则无蜀矣，此家门之祸也。方今之事，男子当战，女子当运，发兵何疑？"此虽不令女子当前敌，亦未尝不与于发兵也。

国　士

豫让曰：范、中行氏众人遇我，我故众人报之；知伯国士遇我，我故国士报之（《史记·刺客列传》）。国士，谓国中战斗之士，即《左氏》成公十六年所谓"国士在且厚"，哀公八年所谓"不足以害吴，而多杀国士"者也。古之精兵，皆萃于国都，而王卒尤强。《左氏》桓公八年，季梁谓随侯曰："楚人尚左，君必左，无与王遇。且攻其右，右无良焉，必败。偏败，众乃携矣。"少师不能用其谋，卒致败绩。鄢陵之战，苗贲皇言于晋侯曰："楚之良，在其中军王族而已。请分良以击其左右，而三军萃于王卒，必大败之。"（成公十六年）声子谓"晋人从之，楚师大败"（襄公二十六年），即用是谋以制胜者也。是役也，卻至以"王卒以旧"，为楚六间之一，其王卒盖亦不尽精良。然子反谓"臣之卒实奔"，则王卒犹未败也。哀公八年，吴为邾故伐鲁，微虎欲宵攻王舍。季孙虽以或人之言止微虎，然吴子闻之，犹一夕三迁。哀公十一年，齐之伐鲁也，季氏之甲七千，冉有以武城人三百为己徒卒，次于雩门之外，五日而后右师从之，盖藉精强以作士气。及战，冉有用矛于齐师，故能入其军。师获甲首八十，齐人不能师。其所帅，盖亦国士之选矣。鲁旋会吴伐齐，战于艾陵。齐、吴之上军皆败，吴王卒助之乃大败齐师（哀公十一年）。可见吴亦如楚，国士萃于中军也。

定公九年："晋车千乘在中牟。卫侯将如五氏，卜过之，龟焦。卫侯曰：可也。卫车当其半，寡人当其半，敌矣。乃过中牟。中牟人欲伐之，卫褚师圃亡在中牟曰：卫虽小，其君在焉，未可胜也。"可见虽小国，公卒亦甚精强也。《诗·常武疏》曰："诸侯三军，分为左右，可得有中军焉。天子六军，而得有中军者，亦当分之为三，中与左右各二军也。《春秋》桓五年，蔡人、卫人、陈人从王伐郑，《左传》曰：王为中军，虢公林父将右军，周公黑肩将左军。是天子之军分为左右之事也。"案《吴语》：句践伐吴，"中分其师，以为左右军，以其私卒君子六千人为中军"。则君为中军，乃列国行军之常，初不必天子而后如是。而国君亦自有其私属。卫侯所谓寡人当其半者，即指此私属言，非谓挺身以当晋师也。然则人君之私属，力侔于与国之车矣。（《书·甘誓》："大战于甘，乃召六卿。"孙星衍《尚书今古文注疏》云："郑注《周礼》大司马云：天子六军，三三而居一偏。贾谊《新书》云：纣将与武王战，纣陈其卒，左臆右臆。是天子亲征，王为中军，六卿左右之也。"）

《大戴记·虞戴德》曰："诸侯相见，卿为介，以其教士毕行。"（《荀子·大略》同，士误作出。）教士，谓曾经教习之士。《管子·小匡》言作内政寓军令，而曰"君有此教士三万人，以横行于天下"者也。《兵法》篇五教之法："一曰教其目以形色之旗，二曰教其身以号令之数，三曰教其足以进退之度，四曰教其手以长短之利，五曰教其心以赏罚之诚。"此乃胥卒伍而教之，即《周官》大司马之职，非于其人有所去取也。然人固有强弱之殊，其后遂有所简汰。《吴子·图国》曰："强国之君，必料其民：民有胆勇气力者，聚为一卒；乐以进战效力，以显其忠勇者，聚为一卒；能逾高超远，轻足善走者，聚为一卒；王臣失位，而欲见功于上者，聚为一卒；弃城去守，欲除其丑者，聚为一卒。此五者，军之练锐也。有此三千人，内出可以决围，外入可以屠城矣。"《史记·越世家》言："句践发习流二千，教士四万人，君子六千人，诸御千人。"习流，盖水军；教士，《吴越春秋》作俊士，盖《吴子》所谓有胆勇气力，乐以进战效力，能逾高超远，轻足善走者。《左氏》言檇李之战，句践使罪人三行，属剑于颈而自刭，以乱吴师之目；定公十四年。鸡父之战，吴亦以罪人三千，先犯胡、沈与陈（昭公二十三年），则《吴子》所谓王臣失位若弃城去守之伦也。此已开谪发之先声矣。君子、诸御，盖王之贵臣亲臣，其所率，即所谓国士也。《越语》言"吴王帅其贤良，与其重禄，以上姑苏"，盖亦越君子、诸御之类。

《礼记·月令》：孟夏之月，"命太尉，赞桀俊，遂贤良，举长大"。孟秋之月，"命将帅选士厉兵，简练桀俊"。桀俊，即《吴越春秋》所谓俊士，《国语》所谓贤良也。然则凡诸美称，其初皆指战士言之，可见古人之好斗矣。举长大，《疏》引王肃云："举形貌壮大者。"盖形貌壮大者，多有勇力，此亦简选之一道也。《荀子》言魏氏之武卒，以度取之（《议兵》）；《六韬》武车士，武骑士，皆取四十以下，长七尺五寸以上者，是其制。

《史记》又言越伐吴之后，四年复伐之。吴士民罢弊，轻锐尽死于齐、晋，越大破吴，因留围之，三年而栖吴王于姑苏之山。士民，谓凡卒伍，轻锐则其选锋也。《吕览·古乐》言："武王即位，以六师伐殷，六师未至，以锐兵克之于牧野。"盖以六国时制附会古事。然《六月》之诗曰："元戎十乘，以先启行。"《毛传》曰："夏后氏曰钩车，先正也；殷曰寅车，先疾也；周曰元戎，先良也。"（《疏》曰："夏后氏曰钩车，殷曰寅车，周曰元戎，《司马法》文也。先疾，先良，《传》因名以解之。"）则以精锐为前驱，三代久有之矣。《吕览·简选》曰："吴阖庐选多力者五百人，利趾者三千人，以为前陈。"《墨子·非攻》言阖庐之士，奉甲执兵，奔三百里而舍。《荀子·议兵》言魏氏之武卒，"衣三属之甲，操十二石之弩，负服矢五十个，置戈其上，冠胄带剑，赢三日之粮，日中而趋百里"。皆所谓良与疾者也。《史记·秦本纪》言："恶来有力，飞廉善走，父子俱以材力事殷纣。"盖良与疾，为战陈之所尚久矣。

《管子·问》篇："士之急难可使者几何人？吏之急难可使者几何人？问兵官之吏，国之豪士，其急难足以先后者几何人？"此平时料民之法也。《墨子·备水》："先养材士，为异舍，食其父母妻了以为质。"此将帅简士之法也。《史记》言李牧居代，先使边士习骑射，"乃具选车得千三百乘，选骑得万三千匹，百金之士五万人，彀者十万人"（《廉颇蔺相如列传》）。此教其民而后简而用之之法也。《左氏》襄公三年："楚子重伐吴，为简之师。"（《注》："简，选练。"）此出军时简选之法。二十五年：子彊以私卒诱吴，曰"简师陈以待我"。此临战时简选之法。哀公二十七年：晋荀瑶伐郑，陈成子救之，属孤子，三日朝；设乘车两马，系五邑焉，召颜涿聚之子晋，使服车而朝。此亦所谓简之师也。违谷七里，谷人不知，其整如此。宜荀瑶之避之矣。

《国语·吴语》：句践伐吴，"命有司大徇于军，曰：有父母耆老而无昆弟者，以告。王亲命之曰：我有大事，子有父母耆老，而子为我死，子之父母将转于沟壑，子为我礼已重矣。子归，殁而父母之世。后若有事，吾与子图之。明日，徇于军，曰：有兄弟四五人皆在此者，以告。王亲命之曰：我有大事，子有昆弟四五人皆在此，事若不捷，则是尽也。择子之所欲归者一人。明日，徇于军，曰：有眩瞀之疾者，以告。王亲命之曰：我有大事，子有眩瞀之疾，其归若已。后若有事，吾与子图之。明日，徇于军，曰：筋力不足以胜甲兵，志行不足以听命者归，莫告。"此振作士气之术，而汰弱留强之道亦寓焉。《史记·信陵君列传》：既杀晋鄙，"下令军中曰：父子俱在军中，父归；兄弟俱在军中，兄归；独子无兄弟，归养。得选兵八万人，进兵击秦"。亦是道也。得精强之兵，而又免于多杀，亦用兵之仁术矣。

《左氏》哀公十七年："越伐吴，为左右句卒。"《注》："句卒，钩伍相着，别为左右屯。"案庄公四年："楚武王荆尸，授师孑焉以伐随。"《注》曰："扬雄《方言》：孑者，戟也。楚始于此参用戟为陈。"《疏》曰："郭璞云：取名于钩孑也。戟是击刺之兵，有上刺之刃，又有下钩之刃，故以钩孑为名。"句卒疑亦取义于此。谓能击刺之卒，犹言剑客也。此亦必简选之士。

古王卒固特精，而在君之左右者，尤必特有勇力。泓之战，宋襄公伤股，门官歼焉。（《左氏》僖公二十二年。《祈父》之诗曰："祈父，予王之爪牙，胡转予于恤，靡所止居。"郑《笺》曰："此勇力之士责司马之辞也。我乃王之爪牙，爪牙之士，当为王闲守之卫，女何移我于忧，使我无所止居乎？六军之士，出自六乡，法不取于王之爪牙之士。"此可见王卒之别有其人也。）门官必在公之左右者也。骖乘者左必善射，右必有勇力，盖简材武之士以卫将帅最古之法。《周官·夏官》司右："凡国之勇力之士，能用五兵者属焉。"亦简拔材士之职也。又"环人掌致师"，《注》曰："环，犹却也。以勇力却敌。""古者将战，先使勇力之士犯敌焉。"此摧锋陷陈之选，其所属，亦必简选之士也。

《孟子》言："武王之伐殷也，革车三百两，虎贲三千人。"（《尽心》下）《吕览》则言："武王虎贲三千人，简车三百乘。"

（《简选》）案《周官》："虎贲氏掌先后王而趋以卒伍，军旅会同亦如之。舍则守王闲。王在国则守王宫，国有大故则守王门，大丧亦如之。"则虎贲盖王之亲卫也。

　　古人君多能养士者，在春秋时，则齐庄公、栾盈其最也。亦皆能食其报。《左氏》于此二人多贬辞，则以其书出自三晋，不足据也。平阴之役，夙沙卫连大车以塞隧而殿。殖绰、郭最曰：子殿国师，齐之辱也。子姑先乎！乃代之殿。卫杀马于隘以塞道，二子遂为州绰所得（《左氏》襄公十八年），寺人之不可用如此。然寺人而能殿师，亦见齐庄之多士矣。殖绰、郭最，非不能斗而死，盖不欲轻死也。齐侯之报平阴也，《左氏》备载诸臣之名，《注》谓见其废旧臣，任武力（襄公二十三年）。诸臣有所表见者，申鲜虞奔晋，仆赁于野，以丧庄公（襄公二十七年）；卢蒲癸、王何卒杀庆舍（襄公二十八年）；皆国士之节也。华周、杞梁仗节死绥（襄公二十三年），无论矣，乃其妻亦烈女（见《孟子·告子》下《礼记·檀弓》《列女·贞顺传》）。庄公之死也，尽节者有贾举、州绰、邴师、公孙敖、封具、铎父、襄伊、偻堙；乃至司祭之祝佗父，侍渔之申蒯，在外之酅蔑，亦皆不肯苟免，可不谓之多士矣乎？观申鲜虞出奔时之从容，其爱其身以有为可知，岂有殖绰、郭最甘为降虏者乎？（殖绰后归卫，伐茅氏，杀晋戍三百人，孙蒯追之，弗敢击，亦可见其勇。事见襄公二十六年。）州绰晋臣，而为庄公死，此豫让所谓国士遇我，国士报之者也。乐王鲋谓范宣子曰：盍反州绰、邢蒯，勇士也。宣子曰：彼乐氏之勇也，余何获焉？王鲋曰：子为彼栾氏，乃亦子之勇也（襄公二十一年）。君子违不适仇国，鲋可谓浅之乎测丈夫矣。栾氏之臣，为宣子所杀者，曰箕遗、黄渊、嘉父、司空靖、邴豫、董叔、邴师、申书、羊舌虎、叔罴；奔齐者，州绰、邢蒯而外，又有知起、中行喜。自州绰外，其志行多不可考。然观胥午之觞曲沃人也，"乐作，午言曰：今也得栾孺子，何如？皆曰：得主而为之死，犹不死也。"（襄公二十三年）则其多死士可知，诸臣之志行，亦从可想矣。此等死士，欲有所图者恒求之。伍员之于专设诸（昭公二十年），白胜之于熊宜僚（哀公十六年），皆是（石乞宁死而不肯言白公所在，亦义士也）。或为后人所称道，或为后人所讥评，亦有幸有不幸而已矣。（《史记·卫世家》："釐侯卒，太子共伯余立。共伯弟和，有宠于釐侯，多予之赂。和以其赂赂士，以袭攻共伯于墓上，共伯入釐侯羡，自杀。"和立。此亦犹公子光之于王僚也。）

此等勇士，往往深沉有谋，非徒年少椎锋也。卢蒲癸其征也。秦伯终用孟明，增修国政，卒以胜晋而霸西戎。然其初为之劳师袭远，不虞二陵之难，亦椎锋之士也。子期之将死也，曰："昔者吾以力事君，不可以弗终。"抉豫章之木以杀人而后死（哀公十六年）。子期楚贤相，然亦以力闻矣。不特此也，微虎欲宵攻王舍，私属徒七百人，三踊于幕庭，卒三百人，有若与焉（哀公八年）。其后齐伐鲁，战于郊，齐师自稷曲，师不逾沟。樊迟曰："非不能也，不信子也。请三刻而逾之。"如之。众从之。而冉有用矛于齐师。哀公十一年。则孔门弟子殆无不能从行陈者。又不特此也，《列子》曰："孔子之劲，能拓国门之关，而不肯以力闻。"（《说符》）《列子》虽伪书，此语当有所本。然则孔子身亦能武矣。儒者之贵礼让也，所以免争夺相杀之祸也，而岂曰选耎见侮不敢校哉？

《郊特牲》曰，"春飨孤子，秋食耆老。"《周官·天官》外饔："邦飨耆老孤子，则掌其割亨之事。飨士庶子亦如之。"《注》曰："孤子者，死王事者之子也。士庶子卫王宫者，若今时之飨卫士矣。"《疏》曰："云邦飨耆老者，谓死事者之父祖。"《管子·问篇》："问死事之孤，其未有田宅者有乎？问死事之寡，其饩廪何如？"则古于死事者之家，皆有特惠，陈成子之所为，亦犹行古之道也。汉世之羽林孤儿，犹其遗法。

《吴子》料民，以逾高超远、轻足善走为一科。轻足善走，纣之飞廉，吴王之利趾其选也。逾高超远，魏犨之距跃三百、曲踊三百其选乎？（《左氏》僖公二十八年）杜《注》曰："距跃，超越也。曲踊，跳踊也。"微虎之三踊，盖曲踊之类。《史记·王翦列传》："使人问军中戏乎？对曰：方投石超距。"超距则距跃之类也。投石者，《左氏》谓"齐高固入晋师，架石以投人"，其事也。（《左氏》成公二年。又十六年，"叔山冉搏人以投，中车折轼"。则以仓卒之间，无石可用故也。知投亦为古之一技。）《集解》曰："徐广曰：超，一作拔。骃案《汉书》云甘延寿投石拔距，绝于等伦。张晏曰：《范蠡兵法》，飞石重十二斤，为机发，行三百步，延寿有力，能以手投之。"此说似泥。桀石自为一技，不论石之重轻也。《左氏》桓公五年，"旝动而鼓。"《疏》云："贾逵以旝为发石，一曰飞石，引《范蠡兵法》作飞石之事以证之。《说文》亦云建大木，置石其上，发其机以追（闽本、监本、毛本作磓）。敌，与贾同也。"以此释《左氏》亦非。《左》襄十年："荀偃、士匄帅卒攻偪阳，亲受矢石。"《疏》曰："服虔云：古者以石为箭镝。若石是箭镞，则犹是矢也，何须矢石并言？杜言在矢石间，则不以石为矢也。《周礼》职金：凡国有大故而用金石，则掌其令。郑玄云：用金石者，作枪雷之属。雷即礌也。兵法：守城用礌石以击攻者。"是殆所谓飞石之类欤？

《韩非子·外储说左下》："少室周者，古之贞廉洁悫者也，为赵襄主力士。与中牟徐子角力，不若也，入言之襄主以自代也。襄主曰：子之处，人之所欲也，何为言徐子以自代？曰：臣以力事君者也。今徐子力多臣，臣不以自代，恐他人言之而为罪也。一曰：少室周为襄主骖乘，至晋阳，有力士牛子耕，与角力而不胜。周言于主曰：主之所以使臣骑乘者，以臣多力也，今有多力于臣者，愿进之。"曰以力事君，则子期之类也。骖乘盖车右之职。

军与师

《白虎通·三军》篇："国有三军何？所以戒非常，伐无道，尊宗庙，重社稷，安不忘危也。何以言有三军也？《论语》曰：子行三军，则谁与？《诗》云：周王于迈，六师及之。三军者何？法天地人也。以为五人为伍，五伍为两，四两为卒，五卒为旅，五旅为师，五师为军。二千五百人为师，万二千五百人为一军，三军三万七千五百人也。（五旅为师下旧本误。《汉魏丛书》本据《太平御览》卷二百九十八改正。）《传》曰：一人必死，十人不能当；百人必死，千人不能当；千人必死，万人不能当；万人必死，横行天下。虽有万人，犹谦让自以为不足，故复加二千人，因法月数。月者，群阴之长也。十二月足以穷尽阴阳，备物成功，万二千人，亦足以征伐不义，致天下太平也。《谷梁传》曰：天子有六军，诸侯上国三军，次国二军，下国一军。"此文为后人所窜乱。《管子·小匡》篇，述管子作内政寄军令之制曰："五人为伍，轨长率之；十轨为里，故五十人为小戎，里有司率之；四里为连，故二百人为卒，连长率之；十连为乡，故二千人为旅，乡良人率之；五乡一师，故万人一军，五乡之师率之。君有此教士三万人，以横行于天下。"是古制实以万人为军；复加二千人，乃其特异之制。《白虎通》所谓师，即《管子》所谓旅。其言军制，当与《管子》大同小异。今为妄人以《周官》改之，并其三军法天地人之说，亦不可得闻矣。

《说文》以四千人为军，《一切经音义》引《字林》同，此古说之仅存者也。兵数不论多少，战时皆分为三军，见《诗·常武疏》。如是，万二千人，三分之，军适得四千人也。《公羊》隐公五年《解诂》曰："二千五百人称师。《礼》：天子六师，方伯二师，诸侯一师。"二千五百人为师，亦妄人所改，原文当云二千人为师。如是，则方伯之国，亦四千人。《谷梁》古文说与《周官》同，故《白虎通》更引之以备异说。今本《谷梁》云："古者天子六师，诸侯一军。"（襄公十一年）说反合也。

《诗》言"六师及之"（《大雅·棫朴》），而《毛传》云"天子六军"，则军、师二字，可以通用。《笺》云"二千五百人为师。今王兴师行者，殷末之制，未有《周礼》。《周礼》五师为军，军万二千五百人"，非也。《疏》云："郑之此言，未是定说。《郑志》：赵商问此笺，引《常武》整我六师，宣王之时，又出征伐之事，不称六军而称六师，不达其意。答曰：师者众之通名，故人多云焉。欲著其大数，则乃言军耳。此正答《常武》六师，而不申此笺之意，是其自持疑也。又临硕并引《诗》三处六师之文（案谓《棫朴》《常武》，及《瞻彼洛矣》"以作六师"），以难《周礼》。郑释之云：春秋之兵，虽累万之众皆称师。《诗》之六师，谓六军之师。总言三文六师皆云六军，是亦以此为六军之意也。又《易·师卦注》云：多以军为名，次以师为名，少以旅为名。师者，举中之言。然则军之言师，乃是常称，不当于此独设异端。又《甘誓》云：乃召六卿。《注》云：六卿者，六军之将。《公刘笺》云：邰后稷上公之封，大国三军。《大誓注》云：六军之兵东行。皆在《周礼》之前，郑自言有六军、三军之法，何故于此独言殷末？当是所注者广，未及改之耳。"郑之穿凿附会，自语相违，虽《疏》亦不能为之曲讳矣。《鲁颂》"公徒三万"（《閟宫》），与《齐语》"万人为一军"合。《笺》云："万二千五百人为军。大国三军，合三万七千五百人，言三万者，举成数也。"与《棫朴笺》同病。

《说文》："军，圜围也。"《广雅》曰："军，屯也。"此为军字之本义。《左氏》成公十六年："郑子罕宵军之，宋、齐、卫皆失军。"言子罕宵围之，宋、齐、卫皆崩溃不复能屯驻也。兴师命将，虽无定法，然战争既烈，征发渐广，则多以命卿为将，故军字渐成卿所将众之专称。《公羊》襄公十一年："作三军。三军者何？三卿也。作三军何以书？讥。何讥尔？古者上卿下卿，上士下士。"《左氏》所载，晋之军制屡变。（庄公十六年，王命曲沃伯以一军为晋侯。闵公元年，作二军。僖公二十七年，作三军。三十一年，作五军。文公六年，舍二军。成公三年，作六军。襄公十四年，舍新军。）而文公六年，以赵成子、栾贞子、霍伯、臼季皆卒，舍二军；成公三年，以赏鞌之功，韩厥、赵括、巩朔、韩穿、荀骓、赵旃皆为卿，作六军；襄公十四年，知朔生盈而死，盈生六年而武子卒，彘裘亦幼，皆未可立，新军无帅，则舍之；皆其明证。郑氏谓师者众之通名，欲著其大数则言军；又谓多以军为名，次以师为名，少以旅为名；失其本义矣。古者"君行师从，卿行旅从"，师即《管子》所谓五乡之师，旅则乡良人之所率也。然则《管子》言师旅之名，实较《周官》为古。

《管子》又言五鄙之法曰："制五家为轨，轨有长；六轨为邑，邑有司；十邑为率，率有长；十率为乡，乡有良人；三乡为属，属有帅；五属一大夫。"案《小匡》之文，略同《齐语》。《齐语》曰："制鄙。三十家为邑，邑有司；十邑为卒，卒有卒帅；十卒为乡，乡有乡帅；三乡为县，县有县帅；十县为属，属有大夫。五属，故立五大夫，各使治一属焉；立五正，各使听一属焉。"而《管子》下文云："五属大夫退而修属，属退而修连，连退而修乡，乡退而修卒，卒退而修邑，邑退而修家。"则上文当作十邑为卒，三乡为连，十连为属，今本有夺误也。属之众凡九万人。《庄子·德充符》云："勇士一人，雄入于九军。"疑即此制。《释文》引崔、李云："天子六军，诸侯三军，通为九军也。"又引简文云："兵书以攻九天，收九地，故谓之九军。"恐皆非也。（《左氏》襄公九年："二师令四乡正敬享。"此乡正，疑即《齐语》属立一正之正。）

《周书·武顺》："五五二十五曰元卒，一卒居前曰开，一卒居后曰敦，左右一卒曰闾，四卒成卫曰伯，三伯一长曰佐，三佐一长曰右，三右一长曰正，三正一长曰卿，三卿一长曰辟。"其法与《管子》又异。故知古制军之法甚多，《周官》所言，特其一耳。后人遇古书言军制者，辄以《周官》之法释之，宜其龃龉而不可通也。

骑 射

《日知录》曰："春秋之世，戎翟之杂居中夏者，大抵皆在山谷之间，兵车之所不至。齐桓、晋文仅攘而却之，不能深入其地者，用车故也。中行穆子之败翟于大卤，得之毁车崇卒；而知伯欲伐仇犹，遗之大钟以开其道；其不利于车可知矣。势不得不变而为骑。骑射，所以便山谷也；胡服，所以便骑射也；是以公子成之徒，谏胡服而不谏骑射。意骑射之法，必有先武灵而用之者矣。"（卷二十九《骑》条）今案武灵王之所欲者，曰继简、襄之业；简、襄之所欲者，则并代以临胡貉而已。此骑寇，非山戎也。武灵王之攻中山，虽使赵希将胡代之兵，牛翦将车骑，然特五军之二，非恃是以攻取。兵书言车骑步之长短者，莫古于《六韬》。大抵车利平地，忌险阻山泽汙下沮洳；骑虽不尽然，亦虑敌为深沟坑阜；惟徒兵则依丘陵险阻以抗车骑，无则为行马木蒺藜以自固；三者之长短可知，岂有攻山国而可用骑者哉？

《容斋四笔》云：崇宁中，李复为熙河漕使。时邢恕经略泾原，纳许彦圭之说，欲用车战，朝廷委复造战车三百两。复疏言："古者征战有礼，不为诡遇，多在平原广野，故车可行。今尽在极边，戎狄乘势而来，虽鸷鸟飞鸢，不如是之迅捷，下塞驻军，各以保险为利。其往也，车不及期，居而保险，车不能登；归则敌多袭逐，争先奔趋，不暇回顾，车安能收？"此车易而骑之理，乃以与匈奴、突厥等驰逐于广漠之乡，非与苗、瑶等争尺寸之得失于山谷之间也。古山戎多，骑寇少。《管子》言桓公"禽狄王，败胡貉，破屠何，而骑寇始服"（《小匡》），乃战国时语，非当时实事。《战国·赵策》言："赵武灵王破原阳，以为骑邑。牛赞进谏曰：国有固籍，兵有常经。变籍则乱，失经则弱。今王破原阳，以为骑邑，是变籍而弃经也。且习其兵者轻其敌，便其用者易其难。今民便其用而王变之，是损君而弱国也。故利不百者不变俗，功不什者不易器。今王破卒散兵，以奉骑射，臣恐其攻获之利，不如所失之费也。王曰：今重甲循兵，不可以逾险。"此其欲变服之由。盖古者师行不远，非如武灵之斥土于无穷之门也。然则胡服非徒以便骑射也。而观牛赞之言，则赵之诸臣亦非徒谏胡服矣。

《左氏》隐公九年："北戎侵郑，郑伯御之，患戎师，曰：彼徒我车，惧其侵轶我也。"然则古车徒亦互有短长，不必恃骑也。《周官》大司马曰："险野，人为主；易野，车为主。"《周官》亦战国时书，然犹不言骑，知骑非六国所深尚也。苏秦言六国之兵皆有骑，然不皆胡服，知胡服非徒便骑射也。古建国必依山溪，故傅国都不利车战。《左氏》隐公四年："诸侯之师，败郑徒兵。"《注》曰："时郑不车战。"盖以其地不利出车也。故宣公十二年，楚子围郑，郑人卜巷出车。文公十二年秦晋河曲之战，"秦行人夜戒晋师曰：两军之士皆未憖也，明日请相见也。臾骈曰：使者目动而言肆，惧我也，将遁矣。薄诸河，必败之。胥甲、赵穿当军门呼曰：不待期而薄人于险，无勇也。乃止。"此可见偏战必于平地，此古之所以上车也。（鞌之战，"齐师败绩，逐之，三周华不注"；鄢陵之战，"楚师薄于险"。盖兵败乃依山林以自固。）

《管子·兵法》：九章："三曰举龙章则行水，四曰举虎章则行林，五曰举鸟章则行陂，六曰举蛇章则行泽，七曰举鹊章则行陆，八曰举狼章则行山，九曰举韟章则载食而驾。"此七者，惟举牌章是用车耳。《左氏》定公六年："子期以陵师败于繁阳。"《注》曰："陵师，陆军。"《疏》曰："南人谓陆为陵，此时犹然。《释地》云：高平曰陆，大陆曰阜，大阜曰陵，是陵、陆，大小之异名耳。"《管子·地图》曰："凡兵，主者必先审知地图。轘辕之险，滥车之水，名山通谷经川，陵陆丘阜之所在，苴草林木蒲苇之所茂，必尽知之。"凡此皆与易野异，车固不可用，骑亦非所宜也。

《史记·廉颇蔺相如传》："李牧居代雁门，备匈奴。习射骑。具选车千三百乘，选骑万三千匹，百金之士五万人，彀者十万人。"此用骑特多，亦以所备者为骑寇故也。

以贾人为将

《史记·高祖本纪》：赵高已杀二世，使人来，欲约分王关中。沛公以为诈，乃用张良计，使郦生、陆贾往说秦将，啗以利，因袭攻武关，破之。《留侯世家》言沛公欲以兵二万人击秦峣下军，良说曰：秦兵尚强，未可轻，臣闻其将屠者子，贾竖易动以利，愿沛公且留壁，使人先行，为五万人具食，益张旗帜诸山上为疑兵，令郦食其持重宝啗秦将。秦将果叛，欲连和俱西袭咸阳。《高祖本纪》又言其击陈豨，闻豨将皆故贾人也，上曰：吾知所以与之矣。乃多以金啗豨将，豨将多降者。夫秦、汉时之轻贾人亦甚矣，安得以之为将？以之为将，人心安能服之？盖当时习以贾人为好利之徒，人有好利者则称之曰贾竖云耳，非真贾人也。

儿宽阿世

《史记·封禅书》言：齐桓公欲封禅，管仲以为不可，而不可穷以辞，乃设之以事。其事固不必实，然可见古之言封禅者，皆以为非真天下太平，则不可妄举其事也。秦汉之世，儒者已不能诤其君以封禅之不可，然议礼恒不能决，可见其于事仍不肯苟焉而已。秦始皇以儒生议各乖异，难施用而绌之，此始皇之侈也。乃司马相如遗书颂功德，言符瑞足以封泰山，汉武以问儿宽，而宽对曰：使群臣得人自尽，终莫能成。惟天子建中和之极，兼总条贯，金声而玉振之，以顺成天庆，垂万世之基。上然之，乃自制仪，采儒术以文焉。然则封禅之议，启之者相如，成之者宽也。相如逢君之恶，宽则长君之恶者也。抑宽之言，何其与始皇专己欲速之心，若合符节也？得不谓之曲学阿世邪？

汉世亭传之制

交通犹人身之血脉；血脉当无所不通，交通之道亦当无所不达。近世交通利器虽多，然欲其遍于山陬海澨滋，则必非旦夕之功，端赖有旧式之道路及交通之具，与之互相衔接。吾国今日方事重修驿运，非徒曰缘江缘海交通便利之地多受封锁，而姑以是救急云耳；即使海疆安谧，江河百川互相灌溉，而欲深入乎山陬海澨，旧式之通路及交通工具仍不可以不修。必如是，乃能与用新式器具之大道相衔接，而成完密之交通网，如血脉之无所不通也。此篇详考汉代亭传之制，知国小而为治纤悉之世，交通制度之完备，绝非政事疏阔之世所能想象。然则，《周官》等书所述之制，必非尽诬矣。人力所修之事虽废坠，必可以人力恢复之，读之可使从事于驿运者自壮；而其所言馆驿废坠之由，及其与边陲关系之重，尤足资今日之藉鉴而发人深省也。

古代人民往来少，而其为治纤悉，故凡行旅之所资，如宿息、井树等，无不由公家为之措置。两汉去古近，其遗制犹有存焉者。汉高祖至高阳传舍，使人召郦生。及出成皋，东渡河，独与滕公俱，从张耳军修武。至，宿传舍，晨自称汉使，驰入赵壁，夺其军（《史记·淮阴侯列传》）。王郎兵起，光武趣驾南辕，晨夜不敢入城邑，舍食道旁。至饶阳，官属皆乏食，光武乃自称邯郸使者，入传舍。及至信都，亦入传舍，与任光定谋。更始之败，刘恭步从至高陵，入传舍。当造次颠沛之际，行旅惟传舍是依如此，承平时更不必论矣。霍光至平阳传舍，遣使迎霍仲孺。何武为刺史，行部必先即学宫见诸生，然后入传舍，出记问垦田顷亩、五谷美恶，已乃见二千石。韩延寿守左冯翊，行县至高陵，有昆弟讼田者，延寿即移病人卧传舍，闭阁思过。《后汉书·陈宴传》："大守高伦被征为尚书，郡中士大夫送至轮氏传舍。"《史弼传》："出为平原相，时诏书下举钩党，惟弼独无所举，从事坐传责问。"《方术传》："任文公，州辟从事，哀帝时有言越巂大守欲反，刺史大惧，遣文公等五从事检行郡界，潜伺虚实，共止传舍。时暴风卒至，文公遽起，白诸从事促去。"《党锢传》："建宁二年，大诛党人，诏下急捕范滂等，督邮吴道至县，抱诏书，闭传舍，伏床而泣。"可见官吏行止，无不惟传舍是依，即其家属亦然。《桓荣传》："荣曾孙鸾子晔，尤修志介。姑为司空杨赐夫人，鸾卒，姑归宁赴哀，将至，止于传舍，整饰从者而后入，晔心非之"是也。又有意图构乱，诈称官吏，止于传舍者。周丘以汉节驰入下邳，至传舍，召斩令（《史记·吴王濞列传》）。桑弘羊客诈称御史，止传（《汉书·魏相传》）。公孙勇与客胡倩等谋反，倩诈称光禄大夫，从车骑数十，言使督盗贼，止陈留传舍，太守谒见，欲收取之（《汉书·酷吏田广明传》）。

鲍永，太守赵兴署为功曹。时有矫称侍中止传舍者，兴欲谒之，永疑其诈，谏，不听而出。兴遂驾往，永拔刀截马当胸，乃止。后数日，莽诏书果下，捕矫称者，永由是知名。皆其事。光武遣陈副、邓隆征刘扬，扬闭门不内，乃复遣耿纯持节行赦令于幽、冀，所过并使劳慰王侯。密敕纯曰："刘扬若见，因而收之。"纯从吏士百余骑，与副、隆会元氏。俱至真定，止传舍，因扬至，闭阁诛之。亦其类也。传舍与驿相依附，驿路所不经，即不能有传舍，若乡亭则更为普遍矣。《汉书·百官公卿表》言："汉承秦制，十里一亭，十亭一乡。"《续汉书·百官志注》引《汉官仪》则云："十里一亭，五里一邮，邮间相去二里半。邮亦有亭。"《汉书·循吏传》言黄霸使邮亭乡官皆畜鸡豚，以澹鳏寡贫穷，又言吏山不敢舍邮亭是也。《续志注》又引《风俗通》云："亭，留也。盖行旅宿舍之所馆。"然则，十里之间，凡得宿息之所四矣。《志》引蔡质《汉仪》曰："洛阳二十四街，街一亭；十二城门，门一亭。"此皆在都邑之中。《史记·司马相如列传》："相如往临邛，舍都亭。"《汉书·酷吏传》："严延年母从东海来，欲从延年腊，到洛阳，适见报囚，母大惊，便止都亭，不肯入府。"此则在近郭之地。若十里一亭之亭及邮亭，则皆在郊外，故亦谓之乡亭。鲍宣迁豫州牧，丞相司直郭钦奏其行部乘传，去法驾，驾一马，舍宿乡亭，为众所非。召信臣躬劝耕农，出入阡陌，止舍离乡亭（《汉书·循吏传》）。后汉刘宽，历典三郡，每行县，止息亭传，辄引学官祭酒及处士诸生执经对讲；见父老，慰以农里之言；少年，勉以孝弟之训。此与何武所为绝相似。足见乡亭与传舍，同为行旅所依。《后汉书·赵咨传》："拜东海相，之官，道经荣阳，令敦煌曹暠，咨之故孝廉也，迎路谒候。咨不为留，暠送至亭次，望尘不及。"《第五伦传》："拜会稽太守，坐法征，老小攀车叩马，啼呼相随，日裁行数里，不得前，伦乃伪止亭舍，阴乘船去。"《三国志·刘繇传注》引《续汉书》云："繇伯父宠，除东平陵令，视事数年，以母病弃官，百姓士民攀舆拒轮，充塞道路，车不得行，乃止亭轻服潜遁。"此二事亦绝相类。《后汉书·杨震传》："有诏遣归本郡，行至城西夕阳亭，饮酖而卒。"《张皓传》："子纲，汉安元年，选遣八使，徇行风俗。余人受命之部，纲独埋其车轮于洛阳都亭，曰：'犲狼当道，安问狐狸？'遂劾奏大将军冀、河南尹不疑无君之心十五事。"《黄琼传》："永建中，公交车征，至纶氏，称疾不进。诏下县以礼慰遣，遂不得已。李固以书逆遗之曰：'闻已度伊、洛，近在万岁亭，岂即事有渐，将顺王命乎？'"《循吏卫飒传注》引《东观记》："茨充初举孝廉，之京师，同侣马死，充到前亭，辄舍车持马还相迎。"此皆以亭为止顿之所。《独行传》："王忳除郿令，到官，至嶻亭。亭长曰：'亭有鬼，数杀过客，不可宿也。'忳不听，入亭止宿。夜中，有女子诉曰：'妾夫为涪令，之官，过宿此亭，亭长无状，枉杀妾家十余口，埋在楼下，悉盗取财货。'忳问亭长姓名。女子曰：'即今门下游徼者也。'明旦，召游徼诘问，具服罪。"此事诚涉荒怪，然或忳知其事而借此发之，亭长杀人越货，事必不诬。《独行传》又言张武父业，为郡门下掾，送太守妻子还乡里，至河内亭，盗夜劫之，业与贼战死。可见当时乡亭自有此等杀人越货之事也。传又言范冉与王奂亲善，奂为考城令，境接外黄（冉，外黄人），屡遗书请冉，冉不至。及奂迁汉阳太守，将行，冉乃与弟协步赍麦酒，于道侧设坛以待之。冉见奂车徒络绎，遂不自闻，但与弟辩论于路。奂识其声，即下车与相揖对。奂曰："行路仓卒，非陈契阔之所，可共前亭宿息，以叙分隔。"皆可见往来者以亭为宿息之所也。《续书·郡国志注》引《东观记》："永兴元年，亭万二千四百四十三，邮之数倍之，当二万四千八百八十六，合之凡三万七千三百二十九。"固不必其皆轮奂，亦岂能尽为丘墟？则当时行李之便安为何如也！不特此也，史言黄霸使邮亭乡官畜鸡豚，师古曰："乡官者，乡所治处也。"此未必然，盖凡乡间官舍皆属之。《史记·卢绾列传》言陈豨告归过赵，宾客随之者千余乘，邯郸官舍皆满。千余乘必非传舍所能容，故凡官舍均为其所占居矣。然则亭传之外，又有官舍可以借居也。行李之便安又何如乎！古代为治之纤悉如此，无怪后世之论者有所激而欲以封建代郡县也。

汉世亭传之制美备如此，然后来卒以废坠者，何也？则以民间之往来者日多，而公家之所守犹是三代以前之成规，未能随时扩充，与行旅之殷繁相副也。又当时之亭传，似徒供士大夫之用，而平民之能蒙其惠者甚鲜。《汉书·两龚传》云："昭帝时，涿郡韩福以德行征，至京师，赐策书束帛遣归。诏行道舍传舍，县次具酒肉食从者及马。王莽依故事白遣龚胜、邴汉。"《后汉书·章帝纪》："建初元年，诏三州（兖、豫、徐）。郡国流人欲归本者，其实禀令足还到，听过止官亭，无雇舍宿。"舍传舍而有烦特诏，止官亭而须雇舍宿，当时亭传不供平民之用可知。《后汉书·赵孝传》："父普，王莽时为田禾将军，任孝为郎。每告归，常白衣步儋。尝从长安还，欲止陲亭，亭长先时闻孝当还，以有长者客，扫洒待之。孝既至，不自名，长不肯内，因问曰：'闻田禾将军子当从长安来，何时至乎？'孝曰：'寻到矣。'于是遂去。"《三国志·刘繇传注》引《续汉书》，言刘宠弊车羸马，号为窭陋。往来京师，尝下道脱骖过，人莫知焉。宠尝欲止亭，亭吏止之曰："整顿传舍，以待刘公，不可得止。"宠因过去（《后汉书·循吏宠传》所载略同）。《后汉书·逸民传》："桓帝以安车聘韩康，康辞安车，自乘柴车，冒晨先使者发。至亭，亭长以韩征君当过，方发人牛修道桥。及见康，柴车幅巾，以为田叟也，使夺其牛，康即释驾与之。"此三事绝相类，原不能保其无附会；然当时必多有此等事，然后有此等附会之语。此征君之舍传舍，流民之止官亭，所以有烦特诏欤？事非众人之所需，而特以虚文应故事，其不能持久而日即于陵夷，夫固无足怪矣。

汉宣帝元康二年，诏曰："吏务平法。或擅兴徭役，饰厨传，称过使客，越职逾法，以取名誉，譬犹践薄冰以待白日，岂不殆哉？"则知馆驿之病民，由来旧矣。《后汉书·陈宠传》："安帝数遣黄门常侍及中使伯荣往来甘陵。宠子忠上疏言：'长吏发人修道，缮理亭传，多设储峙，征役无度，老弱相随，动有万计，'"则其厉民尤甚矣。《三国志·杜畿传注》引《魏略》，言孟康出为弘农，时出案行，皆豫敕督邮、平水，不得令属官遣人探候，修设曲敬。又不欲烦损吏民，尝豫敕吏卒，行各持镰，所在自刈马草。不止亭传，露宿树下。又所从常不过十余人。郡带道路，其诸过宾客，自非公法，无所出给。若知旧造之，自出于家。能如是者，有几人哉？

《续汉书·百官志注》引永元十年大匠应顺上言："郡计吏观国之光，而舍逆旅，崎岖私馆。"《后汉书·张霸传》："子楷，门徒常百人，宾客慕之，自父党宿儒，皆造门焉。车马填街，徒从无所止。黄门及贵戚之家，皆起舍巷次，以候过客往来之利。"《杨震传》："侯览弟参为益州刺史，累有臧罪，暴虐一州。震子秉劾奏参，槛车征诣廷尉。参皇恐，道自杀。"《注》引谢承书曰："京兆尹袁逢，于长安客舍中得参重车三百余乘，金

银珍玩不可胜纪。"(《后汉书·宦者传》与此略同)《独行传》:
"陆续诣洛阳诏狱就考。续母远至京师,作馈食,付门卒进之。
续对食悲泣,不能自胜。使者怪而问其故。续曰:'母来不得相
见,故泣耳。'问何以知母所作乎?续曰:'母截肉未尝不方,
断葱以寸为度,是以知之。'使者问诸谒舍,续母果来。"皆当
时京师逆旅众多之证。《续汉书·五行志》言:"灵帝数游戏西
园中,令后宫采女为客舍主人,身为商贾服。行至舍,采女下酒
食,因共饮食,以为戏乐。"亦习俗之移人也。《后汉书·黄宪
传》:"荀淑至慎阳,遇宪于逆旅,时年十四,竦然异之。"《党
锢传》:"夏馥剪须变形,入林虑山中,为冶家佣,亲突烟炭,形
貌毁瘁。后馥弟静,乘车马,载缣帛,追之于涅阳市中。遇馥不
识,闻其声,乃觉而拜之。馥避不与语。静追随至客舍共宿。"
此又僻左之处亦有逆旅之证也。逆旅之盛如此,晋初之人,犹欲
废之而设官樆(见《晋书·潘岳传》),岂可得哉?

　　风气淳朴之世,无逆旅之地,行人往往就人家借宿。此等风
气,近世犹有之,古代更不必论矣。《后汉书·儒林传》:"周防
父扬,少孤微,常修逆旅以共过客,而不受其报。"犹此风气之
遗也。《三国志·王修传》:"年二十,游学南阳,止张奉舍。奉
举家得疾病,无相视者,修亲隐恤之,病愈乃去。"此亦就人家
止宿者,虽不必其不报,然其人当亦非以舍客为业者也。自逆旅
盛而此等风气日微矣。

　　乡亭为行旅所依止,亦氓庶所聚集,故凡欲示众之事,皆于
是乎著之。王景守庐江,训民蚕织,为作法制,著于乡亭。王涣
为洛阳令,病卒,民思其德,为立祠安阳亭(皆见《后汉书·循
吏传》),以此也。窦武死,宦者枭其首于洛阳都亭,亦以此。

　　内地逆旅盛而亭传微;边徼之地,则犹不如是。盖其地人民

寡少，行旅亦希，道出其间者，非亭传无所依止，则非善治亭
传，不能保其交通之不绝也。《汉书·武帝本纪》："元光五年，
发巴、蜀治南夷道。"《史记·汉兴以来将相名臣年表》："元光
六年，南夷始置邮亭。"可见邮亭与道路相依之切。赵充国策西
羌曰："计度临羌东至浩亹，其间邮亭多坏败者，欲以闲时下所
伐材，加以缮治。"永光羌乱，诏书言其燔烧置亭（见《汉书·冯
奉世传》）；和帝永元四年，溇中、沣中蛮之叛，《后汉书·南蛮
传》亦言其燔烧邮亭；可见亭传所系之重。《三国志·陈群传》：
"青龙中，群上疏曰：'昔刘备自成都至白水，多作传舍，兴费
人役，太祖知其疲民也。今中国劳力，亦吴、蜀之所愿，此安危
之机也。'"案《先主传》："建安二十四年，先主自汉中还治成
都，拔魏延为都督，镇汉中。"《注》引《典略》曰："备于是起
馆舍，筑亭障，从成都至白水关四百余区。"群之所言，即是事
也。先主岂不知其疲民？盖有所不得已也。《张嶷传》："汉嘉郡
有旧道，经旄牛中至成都，既平且近。自旄牛绝道，已百余年，
更由安上，既险且远。嶷开通旧道，千里肃清，复古亭驿。"可
见控驭边方，必以亭驿为首务矣。

　　《汉书·高帝纪注》引应劭曰："旧时亭有两卒：一为亭
父，掌开闭扫除；一为求盗，掌逐捕盗贼。"《史记集解》引同。
而《续·志注》引《风俗通》曰："亭吏旧名负弩，后为长，或
谓亭父。"《史记索隐》引应劭亦曰："旧亭卒名弩父，陈、楚谓
之亭父，或云亭部，淮南谓之求盗也。"二说乖违，未知孰是，
要之其初必重御暴，则可知也。汉世亦间有能举其职者。《后汉
书·酷吏周纡传》："皇后弟黄门郎窦笃从宫中归，夜至止奸亭，
亭长霍延遮止笃。笃苍头与争，延遂拔剑拟笃，而肆詈恣口。"
不畏强御，足与止李广之霸陵尉并传矣。

飞行术

飞行，人之所愿也。虽不能遂，然不能禁人不试之。《汉书·王莽传》：莽募有奇技术可攻匈奴者，"或言能飞，一日千里，可窥匈奴。莽辄试之。取大鸟翮为两翼，头与身皆着毛，通引环纽，飞数百步堕。"大鸟翮非仓卒可得，能飞数百步堕，亦不易。可见其人必习之有素。

《隋书·刑法志》：北齐文宣帝"尝幸金凤台，受佛戒，多召死囚，编蘧篨为翅，命之飞下，谓之放生，坠皆致死，帝视以为欢笑。"文宣虽残虐，当时亦必有获免者，故以放生为名，而于受佛戒时行之。《北史》云：元世哲从弟黄头，文宣使与诸囚自金凤台各乘纸鸱以飞，独能飞至紫陌，仍付御史狱，乃饿杀之。即飞行者不死之证。

自金凤台至紫陌，盖不翅数百步矣，足见人非必不可飞，此其所以有试为之者欤。"一日千里"，盖传者夸侈之辞，其人自诡，或亦曰数百千步耳。此原不能如今日之空军，掷炸弹以击敌，然当时亦无今之高射炮等，能攻空中之人，以此窥敌，固有余矣。知一日千里之为语增，则其人初非诞谩也。

西　域

中国所谓西域者，本仅指今天山南路之地言之。故曰：南北有大山（北为今天山。南为今新疆省沙漠以南之山脉。入甘肃，即祁连山），中央有河，今塔里木河。东则接汉，陀以玉门（在今甘肃敦煌县西百五十里）阳关（今敦煌县西百三十里，玉门之南）。西则限以葱岭也。自武帝服乌孙，破大宛，后汉时，甘英部将之迹，且西抵条支，则西域二字之范围，遂愈扩愈广矣。拓跋魏时，分西域为四域：自葱岭以东，流沙以西为一域，即今天山南路，汉最初所谓西域也；葱岭以西，海曲以东为一域，则今波斯、阿富汗之地，所谓伊兰高原也；者舌以南，月氏以北为一域，则今咸海以东，阿母河以北，北抵今西伯利亚西南境；两海之间，水泽以南为一域，则今咸海、里海间地也。元时之花剌子模，地皆在今葱岭以西。《元史》亦以西域国称之。又历代所谓犁轩、拂菻、大秦者，即欧洲之罗马。前史亦并列西域传中，则虽谓中国古代所谓西域，包今欧罗巴全洲言之。亦无不可矣（罗马盛时，几于统一欧洲）。盖西域二字，其西方并无界限也。

其通西域之道，汉时本分为二。自玉门阳关，涉鄯善，傍南山北，波河西行，玉莎车，为南道。南道西逾葱岭，则出大月氏、安息。自车师前王庭，随北山，波河西行，至疏勒，为北道。北道西逾葱岭，则出大宛、康居、奄蔡。后魏时，更为四道：自玉门度流沙，西行二千里，至鄯善为一道。北行者，二千二百里至车师，为一道。从莎车西行，百里至葱岭，葱岭西千三百里至伽倍，为一道。自莎车西南，五百里至葱岭，葱岭西南千三百里至波路，为一道。实则第一、第二两道，仍即汉所谓南北道。第三、第四两道，则汉所谓南道逾葱岭，西出大月氏、安息者耳。嗣后历代与西域诸国之交通，其大体亦恒不外此也。

昆仑考

　　昆仑有二，《史记·大宛列传》："汉使穷河源，河源出于阗。其山多玉石，采来。天子案古图书，名河所出山曰昆仑云。"此今于阗河上源之山，一也。《禹贡》："织皮：昆仑、析支、渠搜，西戎即叙。"《释文》引马云："昆仑，在临羌西。"《汉志》金城郡临羌有昆仑山祠，敦煌郡广至有昆仑障。《太平御览·地部》引崔鸿《十六国春秋》："酒泉太守马岌上言：酒泉南山，即昆仑之体也。"地望并合。《周书·王会解》："正西昆仑，请令以丹青白旄纰罽为献。"旄，牦牛尾。纰，《说文》："氐人罽也。"罽，"西胡毳布也"。牦牛正出甘肃、青海，物产亦符。析支，马云："在河关西。"《水经·河水注》："司马彪曰：西羌者，自析支以西，滨于河首，左右居也。河水屈而东北流，经析支之地，是为河曲矣。"《后汉书·西羌传》亦曰："河关之西南，滨于赐支，至乎河首，绵地千里。"《禹贡》叙述之次，盖自西而东。渠搜虽无可考，（《凉土异物志》："渠搜国，在大宛北界。"《隋书·西域传》："鏺汗国，都葱岭之西五百余里，古渠搜国也。"地里并不合。）度必更在析支之东，故《汉志》朔方郡有渠搜县，盖其种落迁徙所居邪？蒋氏廷锡说（见《尚书地理今释》）。析支在河曲，而昆仑更在其西，则必在今黄河上源矣，二也。《书疏》引郑玄云："衣皮之民，居此昆仑、析支、渠搜三山之野者，皆西戎也。"又申之曰："郑以昆仑为山，谓别有昆仑之山，非河所出者也。"《山海经·海内西经》："海内昆仑之墟在西北，河水出东北隅。"郭《注》亦曰："言海内者，明海外复有昆仑山。"一似此两昆仑者必不可合矣。然予谓以于阗河源之山为昆仑，实汉人之误，非其实也。水性就下，天山南路，地势实低于黄河上源，且其地多沙漠，巨川下流，悉成湖泊；每得潜行南出，更为大河之源。汉使于西域形势，盖本无所知，徒闻大河来自西方，西行骤观巨川，遂以为河源在是。汉武不知其诳，遽案古图书，而以河所出之昆仑名之。盖汉使谬以非河为河，汉武遂误以非河所出之山为河所出之山矣。太史公曰："《禹本纪》言河出昆仑。昆仑，其高二千五百余里，日月所相避隐为光明也。其上有醴泉、瑶池。今自张骞使大夏之后也，穷河源，恶睹《本纪》所谓昆仑者乎？故言九州山川，《尚书》近之矣。至《禹本纪》《山海经》所有怪物，余不敢言之也。"《禹本纪》等荒怪之说，自不足信。然其所托，实今河源所出之昆仑。史公据于阗河源之山以斥之，其斥之则是，其所以斥之者则非也。（《太史公书》，止于麟止。此篇多元狩后本，实非史公作也。）《尔雅》"河出昆仑墟"，虽不言昆仑所在，然又云："西方之美者，有昆仑墟之球琳琅玕焉。"《淮南·地形训》作西北方。《禹贡》昆仑之戎，实隶雍州；而雍州之贡，有球琳琅玕。可知《尔雅》河所出之昆仑，即其产球琳琅玕之昆仑，亦即《禹贡》之昆仑矣。《淮南·地形训》："河水出昆仑东北陬，贯渤海，入禹所导积石山。"《海内西经》则云："西南又入渤海，又出海外，入禹所导积石山。"《说文》："河水出敦煌塞外昆仑山，发源注海。"所谓海、渤海者，盖指今札陵、鄂陵等泊，所据仍系旧说。《水经》谓"河水入渤海，又出海外，南至积石山下，又南入葱岭，出于阗国，又东注蒲昌海"，则误合旧说与汉人之说为一矣。以山言之则如彼，以河言之则如此。然则河源所在，古人本不误，而汉之君臣自误之也。

手 术

　　近世之论西医者，多艳称其手术。其实病之可用手术者，皆有形质可见，而可以径拔除之，实不可谓之难治。近世手术，所以胜于古人者，乃在人体生理之益明，所用械器之益精，及麻醉、消毒等法，为效益大，而流弊益微耳。此皆他种科学有以辅助医学，若就医家疗治之术言之，则使用手术，为法最为简径，固非古人所不能知，其兴起度必甚早也。

　　华佗之技，为今古所艳称，以其于针药不及之病，能以刳割治之也。然其时关羽中流矢，尝破臂作创，刮骨去毒。又《三国·魏志·贾逵传注》引《魏略》，谓逵生瘿稍大，自启欲令医割之，太祖惜逵忠，恐其不活，教谢主簿：吾闻"十人割瘿九人死"。逵犹行其意，而瘿愈大。逵之不愈，或不能归咎于医，然谚语亦必有由，则因割瘿而死者不少矣。可见医于刳割之术多拙。然工拙别是一事，观于割瘿者之多，而知是时之医，能施刳割之术者实不少。若为关羽破臂刮骨者，则其术并不可谓之拙矣。《魏书·长孙道生传》，谓道生玄孙子彦，少尝坠马折臂，肘上骨起寸余，乃命开肉锯骨，流血数升，言戏自若，时以为逾于关羽。子彦视关羽何如不可知，为子彦施治之医，必不减于为羽施治之医，则无惑也。是其术固异世而犹存也。《晋书·魏咏之传》言：咏之生而兔缺，年十八，闻荆州刺史殷仲堪帐下有名医能疗之，贫无行装，谓家人曰："残丑如此，用活何为！"遂赍数斛米西上，以投仲堪。既至，造门自通。仲堪与语，嘉其盛意，召医视之。医曰："可割而补之，但须百日进粥，不得语笑。"咏之曰："半生不语，而有半生，亦当疗之，况百日邪！"

仲堪于是处之别屋，令医善疗之。咏之遂闭口不语，惟食薄粥，其厉志如此。及差，仲堪厚资遣之。此医之技，亦未必减于华佗也。佗之所以负盛名者，或以其能用麻沸散。近世论医学者，谓麻醉药之发明，为医家一大事。以病有非刳割不能治者，无此，人或惮痛苦而不敢治；即或不惮，而痛苦非人所能堪，于法亦遂不可治也。为关羽、长孙子彦作创之医，未尝用麻醉药，显而易见。《三国·吴志·吕蒙传》言，蒙疾病，孙权迎置内殿，每有一针加，为之惨戚。盖亦不能用麻醉药，故其痛苦实甚。然则是时之医，能用麻醉药者似少，此佗之所以独擅盛名欤？然麻沸散之方，近世铃医犹有之，则亦非佗之所独也。故世容有绝精之技，而必无独擅之学。

白喉之初起也，医家多不能治。民间妪妇，乃有以刀针破其白腐处而强抉去之者，往往致死，亦或获愈。此足证吾手术治病最为简直、兴起当早之说。盖病之有形质可见者，就所在而径抉去之，原为人所易见；初用之或致死加剧，久之则其术渐精矣。然亦有古人技精，而后世反不逮之者。新医有阅《银海精微》者，谓其手术或为近世眼医师所不知。此由医学传习不盛，医家又或自秘，前人之所知所能，不能尽传于后也。然世之偏重儒医，亦当分尸其咎。凡儒医多好空谈，而手术则非所习；使此辈享盛名，食厚糈，而袭古代医家真传之铃医，日益衰落，而古医家专门之技，不传于后者，亦益多矣。

《晋书·温峤传》：峤平苏峻后，固求还镇，先有齿疾，至是拔之，因中风，至镇未旬而卒。其死，不知果由拔齿致之不，然时医工能拔去病齿，则因此可知。

古语云："毒蛇螫手，壮士断腕。"则去病毒之所在，以免延及全身，其由来亦极早。《晋书·卢钦传》：钦子浮，以病疽截手，遂废。则去肢体以全生命，古代之医亦能为之矣。

邂逅受伤，残折肢体，甚至伤及藏府而卒不死，亦可使人悟及手术之可用。《北史·彭乐传》：天平四年，从神武西讨，与周文相拒。神武欲缓持之，乐气奋请决战，神武从之。乐因醉入深，被刺肠出，内之不尽，截去复战，身被数创，军势遂挫，然乐卒不死。有此等经验，则使人知肠之可去矣。不然，孰敢臆测肠之可截邪？

医有借助于巫者，或藉此以振精神，便于施治耳。有形质之疾，谓可但以符咒等治之，恐无是理也。《齐书·陈显达传》言：显达讨桂阳贼，矢中左眼，拔箭而镞不出。地黄村潘妪善禁，先以钉钉柱，妪禹步作气，钉即时出，乃禁显达目中镞出之。似谓但禹步作气而镞自出者，恐传者过也。《南史·张融传》云：有薛伯宗者，善徙痈疽，公孙泰患背，伯宗为气封之，徙置斋前柳树上，明旦痈消，树边便起一瘤如拳大，稍稍长，二十余日，瘤大脓烂，出黄赤汁斗余，树为之瘘损。其说尤为离奇。然自称能徙痈者，吾小时尚见之，其事似在光绪辛卯岁，吾父脑后忽肿起如瘤，医家不敢以刀割，亦不能以药消，乃曰，有某者，自称能徙痈，不妨姑试之。如其言。其人用何术，予已不省记，但记其云已徙之庭前桂树上。其后树无他异，而吾父肿亦旋消。更询诸医家，则云此盖无名肿毒，本非瘤也。故知以神奇自炫者，今古多有，而侈陈奇迹，则无一不出语增耳。

《隋书·隐逸传》：张文诩尝有腰疾，会医者自言善禁，文诩令禁之，遂为刃所伤，至于顿伏床枕。医者叩头请罪，文诩遽遣之，因为其隐，谓妻子曰："吾昨风眩落坑所致。"其掩人之短，皆此类也。此可见善禁者亦不能不用刀针，或且藉此以施刀针也。

汲冢书

古书湮没复见，最早者无过于晋世之汲冢书。其事见于《晋书》之《武帝纪》《律历志》，及卫瓘、荀勖、束皙、王接、司马彪、续咸诸传。《纪》云：咸宁五年十月，"汲郡人不准掘魏襄王冢，得竹简小篆古书十余万言，藏于秘府"。《志》云："武帝太康元年，汲郡盗发六国时魏襄王冢，亦得玉律。"《卫瓘传》载瓘子恒所作《四体书势》云："太康元年，汲县人盗发魏襄王冢，得策书十余万言。"《束皙传》云："太康二年，汲郡人不准盗发魏襄王墓，或言安厘王冢，得竹书数十车。"诸说年代虽不相符，（《二十二史考异》云："《束皙传》作太康二年，《卫恒传》作太康元，与《纪》互异。赵明诚《金石录》，据《太公庙碑》及荀勖序《穆天子传》，俱云太康二年，以正《晋》《纪》年月之误。"然亦未检束、卫两传也。注云："杜预《春秋后序》亦作太康元年。"案杜预《春秋后序》、荀勖《穆天子传序》，并是伪物。）然古事传者多不审谛，不能以此遂疑其事之真。《律历志》言："荀勖校太乐，八音不和，始知后汉至魏，尺长于古四分有余。勖乃部著作郎刘恭依《周礼》制尺，所谓古尺也。依古尺更铸铜律吕，以调声韵。其尺量古器，与本铭尺寸无差。又，汲郡盗发六国时魏襄王冢，得古周时玉律及钟磬，与新律声韵暗同。"则当时所得，书籍外尚有他物。书籍纵有伪作，他物不必皆有人作伪。以此互证，亦足见汲冢得书，事非乌有。所得之数，《本纪》与《卫瓘传》，二说符同。简策重滞，而每策所容，不过数十字；十万余言，自可盈数十车。《束皙传》说，亦非歧异。十余万言之书，即在楮墨盛行之时，得诸地表，亦云匪易，况在楮墨未行之世，而又得诸地下之藏乎？诚足令人神往矣。

　　然则世之所传，所谓出自汲冢之书，其物果可信乎？曰：否。汲冢得书，实有其事，系一事；世之所传，所谓出自汲冢之书，其可信与否，又是一事。汲冢得书，固实有其事，然世之所传，谓其出于汲冢者，则不徒明以来之伪《竹书纪年》不可信，即其早于此者，如世所谓古本《竹书纪年》等，其不可信，亦未尝不相等也。此其为说，观于《晋书》之《束皙传》，即可知之。《荀勖传》言竹书之得，"诏勖撰次之，以为《中经》，列在秘书。"《束皙传》言："初发冢者烧策照取宝物，及官收之，多烬简断札，文既残缺，不复铨次。武帝以其书付秘书校缀次第，寻考指归，而以今文写之。皙在著作，得观竹书，随疑分释，皆有义证。"《王接传》云："时秘书丞卫恒考正汲冢书，未讫而遭难。佐著作郎束皙述而成之，事多证异义。时东莱太守陈留王庭坚难之，亦有证据。皙又释难，而庭坚已亡。散骑侍郎潘滔谓接曰：卿才学理议，足解二子之纷，可试论之。接遂详其得失。挚虞、谢衡皆博物多闻，咸以为允当。"是观其大略，加以次第者荀勖；就其所载，加以研求者，则卫瓘、束皙、王庭坚、王接也。《四体书势》云："魏初传古文者，出于邯郸淳。恒祖敬侯写淳《尚书》，后以示淳，而淳不别。至正始中，立三字石经，转失淳法，因科斗之名，遂效其形。太康元年，汲县人盗发魏襄王冢，得策书十余万言。案敬侯所书，犹有髣髴。古书亦有数种，其一卷论楚事者最为工妙，恒窃悦之。"玩其言，似能次第成书，藉以考见古事者，不过数种，余则仅堪藉证书法。简断编残，铨次已觉不易，况于考索？此实录也。人之度量相越，不能甚远，束皙继业，所就岂能远过？乃《皙传》述诸书之目，大凡七十五篇，不识名题者七篇而已，余则皆能举其崖略，果可信乎？《司马彪传》云："初谯周以司马迁《史记》书周秦以上，或采俗语百家之言，不专据正经，周于是作《古史考》二十五篇，皆凭旧典，以纠迁之谬误。彪复以周为未尽善也，条《古史考》中凡百二十二事为不当，多据《汲冢纪年》之义，亦行于世。"夫曰多据，则非尽据，且所据者《纪年》一书耳。《续咸传》言咸"著《远游志》《异物志》《汲冢古文释》，皆十卷，行于世"。六七十篇之书，岂十卷之书所能释？是彪与咸即诚见汲冢书，所见者亦不多也。

更就《束皙传》论诸书之语观之。诸说皆云所发为魏襄王冢，《皙传》独多"或言安厘王冢"六字，说果何所据乎？《传》又云："其《纪年》十三篇，纪夏以来至周幽王为犬戎所灭，以事接之。三家分，仍述魏事，至安厘王之二十年。盖魏国之史书。"此六字之所由来也。据《史记》，安厘王为襄王曾孙。襄王子哀王，在位二十三年；哀王子昭王，在位十九年；昭王子则安厘王，在位三十四年，其卒在秦始皇之四年，距襄王之卒，七十有六年矣。此时魏已去亡不远，能否厚葬，如史所云，实有可疑。古人作伪，多不甚工，往往少加校勘，说即不雠。窃疑《纪年》书本无传，造作者初不详核，乃误下三世七十六年，而后人反据之以为说也。

《束皙传》又云《纪年》，"大略与《春秋》皆多相应。其中经传大异，则云夏年多殷；益干启位，启杀之；太甲杀伊尹；文丁杀季历；自周受命，至穆王百年，非穆王寿百岁也；幽王既亡，（幽王当作厉王，此盖传写之误。）有共伯和者摄行天子事，非二相共和也。"案《史记集解》引《纪年》，谓夏有王与无王，用岁四百七十一年；汤灭夏以至于受，用岁四百九十六年；而《路史》引《易纬稽览图》，谓夏年四百三十一，殷年四百九十六。

造竹书者，盖谓自相之亡，至于少康复禹之绩，历年四十，故窃纬候之说，而易其四百三十一为四百七十一，此其作伪之显证。启、益、太甲、伊尹、文丁、季历之相贼，则其时之人"舜禹之事，我知之矣"之见解耳。古人纪年，初不审谛，而好举成数，故于人君享国长久者，率以百年言之。如《诗生民疏》引《中候握河纪》云："尧即政七十年，受河图。《注》云：或云七十二年。"案尧立七十年得舜，辟位凡二十八年崩，则尧年九十八，若云七十实七十二，则适得百岁矣。《史记·五帝本纪》云："舜年二十以孝闻，年三十尧举之，年五十摄行天子事，年五十八尧崩，年六十一代尧践帝位。践帝位三十九年，南巡狩，崩于苍梧之野。"即位踰年改元，时舜年六十二，在帝位三十九年，舜年亦百岁也。此古传说本以尧舜为百岁，而说书者从而为之舜也。《大戴记·五帝德》："宰我问于孔子曰：昔者予闻诸荣伊曰黄帝三百年，请问黄帝者，人邪？抑非人邪？何以至于三百年乎？孔子曰：生而民得其利百年，死而民畏其神百年，亡而民用其教百年。"《小戴记·文王世子》："文王谓武王曰：女何梦矣？武王对曰：梦帝与我九龄。文王曰：女以为何也？武王曰：西方有九国焉，君王其终抚诸？文王曰：非也。古者谓年龄，齿亦龄也。我百，尔九十，吾与尔三焉。文王九十七乃终，武王九十三而终。"《书·无逸》曰："文王受命惟中身，厥享国五十年。"言其为君时年五十有一也。又云："殷高宗之享国，五十有九年。"《石经》残碑作百年。然则《吕刑》谓穆王享国百年，正合古人语例。造《纪年》者疑其误而改之正见其不知古义耳。厉王见流，周、召二相共和行政，犹之鲁昭公时之三家，卫献公时之孙林父、宁殖。古者世族权大，此等事盖甚多，特不能尽见于书传。谓他国之君释位而未摄政，却史无前例。有之，则有夏之衰，后羿自鉏迁于穷石，因夏民以代夏政耳，曾闻其反政于夏乎？此说也，《史记正义》引《鲁连子》同之，不知造《鲁连子》者袭伪《纪年》乎？造伪《纪年》者袭《鲁连子》乎？其为造作则无疑也。

《束皙传》又云："《名》三篇，似《礼记》，又似《尔雅》《论语》。"此合伪《孔子家语》与《孔丛子》为一书也。又云："《师春》一篇，书《左传》诸卜筮，师春似是造书者姓名也。"玩其言，似所记与《左氏》全同，古书有如是略无出入者乎？又云："《琐语》十一篇，诸国卜、梦、妖怪、相书也。"下文云："七篇简书折坏，不识名题。"则名题皆系固有，卜、梦、妖怪、相书，古人是否视为琐语，殊难质言。《史通·疑古》引《汲冢琐语》，有舜放尧于平阳之事，又非卜、梦、妖怪、相书之伦也。又云："《穆天子传》五篇，言周穆王游行四海，见帝台、西王母。"又有《周穆王美人盛姬死事》。合此二者，正今所谓《穆天子传》。世多以其言域外地理有合而信之，而不知此正其书出于西域既通后之铁证也。凡此皆今《晋书》《束皙传》不足信之征也。杜预《后序疏》引王隐《晋书·束皙传》云：汲冢竹书，"大凡七十五卷，其六十八卷皆有名题，其七卷折简碎杂，不可名题。有《周易》上下经二卷，《纪年》十二卷，《琐语》十一卷，《周王游行》五卷，说周穆王游行天下之事，今谓之《穆天子传》。此四部差为整顿。汲郡初得此书，表藏秘府，诏荀勖、和峤以隶字写之，勖等于时即已不能尽识。其书今复阙落，又转写益误。《穆天子传》，世间偏多。"述竹书篇卷凡数，名题可考与否之数，与今《晋书·束皙传》同，而能言其指归者，多少迥异。官家校理，往往徒有其名，六十八卷曾否悉行隶写，殊为可惑。（观王隐《晋书》与今《晋书》之说之不同，而可见造作者之各自为说也。卫恒言古书数种，论楚事者最为工妙，应在整顿之列，而隐《晋书》不及。）

汉魏之世，习称异于大小篆之字为古文，《说文解字》之例可证也。《晋书·武帝纪》言竹书，并称小篆、古书，可见二者俱有。其时既在战国，小篆之数，度必远多于古文，而今《晋书·束晳传》乃谓其皆科斗字，亦凭臆为说之一端也。

再论汲冢书

近代治古本《竹书纪年》者，以钱君宾四、杨君宽正用力为最深。二君于战国史事，推校皆极密。皆谓《纪年》所记年代，较《史记》为可信。余于战国史事，未尝致力，于二君所言，无以平其是非，以其用力之勤，深信所言必非无见。然窃谓考证之学，今古皆有之，而著述体例，则今古不同。古人于其考证所得者，往往不明言为己见，而或托之他人；又或将推论之辞，与纪载相混。故窃疑竹书所言，虽或可信，亦系后人考证所得，而未必真为汲冢原文也。尝以此意语二君，二君未能信其然，而亦无以难之。近予将旧作《汲冢书》笔记一则，刊诸报端，旋得杨君来书，疑出土《纪年》，本仅记战国事，自魏文侯至襄王之二十年，其余则出后人增窜；且其增入并非一次。此言殊有意理。天下无赤手伪造之事，晋人既称其书为《纪年》，其中自必有若干按年记事者也。然必不能超出共和以上。《晋书·束晳传》说《纪年》云："纪夏以来至周幽王为犬戎所灭，以事接之。三家分，仍述魏事，至安厘王之二十年。"此中惟安厘王三字，诚如杨君所疑，原文或为襄王，而为后人所臆改，余则似皆出旧文。观其所言，绝无谓自夏以来皆有年纪之意。然则真竹书即记夏以来事，亦不过存其梗概而已。《史记·晋世家》谓自靖侯以来，年纪可推；《汉书·律历志》言"《春秋》《殷历》，皆以殷，鲁自周昭王以下无年数，故据周公伯禽以下为纪"，知列国年代，有可推寻，皆不能早于周世，且已为历人之言，而非史家之籍矣。鲁为周礼所在，犹且如此，晋居深山之中，王灵不及，拜戎不暇，安得所记乃远至夏殷？故知杨君所言，深有意理，足证所谓古本《纪年》者所纪甚远之不足信，而又足正予疑其专出后人推校所得之伪也，故乐得而再著之。

杨君书又云，"《纪年》与《赵世家》最为相合，以此见其可信"，然又以其"与《史记》嬴秦世系，亦有出入，史公记六国时事，多本《秦记》，秦之世系，不应有误"而疑之。予谓小小夺误，古书皆所不免。如《史记·秦始皇本纪》后所记秦之先君，不尽与《秦本纪》相合，即其切近之一证。古人著书，有一最要之例，曰："信以传信，疑以传疑。"惟如是，故所据虽有异同，皆各如其原文录之，而初不加以刊改。此在后人，或以此议古人之疏，甚且加以痛诋，然正因此，而古籍之有异同者，乃得悉葆其真，以传于后。较之以意刊改者，为益弘多矣。古本《纪年》，在战国之世者，似当兼采鄙说及杨君之说，谓其中有《竹书》原文，兼有后人推校所得。二者分别诚为不易，然即能分别之，尽得魏氏史官之旧，亦不过古代各种史文之一耳，未必其纤毫不误也。此意亦不可不知。

四　部

　　《通鉴》齐武帝永明三年："初，宋太宗置总明观以集学士，亦谓之东观。上以国学既立，五月乙未，省总明观。时王俭领国子祭酒，诏于俭宅开学士馆，以总明四部书充之。"胡三省《注》云："分经、史、子、集为甲、乙、丙、丁四部。又据《宋纪》：明帝泰始六年立总明观，征学士以充之；举士二十人，分为儒、道、文、史、阴阳五部学，言阴阳者遂无其人。然则四部书者，其儒、道、文、史之书欤！"案总明举士，虽分五部，观中之书，不必随之而分部。四部之分，始于晋之荀勖，自尔以来，相承不改。《通鉴》此文，本于《南史》，（《齐书·王俭传》亦同）四部二字，未必更有异义。胡氏二说，自以前说为得也。

　　《隋书·经籍志》言：荀勖四部，"合二万九千九百四十五卷。惠怀之乱，京华荡覆，渠阁文籍，靡有孑遗。东晋之初，渐更鸠聚。著作郎李充，以勖旧簿校之，其见存者，但有三千一十四卷，充遂总没众篇之名，但以甲乙为次，自尔因循，无所变革。其后中朝遗书，稍流江左。宋元嘉八年，秘书监谢灵运造《四部目录》，大凡六万四千五百八十二卷。元徽元年，秘书丞王俭又造《目录》，大凡一万五千七百四卷。齐永明中，秘书丞王亮、监谢朏，又造《四部书目》，大凡一万八千一十卷。齐末兵火，延烧秘阁，经籍遗散。梁初，秘书监任昉，躬加部集，又于文德殿内，列藏众书，华林园中，总集释典，大凡二万三千一百六卷，而释氏不豫焉。梁有秘书监任昉、殷钧《四部目录》，又《文德殿目录》。其术数之书，更为一部，使奉朝请祖暅撰其名。故梁有《五部目录》。隋炀帝即位，秘阁之书，限写五十副本，分为三品，于东都观文殿东西厢构屋以贮之，东屋藏甲乙，西屋藏丙丁；又聚魏已来古迹名画，于殿后起二台，东曰妙楷台，藏古迹；西曰宝台，藏古画；又于内道场集道、佛经，别撰目录。"此自晋至隋书籍分部之大略也。除书画及释道氏书外，惟梁世术数之书别为一部，余皆以四部括之，此予所谓自荀勖以来相承不改者也。《晋书·李充传》："为大著作郎，于时典籍混乱，充删除烦重，以类相从，分作四部，甚有条贯，秘阁以为永制。"《齐书·王俭传》："超迁秘书丞，上表求校坟籍，依《七略》撰《七志》四十卷，又撰定《元徽四部书目》。"《梁书·沈约传》："齐初为征虏记室，带襄阳令，所奉之王，齐文惠太子也。太子入居东宫，为步兵校尉，管书记，直永寿省，校四部图书。"《任昉传》："转御史中丞，秘书监。自齐永元以来，秘阁四部，篇卷纷杂，昉手自雠校，由是篇目定焉。"《殷钧传》：天监初，起家秘书郎，历秘书丞，"在职启校定秘阁四部书，更为目录"。《张缵传》："起家秘书郎，时年十七。秘书郎有四员，宋、齐以来，为甲族起家之选，待次入补，其居职，例数十百日便迁任。缵固求不徙，欲遍观阁内图籍。尝执四部书目曰：若读此毕，乃可言优仕矣。"《文学传》：刘杳撰《古今四部书目》五卷。皆足与《隋志》相证明也。

四部之分，不足以见学术流别，故言校雠之学者多病之。实斋《通义》反复阐述，实惟此一义而已。然四部之分，本其大较，其中更有子目，则学术流别存焉。循其名不能知其实者，惟集部之书为甚，此实由后世专门之学日亡，立言者无不驳杂之故，与作目录者无涉也。荀勖四部：一曰甲部，纪六艺及小学等书，此刘歆之《六艺略》也；二曰乙部，有古诸子家、近世子家、兵书、兵家、术数，此歆之《诸子》《兵书》《术数略》

也；三曰丙部，有史记、旧事、皇览簿、杂事，此为勖所新增，盖以记事之作不可与言道之作相混而然；四曰丁部，有诗赋、图赞、汲冢书。诗赋者歆之《诗赋略》，图赞盖王俭《图谱志》所本，亦为《七略》所无，汲冢书别为一门，最为论者所惑。然勖即昧于学术流别，亦无以汲冢书为一类之理，盖缘其书初出，未能尽通，无从分类，而其物为古简策，所宝者不徒所言，故别立为一类，正如后世目录家之别立金石一门耳。《七略》中之《方技》，为勖四部所无，以《隋志》列于子部推之，度其当入乙部。《晋书·勖传》云："领秘书监，与中书令张华，依刘向《别录》，整理记籍。"可见其所为一秉前规。四部之分，盖特以计皮藏之便，而非以言学术流别。厥后王俭有作，《四部目录》与《七志》亦自殊科，犹此志也。俭之《七志》：一曰《经典志》，纪六艺、小学、史记、杂传，当勖之甲丙两部；二曰《诸子志》，纪今古诸子，四曰《军书志》，纪兵书，五曰《阴阳志》，纪阴阳图纬，六曰《术艺志》，纪方技，与勖之乙部相当；三曰《文翰志》，纪诗赋，七曰《图谱志》，纪地域及图书，与勖之丁部相当，而无汲冢书，盖其物已不存。《隋志》有《纪年》《周书》《古文琐语》，注皆云汲冢书，隶史部。诸书未必皆出齐后，盖以其非故简而为写本，故按书之门类隶之，此亦可见荀勖之以汲冢书为一类，乃以古物视之也。其道、佛附见，不与旧书为类，盖亦以其性质不同。梁兴，阮孝绪作《七录》：一曰《经典录》，纪六艺，二曰《记传录》，纪史传，当王俭之《经典志》；三曰《子兵录》，纪子书、兵书，五曰《技术录》，纪数术，苞俭之《诸子》《军书》《阴阳》《术艺》四志；四曰《文集录》，纪诗赋，即俭之《文翰志》，图谱无录，盖如《隋志》入诸《记传》；六曰《佛录》，七曰《道录》，亦如俭《志》之殊科。梁世秘书监、文德殿之藏，释氏不豫，隋世亦于内道场集道、佛经，别撰目录，其意皆与王、阮同。而梁又将术数之书，别为一部，则其析之更细。然则刘《略》荀《簿》而降，经籍之分类，实相承而渐变，屡变而益详。四部之分，特皮藏之部居，非分类之准则，显然可见。李充总没众篇之名，但分四部，实一时苟简之为耳，（《晋书》称其甚有条贯者，盖前此混乱，并四部之分而无之。）而不意后遂以为永制也。然自隋以来，虽以四部为宏纲，其中亦未尝不分子目；就子目而观之，学术流别，夫固昭然可见。集部之不能循名责实，正犹刻书者所苞较广，而编目之家，不得不随之而立丛部，固未可责其鲁莽也。

经籍分类，随乎学术，宜详而不宜混。近世东西之籍，所言者与中国旧籍，固不尽同，强欲齐其门类，势必治丝益棼，实不如分而著之为得。昔人道、释不杂四部，固足以为法也。

《汉书·艺文志》言，刘向校雠，每一书已，辄条其篇目，最其指要，录而奏之。此诚不朽之盛业，然其事殊不易为，故自荀勖以降，遂莫之能为也。然《隋志》言，王俭《七志》，不述作者之意，而于书名之下，每立一传，并及传授源流、后人评论，此则于读者甚有裨益矣。后世校勘之家，于此等处亦皆极留意，观《隋志》之言，而知其由来已久也。

梁末被焚书籍

梁世藏书有二处，一秘书监，一文德殿也，故有秘书监任昉、殷钧《四部目录》，又有《文德殿目录》。牛弘云："侯景渡江，秘省经籍，虽从兵火，其文德殿内书史，宛然犹存。萧绎据有江陵，遣将破平侯景，收文德之书及公私典籍重本七万余卷，悉送荆州。"与《隋志》云"元帝克平侯景，收文德之书及公私经籍归于江陵，大凡七万余卷"者相合。《南史·侯景传》，谓王僧辩收图书八万卷归江陵；颜之推《观我生赋注》，亦谓王司徒表送秘阁旧书八万卷，盖举成数言之。颜《赋注》又云，孝元鸠合，通重十余万，则并江陵所故有者言之也。牛弘谓周师入郢，绎悉焚之于外城，所收十才一二，则其书亦未全焚，但所收甚仅耳。

《隋志》言梁书大凡二万三千一百六卷，而僧辩所收，已逾七万，盖亦通重言之也。牛弘云"总其书数三万余卷"，则亦以成数言之耳。《梁书·昭明太子传》云于时东宫有书三万卷，不知通重言之，抑其所有侔于秘省文德之藏？然即通重言之，其数亦已不少矣。乃《南史·侯景传》云：贼"登东宫墙射城内。至夜，简文募人出烧东宫，台殿遂尽，所聚图籍数百厨，一皆灰烬。先是简文梦有人画作秦始皇，云此人复焚书，至是而验"。然则梁末所失者，尚不止建业秘省之藏，江陵外城之烬也，亦可云浩劫矣。

《南史·张缵传》：缵兄缅，有书万余卷；缵晚颇好积聚，多写图书数万卷；及死，湘东王皆使收之，书二万卷。此等皆元帝所藏，出于王僧辩所致之外者也。

兵燹之际，图籍最宜加意保全，然能保全者实鲜。牛弘言书有五厄，其四固皆兵燹为之也。《梁书·柳恽传》：高祖至京邑，恽候谒石头。时东昏未平，恽上笺陈便宜，请城平之日，先收图籍。高祖从之。然《隋志》言齐末兵火，延烧秘阁，经籍遗散，则仍未能收取矣。周武平齐，先封书府。（亦见《隋志》。）杨广伐陈，既破丹阳，亦使裴矩、高颖收其图籍。（见《隋书·矩传》。）盖视刘、石等之全不措意者为愈矣。《北齐书·辛术传》言，术"少爱文史，晚更修学，虽在戎旅，手不释卷。及定淮南，凡诸资物，一毫无犯，惟大收典籍，多是宋、齐、梁时佳本，鸠集万余卷，并顾、陆之徒名画，二王以下法书，数亦不少，俱不上王府，惟入私门。及还朝，颇以馈遗权要，物议以此少之"。此虽违奉公之义，究胜于拉杂摧烧之者。《魏书·李顺传》：世祖之克统万，"赐诸将珍宝杂物，顺固辞，惟取书数千卷"。则按旧例，入国之日，图籍原不尽归公家也。公家苟欲收藏，自可使人转写。且据《北齐书·文苑传》，天保七年，诏令校定群书，供皇太子，樊逊以秘府书籍，纰缪者多，议向多书之家，牒借参校，而术为所举六家之一，则其书，亦未尝不有裨中藏矣。

论魏史之诬

以私意淆乱史实者，莫如清代，夫人而知之矣。其实清代亦不过其变本加厉者，相类之事，前此久有之矣。清人疑前代以丑恶字样译外国人名，乃举前史译名妄加改易。夫一时代有一时代之语言，斯一时代有一时代之译例。清人纵能知满语，或且能知与满语相类之蒙古语，安能尽知其余诸民族之语？况能知数百年前诸民族之语，及其时之译例乎？然此事亦不始于清。《北史·蠕蠕传》，谓其人自号柔然，太武以其无知，状类于虫，改其号为蠕蠕。蠕蠕与柔然，芮芮，（《宋书》）茹茹，（《周书》）均系同音异译。太武此举，非更其名，乃易其字。则以丑恶字样为外国译名，实出于褊衷。不特此也，魏人自称为黄帝之后，谓北俗谓土为托，谓后为跋，故以托跋为氏。(《魏书·帝纪·序纪》)案《齐书·魏虏传》云："魏虏，匈奴种也，姓托跋氏。初，匈奴女名托跋，妻李陵，胡俗以母名为姓，故虏为李陵之后。"此说之不可信，别见下。是魏人曾以人名释托跋二字也。其实二者皆非其真。《晋书·秃发氏载记》谓其先与后魏同出。乌孤七世祖寿阗在孕，其母因寝产于被中，鲜卑谓被为秃发，因而氏焉。秃发氏之亡，其主傉檀之子破羌奔魏，魏赐之氏曰源，名曰贺。《魏书·贺传》载世祖谓贺曰："卿与朕源同，因事分姓，今可为源氏。"足见《晋书》"与后魏同出"之说之确。"秃发""托跋"，同音异译，显而易见。《载记》所述之说，虽不敢谓其必真，要较后土及母名之说为可信。是魏人两释"托跋"之义，均属伪造也。伪造训诂，亦犹之妄改译名也。更考《魏书·序纪》之说，尤可见魏人自道其历史之诬。《序纪》云："昌意少子，受封北土，积六十七世至成帝毛，统国三十六，大姓九十九。"又十四世而至神元。自受封至神元，凡八十一世，八十一者，九九之积也。自成帝至神元十五世，十五者，三与五之积也。九者数之九，三与五，盖取三才五行之义。统国三十六，四面各九国也。大姓九十九，与己为百姓也。数之巧合，有如是者乎？《序纪》又言："不为文字，刻木纪契而已，世事远近，人相传授，如史官之纪录焉。"世岂有无文字而能详记六十七世之世数者？果能详记世数，何以于名号、事迹，一不省记？其为诬罔，不言自明。为此矫诬者谁欤？《卫操传》言桓帝崩后，操为立碑以颂功德，云魏为轩辕苗裔，一似其事为魏初汉人附虏者所为。其实一览《卫操传》，即知其为乃心华夏之人，其于托跋氏，特思借其力以骑匈奴耳，岂肯为之造作诬辞，以欺后世？况统观前后史实，魏人是时，尚未必有帝制自为之思。既无帝制自为之思，必不敢自附于帝王之后。故《卫操传》之说，必不足信。魏之帝制自为，实在道武帝天兴元年，史称其追尊成帝已下及后号谥，诏百司议定行次，尚书崔玄伯等奏从土德，其造作必在此时也。

道武之称帝，在天兴元年十二月。先十二岁为登国元年，《纪》书正月戊申，帝即代王位，四月，改称魏王。及天兴元年六月丙子，诏有司议定国号。群臣曰："昔周、秦已前，世居所生之土，有国有家，及王天下，即承为号。自汉已来，罢侯置守，时无世继，其应运而起者，皆不由尺土之资。今国家万世相承，启基云、代。臣等以为若取长远，应以代为号。"诏曰："昔朕远祖，总御幽都，控制遐国，虽践王位，未定九州。逮于朕躬，处百代之季，天下分裂，诸华乏主。民俗虽殊，抚之在德，故躬率六军，扫平中土。凶逆荡除，遐迩率服。宜仍先号，以为魏焉。布告天下，咸知朕意。"所谓总御幽都，控制遐国者，即《序纪》所谓"昌意少子受封北土，其后世为君长，统幽都之北，广漠之野，至成帝统国三十六，大姓九十九"者也。魏人造作史实，在于此时，断然可识。然魏之称号，何自来乎？案《崔玄伯传》云：司马德宗遣使来朝，太祖将报之，诏有司博议国号。玄伯议曰："国家虽统北方广漠之土，逮于陛下，应运龙飞，虽曰旧邦，受命维新，是以登极之初，改代曰魏。又慕容永亦奉进魏土。夫魏者大名，神州之上国。斯乃革命之征验，利见之玄符也。臣愚以为宜号为魏。"太祖从之。玄伯之说，实驳《纪》所载有司之议者。云"慕容永奉进魏土"，则魏王之封，实受之于永者耳。然其事恐不在登国元年四月也。

据《魏书》，道武为昭成帝什翼犍之孙。其父名寔，昭成太子也，后追谥为献明帝。昭成时，长孙斤谋逆，寔格之，伤胁而死。秦（苻坚）兵来伐，昭成为庶长子寔君所弑。坚分其地，自河以西属刘卫辰，以东属刘库仁。库仁母，平文帝郁律之女也，昭成复以宗女妻之。于是南部大人长孙嵩及元他等，尽将故民南依库仁。道武方幼，其母献明皇后贺氏，亦以之居独孤部。《晋书·苻坚载记》则云：涉翼犍"子翼圭缚父请降。坚以翼犍荒俗，未参仁义，令入太学习礼。坚尝之太学，召涉翼犍问曰：中国以学养性而人寿考，漠北啖牛羊而人不寿，何也？翼犍不能答。又问：卿种人有堪将者，可召为国家用。对曰：漠北人能捕六畜，善驰走，逐水草而已，何堪为将？又问：好学不？对曰：若不好学，陛下用教臣何为？坚善其答。"《宋书·索虏传》云：犍"为苻坚所破，执还长安，后听北归。犍死，子开字涉挂代立"。《齐书·魏虏传》曰：坚"擒犍还长安，为立宅，教犍书学。坚败，子珪，字涉圭，随舅慕容垂据中山，还领其部"。案《晋书》明载坚与犍问答之语，必不能指为虚诬，则《魏书》所云犍为寔君所弑者，实属妄语。一语虚则他语不得不随之而虚，谓道武为昭成之孙者，自不如谓为其子之可信。盖《魏书》之云，一以讳昭成见执降伏之辱，一亦欲洗道武翦灭舅氏之恶，乃改昭成之见执于其子为见弑，而又造作一救父见杀之太子，以与之对，其心计可谓工矣。然岂能尽钳中国人之口哉？观此，然后知清代欲焚禁中国书籍为有由也。《宋书》谓苻坚后听昭成北归，《齐书》谓坚败，道武尚随慕容垂，二说又当以《齐书》为确。何者？昭成苟北归，不应略无事迹可见也。据《魏书·刘库仁传》，慕容垂之起，库仁实右苻丕，因此为慕容文所杀。库仁弟眷摄国事。库仁子显，杀眷而代之，遂谋杀道武。道武乃走贺兰部，依其舅贺讷，遂于牛川即代王位。昭成之子窟咄，为苻坚徙于长安，因随慕容永，永以为新兴太守。刘显使弟亢泥迎纳之。道武求援于慕容垂。垂使子贺驎往援，破之。又破刘显。显奔慕容永。贺兰部叛道武，贺驎又与道武破之。是后燕之有造于道武者实大。其后贺兰部为刘卫辰所攻，请降告困。道武援之，却卫辰，而迁贺兰部于东界。贺兰盖自此夷为托跋氏之臣仆。不知如何，忽与后燕启衅，贺驎伐之，道武救之，而托跋氏与后燕之衅端，亦因之而启。后燕止托跋氏之使秦王觚，而道武亦转而纳交于慕容永矣。窃疑道武之北归，慕容垂实使之，其事当在刘库仁助苻丕之时，时库仁所统多托跋氏之旧部，使之北归扇动，以相牵掣也。慕容永封道武为魏王，则其事当在登国六年七月《纪》书"使其大鸿胪慕容钧奉表劝进尊号"之日。天兴元年六月之议，乃决臣晋与否，臣晋则仍称代王，不臣则不矣。道武从崔玄伯之议而不臣，乃去代号而专称魏。是年十二月，遂有帝制自为之举焉。是时慕容永已亡；且拓跋氏尚不甘臣晋，岂肯受封于永？乃以称魏为自行改号，而又移其事于登国元年四月，以泯其改易之迹。其心计弥可谓工矣，然终不能尽掩天下人之目也，心劳日拙，讵不信哉？

天兴元年之议行次，其事亦见《礼志》。逮太和十四年，复以是为议，高闾等主以据中原之地者为正统。赵承晋为水德，燕承赵为木德，秦承燕为火德，魏承秦为土德。李彪、崔光援汉继周之例，以魏承晋为水德。诏群官议之。卒从彪等之议。案高闾等之议，盖不敢替诸胡而承中华，以触忌讳。然孝文实不复以虏自居，故卒弃其说，而从李彪等之议也。然闾等之议，亦非天兴时原意。天兴时之意，盖欲祧魏、晋而承汉，故其所臆造之神元元年，与曹魏之并国同岁也。是时晋尚未亡，承晋既不可，又不能与晋争承魏；北方僭伪诸国，又皆无可承，其势固不得不如此耳。

魏在天兴以前，既无帝制自为之意，自不敢妄托于古之帝王，故《宋》《齐书》谓其自托于李陵，说必不妄。托跋氏当时，得此已为褒矣。《齐书》云：虏甚讳之，有言其是陵后者辄见杀，盖先尝以是自夸，传播颇广，既以黄帝之后自居，则又欲讳其说；然传播既广，其势不可卒止，乃又一怒而滥杀以立威也；可恶亦可笑矣。

后魏与秃发氏同祖，而乌孤五世祖树机能，实为晋人所诛。抑不仅此，神元者，《晋书》之力微，《晋书·卫瓘传》云：瓘督幽州，于时幽、并东有务桓，西有力微，并为边害。瓘离间二虏，遂至间隙，于是务桓降而力微以忧死。据《魏书·序纪》：神元子文帝沙漠汗，实为诸部大人所杀。神元是否终于牖下，亦难质言。然则托跋氏仍世遭诛，正犹清之有叫场、他失也，固无怪其仇中原之深耳。

自来修史者，于魏事多取《魏书》，于南朝之纪载，所取甚罕，意谓敌国传闻之辞，必不如其人自述者之可信也，而孰知适得其反。且如道武，《魏书》本纪谓其"服寒食散，动发，谓百寮左右，人不可信，虑如天文之占，或有肘腋之虞，朝臣至前，追其旧恶，皆见杀害。其余或以颜色变动，或以喘息不调，或以行步乖节，或以言辞失措，帝皆以为怀恶在心，变见于外，乃手自殴击，死者皆陈天安殿前。于是朝野人情，各怀危惧。有司懈怠，莫相督摄。百工偷劫，盗贼公行。巷里之间，人为希少。帝亦闻之，曰：朕纵之使然，待过灾年，当更清治之尔。"夫所杀果止朝臣，何至巷里之间，人为希少？今观《宋书·索虏传》，则云："开暴虐好杀，民不堪命。先是，有神巫诚开：当有暴祸，惟诛清河，杀万民，乃可以免。开乃灭清河一郡、常手自杀人，欲令其数满万。"然则开之滥杀，及于平民者多矣。此与什翼犍之见俘，皆魏人之记载不可信，而南朝之记载转可信者也。然此特其偏端耳。其宫闱之惨祸，宗戚之分争，讳言中原人之叛之，与他外族兵争，亦多讳败为胜，实属不胜枚举，别于他条发之。

不特《魏书》，《周》《齐书》之诬妄，亦有出人虑外者。西魏之寇江陵也，梁元帝请援于齐，齐使其清河王岳救之。至义阳，荆州已陷，因略地，南至郢州。齐知江陵陷，诏岳旋师。岳留慕容俨据郢。梁使侯瑱攻之。《陈书·琪传》云："俨食尽请和，瑱乃还镇豫章。"此实录也。《北齐书·俨传》，谓俨镇郢城，"始入，便为梁大都督侯瑱、任约率水陆军奄至城下。俨随方备御，瑱等不能克。又于上流鹦鹉洲上造荻𦩍，竟数里，以塞船路。人信阻绝，城守孤悬，众情危惧。俨导以忠义，又悦而安之。城中先有神祠一所，俗号城隍神，公私每有祈祷。于是顺士卒之心，乃相率祈请，冀获冥佑。须臾，冲风歘起，惊涛涌激，漂断荻𦩍，约复以铁锁连缉，防御弥切。俨还共祈请，风浪夜惊，复以断绝。如此者再三，城人大喜，以为神助。瑱移军于城北，造栅置营，焚烧坊郭，产业皆尽。约将战士万余人，各持攻具，于城南置营垒，南北合势。俨乃率步骑出城奋击，大破之，擒五百余人。先是郢城卑下，兼土疏颓坏，俨更修缮城雉，多作大楼。又造船舰，水陆备具，工无暂阙。萧循又率众五万，与瑱、约合军，夜来攻击。俨与将士力战终夕。至明，约等乃退。追斩瑱骁将张白石首。瑱以千金赎之，不与。夏五月，瑱、约等又相与并力，悉众攻围。城中食少，粮运阻绝，无以为计，惟煮槐楮、桑叶并紵根、水萍、葛、艾等草，及靴、皮带、觔角等物而食之。人有死者，即取其肉，火别分啖，惟留骸骨。俨犹申令将士，信赏必罚，分甘同苦，死生以之。自正月至于六月，人无异志。后萧方智立，遣使请和，显祖以城在江表，据守非便，有诏还之。俨望帝，悲不自胜。帝呼令至前，执其手，持俨须鬓，脱帽看发，叹息久之。谓俨曰：观卿容貌，朕不复相识，自古忠烈，岂能过此！"凡所云云，有一语在情理之中者乎？江陵之陷也，巴、湘之地，并属于周。周遣梁人守之。后陈人加以围逼。周使贺若敦率步骑六千赴救。又使独孤盛将水军与俱。侯瑱自寻阳往御。又遣徐度会瑱于巴丘。天嘉元年十月，瑱破盛于杨叶洲，盛登岸筑城自保。十二月，周巴陵城主尉迟宪降。盛收余众遁。明年，正月，周湘州城主殷亮降。二月，以瑱为湘州刺史。三月，瑱卒，以徐度代之。七月，贺若敦自拔遁归，人畜死者十七八。见《陈书·世祖纪》。《陈书》所纪者如此，此实录也。《周书·敦传》，侈陈敦之战绩，与《北齐书·慕容俨传》，可称异曲同工。尤可笑者，云："相持岁余，瑱等不能制，求借船送敦渡江。敦虑其或诈，拒而弗许。瑱复遣使谓敦曰：骠骑在此既久，今欲给船相送，何为不去？敦报云：湘州是我国家之地，为尔侵逼，敦来之日，欲相平殄，既未得一决，所以不去。瑱后日复遣使来。敦谓使者云：必须我还，可舍我百里，当为汝去。瑱等留船于江，将兵去津路百里。敦觇知非诈，徐理舟楫，勒众而还。"姑无论所言之信否，而瑱死在三月，敦之遁在七月，乃《传》中记其絮絮往复如此，敦岂共鬼语邪？

竞 渡

　　竞渡之戏见于正史者，《隋书·地理志》始载之云："屈原以五月望日赴汨罗，土人追至洞庭不见，湖大船小，莫得济者，乃歌曰：'何由得渡湖。'因尔鼓棹争归，竞会亭上，习以相传，为竞渡之戏。其迅楫齐驰，棹歌乱响，喧振水陆，观者如云，诸郡率然，而南郡、襄阳尤甚。二郡又有牵钩之戏，云从讲武所出，楚将伐吴，以为教战，流迁不改，习以相传。钩初发动，皆有鼓节，群噪歌谣，振惊远近，俗云以此厌胜，用致丰穰。其事亦传于他郡。"案观南郡、襄阳之举，则祈谷与皆武之意为多，屈原之说特其附会耳。京口之俗，亦以五月五日为斗力之戏，各料强弱相敌，事类讲武，"梁简文之临雍部，发教禁之，由是颇息"。则其明证。而祈年、讲武又非二事，《礼记》曰：季春出火可焚也。然后简其精锐，历其卒伍，而君亲誓命，以习军旅，左之右之，坐之起之，以观其习变也。而流示诸会，而盐诸利，以观其不犯命也。求服其志，不贪其得，故以战则克，以祭则受福。凡公共集会，无不作有益之事，寓教诫之意如此。然久之迷信渐淡，争战渐希，则徒变而为游戏矣。角觝之变是也，此亦可云社会进化。

怪　异

历代《五行志》所载诸怪异事，有可以理解者，亦有不可解者。其不可解者或出虚诬，然亦有不解尽指为虚诬者，要之，理无穷而人之所解知者尚少耳。《宋史·五行志》：太平兴国九年，扬子县民妻生男，毛被体半寸余，面长，顶高，乌眉，眉毛粗密，近发际有毛两道，软长眉，紫唇，红耳，厚鼻，大类西域僧。至三岁，画图以献。当时扬州未必无胡人杂居，此妇或与胡通而生此子。此理之可解者也。其不可解者，元丰末，尝有物大如席，夜见寝殿上，而神宗崩。元符末，又数见，哲宗崩。至大观间，渐昼见。政和元年以后，大作，每得人语声则出。先若列屋摧倒之声，其形靡丈余，仿佛如龟，金眼，行动硁硁有声。黑气蒙之，下人了了，气之所及，腥血四洒，兵刃皆不能施。又或变人形，亦或为驴，自春历夏，昼夜出无时，遇冬则罕见。多在掖庭宫人所居之地，亦尝及内殿，后习以为常，人亦不大怖。宣和末，寖少，而乱遂作。此事记载，庸不尽实，然历时甚久，见者甚多，亦不能尽指为虚诬，何邪？

猴育于人

《辍耕录》有猴盗一条，云："夏雪簑云：尝见优人杜生彦明说：向自江西回至韶州，寓宿旅邸，邸先有客曰相公者居焉。刺绣衣服，琢玉帽顶，而仅皮履。生惑，具酒肴延款，问以姓名、履历，客具答甚悉，初不知其为盗也。次日，客酬燕，邀至其室，见柱上锁一小猴，形神精狡，既而纵使周旋席间，忽番语遣之，俄捧一碟至，复番语晋之，即易一椀至。生惊异，询其故。客曰：某有婢，得子，弥月而亡，此时猴生旬有五日，其母毙于猎犬，终日叫号可怜，因令此婢就乳之。及长成，遂能随人指使，兼解番语耳。生别后，至清州，留吴同知处，忽报客有携一猴入城者，吴语生云：此人乃江湖巨盗，凡至人家，窥见房室路径，并藏蓄所在，至夜，使猴入内偷窃，彼则在外应接，吾必夺此猴，为人除害也。明日，客谒吴，吴款以饭，需其猴，初甚拒，吴曰：否则，就此断其首，客不得已，允许，吴酬白金十两，临去，番语属猴。适译史闻得来告吴曰：客教猴云，汝若不饮不食，彼必解尔缚，可亟逃来，我只在十里外小寺中伺也。吴未之信，至晚，试与之果核水食之类，皆不食，急使人觇之，此客果未行，归报，引猴挝杀之。"此条所记，必多夸侈失实之辞，然必非子虚，猴固有言语，特远较人为简耳。心理学所谓隔离儿童者，谓人失抚育，而育于物，过六岁后，虽与人接，终不能言语矣。反其道而观之，猴育于人，能解数十句人语，固无足怪，谓教以不饮不食，以冀解缚而逃，又与相期十里外，必附会造作之辞。然可使递器物，或指使取某物，则必不诬矣。人使之窃，猴何罪焉，且亦未经鞫讯，焉知所言必实，而遽挝杀猴，而终不问其人，失刑甚矣，岂第违爱物之道哉！

兔园策

《旧五代史·冯道传》云："工部侍郎任赞，因班退，与同列戏道于后曰：若急行，必遗下《兔园策》。道寻知之，召赞谓曰：《兔园策》皆名儒所集，道能讽之，中朝士子，止看文场秀句，便为举业，皆窃取公卿，何浅狭之甚邪？赞大愧焉。"《新史·刘岳传》云："宰相冯道，世本田家，状貌质野，朝士多笑其陋。道旦入朝，兵部侍郎任赞与岳在其后。道行数反顾。赞问岳：道反顾何为？岳曰：遗下《兔园册》耳。《兔园册》者，乡校俚儒教田夫牧子之所诵也，故岳举以诮道。道闻之，大怒，徙岳秘书监。"（岳时为吏部侍郎。）《困学纪闻》云：《兔园册府》三十卷。唐蒋王恽命僚佐杜嗣先放应科目策，自设问对，引经史为训注。恽，太宗子，故用梁王兔园名其书。冯道《兔园策》谓此也。"《宋史·艺文志》亦云："《兔园册府》三十卷，杜嗣先撰。"而晁公武《读书志》云："《兔园册》十卷，唐虞世南撰。"题名之异，盖由纂集本非一人，无足为怪。所可怪者，乃其卷数之不同耳。案晁氏又云："奉王命，纂古今事为四十八门，皆偶俪之语。至五代时，行于民间。村塾以授学童。故有遗兔园册之诮。"孙光宪《北梦琐言》云："《兔园策》乃徐、庾文体，非鄙朴之谈。但家藏一本，人多贱之。"合观诸文，知士大夫之取此书，初盖以供对策之用，后则所重者惟在其俪语，而不在其训注。盖有录其辞而删其注者？故其卷帙止三之一。若写作巾箱本，则并可藏之怀袖间矣。文场秀句，由此作也。村童无意科名，何必诵此等书？然其师何知？但见取科名者皆诵之，则亦以之教其弟子矣。抑争名者于朝，争利者于市，朝市之间，风气之变迁恒速，而在乡僻之地则迟。古人教学僮识字，多以须识之字，编成韵语，如《急就篇》等皆是。其后觉其所取之字，及其辞之所道者，不尽适用，则或取他书代之，如《三字经》《千字文》《百家姓》是也。更后，又觉其不尽适用，都邑之间，乃代以所谓方字，字字而识之，然村塾之中，教《三字经》等如故也。唐、宋取士，皆尚辞华，故其人习于声病对偶。自元以降，科举之法已变矣，然村塾之中，仍有以《故事琼林》《龙文鞭影》教学僮者，吾小时犹及见之。其书皆为俪语，而以故实为注，实新撰之兔园册、文场秀句也。问以诵此何为？则亦曰：昔人如是，吾亦如是而已，他无可说也。

南强篇

《中庸》："子路问强，子曰：南方之强与？北方之强与？抑而强与？宽柔以教，不报无道，南方之强也，君子居之；衽金革，死而不厌，北方之强也，而强者居之。故君子和而不流，强哉矫；中立而不倚，强哉矫；国有道，不变塞焉，强哉矫；国无道，至死不变，强哉矫。"小时读此，尝窃疑于南方之强，与君子之所谓强哉矫者，是一是二，由今思之，乃知其断然是一，不足疑也。盖就风俗而论，只有南方之强与北方之强二端，孔子尚南方之强，而抑北方之强，而子路之所谓强，则实有类于北方之强者。孔子始而诘之曰：南方之强与？北方之强与？抑而强与？一似子路之强，出于南北风气之外者，辞之婉也。继言南方之强，而明著之曰君子居之，明宗尚之所在也。言北方之强，而直斥之曰而强者居之，则明告子路，以其所谓强者，果居何等也。夫世俗之视南方之强，则徒以为宽柔以教，不报无道而已，然其实不止于是，故又以和而不流四端，开示真谛也。

人孰不好强而恶弱，好荣而恶辱，然而抚剑疾视之为强，则亦不足恃矣。一族一国，犹一人也，过刚者必折，不戢者自焚，理无难明，事亦习见，然而人莫不慕夫抚剑疾视之为强，则以抚剑疾视者，固有时而获胜；而雍容揖让者，遂不免于败绩而失据也。然而胜负自有其原，衡论者固不当徒拘于其表。历来民族国家之竞争，胜者之风气，固多尚武，然其所以胜者，实别有在，初非由其好杀；败者之风气，固多柔靡，其使之柔靡者，亦自有其由，初非徒矫其柔靡之迹而遂克有济；更不应因此遂怀偏激之见，并其所谓宽柔以教，不报无道者，而亦唾弃之也。宽柔以教，不报无道，固制胜之术，而非败绩之原也，旷观往史：民族起于林麓沙迹、瘠薄之区者，恒好争而有胜；而其居于江海薮泽肥沃之区者，恒流于柔靡而败，晋之于五胡，宋之于辽、金、元，明之于清，希腊之于马其顿，罗马之于日耳曼皆是也。其故何哉？谓国力之不敌与？人口之众，财力之富，机器之利，兵法部勒之明，其相去皆不可以道里计也；而成败利钝，适与之反者，沃土之民多淫，瘠土之民思义，淫则溺于晏安，无复奋发有为、杖节死绥之志；抑溺于淫乐者，岂肯胼手胝足，栉风沐雨而致之，则必诛求其下，攘夺于人；又耽淫乐者必无直节，于是是非不明，毁誉无准，通敌者不见诛，守节者不见赏，怨毒之气盈于下，苟媮之习成于朝，安往而不为人弱也？然则文明民族之败绩，野蛮民族之克捷，全与其人民之强弱无关。若徒就战事立论，晋、宋、明、希腊、罗马之兵，固未尝真不敌野蛮侵略之族。夫文明民族之败于野蛮，在东方，其可征者，则炎、黄之争其始也。炎帝姜姓，三苗之祖也，《墨子》道三苗之事曰："日妖宵出，雨血三朝，龙生于庙，犬哭于市。"（《非攻下》）流传之说如此。其营于禨祥，可以想见。营于禨祥，未有不耽于淫乐者，古所谓巫风也。炎族之不敌黄族，其原盖由于此。然太古之文明，起于东南江海之交，而不起于西北山林之地，则彰彰明甚也。地下隰湿热，则草木畅茂，生事资焉，《礼运》言先王之世，食草木之实，而《郊特牲》言农夫黄衣黄冠；知古衣食所资，实以植物为主，此必东南湿热之地也。《郊特牲》曰："伊耆氏始为蜡。"《明堂位》曰："土鼓、蒉桴、苇籥，伊耆氏之乐也。"《礼运》言礼之初，亦曰"蒉桴而土鼓"。二篇所述，其皆神农氏之事。一说伊耆氏者，或以为神农，或以为尧，以为神农者盖是，以为尧者非也。蜡之祭，合万物而索飨之，则有坊与水庸；迎猫，为其食田鼠也；迎虎，为其食田豕也；主先啬而祭司啬，固农耕之民所有事也。若尧则黄帝之后，黄帝迁徙往来无常处，安知重农？尧命羲和历象日月星辰，敬授人时，似非不知重农者，然特袭之所征服之族，非其所固有也。孟子曰："夏后氏五十而贡。"又述龙子之言曰："治地莫不善于贡。贡者，校数岁之中以为常，乐岁，粒米狼戾，多取之而不为虐，则寡取之；凶年，粪其田而不足，则必取盈焉。"（《滕文公上》）然则贡者，君民异族，君但责其民岁纳税若干，而其苦乐生死，初非所问。有夏如此，况于陶唐哉？《商君书》曰："神农之世，男耕而食，妇织而衣，刑政不用而治，甲兵不起而王，神农既殁，以强胜弱，以众暴寡，故黄帝内行刀锯，外用甲兵。"（《画策》）炎黄二族，一尚和平，一好战伐，此其明证。在尚北方之强者，必曰：尚和平，则炎族之所以败也。然蚩尤实始作兵，春秋战国之世，吴楚之兵，犹铦于北方，炎帝之族，遁居江南之遗教也。黄族则弦木为弧，剡木为矢而已矣，其械器之不敌亦明矣。然而炎族终为黄族弱，则知胜负之原，固别有在，而不在于其械器矣。岂惟械器？夫岂无谲士勇夫！大势既去，则亦蒿目扼腕，五合六聚而不能救也。岂惟不能救？不北走胡，则南走越，盖有反为敌用者矣。

然则南方之所以败，在其地肥而生事饶足，因之当路之人，溺于晏安，刻剥其下，固与宽柔以教，不报无道之风气无涉。而宽柔以教，不报无道之风，实开世界大同之门，启民族和亲之路，往史具在，来者难诬。北方之族，以其贫瘠而奋发有为，乖离不甚，所以遇异族者虽酷，然在其群之内，则直道存焉。由余所以诲穆公，中行说所以折汉使，皆是物也。然其死而不厌之风，则实毁世界之文明，沦人道于禽兽。科学未兴之世，人力弱而不能受制于天行，风气之不同，各视其所居之地。治化之一进一退，文明之既成复毁，皆由于此。自今以后，革社会组织之偏，以拯各地方风气之敝，因合各地方风气之善，以镇一地方风气之偏，世运之大同，民族之和亲，必于是乎有赖矣。

《淮南王书》曰："雁门之北，狄不谷食，贱长贵壮，俗尚气力。人不弛弓，马不解勒。"（《原道训》）此即孔子所谓北方之强也。《说苑》曰："子路鼓瑟，有北鄙之声。孔子闻之曰：信矣，由之不才也。夫先王之制音也，奏中声，为中节，流入于南，不归于北。南者生育之乡，北者杀伐之域。故君子执中以为本，务生以为基。故其音温和而居中，以象生育之气，忧哀悲痛之感，不加乎心，暴厉淫荒之动，不存乎体。夫然者，乃治存之风，安乐之为也。彼小人则不然，执末以论本，务刚以为基。故其音湫厉而微末，以象杀伐之气。和节中正之感，不加乎心，温俨恭庄之动，不存乎体。夫杀者，乃乱亡之风，奔北之为也。昔舜造南风之声，其兴也勃焉。纣为北鄙之声，其废也忽焉。"（《修文》）修文此中国所谓中道，即南方之道；而所谓北方之强，即后世匈奴、鲜卑等游牧之族杀伐之俗之铁证也。殷人所居，实近东南，纣都朝歌，乃渐徙而北，彼其淫虐，得毋渐染北俗与？然殷代文教，究近于南；周起丰镐，实在于北，孔子修春秋，变周之文，从殷之质，其以此与？孔子亦言从周，则以杞、宋文献不足，而周礼为时所用故也。然曰周之失文胜者，野蛮人之学于文明人，固但能得其形迹也。此孔子所由欲变之与？

尸体不朽

《后汉书·刘盆子传》云："赤眉发掘诸陵，取其宝货，遂污辱吕后尸。凡贼所发，有玉匣。敛者率皆如生，故赤眉得多行淫秽。"《三国志·刘表传注》引《世语》曰："表死后八十余年，至晋太康中，表冢见发，表及妻身形如生，芬香闻数里。"《吴志·孙休传注》引《抱朴子》曰："吴景帝时，戍将于广陵掘诸冢，取版以治城，所坏甚多。复发一大冢，内有重阁，户扇皆枢转可开闭，四周为微道通车，其高可以乘马。又铸铜为人数十枚，长五尺，皆大冠朱衣，执剑列侍。灵座皆刻铜人，背后石壁言殿中将军，或言侍郎、常侍，似公王之冢。破其棺，棺中有人，发已班白，衣冠鲜明，面体如生人。棺中云母厚尺许，以白玉璧三十枚藉尸。兵人辈共举出死人，以倚冢壁。有一玉长一尺许，形似冬瓜，从死人怀中透出堕地。两耳及鼻孔中，皆有黄金如枣许大，此则骸骨有假物而不朽之效也。"案其葬埋之侈，至于如此，则其别有不朽之术可知。谓其必由于金玉，亦未必然也。即《后汉书》之言，亦如葛洪者附会之耳。

藏首级

赵襄子杀知伯，漆其头以为饮器，世皆以是讥其暴。然其事非迄于襄子，则亦非始于襄子也。汉人戕新莽，藏其头于武库，至晋元康五年乃被焚，见《晋书·惠帝纪》及《五行志》。莽头果至晋时尚存否，殊难质言，然汉人尝藏其头，则必不诬矣。《宋书·臧质传》言质之死，江夏王义恭等请依汉王莽事例，漆其头首，藏于武库。诏可之。易代犹奉为成例，果何为哉？《陈书·宣帝纪》：太建五年十二月，诏曰："古者反噬叛逆，尽族诛夷，所以藏其首级，戒之后世。比者所戮，止在一身，子胤或存，枭悬自足，不容久归武库，长比月支。恻隐之怀，有仁不忍。维熊昙朗、留异、陈宝应、周迪、邓绪等及今者王琳首，并还亲属，以弘广宥。"则其时于叛者，且以藏其首为故常矣。观诏文之意，似以其亲属既尽，莫为收敛而然，然亦岂文王葬骨之仁也？《章昭达传》言子大宝，至德三年反，生擒送都，于路死，传首枭于朱雀航，夷三族。死而犹传其首，亦淫刑也。又夷其三族，则又非宣帝时戮止其身者比矣。《南史》作"寻被擒，枭首朱雀航"，则失"路死传首"之事。史文之不可妄删如此。

或曰：匈奴杀月氏王，以其头为饮器，则此盖胡俗，而赵襄子效之。然匈奴固淳维后，法俗类中国者甚多，予别有考，则亦难谓此非中国法也。

车与骑

车战之易而为骑也，自战争之日烈始也。骑兵利驰逐，则战场虽广，而兵士不觉其劳，且可出敌后而断其援，又旁钞其两侧，间遇山陵，亦不为所阻，较之兵车仅限于平原之地数十百里之间，利于持重而不宜于逐利者大异矣。故国土愈广，战事波及之地愈远，则骑兵愈盛，车战遂日以式微也。

　　南北朝分裂，垂三百年，南恒为北弱，其机，实决于元嘉二十七年虏马饮江之役。此役也，索虏初未能占中国之地，然六州残破，元气大伤，恢复之图，自此遂不易言矣。其所由然，实缘虏于是役，不事攻取，并不求战胜，而专事残毁故也。元太祖之攻金，不求下燕京，而四出残毁，河北遂不可守，与此役颇相似。居国之民，行军不如行国之便捷，其所残破之地，即不得如行国之远。春秋以前，与中原错处之戎狄，可谓皆在腹心之地，而不能为深患者，以彼徒我车，扰乱仅及边鄙也。卫懿公之灭于狄，盖奇变，不恒有。虽大邑如长葛，亦非戎狄所能入矣，况于蹂躏数千里之地乎？自秦、赵、燕诸国越北山、踰太行而与匈奴邻，则中国始与骑寇相遇；冒顿盛强，北边之侵扰愈亟，然亦缘边之地耳，非深入腹里也。此五胡之所以为大患，晋初诸臣所以欲徙戎也。然则佛狸之南侵，实为前此未有之局，此中国之所以不能豫与？佛狸寡谋，岂知以此为制胜之策，不过肆其残暴而已。然无意中却为战事创一新局。此世变之所以可畏也。

　　孟子曰：“国家闲暇，及是时，明其政刑，虽大国必畏之矣。”（《公孙丑》上）南北朝之世，北扰攘而南安谧者，莫如梁武帝之时，此国家闲暇时也。欲恢复北方，终不能不决胜于中原平旷之地，则非有骑兵不可。周朗之言曰：“今人知不以羊追狼，蟹捕鼠，而令重车弱卒与肥马悍胡相逐，其不能济固宜矣。汉之中年，能事胡者，以马多也。胡之后服汉者，亦以马少也。既兵不可去，车骑应蓄。”（《宋书》本传）其言可谓深切著明矣。乃梁武未尝无恢复之图，而终不闻有马复之令，疆场之上，惟恃水军以资扞御，间欲攻取，亦惟恃决堰为上策。然则寒山之败，岂徒渊明之无能哉？观其徒恃此以取彭城，而知其恢复之无望矣。

　　中原之地，可以为牧场与？曰：不可。然当戎马生郊之日，暂设监牧以拟戎备，夫固无所不可也。《隋书·贺娄子干传》：讨吐谷浑还，"高祖以陇西频被寇掠，甚患之。彼俗不设村坞，勃令子干勒民为堡，营田积谷，以备不虞。子干上书曰：陇西河右，土旷民希，边境未宁，不可广为田种。比见屯田之所，获少费多，虚役人功，卒逢践暴。屯田疏远者，请皆废省。但陇右之民，以畜牧为事，若更屯聚，弥不获安。只可严谨斥候，岂容集人聚畜？请要路之所，加其防守。但使镇戍连接，烽候相望，民虽散居，必谓无虑。高祖从之。"营田积谷，实为进取之基，然散野之民，卒逢践暴，殆为势所必不能免。虽有堡坞，亦不易守。从来偏安之世，北方之不易复，淮南北之凋敝实为之。其所由然，实以邻敌，不易谋生聚也。若画其地为内外二重，内事田种，外营牧畜，则我之长技，皆与彼同，而生聚之谋易立矣。此从来用长淮者未之及。然予深信其计之可用，抑岂徒南北分争之世，用诸长淮，国境与敌邻接而畏其蹂躏者，皆可以此为外卫也。

魏戎马之由来，《魏书·太宗纪》：永兴五年正月，"诏诸州六十户出戎马一匹"。泰常六年二月，"调民二十户输戎马一匹，大牛一头。三月，制六部民羊满百口输戎马一匹"。此诸诏令，虽遍及其境内，然能出戎马者，必以北边之地为多。《尔朱荣传》言其"家世豪擅，财货丰赢。牛羊驰马，色别为群，谷量而已。"荣父新兴，太和中继为酋长。"朝廷每有征讨，辄献私马，兼备资粮，助裨军用"。及荣正光中，"四方兵起，遂散畜牧，招合义勇，给其衣马"焉。尔朱氏之所以兴，正拓跋氏之所以兴也。《铁弗传》言卫辰之亡，魏获其马牛羊四百余万头。铁弗氏之久与拓跋为强对，亦以是也。

《通鉴》：晋孝武帝太元十六年，拓跋珪追柔然，诸将请还，珪问："若杀副马为三日食，足乎？"胡三省《注》曰："凡北人用骑，兵各乘一马，又有一马为副马。"宋文帝元嘉六年，"魏主至漠南，舍辎重，帅轻骑兼马袭击柔然。"《注》曰："兼马者，每一骑兼有副马也。"副马之制，蒙古犹然。故胡氏言凡北人以通今古，非专指鲜卑言也。《尔朱荣传》："葛荣将向京师，众号百万，荣启求讨之。九月，乃率精骑七千，马皆有副，倍道兼行，东出滏口。"荣之破葛荣，克以寡制众，驰逐之利，亦有助焉。

《皮豹子传》：豹子为仇池镇将。兴安二年，表曰："臣所领之众，本自不多，惟仰民兵，专恃防固。其统万、安定二镇之众，从戎以来，经三四岁，长安之兵，役过期月，未有代期，衣粮俱尽，形颜枯槁，窨切恋家，逃亡不已，既临寇难，不任攻战。士民奸通，知臣兵弱，南引文德，共为唇齿。计文德去年八月，与义隆梁州刺史刘秀之同征长安，闻台遣大军，势援云集，长安地平，用马为便，畏国骑军，不敢北出。"以魏人当时兵势之弱，而宋犹畏之，此骑步不敌之明证也。《宋书·刘敬宣传》："孙恩为乱，东土骚扰，牢之自表东讨，军次虎嘹，贼皆死战。敬宣请以骑傍南山趣其后。吴贼畏马，又惧首尾受敌，遂大败。"亦南人不习骑战之征。

兵车自秦、汉以来，非遂不用也。然特以防冲突，供载运，不恃以逐利矣。《史记·陈涉世家》言：涉起蕲，"行收兵，至陈，车六七百乘，骑千余，卒数万人。"又云：周文西击秦，"行收兵，至关，车千乘，卒数十万。"似其时行军，用车仍不为少。然卫青与匈奴遇，令武刚车自环为营，李陵之击匈奴，"至浚稽山，与单于相直。军居两山间，以大车为营，且战且引南行，数日抵山谷中，连战，士卒中矢伤，三创者载辇，两创者将车，一创者持兵战。陵曰：吾士气少衰而鼓不起者，何也？军中岂有女子乎？始军出时，关东群盗妻子徙边者，随军为卒妻妇，大匿车中。陵搜得，皆剑斩之。"（《汉书》本传）及管敢亡降匈奴，教单于遮道急攻陵，陵乃弃车去，士徒斩车辐而持之。史言骠骑将军车重与大将军等；又《赵充国传》言："义渠安国以骑都尉将骑三千屯备羌，至浩亹，为虏所击，失亡车重兵器甚众。"皆车以防冲突供运载之证。《后汉书·南匈奴传》言：光武"造战车，可驾数牛，上作楼橹，置于塞上，以拒匈奴"，亦用以拒守，非以之攻战也。言秦、汉兵制者，多以车骑为骑兵，材官为步兵，楼船为水兵，其实不然。《汉书·刑法志》云："天下既定，蹂秦而置材官于郡国，京师有南北军之屯。至武帝平百越，内增七校，外有楼船，皆岁时讲肄修武备云。"言材官不言车骑。《晁错传》："材官驺发。"《注》引臣瓒曰："材官，骑射之官也。"则材官与车骑是一。《惠帝纪》：七年，"发车骑材官诣荥阳"。师古曰："车，常拟军兴者，若近代之戍车也；骑，常所养马，并其人使行充骑，若今武马及所养者主也。"则车与骑又有别。车盖即所谓车士，《冯唐传》：唐"拜为车骑都尉，主中尉及郡国车士"是也。骑士之名，则诸书习见，不待征引矣。《高帝纪》二年《注》引《汉仪注》曰："民年二十三为正，一岁为卫士，一岁为材官骑士，习射御骑驰战阵。"又曰："年五十六，衰老，乃得免为庶民，就田里。"习射御者习为车兵，习骑驰者习为骑兵，习战阵者习为步兵。即材官，不言车士者，骑之为用尤要，故以骑士该之。抑步兵或不闲车骑之术，车骑则不可不闲步兵之技；故材官为兵之大名，言材官又可以统车骑也。灌婴、傅宽、靳歙等皆以骑将立功，而其传中有车司马、候骑、将骑、千人将、骑长等名，知将吏之间，所职亦自有别。《张敞传》言其"以正违忤大将军霍光，而使主兵车"，则主车之职，固下于主骑矣。战车虽可以防冲突，然必以骑兵为之翼卫，而其势乃张。

何承天撰《安边论》，其第三策曰："纂耦车牛，以饰戎械。计千家之资，不下五百耦牛，为车五百两，（其第二策言浚复城隍，以一城千室计。）参合钩连，以卫其众。设使城不可固，平行趋险，贼所不能干。"（《宋书》本传）此徒为自免计而已。檀道济之救青州，刁雍策之曰："贼畏官军突骑，以锁连车为函陈。大岘已南，处处狭隘，不得方轨。雍求将义兵五千，要险破之。"（《魏书·刁雍传》）此徒用车不能制胜之证。宋武帝伐南燕，分车四千两为二翼，方轨徐行，而以骑为游军，则声势较壮而敌弗能拒。拓跋焘之寇彭城，沈庆之议以车营为函箱，陈精兵为外翼，奉二王走历城。说虽未行，然庆之画策素谨慎，其为是议，必度其可以自达也。吕梁之役，萧摩诃劝吴明彻"率步卒乘马舆徐行，摩诃领铁骑数千，驱驰前后，必当使公安达京邑"，犹此意矣。宋武之伐后秦，魏使数千骑缘河随大军进止。帝使丁旿率七百人及车百乘于河北岸上，而使朱超石继之，卒大破虏。兵车之建功，至于是而止矣。然其用，亦仍在拒守自固也。

《宋书·蒯恩传》："高祖征孙恩，县差为征民，充乙士，使伐马刍。恩常负大束，兼倍余人，每舍刍于地，叹曰：大丈夫弯弓三石，奈何充马士！高祖闻之，即给器杖。恩大喜。"此马士则徒主刍牧而已，并不与战斗，故并器杖而无之也。

龙

乾卦之取象于龙，何也？曰：读《管子》水地之篇，则可以知其故矣。《水地》曰：地者，万物之本原，诸生之根菀也。美恶贤不肖愚俊之所生也。水者，地之血气，如筋脉之通流者也。故曰：水具材也，水集于玉，而九德出焉，凝蹇而为人，而九窍五虑出焉，此乃其精也。精粗浊蹇，能存而不能忘者也。伏暗能存而能亡者，蓍龟与龙是也。龟出于水，发之于火，于是为万物先，为祸福正。龙生于水，被五色而游，故神。欲小则化为蚕蠋，欲大则藏于天下，欲上则凌于云气，欲下则入于深泉，变化无日，上下无时，谓之神。龟与龙，伏暗而能存能亡者也。或世见或不世见者，生蟡与庆忌。故涸泽数百岁，谷之不徙，水之不绝者生庆忌。庆忌者，其状若人，其长四寸，衣黄衣，冠黄冠，戴黄盖，乘小马，为疾驰，以其名呼之，可使千里外一日反报，此涸泽之精也。涸川之精者生于蟡，蟡者，一头而两身，其形若蛇，其长八尺，以其名呼之，可以取鱼鳖，此涸川水之精也。是以水之精粗浊蹇，能存而不能亡者，生人与玉；伏闇能存而亡者，蓍龟与龙；或世见或不见者，蟡与庆忌：是则管子将水所生物，分为三类也。今人多为考龙如何物，然则蟡与庆忌，亦可考其如何物乎？

《淮南子·地形》曰：正土之气也，御乎埃天，埃天五百岁生缺，缺五百岁生黄埃，黄埃五百岁生黄澒，黄澒五百岁生黄金，黄金千岁生黄龙，黄龙入藏生黄泉，黄泉之埃，上为黄云，阴阳相薄为雷，激扬为电，上者就下，流水就通，而合于黄海。偏土之气，御乎清天，清天八百岁生青曾，青曾八百岁生青澒，青澒八百岁生青金，青金八百岁生青龙，青龙入藏生青泉，青泉之埃，上为青云，阴阳相薄为雷，激扬为电，上者就下，流水就通，而合于青海。壮土之气，御于赤天，赤天七百岁生赤丹，赤丹七百岁生赤澒，赤澒七百岁生赤金，赤金千岁生赤龙，赤龙入藏生赤泉，赤泉之埃，上为赤云，阴阳相薄为雷，激扬为电，上者就下，流水就通，而合于赤海。弱土之气，御于白天，白天九百岁生白矾，白矾九百岁生白澒，白澒九百岁生白金，白金千岁生白龙，白龙入藏生白泉，白泉之埃，上为白云，阴阳相薄为雷，激扬为电，上者就下，流水就通，而合于白海。牝土之气，御于玄天，玄天六百岁生玄砥，玄砥六百岁生玄澒，玄澒六百岁生玄金，玄金千岁生玄龙，玄龙入藏生玄泉，玄泉之埃，上为玄云，阴阳相薄为雷，激扬为电，上者就下，流水就通，而合于玄海。说虽荒怪，然其大意，乃谓地气上升；与天相接，久而生金，由金生龙，由龙生泉，再上升而为云，云下降而为雨，雨汇流而成海，与《管子》以水地为万物之本，亦觉消息相通也。

　　《易·系辞》曰：龙蛇之蛰，以存身也。（古所谓龙者，果为何物，虽不可知，然必为蛇类，古书恒以龙蛇并言。《管子·枢言》曰：一龙一蛇，一日五化之谓周，似以变化时为龙，不变化时为蛇。）是谓龙能蛰也。文言曰：云从龙，是亦谓龙能乘风云而上天也。《论衡·龙虚篇》曰：盛夏之时，雷电击折树木，发坏室屋，俗谓天取龙，谓龙藏于树木之中，匿于室屋之间也。雷电击折树木，发坏室屋，则龙见于外，龙见，雷取以升天，世无愚智贤不肖，皆以为然。又曰：世俗之言，亦有缘也。短书言龙无尺木，无以升天。又曰升天，又曰尺木，谓龙从木中升天也。案藏于树木之中，匿于室屋之间，是即所谓蛰也。因雷电而升天，是即《易》所谓云从龙也。然则自先秦至汉，人心之所谓龙，迄未尝变也，且验仲任龙虚之篇，彼时世俗之言，与今人亦无大异，知传说之难改。然则古之所谓龙者，其亦即后世愚夫愚妇之所谓龙欤？此乃雷雨之时所见，本无所谓龙，然古人迷惑，见一小物谓为能变者甚多，雷雨之时，见名之曰龙，及乎晴霁，乃指类于蛇，小如蚕蝎之物以当之，事所可有，安可究诘，必欲索之于今之动物学中，则惑矣。世俗多谓狐能变幻，虽古昔亦然。谓今之所谓狐者，不足以当古短书之狐，而必别求其物以实之，其亦可乎？